ନାଟକ, ଅନାଟକ ଓ ଅଣୁନାଟକ

(ଦଶଟି ନାଟକର ସମାହାର)

ନାଟକ, ଅନାଟକ ଓ ଅଣୁନାଟକ

(ଦଶଟି ନାଟକର ସମାହାର)

ରମେଶ ପ୍ରସାଦ ପାଣିଗ୍ରାହୀ

ବ୍ଲାକ୍ ଈଗଲ୍ ବୁକ୍ସ
ଭୁବନେଶ୍ୱର, ଓଡ଼ିଶା

BLACK EAGLE BOOKS
Dublin, USA

ନାଟକ, ଅନାଟକ ଓ ଅଣୁନାଟକ / ରମେଶ ପ୍ରସାଦ ପାଣିଗ୍ରାହୀ

ବ୍ଲାକ୍ ଇଗଲ୍ ବୁକ୍ସ : ଭୁବନେଶ୍ୱର, ଓଡ଼ିଶା • ଡବ୍‌ଲିନ୍, ଯୁକ୍ତରାଷ୍ଟ୍ର ଆମେରିକା

BLACK EAGLE BOOKS

USA address:
7464 Wisdom Lane
Dublin, OH 43016

India address:
E/312, Trident Galaxy, Kalinga Nagar,
Bhubaneswar-751003, Odisha, India

E-mail: info@blackeaglebooks.org
Website: www.blackeaglebooks.org

First International Edition Published by
BLACK EAGLE BOOKS, 2025

NATAK, ANATAK O ANUNATAK
(a drama collection)
by Ramesh Prasad Panigrahi

Copyright © **Ramesh Prasad Panigrahi**

All rights reserved. No part of this publication may be reproduced, stored in a retrieval system, or transmitted, in any form or by any means, electronic, mechanical, photocopying, recording or otherwise without the prior permission of the publisher.

Cover & Interior Design: Ezy's Publication

ISBN- 978-1-64560-664-2 (Paperback)

Printed in the United States of America

ଉତ୍ସର୍ଗ

ମୋର ନାଟକର ଅଗଣିତ ପାଠକ ଓ ଦର୍ଶକମାନଙ୍କୁ...

ମୁଖବନ୍ଧ

ଏଥିରେ ସଂଯୋଜିତ ତିନୋଟି ନାଟକ (ବିରଳ ଉପଦ୍ରବ, ଅଜାଗା ଘା' ଓ ବରଦେଖା) ୧୯୬୬-୬୮ ମଧ୍ୟରେ ଲିଖିତ। ଏ ତିନୋଟିକୁ ଛପେଇବି ନାହିଁ ବୋଲି ଭାବିଥିଲି। କାରଣ ସେତିକିବେଳେ ପରୀକ୍ଷାମୂଳକ ନାଟକର ଯୁଗ ଚାଲିଥିଲା। ସହଜ ବୋଧଗମ୍ୟ କାହାଣୀ ଥିବା ନାଟକକୁ କେହି ଗୁରୁତ୍ୱ ଦେଉନଥିଲେ।

ଏବେ ଯୁଗ ବଦଳିଗଲା। ପରୀକ୍ଷାମୂଳକ, ପ୍ରତୀକ ଓ ଅଭିବ୍ୟଞ୍ଜନାବାଦୀ ନାଟକ ଲେଖିବା ସମସ୍ତଙ୍କ ପାଇଁ ସମ୍ଭବ ହେଲା ନାହିଁ। ଏଣୁ ସାମାନ୍ୟ ପରିବର୍ତ୍ତନ କରି ସେଇ ପାରିବାରିକ ନାଟକଗୁଡ଼ିକୁ ଏଠାରେ ସ୍ଥାନିତ କରାଗଲା। ଏବଂ ପୃଥିବୀ ଅନ୍ଧକାର ହେଲା, ଜୁଲି ଓ ଅଭିଜିତମାନଙ୍କ ପାଇଁ ଓ ଗେଣ୍ଡା ନାଟକ ତିନୋଟି ଗୋଟିଏ ଗଳ୍ପର ତିନୋଟି ଭାଗ। ସଂଶୋଧନ କରୁକରୁ ଏଥିରେ ସନ୍ନିବେଶିତ ଅ-ନାଟକ ଓ ଅଣୁନାଟକ ଦୁଇଟିକୁ ବାଦ୍ ଦିଆଗଲା ଓ କେବଳ କ୍ଷୁଦ୍ର ନାଟକ ଗୁଡ଼ିକୁ ସ୍ଥାନିତ କରାଗଲା। ପ୍ରକାଶକ କହିଲେ ଅ-ନାଟକ ଓ ଅଣୁନାଟକ କେହି ବୁଝିବେ ନାହିଁ।

ନାଟକ ଏଠାରେ ଜୀବନ ସହିତ ସମାନ୍ତର ଗତିରେ ଚାଲିଛି। ଏଇ ସମସ୍ତ ଖଣ୍ଡରେ ମୁଁ ହିନ୍ଦୀ ସାହିତ୍ୟର 'ନୟୀ କାହାନୀ' ଦ୍ୱାରା ପ୍ରଭାବିତ ହୋଇଛି। ସମାଜରେ ଯାହା କିଛି ବଦଳି ଚାଲିଛି ଓ ନୂତନ ମୂଲ୍ୟବୋଧ ଓ ଭୌତିକବାଦ ତିଆରି ଚାଲିଛି, ସେଥିପ୍ରତି ମୁଁ ଅଧିକ ମନୋନିବେଶ କରିଛି।

ଆଧୁନିକ କାଳରେ ପ୍ରାୟତଃ ଆମ ସାହିତ୍ୟରେ ଲିପଷ୍ଟିକ୍ ଲଗେଇ ସ୍କୁଟିରେ ଯାଉଥିବା ବୋହୂଟି ଅପେକ୍ଷା ହାତେ ଓଢ଼ଣା ଦେଇ କବାଟ ଫାଙ୍କରେ ଠିଆ ହୋଇ ଲୁହ ଛଳଛଳ ଆଖିରେ ବିଦେଶ ଯାଉଥିବା ସ୍ୱାମୀକୁ ପାନଡବାଟିଏ ବଢ଼େଇ ଦେଉଥିବା ବୋହୂଟି ଅଧିକ ମୂଲ୍ୟବୋଧ ସମ୍ପନ୍ନା ପରି ମନେ ହୁଅନ୍ତି। ସମସ୍ତ ଆଧୁନିକ ପରିପାଟୀ ସହିତ ମୂଲ୍ୟବୋଧର ମଧ୍ୟ ସମ୍ପର୍କ ଥାଇପାରେ ବୋଲି ଓଡ଼ିଆ ଗାଳ୍ପିକ ଚିନ୍ତା କରିନାହାନ୍ତି। ଲେଖକୀୟ ଦୃଷ୍ଟିକୋଣରୁ ଉଗ୍ର ଆଧୁନିକା ମାନଙ୍କୁ ଦୂଷିତା ବୋଲି କହିବା ଆମର

ଅଭ୍ୟାସ। କାରଣ ଆମେ ପରିବର୍ତ୍ତିତ ମୂଲ୍ୟବୋଧମାନଙ୍କୁ ସ୍ୱୀକାର କରିବା ପାଇଁ ଅସମର୍ଥ।

ପୁରୁଣା ପରି ମନେ ହେଉଥିବା ଏଇ ନୂଆ ଗଳ୍ପଗୁଡ଼ିକର ବିଶେଷତ୍ୱ ହେଲା ଜୀବନର ଜଟିଳ ଓ ବ୍ୟାପକ ଯଥାର୍ଥଗୁଡ଼ିକର ଅଭିବ୍ୟକ୍ତି। ଏଠାରେ ପ୍ରାଞ୍ଜଳ, ପରିବର୍ତ୍ତିତ ପରିବେଶର ଅନୁକରଣରେ ନିଜର ନବ୍ୟ ଦୃଷ୍ଟିକୋଣର ପରିପ୍ରେକ୍ଷୀରେ ଆମ ପରିଚିତ ସମାଜର ଅଭ୍ୟନ୍ତରରେ ଘଟୁଥିବା ଘଟଣା ବର୍ଣ୍ଣିତ।

ଏଇ ନାଟ୍ୟ କାହାଣୀଗୁଡ଼ିକ ଆମ ଦେଶ ସ୍ୱାଧୀନତା ପାଇଛି କି ନାହିଁ ସେ ସମ୍ପର୍କରେ ସନ୍ଦେହ ବ୍ୟକ୍ତ କରନ୍ତି। ଅର୍ଥାତ୍ ମୋହ ଭଙ୍ଗର ପୃଷ୍ଠଭୂମିରେ ଏ ଗୁଡ଼ିକ ରଚିତ। ରାଜନୈତିକ ପଟ୍ଟଭୂମିରେ ମଧ୍ୟ ସେବା, ତ୍ୟାଗ, କରୁଣା, ସତ୍ୟ ଓ ପ୍ରେମ ଆଦି ଗାନ୍ଧୀବାଦୀ ମୂଲ୍ୟବୋଧମାନଙ୍କର ବିଘଟନ ସମ୍ପର୍କରେ ଏହି ଗଳ୍ପଗୁଡ଼ିକ ସଚେତନ। ମଧ୍ୟବର୍ଗୀୟ ନିରାଶା, ହତାଶା ଓ ପୀଡ଼ାଗୁଡ଼ିକୁ ଏଠାରେ ସନ୍ନିବଦ୍ଧ ହୋଇଥିବା କ୍ଷୁଦ୍ର ନାଟକଗୁଡ଼ିକ ପ୍ରତିଫଳନ କରୁଛନ୍ତି। ଏଇ ନାଟକଗୁଡ଼ିକର ଗୋଟିଏ ପ୍ରମୁଖ ଲକ୍ଷଣ ହେଲା ସାଙ୍କେତିକତା।

ପୁରୁଣା ନାଟକମାନଙ୍କରେ ମଧ୍ୟ ସାଂକେତିକତା ଥିଲା। କିନ୍ତୁ ସେଗୁଡ଼ିକ ବୈଚାରିକ ସ୍ତର ପର୍ଯ୍ୟନ୍ତ ସୀମିତ ଥିଲା। ଏଗୁଡ଼ିକରେ ନୈତିକବୋଧର ବିଘଟନର ବିକଳ ଚିତ୍ର ଉପଲବ୍ଧ। ଆଶା କରୁଛି, ଏହା ଜୀବନର ଜଳଛବିମାନଙ୍କ ଠାରୁ ଅଧିକ ସ୍ୱଚ୍ଛ ଓ ଅଧିକ ମର୍ମସ୍ପର୍ଶୀ ହେବ। ନାଟକକୁ ମୁଁ ସାମ୍ବାଦିକର ସତ୍ୟ ଠାରୁ ଊର୍ଦ୍ଧ୍ୱରେ ରଖିବାକୁ ଚାହୁଁଛି।

ରମେଶ ପ୍ରସାଦ ପାଣିଗ୍ରାହୀ
ସୁନିଆ, ୨୦୨୩

ସୂଚିପତ୍ର

ଅଜାଗା ଘା'

ନାଟକର ଚରିତ୍ରମାନେ

ପୁରୁଷ	ନାରୀ
ଟୁବା	ଲୁସି
ସଂଗ୍ରାମ	ତିଲୋତ୍ତମା
ରାଜା	ସନ୍ଧ୍ୟା
ସୂର୍ଯ୍ୟକାନ୍ତ	

ଅଜାଗା ଘା’

ପ୍ରଥମ ଦୃଶ୍ୟ

(ଏକ ନିମ୍ନ ମଧ୍ୟବିତ୍ତ ଘରର ଅଗଣା। ଟୁବୁ ୨୪ ବର୍ଷର ପୁଅଟିଏ ବରମୁଡ଼ା ପିନ୍ଧି ଦୌଡ଼ିଆସିଲା ମଞ୍ଚ ଉପରକୁ। ହାତରେ ଗୋଟେ ସୁଟ୍‌କେଶ୍, ପିଠିରେ ବ୍ୟାଗ୍‌ଟିଏ ଝୁଲୁଛି । ଭଉଣୀ ଲୁସି (ବୟସ ୨୬) ଗୋଟିଏ କୁଲାରେ କିଛି ଚାଉଳ ଧରି ଗୋଡ଼ି ବାଛୁଥିଲା। ଟୁବାକୁ ଦେଖି ଆଶ୍ଚର୍ଯ୍ୟ ହୋଇଗଲା।

ଟୁବା : ନାନି ... ନାନି ...

ଲୁସି : କିରେ ତୁ’ କେମିତି ପଳେଇ ଆଇଲୁ ? ତତେ ପରା ପଚାଶ ହଜାର ଟଙ୍କା ଦେଇ ପିଲାନି ପଠେଇଥିଲି BIITS ରେ ଜଏନ୍ କରିବାକୁ? ଆଉ ପଳେଇ ଆଇଲୁ କ’ଣ ?

ଟୁବା : ନାନି, ୪୩ ହଜାର ୮୦୦ ଟଙ୍କା ଲାଗିଲା ଆଡ଼ମିଶନ୍ ପାଇଁ। ତା’ପରେ ହଷ୍ଟେଲରେ ରହିବା ଫିଜ୍ ଆଉ କ୍ଲାସ୍ ଆଟେଣ୍ଡ୍ କରିବା ପାଇଁ ଫିଜ୍ ! ଫାଷ୍ଟ ସେମେଷ୍ଟରର ପଇସା ଅଗ୍ରୀମ ଦେବାକୁ ପଡ଼ିବ।

ଲୁସି : କେତେ ଟଙ୍କା ପଡ଼ିବ ?

ଟୁବା : ୨ ଲକ୍ଷ ୩୬ ହଜାର ଟଙ୍କା।

ଲୁସି : କୋଉଠୁ ପାଇବା କିରେ ଏତେ ଟଙ୍କା ? ମୁଁ ବାପାଙ୍କ ପାଖକୁ ଚିଠି ଲେଖିଥିଲି।

ଟୁବା : ନାଇଁ ନାନି, ମୁଁ ପାଠ ପଢିବି ନାଇଁ ପଛେ - ବାପା ପଇସାରେ ମୁଁ ପଢିବାକୁ ଚାହେଁନା ! ଲକ୍ଷ୍ମୀ ଠାକୁରାଣୀ ପରି ବୋଉକୁ ଆମର ଛାଡ଼ିଦେଇ ଯୋଉ ବାପା ଗୋଟେ କାଳି କୋତରୀ ନର୍ସକୁ ଧରି ସହରରେ ରହିଲେ - ତାଙ୍କ ପଇସାରେ ମୁଁ ପାଠ ପଢିବି ?

ଲୁସି : ନାଇଁ ତୁ ଅବୁଝା ହେ’ନା ଟୁବା, ଜେ.ଇ.ଇ. ମେନ୍ ପାଇଛୁ। ବିରଳା

ଇନ୍‌ଷ୍ଟିଚ୍ୟୁଟ୍‌ରେ ସିଟ୍ ମିଳିଛି... ତୁ ପଢ଼ିବୁନି କେମିତି ? ବାପା, ଯେତେଦୂର ସଂଭବ, ମୋ ଚିଠି ପାଇ ଯିବେଣି ।

ଟୁବା : କିନ୍ତୁ ବାପା ତାଙ୍କର ପଚାଶ କୋଟି ଟଙ୍କାର ଲକ୍‌ଜୁରି ଘର ଛାଡ଼ି କ'ଣ ଆମ ଗାଁ ଘରକୁ ଆସିବେ ? ଆଉ ଆମକୁ ଅଢେଇ ଲକ୍ଷ ଟଙ୍କା ଦାନ ଦେବେ ? ନାଇଁ ନାନି, ଆମେ ପଇସା ନବାନି ।

ଲୁସି : କିନ୍ତୁ ମୁଁ ଚିଠି ଲେଖି ଦେଇଛି ।

ଟୁବା : କେବେ ଲେଖିଛୁ ?

ଲୁସି : ହେଇଗଲାଣି ମାସେ । ତୁ ଯୋଉଦିନ JEE Main ରେ କୋଡ଼ିଏ ନମ୍ବର ପୋଜିସନ୍ ରଖି ପାଶ୍ କଲୁ... ମୁଁ ସେଇଦିନ ହିଁ ଡିସାଇଡ୍ କଲି ଟୁବା ! ମୁଁ ତତେ ଇଣ୍ଡିଆର ସବୁଠୁ ବଡ଼ ଇଂଜିନିୟର କଲେଜରେ ପଢେଇବି । କିନ୍ତୁ ହେଲା କଣରେ ଟୁବା ? ଅଧ୍ୟାପିକା ଚାକିରୀ କରି ଯେତିକି ସଂଚିଥିଲି ସବୁତକ ମିଶି ଷାଠିଏ ହଜାର ଥିଲା । ସେଥିରୁ ପଚାଶ ହଜାର ତତେ ଦେଇଦେଲି । ମୁଁ ଆର୍ଟସ ପିଲା ... ଇଂଜିନିୟରିଂ ଫାଷ୍ଟ ସେମେଷ୍ଟର ପାଇଁ ୨ ଲକ୍ଷ ୩୬ ହଜାର ଦରକାର ବୋଲି ଜାଣିନଥିଲି ରେ... କ'ଣ କରିବି ?

ଟୁବା : ଛ'ମାସ ପରେ ସେକେଣ୍ଡ ସେମେଷ୍ଟର ପାଇଁ ପୁଣି ୨ ଲକ୍ଷ ୩୬ ହଜାର ଦେବାକୁ ପଡ଼ିବ ! ତା'ମାନେ ଫେବୃୟାରୀରେ ଆମେ କୁଆଡୁ ଆଣିବା ଟଙ୍କା ?

ଲୁସି : ସମୁଦାୟ ଆଠଟା ସେମେଷ୍ଟର – ମାନେ ପାଖାପାଖି କୋଡ଼ିଏ ଲକ୍ଷ ଦରକାର ।

ଟୁବା : ଖାଲି ସେତିକି ନୁହେଁ, ଖରାଛୁଟି ପାଠ ପାଇଁ (୮୨,୬୦୦/-) ପୁରା ବିଟେକ୍ ଡିଗ୍ରୀ ପାଇଁ ଖର୍ଚ୍ଚ ହେବ ଉଣେଇଶ ଲକ୍ଷ ଉଣେଇଶ ହଜାର । କ'ଣ କରିବା ?

ଲୁସି : ପାରିବିନିରେ ଟୁବା ! ଏଇତ ଦି ବରଷ ହେଲା ଚାକିରୀ କଲି ।

ଟୁବା : ମୁଁ ପାଠ ପଢିବି ନାଇଁ ନାନୀ – ମୋ ପାଇଁ ବାହା ନ ହୋଇ ତୁ ଅଧ୍ୟାପିକା ହବୁ । ବୋଉ ଏଇଠି ଗାଁକୁ ଆସି ଧାନ କୁଟିବ ପର ଘରେ – ସେ ଖଣ୍ଡାୟତ ଘରେ ରୋଷେଇ କରି ବାର ଗଂଜଣା ସହିବ ଆଉ ମୁଁ ସ୍ୱାର୍ଥପର ପୁଅଟା... ପିଲାନୀରେ ଇଂଜିନିୟରିଂ ପଢିବି ? ଲାଜ ନାଇଁ ମୋ' ମୁହଁକୁ ?

ଲୁସି : ନା, ସେମିତି କହନା ଟୁବା, ତୋ ନାନୀ ଅଛି, ଦରକାର ପଡ଼ିଲେ ଚାକିରି ବନ୍ଧକ ରଖି ବ୍ୟାଙ୍କରୁ ଲୋନ୍ କରିବ କୋଡ଼ିଏ ଲକ୍ଷ ... ନ ହେଲେ ବାପାଙ୍କ ପାଖକୁ ଯାଇ ଗୋଡ଼ ଧରିବି, କିନ୍ତୁ ମୋ' ଭାଇକୁ ବୀଟସ୍ କଲେଜରେ ପଢ଼େଇବି ମାନେ ପଢ଼େଇବି।

ଟୁବା : ନା! ନା! ନାନି! ବାପାଙ୍କ ପଇସାରେ ମୁଁ ପାଠ ପଢି ବଡ଼ ଲୋକ ହେବିନି। ମୁଁ ସେ ନିଷ୍ଠୁର ଲୋକଟା ପାଖରେ, ସେ ଏକଜିଦିଆ ଟିଙ୍ଗା ଲୋକଟା ପାଖରେ କୃତଜ୍ଞତାର ହାତ ଯୋଡ଼ି ଜୀବନସାରା ଠିଆ ହେବାକୁ ଚାହେଁନା।

ଲୁସି : କିନ୍ତୁ ତାଙ୍କ ପାଖରେ କୋଟି କୋଟି ଟଙ୍କା ଅଛି। ଆମେ ସେ ଟଙ୍କା ଆଣି ପାଠ ପଢ଼ିବା ନାଇଁ କାହିଁକି ?

ଟୁବା : ତାଙ୍କର ପାପ ଅର୍ଜିତ ଟଙ୍କା ଆମର ଦରକାର ନାଇଁ ନାନୀ! ମୋର ଭାତ ମୁଠାଏ ସାଙ୍ଗକୁ ଚିକେନ୍ ମାଂସ ଦରକାର ନାଇଁ। ମୋ ବୋଉ ହାତର ପଖାଳ ଆଉ ବାଇଗଣ ପୋଡ଼ା ଖାଇ ପାଞ୍ଚଦଶ ହଜାର ଟଙ୍କାର ଚାକିରିଟେ କରି ଆମେ ଚଳିଯାଇ ପାରିବା ନାନୀ! ପିମ୍ପୁଡ଼ି ହେଇ ମାଟିତଳେ ରହିବା ପଛେ ଝିଡ଼ିପୋକ ଭଳି ଉଡ଼ି ଘଣ୍ଟାକ ପରେ ମରିବା ନାଇଁ।

ଲୁସି : ନାଇଁ ଟୁବା! ସ୍ୱପ୍ନ ଦେଖିବା ଶିଖ। ବଡ଼ ବଡ଼ ସ୍ୱପ୍ନ। ଯାହାର ସ୍ୱପ୍ନ ଯେତେ ତାର ଉଡ଼ାଣ ସେତେ ଉପରକୁ। ପଇସା ନାଇଁ ବୋଲି ପଛକୁ ହେଇ ରହିବୁ ? ମୁଁ ପରା ଅଛି ! ଆରେ ତୋ ଲୁସି ନାନୀ ଅଛିରେ, ତୁ ବଡ଼ ଇଂଜିନିୟର ହେବୁ ଏବଂ BITS ପିଲାନୀରୁ ହେବୁ। ତା'ପରେ US ଯିବୁ।

ଟୁବା : ନାନୀ! ମୋର ସାହସ ପାଉନାଇଁ ଲୋ।

ଲୁସି : ଆରେ ତୁ ସ୍ୱପ୍ନ ଦେଖିବାକୁ ଯଦି ଡରୁଛୁ - ମୋର ସ୍ୱପ୍ନକୁ ହେଲେ ସାକାର କରରେ!

ଟୁବା : ହେଲେ ନାନୀ ୨୦ ଲକ୍ଷ କୋଉଠୁ ଆସିବ ?

ଲୁସି : ମୁଁ Loan କରିବି। ଦରକାର ହେଲେ ମୁଁ ନିଜକୁ ବିକ୍ରି କରିଦେବିରେ। ହେଲେ ମୋ ଭାଇକୁ ମୁଁ ପିଲାନୀରେ ପଢ଼େଇବି ମାନେ ପଢ଼େଇବି।

(ଝଡ଼ ଭଳି ପ୍ରବେଶ କଲେ ତିଳୋତ୍ତମା ଲୁସି ଓ ଟୁବାର ବୋଉ)

ତିଳ : କ'ଣ ହେଇଛି ? କାହିଁକି ମିଛଟାରେ ପାଟିଟେ କରୁଚୁ ଲୁସି ? କ'ଣ

ହୋଇଛି ? (ମଝିକୁ ଆସି ଟୁବାକୁ ଦେଖି ଆଚମ୍ବିତା) କିରେ ? ଟୁବା, ତୁ' କୁଆଡ଼େ ?

(ଟୁବା ଆସି ବୋଉର ପାଦ ଛୁଇଁଲା)

ତିଳ : ବୁଢାଟିଏ ହେଇଥା ତୁ !

ଟୁବା : ନାନୀ ପଚାଶ ହଜାର ଦେଇଥିଲା ବୋଉ, ଖାଲି ଆଡ୍‌ମିଶନ ପାଇଁ ୪୩ ହଜାର ଆଠଶହ ଖର୍ଚ୍ଚ ହୋଇଗଲା। ତା'ପରେ ଫାଷ୍ଟ ସେମେଷ୍ଟର ମାନେ ପ୍ରଥମ ଛ'ମାସର କଲେଜ ଦରମା ଓ ହଷ୍ଟେଲ ରୁମ୍ ପାଇଁ ୨ ଲକ୍ଷ ବତିଶି ହଜାର ମାଗିଲେ, କୋଉଠୁ ଆଣିଥାନ୍ତି ? ପନ୍ଦର ଦିନ ଟାଇମ୍ ମାଗି ପଳେଇ ଆଇଲି।

ତିଳ : କ'ଣ କରିବା ଆମେ ? କ'ଣ ବା କରିପାରିବା ? ଲୁସି, ବାପାଙ୍କୁ ମାଗିବୁ ଯା - ମୁଁ ସିନା ଗରିବ ଘରର ଝିଅଟା ବୋଲି ଖତଗଦା ହେଇଗଲି - ତାଙ୍କର ଭୁବନେଶ୍ୱରରେ ୫୦ କୋଟିର ବଙ୍ଗଳା ପଡ଼ିଚି। ମୁଁ ଶୁଣୁଚି ବ୍ୟାଙ୍କରେ ସିଏ ବେଶି ଟଙ୍କା ରଖୁନାହାନ୍ତି। ହେଲେ ଚଟାଣ ତଳେ ଟ୍ରେଜେରୀ କରି ହଜାର ହଜାର କୋଟି ରଖିଛନ୍ତି।

ଟୁବା : ତା' ବୋଲି ସେ ନିଷ୍ଠୁର ବାପା ପାଖରେ ନାନୀ ହାତ ପତେଇ ଭିକ ମାଗିବ ବୋଉ ?

ତିଳ : ଭିକ କାଇଁକି ମାଗିବରେ, ମୁଁ ଗରିବ ଘରର ଝିଅଟା ... ବୋଲି ମୋର ସିନା ତାଙ୍କ ସମ୍ପତ୍ତିରେ ଅଧିକାର ନାଇଁ, ତମମାନଙ୍କର ତ ଅଛି ... ? ଯା' ଲୁସି ... ବାପାଙ୍କୁ ଏକଥା କହ।

ଟୁବା : ନାଇଁ ନାନୀ ! ଯୋଉ ଲୋକଟା ମୋ ବୋଉକୁ ଛାଡ଼ି ଗୋଟେ କାଲି କୋତରୀକୁ ଧରି କୋଟିପତି ହୋଇଥିବ, ସେଇଟା ପାଖରୁ ଭିକ୍ଷା କରିବୁ ?

ଲୁସି : ନାଇଁରେ ଟୁବା ! ମୁଁ ବାପାଙ୍କ ପାଖକୁ ଅଲରେଡ଼ି ଚିଠି ଲେଖି ଦେଇଛି ଦଶଲକ୍ଷ ଟଙ୍କା ଦରକାର ବୋଲି ମାସେ ତଳୁ ଲେଖିଥିଲି ...

ତିଳ : ଦଶ ଲକ୍ଷ ? ଦଶ ଲକ୍ଷ ଦରକାର ହେବ ?

ଟୁବା : କୋଡ଼ିଏ ଲକ୍ଷ ଲୋ ବୋଉ ! ପିଲାନୀରେ ୪ ବର୍ଷ ବିଟେକ୍ ପାଠ ପଢିବା ପାଇଁ କୋଡ଼ିଏ ଲକ୍ଷ ଦରକାର।

ତିଳ : ମାସେ ତଳୁ ଚିଠି ଲେଖିଲୁଣି ଅଥଚ ତାଙ୍କର ଦେଖାନାଇଁ ? ଅଥଚ ସେ ନର୍ସକୁ ଧରି ସ୍ୱସ୍ତି ପ୍ରିମିୟମ୍‌ରେ ପାର୍ଟି କରୁଛନ୍ତି ? ମୁଁ ତ ଶୁଣିଚି

ତାର ଦୁଇଟା ପୁଅ, ପାରାଦ୍ୱୀପ ବନ୍ଦରରୁ ଚିଙ୍ଗୁଡ଼ି ପଠଉଛି ଜାପାନକୁ। କଣ୍ଟ୍ରାକ୍ଟର ପାଖରୁ ଖଣି ଲିଜ୍ ନେଇ କୋଟିଏ ଟଙ୍କା କମଉଛି।

ଟୁବା : ଛାଡ଼ ଛାଡ଼ ହୋ ସିଏ ସୁନାଥାଳିଆରେ ଖାଇଲେ ଆମର କ'ଣ ଗଲା ? ସେ କୋଟିପତିର ସ୍ତ୍ରୀ ହୋଇ ତୁ ତ ତାର ବିବାହିତା ପତ୍ନୀ ପର ଘରେ ଧାନ କୁଟୁଚୁ।। ଖଣ୍ଡେଇତ ଘରେ ଯାଇ ରୋଷେଇ କରୁଚୁ। ମୁଁ ଯିବି ବୋଉ। ଏକାଥରକେ ବାପାପଣିଆ ତା'ର ଛଡ଼େଇ ଦେବି।

ତିଳ : ଟୁବା ! ତୁ ତୋ ବାପାଙ୍କୁ ତୁ - ତା କରି କଥାବାର୍ତ୍ତା କରୁଛୁ। ଏଇଟା ତୋର ସଂସ୍କାର ? ମୋ ପୁଅ ହୋଇ ତୁ ମୋ ସ୍ୱାମୀକୁ ଅପମାନ ଦେବୁ ?

ଟୁବା : ଗୁଳିମାର ସେ ସ୍ୱାମୀକୁ ତୋର। କ'ଣ ଦେଇଚି ସେ ଲୋକ ତତେ ? କ'ଣ ଦେଇଛି ଆମକୁ ? ଦିନଟେ ଆମକୁ ତା' ଖଟରେ ଶୋଇବାକୁ ଦେଇଚି ? ଦିନେ ସିଏ ମୋ ପାଇଁ ଚଟାଣରେ ଆଣ୍ଠୁ ମାଡ଼ି ଘୋଡ଼ା ହୋଇଛି ? ଆମକୁ କାଖେଇ ଜହ୍ନମାମୁଁ ଦେଖେଇଚି ? ଦିନେ ଗୋଟେ ଚକୋଲେଟ୍ ଆଣିକି ଦେଇଛି ଆମ ଭାଇଭଉଣୀକୁ ? କାଇଁକି ? କ'ଣ ଦୋଷ ଥିଲା ଆମର ? ବୋଉ ? କ'ଣ ଦୋଷଥିଲା ଆମର ? ଆମକୁ କାହିଁକି ସିଏ ତାଙ୍କ ସ୍ନେହରୁ ବଞ୍ଚିତ କରିଛନ୍ତି ?

ତିଳ : ସବୁ ଦୋଷ ମୋରରେ ଟୁବା। ମୁଁ ଖଡ଼ିକୁ ପଥର କହି ଯଦି ସେ ନର୍ସଟାକୁ ପ୍ରଶ୍ରୟ ଦେଇଥାନ୍ତି - ବାପା ତୋର ନିଶ୍ଚୟ ପଇସା ଦିଅନ୍ତେ - ହେଲେ ମୁଁ ସେ ଅପରଛନିକୁ ସହିପାରିଲିନି ବୋଲି ପଳେଇ ଆଇଲି। ସେଥିପାଇଁ ଆମର ଏ ଦଶା ହେଲାରେ ପୁଅ। ସବୁ ଦୋଷ ମୋର।

ଲୁସି : ବୋଉ ! ବାପାଙ୍କର ଦୁର୍ବଳତାକୁ ନେଇ ଆମେ ଏଠି ପାଟିତୁଣ୍ଡ କରିବା ଦରକାର ନାଇଁ। ମୁଁ ଯୋଉଠି ଟ୍ୟୁସନ କରୁଛି, ତାଙ୍କର ବି ଅନେକ ଟଙ୍କା। ମୁଁ ଚେଷ୍ଟା କରୁଚି - ସେଇଠୁ ଯଦି ଲୋନ୍‌ଟେ ମିଳିଯାଏ ତା'ହେଲେ ଆମର ପ୍ରୋବ୍ଲମ୍ ସମାଧାନ ହୋଇଯିବ। ମୁଁ ବର୍ତ୍ତମାନ ଯାଉଛି। ମୋର ଶେଷ ଆଶ୍ରୟସ୍ଥଳୀକୁ (ଯାଉଥିଲା)।

ତିଳ : ଆଲୋ ଖାଇଦେଇ ଯା ! ମୁଁ ରୋଷେଇ କରିସାରିଲିଣି। ଆସ ଦି ଜଣ ଯାକ। ଟୁବା ତୁ ଚାଲ - ନାନୀ ସାଙ୍ଗରେ ଖାଇଦେବୁ।

(ସମସ୍ତେ ଗଲେ)

ଦ୍ୱିତୀୟ ଦୃଶ୍ୟ

(ମଂଚ ଅନ୍ଧାର । ଅତି କୋମଳ ସ୍ୱରରେ ଅନ୍ଧାର ଭିତରୁ ଶୁଭୁଛି ବିସ୍‌ମିଲ୍ଲା ଖାଁଙ୍କ ସାହାନାଇ - ରାଗ ବେହାଗ । କ୍ରମେ ମଂଚ ଆଲୋକିତ ହେଲା ବେଳକୁ ଗୋଟିଏ ଘୁରୁଥିବା ଚୌକୀରେ ବସିଚି ସଂଗ୍ରାମ । ବୟସ ୨୪ ପାଖାପାଖି । ପିନ୍ଧିଚି ଗୋଟେ ଜୀନ୍ ପ୍ୟାଣ୍ଟ ଓ ଡେନିମ୍-ସାର୍ଟ । ମୁହଁରେ ଫ୍ରେଞ୍ଚକଟ୍ ଦାଢି, ତାର ଦୁଇ ହାତ ଦୁଇ ଦିଗକୁ ପ୍ରସାରିତ ଓ ସେ ପବନରେ ପହଁରିଲା ପରି ବା ଉଡ଼ିଲା ପରି ଅଭିନୟ କରୁଛି । ଆଲୁଅ ଆସିଲା ପରେ ତାର ଦାମିକା କୋଠରୀରେ ଉଡ଼ିବା ଅଭିନୟ କଲା ଓ କିଛି ସମୟ ପରେ ଆସି ତାର ଘୂର୍ଣ୍ଣୀୟମାନ ଚୌକିରେ ବସିଲା ।

ବର୍ତ୍ତମାନ ଆଲୋକ ସଂଚାରିତ ହେଲା ନିମ୍ନ ମଂଚରେ ବାମ ପାଖରେ ଥିବା ଗୋଟେ ଚାଇନା ତାଳଗଛ ଉପରେ । ଉଡ଼ିବା ଅଭିନୟ କରି କରି ବିଭିନ୍ନ ପୋଜିସନ୍‌ରୁ ସଂଗ୍ରାମ ତାଳ ଗଛଟିର ଫଟୋ ନେଲା ମୋବାଇଲ୍‌ରେ ଏବଂ ବଡ଼ ପାଟିରେ ଡାକିଲା ସାନଭାଇ ରାଜାକୁ ।

ସଂଗ୍ରାମ : ରାଜା ! ରାଜା !!

ରାଜା : (ଭିତରୁ) ଯାଉଚି ଭାଇ ! (ଦୌଡ଼ି ଆସିଲା ବେଳକୁ ତାଳଗଛକୁ ପଛ କରି ହାତକୁ ଚିଲ ପକ୍ଷୀର ଡେଣା ପରି କରି କରି ବସିଚି ସଂଗ୍ରାମ) କ'ଣ ହେଲା ?

ସଂଗ୍ରାମ : (ଚୌକିରେ ବସି ସାମ୍‌ନାକୁ ଘୁରି) ସେ ବାମନ ତାଳ ଗଛଟାକୁ ଦେଖୁଚୁ ? ନ ଦେଖିଲେ ବି ଜଣା ପଡ଼ିଯାଉଛି ସେଇଟାରେ କିଛି ଗୋଟାଏ ଅସୁବିଧା ଅଛି ।

ରାଜା : (ଗଛଟିକୁ ଦେଖି) ଅସୁବିଧା ? ମାନେ ଗଛଟା ଯୋଉ ଜାଗାରେ ରହିବା କଥା ସେଇ ଯାଗାରେ ନାଇଁ ନା କ'ଣ କହୁଚୁ ?

ସଂଗ୍ରାମ : ମତେ ଲାଗୁଚି ମନକୁ ମନ ଗଛଟା ଠିକ୍ ଯାଗାରୁ ବାହାରି ଭୁଲ୍ ଯାଗାକୁ ଚାଲିଯାଉଛି ।

ରାଜା : କ'ଣ ତୁ କହୁଚୁ ଭାଇ ? ଠିକ୍ ଯାଗାରେ ଥୋଇ ଦେବି କୁଣ୍ଡଟାକୁ ?

(ଗଛ ପାଖକୁ ଯାଇ ଗଛଟାକୁ ଅନ୍ୟସ୍ଥାନକୁ ନେଇ ଆସିଲା)

ସଂଗ୍ରାମ : ଏ ! କ'ଣ କରୁଚୁ ?

ରାଜା : ଠିକ୍ ଯାଗାକୁ ନେଇ ଆସିଲି ।

ସଂଗ୍ରାମ : ନା, ହେଲା ନାଇଁ । ଏ ଘରେ କୋଉଟା ହେଲେ ଠିକ୍ ଜାଗାରେ ନାହିଁ । ଯୋଉଟା ବେଡ୍‌ରୁମ୍‌ରେ ରହିବା କଥା, ସେଇଟା ଯାଇ

ଡ୍ରଇଂରୁମ୍‌ରେ। ଯୋଉଟା ଟଏଲଟ୍‌ରେ ରହିବା କଥା ସେଇଟା ଆସି ପୂଜାଘରେ। ଯିଏ ରୋଷେଇ ଘରେ ରହିବା କଥା ସିଏ ବେଡ଼ରୁମ୍‌ରେ ... ସବୁ ଗୋଳମାଳ ହୋଇଯାଇଛି ଏ ଘରେ। ଜାଣିଚୁ ରାଜା? ଏମିତି ଗୋଟେ ବାମନ ତାଳ ଗଛ ଦେଖିଥିଲି ଦିଲ୍ଲୀ ଏୟାରପୋର୍ଟରେ। ସେ ଗଛଟାକୁ ଦେଖିଲେ ତମକୁ ଲାଗିବ ତମେ ଉଡୁଚ। ଏୟାର ଇଣ୍ଡିଆରେ ହେଉକି ଇଣ୍ଡିଗୋରେ ହେଉ ତମେ ଉଡୁଚ।

ରାଜା : କ'ଣ କହୁଚୁ ତୁ ଭାଇ? ହାତଟାକୁ ଏମିତି ମେଲେଇ ରଖିଚୁ କାଇଁକି?

ସଂଗ୍ରାମ : ଜାଣିପାରୁନୁ? (ଚିତ୍କାର କରି) ତୋ' ଭାଇ ଏଣିକି ସବୁବେଳେ ହାତକୁ ମେଲେଇ ରଖିବ। କାଇଁକି ରଖିବ? ସିଏ ଗୋଟେ ଏରୋପ୍ଲେନ୍‌ରେ ରୂପାନ୍ତରିତ ହୋଇଯିବାକୁ ଚାହେଁ – ଚାହେଁ ଏ ଅସନା ମାଟି କାଦୁଅର ପୃଥିବୀଠାରୁ ଅନେକ ଉପରକୁ ଉଠିଯିବା ପାଇଁ। ଆକାଶରେ ସିଏ ଘର କରିବାକୁ ଚାହେଁ।

ରାଜା : କାଇଁକି? ତିନିଥର ପରୀକ୍ଷା ଦେଲୁଣି, ବି.ଏସ୍.ସିଟା ପାଶ୍ କରିପାରୁନୁ। କହିଲା କଣ ନା ଆକାଶକୁ ଉଡ଼ିକି ପଳେଇବ? କିଏ କି ତୁ ଏମିତି? ଚିଲ ନା ଶାଗୁଣା? ଚଟିଆ ନା ପାରା ନା କାଉ? ବାପାଙ୍କୁ କହିବି?

ସଂଗ୍ରାମ : ବାପାଙ୍କୁ ଯାଇ କହିବୁ ତ ସବୁଦିନ ପାଇଁ ଏ ଘର ଛାଡ଼ି ଚାଲିଯିବି।

ରାଜା : କୋଉଠିକି ଚାଲିଯିବୁ? ଏଁ? ଏଇଟାର ମୁଣ୍ଡ ଟାଲ୍ ଧଇଲାଣି। ବାପାଙ୍କୁ କହିବି ଯାଇ।

ସଂଗ୍ରାମ : ବାପା? ବାପାଙ୍କର କାମ କ'ଣ? ଓଡ଼ିଶାର ସବୁ ସହରରେ ଗୋଟେ ଗୋଟେ ନର୍ସିଂହୋମ୍ କରି ସପ୍ତାହରେ ସାତଦିନ ସାତ ଯାଗାରେ ଯାଇ ରୋଗୀ ଦେଖିବେ। ହେଲେ ଘର ଭିତରେ ... ଏ ଘର ଭିତରେ ... ଏ ଘର ଭିତରର ମଣିଷମାନଙ୍କର ଗଣ୍ଡି ଭିତରେ ଅଜଣା ରୋଗର ଅଦୃଶ୍ୟ ଜୀବାଣୁମାନେ ପଶି ସମସ୍ତଙ୍କୁ ସଂକ୍ରମିତ କରିଦେଲେଣି।

ରାଜା : ଗୋଟେ ଚିଡ଼ିଆଖାନା ଏଇଟା ... ବାପା ଗୋଟେ ଡାକ୍ତର ... ଆଉ ମା'ଗୋଟେ ନର୍ସ ... ସେଣ୍ଟପଲ୍ ନାଇଟିଙ୍ଗେଲ୍ ପୁରସ୍କାର ପାଇଥିବା ନର୍ସ। ହେଲେ ଘରେ ସମସ୍ତେ ଏତେ ଅସୁସ୍ଥ କାହିଁକି?

ରାଜା : କେହି ଅସୁସ୍ଥ ନାହାନ୍ତି। ସବୁବେଳେ ଡ୍ରଗସ୍ ଖାଇ ତତେ ସେମିତି ଲାଗୁଚି। ତୋ ମୁଣ୍ଡଟା ଖରାପ ହୋଇଗଲାଣି। ତୁ ବି ଜାଣି ଜାଣି ଅସୁସ୍ଥ ହୋଇଯାଉଛୁ ଭାଇ! ମୁଁ ବାପାଙ୍କୁ କହୁଚି – (ଚାଲିଗଲା)

ସଂଗ୍ରାମ : ଓ! ବାପା ତା'ହେଲେ ଘର ନାମକ ଏଇ ନର୍କରେ ଅଛନ୍ତି ଆଜି? ସମ୍ବଲପୁର ଓ ବାଲେଶ୍ୱର କି ବ୍ରହ୍ମପୁର ଯାଇନାହାନ୍ତି ? ହେଲେ ତାଙ୍କର ତ ପୁଅମାନଙ୍କ କଥା ବୁଝିବା ପାଇଁ ସମୟ ନଥାଏ। ମାସକୁ ଦୁଇରୁ ଅଢେଇ କୋଟି ରୋଜଗାର ତାଙ୍କର, ତଥାପି ତାଙ୍କର ଲୋଭର ଅନ୍ତ ନାହିଁ।

(ପ୍ରବେଶ କଲେ ସୂର୍ଯ୍ୟକାନ୍ତ ମିଶ୍ର, ବୟସ - ୬୦ - ଦେହରେ ଆପ୍ରାନ୍ ଓ ବେକରେ ଷ୍ଟେଥୋ) (ଖୁବ୍ ଚିଡ଼ିଚିଡ଼ା ଲୋକ)

ସୂର୍ଯ୍ୟ : କିଏ ସେଇଠି ବକ୍ ବକ୍ ହଉଚ ? ସଂଗ୍ରାମ ? (ପାଖକୁ ଆସି) ସକାଳୁ ସକାଳୁ ରାଜାର ମୁଣ୍ଡଟାକୁ ଖାଉଚୁ କାଇଁକି ? କ'ଣ ଦରକାର ମତେ କହୁନୁ? ହଜାରେ ଥର କହିଲିଣି - ସକାଳୁ ଉଠି ଜିମ୍‌କୁ ଯା'! ନ ହେଲେ ସ୍ୱିମିଙ୍ଗ୍ ପୁଲ୍‌କୁ ଯାଇ ଫ୍ରେସ୍ ହୋଇ ଆ! ଏଇଠି କ'ଣ ଚାଲିଛି ? (ରାଜା ଭିତରକୁ ଆସିଲା)

ରାଜା : ଭାଇ କହୁଚି - ଏ ଘରେ ରହିବ ନାଇଁ। ଉଡ଼ି ଉଡ଼ି ଯାଇ ଆକାଶରେ ରହିବ।

ସୂର୍ଯ୍ୟ : ଉଡ଼ିବା ପାଇଁ ଡେଣା କାଇଁ ତାର ? ତିନିବର୍ଷ ହେଲା ବି.ଏସ୍.ସି ପାଶ୍ କରିପାରୁନି। ଭାବିଥିଲି ବି.ଏସ୍.ସି ପରେ କାଲେ ଯଦି ଦେଇଯାନ୍ତା NEET ପରୀକ୍ଷାଟା। ତାହେଲେ MBBS ଟେ ହୋଇ ବାହାରିଯାଆନ୍ତା। ପାଞ୍ଚ ପାଞ୍ଚଟା ନର୍ସିଂହୋମ୍ ମୋର! ବୟସ ହେଲାଣି, ପାରୁନି ମୁଁ ... ବଡ଼ ପୁଅଟା .... ସମ୍ଭାଳି ଥାନ୍ତା ...)

ସଂଗ୍ରାମ : କାହିଁକି ସମ୍ଭାଳିବି ? ଡାକ୍ତରୀ ଆଉ ସେବା ହୋଇ ରହିନି ବାପା। ପ୍ରତି ମାସରେ ତିନି କୋଟି ରୋଜଗାର କରିବାକୁ ହେଲେ ଏ ଦେଶର ଗରିବ ଲୋକମାନଙ୍କର ତଣ୍ଟି ଚିପିବାକୁ ପଡ଼େ। ସବୁବେଳେ ଠାକୁରଙ୍କୁ ପ୍ରାର୍ଥନା କରିବାକୁ ପଡ଼େ : ହେ ପ୍ରଭୁ! ଭାରତର ଶହେ ତେୟାଳିଶି କୋଟି ଲୋକ ରୋଗୀ ହୋଇଯାଆନ୍ତୁ ... ପ୍ରତି ମାସରେ ତିନିକୋଟି ଟଙ୍କା ରୋଜଗାର ହଉ।

ସୂର୍ଯ୍ୟକାନ୍ତ : ଟଙ୍କା ନୁହେଁ। ସେଇଟା ଲକ୍ଷ୍ମୀ!

ସଂଗ୍ରାମ : ଲକ୍ଷ୍ମୀ ନୁହେଁ, ତମର ଲୋଭ ବାପା! ଟଙ୍କା ପାଇଁ ତମ ମଣିଷପଣିଆ ବିକ୍ରି ହୋଇଯାଇଚି। ଟଙ୍କା ପାଇଁ ତମେ ତମ ପରିବାରକୁ ଖତଗଦାରେ ଫୋପାଡ଼ି ଦେଇଚ।

ସୂର୍ଯ୍ୟକାନ୍ତ : ମିଛ କଥା, ମାସକୁ ତିନି କୋଟି ହେଉକି ଚାରିକୋଟି ... ସେ ଟଙ୍କାକୁ ମୁଁ ଛୁଇଁ ନାଇଁରେ, ସବୁ ଦେଇ ଦଉଚି ତୋର ମାମାକୁ।

ସଂଗ୍ରାମ : ଧନରତ୍ନକୁ ମୁଁ ଘୃଣା କରେ ବାପା ! ମୁଁ ମୋର ଉପସ୍ଥିତ ପୃଥିବୀର ସ୍ୱପ୍ନ ଭିତରେ ରହିବାକୁ ଚାହେଁ।

ସୂର୍ଯ୍ୟକାନ୍ତ : କି ସ୍ୱପ୍ନ ଦେଖିବାକୁ ଚାହୁଁଚୁରେ ତୁ ? ସ୍ୱପ୍ନ ଦେଖୁଚୁ ରାତିରେ ନା ଦିନରେ ? ଗୁଡ଼େ ନିଶାବଟିକା ଖାଇ ରାତିରେ ତ ନିଘୋଡ଼ ନିଦରେ ଶୋଉଚୁ। ସ୍ୱପ୍ନ ଆଉ ଦେଖୁଚୁ କେତେବେଳେ ? ସ୍ୱପ୍ନ ଦେଖିପାରୁନୁ ବୋଲି ତୋ' ପାଇଁ ମୁଁ ... ସ୍ୱପ୍ନ ଦେଖୁଚି। ଏମ୍.ବି.ବି.ଏସ୍ ନ ହେଲେ ନାଇଁ ମେଡ଼ିକାଲ ଟେକ୍‌ନିସିଆନ୍‌ଟେ ହେଇପାରନ୍ତୁ। ପାଞ୍ଚ ପାଞ୍ଚଟା ନର୍ସିଂହୋମ୍ ମୋର କିଏ ବୁଝିବ ?

ସଂଗ୍ରାମ : ମାମା ! ମାମା ପରା ନାଇଟିଙ୍ଗେଲ ପୁରସ୍କାର ପ୍ରାପ୍ତ ଆଦର୍ଶ ନର୍ସ ? ସିଏ ବୁଝିବ ତୁମର ନର୍ସିଂହୋମ୍। ମୁଁ କାଇଁକି ସଂକ୍ରାମକ ରୋଗର ମୃତ୍ୟୁଦୂତ ହୋଇ ପୃଥିବୀକୁ ରୋଗୀଣା କରିବି ବାପା ? ମୁଁ ଗୋଟେ ମଣିଷ ହେବାକୁ ଚାହେଁ, ମଣିଷ ଭଳି ବଂଚିବାକୁ ଚାହେଁ - (ଝଡ଼ ପରି ପ୍ରବେଶ କଲେ ସଂଧ୍ୟା ପରିଡ଼ା, ବୟସ ୪୫ ରୁ ୫୦ ଭିତରେ, ମୋଟି ଓ କାଳି) ତାଙ୍କ ହାତରେ ଗୋଟେ ବଡ଼ ସିରିଞ୍ଜି।

ସଂଧ୍ୟା : ନା ! ତୁ ବଂଚିବାକୁ ଚାହୁଁ ନାହୁଁ - ନିଜେ ମରିବୁ ଆଉ ସମସ୍ତଙ୍କୁ ମାରିଦେବୁ। ଏୟା ଚାହୁଚୁ ତୁ। ଦେଖା ତୋର ହାତ, ତୋର ଇଞ୍ଜେକସନ୍ ନେବା ସମୟ ଗଡ଼ିଗଲାଣି।

ରାଜା : ମାମା ! ଭାଇର କ'ଣ ହେଇଚି ?

ସଂଧ୍ୟା : ବାପାଙ୍କୁ ପଚାର।

ରାଜା : କ'ଣ ହେଇଚି ବାପା ? ଭାଇର କ'ଣ ହେଇଚି ?

ସୂର୍ଯ୍ୟ : ଏଇଟାକୁ ମେଡ଼ିକାଲ୍ ଭାଷାରେ ନ୍ୟୁରୋ ସାଇକ୍ରିୟାଟିକ୍ ଡିଜ୍‌ଅର୍ଡ଼ର କୁହାଯାଏ। ଏଥିରେ କଥା ଓ କାର୍ଯ୍ୟ ଭିତରେ ମେଳ ଖାଏ ନାହିଁ। ସବୁ କଥାରେ ବ୍ୟସ୍ତ ହୋଇପଡ଼େ ରୋଗୀ। ଦେହରୁ ଅକାରଣରେ ଝାଳ ବାହାରେ।

ସଂଗ୍ରାମ : ଅକାରଣରେ ନୁହେଁ ବାପା। କାରଣ ଅଛି। ମାମା ଆଉ ତମେ ଯୋଉ ରେଟ୍‌ରେ ପଇସା ପଛରେ ଗୋଡ଼େଇଚ ... ସେଥିରେ ମୁଁ ଅଣନିଃଶ୍ୱାସୀ ହୋଇଯାଉଚି ବାପା ... ଦିନ ଦିନ ଧରି ମୁଁ ଭାବୁଚି କେତେବେଳେ

ହଠାତ୍ ମୋର ବ୍ରେନ୍‌ଷ୍ଟ୍ରୋକ୍ ହେଇଯିବ ଓ ଛାତିଟା ମୋର ଫାଟି ଖଣ୍ଡ ଖଣ୍ଡ ହୋଇଯିବ।

ସଂଧ୍ୟା : ଚୁପ୍ କର ସଂଗ୍ରାମ ! ଏ ଇଂଜେକସନ୍‌ଟା ମୁଁ ଦେଇଦଉଚି। ବ୍ରେକ୍‌ଫାଷ୍ଟ୍ ଖାଇଦେଇ ଯା' ଶୋଇପଡ଼ିବୁ। କାଲି ରାତି ଅଢେଇଟା ଯାଏଁ ବସି ଟି.ଭି. ଦେଖୁଥିଲା। ଏବେ ସକାଳୁ କହୁଚି ବ୍ରେନ୍ ଷ୍ଟ୍ରୋକ୍ ହୋଇଯିବ ?

ସୂର୍ଯ୍ୟ : ହାଇ ବ୍ଲଡ଼ପ୍ରେସର। ଏସବୁ ହାଇ ବ୍ଲଡ଼ପ୍ରେସର୍‌ର ଫଳ। ତତେ ହଜାର ଥର କହିଲିଣି ଯୋଗ କର, ଧ୍ୟାନ କର ... ପୂଜା ଘରେ ବସି ଅଧଘଣ୍ଟା ଠାକୁରମାନଙ୍କ ସାଙ୍ଗରେ କାଟେ – ଏ ମୃତ୍ୟୁ ଭୟଟା ହାଇପୋକୋଣ୍ଡ୍ରିଆ... ଏଇଟା ହେଲେ କାଳ୍ପନିକ ରୋଗ ସବୁ ସଂକ୍ରମିତ ହେଲା ପରି ଲାଗିବ...

ସଂଧ୍ୟା : ତା ବୋଲି ପୁଅ ମୋର ଠାକୁର ଘରେ ବସି ଦୀପଟେ ଜାଳି ଘଣ୍ଟି ବାଡ଼େଇବ ? ତମର ଏ ଫାଲତୁ ବ୍ରାହ୍ମଣିଆ ଢଙ୍ଗ ଛାଡ଼। ପିଲାମାନଙ୍କୁ ମୁଁ ସେ ପୂଜାଘର ପାଖରୁ ଦୂରେଇ ରଖିଚି।

ସୂର୍ଯ୍ୟ : କାହିଁକି ଦୂରେଇ ରଖିଚ ? କ'ଣ ତମେ ବୁଝ ସେ ପୂଜା ପାଠରୁ ?

ସଂଧ୍ୟା : ମୁଁ ବୁଝିବା ପାଇଁ ବାଧ୍ୟ ନୁହେଁ ତ ସୂର୍ଯ୍ୟକାନ୍ତ ମିଶ୍ର। ମୁଁ ସଂଧ୍ୟାରାଣୀ ପରିଡ଼ା। ଆମର ଶୂଦ୍ରଘର। ସକାଳୁ ଉଠି ଆମେ ପ୍ରଥମେ ଚା ପିଉ। ତା'ପରେ ନିତ୍ୟକର୍ମ ସାରି ପେଟ ଭରି ଜଳଖିଆ ଖାଉ। ମୋ ମା' ତୁଳସୀ ଚଉରା କଥା କହିଲେ କହେ- ସେ ଗୁଡ଼ା ଯାତ୍ରା ପାର୍ଟିରେ ଥାଏ, ଘରେ ନୁହେଁ। ତୁଳସୀ ଚଉରାରେ ପାଣି ଟୋଳିଲେ କ'ଣ ହୁଏ ? ଦେଖେଇଲ ମତେ ? ପୂଜାଘରେ ଗୋଲିଆ ପଥର ଦିଇଟା ରଖିଚ। ସେଥିରେ ପାଣି ଢାଳି ମୁଁ ଭଗବତ୍ ଗୀତା ପଢିଲେ କ'ଣ ହେବ ? ଏଇଟା କ'ଣ ଆମର ସଂସ୍କୃତି ? କୋଉଠି ଏଗୁଡ଼ା ସଂସ୍କୃତି ବୋଲି ଲେଖା ହୋଇଚି ? ଏଗୁଡ଼ା ଯାତ୍ରାପାର୍ଟି ଗଣନାଟ୍ୟରେ ହୁଏ ଡାକ୍ତର ! ଜୀବନରେ ଗୀତା ପାଠ କରି କିଛି ଲାଭ ନାହିଁ। ପୂଜା ଯଦି କରିବ ଶ୍ମଶାନ କାଳିଙ୍କୁ ପୂଜା କର, ଦୁର୍ଗା ମା'ଙ୍କୁ ପୂଜା କର, ଲକ୍ଷ୍ମୀ ପାଇବା ପାଇଁ କମଳାତ୍ମିକା ପୂଜା କର। ମାଣବସା ଓଷା କ'ଣ କରୁଚ ?

ସୂର୍ଯ୍ୟ : ଥାଉ, ଥାଉ ସଂଧ୍ୟା, ତମର କାପାଳିକ ଆଉ ତଂତ୍ର ପୂଜା କଥା ଉଠାନି। ଆମ ଘରେ ସାତ ପୁରୁଷରୁ ଶାଳଗ୍ରାମ ପୂଜା କରାଯାଏ। ମୁଁ ସେଇ ଇଷ୍ଟଦେବଙ୍କୁ ଗାଁରୁ ଆଣି ଏଇଠି ରଖି ପୂଜା କରୁଚି। ତୁ ଯଦି ପୂଜା ନ କରିବୁ ମୁଁ ଏଇଥର ଗାଁକୁ ଯାଇ ଫେରେଇ ଦେଇ ଆସିବି।

ସଂଗ୍ରାମ : ବାପା ! ତମେ ତମର ସେ ବ୍ରାହ୍ମଣ ଗାଁକୁ ଯାଇପାରିବ ନାହିଁ। ଯଦି ଯିବ ଆଉ ଏଇଠିକି ଫେରିପାରିବ ନାହିଁ। ତମକୁ ମୁଁ ସାବଧାନ କରିଦଉଚି।

ସୂର୍ଯ୍ୟ : କ'ଣ କହିଲୁ ? ତୁ ମତେ ସାବଧାନ କ'ଣ କରିବୁ ? ଶଳା ଗୋଟେ ବାରବୁଲି ନର୍ସର ପୁଅ ... ତିନିବର୍ଷ ହେଲା ବି.ଏସ୍.ସି ପାଶ୍ କରିପାରୁନୁ, ମତେ ଧମକ ଦେଉଚୁ ? ବାହାର ... ବାହାର ମୋର ଘରୁ। ଶଳା ପାଇଁ ପାଞ୍ଚକୋଟି ଟଙ୍କାର ବିଲ୍ଡ଼ିଂ କରିଦେଇଛି। ତା'ପରେ ଇଣ୍ଟେରିଅର୍ ଖର୍ଚ୍ଚ ଦଶଲକ୍ଷ। ଏଇଠି ମଠରେ ଖାଇ ପାଞ୍ଚ ଲକ୍ଷ ଟଙ୍କାର ଡ୍ରଗ୍‌ସ ଖାଇ ଉତ୍ପାତ ? ବାହାର, ବାହାର ମୋ' ଘରୁ।

ସଂଗ୍ରାମ : ଏ : ସୂର୍ଯ୍ୟକାନ୍ତ ମିଶ୍ର : ତମକୁ ମୁଁ ବାପା ବୋଲି ସ୍ୱୀକାର କରେନା। ମତେ ଏ ଘରୁ ବାହାର କରିବା ପାଇଁ ଧମକ ଦେଲେ ମୁଁ ସୁଟ୍ କରିଦେବି। (ପକେଟ୍‌ରୁ ପିସ୍ତଲ ବାହାର କରି ଦେଖେଇଲା ଡାକ୍ତର ସୂର୍ଯ୍ୟକାନ୍ତଙ୍କୁ)

ସଂଧ୍ୟା : ସଂଗ୍ରାମ ! (ଦୌଡ଼ି ଆସି ପିସ୍ତଲ ଛଡ଼ାଇ ଦେଲେ) କ'ଣ କରୁଚୁ ତୁ ? କ'ଣ କହୁଚୁ ? ବାପାଙ୍କୁ ପିସ୍ତଲ ଦେଖଉଚୁ ?

ସଂଗ୍ରାମ : କୋଉ ବାପା ସିଏ ? କଲେଜରେ ମୋ ନାଁ ସଂଗ୍ରାମ ମିଶ୍ର ନୁହେଁ – ସଂଗ୍ରାମ ପରିଡ଼ା। ମୁଁ ଏଇଟାକୁ ଏଇ ମୁହୂର୍ତ୍ତରେ ଘରୁ ବାହାର କରିବି। ୟେ ସୂର୍ଯ୍ୟକାନ୍ତ ମିଶ୍ର। ତମ ଡାକ୍ତରୀ ଛଡ଼େଇ ଦେବି ଆଜି ... ଆଜି ଓକିଲ ଡାକି ଏ ଘର ଆଉ ପାଞ୍ଚଟା ନର୍ସିଂହୋମ୍ ମାମା ନାଁରେ କର। ନ ହେଲେ ...

ସୂର୍ଯ୍ୟ : ନ ହେଲେ ? ଦେଖ ସଂଧ୍ୟା ! ତତେ ମୁଁ ବି ଫାଇନାଲ୍ କଥା କହି ଦଉଚି। ଇଏ ଯଦି ନ ସୁଧୁରେ, ମୁଁ ଏଇଟାକୁ ପୋଲିସ୍ ଲଗେଇ ବାହାର କରିଦେବି।

ସଂଧ୍ୟା : କାହିଁକି ? କାହିଁକି ମତେ ଶେଯକୁ ଡାକୁଥିଲ ? କାହିଁକି ଜନ୍ମ ହେଲା ସିଏ ? ଯଦି ଜନ୍ମ ହେଲା – ଗୋଟେ ରକ୍ଷିତାର ପୁଅ ହେଇ ସିଏ ଏଇଠି କାହିଁକି ରହିବ ? ଆଉ ତମେ ? ରସିକ ନାଗର ହେଇ ଗାଁକୁ କାଇଁକି ଯାଉଛ ? ତମର ସେ ଗୋରୀ ବ୍ରାହ୍ମଣୀ ସ୍ତ୍ରୀକୁ ଛାଡ଼ପତ୍ର ଦେଇ ମୋ ସାଙ୍ଗରେ ରେଜିଷ୍ଟ୍ରୀ ମ୍ୟାରେଜ୍ କରୁନ ? ମୋ ପିଲାଏ କାହିଁକି ଏ ସମାଜରେ ଅବୈଧ ଛୁଆ ହେଇ ଦିନ କାଟିବେ ?

ସୂର୍ଯ୍ୟ : ମୁଁ ତ ତୁମମାନଙ୍କର କିଛି ଅସୁବିଧା କରିନି। ପାଞ୍ଚଟା ନର୍ସିଂହୋମ୍‌ର ପଚିଶି ଲକ୍ଷଟଙ୍କା ତୋ ହାତରେ ବଢ଼େଇ ଦଉଚି। ପ୍ରତି ମାସରେ ପଚିଶି ଲକ୍ଷ। ତା'ଛଡ଼ା ତୋ ପିଲାମାନଙ୍କର ପାଠ ପଢ଼ା ଟ୍ୟୁସନ ଖର୍ଚ୍ଚ ମୁଁ ବହନ କରୁଛି। ତୁ ଆଉ ତୋର ଦି' ପୁଅ - ସଂଗ୍ରାମ ଆଉ ରାଜା ନାଁରେ ଅଲଗା ଅଲଗା ପାସ୍‌ବୁକ କରି ପ୍ରତି ଆକାଉଣ୍ଟରେ ସେମାନଙ୍କ ନାଁରେ ଦଶ ହଜାର ଟଙ୍କା ଡିପୋଜିଟ୍ କରୁଛି। ଆଉ କ'ଣ କରିଥାନ୍ତି ? ଆଉ କ'ଣ କରିଥିଲେ ତୁ ଆଉ ତୋର ପୁଅମାନେ ଖୁସି ହୋଇଥାନ୍ତ ?

ସଂଧ୍ୟା : ବିବାହ। ରେଜିଷ୍ଟ୍ରୀ ମ୍ୟାରେଜ୍ କରି ଶୀଘ୍ର - ଯଥାଶୀଘ୍ର ମତେ ପତ୍ନୀର ମର୍ଯ୍ୟାଦା ଦିଅ। ମୋ ଛୁଆମାନଙ୍କୁ ରକ୍ଷିତାର ଅବୈଧ ଛୁଆ ବୋଲି କେହି ନ କୁହନ୍ତୁ।

ସଂଗ୍ରାମ : ମାରିଦେବି ସୂର୍ଯ୍ୟକାନ୍ତ ମିଶ୍ର : ମାମାକୁ ମୋର ଯଦି ବାହା ନ ହେଇ ଏ ଘରେ ରହିବ ... ମୁଁ ତୁମକୁ ଗୁଳି କରିଦେବି।

ସୂର୍ଯ୍ୟ : ସଂଗ୍ରାମ !

ସଂଗ୍ରାମ : ଏ ! ବୟସ ହେଲାଣି ... ଏତେ ବଡ଼ ପାଟିରେ କ'ଣ କଥା କହୁଚ ? ଚୁପ୍ କର !

ସୂର୍ଯ୍ୟ : Shut up! ମତେ ଚୁପ୍ କରିବା ପୂର୍ବରୁ ଆଗେ ତୁ ଚୁପ୍ ରହ। ନ ହେଲେ ...

ସଂଧ୍ୟା : ତମେ ଗଲ ... କ୍ଲିନିକ୍ ଯିବା ଟାଇମ୍ ହେଲାଣି ... ୟାର ମୁଣ୍ଡ ଖରାପ ହେଇଗଲାଣି। (ସୂର୍ଯ୍ୟକାନ୍ତ ପରାଜୟ ସ୍ୱୀକାର କରି ଘର ଭିତରକୁ ଚାଲିଗଲେ, ସଂଧ୍ୟା ଇଂଜେକସନ୍ ଲୋଡ୍ କରି କହିଲେ) ଦେଖା, ଦେଖା ତୋର ହାତ। ଇଂଜେକସନ୍‌ଟା ନ ଦେଲା ଯାଏଁ ତୋ ମୁଣ୍ଡ ଠିକ୍ ହେବନି। (ସଂଧ୍ୟା ଇଂଜେକସନ୍ ଦେଲେ, ସଂଗ୍ରାମ ଠିକ୍ ହୋଇଗଲା, ସେ ସେଇଠି ଶୋଇପଡ଼ିଲା, ବାହାରୁ କଲିଙ୍ଗ୍ ବେଲ୍ ବାଜିଲା)

ସଂଧ୍ୟା : ରାଜା ! ଗଲୁ ଦେଖିଲୁ କିଏ ଡାକୁଚି ... ରାଜା ! ଦାଣ୍ଡ ଦୁଆର ଖୋଲିକି ଦେଖ - କିଏ ଡାକୁଚି।

(ରାଜା ବାମପଟ ୱିଂଗସ୍ ପାଖରୁ ବାହାରି ଆସି ଡାହାଣପଟକୁ ଯାଇ ଦୁଆର ଖୋଲିଲା ଓ ଗୋଟେ ଲଫାପା ନେଇ ଆସିଲା)

ରାଜା : କିଏ ନାଇଁ ମାମା ! ପୋଷ୍ଟମ୍ୟାନ୍ ? ଏଇ ଚିଠିଟା ଦେଇକି ଗଲା।

ସଂଧ୍ୟା : ଦେଖିଲୁ କାହା ଚିଠି ? ତୋ' ବାପା ଗାଁରୁ ଚିଠି ଆସିଛି ନା କ'ଣ ?

ରାଜା : ଚିଠିଟା ବାପାଙ୍କୁ ଦେଇଦେବି ?

ସଂଧ୍ୟା : ଆଗ ଦେଖ କୋଉଠୁ ଆସିଛି ?

(ରାଜା ଚିଠି ଖୋଲିଲା ଓ ଖୁସି ହୋଇ)

ରାଜା : ମାମା ମୁଁ ପାସ୍ କରିଯାଇଛି ।

ସଂଧ୍ୟା : କଣଟା ପାସ୍ କରିଗଲୁ ? ଏବେ ତ କିଛି ପରୀକ୍ଷା ନଥିଲା ।

ରାଜା : ମାମା ମୁଁ NEET ପରୀକ୍ଷାରେ ପାଶ୍ କରିଛି । ତା'ମାନେ ମେଡ଼ିକାଲରେ ସିଟ୍ ପାଇଗଲି ।

ସଂଧ୍ୟା : ଯା' - ବାପାଙ୍କୁ କହିବୁ ଯା' -

ରାଜା : ଭାଇକି ଏଇଟା କି ଇଂଜେକସନ୍ ଦଉଚ ମାମା ?

ସଂଧ୍ୟା : ଇଣ୍ଟ୍ରାଭେନାସ୍ ଇଂଜେକ୍ସନ୍ !

ରାଜା : କାଇଁକି ? କ'ଣ ହେଇଚି ଭାଇର ?

ସଂଧ୍ୟା : ବାପା କହିଲେ ଏଇଟା ନିଉରୋସାଇକ୍ରିଆଟିକ୍ ଡିଜ୍ଅର୍ଡ଼ର ପାଇଁ ।

(ରାଜା ତଳେ ପଡ଼ିଥିବା ଇଂଜେକସନ୍ ଖୋଳକୁ ଗୋଟେଇ ଆଣି ପଢିଲା)

ରାଜା : ମେଥାଡୋନ୍ ! ଏଇଟା ତ ନିଶା ଔଷଧ ମାମା ।

ସଂଧ୍ୟା : ହଁ ନିଶା ଔଷଧ । ଏଇଟା ନ ଦେଲେ ତା ମୁଣ୍ଡ ଖରାପ ହେଇଯାଉଚି । ଏଇଟା ମର୍ଫିନ୍ ଓ ହିରୋଇନ୍ ଡ୍ରଗ୍ସର ନିଶା କାଟି ଏଇଟାକୁ ଶୁଆଇ ଦବ ।

ରାଜା : ଭାଇ ! ଭାଇ ! ଆରେ ଶୋଇପଡ଼ିଲୁ ନା କ'ଣ ? (ସଂଗ୍ରାମ ଉଠିଲା) ତୁ ଏ ନିଶା ଇଂଜେକସନ୍ ନେ ନା ଭାଇ । ବୋର୍ ଲାଗୁଚି ଯଦି ଟିଭି ଦେଖ୍, ମ୍ୟୁଜିକ୍ ଶୁଣ ହେଲେ ଏ ବିଷ ଗୁଡ଼ା ଖାଆନା ।

ସଂଗ୍ରାମ : ଏ ଇଂଜେକସନ୍ ନ ନେଲେ ମୁଁ ମରିଯିବିରେ ରାଜା । ନ ହେଲେ ଆତ୍ମହତ୍ୟା କରିବି ।

ସଂଧ୍ୟା : ଶୀଘ୍ର କର ! ଶୀଘ୍ର ଆତ୍ମହତ୍ୟା କର । ବଂଚିକି ବେଧ ଛୁଆ ଆଖ୍ୟା ପାଇବୁ କାହିଁକି ? ସେ ସୂର୍ଯ୍ୟକାନ୍ତ ମିଶ୍ର ମତେ କୋର୍ଟରେ ବାହା ହବ ନାଇଁକି - ତମମାନଙ୍କର ଭାଗ୍ୟ ବଦଳିବ ନାଇଁ । ସେଥିରେ ପୁଣି ରାଜା NEET ପାଶ୍ କରିଗଲାଣି ଏବେ ମେଡ଼ିକାଲ୍‌ରେ ଜଏନ୍ କରିବ । ସେ କଥା ବୁଝିବ କିଏ ? ରାଜା, ତୁ ବାପାଙ୍କୁ କହିଲୁ ତୋର ?

ରାଜା : (ଚିଠିଟା ନେଇ) ତୁ' କହିଦେ ।

ସଂଧ୍ୟା : (ଚିଠି ନେଇ) ଏୟ ! ଶୁଣୁଚ ? ... ଶୁଣ ... ଏଇଠିକି ଆସ !

ସୂର୍ଯ୍ୟ : (ପ୍ରବେଶ କରି) କ'ଣ ?

ସଂଧ୍ୟା : ରାଜା ଆମର NEET ପାଇଗଲା, କୋଉଠି ପଢିବ କ'ଣ କରିବ ବୁଝ ।

ସୂର୍ଯ୍ୟ : NEET ପାଇଗଲା, ଗତ ଦି'ଥର ହେଲା ତ ଡ୍ରପ୍ କରୁଥିଲା ।

ସଂଧ୍ୟା : ଏଇ ନିଅ - ଚିଠି ଆସିଛି ।

(ଚିଠି ନେଇ ଉତ୍‌ଫୁଲ୍ଲିତ ହେଲେ ଡ. ସୂର୍ଯ୍ୟକାନ୍ତ)

ବାଃ ! କଂଗ୍ରାଚୁଲେସନ୍ ରାଜା । ରାଜା କୁଆଡ଼େ ଗଲା ? କୁଳାଙ୍ଗାର ସଂଗ୍ରାମ ? ଇଂଜେକସନ୍ ଖାଇ ଶୋଇଲା । ତାକୁ ୨୪ ଘଣ୍ଟା ଇଂଜେକସନ୍ ଦେଇ ଶୁଆଇ ରଖ । ନ ହେଲେ ଗୋଟେ ବନ୍ୟଜନ୍ତୁ ପରି ବ୍ୟବହାର କରୁଚି । ମତେ ବି ଡର ଲାଗିଲାଣି ... ଏ ଘରେ ଯେକୌଣସି ମୁହୂର୍ତ୍ତରେ ମହାଭାରତ ଯୁଦ୍ଧ ଲାଗିଯାଇପାରେ ।

ସଂଧ୍ୟା : ତା' କଥା ଛାଡ଼ । ରାଜାର କ'ଣ ହେବ ?

ସୂର୍ଯ୍ୟ: ତା' ଚଏସ୍ ଉପରେ ନିର୍ଭର କରେ । କୋଉଠି ପଢିବ ? ରୁଷିଆରେ ନା ଆମେରିକାରେ ?

ରାଜା : ଆମେରିକାରେ ।

ସୂର୍ଯ୍ୟ : କହିବୁ ଯଦି ହାର୍ଭାଡ଼୍ ମେଡ଼ିକାଲ୍ ସ୍କୁଲ, ନ ହେଲେ ଷ୍ଟାନ୍‌ଫୋର୍ଡ଼୍, ନ ହେଲେ ଜନ୍ ହପକିନ୍‌ସରେ ନାଁ ଲେଖେଇ ଦେବି । କିନ୍ତୁ ଗୋଟାଏ କଥା ମତେ ଆଶ୍ଚର୍ଯ୍ୟ ଲାଗୁଚି ରାଜା, ତୁ ଏଥର କୋଡ଼ିଏ ର୍‍ୟାଙ୍କ୍ ପାଇଲୁ କେମିତି ?

ରାଜା : ମାମ୍ ମୋ ପାଇଁ ବହୁତ କିଛି କରିଛନ୍ତି ?

ସୂର୍ଯ୍ୟ : ମାମ୍ ?

ସଂଧ୍ୟା : ତାଙ୍କ କଲେଜରେ ଥିବା ଅଧ୍ୟାପିକା ଝିଅଟି ... ୟା ପାଇଁ ସବୁ କରିଛି । ଦିନରାତି ଲାଗିଥିଲା ୟା ପଛରେ ।

ସୂର୍ଯ୍ୟ : କିଏ ସିଏ ? ତାକୁ ମୁଁ ଗୋଟେ ଗିଫ୍‌ଟ ଦେବାକୁ ଚାହେଁ ।

ସଂଧ୍ୟା : ମୁଁ ଦେଖିନି ଏଯାଏଁ ସେ ଅଧ୍ୟାପିକାକୁ ।

ସୂର୍ଯ୍ୟ : ତାକୁ ଗୋଟେ ଦାମିକା ମୈଶୁର ଶିଲ୍‌କ ଶାଢି ଗିଫ୍‌ଟ ଦିଅ । ଆମ ପୁଅର କ୍ୟାରିଅର୍ ବନେଇ ଦେଲା । ଆଛା ରାଜା, ତମ ମାମ୍ କେତେବେଳେ ଆସନ୍ତି ଆମ ଘରକୁ ?

ସଂଧ୍ୟା : ସିଏ ସଂଧ୍ୟାରେ ଆସେ ଆଉ ମୁଁ ରାତି ଆଠଟା ବେଳେ ଫେରିଲା ବେଳକୁ ଚାଲିଯାଏ।

ସୂର୍ଯ୍ୟ : କେମିତି ଆସନ୍ତି ? ସାଇକେଲ୍‌ରେ ନା ସ୍କୁଟିରେ ?

ରାଜା : ରିକ୍‌ସାରେ ଆସନ୍ତି ଆଉ ଛକରୁ ମୁଁ ଯାଇ ଗୋଟେ ରିକ୍ସା ଡାକିଲେ ସେଥିରେ ଘରକୁ ଯାଆନ୍ତି।

ସୂର୍ଯ୍ୟ : ତାଙ୍କର ସ୍କୁଟି କି ସାଇକେଲ୍ ନାହିଁ ?

ରାଜା : ନା !

ସୂର୍ଯ୍ୟ : ତା'ହେଲେ ମୁଁ ତାକୁ ଗୋଟେ ସ୍କୁଟି ଉପହାର ଦେବି। ଆଜି ସିଏ ଆସିଲେ ମତେ ଫୋନ୍ କରିବୁ। ମୁଁ ଆସି ତାଙ୍କ ସାଙ୍ଗରେ ଦେଖା କରିବି।

ରାଜା : ଓକେ ଡାଡ୍ ! ମାଡ଼ାମ୍ ବହୁତ ଭଲ। ମତେ ବହୁତ ଭଲ ପାଆନ୍ତି।

ସୂର୍ଯ୍ୟ : କୋଉଠି ପଢିବୁ ମୋତେ ଆଜି ସଂଧ୍ୟା ସୁଦ୍ଧା କହିବୁ। ମୁଁ ସବୁ ବ୍ୟବସ୍ଥା କରିଦେବି। ତୋ ମ୍ୟାଡାମ୍‌ଙ୍କୁ ଡକା। ମୁଁ ତାଙ୍କ ସାଙ୍ଗରେ ପରାମର୍ଶ କରିବି, ଓକେ ?

(ହଠାତ୍ ଗୋଟେ ମୋବାଇଲ୍ କଲ୍ ଆସିଲା। ମୋବାଇଲ୍ ଧରି କଥା ହେଉ ହେଉ ସୂର୍ଯ୍ୟକାନ୍ତ ଘର ଭିତରକୁ ଚାଲିଗଲେ)

ସଂଧ୍ୟା : କୋଉ ସବ୍‌ଜେକ୍ଟର ଅଧ୍ୟାପିକା ସିଏ ?

ରାଜା : ସିଏ ଆମର ଇଂଲିଶ୍ ପଢାନ୍ତି। କିନ୍ତୁ ତାଙ୍କର ସମସ୍ତେ ଚିହ୍ନା। ମତେ ରିକ୍ସାରେ ନେଇ ଫିଜିକ୍ସ, କେମେଷ୍ଟ୍ରି, ବଟାନୀ, ଜୁଲୋଜି ସାର୍‌ମାନଙ୍କ ଘରକୁ ନେଉଥିଲେ। ମାମ୍ ଥିବାରୁ ସେମାନେ ମୋର ସବୁ ଡାଉଟ୍ କ୍ଲିଅର୍ କରିଦେଉଥିଲେ। ତା' ପୁଣି ବିନା ପଇସାରେ।

ସଂଧ୍ୟା : ତା'ବୋଲି ତୋ ବାପାଙ୍କର ଯୋଉ କଥା ! ତାକୁ ଗୋଟେ ସ୍କୁଟି ଉପହାର ଦେବେ ? କିଏ କି ଏମିତି ସିଏ ? ହୁଁ ! (ଚାଲିଗଲେ ଭିତରକୁ)

(ଆବହ ସଂଗୀତ, ଆଲୋକ ସଂପାତ ହେଲା ମଂଚ ଉପରେ ଇଂଜେକସନ୍ ନେଇ ଶୋଇଥିବା ସଂଗ୍ରାମ ଉପରେ। ସଂଗ୍ରାମ ଉଠିଲା। ରାଜା ପଚାରିଲା)

ରାଜା : କେମିତି ଲାଗୁଚି ଭାଇ ? ଏବେ ଟିକିଏ ଭଲ ଲାଗିଲାଣି ?

ସଂଗ୍ରାମ : ବାପା ? ଘରେ ନା ନର୍ସିଂହୋମ୍ ଗଲେଣି ?

ରାଜା : ଘରେ ଅଛନ୍ତି ଭାଇ, ଗୋଟେ କଥା। ମୁଁ NEETରେ କୋଡ଼ିଏ ପୋଜିସନ୍ ରଖି ପାଶ୍ କରିଛି। କହ ମୁଁ ଓଡ଼ିଶାରେ ରହି କଟକ-

ବରହମ୍ପୁର-ବୁର୍ଲାରେ ପଢିବି ନା ବାହାରକୁ ଚାଲିଯିବି ?

ସଂଗ୍ରାମ : ଯଦି ସୁଯୋଗ ମିଳୁଚି ଚାଲି ଯା' ଫରେନ୍। କିନ୍ତୁ ତୁ' ତ ଦିଥର ହେଲା NEET ପରୀକ୍ଷା ଦେଇ ନ ଥିଲୁ - କେମିତି ପାଇଲୁ ?

ରାଜା : ଆମ ଟ୍ୟୁସନ୍ ମାମ୍‌ଙ୍କ ଚେଷ୍ଟାରୁ। ମତେ ନେଇ ସିଏ ଫିଜିକସ୍, କେମିଷ୍ଟ୍ରୀ, ଜୁଲୋଜୀ ସାର୍‌ମାନଙ୍କ ପାଖକୁ ନଉଥିଲେ। ଆଉ ମତେ ପୁରା ଗାଇଡ଼୍ କରୁଥିଲେ। ବାପା ଖୁସି ହୋଇ ମାମ୍‌ଙ୍କୁ ଗୋଟେ ସ୍କୁଟି ଆଉ ଗୋଟେ ମୈଶୁର ସିଲ୍‌କ ଶାଢି ପ୍ରେଜେଣ୍ଟ କରିବେ। ତୁ ତୋର ସାଙ୍ଗକୁ କହି ଗୋଟେ ସ୍କୁଟି ମଗେଇ ଦେ' ମାମ୍‌ଙ୍କ ପାଇଁ।

ସଂଗ୍ରାମ : ଠିକ୍ ଅଛି।

(ଭିତରୁ ଫୋନ୍ ଧରି କାନ ପାଖରେ ଲଗେଇ କଥା ହେଉହେଉ ପ୍ରବେଶ କଲେ ସୂର୍ଯ୍ୟକାନ୍ତ। ନର୍ସିଂହୋମ୍ ଯିବା ପାଇଁ ପ୍ରସ୍ତୁତ ହୋଇ ପୋଷାକ ପିନ୍ଧୁଛନ୍ତି)

ସୂର୍ଯ୍ୟକାନ୍ତ : ଅର୍‌ଜେଣ୍ଟ କଲ୍ ଆସିଚି ନର୍ସିଂହୋମ୍‌ରୁ। ମୁଁ ଯାଉଛି।

ରାଜା : ମୁଁ ମାମ୍‌ଙ୍କୁ ଫୋନ୍ କରି ଡକେଇଚି। କ'ଣ ହେବ ତା'ପରେ ? ତମେ ତ ନଥିବ।

ସୂର୍ଯ୍ୟକାନ୍ତ : ଆରେ ସଂଗ୍ରାମ୍, ତୁ' ତ ଉଠିଲୁଣି - କାର୍‌ଟା ନେଇ ବିଗ୍‌ବଜାର ଯାଆ। ସେଇଠୁ ଗୋଟେ ମୈଶୁର ସିଲ୍‌କ ଶାଢି ଆଣିଦେ ଆଉ ସୋରୁମ୍‌ରୁ ଗୋଟେ ସ୍କୁଟି ଆଣି ରାଜାର ମାମ୍‌ଙ୍କୁ ଦେଇଦେବୁ। ଆଉ କହିବୁ ଷ୍ଟାନ୍‌ଫୋର୍ଡ଼ କି ଜନ୍ ହପକିନସ୍ ୟୁନିଭରସିଟିରେ ମେଡ଼ିକାଲ୍ ପଢିବା ପାଇଁ ଆପ୍ଲିକେଶନ୍ ଦେବ। ଓ କେ ?

ସଂଗ୍ରାମ : ଠିକ୍ ଅଛି ବାପା।

ସୂର୍ଯ୍ୟକାନ୍ତ : ହଁ, ରାଜା, ମୁଁ ଯାଉଛି। କିଛି ଅସୁବିଧା ହେଲେ ମତେ ଫୋନ୍ କରିବୁ।

(ଚାଲିଗଲେ ବାହାରକୁ, ପ୍ରବେଶ କଲେ ସଂଧ୍ୟା)

ସଂଧ୍ୟା : କିରେ, ତୁ ଉଠିଲୁ ବେଶ୍, ଭେରି ଗୁଡ଼୍।

ରାଜା : ବାପା ନର୍ସିଂହୋମ୍ ଗଲେ।

ସଂଧ୍ୟା : ତୁ ଯିବୁ ସଂଗ୍ରାମ। ଗୋଟେ ଟି.ଭି.ଏସ୍ ସ୍କୁଟି ଆଉ ଗୋଟେ ମୈଶୁର ସିଲ୍‌କ ଶାଢି ଯାଇକି ଆଣିବୁ।

ସଂଗ୍ରାମ : ପଇସାଟା ? ପଇସା କିଏ ଦବ, ମୁଁ ?

ସଂଧ୍ୟା : କାଇଁ, ତୋ ପାଖରେ କ'ଣ ପଇସା ନାଇଁ ?

ସଂଗ୍ରାମ : ପଇସା ଅଛି ବୋଲି ମୁଁ ରାଜାର ଟ୍ୟୁସନ୍ ମା'ମ୍‌କୁ ଗିଫ୍‌ଟ ଦେବି ? କେବେ ନୁହେଁ।

ସଂଧ୍ୟା : ମୁଁ ଦେବି ! କିନ୍ତୁ ମନେରଖ। ସଂଗେ ସଂଗେ ଯିବୁ ଆଉ ଅଧଘଣ୍ଟା ଭିତରେ ଫେରିବୁ। ମୁଁ ପଇସା ଦଉଚି (ଭିତରକୁ ଗଲେ)

ରାଜା : ମାମ୍‌କୁ ଫୋନ୍ କରି ସଂଜବେଳକୁ ଆସିବେ ବୋଲି କହି ଦେଇଛି ଭାଇ !

ସଂଗ୍ରାମ : ଏଇତ ... ସାଢେ ପାଞ୍ଚଟା ବାଜିଲା ... ମୁଁ ଯିବି କେତେବେଳେ ଆଉ ଆସିବି କେତେବେଳେ ? Phone କରିଦେଉଛି ... ସେମାନେ ହୋମ୍ ଡେଲିଭରି ଦେବେ।

ରାଜା : କ'ଣ ସ୍କୁଟିଟା ଆଣି ଘରେ ଦବ ସିଏ ?

ସଂଗ୍ରାମ : ଏଇଟା ସଂଗ୍ରାମ ପରିଡ଼ାର ଫୋନ୍, ବୁଝିଚୁ ? ମୁଁ ଫୋନ୍ ପେ ରେ ପଇସା ପେମେଣ୍ଟ କରିଦେବି। ନୋ ପ୍ରୋବ୍ଲେମ୍ ! ଯାଉଚି ମାମାଠୁ ପଇସାଟା ଆଗେନେଇ ଆସେ, ତା' ପୂର୍ବରୁ କହ - ତୋ ମାମ୍‌ଟା ଗୋରୀ ନା କାଳି ?

ରାଜା : ଗୋରୀ ! ଦେଖିନୁ ମାମ୍‌କୁ ?

ସଂଗ୍ରାମ : ଚାନ୍‌ସ ... ନାହିଁ ... ମୁଁ ତ ପାରାଦ୍ୱୀପରେ ଲୁହାପଥର ଲୋଡ଼୍ କରି ଫେରୁ ଫେରୁ ସନ୍ଧ୍ୟା ଆଠଟା ଆଉ ଆଠଟା ବେଳକୁ ତୋ' ମାଡ଼ାମ୍ ଟ୍ୟୁସନ୍ ସାରି ପାର୍ !

ରାଜା : କି ଆଶ୍ଚର୍ଯ୍ୟକଥା ! ମ୍ୟାମ୍ ଡେଲି ଆମ ଘରକୁ ଆସୁଛନ୍ତି, ଅଥଚ ତାଙ୍କୁ ବାପା ଦେଖିନାହାନ୍ତି, ମାମା ଦେଖିନି କି ତୁ ଦେଖିନୁ ... କିଏ ବିଶ୍ୱାସ କରିବ କହିଲୁ ? ଅଥଚ ମ୍ୟାମ୍ ମୋ ପାଇଁ କେତେ କାମ ନ କରିଛନ୍ତି ! ! ରିକ୍ସାରେ ମତେ ନେଇ ଫିଜିକ୍ସ ସାର୍‌ଙ୍କ ଘରକୁ, କେମିଷ୍ଟ୍ରି ସାର୍‌ଙ୍କ ଘରକୁ - ତାପରେ ବାୟୋଲୋଜି ମାମ୍‌ଙ୍କ ଘରକୁ ...

ସଂଗ୍ରାମ : ଭଲ ମାମ୍‌ଟେ ତାହେଲେ ? କୋଉ ରଙ୍ଗର ଶାଢି ଆଣିବା ତାଙ୍କ ପାଇଁ ? କୋଉ କଲର ମାନିବ ତାଙ୍କୁ ? ପର୍‌ପଲ୍ ? ନା ସ୍କାଏ ବ୍ଲୁ ନା ପ୍ରିଣ୍ଟ ?

ରାଜା : ପ୍ରିଣ୍ଟ ନେଇ ଆ - ସିଲକ୍ ଶାଢି ଆଣିବୁ !

ସଂଗ୍ରାମ : ଠିକ୍ ଅଛି। ଗୋଟେ ମୈଶୁର ସିଲକ୍ ଶାଢି ଛ' - ଆଠ ହଜାର ଭିତରେ ... ଚଳିବ ? ମଗେଇ ଦଉଚି।

(ସଂଗ୍ରାମ ଫୋନ୍‌ରେ ଅର୍ଡ଼ର କରୁ କରୁ ଭିତରକୁ ଗଲା। ବର୍ତ୍ତମାନ

କଲିଂବେଲ୍ ବାଜିଲା ଓ ରାଜା ଦୌଡ଼ିଯାଇ ତା ମାମ୍‌କୁ ନେଇଆସିଲା। ମାମ୍ ହେଉଛନ୍ତି ଅଧ୍ୟାପିକା ଲୁସି ମିଶ୍ର)

ଲୁସି : କିରେ ଘରେ କିଏ ନାହାନ୍ତି ? ତମ ସଂଧ୍ୟାତାରା ଭବନ କ'ଣ ନିଛାଟିଆ ଲାଗୁଚି ? ମୁଁ ଭାବିଲି ତୁ NEET ପାଇଲୁ ବୋଲି ତମ ଘରେ ପାର୍ଟି ଦିଆହଉଥିବ।

ରାଜା : ପାର୍ଟି ଦିଆହବ ଯେ ମାମ୍ ... ମମିକି ତ ରୋଷେଇ କରିବାକୁ ସମୟ ନାଇଁ - ବାପାତ ଭୁବନେଶ୍ୱରରେ ଅଛନ୍ତି କି ସମ୍ବଲପୁର ଗଲେ ମୁଁ ଠିକ୍ ଭାବେ ଜାଣିନି। ଆଉ ରହିଲା ଭାଇ - ଜିନିଷପତ୍ର କିଣୁଚି।
(ସଂଗ୍ରାମ ଫେରିଲା, ସେମିତି ଫୋନ୍ ଧରିଚି)

ସଂଗ୍ରାମ : ମାଡ଼ାମ୍ ନମସ୍କାର। ମୁଁ ସଂଗ୍ରାମ ପରିଡ଼ା। ଏ ଘରର ବଡ଼ ପୁଅ। ରାଜାର ଭାଇ। ଘରେ ବାବା-ମମି ସମସ୍ତେ ବହୁତ ଖୁସି ମାଡ଼ାମ୍। ଆପଣ ଯୋଉ ପରିଶ୍ରମ କରି ରାଜାକୁ ଆମର NEET ପରୀକ୍ଷାରେ ପାଶ୍ କରାଇଲେ ସେଥିପାଇଁ ବାପା ଆଉ ମମି - ଆମେ ସମସ୍ତେ ଆପଣଙ୍କୁ ବାହାବା ଦଉଚୁ ମାଡ଼ାମ୍। କୁହନ୍ତୁ କ'ଣ ନେବେ ? ବାପା ଆଉ ମମି ସମସ୍ତେ ଆମେ କୃତଜ୍ଞ।

ଲୁସି : ମୁଁ ବି ବହୁତ ଖୁସି ସାର୍। କିନ୍ତୁ ସବୁ କ୍ରେଡ଼ିଟ୍ ରାଜାର ସାର୍। ଖୁବ୍ ବଢ଼ିଆ ପରିଶ୍ରମ କରିଥିଲା - ତାର ଫଳ ମିଳିଗଲା। କୋଉଠି ପଢେଇବ ତାକୁ ?

ସଂଗ୍ରାମ : ଷ୍ଟନଫୋଡ଼୍ କି ଜନ୍‌ହପ୍‌କିନ୍‌ସରେ ଠିକ୍ ହେଇଚି।

ଲୁସି : ବା ! ମାନେ ଆମେରିକାରେ ?

ସଂଗ୍ରାମ : ଅନ୍‌ଲାଇନ୍ ଆଡ଼ମିଶନ ପାଇଁ ଆପ୍ଲିକେଶନ ପଠାଇବାକୁ ପଡ଼ିବ, ଆପଣ ଟିକିଏ ଫିଲଅପ୍ କରି ଦିଅନ୍ତେ ନା ମାଡ଼ାମ୍ ... ପ୍ଲିଜ୍।

ଲୁସି : ବର୍ତ୍ତମାନ କରିଦଉଛି। କମ୍ପ୍ୟୁଟରଟା ଆଣନ୍ତୁ।
(ସଂଗ୍ରାମ ଭିତରକୁ ଗଲା, ହାତରେ ଗୋଟେ ଶାଢି ପ୍ୟାକେଟ୍ ନେଇ ପ୍ରବେଶ କଲେ ସଂଧ୍ୟା ଦେବୀ। ମାକ୍‌ସି ପିନ୍ଧିଚନ୍ତି ଓ ସିଗାରେଟ୍ ପିଉଛନ୍ତି। କପାଳରେ ସିନ୍ଦୂର ଟୋପା ବଦଳରେ ଗୋଟେ ନାଲି ରଙ୍ଗର ଲମ୍ବା ଗିରି କଟା ହେଇଛି।)

ରାଜା : ମମି ! ହେଇ ... ମାମ୍ ଆସିଛନ୍ତି। ତୁ' ତ କେବେ ତାଙ୍କ ସଂଗେ ଦେଖା ବି କରିନୁ।

ସଂଧ୍ୟା : ଆରେ ଟାଇମ୍ କୁଆଡ଼େ ମିଳୁଚି ? ହେଲେ ଆଜି ତ ମୁଁ ଦେଖା କରିବାକୁ ବାଧ୍ୟ।

ଲୁସି : ମାଡ଼ାମ୍ ନମସ୍କାର !

ସଂଧ୍ୟା : ନମସ୍କାର ... ନମସ୍କାର ମା'! ଦି'ଦିଟା ସାର୍ ତାକୁ ସ୍କୁଲରେ ପଢଉଥିଲେ। ହେଲେ ରାଜାର ଆମର ଫାଷ୍ଟକ୍ଲାସ୍ ହେଲାନି ଏବେ ଦି ବରଷ ହେଲା NEET ପରୀକ୍ଷା ଡ୍ରପ୍ କରୁଥିଲା। ତମେ ହେଉଛ ମା' ପ୍ରଥମ ଲୋକ ଯିଏ କି ରାଜାକୁ ଏତେ ବଡ଼ ସକ୍‌ସେସ୍ ଦେଇପାରିଛନ୍ତି। ଆମେ ତମଠାରେ ବହୁତ କୃତଜ୍ଞ ମା'। ସେଥିପାଇଁ ମୋ' ତରଫରୁ ଏଇ ସାମାନ୍ୟ ଗିଫ୍‌ଟ ... ନିଅନ୍ତୁ।

ଲୁସି : ଥ୍ୟାଙ୍କ୍ ୟୁ ଭେରି ମଚ୍! ଏଇଟା କ'ଣ ମାମ୍ ?

ସଂଧ୍ୟା : ଖୋଲିକି ଦେଖ !

(ଲୁସି ପ୍ୟାକେଟ୍ ଖୋଲି ଆକାଶୀ ରଙ୍ଗର ଶାଢୀ ବାହାର କଲା)

ଲୁସି : ଆରେ ବା ! ସୁନ୍ଦର ହେଇଛି। କେତେ ପଡ଼ିଲା ?

ସଂଧ୍ୟା : ଏଇ ଛ'-ଆଠ ହଜାର ଭିତରେ। ଏଇଟା ମୈଶୁର ସିଲ୍‌କ - ପେଣ୍ଟାଲୁନ୍ କି ଏସ୍‌ପ୍ଲାନେଡ - କେଉଁଠୁ ଗୋଟେ ମଗେଇଥିଲି ପୁଅ ହାତରେ।

ଲୁସି : ବହୁତ ଧନ୍ୟବାଦ ମାଡାମ୍।

ସଂଧ୍ୟା : ତମେ ରାଜା ପାଇଁ ଯାହା କରିଚ ଝିଅ ... ଆମକୁ ଋଣୀ କରିଦେଇଚ... ରାଜାର ବାପା ତ ତମ ପାଇଁ ଗୋଟେ ଟି.ଭି.ଏସ୍ ସ୍କୁଟି ମଗେଇ ଦେଇଛନ୍ତି।

ଲୁସି : ଏ ମା'! ସ୍କୁଟି ? ବହୁତ ପଇସା ପଡ଼ିଥିବ ?

ସଂଗ୍ରାମ : (ପଶିଆସି) ବେଶୀ ନୁହେଁ ମାଡ଼ାମ୍ ... ଏକାନବେ ହଜାର ପଡ଼ିଲା। ଆପଣଙ୍କୁ ନ ପଚାରି ମୁଁ ୱାଲନଟ୍ ବ୍ରାଉନ୍ କଲରଟା ବାଛି ଦେଇଛି। ଆପଣ ସ୍କୁଟର ଚଲାନ୍ତି ତ ? ନେଇକି ଘରକୁ ଯାଇପାରିବେ ?

ଲୁସି : ଯାଇପାରିବି ସାର୍! ପିଲାଦିନୁ ମୁଁ ସାଇକେଲ୍, ସ୍କୁଟି ସବୁ ଚଲଉଚି।

ସଂଗ୍ରାମ : ତା'ହେଲେ ତ ବଢିଆ ହେଲା। ଚାବିଟା ଦେ ସଂଗ୍ରାମ (ଚାବିଦେଲା)

ରାଜା : ବାପା ପଚାରିଲେ ମାମ୍ କେମିତି ଆସୁଛନ୍ତି ଆମ ଘରକୁ। ମୁଁ କହିଲି ରିକ୍‌ସାରେ।

ସଂଧ୍ୟା : ରାଜାର ବାପା ଏତେ ଖୁସି ଯେ କ'ଣ କହିବି ... କହିଲେ ତା' ପାଇଁ ଗୋଟେ ସ୍କୁଟି କିଣିଦିଅ।

ଲୁସି : କାହାନ୍ତି ସାର୍? ମୁଁ ତାଙ୍କର ପାଦ ଛୁଇଁ ପ୍ରଣାମ କରିବି।

ସଂଧ୍ୟା : ସାର୍ ଏତିକି କହିଦେଇ ସମ୍ବଲପୁର ଚାଲିଗଲେ।। ବସ୍ ମା! ମୁଁ ଛେନାଝିଲ୍ଲୀ ମଗେଇଥିଲି। ଆଣୁଚି। (ଭିତରକୁ ଗଲେ)

ଲୁସି : ସତରେ ମୁଁ ବହୁତ ଖୁସି ସଂଗ୍ରାମ ବାବୁ! ଆପଣଙ୍କର ଏ ଗିଫ୍ଟ ପାଇଁ ମୁଁ ବହୁତ ଖୁସି। ହେଲେ ମୁଁ ବହୁତ ବଡ଼ ଗୋଟେ ଫାଇନାନ୍‌ସିଆଲ୍ ଅସୁବିଧାରେ ଅଛି। ମତେ ସାହାଯ୍ୟ କରିପାରିବେ?

ସଂଗ୍ରାମ : କହୁନାହାନ୍ତି?

ଲୁସି : ମୋ ସାନଭାଇଟା ବିରଳା ଇନ୍‌ଷ୍ଟିଚ୍ୟୁଟ୍ ପିଲାନୀରେ ସିଟ୍ ପାଇଚି। ଆଡ଼ମିଶନ୍ ହେଇଗଲା, ହେଲେ ଏବେ ଫାଷ୍ଟ ସେମେଷ୍ଟାର ପଇସାଟା ଅଗ୍ରିମ ଦେବାକୁ ପଡ଼ିବ - ମୋ ପାଖରେ ପାଇସା ନାହିଁ। ପଚାଶ ହଜାର ଥିଲା। ଆଡ଼ମିଶନରେ ଖର୍ଚ୍ଚ ହୋଇଗଲା। ଏବେ ହଠାତ୍ ଦରକାର ପଡୁଚି। ଦୁଇଲକ୍ଷ ଛତିଶ ହଜାର ଟଙ୍କା ଧାର ଦେଇ ପାରିବେ? ମୁଁ ଜୀବନସାରା ଆପଣଙ୍କ ଘରେ ଗୋତି ଖଟିବି। ଆସ୍ତେ ଆସ୍ତେ ମୁଁ ଆପଣଙ୍କ ଟଙ୍କା ଶୁଝିଦେବି। ଜବାବ ଦେଉଛି।

(ଲୁସି ଏକଥା କହୁଥିଲାବେଳେ ସଂଧ୍ୟା ଆସି ଲୁସିକୁ ଛେନାଝିଲ୍ଲୀ ଦେଇ ତା' କଥା ଶୁଣୁଥିଲେ)

ସଂଧ୍ୟା : କେମିତି ଶୁଝିଦେବ ମା'? ତୁମ ଦରମା କେତେ?

ଲୁସି : ପଚାଶ ହଜାର ପାଉଛି ମାଡ଼ାମ୍। ସେଥିରେ ଆମ ତିନିଜଣିଆ ପରିବାର ଚଳୁଚି।

ସଂଧ୍ୟା : ତମ ବାପା? ତମ ବାପା କ'ଣ କରନ୍ତି?

ଲୁସି : ବାପା? ଆମକୁ ଛାଡ଼ି ଆଉ ଜଣଙ୍କ ଘରେ ଅଛନ୍ତି ସହରରେ।

ସଂଧ୍ୟା : କ'ଣ ଚାକିରି କରିଛନ୍ତି?

ଲୁସି : ବାପା ମୋର ଜଣେ ଡାକ୍ତର। ମେଡ଼ିସିନ୍ ସ୍ପେଶାଲିଷଟ୍।
(ଆବହ ସଂଗୀତର କ୍ରାସ୍ ଶବ୍ଦ)

ସଂଧ୍ୟା : ଡାକ୍ତର? କ'ଣ ତାଙ୍କର ନାଁ?

ଲୁସି : ଡାକ୍ତର ସୂର୍ଯ୍ୟକାନ୍ତ ମିଶ୍ର!
(ଆବହ ସଂଗୀତରେ ପୁଣି ଗୋଟିଏ କ୍ରାସ୍‌ର ଶବ୍ଦ। ଚମକି ପଡ଼ିଲେ ଓ ଟିକିଏ ଦୂରେଇ ଗଲେ।)

ସଂଧ୍ୟା : ଓ! ସୂର୍ଯ୍ୟକାନ୍ତ ମିଶ୍ରଙ୍କ ଝିଅ? ତମ ନାଁ କ'ଣ ଲୁସି ମିଶ୍ର?

ଲୁସି : ଆଜ୍ଞା ।

ସଂଧ୍ୟା : ତମ ବୋଉଙ୍କ ନାମ ତିଳୋତ୍ତମା ମିଶ୍ର ?

ଲୁସି : ଆଜ୍ଞା !

ସଂଧ୍ୟା : ଠିକ୍ ଅଛି । ଟଙ୍କା ମୁଁ ଦେବି । କିନ୍ତୁ ଗୋଟାଏ ସର୍ତ୍ତରେ ।

ଲୁସି : ସବୁ ସର୍ତ୍ତରେ ମୁଁ ରାଜି ଅଛି । ଆପଣ ଯାହା କହିବେ ମୁଁ କରିବି ।

ସଂଧ୍ୟା : ସର୍ତ୍ତଟା ଏଇଥିପାଇଁ ରଖୁଚି । କାରଣ ତମେ ଗୋଟେ ଝିଅ ପିଲା । ଏଇଠି କହୁଚ ତମେ ଜୀବନସାରା ଗୋଡି ଖଟିବ । କେମିତି ? ତମର ତ ବାହାଘର ହବ – ପିଲାଛୁଆ ହେବ – ମୋ ଟଙ୍କା ଶୁଝିବ କେମିତି ?

ଲୁସି : ମୁଁ ବାହାହେବି ନାହିଁ । ସୂର୍ଯ୍ୟ ଚନ୍ଦ୍ରଙ୍କୁ ସାକ୍ଷୀ ରଖି ଏ ଲୁସି ମିଶ୍ର ଶପଥ କରୁଚି । ମାଡ଼ାମ୍ ଆପଣଙ୍କ ଋଣ ଶୁଝା ନ ହେଲା ପର୍ଯ୍ୟନ୍ତ ମୁଁ ବାହାହେବି ନାଇଁ । କିନ୍ତୁ ...

ସଂଧ୍ୟା : କିନ୍ତୁ କ'ଣ ଲୁସି ? ବାହା ହବନି କାଇଁକି ? ମୁଁ କାଇଁକି ଋଣ ଦେଇ ସେମିତି ଗୋଟେ ପାପକୁ ପ୍ରଶୟ ଦେବି ?

ଲୁସି : କାରଣ ମୋର ମଧ ଗୋଟେ ସର୍ତ୍ତ ଅଛି । ସର୍ତ୍ତଟା ହେଲା– ମୋ' ଭାଇ ପିଲାନୀରେ ପଢୁଥିବା ପର୍ଯ୍ୟନ୍ତ ଯାହା ଖର୍ଚ୍ଚ ହେବ ଆପଣ ଦେବେ ।

ସଂଧ୍ୟା : ଚାରିବର୍ଷର ପାଠ ତ ? ଆଠଟା ସେମେଷ୍ଟର ? ସମୁଦାୟ କେତେ ଖର୍ଚ୍ଚ ବୋଲି ଭାବୁଚ ?

ଲୁସି : ଉଣେଇଶି ଲକ୍ଷ ଉଣେଇଶି ହଜାର ।

ସଂଧ୍ୟା : ଓ.କେ ! କୋଡ଼ିଏ ଲକ୍ଷ ଟଙ୍କା ମୁଁ ଦେବାକୁ ରାଜି । କିନ୍ତୁ ଲୁସି (ତା' ବଦଳରେ ତମେ ମୋ ପୁଅ ସଂଗ୍ରାମକୁ ବାହାହେବ । ଆଉ ଯୋଉ ଗୋଡି ଖଟିବାକୁ କହୁଥିଲ – ତା ନ କରି ଏ ଘରର ବୋହୂ ହୋଇ ସେ ସଂଗ୍ରାମକୁ ସଜାଡ଼ିବ ।

ଲୁସ : ମୁଁ ରାଜି ମାଡ଼ାମ୍ !

ସଂଧ୍ୟା : ଆଉ ଗୋଟେ କଥା : ଜୀବନସାରା ତମେ ତମର ବାପାଙ୍କ ସହ ସମ୍ପର୍କ ରକ୍ଷା କରିପାରିବ ନାହିଁ ।

ଲୁସି : ମାଡ଼ାମ୍ ! ସିଏ ମୋ ବାପା ।

ସଂଧ୍ୟା : ହିସାବରେ ବାପା । ଆଇନତଃ ସେ ତମର ବାପା ନୁହନ୍ତି । କ'ଣ ରାଜି !

(ଆବହ ସଂଗୀତ ଓ ଲୁସିର ଭୟଙ୍କର ମାନସିକ ଦ୍ୱନ୍ଦ୍ୱର ଅଭିନୟ । ପ୍ରାୟ ଏକ ମିନିଟ୍)

ସଂଧ୍ୟା : ଏଇ ସଂଗେ ସଂଗେ ମୁଁ କୋଡ଼ିଏ ଲକ୍ଷ ଟଙ୍କା ଦେବି ଲୁସି । ତା'

ସହିତ ଗୋଟେ ଆଟାଚି ମଧ୍ୟ ଦେବି। ଏତେ ଟଙ୍କା ନେଇ ରାତିହେଲାଣି - ଏକଲା ଯିବା ବିପଦ - ମୁଁ ସଂଗ୍ରାମକୁ କହିବି। ଗାଡ଼ିରେ ଛାଡ଼ି ଦେଇ ଆସିବ - ରାଜି? ମୋ ସର୍ତ୍ତରେ ରାଜି?

ଲୁସି : (ଥତମତ ହୋଇ) ରାଜି ମାଡ଼ାମ!

ସଂଧ୍ୟା : ଭେରିଗୁଡ୍। ବ୍ରିଫ୍‌କେଶଟା ନେଇ ଏଇଠିକି ଆସିଲୁ।
(ସଂଗ୍ରାମ ଗୋଟେ ଟଙ୍କା ଭର୍ତ୍ତି ବ୍ରିଫ୍‌କେଶ୍ ନେଇ ଆସିଲା)

ସଂଗ୍ରାମ : ୨୦ ଲକ୍ଷ ଅଛି। (ବ୍ରିଫ୍‌କେଶ ଦେଉଥିଲା)

ସଂଧ୍ୟା : ମତେ କ'ଣ ଦେଉଛୁ। ଲୁସିକି ଦେ।

ସଂଗ୍ରାମ : ନିଅନ୍ତୁ ମାଡ଼ାମ (ଖୋଲି ଟଙ୍କା ଦେଖାଇଲା)

ଲୁସି : ଥ୍ୟାଙ୍କ୍ ୟୁ ସାର୍।

ସଂଧ୍ୟା : ସେମିତି ନୁହେଁ। ରାତିରେ ଏତେ ଟଙ୍କା ଧରି ସିଏ କ'ଣ ରିକ୍ସାରେ ଯିବ?

ସଂଗ୍ରାମ : ସ୍କୁଟିରେ ଯିବେ ମ୍ୟାଡ଼ାମ୍।

ସଂଧ୍ୟା : ନା, ତୁ ଯାଇ ତାଙ୍କୁ ଘର ପାଖରେ ଛାଡ଼ି ଦେଇ ଆସିବୁ।

ସଂଗ୍ରାମ : ଆଉ ଯୋଉ ନୂଆ ସ୍କୁଟିଟା କିଣା ହେଇଛି?

ସଂଧ୍ୟା : ସେଇଟା ସିଏ ସକାଳୁ ଆସି ନବ। ଏବେ ତୁ ଯାଇ ଛାଡ଼ି ଦେଇ ଆ। ଯା

ସଂଗ୍ରାମ : ଆସନ୍ତୁ ମାଡ଼ାମ୍।
(ସେମାନେ ଦି'ଜଣ ଗଲା ପରେ)

ସଂଧ୍ୟା : ଯା ହଉ ... ଚଟାଣ ତଳେ ଯୋଉ କୋଡ଼ିଏ ତିରିଶି କୋଟି ସିନ୍ଦୁକ ଭିତରେ ରଖାହେଇଚି, ସେଇଟା ହାଲୁକା ହେଲା। କୋଡ଼ିଏ ଲକ୍ଷ ଟଙ୍କା ଆମ ପାଇଁ କୋଡ଼ିଏ ନୂଆ ପଇସା ସଂଗେ ସମାନ। ଭାବିନେବି କୋଡ଼ିଏ ଲକ୍ଷ ଦେଇ ଗୋଟିଏ ଅଧ୍ୟାପିକା ବୋହୂ କିଣିଲି। ନ ହେଲେ ଏଇ ନ୍ୟୁରୋ ସାଇକ୍ରିଆଟିକ୍ ରୋଗୀ ପାଇଁ କିଏ କାହାର ଝିଅକୁ ଦେଇଥାନ୍ତା? ତା' ପ୍ରକୃତି ଦେଖି ସମସ୍ତେ ମନାକରିଦେଇଛନ୍ତି। ବଡ଼ ପୁଅଟା ଯଦି ବାହା ନ ହେବ, ସଂସାର ନ କରିବ ... କ'ଣ ହବ ଏ ଟଙ୍କା?
(ଆବହ ସଂଗୀତ ଗମ୍ଭୀର। ଡିମରରେ ଆଲୋକ ନିର୍ବାପିତ ହେଲା)

ତୃତୀୟ ଦୃଶ୍ୟ

(ତିଳୋତ୍ତମା ରହୁଥିବା ଗାଁ ଘର। ଖୁବ୍ ବିରକ୍ତ ହୋଇ ବଡ଼ପାଟିରେ କହୁଚି ଟୁବା)

ଟୁବା : ନାଁ ବୋଉ। ମୋର ପାଠ ପଢିବା ଦରକାର ନାଇଁ। ମୁଁ ଚାକିରି କରିବି।

ତିଳ : ଆରେ କାଇଁକି ସେମିତି ଅବୁଝା ହଉଚୁ ଟୁବା? ଏ ସୁନା ପେଡ଼ିରେ ଥାଇ ଆମର କ'ଣ ହେବ? ତୁ ଯଦି ପାଇବୁନି, ଚାଲ ସାଙ୍ଗ ହୋଇ ଭୁବନେଶ୍ୱର ଯିବା। ସେଇଠି ସୁନାତକ ବିକ୍ରି କରି ତତେ ତିନିଲକ୍ଷ ଦେଇଦେବି। ତୁ ପିଲାନି ଚାଲିଯା'। ସୁନା ଆମର କ'ଣ ହେବ?

ଟୁବା : ଏ ବର୍ଷ ନ ହେଲେ ଆରବର୍ଷ ନାନୀର ବାହାଘର ହେବ। ତାକୁ ବାହା କରେଇବୁ ନା ନାଇଁ? ଏ କୋଡ଼ିଏ ଭରି ସୁନା ତ ତାକୁ ଦବାକୁ ପଡ଼ିବ? ନ ହେଲେ ନାନୀ ବାହାହେବ କେମିତି?
(ବାହାରୁ ଆସିଲା ଲୁସି)

ଲୁସି : ଆରେ ମୋ' ବାହାଘରଟା ବଡ଼ କଥା ନା ତୋର ପାଠ ପଢାଟା? ଆଗ ତୋର ବୀଟ୍‌ସରେ ପାଠପଢା ସରୁ - କ୍ୟାମ୍ପସ୍‌ରେ ପ୍ଲେସମେଣ୍ଟ୍ ସରୁ - ତା'ପରେ ଯାଇ ମୁଁ ବାହାହେବି।

ଟୁବା : ତା'ବୋଲି ତୋ' ବାହାଘର ପାଇଁ ରଖାହେଇଥିବା ସୁନା ବିକି ମୁଁ ଫାଷ୍ଟ ସେମିଷ୍ଟର ଦେବି?

ତିଳ : ହଁ ପରୀକ୍ଷା ଦବୁ। ଆରେ, ଆମର ସୁନା କ'ଣ ହବରେ? ତମେ ଦି'ଜଣତ ଆମର ସୁନା।
(ପ୍ରବେଶ କଲା ସଂଗ୍ରାମ। ହାତରେ ଟଙ୍କା ଭର୍ତ୍ତି ଆଟାଚି। ଆସି ତିଳୋତ୍ତମାକୁ ପାଦଛୁଇଁ ପ୍ରଣାମ କଲା)

ତିଳ : ଆୟୁଷ୍ମାନ ଭବ। କିଏ ତମେ ବାପା? ମୁଁ ତ ତୁମକୁ ଚିହ୍ନିନାଇଁ।

ଲୁସି : ଇଏ ହଉଛନ୍ତି ସଂଗ୍ରାମ ପରିଡା। ମୁଁ ଯୋଉ ଘରେ ଟିଉସନ୍ ପଢାଉଚି, ତାଙ୍କ ଘର ବଡ଼ ପୁଅ।

ସଂଗ୍ରାମ : ଇଏ ବୋଧେ ତମ ଭାଇ? ଯାର ପରା BIITS ପିଲାନୀରେ ଆଡ଼ମିଶନ୍ ହେବା କଥା?

ତିଳ : ଆଡ଼ମିଶନ ହୋଇଯାଇଛି ବାପା - ପଚାଶ ହଜାର ଲାଗିଲା - ଏବେ ଫାଷ୍ଟ ସେମେଷ୍ଟର ପାଇଁ ଅଢେଇ ଲକ୍ଷ ଦରକାର।

ଟୁବା : ବୋଉ ତାର ବେକର ହାର, ଚୁଡ଼ି ଆଉ ଯାହାସବୁ ସୁନା ଥିଲା -

ତାକୁ ବିକିଦେବ କହୁଚି। ତୁ କହିଲୁ ନାନୀ, ଏଇଟା କ'ଣ ଭଲ ହେବ? ମୋ ପାଠ ପଢା ନ ହେଲା ନାଇଁ। ସୁନାଗଣ୍ଡିକ ଆମର ଥାଉ।

ସଂଗ୍ରାମ : ସୁନା ବିକିବା ଦରକାର ନାଇଁ ବାପା। ମୁଁ ଏଇ ଟଙ୍କା ଆଣିଚି। ତମର ଫାଷ୍ଟ ସେମେଷ୍ଟରଠୁ ଏଇଟ୍‌ତ୍ ସେମେଷ୍ଟର ପର୍ଯ୍ୟନ୍ତ ସବୁ ଖର୍ଚ୍ଚ ଏଇଥିରୁ ଉଠିଯିବ। (ଆଟାଚି ଦେଇ) ଏଇଥିରେ କୋଡ଼ିଏ ଲକ୍ଷ ଅଛି ମାଉସୀ। ୟାର ବିଟେକ୍ ପାଠ ଏଇ ପଇସାରେ ହୋଇଯିବ। ମୁଁ ଆସୁଚି ମାଡ଼ାମ୍, ଟଙ୍କା ରହିଲା।

ତିଳ : ମୁଁ କିଛି ବୁଝିପାରୁନି ବାପା? ଏଥିରେ କୋଡ଼ିଏ ଲକ୍ଷ ଅଛି ?

ସଂଗ୍ରାମ : (ଆଟାଚି ଖୋଲି) ଆଜ୍ଞା! ଦେଖୁ ନାହାନ୍ତି?

ଲୁସି : ମୁଁ ଧାର୍ ଆଣିଚି ବୋଉ। ମୁଁ ଜୀବନସାରା ତାଙ୍କ ଘରେ ଗୋଡି ଖଟି ଏ ଟଙ୍କା ଶୁଝିଦେବି।

ସଂଗ୍ରାମ : ମାମା କହିଚି ଶୁଝିବା ଦରକାର ନାଇଁ।

ତିଳ : କିଲୋ ଲୁସି ... ଇଏ କ'ଣ?

ଲୁସି : ମୁଁ ପରେ କହିବି ବୋଉ।

ତିଳ : ନିତି ସକାଳେ ସଂଜରେ ମୁଁ ଅଷ୍ଟଲକ୍ଷ୍ମୀ ଯନ୍ତ୍ର ପୂଜା କରୁଚି ଲୁସି। ତା' ସାଙ୍ଗକୁ କୁବେର ଯନ୍ତ୍ର ଆଉ ଶ୍ରୀ ଯନ୍ତ୍ର। ଏ ପଇସା ସେ ପୂଜାର ଫଳ। ଆଉ ବାବା ସଂଗ୍ରାମ! ତମେ ଆମ ପାଇଁ ସ୍ୱର୍ଗର ଦୂତ ସ୍ୱରୂପ। ଟିକିଏ ବସ। ମୁଁ ଧୂପଟା ଦେଇ ଆସୁଛି – (ଚାଲିଗଲେ)

ସଂଗ୍ରାମ : ତମ ବୋଉ କ'ଣ କହିଲେ ଲୁସି?

ଟୁବା : ବୋଉ ଅଷ୍ଟଲକ୍ଷ୍ମୀ ଯନ୍ତ୍ର, କୁବେର ଯନ୍ତ୍ର ଆଉ ଶ୍ରୀ ଯନ୍ତ୍ର ପୂଜା କରେ ସାର୍! ଆପଣ ଆସନ୍ତୁ। ବୋଉ ମନ୍ତ୍ର ବୋଲି ଆପଣଙ୍କ ଦେହକୁ ପବିତ୍ର କରିଦେବ।

ସଂଗ୍ରାମ : ଏ ମନ୍ତ୍ର ତନ୍ତ୍ର କଣ ସତ ଲୁସି ମାଡ଼ାମ?

ଲୁସି : ପରୀକ୍ଷା କରି ଦେଖନ୍ତୁ।

(ଗୋଟିଏ ଥଳୀରେ ଦୀପ ଧୂପ ନେଇ ପ୍ରବେଶ କଲେ ତିଳ। ଆସି ସଂଗ୍ରାମକୁ ଚୌକି ଉପରେ ବସାଇଲେ। ମୂକ ଅଭିନୟରେ ସଂଗ୍ରାମର ପାଦ ଧୋଇଦେଲେ। ପୋଛିଦେଲା। ତା'ପରେ ସଂଗ୍ରାମକୁ ଆଳତୀ କରୁ କରୁ ଶିବ ମନ୍ତ୍ରରେ ତାଙ୍କ ଦେହରୁ ଭୂତ ପ୍ରେତ ପିଶାଚକୁ ବାହାର

କରିବା ପାଇଁ ମନ୍ତ୍ର ବୋଲିଲେ। ଘଣ୍ଟି ବଜାଇଲେ। ପ୍ରଚ୍ଛଦ ପଟରୁ ଶଙ୍ଖ ବାଜିଲା ଓ ଆଳତୀ କରାଗଲା। ପ୍ରଚ୍ଛଦ ପଟରୁ ନାରୀ କଂଠରେ ଶୁଭିଲା ଗୀତ ଓ ତାଳ।

"ଓଁ ନମ ପରାୟେ
ଶିବାତ୍ମନେ, ବେତାଳାୟୈ ନମଃ
ନମଃ ଶିବାୟ ଓଁ ନମଃ ଶିବାୟ"

(ଏଇ ମନ୍ତ୍ରଟିକୁ ଦଶଥର ଗାନ କରାଯିବ ଓ ମଂଚ ଅନ୍ଧାର ହେବ।)

(ଚତୁର୍ଥ ଦୃଶ୍ୟ)

ବ୍ୟସ୍ତ ପଦଚାରଣ କରୁଛନ୍ତି ସୂର୍ଯ୍ୟକାନ୍ତ ମିଶ୍ର।

ସୂର୍ଯ୍ୟ : ସଂଗ୍ରାମ ? ସଂଗ୍ରାମ କୁଆଡ଼େ ଗଲା ? ସଂଗ୍ରାମ ! ତୁ କୋଉଠି ?

(ପ୍ରବେଶ କଲେ ସଂଧ୍ୟା)

ସଂଧ୍ୟା : ସଂଗ୍ରାମ ସେ ଅଧ୍ୟାପିକାକୁ ଛାଡ଼ିବାକୁ ଯାଇଛି।

ସୂର୍ଯ୍ୟ : ରାଜାର ମାଡ଼ାମ୍‌କୁ ? ଆଛା, ତାକୁ ମୁଁ ଯାହା କହିଥିଲି ଦେଲ ?

ସଂଧ୍ୟା : ତମେ ଯାହା କହିଥିଲ ଦିଆହେଇଚି, ତା'ଛଡ଼ା ଆହୁରି ଅନେକ କିଛି ଦିଆଯାଇଛି ।।

ସୂର୍ଯ୍ୟ : ଭଲ କରିଚ। ଯାହା ପାରୁଚ ଦିଅ, କାରଣ ସିଏ ତମ ଘରର ଭାଗ୍ୟ ବଦଳେଇ ଦେଇଛି। ପୁଅ ମୋର ଷ୍ଟାନ୍‌ଫୋର୍ଡ କି ଜନ୍ ହପ୍‌କିନସ୍‌ରୁ MBBS ପାଠ ପଢି ଆସିବ। ଆସିଲେ ମୋର ପାଞ୍ଚଟା ଯାକ ନର୍ସିଂହୋମ୍ ସିଏ ସମ୍ଭାଳିବ। ଆସନ୍ତା ସପ୍ତାହରେ ମୁଁ ରିଟାୟାର କରୁଚି ସଂଧ୍ୟା। ସମ୍ବଲପୁର, ରାଉରକେଲା, ବ୍ରହ୍ମପୁର ବୁଲିବା ପାଇଁ ମୋର ସ୍ୱାସ୍ଥ୍ୟ ଆଉ ପରମିଟ୍ କରୁନି।

ସଂଧ୍ୟା : ତମେ ବୁଢ଼ା ହେଇଗଲ। ତମ ଦେଇ ଆଉ କୌଣସି କାମ ହବନି। ଆଉ କରିବ କ'ଣ ?

ସୂର୍ଯ୍ୟ : ବାନପ୍ରସ୍ଥ ସଂଧ୍ୟା। ମୁଁ ଏଣିକି ପୂଜାପାଠରେ ମନ ଦେବି। ସକାଳୁ ଦୁଇଘଣ୍ଟା ସଂଧ୍ୟାରେ ଦୁଇଘଣ୍ଟା ... ଆଜି ରାତି ହେଲାଣି ଆସି ... ସଂଧ୍ୟା ଦୀପ ଦେଇଚ ?

ସଂଧ୍ୟା : ସଂଧ୍ୟାଦୀପ କାଇଁ ? ଏଇଠି ଆମର ବିଜୁଳିବତୀ ଜଳୁଛି। ଦୀପଟେ କାଇଁକି ଲଗେଇବା ?

ସୂର୍ଯ୍ୟ : ଚଉଁରାଟେ ଆଣି ଅଗଣାରେ ଥୋଇଲି। ସେଇଠି ସଂଜଦୀପ ଜାଳିବ ନାଇଁ ?

ସଂଧ୍ୟା : କାହିଁକି ଗୁଡ଼େ ଆଉଟ୍‌ଡେଟେଡ୍ କଥା କହୁଚ ଆସି ?

ସୂର୍ଯ୍ୟ : ସଂଧ୍ୟା ଦୀପଟା ଆଉ ଧୂପକାଠି, ଝୁଣା କି ଗୁଗ୍‌ଗୁଳ ଧୂଆଁଟା ଘର ସାରା ବୁଲେଇ ଦବାଟା ଗୋଟେ ସ୍ୱାସ୍ଥ୍ୟକର ଅବସ୍ଥା ସଂଧ୍ୟା। ଏଇଟା ତମକୁ କେତେଥର ବୁଝେଇବି ? ଠିକ୍ ଅଛି। ମୁଁ ଦେଇ ଦଉଛି। (ସୂର୍ଯ୍ୟ ଚାଲିଗଲେ ଭିତରକୁ) ସବୁଠୁ ଅରଜେଣ୍ଟ ସମସ୍ୟା ହେଲା ଏ ଘରର ବଡ଼ ପୁଅ ପାଇଁ।

ସଂଧ୍ୟା : ବୋହୂଟେ ଆଣ। ଗୋଟେ ଯାତ୍ରାପାର୍ଟି ବୋହୂ। ସିଏ ଏଗୁଡ଼ା କରିବ। ହେଲେ ତମର ସେ ନ୍ୟୁରୋସାଇକ୍ରିୟାଟିକ୍ ପୁଅ ସଂଗ୍ରାମ ପାଇଁ ବୋହୂଟେ ମିଳିବ କେମିତି ? ସେଇଥିପାଇଁ ତ ସେ ଅଧ୍ୟାପିକାଟାକୁ ୨୦ ଲକ୍ଷ ଦେଇ କିଣିଲି। ପାଞ୍ଚପାଞ୍ଚଟା ନର୍ସିଂହୋମ୍ ଯାଙ୍କର ! ସମ୍ବଲପୁରରୁ ବ୍ରହ୍ମପୁର ପର୍ଯ୍ୟନ୍ତ ଓଡ଼ିଶା ସାରା ଲୋକ ତାଙ୍କର ଚିହ୍ନା। ଅଥଚ ପୁଅଟା ପାଇଁ ମୋର ବୋହୂଟେ ଖୋଜିପାରିଲେ ନାହିଁ ? ଆଜି ପଚାରିବାକୁ ପଡ଼ିବ ସେ ବୁଢାକୁ।

(ଠିକ୍ ଏତିକି ବେଳେ ଗୋଟିଏ ଥାଳୀରେ ଜଳନ୍ତା ଦୀପ ଓ ଧୂପକାଠି ଲଗେଇ ପ୍ରବେଶ କଲେ ସୂର୍ଯ୍ୟକାନ୍ତ ମିଶ୍ର। ପ୍ରଚ୍ଛଦ ପଟରୁ ଶୁଭିଲା ସଂଧ୍ୟାଦୀପର ମନ୍ତ୍ର)

ଶ୍ଲୋକ,

ଶୁଭଂ କରୋତି କଲ୍ୟାଣଂ ଆରୋଗ୍ୟଂ ଧନସଂପଦ
ଶତ୍ରୁ ବୃଦ୍ଧି ବିନାଶାୟ ଦୀପ ଜ୍ୟୋତି ନମସ୍ତୁତେ।
ଦୀପଜ୍ୟୋତି ପରବ୍ରହ୍ମ ଦୀପଜ୍ୟୋତି ଜନାର୍ଦ୍ଦନ
ଦୀପୋ ହରତୁମେ ପାପଂ ସଂଧ୍ୟାଦୀପ ନମୋସ୍ତୁତେ।

(ଦୀପ ସହିତ ମଂଚରେ ପ୍ରବେଶ କରିଥିବା ସୂର୍ଯ୍ୟ ମିଶ୍ରଙ୍କୁ ଦେଖି ଥଟ୍ଟା କଲେ ସଂଧ୍ୟା। ଧରିଥିବା ଛୋଟ ବ୍ୟାଗରୁ ଗୋଟେ ସିଗାରେଟ୍ ବାହାର କରି ସୂର୍ଯ୍ୟ ଧରିଥିବା ସଂଧ୍ୟା ଦୀପରେ ଲଗେଇ ଧୂଆଁ ଛାଡ଼ିଲେ ସୂର୍ଯ୍ୟମିଶ୍ରଙ୍କ ମୁହଁ ଉପରକୁ। ସୂର୍ଯ୍ୟ ଆଘାତ ପାଇଲେ)

ସୂର୍ଯ୍ୟ : ସଂଧ୍ୟା

ସଂଧ୍ୟା : କ'ଣ ପାଇଁ ଆସିଚ ଏ ଘରକୁ ? ମୋ ସାଙ୍ଗରେ ଗୋଟାଏ ଖଟରେ

ଶୋଇବା ପାଇଁ ତାକତ ନାଇଁ ତମର। କାଇଁକି ନା ତମେ ଗୋଟେ ଚେର ଶୁଖିଯାଇଥିବା ବରଗଛ। କୁଆଡ଼େ ଆସିଚ ଏଇଠିକି? ଓହଳ ଉପରେ ଭରାଦେଇ ଠିଆ ହେବା ପାଇଁ? ଯାଅ - (ଠେଲିଦେଲେ) ଏ ଘରେ ତମ ପାଇଁ ସ୍ଥାନ ନାହିଁ।

ସୂର୍ଯ୍ୟ : ତମେ ଭୁଲିଯାଉଛ ସଂଧ୍ୟା! ଏଇ ଯୋଉ ପାଞ୍ଚକୋଟି ଟଙ୍କାର ଡିଲକ୍ସ ଘରେ ତମେ ରହୁଚ ସେଇଟା ମୁଁ ତିଆରି କରିଚି।

ସଂଧ୍ୟା : ଘରର ନାଁ "ସଂଧ୍ୟାତାରା ଭବନ"। ତମ ନାଁରେ ତ ଏ ଘର ନାଇଁ ... ମୋ ନାଁରେ ଅଛି। ତମର ପାଞ୍ଚ ପାଞ୍ଚଟା ନର୍ସିଂହୋମ୍‌ର ପଇସା ମଧ୍ୟ ମୋ ପାଖରେ। ଜାଣି ଜାଣି ମୁଁ ସେ ଟଙ୍କା ବ୍ୟାଙ୍କ୍‌ରେ ରଖିନାଇଁ।

ସୂର୍ଯ୍ୟ : ଆଉ କୋଉଠି ରଖିଚ?

ସଂଧ୍ୟା : ଜାଣିବା ଦରକାର ନାଇଁ ତମର।

ସୂର୍ଯ୍ୟ : ସେ ଟଙ୍କା ମୋର ସଂଧ୍ୟା। ପ୍ରତି ମାସରେ ପାଖାପାଖି ଗୋଟେ କୋଟି ଟଙ୍କା ଆସୁଚି। ତାକୁ ମୁଁ ତମ ହାତରେ ବଢେଇ ଦଉଚି। ଇନକମ୍ ଟ୍ୟାକ୍‌ସ ଭୟରେ। ସେ ଟଙ୍କା ତମେ ବ୍ୟାଙ୍କ୍‌ରେ ନ ରଖି ଆଉ କେଉଠି ରଖୁଚ ସଂଧ୍ୟା ?

ସଂଧ୍ୟା : ତିରିଶ ବର୍ଷ ମୋ ଶେଯରେ ଶୋଇଲ। ହେଲେ ପତ୍ନୀର ଅଧିକାର ଦେଇପାରିଲ ନାହିଁ। ଦୁନିଆ କହୁଚି ମୁଁ ସୂର୍ଯ୍ୟକାନ୍ତ ମିଶ୍ରର ରକ୍ଷିତା। ମୋ ପିଲାମାନଙ୍କର କୌଣସି ସାମାଜିକ ପରିଚୟ ନାହିଁ। ଆଉ ତମ ପାଖରେ ରକ୍ଷିତା ହେଇ ରହି ମୁଁ କ'ଣ ଟଙ୍କା କେତେଟାର ମାଲିକାଣି ହୋଇପାରିବିନି?

ସୂର୍ଯ୍ୟ : ହବ ସଂଧ୍ୟା। ନିଶ୍ଚୟ ହେବ। ହେଲେ ମୁଁ ଦେଉଥିବା ଟଙ୍କାଗୁଡ଼ାକ ତମେ ରଖୁଚ କୋଉଠି?

ସଂଧ୍ୟା : ସାତତାଳ ପାଣି ତଳେ ସିନ୍ଦୁକ। ସିନ୍ଦୁକ ଭିତରେ ସିନ୍ଦୁକ ଭିତରେ ସିନ୍ଦୁକ ଅଛି ଡା ସୂର୍ଯ୍ୟକାନ୍ତ ମିଶ୍ର। ସେ ଟଙ୍କାର ଠିକଣା ପୁଅ ସଂଗ୍ରାମ ବି ଜାଣିନି। ରାଜା ତ କାଲି ଚାଲିଯିବ ଆମେରିକା। ଆଉ ରହିଲ ତମେ? ନର୍ସଟେ ବାହାଦେଇଚ ବୋଲି ମୁଁ କ'ଣ ତମର ସେବା କରୁଥିବି ଏଇଠି ସଂଧ୍ୟାରାଣୀ ପରିଡ଼ା? ଚେର ଶୁଖିଯାଇଥିବା ବରଗଛ ତମେ। ଏବେ ଆସିବ ନାହିଁ ଡାକ୍ତର। ଏଇ ଘରକୁ ଆସିବା ଅନାବଶ୍ୟକ।

ସୂର୍ଯ୍ୟ : କ'ଣ କହିଲ?

ସଂଧ୍ୟା : ଗେଟ୍ ଆଉଟ୍! ପୁଅଟାର ବାପା ହେଲା ବେଳକୁ ମଜା ଲାଗୁଥିଲା, ତା'ପାଇଁ ବୋହୂଟେ ଯୋଗାଡ଼ କରିପାରିଲ ନାହିଁ? ଏତେ ବ୍ୟସ୍ତ ତୁମେ?

ସୂର୍ଯ୍ୟ : କିଏ ଦବ ତମର ସେ ବିକୃତ ମସ୍ତିଷ୍କ ପୁଅକୁ ବୋହୂ? ଜୀବନସାରା ସିଏ ମାଟିଆ ଚିଲ ପରି ଉଡୁଥିବ। ଉଡୁଥାଉ - ତୁମେ ତାକୁ ଧରି ଏଇଠି ଅୟସ କର ମୁଁ ଚାଲିଲି - ଗୁଡ୍ ବାଏ।

- ଅନ୍ଧାର -

(ପଞ୍ଚମ ଦୃଶ୍ୟ)

(ଆଲୁଅ ଆସିଲା ପରେ ବାହାରେ ଗୋଟିଏ କାର୍ ଅଟକିବା ଶବ୍ଦ ଶୁଭିଲା। ତା'ପରେ କାର୍ ହର୍ଣ୍ଣ ବାଜିଲା। ସେତିକିବେଳକୁ ମଂଚ ଉପରେ ଚାଉଳ ପାଛୁଡୁଚି ତିଲୋତ୍ତମା ଓ ଗୋଟେ ଷ୍ଟୁଲ୍ ଉପରେ ବସି ବହି ପଢୁଚି ଲୁସି। କାର୍ ହର୍ଣ୍ଣ ଶୁଣି ଆନମନା ହେଲା ଲୁସି)

ଲୁସି : କିଏ ଆସିଲା? ବାପା ବୋଧେ!

ତିଳ : ବାପା? ବାପା କାହିଁକି ଏଇଠିକି ଆସିବେ?

(ଲୁସି ଯାଇ ଦାଣ୍ଡ ପଟକୁ ଚାହିଁଲା)

ଲୁସି : ହଁ ହଁ ବୋଉ ବାପାଙ୍କ ଗାଡ଼ି।

(ତିଳ ମୁଣ୍ଡରେ ଓଢଣା ଦେଇ ସଂଗେ ସଂଗେ ଭିତରକୁ ଚାଲିଗଲା। ଲୁସି ଆସି ଦାଣ୍ଡପଟକୁ ପିଠି କରି ପଢିବା ମୁଦ୍ରାରେ ବସିଲା। ବାହାରୁ ଦୁଇଟି ବଡ଼ ବଡ଼ ଆଟାଚ ଧରି ପ୍ରବେଶ କଲେ ସାନ ପୁଅ ଟୁବାକୁ ଡାକି ଡାକି ସୂର୍ଯ୍ୟକାନ୍ତ)

ସୂର୍ଯ୍ୟ : ଟୁବା ... ଟୁବାରେ!

(କାହା ପାଖରୁ କୌଣସି ପ୍ରତିକ୍ରିୟା ନଥିଲା। ସୂର୍ଯ୍ୟ ଆଟାଚି ଦୁଇଟା ରଖିଦେଇ ପୁଣି ବାହାରକୁ ଚାଲିଗଲେ। ତିଲୋତ୍ତମା ଓଢଣା ଦେଇ ପ୍ରବେଶ କଲେ। (ଆଟାଚିକୁ ଦେଖି ସ୍ୱଗତୋକ୍ତି କଲେ)

ତିଳ : ଇଏ କ'ଣ ଆଟାଚି ଫାଟାଚି ନେଇ ଆସିଲେଣି! କଥା କ'ଣ କିଲୋ ଲୁସି?

(ଲୁସି ନୀରବ, ବାହାରୁ ସୂର୍ଯ୍ୟକାନ୍ତଙ୍କ ପାଟି ଶୁଭିଲା)

ସୂର୍ଯ୍ୟ : ଟୁବା! ଆରେ ତୁ କୋଉଠି?

(ସୂର୍ଯ୍ୟ ପୁଣି ଦୁଇଟା ଆଟାଚି ଓ ବେଡ୍ ହୋଲଡର ନେଇ ପ୍ରବେଶ କଲେ)

ତିଳ : ଟୁବା ଘରେ ନାଇଁ।

ସୂର୍ଯ୍ୟ : ଆଉ ?

ତିଳ : ଟୁବା ରାଜସ୍ଥାନ ପିଲାନୀରୁ ବିଟେକ୍ ସାରି ଫେରିନି। ତାର ବାଙ୍ଗାଲୁରୁରେ ପ୍ଲେସ୍‌ମେଣ୍ଟ୍ ହେଇଛି।

ସୂର୍ଯ୍ୟ : ଓ ! ତାହେଲେ ଭଲ ହେଲା। ପିଲାନୀରେ ପଢିଲା ? ଗୁଡ଼ାଏ ଟଙ୍କାତ ଲାଗିଥିବ ?

ତିଳ : ସମୁଦାୟ କୋଡ଼ିଏ ଲକ୍ଷ ଲାଗିଲା।

ସୂର୍ଯ୍ୟ : କୋଉଠୁ ଆଣିଲ ? ମତେ କହିଲନି ?

ତିଳ : ଦି'ଟା ଚିଠି ଲେଖିଚି ଲୁସି। ତମ ପଖରୁ ଉତ୍ତର ମିଳିଲା ନାହିଁ କି ଟଙ୍କା ଆସିଲା ନାହିଁ। ମୋ ପାଖରେ ଯାହା ସୁନା ଥିଲା ସବୁତକ ବିକିଲେ ୮/୯ ଲକ୍ଷ ହେଲା।

ସୂର୍ଯ୍ୟ : ସେଇଠୁ କ'ଣ କଲ ?

ତିଳ : ତମର ଜାଣିବା ଦରକାର କଣ ? ସେ ନର୍ସକୁ ଧରି ଆରାମରେ ଅଛ ! (ସୂର୍ଯ୍ୟ ଆଟାଚି ଥୋଇ ପୁଣି ଚାହିଁଲେ ବାହାରକୁ)

ଲୁସି : କିଛି କହିବା ଦରକାର ନାଇଁ ବୋଉ, ଟୁବା ଠିକ୍ କହୁଥିଲା, ବାପା ଆଉ ମଣିଷ ହୋଇ ନାହାନ୍ତି। ଆମ ସହିତ ସବୁ ସମ୍ପର୍କ ଛିନ୍ନ କରିସାରିଲେଣି।

ତିଳ : ଗୁଡ଼େ ବାକ୍ସ ପତ୍ର ଧରି ଏଇଠିକି କାହିଁକି ଆସିଛନ୍ତି ? ଏଁ ? ଏଇଠି କିଏ ଅଛି ତାଙ୍କର ?

ଲୁସି : ପଚାରେ ତାଙ୍କୁ।

ତିଳ : ପଚାରିବାକୁ ତୁଣ୍ଡ ଲେଉଟୁନି ଲୋ ଲୁସି। ପାଞ୍ଚବର୍ଷ ପରେ ଆସିଛନ୍ତି। (ଆଉ କିଛି ଜରି ପ୍ୟାକେଟ ଓ କ୍ୟାରିବ୍ୟାଗ ୩/୪ଟା ନେଇ ପୁଣି ଆସିଲେ ସୂର୍ଯ୍ୟକାନ୍ତ) ଏଗୁଡ଼ା କ'ଣ ? ଲୁଆଡ଼େ ଆସିଲ ତମେ ? ଏଇଠି କିଏ ଅଛି ତମର ?

ସୂର୍ଯ୍ୟ : ମୁଁ ଗତ ସପ୍ତାହରେ ରିଟାୟାର ହୋଇଗଲି। ଏଇଠି ବାନପ୍ରସ୍ଥ ଓ ସନ୍ନ୍ୟାସ କାଟିବି। ସହରରେ ସେଗୁଡ଼ା ସମ୍ଭବ ହେଲା ନାହିଁ।
(କିଛି ନ କହି ତିଳୋତ୍ତମା ଭିତରକୁ ଚାଲିଗଲେ)
ତୋ'ବୋଉ ପାଖରେ ମୁଁ ଗୋ-ହତ୍ୟା କରିଚି ଲୋ ଲୁସି। ଜୀବନ ସରିଗଲା ହେଲେ ମତେ ସିଏ କ୍ଷମା କରିପାରିଲା ନାହିଁ।

ଲୁସି : ତୁମକୁ ଏକା ବୋଉ ନୁହେଁ - ଆମେ କେହି କ୍ଷମା କରିପାରିବୁ ନାହିଁ ବାପା ! ଆମେ ତ ତମ ସାଙ୍ଗରେ କଥାବାର୍ତ୍ତା କରୁଚୁ ହେଲେ ଟୁବା ... ଟୁବା ତମ ଫଟୋ ଉପରକୁ ଛେପ ପକଉଛି ।
(ଆବହ ସଂଗୀତ, ସୂର୍ଯ୍ୟକାନ୍ତଙ୍କ ମୁହଁର ତୀବ୍ର ପ୍ରତିକ୍ରିୟା)
ଚାରିବର୍ଷ ବିର୍‌ଲା ଇନ୍‌ଷ୍ଟିଚ୍ୟୁଟରେ ବି.ଟେକ୍ କଲା, ଦିନେ ତମକୁ ଚିଠି ଲେଖି ଜଣେଇଚି ? ଏବେ ବେଙ୍ଗାଲୁରୁରେ ପୋଷ୍ଟିଙ୍ଗ୍ ହେଲା, ଜଣେଇଚି ତମକୁ ?

ସୂର୍ଯ୍ୟ : କ'ଣ ମୋ ସାଙ୍ଗରେ ସମ୍ପର୍କ କାଟିଦେଲା ?
(କ୍ଷୀପ୍ର ଗତିରେ ଆସିଲେ ତିଳୋତ୍ତମା)

ତିଳ : ସମ୍ପର୍କ ସିଏ କାଟିନି, ତମେ କାଟି ଦେଇଚ ।

ସୂର୍ଯ୍ୟ : କ'ଣ ଏମିତି ଅପରାଧଟା କରିଦେଲି ମୁଁ ? ହେଲା ତ ଗୋଟେ ଭୁଲ ହେଇଗଲା । ସେଥିପାଇଁ କ'ଣ ଜୀବନସାରା ଭୋଗୁଥିବି ?

ତିଳ : ହଁ, ଜୀବନସାରା ପ୍ରାୟଶ୍ଚିତ୍ତ କଲେ ବି ତମକୁ ମୁକ୍ତି ମିଳିବ ନାଇଁ । ଲୁସି ଦି ଦିଇଟା ଚିଠି ଲେଖିଲା, ତମେ ଅଧୁଲାଏ ବି ପଠେଇଲ ନାହିଁ ? ପୁଅର ମୋର ପାଠ ପଢା ବନ୍ଦ ହୋଇଯାଇଥାନ୍ତା । ନିଜକୁ ବିକ୍ରି କରି ଲୁସି କୋଡ଼ିଏ ଲକ୍ଷ ଆଣିଲା ବୋଲି ଟୁବା ଇଂଜିନିୟର ହେଲା ।

ସୂର୍ଯ୍ୟ : ଲୁସି ନିଜକୁ ବିକ୍ରି କରିଦେଲା ?

ଲୁସି : ଆଉ କ'ଣ କରିଥାନ୍ତି ? ଟୁବା ମନା କରୁଥିଲା, ତଥାପି ତାକୁ ଲୁଚେଇ ଦି'ଦିଟା ଚିଠି ଲେଖିଲି । କ'ଣ ଆଉ କରିପାରିଥାନ୍ତି ? ତମ ପାଖରୁ ପଇସାଟିଏ ମିଳିଲା ନାହିଁ ।

ସୂର୍ଯ୍ୟ : ମୁଁ ତୋର କୌଣସି ଚିଠି ପାଇନି ।

ଲୁସି : ମିଛ କଥା । ମୋ' ପାଖରେ ପଚାଶ ହଜାର ଥିଲା । ସେଥିରେ ଆଡ଼ମିଶନ୍ ହୋଇଗଲା ... ହେଲେ ସେମେଷ୍ଟାର ଖର୍ଚ୍ଚ ? ଗୋଟେ ସେମେଷ୍ଟର ଖର୍ଚ୍ଚ ଅଢେଇ ଲକ୍ଷ - ଆଠଟା ସେମେଷ୍ଟର ବାପା - କୋଡ଼ିଏ ଲକ୍ଷ ଟଙ୍କା ମୁଁ କୋଉଠୁ ପାଆନ୍ତି ? ଜଣକ ଘରେ ଟ୍ୟୁସନ କରୁଥିଲି । ସେମୋନଙ୍କୁ ଧାର ମାଗିଲି । ହେଲେ ସେମାନେ ସର୍ତ୍ତ ରଖିଲେ ।

ସୂର୍ଯ୍ୟ : ସର୍ତ୍ତ ? କି ସର୍ତ୍ତ ?

ଲୁସି : ତାଙ୍କର ପାଗଳ ପୁଅକୁ ବିବାହ କରିବାକୁ ହେବ।

ସୂର୍ଯ୍ୟ : କିଏ ସେ ପୁଅ ?

ଲୁସି : ମୋଠୁ ଚାରିବର୍ଷ ସାନ ହେବ। ବି.ଏସ୍.ସି ପାଶ୍ କରିନି। ମୁଁ କେମିତି ସେଇଟାକୁ ବାହା ହେବି ବାପା ? ତମେ କାହିଁକି ଆମକୁ ଏ ଅବସ୍ଥାରେ ପକେଇଲ ? ଆମେ ତମ ପାଖରେ କି ଅପରାଧ କରିଥିଲୁ ବୋଲି ଏଇ ଶାସ୍ତି ଦେଲ ଆମକୁ ?

ସୂର୍ଯ୍ୟ : ମୁଁ କିଛି ଜାଣିପାରି ନଥିଲି ଲୁସି ! ଏତେ କଥା ହେଇଗଲା – ଅଥଚ ! ମୁଁ ପାଷାଣ୍ଡ ସମସ୍ତଙ୍କୁ ଏତେ କଷ୍ଟ ଦେଲି।

ଲୁସି : ଏବେ କାଇଁକି ଆସିଲ ବାପା ? ସର୍ତ୍ତ ଅନୁଯାୟୀ ମୁଁ ସେଇଟାକୁ ବାହାହେଇ ଚାଲିଯିବି – ତାଙ୍କ ଘରେ ଗୋଡି ଖଟିବି। ଏଇଠି ତମର ଦେହ ପା କ'ଣ ହେଲେ ବୋଉ କେମିତି ବୁଝିବ ବାପା ? ଶୂଦ୍ର ଘରେ ରୋଷେଇ କରି, ଭୋଜି ଭାତରେ କାକରା ଆରିଷା ଛାଣି ବୋଉ ଘର ଚଳଉଛି। ଏବେ ତମ କଥା କେମିତି ବୁଝିବ ସିଏ ?

(ପ୍ରବେଶ କଲେ ତିଳୋତ୍ତମା)

ତିଳ : ହଉ, ତୁମେସବୁ ବାପାଙ୍କୁ କ୍ଷମା ନ କଲେ ନାହିଁ। ଟୁବା ତା ବାପାଙ୍କୁ ପାଖକୁ ନ ଡାକୁ। ବାପା କ'ଣ ତମ ଆଶ୍ରାରେ ପଡ଼ିଛନ୍ତି ? ଏଇଠି ଗାଁରେ ତମେମାନେ ଯୋଉଠି ରହୁଚ, ସେଇଟା ବି ତାଙ୍କରି ଘର। ଯୋଉ ଜମିର ଚାଉଳ, ମୁଗ ଖାଉଚ ସବୁ ତାଙ୍କର ସମ୍ପତ୍ତି। ମୁଁ ... ଯେତେ କଷ୍ଟ ହେଉ ପଛେ ତାଙ୍କୁ ଚଳେଇ ନେବି। ନ ହେଲେ ଖାଇପିଇ ଟଙ୍କା ଦି ହଜାର ଦେଲେ ପିଲାଟିଏ ରହିବ। ତାଙ୍କୁ ବସା ଉଠା କରିବ। ରାତିରେ ତାଙ୍କୁ ଜଗି ଶୋଇବ। ପାଞ୍ଚବର୍ଷ ପରେ ସିଏ ଗାଁକୁ ଆସିଛନ୍ତି, ତୋ ତୁଣ୍ଡ କେମିତି ଲେଉଟୁଛି ଲୋ ? ମୁହେଁ ମୁହେଁ ୟାଡୁ ସ୍ୟାଡୁ କହିବା ପାଇଁ ?

ସୂର୍ଯ୍ୟ : ମୁଁ ପାଷାଣ୍ଡ ସବୁ ଜାଣି ସୁଦ୍ଧା ବାଟ ହୁଡ଼ିଗଲି। ତମ ସମସ୍ତଙ୍କୁ କଷ୍ଟ ଦେଲି। ମୋ ପାପର କ୍ଷମା ନାହିଁ। ଲୁସି ଠିକ୍ କହିଚୁ।

ଲୁସି : ବାପା ଏବେ ମଲା ସାପ ଲୋ ବୋଉ। ଫଁ କରିବାକୁ ଆଉ ବଳ ନାହିଁ। ଜୀବନ କ'ଣ ଆଉ ଉଜାଣି ବହିବ ? ବୋଉର ଉପେକ୍ଷିତ ଯୌବନ, ଆମମାନଙ୍କର ବିଡମ୍ବିତ ବାଲ୍ୟ ଆଉ କୈଶୋର କ'ଣ ବାପାଙ୍କର ଏଇ ସ୍ୱୀକାରୋକ୍ତିରେ ଫେରିଆସିବ ?

ତିଳ : ତା'ହେଲେ କାହିଁକି ବାପାଙ୍କର ସେଇ ଅଜାଗା ଘା'କୁ ଉଖାରି ଆଘାତ

ଦଉଛୁ ? ହଁ ତମେ ଠିଆ ହୋଇ ରହିଲ କାଇଁକି ? (ସୂର୍ଯ୍ୟଙ୍କ ହାତ ଧରି) ଏଇ ଖଟ ଉପରେ ବସ, ନ ହେଲେ ବିଶ୍ରାମ କର । (ସୂର୍ଯ୍ୟକାନ୍ତକୁ ଶୁଆଇ ଦେଉ ଦେଉ ଆଲୋକ ସ୍ତିମିତ ହେଲା । ଆବହ ସଂଗୀତରେ ଏକ କରୁଣ ଶାସ୍ତ୍ରୀୟ ଆଳାପ, ପୁନଶ୍ଚ ଆଲୋକ ଆସିଲା ବେଳକୁ ସୂର୍ଯ୍ୟକାନ୍ତ ମଞ୍ଚରେ ପଡ଼ିଥିବା ଖଟ ଉପରେ ଶୋଇଛନ୍ତି । ବାହାରୁ ଦୁଇ ହାତରେ ଦୁଇଟି ବ୍ୟାଗ୍‌ରେ କମଳା, କଦଳୀ, ଅଂଗୁର ଓ ଆପଲ୍ ଭର୍ତ୍ତି କରି ପ୍ରବେଶ କଲା ଟୁବା)

ଟୁବା : ବୋଉ ... ଏ ଗୁଡ଼ା ନେଇ ଯା' !

(ତିଳ ଆସି ବ୍ୟାଗ୍ ଖୋଲି ଦେଖିସାରି)

ତିଳ : କିରେ କ'ଣ ହବ ଏ ବିସ୍କୁଟ, ହରଲିକ୍ସ, ଫଳମୂଳ ? ବାପା ତ ଏଗୁଡ଼ା ଖାଉନାହାନ୍ତି । (ସେଗୁଡ଼ା ନେଇ ଭିତରକୁ ଗଲେ)

(ଟୁବା ବାପା ପାଖକୁ ଗଲା, ବାପା ଆଖି ବନ୍ଦ କରିଦେଲେ । ଆବହ ସଙ୍ଗୀତ, ଟୁବା ବାପାଙ୍କ ପାଦକୁ ଛୁଇଁ ମୁଣ୍ଡିଆ ମାରିଲା । ତା'ପରେ ଆସି ସ୍ୱଗତୋକ୍ତି କଲା)

ଟୁବା : ବାପା ତ ମତେ ଗର୍ଭରେ ଧରିନାହାନ୍ତି । ପ୍ରସବ ବେଦନା ସହି ନାହାନ୍ତି । ଏମିତିକି ମୋର ଲାଳନପାଳନ ମଧ୍ୟ କରିନାହାନ୍ତି । ହାତଧରି ବାଟ ଚଲେଇ ନାହାନ୍ତି । ସିଏ ପୁଣି କି ବାପା ? ବି.ଟେକ୍ ଟା ପଢ଼ିବା ପାଇଁ ପଇସାଟିଏ ବି ଦେଇ ନାହାନ୍ତି । ସିଏ ପୁଣି କି ବାପା ?

(ଚାଲିଗଲା ଟୁବା, ଆବହ ସଂଗୀତ, ଆଲୋକ ଠୁଳ ହେଲା ସୂର୍ଯ୍ୟକାନ୍ତଙ୍କ ଉପରେ, ସେ ଉଠି ଠିଆହେଲେ)

ସୂର୍ଯ୍ୟ : ଏଠି ଟୁବା ଓ ସେଠି ସଂଗ୍ରାମ ଆଉ ରାଜା । ତିନିତିନିଟା ପୁଅ, ଅଥଚ ମଲାପରେ ମୁଖାଗ୍ନି ଦେବାକୁ କେହି ନାହାନ୍ତି । (ଟୁବା ଯାଇପାରିଲା ନାହିଁ । ଯାଉ ଯାଉ ଅଟକି ଗଲା । (ପ୍ରବେଶ କଲେ ତିଳୋତ୍ତମା)

ତିଳ : ମୁଁ ଜାଣେ ତୁ ବାପାଙ୍କର ସବୁ କିଛି କରିବୁ । କିନ୍ତୁ ଲାଭ କ'ଣ ? ଏଇ ଅବସ୍ଥାରେ ତ ତୁ ଧିକ୍କାର କରୁଚୁ ତାଙ୍କୁ ! (ଆବହ ସଂଗୀତ) ମୁଁ କ'ଣ ଏଇ ଶିକ୍ଷା ଦେଇଥିଲି ତତେ ?

ଟୁବା : ବୋଉ ! (କାନ୍ଦିଲା ଟୁବା)

ତିଳ : ମୁଁ ଜାଣୁଚି ତୋ ଭିତରେ କେତେ ଦୁଃଖ କେତେ ଆହତ ଅଭିମାନ । କିନ୍ତୁ ଯାହା ଫେରିବ ନାହିଁ ତା ତୁ ପାଇବା ପାଇଁ ବର୍ତ୍ତମାନଟାକୁ ଦୁଃଖମୟ କରିବା କଣ ଦରକାର ? ତୁ ବାଙ୍ଗାଲୋର ଫେରିବୁ

କେବେ ?

ଟୁବା : କାଲି ଯିବି। ଭାବୁଚି ବାପାଙ୍କୁ ବାଙ୍ଗାଲୋର ନେଇଯିବି। ବାଙ୍ଗାଲୋର ଜଳବାୟୁରେ ବାପାଙ୍କୁ ଭଲ ଲାଗିବ। ତା'ଛଡ଼ା ସେଇଠି ଭଲ ଫରେନ୍ ହସ୍‌ପିଟାଲରେ ତାଙ୍କର ଫୁଲ ଏକ୍‌ଜିକ୍ୟୁଟିଭ୍ ଚେକ୍ କରେଇ ନେବା। (ତିଳ ଚାଲିଗଲେ, ଟୁବା ବାପାଙ୍କ ପାଦ ପାଖରେ ବସି ଗୋଡ଼ ଚିପି ଦେଉଦେଉ କାନ୍ଦି ପକେଇଲା। ସେମିତି କାନ୍ଦୁରା ସ୍ୱରରେ କହିଲା। ଆବହ ସଙ୍ଗୀତରେ କୋରସ୍ ହମିଂ)

ଟୁବା : ବାପା, ଚାଲ, ମୋ ସାଙ୍ଗରେ ବାଙ୍ଗାଲୋର। ସେଇଠି ତମର ହାର୍ଟଠୁ ଆରମ୍ଭ କରି ଆଖି ପର୍ଯ୍ୟନ୍ତ ସବୁ ଚେକ୍ କରେଇ ଦେବା।

ସୂର୍ଯ୍ୟ : (ଥରିଲା କଣ୍ଠରେ) ଏତେ ସପନକୁ ଆଉ ରାତି ନାଇଁରେ ଟୁବା, ମୋର ସମୟ ଶେଷ ହୋଇଗଲାଣି। ଏଇଠୁ ଉଠି ଏରୋପ୍ଲେନ୍‌ର ପାହାଚ ଚଢ଼ିବା ପାଇଁ ଧିଅରେ ବଳ ନାଇଁ।
(ଆବହ ସଂଗୀତ, ତା' ଭିତରେ ପଶି ଆସିଲା ସଂଗ୍ରାମ। ତାକୁ ଦେଖି ଠିଆ ହୋଇପଡ଼ିଲା ଟୁବା)

ଟୁବା : ଆପଣ ?

ସଂଗ୍ରାମ : ମୁଁ ସଂଗ୍ରାମ ପରିଡ଼ା। ଏଇଟା ଲୁସି ମିଶ୍ରଙ୍କ ଘର ତ ?

ଟୁବା : ଆଜ୍ଞା।

ସଂଗ୍ରାମ : ଠିକ୍ ଅଛି। ମୁଁ ଡରୁଥିଲି କାଳେ ଘରଟା ଭୁଲିଯିବି।

ଟୁବା : ଲୁସି ନାନୀ ପାଖରେ କ'ଣ କାମ ?

ସଂଗ୍ରାମ : ଦେଖନ୍ତୁ। ତା' ସାନଭାଇର ପାଠ ପଢା ପାଇଁ କୋଡ଼ିଏ ଲକ୍ଷ ଧାର କରିଥିଲା ମୋ ମା'ଙ୍କ ପାଖରୁ ପାଞ୍ଚ ବର୍ଷ ହୋଇଗଲା – ଟଙ୍କା ସୁଝିବାର ନା ଗନ୍ଧ ନାଇଁ କି ମା' ଯୋଉ ସର୍ତ୍ତ ରଖିଥିଲା ତାକୁ ପୂରଣ କରିବାର ଚେଷ୍ଟା ବି ନାଇଁ, ସେଥିପାଇଁ ମୁଁ ପଚାରିବାକୁ ଆସିଲି।

ଟୁବା : କ'ଣ ସର୍ତ୍ତ ଥିଲା ମୁଁ ଜାଣିନି।

ସଂଗ୍ରାମ : ସର୍ତ୍ତ ଥିଲା ଟଙ୍କା ବିନିମୟରେ ଲୁସି ମତେ ବାହାହେଇ ଆମ ଘରକୁ ବୋହୂ ହେଇଯିବ ଓ ଆମ ଘରେ ଚାକରାଣୀ ପରି ସମସ୍ତଙ୍କର ସେବା କରିବ। କାଇଁ ଲୁସି ?

ଟୁବା : ଲୁସି କଲେଜ ଯାଇଚି। ଆପଣଙ୍କର କୋଡ଼ିଏ ଲକ୍ଷ ମୁଁ ଦେବି ସାର୍ ! ବ୍ୟସ୍ତ ହୁଅନ୍ତୁ ନାହିଁ।

ସଂଗ୍ରାମ : ତମେ କିଏ ?

ଟୁବା : ମୁଁ ତାଙ୍କ ସାନଭାଇ। ମୋ'ର ପଢାଖର୍ଚ୍ଚ ପାଇଁ ହିଁ ନାନୀ ଧାର୍ କରିଥିଲା। ମୁଁ କଥା ଦଉଚି ... ମୁଁ ସେ ଟଙ୍କା ଶୁଝିଦେବି। (ହଠାତ୍ ଉଠିଲେ ସୂର୍ଯ୍ୟକାନ୍ତ)

ସୂର୍ଯ୍ୟ : ନା, ରେ କୋଡ଼ିଏ ଲକ୍ଷ ମୁଁ ଦେବି। (ହଠାତ୍ ସାମ୍ନାରେ ସଂଗ୍ରାମ ଦେଖି) କିରେ? ତୁ କ'ଣ ଏଠି? କୋଡ଼ିଏ ଲକ୍ଷ ଟଙ୍କା କାହାକୁ ମାଗୁଚୁ? ତୁ କୋଡ଼ିଏ ଲକ୍ଷ କୋଉଠୁ ଆଣିଲୁ?

ସଂଗ୍ରାମ : ବାପା, ଆପଣ? ଏଇଠି?

ସୂର୍ଯ୍ୟ : ହଁ ଏଇଠି। ତମମାନଙ୍କ ପାଖରୁ ତଡ଼ା ଖାଇ ଘରକୁ ମୁଁ ଆସିଛି।

ସଂଗ୍ରାମ : ଏଇଟା ତମର ଘର?

ସୂର୍ଯ୍ୟ : ହଁ ଏଇଟା ମୋ ଘର ଆଉ ଲୁସି ମୋର ଝିଅ। କ'ଣ ତୁ ପ୍ରଳାପ କରୁଚୁ ଏଇଠି? ମୋ' ପଇସା ମୋ ଝିଅକୁ ଦେଇ ତାକୁ ବାହା ହେଇ ପଡ଼ିବୁ? ରାସ୍କେଲ! ଲୁସି ତୋଠୁ ଚାରିବର୍ଷ ବଡ଼। ସେ ବ୍ରାହ୍ମଣ ଘର ଝିଅ ଆଉ ଅଧ୍ୟାପିକା। ଆଉ ତୁ ... ତିନି ଥରରେ ବି.ଏସ.ସି ପାଶ୍ କରିପାରିଲୁ ନାହିଁ। ପଳେଇ ଆସିଲୁ ଭଉଣୀକୁ ବାହା ହେବା ପାଇଁ? ଏତେ ସାହସ ତୋର?

ସଂଗ୍ରାମ : ମା' ପଠେଇଲା ...

ସୂର୍ଯ୍ୟ : ସେଇଟା ଶଳା ଗୋଟେ ବେଶ୍ୟା, ମୋ ପଇସାରେ ମୋ ଝିଅକୁ କିଣିବ ସିଏ?

ସଂଗ୍ରାମ : ଡାକିବି ମା'କୁ?

ସୂର୍ଯ୍ୟ : ତୁ ଏଇଠୁ ଯିବୁ ନା ମୁଁ ପୋଲିସ୍‌କୁ ଫୋନ୍ କରିବି?

ସଂଗ୍ରାମ : କ'ଣ କରିବ? ପୋଲିସ୍‌କୁ ଫୋନ୍ କରିବ? (ଆବହ ସଙ୍ଗୀତରେ ଉତ୍କଣ୍ଠା)

ଟୁବା : ଯାଆନ୍ତୁ ଆପଣ, ଟଙ୍କା ମୁଁ ଫେରେଇବି।

ସୂର୍ଯ୍ୟ : ନା! ଏ ଟଙ୍କା ଫେରେଇବା ଦରକାର ନାଇଁ, ମୁଁ ଯୋଉ ତୋର ପଢାଖର୍ଚ୍ଚ ଦେଇପାରି ନ ଥିଲି - ଏ ଟଙ୍କା ସେ ପାପର ପ୍ରାୟଶ୍ଚିତ ବୋଲି ଭାବିନେ!

ସଂଗ୍ରାମ : ବାପା! (ରାଗିଯାଇ ଚିତ୍କାର କଲା)

ସୂର୍ଯ୍ୟ : ସଟ୍‌ଅପ୍! ବାହାର ଏଇଠୁ ... ନ ହେଲେ ଶଳା ପାଗଳକୁ ଜୋତାରେ ପିଟିବି। (ଏହା କହି ସୂର୍ଯ୍ୟକାନ୍ତ ସଂଗ୍ରାମକୁ ପିଟିବାକୁ ଯାଉ ଯାଉ ବ୍ଲଡ଼ପ୍ରେସର୍‌ରେ ମୂର୍ଚ୍ଛା ହୋଇପଡ଼ିଲେ, ମଂଚ ଅନ୍ଧକାର)

ଜୁଲି ଓ ଅଭିଜିତ୍‌ମାନଙ୍କ ପାଇଁ

ନାଟକର ଚରିତ୍ରମାନେ

ପୁରୁଷ	ନାରୀ
ସୀତାନାଥ	ମାଳତୀ
ଅଭିଜିତ୍	ଜୁଲି

ଜୁଲି ଓ ଅଭିଜିତ୍‌ମାନଙ୍କ ପାଇଁ

ସ୍ଥାନ : ଗୋଟିଏ ସାଧାରଣ ମଧ୍ୟବିତ୍ତପରିବାର ଯାହା କାଳକ୍ରମେ ଅବକ୍ଷୟିତ ହୋଇ ଏଇପରି ଗୋଟିଏ ବିକଳ ଅବସ୍ଥାରେ ପହଞ୍ଚିଛି।
(ଦୂରରୁ କୌଣସି ଏକ ଘଣ୍ଟାରେ ଏଗାରଟା ବାଜିଲା ପରେ। ଗୋଟିଏ ଅନ୍ଧାର ଘରେ ସୀତାନାଥ, ମାଳତୀ ଓ ଛୋଟ ଛୁଆମାନେ ଶୋଇଛନ୍ତି। ଶୀତ ରାତି।)

ସୀତାନାଥ : (ଦୀର୍ଘଶ୍ୱାସ ପକାଇ କ୍ଳାନ୍ତିର ସ୍ୱରରେ) ହେ ଭଗବାନ୍‌!

ମାଳତୀ : (କିଛି ସମୟ ପରେ) ତମେ ଏ ପର୍ଯ୍ୟନ୍ତ ଶୋଇନା ?

ସୀତାନାଥ : ନିଦ ନାଇଁ। ତମେ ?

ମାଳତୀ : ମୁଁ ? ନା, ଆଖିଟା ଖାଲି ନାଗି ଯାଇଥିଲା।

ସୀତାନାଥ : (ଘୁମେଇଲା ଭଳି) ହଁ।

ମାଳତୀ : କେତେ ରାତି ହବ କେଜାଣି !

ସୀତାନାଥ : ଟ୍ରେଜେରୀ ଘଣ୍ଟାରେ ଏଗାରଟା ବାଜିଲା।
(କିଛି ସମୟ ଚୁପ୍‌ଚାପ୍‌)
ଓଃ ଭୀଷଣ ମଶା ହେଇଛନ୍ତି।

ମାଳତୀ : ମଶାରୀଟା ଚିରିଗଲାଣି। ନୂଆ ଖଣ୍ଡେ କରିବା ପାଇଁ ଦି ବରଷ ହେବ କହୁଚି ଯେ ...

ସୀତାନାଥ : କ'ଣ କରିବି କୁହ ! ଅନେକ ଚେଷ୍ଟା କରୁଛି ହେଲେ ପାଞ୍ଚଶ ଟଙ୍କା ନ ହେଲେ କ'ଣ ମଶାରୀଟିଏ ଦେଇପାରୁଛି ?

ମାଳତୀ : (ହତାଶ-ବିସ୍ମିତ ଭାବେ) ପାଞ୍ଚଶହ ?

ସୀତାନାଥ : ସେ ଯୁଗ ଗଲାଣି । ଆଛା ଏ ମଶାରୀଟା କେବେ କିଣା ହୋଇଥିଲା ?

ମାଳତୀ : ଅନେକ ଦିନ ତଳେ । ଜୁଲି ଜନ୍ମ ହେବା ଆଗରୁ ।

ସୀତାନାଥ : ପ୍ରାୟ ପଚିଶି ବର୍ଷ ତଳେ !

ମାଳତୀ : ହଁ ।

(କିଛି ସମୟ ଚୁପ୍‌ଚାପ । ତାପରେ ଗୋଟାଏ ଅଧେ ପିଲା ସେଇ ଅନ୍ଧାର ଭିତରେ ବାଉଳେଇ ... ହେଲେ ... ଅସ୍ପଷ୍ଟ ଶବ୍ଦ ସବୁ ଶୁଭିଲା)

ଓ ! ବାଡ଼ିପଡ଼ାଟା ମାରିବ ମତେ ! ମୋ' ପ୍ରାଣ ଖାଇଲେ ଯାଇ ତାର ପେଟ ପୁରିବ ।

ସୀତାନାଥ : କ'ଣ ? ହେଲା କ'ଣ ?

ମାଳତୀ : ନାକ ଉପରକୁ ଗୋଟାଏ ଗୋଇଠି ମାରିଦେଲା ।

ସୀତାନାଥ : ଛୁଆଗୁଡ଼ାଙ୍କୁ ବି ନିଦ ହେଉନି ।

ମାଳତୀ : (ରାଗ କମିଯାଇଚି) ହଁ । ଫୁଙ୍ଗୁଳା ଦିହରେ ଶୋଇଛନ୍ତି । ଶୀତ ହେଉଥିବ ।

ସୀତାନାଥ : ମଶା କାମୁଡ଼ିଥିବେ ।

ମାଳତୀ : ଶୀତରେ ହାଡ଼ ଥରି ଯାଉଥିବ ।

ସୀତାନାଥ : ଜୁଲି ଆସିଲାଣି ?

ମାଳତୀ : (ଦୀର୍ଘଶ୍ୱାସ) ନା ।

ସୀତାନାଥ : ଏତେ ରାତି ହେଲାଣି ... ଅଥଚ ...

ମାଳତୀ : ଆଜିକାଲି ସିଏ ଅନେକ ଡେରୀରେ ଫେରୁଚି ।

ସୀତାନାଥ : (କିଛି ସମୟ ଚୁପ୍ ରହି) ହଁ ।

ମାଳତୀ : ଅଫିସ କ'ଣ ଏଗାରଟା ଯାଏଁ ହଉଚି ?

ସୀତାନାଥ : ତମେ ଟିକିଏ ଶୋଇପଡ଼ । ତମ ଦିହ ଖରାପ ।

ମାଳତୀ : ନିଦ ହଉନି । ଶେଯରେ ପଡ଼ିରହିଲେ ଡର ମାଡୁଚି ।

ସୀତାନାଥ : ଡର ? କାହାକୁ ଡରୁଚ ?

ମାଳତୀ : ହଁ । ଆଜିକାଲି ଅନ୍ଧାରକୁ ମୁଁ ଭୟ କରୁଚି ।

ସୀତାନାଥ : ଇଏତ କୃଷ୍ଣପକ୍ଷ ରାତି ଚାଲିଚି । ଅନ୍ଧାର ହବ ନିଶ୍ଚୟ ।

ମାଳତୀ : ଆଲୁଅ ଲିଭେଇ ଦେଲେ ଅନେକ ଅନେକ ଖରାପ ସ୍ୱପ୍ନ ... କଳା କଳା ଭୂତ ଆଉ ମଇଁଷି ପଲ।

ସୀତାନାଥ : ତମେ ଚିନ୍ତା କର ନାହିଁ। ନିଶ୍ଚୟ ଭଲ ହେଇଯିବ!

ମାଳତୀ : (ସ୍ୱର କମ୍ପିଉଠିଲା) ମୁଁ ମରିଗଲେ ଏ ଛୁଆଗୁଡ଼ା ଛେଉଣ୍ଡ ହେଇଯିବେ।

ସୀତାନାଥ : (ମାଳତୀଙ୍କୁ ଭୁଲେଇ ଦେବା ପାଇଁ) ରାତି ଅନେକ ହେଲାଣି। ଅନିଦ୍ରା ହେଲେ ଦେହ ଖରାପ ହବ। ଶୋଇପଡ଼।

ମାଳତୀ : ଜୁଲି ଏ ପର୍ଯ୍ୟନ୍ତ ଫେରିଲାନି।

ସୀତାନାଥ : (ଅନ୍ୟମନସ୍କ) ଉଁ ... ? ହଁ ... ଜୁଲି। ହଁ, ଫେରୁଥିବ।

ମାଳତୀ : ତମ ଲାଗି ସେ ନଷ୍ଟ ହୋଇଗଲା।

ସୀତାନାଥ : ତମେ ଶୋଇଲ!

ମାଳତୀ : (ଉତ୍ତେଜିତ ହୋଇ) ତମେ ହିଁ ତାକୁ ଏଇ ସ୍ୱାଧୀନତା ଦେଇଚ। ତମ ଲାଗି ସହର ସାରା ତା' ନାଁରେ ଅପବାଦ ହଉଚି। ତମେ କିଛି ନ କହି ମୋ ଝିଅଟାକୁ ନଷ୍ଟ କରିଦେଲ! (କାନ୍ଦିଲେ)

ସୀତାନାଥ : (ଦୀର୍ଘଶ୍ୱାସ ପକାଇ) ହଁ। ମୁଁ ତାକୁ ନଷ୍ଟ କରିଦେଇଚି।

ମାଳତୀ : ତମେ ଅଯୋଗ୍ୟ ବୋଲି ସିନା ସିଏ ଚାକିରୀ କରୁଚି। ତମେ ତା' ବାହାଘର କରେଇପାରୁନ ବୋଲି ସିନା ଏତେ ରାତି ଯାଏଁ ସିଏ ଘରକୁ ଫେରିନି।

ସୀତାନାଥ : ମୁଁ ତାକୁ ବାହାରେ ଏତେ ସମୟ ରହିବା ପାଇଁ ଅନୁମତି ଦେଇନିତ!

ମାଳତୀ : ତମଠୁ ସିଏ ବେଶୀ ପାଠ ପଢ଼ିଛି। ତମକୁ ଯାହା ଗୋଟାଏ କହି ଭୁଲେଇ ଦେଇପାରିବ।

ସୀତାନାଥ : ତା' ବୋଲି କ'ଣ ...

ମାଳତୀ : ଆମେ ସେଇ ଗାଁରେ ଥିଲାବେଳେ ତାର ବାହାଘରଟା କରିଦେଇ ପାରିଥାନ୍ତେ।

ସୀତାନାଥ : ସେଇଟା ଗୋଟାଏ ଚଷା। ଜୁଲି ମୋ ଚଷାଘରେ ବୋହୂ ହେଇ ଚଳିପାରି ନ ଥାନ୍ତା।

ମାଳତୀ : ତମ କଥାଗୁଡ଼ାକ ଶଗଡ଼ରେ ମଧ୍ୟ ଯିବନି। ସାଇବ ଘରେ ଦେବି ଦେବି କହିତ ଝିଅର ଏ ଦଶା!

ସୀତାନାଥ : ଓ! ତମେ ଟିକିଏ ଦୟାକରି ଚୁପ୍ କର ମାଳତୀ। ଅଯଥା ଏ ରାତି ଅଧରେ ମୋ' ମୁଣ୍ଡ ଖରାପ କରନି।

ମାଳତୀ : କ'ଣ କହିଲ ? ଅଯଥାରେ ମୁଁ ତମ ମୁଣ୍ଡ ଖରାପ କରୁଚି ?

ସୀତାନାଥ : ସକାଳୁ ମୋର ଅଫିସ। ମୋତେ ଟିକିଏ ଶୋଇବା ପାଇଁ ଦିଅ।

ମାଳତୀ : ସବୁ କଥାରେ ତମର ତ ଅଫିସ। ଖାଲି ମୁଁ ଯଦି ସବୁଦିନ ପାଇଁ ଶୋଇଯାଆନ୍ତି ତମେ ତ୍ରାହି ପାଇଯାଆନ୍ତ ! (ପୁଣି କାନ୍ଦିଲେ)

ସୀତାନାଥ : (ଉଦ୍‌ବେଗ ପ୍ରକାଶ କରି) ମାଳତୀ ! ମାଳତୀ !

ମାଳତୀ : (ଲୁହ ପୋଛି) କ'ଣ ?

ସୀତାନାଥ : ଏଇ କେତେଦିନ ହେଲା ତମର କ'ଣ ହେଇଚି ମୁଁ ବୁଝିପାରୁନି।

ମାଳତୀ : କାଇଁକି ? ମୁଁ କ'ଣ ହଉଚି ?

ସୀତାନାଥ : ସବୁବେଳେ ବିରକ୍ତ ... ଚିଡ଼ିଚିଡ଼ି ... କନ୍ଦାକଟା ଅଥଚ ... ମୋର ଯେତେଦୂର ମନେପଡୁଚି ତମେ ଆଗରୁ ଏମିତି ନ ଥିଲ, ତମେ ଶାନ୍ତ ସରଳ ବୋକୀଟିଏ ଥିଲ।

ମାଳତୀ : ଥାଉ ଥାଉ। ମତେ ଆଉ ଭୁଲାଅନି।

ସୀତାନାଥ : ଆମେ ଏ ଭିତରେ କେତେ ବଦଳି ଯାଇଛେ। (ହସି) ଯା ଛଡ଼ା ଆଉ କ'ଣ ହୁଅନ୍ତା ?

ମାଳତୀ : ସେତେବେଳେ ତ ଏମାନେ କିଏ ଜନ୍ମ ହୋଇ ନ ଥିଲେ ... ଜୁଲି, ଅଭି, ବାବ୍‌ଲୁ, ରୁନୁ, ଝୁନୁ, ଟୁନୁ, କୁନ୍‌ମୁନ୍ ...

ସୀତାନାଥ : ମୁଁ ଅଫିସ୍ ଗଲେ ତମକୁ ଘରେ ଏକୁଟିଆ ଡର ମାଡୁଥିଲା।

ମାଳତୀ : ତମେ କିନ୍ତୁ ଖୁବ୍ ଡେରିରେ ଘରକୁ ଫେରୁଥିଲ।

ସୀତାନାଥ : ସେତେବେଳେ ବନ୍ଧୁମାନେ ବିଶ୍ୱାସଯୋଗ୍ୟ ଥିଲେ। କେହି ଆଜିର ଭଳି ଏତେଟା ସ୍ୱାର୍ଥପର ନଥିଲେ।

ମାଳତୀ : ମୁଁ ଏକଲା ନିଛାଟିଆ ଭଡ଼ା ଘରଟାରେ ଡରି ଡରି ବସିଥାଏ।

ସୀତାନାଥ : ତମର ବେଶୀ ଡର ଭୂତ ଆଉ ଚୋରମାନଙ୍କୁ !

ମାଳତୀ : ଆଉ ତମେ ବେଳେ ବେଳେ ଆସି 'ଭୂତ' ବୋଲି ଡରେଇ ଦଉଥିଲ ଯେ ?

ସୀତାନାଥ : ସତରେ, ବିବାହର ପ୍ରଥମ କେତେଦିନ ଖୁବ୍ ମଧୁର ଥିଲା।

(କ୍ଷୀଣ ଅଥଚ ମଧୁର ସ୍ୱରରେ ଜଳ ତରଙ୍ଗ ବାଜିବ। ସୀତାନାଥ ଓ ମାଳତୀ ଚୁପ୍ ଚାପ୍ ଅନ୍ଧାର ଭିତରେ ଫେରିଯିବେ ଛବିଶ ବର୍ଷ ତଳକୁ। ମାଳତୀ ଗୋଟିଏ ସତର ବର୍ଷ ଝିଅ ଭଳି ଖିଲ୍ ଖିଲ୍ ହୋଇ ହସିଲେ।

ଦୃଶ୍ୟଟି ଗୋଟିଏ ବୁଧବାର ସକାଳ ସାଢେ ନ'ଟା ବେଳର ଘରୋଇ କଥା ସମ୍ବଳିତ)

ସୀତାନାଥ : ମତେ କ'ଣ ପେଟୁ ଭାବିଲ ?

ମାଳତୀ : କାଇଁକି ?

ସୀତାନାଥ : ଏତେଗୁଡ଼ାଏ କିଏ ଖାଇବ ?

ମାଳତୀ : ଏ 'ମା'! ମରଦ ପୁଅ ହେଇଚ - ଏଇତକ ଖାଇପାରିବନି ?

ସୀତାନାଥ : କ'ଣ କହୁଚ ତମେ ମାଳତୀ? ଥାଳୀରେ ଭାତ ଏଭେରେଷ୍ଟ ଶୃଙ୍ଗ ଭଳି ବାଢିଚ ... ଗୋଟାଏ କାଳି ବିଲେଇ ମଧ୍ୟ ଏ ପାହାଡ଼ ଡେଇଁପାରିବନି। ଡାଲି, କଦଳୀ ଭଜା, ଆଳୁଭଜା, ... ଏଇଟା କ'ଣ ... ମହୁର ... ବାଇଗଣ, ଆଳୁ, କଦଳୀ, ପୋଟଳ, ବୁଟ, କାଙ୍କଣ, ଚିଙ୍ଗୁଡ଼ି ... ଫୁଲବଡ଼ି ... ଏତେଗୁଡ଼ାଏ ଏକାବେଳକେ ...

ମାଳତୀ : ଥାଉ ଥାଉ। ଲୋକେ ଶୁଣିଲେ ଲାଳ ଗଡ଼େଇବେ।

ସୀତାନାଥ : ବୋଉ କହୁଥିଲା: ବାଛି ବାଛି ଆଣିଚି ବୋହୂଟିଏ। ଦେଖି ଚାହିଁ ଚଳୁଥିବୁରେ ସୀତୁ। ଶୁଧୁପିଲାଟା କିଛି ଜାଣିନି !

ମାଳତୀ : ହୁଁ, ବୋଉ ତ ତମକୁ ସବୁକଥା କହୁଥିବେ।

ସୀତାନାଥ : ମଲା, ମୁଁ କ'ଣ ମିଛ କହୁଚି ?

ମାଳତୀ : ବୋଉ ଆଉ ସବୁ କ'ଣ କହୁଥିଲେ ?

ସୀତାନାଥ : ତମର ସେଥିରେ ଡରିବାର କିଛି ନାଇଁମ! ଖାଲି ପ୍ରଶଂସା। ଭଲ ରାନ୍ଧିପାରୁଚ ... ଭୋଜିଟାଏ ହେଲେ ବି ଚଳେଇ ଦେଇ ପାରିବ ... ପୁନିଅଁ ପରବ ଓଷା ବ୍ରତ ସବୁ ଜାଣ ... ନିଘା ନିଷ୍ଠାରେ ବାଛିବା ପାଇଁ କିଛି ନାଇଁ ...

ମାଳତୀ : ଥାଉ ଥାଉ। ତମେ ଖାଇଲ ଆଗ। ପରେ ମୋର ପ୍ରଶଂସା ଗାଇବ।

ସୀତାନାଥ : ଆଉ କହୁଥିଲା ! ଝିଅଟାର ଖାଇବା ବିଷୟରେ ଟିକେ ନଜର ଦବୁ ... ବୋହୂଟା ଟିକିଏ ବେଶୀ ତରକାରୀ ଖାଏ !

ମାଳତୀ : ଏ' ମା'! ମୁଁ ତମର ତରକାରୀଗୁଡ଼ିକ ଏମିତି ଖାଇଦଉଚି ...!

ସୀତାନାଥ : ନାଇଁ ନାଇଁ ! ତମେ ରୁଷିଲ କି ମାଳା ? ଆରେ, ମୁଁ କହୁଥିଲି ... ମୁଁ କହୁଥିଲି ... ଆରେ ହେ' ... ମତେ ତ ସବୁ ତରକାରୀ ବାଢିଦେଇଚ ତମେ ଆଉ ଖାଇବ କ'ଣ ?

ମାଳତୀ : ଯା' ... ଆଜି ମୁଁ କିଛି ଖାଇବିନି !

ସୀତାନାଥ	: ବୁଝିଲ ମାଳା, ଅଗ୍ନାଅଗ୍ନି ବନସ୍ତରେ ବୁଢୀ ଅସୁରୁଣୀଟେ ଥିଲା। ତାଳ ଗଛ ପରି ଉଚ୍ଚ ... ମୁଣ୍ଡଟା ତାର ଘର ପରି ... ଆଉ ଆଖି ଦି'ଟା ...
ମାଳତୀ	: ଓ ! ମୁଁ ଏମିତି ଛୁଆ ହେଇଚି ଯେ ମତେ କାହାଣୀ କହି ଭୁଲୋଉଚ ? (ଟିକିଏ ରହି) ତମେ ସେ ଶାଗ ଆଉ ଆଚାର ଖାଉନା କାହିଁକି ? ଭଲ ଲାଗୁନି ?
ସୀତାନାଥ	: (ଖାଉ ଖାଉ) ତମେ ରାନ୍ଧିଚ ... ମତେ ଭଲ ଲାଗିବନି ?(ନୀରବତା)
ମାଳତୀ	: ଏ ! ଶୁଣୁଚ ?
ସୀତାନାଥ	: କ'ଣ ?
ମାଳତୀ	: ତାଙ୍କର ବୁଲ୍ ବୁଲ୍ କହୁଥିଲା 'ମାଉସୀ', ମୁଁ ଆଉ ତମ ଘରକୁ ଆସିବିନି। ମୁଁ ପଚାରିଲି : କିରେ କାଇଁକି ? କହିଲା; 'ତମର 'ବେବି' ନାଇଁ!'
ସୀତାନାଥ	: ହୁଁ। ସେଇଠୁ ?
ମାଳତୀ	: ମୁଁ ପଚାରିଲି: 'ମୋ' ପାଇଁ 'ବେବି'ଟେ ଆଣି ଦଉନୁ ?'
ସୀତାନାଥ	: ବୁଲ୍ ବୁଲ୍ କ'ଣ କହିଲା ?
ମାଳତୀ	: କହିଲା: 'ଆମର ଡାକ୍ତରଖାନାରୁ କିଣି ଆଣିଚୁ ... ତମର ଆଣୁନା ?'
ସୀତାନାଥ	: (ହୋ - ହୋ ହୋଇ ହସିଲେ)
ମାଳତୀ	: (ଅଭିମାନରେ) ହସୁଛ କ'ଣ ମ ? ମତେ ଆଜି କେଡ଼େ ଖରାପ ଲାଗିଲା ଯେ !
ସୀତାନାଥ	: ଯାଉନା ତା ହେଲେ ! ହସ୍‌ପିଟାଲରୁ ଗୋଟାଏ ବେବୀ' କିଣି ଆଣିବ ?
ମାଳତୀ	: ମତେ ରଗେଇଲେ ମୁଁ ଖାଇବିନିଟି କହୁଚି !
ସୀତାନାଥ	: ବେଶ୍ ବେଶ୍ ! ସେୟା କର। ଅନ୍ତତ ତରକାରୀ ବାଟିଏତ ତ ବଞ୍ଚିଯିବ !
ମାଳତୀ	: ମତେ ନେଇ ଆମ ଘରେ ଛାଡ଼ି ଦେଇ ଆସିଲ !
ସୀତାନାଥ	: ବାଃ ! ଏଇ ଟିକକ କଥାରେ ନାକ ଅଗରୁ ରାଗ ବାହାରିଲା ?
ମାଳତୀ	: ମୁଁ କାଇଁକି କାହା ଉପରେ ରାଗିବି ମ' ?
ସୀତାନାଥ	: ହଉ ... ମୁଁ ଅଫିସ ଯାଉଚି। ସମୟ ହେଲାଣି। ଆସିଲେ ସନ୍ଧ୍ୟାରେ ବରଂ ରଗାରଗି ହବା ...
ମାଳତୀ	: ଏଡ଼େ ଜଲ୍‌ଦି ଅଫିସ୍ ସମୟ ହୋଇଗଲା ?
ସୀତାନାଥ	: ଦଶଟା ବାଜିଲାଣି ଯେ ମୋ' ପାନ ଡବା କାଇଁ ?
ମାଳତୀ	: ତମ ଟେବୁଲ ଉପରେ ରଖି ଦେଇଛି।

ସୀତାନାଥ : ଆଚ୍ଛା ଚାଲିଲି ।

ମାଳତୀ : ପୁଣି କେତେବେଳେ ଆସିବ ? ଡେରି କରିବନି ତ ...

(ପୁଣି ସେଇ ଜଳ ତରଙ୍ଗର ଶବ୍ଦ । ତା'ପରେ ରାତି ଗଭୀର ହେଇ ଆସିବାର ଇଙ୍ଗିତ । ତାରି ଭିତରେ ଶୁଭିଲା ସୀତାନାଥଙ୍କର ସ୍ୱର)

ସୀତାନାଥ : ମୁଁ ଯଦି ହଠାତ୍ ଛବିଶ ବର୍ଷ ତଳକୁ ଫେରିଯାଇପାରନ୍ତି ! ପୁଣି କ'ଣ ସେଇ ମମତା ଆଉ ଛୋଟ ଛୋଟ ଅଭିମାନର ଟୁକୁଡ଼ା ମିଳନ୍ତା ? କେଜାଣି ... ନା ! ଅନ୍ଧାର, ମଶା ଏବଂ ଏମିତି ଗୁଡ଼ାଏ ଭଙ୍ଗା ଅତୀତର ନାମ ସୀତାନାଥ ... (କୋହରେ ଫାଟି ପଡ଼ିଲା ଭଳି) ଜୁଲି, ଅଭି, ବାବ୍‌ଲୁ, ଆଉ ପିଲାମାନେ ! ମୁଁ ତମମାନଙ୍କ ପାଖରେ କି ଦୋଷ କରିଥିଲି ... ଏମିତି ଅଧରାତି ଯାଏଁ ମତେ ଶୁଆଇ ଦଉନା କାହିଁକି ? (ଆବହ ସଂଗୀତ କରୁଣ ହେବ ।)

ମାଳତୀ : (ଗୋଟାଏ ଦୀର୍ଘଶ୍ୱାସ ସହିତ)

ମାଳତୀ : କ'ଣ ?

ସୀତାନାଥ : ରାତି କେତେଟା ବାଜିଲାଣି ?

ମାଳତୀ : ଓ ! ମଣିଷକୁ ଶୁଆଇ ଦେବନି ନା' କ'ଣ ?

ସୀତାନାଥ : (କ୍ଷମା ମାଗିଲା ଭଳି) ଶୁଅ, ଶୁଅ । ରାତି ଅନେକ ହେବଣି । (ସ୍ୱଗତ) ମୋ'ର କ'ଣ ହେଇଚି ? ଏତେ ଦୁର୍ବଳ ଲାଗୁଚି କାଇଁକି ? ବିଶେଷ କରି ଅଭିଜିତ୍ କିମ୍ବା ଜୁଲିକୁ ଦେଖିଲେ ... (ପୁଣି ଥରେ ମାଳତୀ ଆଡ଼େ ଚାହିଁ) ମାଳତୀ !

ମାଳତୀ : (ବିରକ୍ତି ସହକାରେ) ଓ !

ସୀତାନାଥ : ଶୋଇଲଣି ?

ମାଳତୀ : ହୁଁ !!

ସୀତାନାଥ : ଦେହ କେମିତି ଲାଗୁଚି ?

ମାଳତୀ : ଭଲ ।

ସୀତାନାଥ : ଅଭିଜିତ୍ ଶୋଇଲାଣି ?

ମାଳତୀ : ମୁଁ କେମିତି ଜାଣିବି ?

ସୀତାନାଥ : ତମେ ତାର ମା' !

ମାଳତୀ : ହୁଁ ! (ଅଧା ନିଦରେ ଉଚ୍ଚାରଣ କଲେ)

ସୀତାନାଥ : ଆଚ୍ଛା ... ମାଳତୀ ... ?

ମାଳତୀ : (ବିରକ୍ତି) ଓ ! କ'ଣ 'ମାଳତୀ' 'ମାଳତୀ' ହଉଚ ଯେ ?

ସୀତାନାଥ : ନିଦ ହୋଇଯାଇଥିଲା ?

ମାଳତୀ : କାଇଁକି ? ବାରଟା ରାତିରେ କ'ଣ ଚେଇଁ ଥାଆନ୍ତି ?

ସୀତାନାଥ : ନାଇଁ ନାଇଁ। ଥାଉ।

ମାଳତୀ : ତେବେ ବିରକ୍ତ କରୁଚ କାଇଁକି ? ତମକୁ ନିଦ ଲାଗୁନି ବୋଲି ମତେ ମଧ୍ୟ ଶୁଆଇ ଦବନି ନା କ'ଣ ?

ସୀତାନାଥ : ନାଇଁ ... ମାନେ ... କହୁଥିଲି ... ଗୋଡ଼ଟା ଟିକିଏ ଚିପି ଦିଅନ୍ତ।

ମାଳତୀ : ଶୋଇପଡ଼, ସକାଳୁ ଭଲ ଲାଗିବ !

ସୀତାନାଥ : ଭଲ ସମୟ ଆସିବାର ଆଶା ଆଉ ନାହିଁ। ତମେ ଦେଖିବ ... କାଲି ସକାଳୁ ମୁଁ ଉଠିଲା ବେଳକୁ ୟାଠୁ ଅଧିକ ଦୁର୍ବଳ ହୋଇପଡ଼ିଥିବି ... ଆହୁରି କ୍ଲାନ୍ତ।

ମାଳତୀ : ଦୁନିଆରେ ନଥିବା କଥା ସବୁ କହୁଚ ତମେ !

ସୀତାନାଥ : ଆମେ ବାହା ହେଇ ସମୁଦାୟ କେତେ ବର୍ଷ ହେଲା ମାଳତୀ ?

ମାଳତୀ : ଓ !

ସୀତାନାଥ : ଛବିଶ ବର୍ଷ ?

ମାଳତୀ : ହୁଁ !

ସୀତାନାଥ : ଏଇ ଛବିଶି ବର୍ଷ ଧରି ରାତିରେ ଶୋଇବା ଘରଟା ଏମିତି ଅନ୍ଧାର ରହୁଚି ?

ମାଳତୀ : ରାତିରେ କ'ଣ ଆଲୁଅ ଜାଳିଥାନ୍ତି ନା କ'ଣ ?

ସୀତାନାଥ : ନାଇଁ ! ଛୁଆଗୁଡ଼ାଙ୍କୁ ଟିକିଏ ଦେଖନ୍ତି !

ମାଳତୀ : ପାଗଳ ହେଇଗଲ ନା କ'ଣ ? ସେଇ ଛୁଆ ଗୁଡ଼ାକତ !...

ସୀତାନାଥ : ନାଇଁ ... ମାନେ ... ସେମାନେ ଖାଇଛନ୍ତି ତ !

ମାଳତୀ : ହଁ।

ସୀତାନାଥ : କ'ଣ ଖାଇଛନ୍ତି ?

ମାଳତୀ : ମାନେ ?

ସୀତାନାଥ : ଭାତ ଖାଇଲେ ନା ରୁଟି ? ତରକାରୀ ତ ନଥିଲା !

ମାଳତୀ : ଭାତ ରୁଟି ନ ଖାଇ କ'ଣ ପଲଉ ଖାଇଥାନ୍ତେ ? ରଖି ଦେଇଥିଲ ?

ସୀତାନାଥ : ଶେଷରେ ତମେ ବି କହିଲ ?

ମାଳତୀ : ପାଟି କରନି। ସେପଟେ ଅଭି ପଢୁଛି।

ସୀତାନାଥ : (ହଠାତ୍ ଡରିଯାଇ) ଓ ! ଅଭି ପଢୁଚି ? କ'ଣ ପଢୁଚି ? ଏତେ ରାତିଯାଏଁ କାହିଁକି ପଢୁଚି ?

ମାଳତୀ : କେଜାଣି ତାକୁ ପଚାରିବ ଯାଅ।

ସୀତାନାଥ : ଆଚ୍ଛା, ଅଭି କୁଆଡ଼େ ଆଜିକାଲି ...

ମାଳତୀ : କ'ଣ ଗୋଟାଏ କହୁଥିଲ ଅଟକି ଗଲ ଯେ !

ସୀତାନାଥ : ଏଁ ! ହଁ। ଅଭି କୁଆଡ଼େ କବିତା ଲେଖୁଚି। (କିଛି ସମୟ ପରେ) ଆଚ୍ଛା ମାଳତୀ, ମୋର ମନେ ହେଉଚି ସମୟଗୁଡ଼ା ଅତି ଧୀରେ ଧୀରେ ଗଡ଼ି ଯାଉଛନ୍ତି। ତମର ?

ମାଳତୀ : ଶୋଇଯାଅ। ଦେଖିବ ଗୋଟିଏ ନିଦରେ ରାତି ପାହିଯିବ !

ସୀତାନାଥ : ଆ ! ଏତେ ସହଜରେ ଯଦି ନିଦ ଆସିପାରନ୍ତା ... ଅଥଚ ମୁଁ ଗୋଟାଏ ମରୁଭୂମି ଉପରେ ଅନେକ ଦୂରରେ ଧୂଳି ଉଡ଼େଇ ଦୂର ମରୁଯାତ୍ରୀମାନଙ୍କ ବୋଝ ବୋହି, ଜଳାଶୟ ଖୋଜି ଖୋଜି ଓଟମାନେ ଚାଲିଲା ଭଳି ...

ମାଳତୀ : ତମେ କ'ଣ କବିତା ଲେଖିବ ?

ସୀତାନାଥ : ଅଭି ଆମର ଠିକ୍ ମୋ' ଗୁଣ ଧରିଚି।

ମାଳତୀ : ସେଇଥିପାଇଁ ତମକୁ ତୁଣ୍ଡରେ ନ ଧରିବା ଭାଷାରେ ଗାଳି ଦଉଚି।

ସୀତାନାଥ : ଆଚ୍ଛା, ମାଳତୀ, ଜୁଲି ଏ ଯାଏଁ ଫେରିଲାନି ?

ମାଳତୀ : ମତେ ତା' କଥା ପଚାରନି।

ସୀତାନାଥ : ଜୁଲି ଯଦି ଆଜି ରାତିରେ ନ ଫେରେ ... ?

ମାଳତୀ : ସକାଳୁ ଏ ସାହିରେ ଆଉ ମୁହଁ ଦେଖେଇ ହବନି।

ସୀତାନାଥ : ଲୋକେ କ'ଣ ଜାଣିପାରିବେ ? କିଏ କାଇଁକି ଆମ ଘର ଉପରେ ଏତେ ନଜର ରଖିଥିବ ?

ମାଳତୀ : କିଏ ନ କହିଲେ ତମ ଗୁଣମଣି ପୁଅ ତ ପାଟି କରି ଘର ଫଟେଇବ। ଜୁଲି ଯେମିତି ତାର ଶତ୍ରୁ।

ସୀତାନାଥ : ତମେ ଜାଣିଚ ମାଳତୀ ? ମୋର ମନେ ହେଉଚି ଅଭି ଆଜି ସନ୍ଧ୍ୟାରେ ମତେ ଗାଳି ଦେଇ ଠିକ୍ କରିଛି !

ମାଳତୀ : ମୁଣ୍ଡରେ ବସେଇ ରଖ ପୁଅକୁ ! ଫଳ ପାଇବ ଯେ !

ସୀତାନାଥ : ମୋର ଜୁଲି ଉପରେ ସନ୍ଦେହ ହଉଚି।

ମାଳତୀ : ଲାଜ ମାଡୁନି ? ବାପ ହେଇ ଏକଥା କହୁଚ ?

ସୀତାନାଥ	: କିନ୍ତୁ ଟିକିଏ ତଳେ ତମେ ଜୁଲିକୁ ସନ୍ଦେହ କରୁଥିଲ ଏବଂ ମତେ ସେଥିପାଇଁ ଦାୟୀ କରୁଥିଲ।
ମାଲତୀ	: ମିଛକଥା ତମ ପୁରୁଷ ଜାତିଟା ଏୟା।
ସୀତାନାଥ	: ମାଲତୀ ! କଣ୍ଟା ବାଡ଼ରେ ଲୁଗା ପକେଇ କଳି କରନା କହୁଚି ?
ମାଲତୀ	: ଓ ! ତମକୁ ଜୁହାର କରୁଚି ବାବା ! ମତେ ଟିକିଏ ଶୋଇବାକୁ ଦିଅ।
ସୀତାନାଥ	: ଜୁଲିର ସବୁ ଦୋଷ ଲୁଚେଇ ଆମେ ଆଉ କେତେଦିନ ନିଜକୁ ନିଜେ ଠକିବା ?
ମାଲତୀ	: ଆଉ କ'ଣ କରିବ ? ଝିଅଟାକୁ ବିଷ ଦେଇଦିଅ।
ସୀତାନାଥ	: ଜୁଲି ପେଟରେ ...
ମାଲତୀ	: ତମେ ଏମିତି ବକ୍ ବକ୍ କଲେ ମୁଁ ଯାଉଚି ଦାଣ୍ଡ ଅଗଣାରେ ଶୋଇବି ... ସକାଳୁ ପଛେ ସନ୍ନିପାତ ହେଇଯାଉ।
ସୀତାନାଥ	: ଯାଅ !
ମାଲତୀ	: ପିଲା ଛ'ଟାର ଦାୟିତ୍ୱ ନେବ ?
ସୀତାନାଥ	: ମୁଁ ଏମିତି ପଚାରୁଥିଲି ବୋଲି ଜୁଲି କି କହିବ ନାହିଁ।
ମାଲତୀ	: ମୁଁ ତାକୁ ପଚାରିବି !
ସୀତାନାଥ	: ମାଲତୀ ! ତମର ବୁଝିବା ଉଚିତ ଜୁଲି ରୋଜଗାରରେ ଏ ପରିବାର ଅର୍ଦ୍ଧେକ ଲୋକ ବଞ୍ଚୁଛନ୍ତି।
ମାଲତୀ	: ସେଇଠୁ ?
ସୀତାନାଥ	: ସିଏ ଯଦି ରାଗିଯାଏ କିମ୍ବା ସମରେନ୍ଦ୍ର ସାଙ୍ଗରେ ସବୁଦିନ ପାଇଁ ବାହାରେ ରହିଯାଏ ?
ମାଲତୀ	: ଆଉ କ'ଣ ସବୁବେଳେ ସେ ତମ ଘର ଚଳଉଥିବ ?
ସୀତାନାଥ	: ସେ ଯା' ହେଉ ... ଏ ଘରର ଔଷଧ ଖର୍ଚ୍ଚ, ଖାଇବା ଖର୍ଚ୍ଚ ସବୁ ବନ୍ଦ ହୋଇଯିବ।
ମାଲତୀ	: ଝିଅ ରୋଜଗାରରେ ଘର ଚଳେଇବ ?
ସୀତାନାଥ	: ଅଗତ୍ୟା। ନୋହିଲେ ଉପାସ ରୁହ।
ମାଲତୀ	: ଲାଜ ମାଡୁନି ତମକୁ ? ଲେଡ଼ି ଗୁଡ଼ କହୁଣୀକୁ ବୋହିଗଲା ପରେ ବୁଝିବ ?
ସୀତାନାଥ	: ମାନ ସମ୍ମାନ, ଆତ୍ମମର୍ଯ୍ୟାଦା ... ଏସବୁ ପଛ କଥା। ଯେକୌଣସି ମତେ ବଞ୍ଚିଯିବାଟା ବଡ଼ କଥା।

ମାଳତୀ : ତମକୁ ସେଥିପାଇଁ ଅଭି ଏମିତି ବେଜିତ୍ କରୁଛି।

ସୀତାନାଥ : ହଁ ... ଅଭିଜିତ୍! (ଧୀରେ ଧୀରେ) ତମେ ବେଶୀ ପାଟି କରନି ମାଳତୀ! ସେ ପରା ପାଠ ପଢୁଚି।

ମାଳତୀ : ପାଠ? ଚୁଲିକି ଯାଉ ତାର ପାଠ! ବାପା-ମା'ଙ୍କୁ ମାରି ଗୋଡ଼ାଉଚି।

ସୀତାନାଥ : ମୁଁ ସିନା ସନ୍ଧ୍ୟାରେ ତାକୁ ଗାଳି ଦେଇଥିଲି ମାଳତୀ ... ବର୍ତ୍ତମାନ ବୁଝୁଚି, ତା' କଥାରେ କିଛିଟା ଗୁରୁତ୍ୱ ଥିଲା।

ମାଳତୀ : ସମସ୍ତେ ଖରାପ, ଖାଲି ମୋ' କରମ ବଙ୍କା।

ସୀତାନାଥ : ମୁଁ ଜାଣେ ଭାଇ ଭଉଣୀଙ୍କର ଖୁବ୍ ଭଲ ପଡୁଥିଲା। ଅଭି ଆଉ ଜୁଲି ଦୁହେଁ ...

ମାଳତୀ : ଦୁହେଁ ଯାକ ବଦ୍‌ମାସ ବୋଲି।

ସୀତାନାଥ : ସେ ଯା' ହେଉ: ଜୁଲି ଅଭିକୁ ଭଲ ପାଏ।

ମାଳତୀ : ଆଜିକାଲି କିଏ କାହା ଛାଇରେ ଚାଲୁ ନାହାଁନ୍ତି।

ସୀତାନାଥ : ତୁମେ ଯା' କୁହ ମାଳତୀ। ଅଭି ଆଜି ଗୋଟାଏ କିଛି ଦେଖିଚି। ନ ହେଲେ ଏମିତି କହି ନ ଥାନ୍ତା।

ମାଳତୀ : କହିଚି କଅଣ? ସେ ଟୋକାର କମ୍ ସାହସ? ସତେ କି ଘର ଚଳେଇ ପକଉଚି! ମାରି ପକେଇଥାନ୍ତା ତମକୁ ଆଜି।

ସୀତାନାଥ : ଅଭି ଆମର ବୁଦ୍ଧିମାନ୍। ଖାଲି ଭାଗ୍ୟ ଖରାପ ବୋଲି ଫେଲ୍ ହେଲା। ଏ ବଅସରେ ବୁଢ଼ିଆ ପୁଅ ଫେଲ୍ ଆଉ ବେକାର ହେଲେ ଯୋଉ ଅବସ୍ଥା ହୁଏ...।
(ହଠାତ୍ କବାଟ ଖଟ୍ ଖଟ୍ ଶୁଭୁଚି ବାହାରୁ)
ତମ ଗୁଣବତୀ ଝିଅ ଫେରିଲେ।

ମାଳତୀ : ଯାଉଚି, କବାଟଟା ଖୋଲିଦିଏ!

ସୀତାନାଥ : ଦେଖିଲ, ଅଭିଜିତ୍ ଶୋଇଲାଣି କି ନାହିଁ? ନ ହେଲେ ରାତି ଅଧରେ ଏଇଠି ଗୋଟାଏ କାଣ୍ଡ ଭିଆଇ ବସିବ!

ଅଭିଜିତ୍ : (ଅନ୍ୟଘରୁ) କାଣ୍ଡ ଭିଆଇବି କ'ଣ? ଏ ଘରକୁ ଆସିବାର ଅଧିକାର ନାଇଁ ତା'ର!

ସୀତାନାଥ : ତୁ' ସେ ସମ୍ପର୍କରେ କିଛି କହିପାରିବୁନି!

ଅଭିଜିତ୍ : (ଆସି) ନା, ଆମେ ସବୁ କହିବୁ କାଇଁକି? ଏଇନା ରାତି ଅଧରେ ଭଉଣୀ ତମ ପାଇଁ କାମିଜ୍ ଆଉ ବୋଉ ପାଇଁ ଔଷଧ ନେଇ ଫେରିଥିବ।

ସୀତାନାଥ : (ବଡ଼ ପାଟିରେ) ଅଭି ! ତୁ' ଯା'

ଜୁଲି : (ପ୍ରବେଶ କରି) କ'ଣ ହେଇଚି ବାପା ? ତମେ ଏମିତି ପାଟି କରୁଚ କାଇଁକି ?

ସୀତାନାଥ : ନାଇଁ, କିଛି ନାଇଁ ସେ ... ଅଭି ... କିଛି ହେଇନି। ତୁ' ଭିତରକୁ ଯା' ମା ! ଖାଇବୁ।

ଜୁଲି : ନା, ମୁଁ ଖାଇ ଦେଇ ଆସିଚି ଜଣେ ସାଙ୍ଗ ଘରେ। ଅଭି କ'ଣ କଲା ?

ମାଳତୀ : (କାନ୍ଦ କାନ୍ଦ ସ୍ୱରରେ) ବାପା ସାଙ୍ଗରେ ଝଗଡ଼ା କରି ତାଙ୍କୁ ପରା ମାରି ଗୋଡ଼େଇଲା ଲୋ' ...

ଅଭିଜିତ୍ : ଏଣିକି ସମସ୍ତଙ୍କୁ ମାଡ଼ ଦରକାର ହେଲାଣି।

ଜୁଲି : ଅଭି !

ଅଭିଜିତ୍ : (ଖାଲି ଚାହିଁଚି)

ଜୁଲି : ଏଇଟାର ମୁଣ୍ଡ ଖରାପ ହୋଇଗଲାଣି।

ଅଭିଜିତ୍ : ତୁ' ସିନା ସମରେନ୍ଦ୍ର ସାଙ୍ଗରେ ଓପନ୍ ବାର୍‌ରେ ଜିନ୍ ପିଇ ଆସିଚୁ ବୋଲି ତୋ' ମୁଣ୍ଡ ଠିକ୍ ଅଛି ... ମୁଁ ତ ବୁଲାକୁକୁର !!

ଜୁଲି : (ତା' ପାଖକୁ ଯାଇ ଅଭିଜିତ୍ ଗାଲରେ ଶକ୍ତ ଚାପୁଡ଼ାଏ ମାରି) ଇଡ଼ିଅଟ୍ ! କ'ଣ କହିଲୁ ?

ମାଳତୀ : ଜୁଲି !

ଅଭିଜିତ୍ : ତୁ' ମତେ ମାରିପାରିଲୁ ଜୁଲି। ତତେ ଏ ସାହସ କିଏ ଦେଲା ଜାଣିଚୁ ? ତୋ'ର ଚାକିରି ଖଣ୍ଡିକ ... ଆଉ ମୁଁ ତ ବୁଲାକୁକୁର ... ହଉ ମାରିଥାଅ ... ଆଉ କେତେଦିନ ମାରିବ ? ଯୋଉଦିନ ବେଶୀ ପ୍ରାଣକୁ ବାଧିବ ... ସେଦିନ ଘରଛାଡ଼ି ଯୋଉଆଡ଼େ ଇଚ୍ଛା ସିଆଡ଼େ ପଳେଇବି ... (ଚାଲିଗଲା। ସଙ୍ଗୀତ କରୁଣ ହୋଇ ଦୂରାଗତ ଭଳି ଲାଗିବ। କିଛି ସମୟ ପରେ ମନକୁ ମନ ଅଭିଜିତ୍‌ର ଏଇକଥାଗୁଡ଼ିକ ପ୍ରତିଧ୍ୱନିତ ହେବ ଏବଂ ତାରି ଭିତରୁ ତାର ଚାପା କୋହ ଓ କାନ୍ଦଣା ଶୁଭିବ। କ୍ରମେ ସଙ୍ଗୀତ କରୁଣତର ହେବ ଏବଂ ପରେ ପରେ ସକାଳର ଉପକ୍ରମ ... ଆଲୁଅ କ୍ରମଶ ଉଜ୍ଜଳତର ହେବ। ଅଭିଜିତ୍‌ର ଶୋଇବା ଘର ପର୍ଯ୍ୟନ୍ତ ଚାଲି ଆସିଚି ଜୁଲି। କବାଟ ଝରକା ସବୁ ବନ୍ଦ। ଅଭିଜିତ୍ ସେମିତି ଦଉଡ଼ିଆ ଖଟ ଉପରେ ଶୋଇ ଯାଇଚି। ଆଖିରେ ଦି ଧାର

ଶୁଖିଲା ଲୁହ। ଜୁଲି ଆସିଚି। ଦଉଡ଼ିଆ ଖଟ ଦାଢରେ ବସିଛି। ଅଭିଜିତ୍‌ର ମୁଣ୍ଡ ଆଉଁଷି ଦେଇଚି ଏବଂ ଧୀରେ ଧୀରେ ଡାକିଚି ...)

ଜୁଲି : ଅଭି !

ଅଭିଜିତ୍ : (ନୀରବ)

ଜୁଲି : ଅଭି, ଉଠ, ସକାଳ ହେଲାଣି।

ଅଭି : (ଆଖି ଖୋଲି) କିଏ ?

ଜୁଲି : ମୁଁ। ଜୁଲି ଦି।

ଅଭି : ଓ ...

ଜୁଲି : ଉଠୁ। କଫି ପିଇବୁ।

ଅଭି : ନା।

ଜୁଲି : ମୋ' ଉପରେ ରାଗିଚୁ ?

ଅଭି : ନା।

ଜୁଲି : ଓ ! ଘରଟା ଅନ୍ଧାର ହେଇଚି। ଝରକାଟା ଖୋଲିଦିଏ !

(ଯାଇ ଝରକା ଖୋଲିଚି)

ଅଭି : ଆଃ ସେ ଝରକାଟା ବନ୍ଦ କରିଦେ ! ମୁଁ ଏଇ ଅନ୍ଧାର ଭିତରେ ଶୋଇବି।

ଜୁଲି : (ଖାଲି କାନ୍ଦିବା ଶବ୍ଦ ଶୁଭୁଚି। ନିରବ କୋହ।)

ଅଭି : (ହଠାତ୍ ଝଲକାଏ ଥଣ୍ଡା ପବନ ବହିଆସିଚି) ଓ ! ଥଣ୍ଡା।

ଜୁଲି : (ଖାଲି କାନ୍ଦିବାର କୋହ ଶୁଭୁଚି)

ଅଭି : (ଉଠି ଆସି) ଜୁଲି ଦି ! ତୁ' କାନ୍ଦୁଚୁ ?

ଜୁଲି : (ବର୍ତ୍ତମାନ ଜୁଲି ଫୁଲିଉଠି କାନ୍ଦିଚି ଶବ୍ଦ କରି)

(ଝରକା ଦେଇ ବାହାରୁ ଗୋଟାଏ ଅଧେ ଶୁଖିଲା ପତ୍ର ଉଡ଼ି ଆସିଲା ଘର ଭିତରକୁ)

ଆତଙ୍କବାଦୀ

ନାଟକର ଚରିତ୍ରମାନେ

ପୁରୁଷ	ନାରୀ
ଡିଏସପି ସନ୍ଦୀପ	ଜୟଶ୍ରୀ
ଅର୍ଣ୍ଣବ/ବୁଲୁ	ଝୁମୁ
ଜେଲର୍	ଝୁମୁବୋଉ/ପ୍ରଭା
ବାଦଲ	

ଆତଙ୍କବାଦୀ

(ପ୍ରଥମ ଦୃଶ୍ୟ)

ମଂଚର ମଧ୍ୟଭାଗ ପର୍ଯ୍ୟନ୍ତ ଖୋଲା ଅଂଶକୁ ପୋଲିସ୍ ଡି.ଏସ୍.ପି ସନ୍ଦୀପ ସାମନ୍ତରାୟଙ୍କ ଘର ବୋଲି ବୁଝାଯିବ। ତାପରେ ଦୁଇଟି ପାହାଚର ଉଚ୍ଚତାରେ ଜେଲର ଗୋଟିଏ କୋଠରୀ। ଜେଲ ଭିତରେ ଆତଙ୍କବାଦୀ ଏବଂ ଦୁଆରରେ ତାଲା। ସାମ୍ନାରେ ପ୍ରହରୀ। ଏହିପରି ମଞ୍ଚରେ ତିନୋଟି ଅଂଶରେ ତିନୋଟି ସ୍ଥାନର ପରିକଳ୍ପନା। ଆଲୋକ ଆସିଲା ପ୍ରଥମ ଅଂଶରେ। ଡି.ଏସ୍.ପି. ସନ୍ଦୀପଙ୍କ ଘରେ। ଗୋଟିଏ କଳାକନା ଘୋଡ଼ା ଢାବଲ ଉପରେ ଡି.ଏସ୍.ପି.ଙ୍କ ପୁଅ ଅର୍ଣ୍ଣବ ସାମନ୍ତରାୟ ଓରଫ୍ ବୁଲୁ ଦର୍ଶକମାନଙ୍କୁ ସାମନା କରି ଇଂରାଜୀ ଖବରକାଗଜ ପଢୁଚି। ବାପା ସନ୍ଦୀପ ବାବୁ ଗୋଟିଏ ବାଓଲ୍‌ରେ କିଛି ନୁଡୁଲ୍‌ସ ଜାତୀୟ ଖାଦ୍ୟ ଖାଉଛନ୍ତି ଏବଂ ବୁଲୁ ଉପରେ ରାଗି କିଛି କହୁଛନ୍ତି। ବୁଲୁର ପୋଷାକ କଲେଜକୁ ଯିବା ଡ୍ରେସ୍ ଏବଂ ସନ୍ଦୀପ ୟୁନିଫର୍ମରେ। ସମୟ ସକାଳ ସାଢେ ନ' ପାଖାପାଖି)

ସନ୍ଦୀପ : ନାଇଁ ନାଇଁ, କଣ ତୁ ଚାହୁଁଚୁ ? "ହଁ" କି "ନାଇଁ" ସ୍ପଷ୍ଟ ଭାବରେ ଜବାବ୍ ଦେ'! ସ୍ପଷ୍ଟ କରି କହ ତୁ' ବାହା ହବୁ କି ନାଇଁ? ଯେତେ ଭଲ ଭଲ ପ୍ରସ୍ତାବ ଆଣିକି ମୁଁ ଦଉଚି ସବୁଗୁଡ଼ାକ ନାକଚ କରି ଦଉଚୁ କଣ? ତା' ମାନେ ମୁଁ କ'ଣ ବୁଝିବି ତୁ ଆଉ ଗୋଟେ ଝିଅକୁ ଭଲ ପାଉଚୁ?

(ବୁଲୁ ଖବର କାଗଜଟାକୁ ମୁହଁ ଉପରେ ଘୋଡ଼ାଇ ଦେଲା ଏବଂ ସନ୍ଦୀପ ପଦଚାରଣା କରୁ କରୁ ନୁଡୁଲ୍‌ସ ଖାଇଲେ)

ସନ୍ଦୀପ : ଦେଖ ବୁଲୁ। ତୋର ବୟସ ଆସି ୩୪ ହେଲାଣି। ଆମ ଟାଇମ୍‌ର ହିସାବରେ ୩୪ ବର୍ଷ ମାନେ ଦରବୁଢ଼ା। ବାହାଘର ବୟସ ଗଡ଼ିଗଲାଣି। ପି.ଏସ୍.ସି. ପାଇ ଅଧ୍ୟାପକ ହେଇ ସାତବର୍ଷ ଅଧ୍ୟାପକ ଚାକିରି କଲୁଣି। ବେଶ୍ ମୋଟା ଦରମା ପାଉଚୁ। ତୋର ଲଭ୍ କରିବାର ଅଧିକାର ଅଛି। ନ ହେଲେ ତତେ ଭଲ ପାଇବା ପାଇଁ ଝିଅ ଅଭାବ ନାହାନ୍ତି କଲେଜରେ। ମିଳିଯିବା କିଛି ବିଚିତ୍ର କଥା ନୁହେଁ।

ଅର୍ଣ୍ଣବ : (ଠିଆ ହୋଇପଡ଼ି) ନାଇଁ ବାବା ସେମିତି କିଛି ଘଟଣା କି ଦୁର୍ଘଟଣା ଏ ପର୍ଯ୍ୟନ୍ତ ଘଟିନାହିଁ। ଘଟିଥିଲେ ମା' ଅନ୍ତତ ଜାଣିଥାନ୍ତା। ଆଉ ରହିଲା ବିବାହ ପ୍ରସ୍ତାବଗୁଡ଼ା ମୁଁ ନାକଚ କରିବା କଥା। ତମେ ଆଣୁଥିବା ପ୍ରସ୍ତାବଗୁଡ଼ାକ ମୁଁ ଯାହା ଦେଖୁଚି - ଆଇଦର-ସୌନ୍ଦର୍ଯ୍ୟକୁ ନେଇ ଚଏସ୍ କରା ହେଇଚି, ଅର୍, ଭଲ ଯୌତୁକ ଆଣିବାର ଲୋଭ ଉପରେ ଆଧାରିତ।

ସନ୍ଦୀପ : ଦେଖ ବାପା, ଆମର ମଧ୍ୟବିତ୍ତ ଘର। ସବ୍‌ଇନସ୍‌ପେକ୍ଟରୁ ପ୍ରମୋଶନ୍ ପାଇ ପାଇ ଡି.ଏସ୍.ପି. ପର୍ଯ୍ୟନ୍ତ ଆସିଚି - ଆମେ ଯାହା ବାଛିବୁ ...

ଅର୍ଣ୍ଣବ : ମତେ ତ ସେ ଗୁଡ଼ା ସୁଟ୍ କରୁନି ନା !

ସନ୍ଦୀପ : ଆଉ କେମିତି ବାଛିଲେ ସୁଟ୍ କରିବ କହ ତା' ହେଲେ ?

ଅର୍ଣ୍ଣବ : ଆଭେରେଜ୍ ସୁନ୍ଦରୀ ହେଲେ ଚଳିବ। ମୋର ଗୋଟେ ଚାକିରିଆ ସ୍ତ୍ରୀ ଦରକାର ନ ହେଲେ ଏ ଅଧ୍ୟାପକ ଚାକିରିରେ ଗୋଟେ ଦରମାରେ ଚଳିବା ମୁସ୍‌କିଲ୍।

ସନ୍ଦୀପ : ଠିକ୍ ଅଛି, ତା' ହେଲେ ଚାକିରିଆ ଝିଅ ପ୍ରସ୍ତାବଟେ ଦେ' ମତେ।

ଅର୍ଣ୍ଣବ : ମୁଁ ଦେବି ?

ସନ୍ଦୀପ : ଦେଖ ବାବା, ଚାକିରି ମୋର ଆଉ ଦି' ବର୍ଷ ରହିଲା। ରିଟାୟାର୍ ହବାର ଆଗରୁ ଏସ୍.ପି. ପ୍ରମୋଶନଟା ମିଳିଗଲେ ଆତ୍ମାଟା ଟିକିଏ ଶାନ୍ତି ପାଇବ। ସେଥିରେ ପୁଣି ମୋ ଅଣ୍ଡରରେ ଥିବା ଇନ୍‌ସପେକ୍ଟର ଦି'ଟା କ୍ରିମିନାଲ୍‌ଙ୍କୁ ଥାନା ହାଜତରେ ବାଡ଼େଇ ବାଡ଼େଇ ମାରିଦେଲା। ଗୋଟେ ନକଲି ଇନ୍‌ସପେକ୍ଟର କହି ଗାଡ଼ିବାଲାଙ୍କ ପାଖରୁ ବଟି ଆଦାୟ କରୁଥିଲା। ଆଉ ଗୋଟେ ବାଇକ୍ ଚୋର।

ସିଆଡ଼େ ମିଡ଼ିଆ ଏ ଘଟଣାକୁ ଏମିତି ହାଇପ୍ କରିଚି ଯେ ମୋ' ଉପରେ ଉପରୁ ପ୍ରେଶର। ସବୁବେଳେ କାମ ଆଉ କାମ, ତୁ' ଯାହା

କହ ବୁଲୁ! ଚାକିରିଆ ବୋହୂ ଖୋଜିବା ପାଇଁ ମୋ'ର କୋଉଠି ଟାଇମ୍ ଅଛି ଯେ? ମୋର ସେ ମାଟ୍ରିମନିଆଲ୍ ଟାଉଟର୍‌ଙ୍କ କଥାରେ ବିଶ୍ୱାସ ନାଇଁ-ଇଆଡ଼େ ଟାଇମ୍ ନାଇଁ ନିଜେ ଖୋଜିବା ପାଇଁ। (ଜୟଶ୍ରୀ ପ୍ରବେଶ କଲେ ଚା' ନେଇ)

ଜୟଶ୍ରୀ : ଟାଇମ୍ ମିଳିବ କୁଆଡୁ? ତମେ ତ ଗୋଟେ ବୋଲି ଡି.ଏସ୍.ପି ଅଛ ଓଡ଼ିଶାରେ ଯେ ତମେ କାମ ନକଲେ ପୋଲିସ୍ ଡିପାର୍ଟମେଣ୍ଟ୍ ବୁଡ଼ିଯିବ। ଇନ୍‌ସପେକ୍ଟରଙ୍କ ୱାଇଫ୍‌ମାନେ ହୀରାର କାନଫୁଲ ପିନ୍ଧିଲେଣି। ଏଣେ ସଚ୍ଚୋଟ ଡି.ଏସ୍.ପି. ନିଜ ପାଇଁ ଜାଗାଟେ କିଣିପାରେନା ଭୁବନେଶ୍ୱରରେ। ଆଉ ଦି' ବର୍ଷ ପରେ ରିଟାୟାର୍ ହେଲେ ରହିବ କୋଉଠି?

ଅର୍ଣ୍ଣବ : ମା' ଠିକ୍ କହିଚି ବାପା! ସେଇଥିପାଇଁ ତମର ଏକମାତ୍ର ପୁଅ ପାଇଁ ଗୋଟେ ଚାକିରିଆ ବୋହୂ ଦରକାର।

ସନ୍ଦୀପ : କିନ୍ତୁ ଚାକିରିଆ ବୋହୂଟେ ଏବେ ପାଇବା କୋଉଠୁ?

ଜୟଶ୍ରୀ : ଖୋଜିଲେ ନିଶ୍ଚୟ ମିଳିବେ। ତମେ କାମର ବାହାନା ଦେଖେଇ ଖୋଜୁନା?

ସନ୍ଦୀପ : କାଇଁ ତମେ ଖୋଜୁନା? ଇ.ଟି.ଭି. ଷ୍ଟୁଡ଼ିଓ ଯାଇ 'ଶ୍ରୀମତୀ କମ୍ ନୁହନ୍ତି' ପୋଗ୍ରାମରେ ଭାଗ ନେଇ ପାରୁଚ-ବୋହୂଟେ ଖୋଜିପାରିବନି?

ଜୟଶ୍ରୀ : ବୁଲୁକୁ କହୁନ! ସେଣ୍ଟ୍ରାଲ୍ ଭାଲୁଏସନ୍‌ରେ ଏତେ ଅଧ୍ୟାପିକା ଝିଅଙ୍କୁ ଦେଖୁଚି-ବାଛୁନି ଗୋଟେ ସେଥିରୁ? କିରେ?

ଅର୍ଣ୍ଣବ : ମୁଁ କ'ଣ ସେଇଠିକି ସ୍ତ୍ରୀ ପସନ୍ଦ କରିବାକୁ ଯାଉଛି ନା ଖାତା ଦେଖିବାକୁ? ଶୁଣ ଏତେ ଝଗଡ଼ାରୁ କ'ଣ ମିଳିବ? ସତରେ ଯଦି ମୋର ମତାମତ ଚାହୁଁଚ ତା' ହେଲେ ଶୁଣ। ମୁଁ ଭାବୁଚି, ମୁଁ ବାହାହେବିନି। ବାପାଙ୍କ ରିଟାୟାରମେଣ୍ଟ୍ ପରେ ଅବିବାହିତ ରହି ତାଙ୍କର ସେବା କରିବି।

ସନ୍ଦୀପ : ଆମେ କ'ଣ ସବୁଦିନ ବଞ୍ଚିଥିବୁ? ଆମ ପରେ? ସେଇଥିପାଇଁ ଫାଲ୍‌ତୁ ନିଷ୍ପତ୍ତି ଛାଡ଼ - ଆଗେ ବାହା ହ! ନାତି କି ନାତୁଣୀଟେ ହେଲେ ତା' ସାଙ୍ଗରେ ଖେଳି ସମୟ କାଟିଲେ ତୋର ପିତୃସେବା ହୋଇଗଲା ବୋଲି ଭାବିବି।

ବୁଲୁ : ତମର ସେଇ ଆଶାଟା ପୂରଣ କରିବାକୁ ହେଲେ ଆମ ଡିପାର୍ଟମେଣ୍ଟ୍‌ର ଝୁମୁ ପଟ୍ଟନାୟକ ଜଣେ ଏଲିଜିବୁଲ୍ କ୍ୟାଣ୍ଡିଡେଟ୍!

ଜୟଶ୍ରୀ : ସିଏ କିଏ ?

ବୁଲୁ : କହିଲି ପରା ! ଆମ କଲେଜର ଇଂରାଜୀ ଅଧ୍ୟାପିକା । ପି.ଏଚ୍.ଡ଼ି କରୁଚି ହାଇଦ୍ରାବାଦରେ ।

ଜୟଶ୍ରୀ : ଶୁଣ, ପୁଅର କଥା, ଶୀଘ୍ର ପ୍ରସ୍ତାବ ପକାଅ ।

ବୁଲୁ : ତଥାପି ମା', ଟିକିଏ ଅସୁବିଧା ଅଛି ।

ଜୟଶ୍ରୀ : ଅସୁବିଧା ! କ'ଣ ଅସୁବିଧା ?

ବୁଲୁ : ଝୁମୁ ତାଙ୍କ ପରିବାରର ଏକମାତ୍ର ସନ୍ତାନ । ବାପା ଅଠର ବର୍ଷ ହେଲା ଚାଲିଗଲେଣି । ତାର ଭାଇଭଉଣୀ ଆଉ କେହି ନାହାନ୍ତି । ସିଏ ଆଉ ତା' ମା' !

ସନ୍ଦୀପ : ତୁ ସେ ଝିଅଟାକୁ ପସନ୍ଦ କରୁଚୁ ତ !

ବୁଲୁ : ଝିଅଟା ପାଠଶାଠ ପଢିଥିଲେ ବି ଭାରୀ ଭଦ୍ର ଆଉ ନମ୍ର । ଆପଣମାନେ ପସନ୍ଦ କଲେ ମୋର କୌଣସି ଆପତ୍ତି ରହିବ ନାହିଁ । ତେବେ ଯେହେତୁ ମୋର ବାହାହବାର ଗୋଟେ ସମ୍ଭାବନା ସୃଷ୍ଟି ହେଇଚି, ତେଣୁ ମୁଁ ଏଗୁଡ଼ା ଆଗରୁ କହି ଦଉଚି । ଝୁମୁ ସପକ୍ଷରେ ମୋର ଏକମାତ୍ର ଯୁକ୍ତି ହଉଚି ଆମେ ଏକା ପ୍ରଫେସନ୍‌ର ଆଉ ଏକା ଡିପାର୍ଟମେଣ୍ଟର । ସବୁବେଳେ ସାଙ୍ଗରେ ରହିବୁ । ବଦଳି ହେଲେ ବି ଏକାଠି ରହିବୁ । ବାପା ଗଲାପରେ ଛୁଆବେଳୁ ଜୀବନରେ ଅନେକ କଷ୍ଟ ଦେଖିଚି ଆଉ ଅନୁଭବ କରିଛି ତା'ର ମା'ର କଷ୍ଟ । ସେଥିପାଇଁ ସିଏ ତାର ପାଠପଢା ଆଉ କର୍ତ୍ତବ୍ୟରେ କୋଉଠି ହେଳା କରିନି ।

ଜୟଶ୍ରୀ : ଏତେ କଥା କ'ଣ କହୁଚୁ ବାପା - ସିଧା ଖୋଲାଖୋଲି କହ - ତା' ସାଙ୍ଗରେ ତୋ ବାହାଘର କରେଇଦେଲେ ତୁ ଖୁସିରେ ଚଳିବୁ ତ ?

ବୁଲୁ : ବର୍ତ୍ତମାନକୁ ତ ହଁ କରିଦେଇପାରେ । ଭବିଷ୍ୟତରେ କ'ଣ ହେବ କେମିତି ଜାଣିବି ?

ସନ୍ଦୀପ : କୋଉଠି ରହୁଛନ୍ତି କହୁଥିଲୁ ? ପଟିଆରେ ପରା ?

ବୁଲୁ : ହଁ କୀଟ୍‌ସ୍ କଲେଜ ଆଗକୁ ଗଲେ ଇନ୍‌ଫୋସିଟି ଡେଇଁ ଶୈଳଶ୍ରୀ ବିହାରରେ ।

ସନ୍ଦୀପ : ତୁ ତାଙ୍କ ମା'ଙ୍କ ସାଙ୍ଗରେ କେବେ କଥାବାର୍ତ୍ତା କରିଚୁ ?

ବୁଲୁ : ଡିପାର୍ଟମେଣ୍ଟର ଆନୁଆଲ୍ ଫଙ୍କସନ୍ ସରୁ ସରୁ ରାତି ହୋଇଗଲା । ଗୋଟେ ସାଙ୍ଗର କାର୍‌ରେ ନେଇ ତାକୁ ଘରେ ଛାଡ଼ିବାକୁ ଯାଇଥିଲି ।

ବାହାରେ ସିଏ ଓହ୍ଲେଇଲା ଘର ଆଗରେ। ମତେ ଘରକୁ ଡାକିନି କି ଭିତରକୁ ଯାଇ ତାଙ୍କ ମା'ଙ୍କ ସହ କଥାବାର୍ତ୍ତା ହେବାର ସୁଯୋଗ ମିଳିନି।

ସନ୍ଦୀପ : ତାଙ୍କ ଘର ନମ୍ବର କି ଝିଅର ମୋବାଇଲ୍ ନମ୍ବର ଅଛି ?

ବୁଲୁ : ନା, ଏଗୁଡ଼ା ରଖିବାର ଆବଶ୍ୟକତା କେବେ ଅନୁଭବ କରିନି। ବାପା ! ଆପଣ ସନ୍ଦେହ କରୁଛନ୍ତି କି ଆମ ଭିତରେ କିଛି ଗୋଟେ ସମ୍ପର୍କ ଅଛି ବୋଲି ? କିଛି ନାଇଁ। (ସନ୍ଦୀପ ଜୟଶ୍ରୀଙ୍କୁ ଚାହିଁ ମୁରୁକି ହସିଲେ)

ସନ୍ଦୀପ : ଆରେ ଚାହୁଁଚ କ'ଣ ? ଜୀବନସାରା ପୋଲିସ୍ ଚାକିରି କରି କରି ଅଭ୍ୟାସ ହୋଇଗଲାଣି ଏମିତି ଗୁଡ଼ାଏ କଥା କହିବା। ଏଇଠି ଡି.ଏସ୍.ପି. ସନ୍ଦୀପ ସାମନ୍ତରାୟ କଥାବାର୍ତ୍ତା କରୁନାହାନ୍ତିରେ। ମୁଁ ତୋ' ବାପା ପଚାରୁଚି। ହା ହା ହାହା ହାହା - ମୁଁ ତତେ ସନ୍ଦେହ କରୁଚି ବୋଲି କାହିଁକି ଭାବୁଚୁ? (ଜୟଶ୍ରୀ ହସିଲେ, ବୁଲୁ ଅପରାଧୀ ମନେକଲା। ସନ୍ଦୀପ ହସୁଥିଲେ। ଏଇ ଅବସ୍ଥାରେ ଡିମର୍‌ରେ ଆଲୁଅ ଲିଭିବ। ୟା ଭିତରେ ଜୟଶ୍ରୀ ସନ୍ଦୀପଙ୍କ ହାତରୁ ନୁଡୁଲ୍‌ସ ପ୍ଲେଟ୍ ନେଇ ଟା' କପ୍‌ଟେ ଧରେଇ ଦେଇଥିବେ ଏବଂ କଥାବାର୍ତ୍ତା କରୁ କରୁ ପିଇସାରିଥିବେ ଓ ଜୟଶ୍ରୀ ତାକୁ ନେଇ ଭିତରେ ରଖିଦେଇ ଆସିଥିବେ।)

ଦ୍ୱିତୀୟ ଦୃଶ୍ୟ

(ଆଲୁଅ ଆସିଲା ବେଳକୁ ୟୁନିଫର୍ମରେ ସନ୍ଦୀପ ଓ ପୂର୍ବଦୃଶ୍ୟର ଶାଢ଼ିରେ ଜୟଶ୍ରୀ ଓ ସେଇ ଡ୍ରେସରେ ଅର୍ଣ୍ଣବ। ସେମାନେ ସାମ୍ନାପଟରେ ପାହାଚ ଚଢ଼ିଛନ୍ତି, ପ୍ରଥମ ମଞ୍ଚ ଅନ୍ଧାର ଏବଂ ଆଲୁଅ ଅଛି ଦ୍ୱିତୀୟ ମଞ୍ଚରେ ଝୁମୁଙ୍କ ଘରେ।)

ବୁଲୁ : ମା' ଏଇଟା ହେଲା ଝୁମୁଙ୍କ ଘର। (କଲିଂବେଲ୍ ଟିପିଲେ ଓ ଝୁମୁ ଦୁଆର ଖୋଲିଲେ)

ଝୁମୁ : ଆରେ ଅର୍ଣ୍ଣବ ବାବୁ! ହଠାତ୍ ? (ଆଶ୍ଚର୍ଯ୍ୟ ହୋଇ ଚାହିଁଲା)

ବୁଲୁ : ବାପା ... ମା' ...

ଝୁମୁ : ଓ! (ଦୁଇ ଜଣଙ୍କ ପାଦ ଛୁଇଁଲା) ଆସନ୍ତୁ, ଭିତରକୁ ଆସନ୍ତୁ।

ସନ୍ଦୀପ : ମତେ ୟୁନିଫର୍ମରେ ଦେଖି ଡରିଗଲୁ କି ମା' ? ଅଫିସ୍‌ରୁ ସିଧା ଆସୁଚି। ଡ୍ରେସ୍ ବଦଳାଇବା ପାଇଁ ସମୟ ପାଇନି।

ଝୁମୁ : ହଠାତ୍ ଏମିତି ଚାଲି ଆସିଲେ ଯେ ... ଆଗରୁ ଫୋନ୍‌ଟେ ମାରିଦେଲେନି ?

ଅର୍ଣ୍ଣବ : ତମର ମୋବାଇଲ୍ ନମ୍ବର ମୋ' ପାଖରେ ନାହିଁ। ଆଉ ଫୋନ୍ କରିଥାନ୍ତି କେମିତି ? ଏଇପଟେ ଯାଇଥିଲୁ - ମୁଁ ହିଁ ଘର ଦେଖେଇଲି।

ଝୁମୁ : ଠିକ୍ କଥା। ମୁଁ ତ ମୋବାଇଲ୍ ନମ୍ବର ଆପଣଙ୍କୁ କେବେ ଦେଇନି। ଆପଣ ବି ମାଗି ନାହାନ୍ତି କେବେ। ଆପଣମାନେ ଟିକେ ବସନ୍ତୁ। ମୁଁ ବୋଉକୁ ଡାକି ଦଉଚି।

(ଝୁମୁ ଭିତରକୁ ଯାଇ ବୋଉ ପ୍ରଭା ଦେବୀଙ୍କୁ ଧରି ଆସିଲେ। ଧଳା ଶାଢ଼ିଟିଏ ମାର୍ଜିତ ରୂପେ ପିନ୍ଧିଛନ୍ତି। ମୁହଁରେ ବୟସ ଓ ଚିନ୍ତା ଉଭୟର ଛାପ। ବୋଉ ! ଇଏ ଅର୍ଣ୍ଣବ ବାବୁ - ଏମାନେ ତାଙ୍କ ବାପା ମା' !

(ନମସ୍କାର ପର୍ବ ସରିଲା ପରେ)

ସନ୍ଦୀପ : ଖବର ନ ଦେଇ ହଠାତ୍ ଏମିତି ଚାଲି ଆସିଲୁ। କିଛି ଖରାପ ଭାବିବେ ନାଇଁ।

ଝୁମୁବୋଉ : ଝୁମୁ ଅନେକ ଥର ମୋ' ଆଗରେ ଅର୍ଣ୍ଣବ ବାବୁଙ୍କ କଥା କହେ। ତାଙ୍କୁ (ପ୍ରଭା) ଦେଖିବା ପାଇଁ ଇଚ୍ଛା ଥିଲା। ଆଜି ଆପଣମାନଙ୍କୁ ସମସ୍ତଙ୍କୁ ଏକାଠି ଦେଖି ଭଲ ଲାଗୁଚି।

ଜୟଶ୍ରୀ : ଭଉଣୀ ! ଅର୍ଣ୍ଣବ ବି ଆମକୁ ଝୁମୁ ବିଷୟରେ ଖୁବ୍ ପ୍ରଶଂସା କରି କହେ। ଆଜି ଅଫିସ୍‌ରୁ ଫେରି ଇଏ କହିଲେ ଚାଲ ଝୁମୁଙ୍କ ଘରଆଡୁ ବୁଲି ଆସିବା। ଏତେ ତରବର କଲେ ଯେ ୟୁନିଫର୍ମ ନ ଖୋଲି ଚାଲି ଆସିଛନ୍ତି।

ପ୍ରଭା : ୟାଙ୍କର ଚାଲିଯିବା ପରେ ଅଠର ବର୍ଷ ହେଲା ଆମ ଘରକୁ କେହି ଆସି ନାହାନ୍ତି। ଏଇ ତଳ ଘରେ ଭଡ଼ା ନେଇ ସେଇ ଯୋଉ ବ୍ୟାଙ୍କ ଅଫିସର ଅଛନ୍ତି, ସେମାନେ ହିଁ ଆମର ଏକମାତ୍ର ବନ୍ଧୁ, ବାନ୍ଧବ ସବୁକିଛି। ତାଙ୍କଘର ବରହମ୍ପୁର।

ଜୟଶ୍ରୀ : ଭଉଣୀ ତମର ନାଁ କ'ଣ ?

ପ୍ରଭା : ପ୍ରଭା !

ଜୟଶ୍ରୀ : ପ୍ରଭା - ତମେ ଆଜିଠୁ ମୋର ସାନ ଭଉଣୀ ହେଲ। ଏଣିକି ମଝିରେ ମଝିରେ ମୁଁ ତମ ଘରକୁ ବୁଲି ଆସିବି। ଦିନେ ଆସି ତମକୁ ବି ଆମ ଘରକୁ ନେଇଯିବି।

ପ୍ରଭା : ଝୁମୁ, ମଉସା ମାଉସୀଙ୍କ ପାଇଁ କିଛି ଛଣାଛଣି କର।
(ଝୁମୁ ଗଲାପରେ ଜୟଶ୍ରୀ ଆସି ପ୍ରଭା ପାଖରେ ବସିଲେ)

ସନ୍ଦୀପ : ପ୍ରଭାଦେବୀ, ମୋର ଗୋଟେ ପ୍ରସ୍ତାବ ଥିଲା।

ପ୍ରଭା : (ଚମକି ପଡ଼ିଲେ) ପ୍ରସ୍ତାବ?

ସନ୍ଦୀପ : କିଛି ତରବର ନାଇଁ। ଆପଣ ପନ୍ଦର ଦିନ ସମୟ ନିଅନ୍ତୁ ଭାବିବା ପାଇଁ। ତାପରେ କଥାବାର୍ତ୍ତା ହେବା।

ପ୍ରଭା : ଆପଣ ଏ ପ୍ରସ୍ତାବ ଆଣିଲେ, ସେଥିପାଇଁ ଆମେ କୃତଜ୍ଞ। ତେବେ ଝୁମୁ ଆଜି ତାଙ୍କ ସାଙ୍ଗଘର ଗାଡ଼ିରେ ପୁରୀ ଯାଉଛି। ସେ ଗଲାପରେ ଆମେ କଥା ହେବା। ମୋ' କଥା ଶୁଣିଲା ପରେ ଆଉ ପନ୍ଦର ଦିନ ଲାଗିବ ନାଇଁ ଭାବିବା ପାଇଁ। ଆପଣମାନେ ହିଁ ନିଷ୍ପତ୍ତି ନେଇଯିବେ।
(ଝୁମୁ ପକୋଡ଼ି ଆଉ ଚା' ନେଇ ଆସିଲା)

ଝୁମୁ : ଅର୍ଣ୍ଣବ ବାବୁ। ମୋର ଗୋଟେ ପୋଗ୍ରାମ ଫିକ୍ସ୍ ହେଇଯାଇଛି। ଏଇ ତଳ ଘର ପଣ୍ଡାବାବୁଙ୍କ ଫେମିଲି ସହିତ ଏଇନେ ପୁରୀ ଯାଇ ରାତିରେ ଫେରି ଆସିବୁ। ମତେ ଯିବା ପାଇଁ ଅନୁମତି ଦେବେ ?

ଅର୍ଣ୍ଣବ : ଖୁସିରେ ଯାଅ-ମଲା-ଆରାମ ସେ! ମୁଁ ବି ଯାଉଛି, ଏ ପାଖରେ ମୋର ଗୋଟେ ସାଙ୍ଗ ଅଛି। ତା' ସାଙ୍ଗରେ ଟିକିଏ ଦେଖାକରି ଆସୁଛି।
(ଅର୍ଣ୍ଣବ ଚାଲିଗଲା)

ସନ୍ଦୀପ : ଆରେ ମା'! ତୋର ପୋଗ୍ରାମ ଫିକ୍ସ୍ ହେଇଚି, ତୁ ଯିବୁ-ଅନୁମତି କ'ଣ?

ଝୁମୁ : ତା'ହେଲେ ମୁଁ ଯାଉଚି। ଅର୍ଣ୍ଣବ ବାବୁ-ଡୋଣ୍ଟ ମାଇଣ୍ଡ୍! (ଚାଲିଲା)

ପ୍ରଭା : ଆପଣମାନେ ପୁଅ ଘର ହେଇ ପ୍ରସ୍ତାବ ନେଇ ଆମ ଘରକୁ ଆସିଛନ୍ତି, ମୁଁ କୃତଜ୍ଞ। ମୁଁ ବି କିଛି କହିବାକୁ ଚାହେଁ।

ସନ୍ଦୀପ : କୁହନ୍ତୁ।

ପ୍ରଭା : କିନ୍ତୁ ତା' ପୂର୍ବରୁ ଗୋଟାଏ ପ୍ରତିଶ୍ରୁତି!

ସନ୍ଦୀପ : ପ୍ରତିଶ୍ରୁତି? ଆମଠୁ? କି ପ୍ରତିଶ୍ରୁତି?

ଜୟଶ୍ରୀ : ପ୍ରଭାଲୋ'! ତୋ' ଅପା ପରା ଏଇଠି ବସିଚି। ତୁ' କାଇଁକି ବ୍ୟସ୍ତ ହେଉଚୁ? ତୁ ଯୋଉ ସର୍ତ୍ତ ରଖିବୁ ଆମେ ପାଳିବୁ। ଆମେ ତିନିଜଣ ଯାକ ମାନିବୁ। କାରଣ ସେଥିରେ ତୋର ଆଉ ଝୁମୁର ମଙ୍ଗଳ ହେବ। ଆମେ ତମର ମଙ୍ଗଳ ଚାହୁଁ।

ପ୍ରଭା : ଖାଲି ନିୟମ କରନ୍ତୁ ଯେ ଆଜି ଯାହା ମୁଁ ଆପଣମାନଙ୍କୁ କହିବି ସେ କଥା ଆପଣମାନେ କେବେହେଲେ ଝୁମୁକୁ କହିବେନି । ଠାକୁର ଚାହିଁଲେ କାଲି ଯଦି ଅର୍ଣ୍ଣବ ସାଙ୍ଗରେ ତାର ବାହାଘର ହୁଏ ତା'ପରେ ବି ନୁହେଁ ।

ସନ୍ଦୀପ : ମୁଁ କଥା ଦଉଚି ପ୍ରଭାଦେବୀ । ଆପଣ ଯାହା କହିବେ ତାହା ଆମ ତିନିଜଣଙ୍କ ଭିତରେ ହିଁ ଗୁପ୍ତ ରହିବ । କୌଣସି ଚତୁର୍ଥ ଲୋକ ଏ କଥା ଜାଣିବ ନାହିଁ । ଝୁମୁ ବି ନାହିଁ ।

ଜୟଶ୍ରୀ : ଏଥର ଖୁସି ତ ! କହ କ'ଣ କହିବାକୁ ଚାହୁଁଚୁ ?
(ଜୟଶ୍ରୀ ଉତ୍‌କଂଠିତ ହୋଇ ଯାହା ଭାବିଲେ ତାହା ତାଙ୍କ ମୁହଁ ଉପରେ ସ୍ପଟ୍ ରଖି ତାଙ୍କର ସ୍ୱରକୁ ମାଇକ୍ରୋଫୋନ୍ / ଟ୍ୟାପ୍‌ରେ କହିବ)

ଜୟଶ୍ରୀର ସ୍ୱର: କ'ଣ ଏମିତି କହିବ ପ୍ରଭା ? ଝୁମୁ କ'ଣ ତାଙ୍କ ଝିଅ ନୁହେଁ କି ? ତାଙ୍କୁ କୋଉ ଅନାଥାଶ୍ରମରୁ ଆଣି ନାହାନ୍ତି ତ ... ?
(ସ୍ପଟ୍ ଜୟଶ୍ରୀଙ୍କ ମୁହଁ ଉପରୁ ଆସି ପ୍ରଭାଙ୍କ ମୁହଁରେ)

ପ୍ରଭାଙ୍କ ସ୍ୱର : କ'ଣ କରିବି ? କହିବି ନା ନାଇଁ ? ନ କହିଲେ ବିଶ୍ୱାସଘାତ କଲା ପରି ଲାଗିବ ।
(ସ୍ପଷ୍ଟ ଆଲୋକ)

ପ୍ରଭା : ଝୁମୁ ଝୁମୁର ବାପା ... ଜୀବିତ ଅଛନ୍ତି ।
(ଆବହ ସଂଗୀତ)

ସନ୍ଦୀପ : ଆପଣଙ୍କ ସ୍ୱାମୀ ... ! ଅଥଚ ଆପଣଙ୍କ ମଥାରେ ସିନ୍ଦୁର ନାଇଁ, ହାତରେ ଶଙ୍ଖା ନାଇଁ ଆଉ ଆପଣ ଧଳାଶାଢି ପିନ୍ଧୁଛନ୍ତି ? ସତରେ ଆପଣଙ୍କ ସ୍ୱାମୀ ...

ପ୍ରଭା : ସେ ଜୀବିତ । କିନ୍ତୁ ମୁଁ ଅଠର ବର୍ଷ ହେଲା ବିଧବା ।

ଜୟଶ୍ରୀ : କାହିଁକି ?

ପ୍ରଭା : ତାଙ୍କ ସ୍ତ୍ରୀ ହିସାବରେ ସଧବା ହାଇ ବଞ୍ଚିବା ଅପେକ୍ଷା ଏଇଟା ହିଁ ଶ୍ରେୟସ୍କର ବୋଲି ଭାବିଲି ।

ଜୟଶ୍ରୀ : ଏମିତି କାହିଁକି ଭାବିଲୁ ? କ'ଣ ଝଗଡ଼ା ହେଇ ଡିଭୋର୍ସ ହୋଇଗଲା ?

ପ୍ରଭା : ନା, ସେ ଆଜୀବନ କାରାଦଣ୍ଡ ଭୋଗୁଛନ୍ତି । ଜେଲଖାନାରେ ଅଛନ୍ତି ।

ସନ୍ଦୀପ : ଆଜୀବନ କାରାଦଣ୍ଡ ? (ଡି.ଏସ୍.ପି. ସାହେବ ଚମକି ପଡ଼ିଲେ) କୋଉ ଜେଲ୍‌ରେ ?

ପ୍ରଭା : ଶୁଣୁଛି ସମ୍ବଲପୁର ଜେଲ୍‌ରେ ଅଛନ୍ତି।

ସନ୍ଦୀପ : କୋଉ ଅପରାଧରେ ?

ପ୍ରଭା : ସିଏ ଆରେଷ୍ଟ ହେଲା ପରେ ହିଁ ମୁଁ ଜାଣିଲି ସେ ଗୋଟେ ଆତଙ୍କବାଦୀ ସଂସ୍ଥା ସହିତ ଜଡ଼ିତ ଥିଲେ। ଇଏ ଜେଲ୍ ଗଲା ବେଳକୁ ଝୁମୁ ତିନିବର୍ଷର ଛୁଆ। ସେ ଆରେଷ୍ଟ ହେଲା ପରେ ମୁଁ ଏତେ ରାଗ ଆଉ ଅପମାନରେ ବୁଡ଼ିଯାଇଥିଲି ଯେ ମୁଁ ଭୁଲିଗଲି ସିଏ ମୋର ସ୍ୱାମୀ ବୋଲି। ପୋଲିସ୍ ହାଜତକୁ ଯାଇ ତାଙ୍କୁ ଦେଖା ମଧ୍ୟ କଲିନି। ସେ ବି ତାଙ୍କର ଏଇ ତଥାକଥିତ ପରିବାର ବିଷୟରେ ପୋଲିସ୍‌କୁ କିଛି କହି ନଥିଲେ। ଫଳରେ ପୋଲିସ୍ କି ମିଡ଼ିଆର ପ୍ରଶ୍ନବାଣର ସମ୍ମୁଖୀନ ହେବାକୁ ପଡ଼ିଲା ନାହିଁ।

ସନ୍ଦୀପ : ସଏ କୋଉଠି ଚାକିରୀ କରୁଥିଲେ ?

ପ୍ରଭା : ଆସାମର ଗୋଟେ ଚା' କମ୍ପାନୀରେ। ଆରେଷ୍ଟ ହେଲା ବେଳକୁ ତାଙ୍କର ଦରମା ଥିଲା ପଚିଶି ହଜାର, ମୁଁ ଥରେ ଦୁଇଥର ସପ୍ତାହେ ଦୁଇ ସପ୍ତାହ ରହି ଆସିଚି। ପାଞ୍ଚବର୍ଷ ଆମେ ବେଶ୍ ଖୁସିରେ ସମୟ କଟେଇଚୁ। ତାଙ୍କ ନାଁ ବାଦଲ ମହାନ୍ତି।

ଜୟଶ୍ରୀ : ଆଉ ଏଇ ଘର ?

ପ୍ରଭା : ବାଦଲ ବାବୁ ଆତଙ୍କବାଦୀ ପଇସାରୁ ଅର୍ଜିଥିବା ଟଙ୍କାରେ ଏଇ ଘର ତିଆରି ହୋଇନାହିଁ। ଏଇ ଡୁପ୍ଲେକ୍ସ ଘରଟା ମୋ' ଶ୍ୱଶୁରଙ୍କର। ସେ ଏଲ.ଆଇ.ସି.ରେ ଅଫିସର ଥିଲେ, ଭୁବନେଶ୍ୱରରେ ଥିଲାବେଳେ ଏ ଘର କିଣିଥିଲେ। ସେଥିପାଇଁ ଝୁମୁକୁ ନେଇ ମୁଁ ଏଇ ଘରେ ଅଛି। ଯଦି ଆତଙ୍କବାଦୀ ଡଲାର୍ ଟଙ୍କା ହେଇଥାନ୍ତା ଜମାରୁ ରହି ନଥାନ୍ତି।

ସନ୍ଦୀପ : (ଅନୁରୋଧ ସ୍ୱର) ମୁଁ ତାଙ୍କୁ ଟିକିଏ ଦେଖିବାକୁ ଯାଇପାରିବି ?

ପ୍ରଭା : ଯାଇପାରନ୍ତି। ତାଙ୍କୁ ଦେଖା କରିବା ପାଇଁ ମୋର ଅନୁମତି ଆଦୌ ଦରକାର ନାଇଁ।

ସନ୍ଦୀପ : ଆମେ ତା' ହେଲେ ଆସୁଚୁ।

ଜୟଶ୍ରୀ : ଜମା ବ୍ୟସ୍ତ ହବୁନୁ। ଆମେ ଝୁମୁକୁ ବୋହୂ କରିକି ନବୁ। ଝୁମୁ ଗଲାପରେ ତୁ ବି ଚାଲି ଆସିବୁ, ଅପା ଘରେ ରହିବୁ।
(ପ୍ରଭା ହସିଲେ। କିନ୍ତୁ ଲାଗିଲା, ଯେମିତି ଅନେକ ଦିନରୁ ସେ ହସି ନଥିଲେ।)

ସନ୍ଦୀପ : ମାଡ଼ାମ୍ ... ଆପଣଙ୍କ ସ୍ୱାମୀମାନେ ମୋର ଭାବୀ ସମୁଦୀ ଜୀବିତ ଅଛନ୍ତି, ଅଥଚ ମୁଁ ତାଙ୍କୁ ନ କହି, ଦେଖା ନକରି ବାହାଘର କରିବି ? ଅଭଦ୍ରାମୀ ହବ।

ପ୍ରଭା : କିନ୍ତୁ ମନେରଖିଥିବେ ସିଏ ଜଣେ ଆତଙ୍କବାଦୀ ଆଉ ଆପଣ ଜଣେ ପୋଲିସ୍ ଡି.ଏସ୍.ପି.। ଯା' କହନ୍ତି-ଅହିନକୁଳ ସମ୍ପର୍କ।

ସନ୍ଦୀପ : ସମୁଦୀ ସମ୍ବଲପୁର ସର୍କଲ ଜେଲ୍‌ମାନେ ଧନୁପାଲିରେ ଅଛନ୍ତି ତ ? ମୁଁ ସମ୍ବଲପୁରରେ ତିନିବର୍ଷ ଚାକରି କରିଛି। ମୁଁ ତାଙ୍କୁ ଦେଖାକରିବି। ସମୁଦୁଣୀ! ଆପଣ ବ୍ୟସ୍ତ ହୁଅନ୍ତୁ ନାହିଁ। ଆମେ ଆସୁଚୁ। ନମସ୍କାର। କ'ଣ ତାଙ୍କର ନାଁଟି ? ବାଦଲ ମହାନ୍ତି ? ଠିକ୍ ଅଛି। ଖୋଜି ବାହାର କରିଦେବି। (ମଞ୍ଚ ଅନ୍ଧାର ହେଲା।)

ତୃତୀୟ ଦୃଶ୍ୟ

(ପ୍ରଥମ ମଞ୍ଚରେ ଆଲୋକ। ଗୋଟେ ଛୋଟ ଭି.ଆଇ.ପି. ବାକ୍ସରେ କିଛି ଲୁଗାପଟା ସଜାଡୁଛନ୍ତି ସନ୍ଦୀପ ବାବୁ! ଅର୍ଣ୍ଣବ ପ୍ରବେଶ କଲା ଓ ପଚାରିଲା:)

ଅର୍ଣ୍ଣବ : ହଠାତ୍ କୁଆଡ଼େ ଟୁର୍‌ରେ ଯିବେନା କ'ଣ ?

ସନ୍ଦୀପ : (ବ୍ୟସ୍ତଥାଇ) ହୁଁ। ଟିକିଏ ସମ୍ବଲପୁର ଯାଉଛି। ମୁଁ ଭାବୁଚି-ତୁ ପ୍ରିନ୍‌ସିପାଲ୍‌ଙ୍କୁ ଫୋନ୍ କରିଦେ। ଆସିଲେ ଆପ୍ଲିକେସନ୍ ଦବୁ। ଚଳିବ। ଚାଲଯିବା।

ଅର୍ଣ୍ଣବ : କିନ୍ତୁ କାହିଁକି ? ହଠାତ୍ ସମ୍ବଲପୁର କାହିଁକି ? ଝୁମୁ ଘରେ କିଛି ଅସୁବିଧା ହେଇଚି ? ଝୁମୁ ତ ପୁରୀ ଗଲା, ତା'ପରେ କ'ଣ ହେଲା ?

ସନ୍ଦୀପ : ଓହୋ ! ତୁ ନଥିଲୁ ପରା, ଝୁମୁର ବାପା ବଞ୍ଚିଛନ୍ତିରେ। ସେ ଜଣେ ଆତଙ୍କବାଦୀ। ତେଣୁ ତାଙ୍କୁ ଆଜୀବନ କାରାଦଣ୍ଡରେ ଦଣ୍ଡିତ କରାଯାଇଛି। ଚାଲ ତାଙ୍କୁ ଦେଖା କରି ଆସିବା।

ଅର୍ଣ୍ଣବ : ଡୋଣ୍ଟ୍ ୱାରି ବାପା ! ଆପଣଙ୍କୁ ଯଦି ଲାଗୁଚି, ଜଣେ ଆତଙ୍କବାଦୀ ଘରେ ବନ୍ଧୁ କଲେ ତମର ପ୍ରେଷ୍ଟିଜ୍‌ରେ ଆଞ୍ଚ ଆସିବ - ତା' ହେଲେ ଛାଡ଼ନ୍ତୁ ସେ ପ୍ରସ୍ତାବ ! ଅନ୍ୟ କୋଉଠି ଦେଖିବା।

ସନ୍ଦୀପ : ଆରେ ନା ନା - ମୁଁ ସେ ବିଷୟରେ ଜମା ଚିନ୍ତା କରୁନି। ତାଙ୍କ ନାଁ ବାଦଲ ମହାନ୍ତି ବୋଲି ଜାଣିଲା ପରେ ମୋ' ଆଖି ଆଗରେ ପନ୍ଦର

କୋଡ଼ିଏ ବର୍ଷ ତଳର ଦି ତିନିଟା ଆତଙ୍କବାଦୀ କଥା ମନେ ପଡ଼ିଯାଉଛି। ଯଦି ତା' ଭିତରୁ ଗୋଟେ ହୋଇଥିବ ତା' ହେଲେ ଏଇଟା ଗୋଟାଏ ଅଦ୍ଭୁତ ସଂଯୋଗ ବୋଲି ଜଣାଯିବ।

ଅର୍ଣ୍ଣବ : କ'ଣ ସେ ସଂଯୋଗ ?

ସନ୍ଦୀପ : ଜେଲ୍‌କୁ ଯାଇ ତୋ ଭାବୀ ଶ୍ୱଶୁରଙ୍କୁ ଦେଖା କଲାପରେ ଜାଣିପାରିବୁ। ତୁ ଠିକ୍ ବୁଝିପାରିବୁ। ସଂଯୋଗଟା କେମିତି ଅଦ୍ଭୁତ। ମୁଁ ସବ୍‌ଇନ୍‌ସପେକ୍ଟରଙ୍କୁ ଫୋନ୍ କରିଦେଇଛି, ସେ ଟିକେଟ ନେଇ ଆସିବ, ଚାଲ-! (ସେମାନେ ଯାଉ ଯାଉ ପ୍ରଥମ ମଞ୍ଚରେ ଆଲୁଅ କଟିଲା ଏବଂ ସନ୍ଦୀପ ଅର୍ଣ୍ଣବ ଡାହାଣ ପଟ ୩ୟ ମଞ୍ଚ ପାହାଚ ଚଢୁ ଚଢୁ ଫ୍ରିଜ୍ ହେଲେ। ଡିମରରେ ଆସ୍ତେ ଆସ୍ତେ ଆଲୋକ ଆସିଲା ତୃତୀୟ ମଞ୍ଚରେ।)

ଚତୁର୍ଥ ଦୃଶ୍ୟ

(ଧୀରେ ଧୀରେ ଡିମରରେ ଆଲୋକ ଆସିଲା ଜେଲଖାନା ଭିତରେ ବାଦଲ ରହୁଥିବା କୋଠରୀ ଭିତରେ। କୋଠରୀ ବନ୍ଦ ଅଛି। ତାଲା ପଡ଼ିଛି ଓ ସେଣ୍ଟ୍ରୀ ଠିଆ ହେଇଛି। ଏମାନେ ଫ୍ରିଜରେ ଥିଲା ଅବସ୍ଥାରେ ଜେଲର୍ ଆସି ଅଭିନନ୍ଦନ ଜଣାଇଲେ ସନ୍ଦୀପ ଓ ଅର୍ଣ୍ଣବଙ୍କୁ।)

ଜେଲର୍ : ହାଲୋ ସାର୍! ୟୁ ଆର ୱେଲ୍ କମ୍। ଏଇ କୋଠରୀରେ ଅଛନ୍ତି ବାଦଲ ବାବୁ। ଏ ଜେଲ୍‌ର ସବୁଠାରୁ ଭଦ୍ର ଆଉ ସବୁଠାରୁ ଅଲଗା କଏଦୀ ବାଦଲ ମହାନ୍ତି। ଆସିଲା ଦିନରୁ ଆଜି ପର୍ଯ୍ୟନ୍ତ ଏକଦମ୍ ଭଦ୍ର ଆଉ କୌଣସି ପ୍ରୋବ୍ଲେମ୍ କରୁନଥିବା କଏଦୀ ବାଦଲ ମହାନ୍ତି। ଏଇ ସେଇ ଭିତରେ ଚୁପ୍‌ଚାପ୍ ବସିଛନ୍ତି। ସବୁବେଳେ କ'ଣ ଭାବି ମନକୁ ମନ କାନ୍ଦୁଛନ୍ତି ସବୁବେଳେ, ବୋଧହୁଏ ଅନୁତାପ କରୁଛନ୍ତି।

ସନ୍ଦୀପ : ଇଏ ମୋ' ପୁଅ ଅର୍ଣ୍ଣବ। ଆମେ ଟିକିଏ ବାଦଲ ବାବୁଙ୍କ ସାଙ୍ଗରେ କଥା ହବୁ। ଏକାନ୍ତରେ।

ଜେଲର୍ : ଠିକ୍ ଅଛି ସାର୍। ଆପଣ କଥାବାର୍ତ୍ତା କରନ୍ତୁ – ମୁଁ ଆସୁଚି (ଯାଉଥିଲେ, ଫେରିଆସି) ହଁ, ବାଦଲ ଜେଲକୁ ଆସିବାର ଏତେବର୍ଷ ଭିତରେ କେହି ଭିଜିଟର ତାଙ୍କ ପାଖକୁ ଆସିନାହାନ୍ତି। ଏତେଦିନ ଭିତରେ ଆପଣମାନେ ପ୍ରଥମ ତାଙ୍କୁ ଦେଖା କରୁଛନ୍ତି। ଦେଖନ୍ତୁ ସତର୍କ

ରହିଥିବେ। ସିଏ ଭାଓଲେଣ୍ଟ୍ ହେଇପାରନ୍ତି - ନ ହେଲେ ଆଦୌ କଥାବାର୍ତ୍ତା ନକରି ପାରନ୍ତି।

ସନ୍ଦୀପ : ଥ୍ୟାଙ୍କ୍ ୟୁ! ଥ୍ୟାଙ୍କ୍ ୟୁ ଫର ଦ' ଇନ୍‌ଫରମେଶନ୍! (ଜେଲର୍ ଚାଲିଗଲେ। ସେଣ୍ଟ୍ରୀ ଦୁଆର ଖୋଲିଲା ଓ କୋଠରୀ ଭିତରକୁ ପ୍ରବେଶ କଲେ ସନ୍ଦୀପ ଓ ଅର୍ଣ୍ଣବ) ବାଦଲ ବାବୁ!

(ବାଦଲ ମୁଣ୍ଡଟେକି ଅନେଇଲେ ଡି.ଏସ୍.ପି.ଙ୍କୁ। ସେ ପଟା ଖଟ ଉପରେ ମୁହଁ ତଳକୁ କରି ବସିଥିଲେ। ବର୍ତ୍ତମାନ ମୁହଁ ଟେକିଲା ପରେ ଜଣାଗଲା ତାଙ୍କର ଗାଲରେ ଭରପୁର ଦାଢ଼ି ଏବଂ ମୁହଁଟା ଶୁଖି କଳାକାଠ ପଡ଼ିଯାଇଛି)

ସନ୍ଦୀପ : ବାଦଲ ବାବୁ, ମତେ ଚିହ୍ନି ପାରୁଛନ୍ତି ?

ବାଦଲ : (ନିଠେଇ କରି ଚାହିଁ) ଆପଣ ଚିହ୍ନା ଚିହ୍ନା ଲାଗୁଛନ୍ତି। ତେବେ ୧୮ ବର୍ଷ ହେଲା ବାହାର ଦୁନିଆର କାହାକୁ ଦେଖିନି। କିଛି ମନେ ପଡୁନି।

ସନ୍ଦୀପ : ମୁଁ ସନ୍ଦୀପ ସାମନ୍ତରାୟ। ଏବେ ସିନା ଡି.ଏସ୍.ପି.। ୧୮ ବର୍ଷ ତଳେ ମୁଁ ଇନ୍‌ସପେକ୍ଟର ଥିଲି।

ବାଦଲ : (ମୁହଁରେ ଚିହ୍ନିପାରିବାର କ୍ଷୀଣ ହସ) ଆପଣଙ୍କୁ ଅଶେଷ ଧନ୍ୟବାଦ। ମୁଁ ଆପଣଙ୍କଠାରେ ଚିର କୃତଜ୍ଞ।

ସନ୍ଦୀପ : ମତେ କାହିଁକି କୃତଜ୍ଞତା ଜଣାଉଛନ୍ତି ? ମୋ' ଲାଗି ଆପଣ ...

ବାଦଲ : ସାର୍! କେବଳ ଆପଣଙ୍କ ସାକ୍ଷ୍ୟ ଓ ପ୍ରମାଣ ବଳରେ ହିଁ ମୁଁ ଦୋଷୀ ସାବ୍ୟସ୍ତ ହେଲି। ମାନ୍ୟବର ବିଚାରପତି ମତେ ମୃତ୍ୟୁଦଣ୍ଡ ଆଦେଶ ନ କରି ଆଜୀବନ କାରାଦଣ୍ଡ ଦେଲେ।

ସନ୍ଦୀପ : ବାଦଲବାବୁ! ତମେ ବଞ୍ଚିଗଲ - ସେଇଟା ବଡ଼ କଥା। ଜଜ୍ କ'ଣ ରାୟ ଦେଲେ ସେ ଖବର ମୁଁ ରଖିନି।

ବାଦଲ : ଫାଶୀ ହୋଇଥିଲେ କାହାଣୀ ସରିଯାଇଥାନ୍ତା। ଆପଣଙ୍କ ଯୁକ୍ତିଦ୍ୱାରା ମୁଁ ଯେଉଁ କୁତ୍ସିତ ଦଣ୍ଡାଦେଶ ପାଇଲି ତା ଦ୍ୱାରା ମୁଁ ମୋର କର୍ମ ଛାଡ଼ିଲି। ନ ହେଲେ ମୁଁ ତ ଜଣେ କୁଖ୍ୟାତ ଆତଙ୍କବାଦୀ ହୋଇଥାନ୍ତି। ସାର୍ ଆଜି ମୁଁ ସାହସର ସହିତ କହିପାରେ ଆତଙ୍କବାଦୀମାନେ ମଣିଷ ନୁହନ୍ତି। ଗଣହତ୍ୟା କରିବା ଗୋଟେ ମାନସିକ ବ୍ୟାଧି।

ସନ୍ଦୀପ : ତମ କଥା ଶୁଣି ମନେ ହେଉଛି, ତମ ଭିତରେ କୋଉଠି ଗୋଟେ ମଣିଷପଣିଆ ଲୁଚିକି ଥିଲା। ହେଲେ ତମେ ଆତଙ୍କବାଦୀ ହେଲ କାହିଁକି ?

ବାଦଲ : ଜୀବନସାରା ପାଇଥିବା ଅନ୍ୟାୟର ପ୍ରତିଶୋଧ ନେବାକୁ ଯାଇ ସମାଜ ଉପରେ ପ୍ରତିଶୋଧ ନବା ପାଇଁ – କିନ୍ତୁ ପରେ ଜଣାପଡ଼ିଲା ମୁଁ ଅଧିକ ଟଙ୍କା ରୋଜଗାର କରିବା ପାଇଁ ବୋଧେ ଆତଙ୍କବାଦୀ ହୋଇଗଲି। ଥରେ ଗୋଡ଼ ଖସିଲେ ସେଇଠୁ ଉଠି ଆସିବା ସମ୍ଭବ ନୁହେଁ।

ସନ୍ଦୀପ : ବାଦଲ ବାବୁ ଅଠର ବର୍ଷ ତଳର ସେ ଯାତ୍ରୀବାହୀ ବସ୍ ଆକ୍ରମଣ କଥା ମନେ ଅଛି ?

ବାଦଲ : (ଆଖି ମୁଦି, ଭାବି) ହଁ। ବସ୍‌ଟା ବ୍ରହ୍ମପୁରରୁ ଭୁବନେଶ୍ୱର ଆସୁଥିଲା। ମୁଁ ଖଲ୍ଲିକୋଟ ଘାଟି ଉପର ପାହାଡ଼ରେ ଲୁଚିଥିଲି। ଘାଟି ଉପରେ ଥାଇ ମୁଁ ବସ୍ ଉପରକୁ ବୋମାଟା ପକେଇଲି, ବସ୍‌ଟା ଦିଖଣ୍ଡ ହୋଇ ଫାଟିଗଲା। ଖଣ୍ଡେ ଧ୍ୱଂସ ହୋଇଗଲା, ଆରଖଣ୍ଡକ ତଳକୁ ଖସି ଗଛ ଡାଳରେ ଲଟକି ଗଲା।

ସନ୍ଦୀପ : ମୁଁ ସେ ବସ୍‌ରେ ଥିଲି। ତମେ ବୋମା ପକାଇବା ଦେଖିଛି।

ବାଦଲ : ମୁଁ ଜାଣେ ଆପଣ ଦେଖିନେଇଥିଲେ। ବସ୍‌ର ଆଗ ଅଧଟା ଘାଟି ତଳକୁ ଖସି ନିଆଁ ଲାଗିଗଲା। ଡ୍ରାଇଭର ସହିତ ୨୫ ଖଣ୍ଡେ ଲୋକ ସମସ୍ତେ ମରିଗଲେ। ବସ୍‌ର ପିଛା ଅଧଟା ଗୋଟିଏ ଗଛରେ ଲାଗି ଲଟ୍‌କି ଗଲା। ସେଇ ଅନ୍ଧାର ପଛପଟେ ଆପଣ ବସିଥିଲେ ମୋର ମନେଅଛି। ବୋମାଟା ଠିକ୍ ଲକ୍ଷ୍ୟ ସ୍ଥାନରେ ପଡ଼ିଚି ବୋଲି ମୁଁ ଖୁସି ହେଉଥିଲା ବେଳେ ଆପଣ ମତେ ଦେଖିନେଲେ। ସେଦିନ ହିଁ ମୁଁ ଜାଣିପାରିଥିଲି ମୋ' ଭବିଷ୍ୟତ କ'ଣ ହେବ !

ସନ୍ଦୀପ : ସେଦିନର ସେ ଜଘନ୍ୟ ଦୃଶ୍ୟଟା ମୋର ଜୀବନସାରା ମନେ ରହିଥିବ।

ବାଦଲ : କିନ୍ତୁ ସେ ମୁହୂର୍ତ୍ତରେ ଏତେଗୁଡ଼ାଏ ଯାତ୍ରୀଙ୍କର ଏକା ସାଙ୍ଗରେ ଚିତ୍କାର ଓ ଭୟାବହ ମୃତ୍ୟୁ ମତେ ଭୀଷଣ ଆଘାତ ଦେଲା। ସେ ତାଣ୍ଡବ ଲୀଳା ଆଉ ଆଉ ବିଭୀଷିକା ମତେ ଗଲା ଅଠର ବର୍ଷ ହେଲା ଯନ୍ତ୍ରଣା ଦେଇଆସିଚି। ସେଥିପାଇଁ ମୁଁ ଅନୁତପ୍ତ ସନ୍ଦୀପ ବାବୁ ... ବୋମା ପକାଇଲା ବେଳକୁ ମୁଁ ସତରେ ଗୋଟେ ପିଶାଚ ପାଲଟି ଯାଇଥିଲି।

(ଅନୁତପ୍ତ ହୋଇ ଦାଢି ରଖିଥିବା ବାଦଲ ମହାନ୍ତି ଭୋ' ଭୋ' ହୋଇ କାନ୍ଦିଉଠିଲେ।)

ସନ୍ଦୀପ : ବାଦଲ। ତମେ ସେଦିନ କୋର୍ଟରେ ଏ ସ୍ୱୀକାରୋକ୍ତି କାହିଁକି ଦେଇ ନଥିଲ ?

ବାଦଲ : ସେତେବେଳେ ଏ ସ୍ୱୀକାରୋକ୍ତି ଦେଇଥିଲେ ମତେ ଫାଶୀଦଣ୍ଡ ମିଳିଥାନ୍ତା

ସାର୍। ଆଉ ଯଦି ତାହା ହୋଇଥାନ୍ତା, ଏଇ ଅଠର ବର୍ଷକାଳ ଅନୁତାପ କରି ଲୁହ ଗଡ଼ାଇବାର ସୁଯୋଗ ପାଇନଥାନ୍ତି। ମୋ' ପାଖକୁ କେମିତି ଚାଲି ଆସିଲେ ସାର୍?"

ସନ୍ଦୀପ : ଖାଲି ମୁଁ ନୁହେଁ - ଇଏ ମୋ' ପୁଅ - ଇଏ ବି ଆସିଚି। ଇଏ ଗୋଟେ ଅଦ୍ଭୁତ ସଂଯୋଗର କଥା। ମୁଁ ଆଇନ୍ ରକ୍ଷା କରିବା ପାଇଁ ଚାକିରି କରି ଡି.ଏସ୍.ପି ହେଉଚି - ଆଉ ତମେ ଆତଙ୍କବାଦୀ ସଂସ୍ଥାରେ ରହି କାରାଦଣ୍ଡ ଭୋଗୁଚ। ଆମେ ଦି'ଜଣ ରେଳର ଦୁଇଟି ଧାରଣା ପରି ସମାନ୍ତର ଦେଇ ଚାଲିଯିବା ସିନା, ଏକାଠି ମିଶିବାର ସମ୍ଭାବନା ନାହିଁ।

ବାଦଲ : ତାହେଲେ କାହିଁକି ଆପଣ ମତେ ଦେଖା କରିବାକୁ ଆସିଛନ୍ତି?

ସନ୍ଦୀପ : ସିଏ ବି ଗୋଟେ ସଂଯୋଗ!

ବାଦଲ : କ'ଣ ସେ ସଂଯୋଗ? ବାଇଚାନ୍‌ସ ନା ବାଇ କୋଇନ୍‌ସିଡେନ୍‌ସ୍?

ସନ୍ଦୀପ : କହୁଚି ବାଦଲ ବାବୁ! ସେଇଥିପାଇଁ ତ ପୁଅକୁ ଧରି ଭୁବନେଶ୍ୱରରୁ ଆସିଚି। ତମେ ବିଶ୍ୱାସ କରିବ କି ନାଇଁ ଜାଣେନା, ତେବେ ତମ ଝିଅ ଝୁମୁକୁ ଆମେ ବୋହୂକରି ନେବା ପାଇଁ ନିଷ୍ପତ୍ତି କରିଚୁ!

ବାଦଲ : ଓ! ଭଗବାନ୍! (କହି ପୁଣି କାନ୍ଦିଲେ ବାଦଲ) ଏତେ ବଡ଼ ଦଣ୍ଡ ମତେ କାହିଁକି ଦେଉଛନ୍ତି ସାର୍? ମୁଁ କିଏ ... ମୋ' ଘର କିଏ ... ମୋ ଝିଅ ଝୁମୁ ... ତିନିବର୍ଷର ହେଇଥିଲା ... ମୁଁ ଜେଲ୍ ଚାଲିଆସିଲି। କେମିତି ଅଛି ମୋ' ଝିଅ? କ'ଣ କରୁଚି?

ଅର୍ଣ୍ଣବ : ଆପଣଙ୍କ ଝିଅ ଝୁମୁ ଇଂରାଜୀ ଅଧ୍ୟାପିକା ଅଛି ଆମ କଲେଜରେ। ହାଇଦ୍ରାବାଦରେ ପି.ଏଚ୍.ଡ଼ି କରୁଚି। ଆମେ ଗୋଟିଏ ଡିପାର୍ଟମେଣ୍ଟରେ ଚାକିରି କରିଛୁ। ମୁଁ ହିଁ ଜିଦ୍ ଧରିଲି ବାହାଘର ଦିନ କନ୍ୟାଦାନ ସିନା କରିପାରିବେ ନାହିଁ ମୁଁ ମୋ' ଭାବି ଶ୍ୱଶୁରଙ୍କୁ ନିଶ୍ଚୟ ଦେଖାକରିବି। ମତେ ଆଶୀର୍ବାଦ କରନ୍ତୁ। ମୁଁ ଅର୍ଣ୍ଣବ ସାମନ୍ତରାୟ। (ଅର୍ଣ୍ଣବ ବାଦଲର ପାଦ ଛୁଇଁଲା ତାକୁ ଧରି ଭୋ' ଭୋ' ହୋଇ ଶବ୍ଦ କରି କାନ୍ଦିଲେ ବାଦଲ)

ବାଦଲ : ଅର୍ଣ୍ଣବ। ତମ ବାପାଙ୍କ ଯୋଗୁଁ ମୁଁ ଏ ଦଣ୍ଡ ଭୋଗୁଚି, କିନ୍ତୁ ଦୟାକରି ମୋ' ଝିଅକୁ ବୋହୂ କରିନେବାର ଦଣ୍ଡ ତା'ଠାରୁ ଅଧିକ। ଆପଣଙ୍କର ଏ ମହାନୁଭବତା ମୁଁ ସହ୍ୟ କରିପାରିବି ନାହିଁ।

ସନ୍ଦୀପ : ଏଥିରେ କିଛି ମହାନୁଭବତା ନାହିଁ। ଆମେ ତମକୁ ଚିହ୍ନିବା ଆଗରୁ

ତମ ସ୍ତ୍ରୀଙ୍କ ସାମ୍ନାରେ ଆମେ ଝୁମୁକୁ ବୋହୂ କରିବୁ ବୋଲି ନିଷ୍ପତ୍ତି ନେଇଛୁ।

ବାଦଲ : ଝୁମୁ କେତେବଡ଼ ହେଲାଣି ? କେମିତି ଦିଶୁଚି ମୋ ଝିଅ ? କୋଉଠି ଅଛନ୍ତି ସେମାନେ ? (ଅର୍ଣ୍ଣବ ମୋବାଇଲ୍‌ରେ ଉଠାଇଥିବା ଫଟୋକୁ ଦେଖାଇଲା)

ଅର୍ଣ୍ଣବ : ଝୁମୁକୁ ଦେଖିବେ ? ଏଇ ହେଉଚି ଝୁମୁ (ମୋବାଇଲ ଦେଖି ପୁଣି କାନ୍ଦିଲେ ବାଦଲ।)

ବାଦଲ : ଏଇ ସୁଦୂର ଜେଲ୍ ଭିତରୁ ମୋର ଆର୍ଶୀବାଦ ନେ' ଝୁମୁ ! ଭଲରେ ଥା'। ବାପାଟେ ତୋର କେବେ ଥିଲା - ଏବେ ଅଛି ବୋଲି ଭୁଲିଯା' ! ତୋ ବାପା ଜିଇ ଥାଉଥାଉ ଗୋଟେ ଡେଡ୍‌ବଡ଼ି ବୋଲି ଭାବିନେ ମା' ! ଏଇଠି ମୁଁ ଯୋଉଠି ଅଛି, ମୁଠାଏ ଧୂଳିକୁ ଫୁଲ ଭଳି ତୋ' ମୁଣ୍ଡରେ ପକେଇଦେବା ପାଇଁ ମଧ୍ୟ ଧୂଳି ନାଇଁ।

ଅର୍ଣ୍ଣବ : ନା, ସେମିତି ହେଇପାରିବନି ବାପା। ବାହାଘର କାର୍ଡ଼ ଛପାହେବା ପରେ ମୁଁ ଆସି ଆପଣଙ୍କୁ ଖଣ୍ଡେ କାର୍ଡ଼ ଆଉ କିଛି ଟଙ୍କା ଦେଇଯିବି। ଆପଣ ବଜାରରୁ କିଛି ଫୁଲ ମଗେଇ ଏଇଠୁ ହିଁ ଫୁଲ ପକେଇଦେବେ ଆମ ମୁଣ୍ଡରେ।

ସନ୍ଦୀପ : ସବୁ ହୋଇପାରିବ। ତମ ଜେଲର ବିକାଶ ବାବୁ ମୋ ଜୁନିୟର। ସେ କହୁଥିଲେ ଜେଲର ସବୁଠାରୁ ଉତ୍କୃଷ୍ଟ ବ୍ୟବହାର ତୁମର, ତୁମକୁ ସେମାନେ ଛାଡ଼ିଦେଇ ମଧ୍ୟ ପାରନ୍ତି, ଛାଡ଼୍ ସେ କଥା, ଆମେ ଆସୁଚୁ।

ଅର୍ଣ୍ଣବ : ମୁଁ ଆପଣଙ୍କୁ ମୋର ମୋବାଇଲଟା ବି ଦେଇପାରିଥାନ୍ତି। ପଚାରିବି ବିକାଶ ବାବୁଙ୍କୁ। ସେ ଯାହା ହେଉ ଆପଣଙ୍କୁ ହସ୍ତଗଣ୍ଠିର ସମୟ ବି ଜଣାଇ ଦିଆଯିବ। ଫୁଲ ବି ପହଞ୍ଚି ଯାଇପାରିବ ଆପଣଙ୍କ ପାଖରୁ।

ସନ୍ଦୀପ : ମୁଁ ଏଇଠୁ ସବୁ ସୁବିଧା କରିଦେଇ ଯାଉଛି। ତମେ କେବେ ଭାବିବନି ବାଦଲ ଯେ ମୁଁ ତମକୁ ଦୟାକରି ତମ ଝିଅକୁ ବୋହୂ କରି ନେଉଚି। ଆଉ ଏଇଟା ମୋର ମହାନୁଭବତା ନୁହେଁ। ତମେ ଜାଣିନା ତମେ ମୋ'ପାଖରେ କେତେ ଋଣୀ। ଝୁମୁକୁ କନ୍ୟା ରୂପରେ ଦାନ କରି ତମେ ତମର ଋଣ ଶୁଝେଇବ ମାତ୍ର।

ବାଦଲ : ଆପଣ କ'ଣ କହୁଛନ୍ତି ମୁଁ ବୁଝିପାରୁନି।

ସନ୍ଦୀପ : ଅଠର ବର୍ଷ ତଳର ସେ ବୋମା କଥା ମନେପକାଅ। ମୁଁ ପୋଲିସ୍ ଇନ୍‌ସପେକ୍ଟର ପୋଷାକ ପିନ୍ଧି ବସ୍‌ର ଆଗଧାଡ଼ିରେ ବସିଥିଲି। ମୋ' ପାଖରେ ବସିଥିଲା ମୋର ଛ' ବର୍ଷର ଝିଅ ରାନୁ, ସେ ଜଣେ ଯାତ୍ରୀଙ୍କ ସହ କଥାବାର୍ତ୍ତା ହେଉଥିଲା। ଆଉ ମୁଁ ପଛ ସିଟ୍‌କୁ ଚାଲି ଆସିଥିଲି। ଆଉ ସେତିକିବେଳେ ତମେ ବୋମା ପକେଇଲ। ସେଇ ଦୁର୍ଘଟଣାରେ ରାନୁ ଚାଲିଗଲା। ମୋର ଛ' ବର୍ଷର ଝିଅ ଚାଲିଗଲା (ସନ୍ଦୀପ କାନ୍ଦିଲେ)।

ବାଦଲ : ହେ ଭଗବାନ୍! ମୁଁ କ'ଣ ନ କରିଛି!

ଅର୍ଣ୍ଣବ : ବାପା ଆପଣ ଏ କ'ଣ କହୁଛନ୍ତି ?

ସନ୍ଦୀପ : ହଁରେ ଅର୍ଣ୍ଣବ ... ମୁଁ ଏ କ୍ରୂର ସତ୍ୟକୁ ତୋ' ମା' ତୋ'ଠାରୁ ଲୁଚେଇ ରଖିଛି। କହିଦେଇଛି, ବନସ୍ଥଳୀ ରେସିଡେନ୍‌ସିଆଲ୍ ବିଦ୍ୟାପୀଠରେ ଉତ୍ତର ପ୍ରଦେଶରେ ତାକୁ ଛାଡ଼ିଦେଇ ଆସିଛି। ଆଚାର୍ଯ୍ୟ ପାସ୍ କଲା ପରେ ଯୋଗିନୀ ହୋଇ ଫେରିବ। ଏବେ ଝୁମୁକୁ ବୋହୂ କରି ଆଣି ତାରି ଭିତରେ ହିଁ ରାନୁକୁ ଫେରି ପାଇବି। (ବାଦଲ ଓ ଅର୍ଣ୍ଣବ ଅବାକ୍ ହୋଇ ଠିଆହେଲେ, କ୍ରମଶ ଡିମର୍‌ରେ ଆଲୁଅ କଟିଲା। ଆବହ ସଂଗୀତରେ ଆଳାପଟିଏ।)

ସକାଳର ମେଘ

ନାଟକର ଚରିତ୍ରମାନେ

ପୁରୁଷ	ନାରୀ
ନବଘନ	ହେମାଙ୍ଗିନୀ
	ବେବୀ
	ଜେମା
	ନେଲି
	ପ୍ରୀତି

ସକାଳର ମେଘ

(ନବଘନ ବାବୁଙ୍କ ଡ୍ରଇଂରୁମ୍। ନବଘନ ବାବୁ ଜଣେ ପଦସ୍ଥ ବିକ୍ରୀକର ବିଭାଗର ଅଫିସର ହେଲେ ବି ଟିକିଏ ସାଧାସିଧା ଲୋକ। Sophistication ପାଇଁ ବିଶେଷ ଆଗ୍ରହ ନାହିଁ - ଯେତେଟା ତାଙ୍କର ସ୍ତ୍ରୀ ହେମାଙ୍ଗିନୀର ଅଛି। ହେମାଙ୍ଗିନୀ ବଡ଼ ଘରର ଝିଅ ଏବଂ ନବଘନ ବାବୁଙ୍କୁ ଛୋଟ ଛୋଟ କଥାରେ ଅପମାନିତ କରନ୍ତି।

ଆଜି ତାଙ୍କର କଲେଜ ପଢୁଆ ଝିଅ ବେବୀର ଜନ୍ମଦିନ। ସେଥିପାଇଁ ସେ ଏକ ବ୍ୟୟସାପେକ୍ଷ Partyର ଆୟୋଜନ କରିଛନ୍ତି। ନବଘନ ବାବୁ ଏ ସମ୍ପର୍କରେ ଅବହିତ ନୁହନ୍ତି। ଲୋକେ ଆସିବେ - ଏଣୁ ସକାଳୁ ତାଙ୍କର ଡ୍ରଇଁରୁମ୍ ସଜେଇବା କାମ ଚାଲିଛି। ଚାକରାଣୀ ଜେମାକୁ ପ୍ରତି ଦୁଇ ମିନିଟ୍‌ରେ ଥରେ ଲେଖା ଡାକରା ପଡୁଛି।)

ହେମାଙ୍ଗିନୀ : ଜେମା ... (ଆସ୍ତେ ଆସ୍ତେ ଡାକୁଛନ୍ତି, କାରଣ ଖୁବ୍ ବଡ଼ ପାଟି କରିବା ଅଭଦ୍ରତା) ଜେମା ... !! (ଅଗତ୍ୟା ବଡ଼ ପାଟିରେ) ଏ ୟୁ ହେଲ୍!!

ଜେମା : (ଚା' କପ୍ ଓ ପ୍ଲେଟ୍ ନେଇ ଆସିଛି)

ହେମ : ଅଭଦ୍ର! Hopeless!

ଜେମା : ମା'? ମତେ ଡାକୁଥିଲେ?

ହେମ : କେତେ ବର୍ଷ ଏ ଘରେ ରହିଲେ ତୁ etiquette ଶିଖିବୁ?

ଜେମା : କ'ଣ ହେଲା କି ମା'?

ହେମ : (କପ୍ ପ୍ଲେଟ୍ ନେଇ) ଏଗୁଡ଼ା କ'ଣ? ମଗ୍ ମିଳିଲାନି? (ବିରକ୍ତ ହୋଇ) ନା ... ଏଗୁଡ଼ା ଆଉ ମଣିଷ ହେବେନି ... !!

ଜେମା : ବାବୁଙ୍କୁ ତ ଏଇଥିରେ ଦେଲି।

ହେମ : ବାବୁ ? ବାବୁ ତମର ଏକ ନମ୍ବର ଚୂଡ଼ା !

ଜେମା : ହେଲା ଏବେ ବାବୁ ଅଣ୍ଡା ବିସ୍କୁଟ ଭଲ ପାଆନ୍ତିନି। ତାଙ୍କର ସେଗୁଡ଼ା ଖାଇଲେ ପେଟ ଖରାପ ହୁଏ। ସେଇଥିପାଇଁ ଚୂଡ଼ା ଖାଆନ୍ତି। ତା' ବୋଲି ସବୁବେଳେ ତାଙ୍କୁ ଏମିତି 'ଚୂଡ଼ା' ବୋଲି କ'ଣ ଡାକୁଚ ଯେ ?

ହେମା : ଓ ! ମତେ advice ଦେବାକୁ ଆସିଗଲେ ଶାଶୁ ଠାକୁରାଣୀ। ଭାଗ ଏଇଠୁ ! ଯା – Tea-setରେ ଅଲଗା ଅଲଗା ଦୁଧ, ଚିନି, ଚା' ଆଣି ଡାଇନିଂଟେବୁଲ୍ ଉପରେ ରଖିବୁ। ଏଇଠି ଡ୍ରଇଂ ରୁମ୍‌ରେ ତ କପ୍ ପ୍ଲେଟ୍ ନେଇ ଚା' ପିଆହବ ସେ tea-setଟା ଆସିଚି କାଇଁକି ? ଷାଠିଏ ହଜାର ଟଙ୍କାର ସେ ଡାଇନିଂ ଟେବୁଲ୍‌ଟା କିଣା ହେଲା କ'ଣ ପୂଜା ହେବା ପାଇଁ ?

ଜେମା : ଭୁଲ୍ ହେଇଗଲା ମା' !

ହେମ : ଏ ଭୁଲ୍ ଯେମିତି ଆଉ ଥରେ ନ ହୁଏ !

ଜେମା : ହଉ ମା'। ସେମିତି କରିବି। ବାବୁଙ୍କୁ ଖାଇବା ଟେବୁଲ୍ ଉପରକୁ ଡାକିଦେବି ?

ହେମ : ବାବୁ କ'ଣ କରୁଛନ୍ତି ?

ଜେମା : ବାବୁ ଏଇକ୍ଷଣି ଉଠିଲେ। (ଯାଉଥିଲା)

ହେମ : ଶୁଣ୍ ! ଗାଲିଚାଟା ଆଣି ଏଇଠି ପକେଇବୁ। ସୋଫାଗୁଡ଼ାକ ପୋଛିବୁ। ଫୁଲଦାନୀରେ ଫୁଲ ... ଆଉ ଡାଇନିଂ ରୁମ୍ ଫ୍ଲୋରଟାକୁ ଓଦା କନାରେ ପୋଛି ସଫା କରିବାକୁ ହେବ। ଆଜି ବେବିର ଜନ୍ମଦିନ। ବହୁତ ଲୋକ ଆସିବେ।

ଜେମା : ସମସ୍ତେ ଏଇଠି ଖିଆପିଆ କରିବେ ?

ହେମ : ନାଇଁ, ଏଇଠି କାହିଁକି ଖିଆପିଆ କରିବେ ? ତମ ମୁଖ ଚନ୍ଦ୍ରମା ଦେଖି ବାହାରୁ ବାହାରୁ ଚାଲିଯିବେ ! ହୁଁ !! ବେବୀ ଉଠିଲାଣି ?

ଜେମା : ଦେଇ କ'ଣ ଏତିକିବେଳୁ କେବେ ଉଠନ୍ତି ? ସାଢେ ଆଠଟା ନ ବାଜିଲେ ...

ହେମ : ହଉ ଯା'। ସବୁ ବାସନ, କପ୍ ପ୍ଲେଟ୍ ଆସବାବପତ୍ର ଯେମିତି ଚକ୍ ଚକ୍ କରୁଥିବ। ସେଗୁଡ଼ାକୁ Sterilise କରିବାକୁ ପଡ଼ିବ।

ଜେମା : ହଉ ମା' !

ହେମ : ମା' ନୁହେ, ମାଡ଼ାମ୍ । ଆଜି ଦିନଟା ପାଇଁ ଅନ୍ତତ ମୁଁ ଡାକିଲେ ତତେ 'ମାଡ଼ାମ୍' ବୋଲି କହିବାକୁ ପଡ଼ିବ !

ଜେମା : କ'ଣ କହିଲ ମା ... ମାଡ଼ାମ୍ ? (ହସି ହସି) ମା'ଙ୍କର ଯୋଉ କଥା ।

ହେମ : Shut up ! ବେହିୟାଙ୍କ ପରି ହସୁଚି !

ଜେମା : (ଚୁପ୍ ହୋଇଗଲା) ଭୁଲ୍ ହୋଇଗଲା ମା' !

ହେମ : ପୁଣି ମା' କହିଲୁ ? ଘୋଷ୍: ମା-ଡ଼ା-ମ୍ ... ମନେ ରହିଲା ? ମା-ଡା-ମ୍ ...

ଜେମା : ମା-ଡ଼ା-ମ୍ !! (ଘୋଷି ଘୋଷି ପୁଣି ହସି ପକେଇଲା ଓ ଚାଲିଗଲା)

ହେମ : (ନିଜେ ଡ୍ରଇଁରୁମ୍ ସଜାଉ ସଜାଉ) ଏମିତିଗୁଡ଼ାଏ ଗାଉଁଲି ଲୋକଙ୍କୁ ନେଇ ଗୋଟାଏ Party ଡାକିବା ଯେ କି ମୁସ୍କିଲ୍ !! ଇସ୍... ଏ ରେଡ଼ିଓଟା ଉପରେ କେତେ ଧୂଳି... ଛି !! ବାନ୍ତି ମାଡ଼ିଲାଣି ମତେ... (ଡାକିଲେ) ଜେମା... ଜେମା... !

ଜେମା : (ପ୍ରବେଶ କରି) ମା' ... !! (ହସିଦେଇ) ଭୁଲ୍ ହୋଇଗଲା ମା' ... ମାଡ଼ାମ୍...

ହେମ : ଦେଖିଲୁ, ଏ ରେଡ଼ିଓ ଉପରେ କେତେ ଧୂଳି ଲାଗିଚି । ଓଜନ କଲେ ଅଢ଼େଇ କିଲେ ହେବ !

ଜେମା : ଝାଡ଼ି ଦେବିତ ?

ହେମ : ଆଉ କେତେବେଳେ ? ଏଇକ୍ଷଣି ତ ସମସ୍ତେ ଆସି ପହଞ୍ଚିଯିବେ ।

ଜେମା : କ'ଣ ଏଇ ସକାଳୁ ସକାଳୁ ? ସନ୍ଧ୍ୟାରେ ପରା ଜନ୍ମଦିନ ହେବ ।

ହେମ : କିଏ ନ ଆସିଲେ ତ ନେଲି ଆସି ପହଞ୍ଚିଯିବ ... ନେଲି ଅପା ... (ଗାଡ଼ି ହର୍ଣ୍ଣ ଶୁଭିଲା ବାହାରେ) ଦେଖିଲୁ ନେଲିର ଗାଡ଼ି ?

ଜେମା : (ଦେଖି) ନାଇଁ !! ଆଉ ଗୋଟାଏ କିଏ ... (ପୁଣି ଚାହିଁ) ନାଇଁ ଲୋ ମା' ଆମ ଘରକୁ ନୁହେଁ ... ପଡ଼ିଶା ଘରକୁ କିଏ ଆସିଚି ...

ହେମ : ଦାସ ବାବୁଙ୍କ ଘରକୁ ? ଆଚ୍ଛା, ଆଜିକାଲି ଦାସବାବୁଙ୍କ ଘରେ କାର୍ ଲାଗିଲାଣି ? ଯା' ହେଉ ... (ବ୍ୟଙ୍ଗ କରି) ଡ୍ରାଇଭର ଆସିଲାଣି ?

ଜେମା : ନାଇଁ ମା' ! (ହସିଦେଇ) ଭୁଲ୍ ହୋଇଗଲା । ମାଡାମ୍ !!

ହେମ : ଡ୍ରାଇଭର ଆସିଲେ କହିବୁ ତା'ର ପ୍ରଥମ କାମ ହେଲା ଗାଡ଼ିଟାକୁ ଚକ୍‌ଚକ୍ କରି ପାଣିରେ ଧୋଇବ ... ମନେ ରହିଲା ? ... ହଁ ଶୁଣ୍ ...

ଡ୍ରାଇଭର ଆସିଲେ କହିବୁ ଗାଡ଼ିନେଇ ବ୍ୟାକେରୀରୁ କେକ୍‌ଟା ନେଇ ଆସିବ। ଦିନ ଦଶଟାରେ ଡେଲିଭରୀ ଦେବା କଥା। ମନେ ରହିବ ତ ?

ଜେମା : ଡ୍ରାଇଭର୍ ଆସିଲେ ମୁଁ ତାକୁ ତମ ପାଖକୁ ପଠେଇ ଦେବିନି ?

ହେମ : ମୋ' ପାଖକୁ ପଠେଇ ଦେଲେ କ'ଣ ହେବ ? ମୋର କ'ଣ ମନେ ରହିବ ? ଭୀଷଣ Engagement ... ମୁଣ୍ଡ ଖରାପ ହୋଇଗଲାଣି ... ପ୍ରଥମେ ଏ ରେଡ଼ିଓ ଉପରର ଧୂଳିଗୁଡ଼ାକ ସଫା କଲୁ !

ଜେମା : ଝାଡ଼ୁଟା ନେଇ ଆସୁଚି !

ହେମ : ଏଁ ! ଝାଡ଼ୁଟା ନେଇ ଆସୁଚି ! କ'ଣ ଏ ରେଡ଼ିଓ, ଫୁଲଦାନୀ ଉପରେ ଝାଡ଼ୁ ମାରିବୁ ? ସେଇ ଯୋଉ ବଗପକ୍ଷୀ ପରରେ ତିଆରି ନୂଆ ଝାଡ଼ୁଟା ଆସିଥିଲା, ସେଇଟା ନେଇ ଆଣ୍ ! କିଏ ଦେଖିଲେ କ'ଣ କହିବ ? Hopeless ! ! (ଜେମା ଯାଉଥିଲା, ପଛରୁ ଡାକି)

ଶୁଣ ଡ୍ରାଇଭର ଆସିଲେ କହିବୁ ଶହେ ବୋତଲ କୋକାକୋଲା ଆଉ ଦଶଟା ବିଅର୍ ନେଇ ଆସିବ ଗାଡ଼ି ନେଇ।

ଜେମା : ମୋ' ପାଟିରେ ସେଗୁଡ଼ା କ'ଣ ପଶିବ ମା' ? ଏ ପୁଣି ଭୁଲ୍ ହେଇଗଲା ... 'ମାଡ଼ାମ୍' ଡ୍ରାଇଭର ଆସିଲେ ତମେ କହିବ ! ! (ଚାଲିଗଲା)

ହେମ : ସବୁ ତ ମୁଁ କରିବି। କିନ୍ତୁ ଏତେ କଥା ଜଣେ ଲୋକ କରିବା ଯେ କି ମୁସ୍କିଲ୍ ବ୍ୟାପାର ... ଯାହା ଜଣାଗଲାଣି, ମତେ କାମଗୁଡ଼ାକର ତାଲିକା କରିବାକୁ ପଡ଼ିବ ! (ଡାଏରୀ ଓ ball pen ଆଣି ଲେଖିବା ଆରମ୍ଭ କଲେ। ଯା ଭିତରେ ନବଘନ ବାବୁ ପଶିଆସିଲେ। ପରିଧେୟ ଖଣ୍ଡେ ଲୁଙ୍ଗି ଆଉ ତା' ଉପରେ ଖଣ୍ଡେ ପଞ୍ଜାବୀ। ଗୋଟାଏ ହାତରେ ଖବରକାଗଜ ଓ ଆର ହାତରେ ନାଲିଆ ଗାମୁଛା ଖଣ୍ଡେ)

ନବଘନ : ସକାଳୁ ସକାଳୁ କ'ଣ ଭାରୀ ତାଲିକା ଚାଲିଛି !

ହେମ : (ଚଷମା ଟେକି ମିନିଟିଏ ଖଣ୍ଡେ ପ୍ରଥମେ ଚାହିଁଲେ ଓ ରାଗିଲେ) ଇଏ କ'ଣ ?

ନବଘନ : କ'ଣ ?

ହେମ : ଇଏ କି ବେଶ ? ଧୋତି ଖଣ୍ଡେ ଲୁଙ୍ଗି କରି ପିନ୍ଧା ହେଇଚି ... ହାତରେ ଖଣ୍ଡେ ନାଲି ଗାମୁଛା ! ! ଛି - ଛି - ଛି ... ଯେତେସବୁ ନାଷ୍ଟି habits...

ନବଘନ : କ'ଣ ହେଲା ଯେ ?

ହେମ : Wardrobeରେ ନୂଆ night dressଟା ମୁଁ ଆଉ କାହା ପାଇଁ ରଖିଥିଲି ? ପୂଜା ହେବ ବୋଲି ?

ନବଘନ : ଓ ! Wardrobeରେ ଥିଲା ? ମୁଁ ବୋଧହୁଏ ଦେଖିପାରିନଥିବି ।

ହେମ : କାଇଁକି ଦେଖିବ ? ଏମିତି ଗୁଡ଼ାଏ ମଫସଲି ଡ୍ରେସ୍ ପିନ୍ଧି ମୋର ଇଜ୍ଜତ ସାରିବ ... ତୁମକୁ ଅନେକଥର କହିଲିଣି Finance depttର ତମେ ଜଣେ senior officer ... ତମର ଗୋଟାଏ status maintain କରିବା ଉଚିତ ।

ନବଘନ : ତମେ ତ ଜାଣ,ଚଷମାଟା ନ ପିନ୍ଧିଲେ ମୋର ଦେଖିବା ଟିକିଏ... ମାନେ ବଦଳିଯାଏ ।

ହେମ : କୋଉ ଦୁନିଆରେ ତମେ ରହୁଚ, ତମେ ନିଜେ ଜାଣିପାରୁନା ହୁଁ !! ସକାଳୁ ସକାଳୁ ବାବୁ ଖଣ୍ଡେ ନାଲିଆ ଗାମୁଛା ଧରି ବାହାରି ପଡ଼ିଲେ ଡ୍ରଇଁ ରୁମ୍‌ଟାକୁ କ'ଣ ଗାଁ ପୋଖରୀ ତୁଠ କରିପାଇଲ ?

ନବଘନ : ଓ ! ସକାଳୁ ସକାଳୁ ଏମିତି ପାଟିତୁଣ୍ଡ କରନି କହୁଚି ।

ହେମ : ଆଜି ବେବୀର ଜନ୍ମଦିନ । ସହରର ସବୁ Officerଙ୍କୁ ମୁଁ ସୋସିଆଲ୍ ମିଡିଆରେ ନିମନ୍ତ୍ରଣ ପଠେଇ ଦେଇଚି । ସେମାନେ ଆସି ପହଞ୍ଚିଲା ବେଳକୁ ଆମ ବାବୁ କ'ଣ ନା ... ଖଣ୍ଡେ ନାଲି ଗାମୁଛା ଧରି ଗୁଡ଼ାଖୁ ଘଷୁଥିବେ । Good heavens ! ମୋର ଆଉ prestige ରହିବଟି ?

ନବଘନ : ଓ ! ତମ prestige ପାଇଁ ମୁଁ କ'ଣ କମ୍ ଦୁଖିତ ହେମାଙ୍ଗିନୀ ? କିନ୍ତୁ କ'ଣ କରିବି କହିଲ ? ମୋର ଦୋଷ କିଛି ନାହିଁ । ଏ ଧୋତିଟା ଭାରି ବଦମାସ୍ ! ମତେ ସକାଳୁ ଦେଖିଲା ମାତ୍ରେ ଅଣ୍ଟାରେ ଗୁଡ଼େଇ ହେଇଯିବି କହୁଚି ।

ହେମ : ଛେନାଟା କହୁଚି ।

ନବଘନ : କ'ଣ ଆଉ କହୁଚ ଯେ ? ଯାଇ ପୁଣି ସେଇ night dressରୁ ଗୋଟାଏ ମଡ଼େଇ ହେଇ ଆସିବିତ ? ହେଲା ।

ହେମ : ଭାରି କଷ୍ଟ ! ନୁହେଁ ?

ନବଘନ : କଷ୍ଟ ନୁହେଁ ଆଉ କ'ଣ ? ସକାଳୁ ତମ ଘରକୁ କିଏ ଏମିତି ଚାଲିଆସୁଚି ଯେ ଡ୍ରେସିଂ-ପେଣ୍ଟିଂ ହେଇ ବସିବି ? ଅଣ୍ଟାରେ ଲୁଙ୍ଗି ଖଣ୍ଡେ ଗୁଡ଼େଇଦେଲେ କାମ ଶେଷ । Comfrotable, ଆଉ ଏଇଥିରୁ ଗୁଡ଼ାଏ ଗଳେଇ ହୁଅ... ମୁଣ୍ଡଟା କୁଣ୍ଡାଇ... କମ୍ ବାଳ ଥିଲା ଭଲ ଥିଲା...

ଏଇଥିରୁ ଗୁଡ଼ାଏ ଲମ୍ବା ବାଳ ରଖିବାକୁ ବାଧ୍ୟ କରି ... (ମୁଣ୍ଡ କୁଣ୍ଡେଇଲେ) ଉକୁଣି ହୋଇଗଲେଣି ...

ହେମ : lice soap !! use lice - soap! daily shampoo କଲେ ଏଇ ଛୋଟ ଛୋଟ trouble ଆଉ ଆସିବନି । ହଜାର ଥର କହିଲିଣି ଟିକିଏ sophisticated ହୁଅ ... societyରେ ଆମର ଗୋଟାଏ status ଅଛି ! !

ନବଘନ : ଏଇକ୍ଷଣି ଆଉ ଏ ବୁଢା ବୟସରେ style କଲେ ହଉଚି ଆଉ ହେମାଙ୍ଗିନୀ ? ତମ ଭଳିଆ ପିଲାଦିନରୁ ସେସବୁ ଶିଖିଥିଲେ କେଜାଣି କ'ଣ ଟିକିଏ ହୁଅନ୍ତା ହେଲେ ...

ହେମ : ସଫା Turkish ତଉଲିଆ ଥାଉ ଥାଉ ଏଇଥିରୁ ଗୋଟେ ଗାମୁଛାରେ ମୁହଁ ପୋଛିବା କ'ଣ ଦରକାର ଯେ ? ଇସ୍ .... ସେଇଟା ପୁଣି କି nasty ... କାହାର ସେଇଟା ... (ପ୍ରାୟ ଉଠିବା ଯାଗାରୁ ଡେଇଁ ପଡ଼ିଲା ଭଳି) Good Heavens ! ସେଇଟା ପରା ଜେମାର ! ସେଥିରେ ସେ ବାସନ ପୋଛେ !

ନବଘନ : ହଉ, କ'ଣ ହୋଇଗଲା ? ଜେମା କ'ଣ ମଣିଷ ନୁହେଁ ?

ହେମ : ନା ! ତମେ ଆଉ ମଣିଷ ହେବନି । ସରକାର କେମିତି ଯେ ତମକୁ Class one officer କଲା ... ! ! Strange ! !

ନବଘନ : କ'ଣ ଆଉ କରିବା କହିଲ ... ସରକାରଙ୍କର ଭୁଲ୍ ହୋଇଯାଇଚି ।

ହେମ : (ହଠାତ୍ ଆବିଷ୍କାର କଲେ) shave ହେଲଣି ?

ନବଘନ : କାଲି ପରା ଦାଢି କାଟିଥିଲି ...

ହେମ : କାଲି ଖାଇଥିଲ ବୋଲି ଆଜି ଖାଇବନି !

ନବଘନ : ଦେଖ ହେମାଙ୍ଗିନୀ, ଏଇ ଯୋଉ ଟାଣୁଆ ଶୀତଟା ହଠାତ୍ ପଡ଼ିଯାଇଛି ସେଥିରେ daily ମୁହଁ ଉପରେ razor ଚଳେଇବାଟା ଗୋଟାଏ ଶାସ୍ତି ।

ହେମ : ଅଦ୍ଭୁତ ଲୋକ !

ନବଘନ : ଗାଲଗୁଡ଼ାକ ଫାଟି ରକ୍ତ ବାହାରିବ ।

ହେମ : ତମେ ଗୋଟାଏ 1903 - model ford ଗାଡ଼ି ବୁଝିଲ ? ତମ ଲାଗି ମୋର prestige ଚାଲିଯିବ ।

(ଜେମା ପ୍ରବେଶ କରିଛି)

ଜେମା : ବାବୁ ! ଚାଲନ୍ତୁ ଖାଇବା ଟେବୁଲ୍ ଉପରକୁ । ଚା ରଖିଦେଲିଣି ।

ନବଘନ : କାଇଁକି ? ଚା' ଟିକିଏ ପିଇବା ପାଇଁ dining table ପର୍ଯ୍ୟନ୍ତ march ନ କଲେ କ'ଣ ଚଳନ୍ତା ନାହିଁ ?

ଜେମା : ମା' ପରା କହିଛନ୍ତି ସେଇଠି ବସି ଆଜି ଚା' ପିଆ ହେବ। ଆଜି ଲୋକ ଏଇଠିକି ଆସିବେ ନୁହେ ମା' ? (ଜିଭ କାମୁଡ଼ି) ଭୁଲ୍ ହୋଇଗଲା ... ମାଡ଼ାମ୍ !

ନବଘନ : 'ମାଡ଼ାମ୍' ? ବାଃ ! ଆଜି ମତେ ଲାଗୁଚି ମୁଁ ରାତି ପାହିଲା ବେଳକୁ ଯେମିତି ହଠାତ୍ ... ମାନେ ହଠାତ୍ ମୋର ଗୋଟାଏ ରୂପାନ୍ତର ହୋଇଯାଇଛି। ଏ କଳା ଚମଡ଼ାଟା ଶେତା ପଡ଼ିଯାଇଛି ... ବାଳଗୁଡ଼ାକ ହଳଦିଆ ... ଆଉ ମୁଁ ? ଗୋଟାଏ ଆମେରିକାନ୍ ! ! (ହସିଲେ) ବୁଝିଲୁ ଜେମା ...

ହେମ : ଜେମା, ତୁ ଯା'- (ଚାଲିଗଲା ପରେ) ଚାକର ଚାକରାଣୀଙ୍କ ଆଗରେ ଏମିତି ସୁଆଙ୍ଗ ନ କଲେ ଚଳନ୍ତା !

ନବଘନ : ଆହା, ସେମାନେ ତ ପୁଣି ମଣିଷ ...

ହେମ : ତମେ କିନ୍ତୁ ଗୋଟାଏ Ford ଗାଡ଼ି ... ତା' ପୁଣି 1903 - model...

ନବଘନ : ଆହା, ତମେ ଏଇନା ଇଚ୍ଛା କଲେ ନିଜେ ଗୋଟାଏ Ley land truck ହୋଇଯାଅ; ମୋର କିଛି ଆପତ୍ତି ନାହିଁ !

ହେମ : ଅଭଦ୍ର ! Rusticଙ୍କ ଭଳି କଥାବାର୍ତ୍ତା କରନି। ସିଧା Dress ବଦଳେଇ Dining table ପାଖକୁ ଆସ।

ନବଘନ : ଦେଖ ହେମାଙ୍ଗିନୀ ! ତମର ରୂପ, ଗୁଣ, ନାକ, ଆଖି, ଓଠ ସବୁ ମୋର ପସନ୍ଦ ହେଉଚି ... କିନ୍ତୁ ଏଇ ଯୋଉ ଛୋଟ ଛୋଟ କଥାରେ ତମତମ ହୋଇ ରାଗୁଚ ... ସେଇଟା ଖରାପ ଲାଗୁଚି।

ହେମ : ମୁଁ ବୋଲି ଖାଲି ରାଗୁଚି। ମିସେସ୍ ମହାନ୍ତି କିମ୍ବା ମିସେସ୍ ପରିଜା ହୋଇଥିଲେ ଏମିତି ପୋଷାକ ପିନ୍ଧିଥିବା husband ମାନଙ୍କୁ ୨୦ ଥର ବସ୍ ଉଠ କରେଇ ଦିଅନ୍ତେ !

ନବଘନ : ତମର ବାଳିକା ଉନ୍ନୟନ କେନ୍ଦ୍ରରେ ଏଇ ଡିସିସନ୍ ସବୁ ନିଆହେଇଚି ତା' ହେଲେ ?

ହେମ : ହଁ, ନ ହେଲେ ତମଭଳିଆ ମଫସଲିଆ ସବୁ ମଣିଷ ହେବେ କେମିତି ?

ନବଘନ : ଆଚ୍ଛା, ଆଚ୍ଛା, ଏମିତି କଥା ! Babyର Birthday ପାଇଁ କ'ଣ କ'ଣ ସବୁ ଆୟୋଜନ କରିଚ ?

ହେମ : ତମ ମୁଣ୍ଡରେ ସେସବୁ ପଶିବନି।

ନବଘନ : ତଥାପି ... ?

ହେମ : ଡ୍ରାଇଭର୍ ଆସିଲେ କହିବ Pravat Bakeryରୁ କେକ୍‌ଟା ନେଇ ଆସିବ। ମିସେସ୍ ସିହ୍ନା ତାଙ୍କ ପୁଅର birthdayରେ ଗୋଟାଏ କେକ୍ ତିଆରି କରିଥିଲେ ଠିକ୍ Lingaraj temple ମଡ଼େଲ୍‌ରେ।

ନବଘନ : ତମେ କୋଣାର୍କ temple ମଡ଼େଲ୍ ପାଇଁ order କରିଚ ?

ହେମ : ନା, ଗୋଟାଏ ବଡ଼ ସାଇଜ୍ ସୂର୍ଯ୍ୟମୁଖୀ ଫୁଲ ଭଳି।

ନବଘନ : ଖୁବ୍ ଭଲ କାମ କରିଚ। କେତେ ପଇସା ଖର୍ଚ୍ଚ ହେଲା ?

ହେମ : ମୋଟେ ଅଢେଇ ହଜାର ... Pravat Bakery Brilliant କାମ କରେ।

ନବଘନ : ଅଢେଇ ହଜାର ? What do you mean ହେମାଙ୍ଗିନୀ! ତମେ ମତେ ଦେବାଳିଆ କରି ଛାଡ଼ିବ ନା କ'ଣ ?

ହେମ : ଦୁଇଫୁଟ ଉଚ୍ଚା ସୂର୍ଯ୍ୟମୁଖୀ ଫୁଲ design cake ପାଇଁ ଅଢେଇ ହଜାର ଟଙ୍କା କ'ଣ ବେଶୀ ହୋଇଗଲା ?

ନବଘନ : ସୂର୍ଯ୍ୟମୁଖୀ ଫୁଲର ଦାମ ଅଢେଇ ହଜାର ହଉ କି କୋଣାର୍କ ଦେଉଳର ଦାମ୍ ପାଞ୍ଚହଜାର ହେଉ, ମୋର ସେଥିରେ କିଛି କହିବାର ନାହିଁ। ତେବେ ଏ ଯୋଉ ଅଢେଇ ହଜାର ଟଙ୍କାଟା ...

ହେମ : ପାଟି କରନି, ଲୋକେ ହସିବେ। Baby ମୋର senior commercial tax officerଙ୍କ ଝିଅ ... କିରାଣୀର କି ଲେକ୍‌ଚରର ନୁହେଁ।

ନବଘନ : ମୋ' ପାଖରେ ପଇସା ନାହିଁ।

ହେମ : Pravat Bakery ମୋ'ଠୁ ପଇସା ନବ ନାହିଁ।

ନବଘନ : ହେମ! ଦିନକୁ ଦିନ ମୁଁ ଭୟଙ୍କର corruption ଭିତରେ ଲିପ୍ତ ହୋଇପଡୁଚି।

ହେମ : ମୋଟେ ନୁହେଁ, ସେମାନେ ହଜାର ହଜାର ଟଙ୍କାର ବିକ୍ରିକର ଠକୁଛନ୍ତି। C.T.O ଙ୍କ ପାଇଁ ଗୋଟାଏ cake ମାଗଣା ଦେଇପାରିବେ ନାହିଁ ?

ନବଘନ : ହଉ, ଆଉ କ'ଣ କ'ଣ ଦରକାର ?

ହେମ : ତମର ସେଥିରେ ମୁଣ୍ଡ ଖଟେଇବା ଦରକାର ନାଇଁ, ମିସେସ୍ ମେହେତା ଓ ମିସେସ୍ ଶର୍ମା ଆସୁଛନ୍ତି। କାଳେ ଦରକାର ହେବ ବୋଲି ମୁଁ

ଦଶଟା ବିଅର୍ ମଗେଇ ଦେଇଛି।

ନବଘନ : ଇସ୍, ମୋ' ଘରଟାକୁ ତମେ ଗୋଟାଏ Clubରେ ପରିଣତ କରିଦେବନା କ'ଣ ? ବଡ଼ ଭାଇ ଗାଁରୁ ଆସିବେ... ଏଗୁଡ଼ାକ ଦେଖି କ'ଣ କହିବେ କହିଲ ?

ହେମ : ବଡ଼ଭାଇଙ୍କୁ କହିବ ଆସିଲେ ସିଏ ଧୋତି ପିନ୍ଧି ବେଶୀ ଯିବାଆସିବା କରିବେନି। ତାଙ୍କୁ ବରଂ ରୋଷେଇ ଘରେ supervise କରିବା ପାଇଁ କହିଦେବ।

ନବଘନ : ହେମ, ସତ କହିବାକୁ ଗଲେ ମୁଁ ତମର ଏଇ aristocracyକୁ ଘୃଣା କରେ। ଆମ ଘରେ ଆମେ ଗୋଟିଏ ଦୁଇଟା ଗାମୁଛାରେ ଛ' ଛ' ଭାଇ ଚଳିଯାଉ। ହାତ ପୋଛିବା ପାଇଁ, ଗାଧୋଇବା ପାଇଁ, ନାକ ପୋଛିବା ପାଇଁ, ଆଉ ମୁହଁ ପୋଛିବା ପାଇଁ ଦଶ ଦଶଟା ତଉଲିଆ ତମ ଘରେ ଥିବ। ଆମର ଜନ୍ମଦିନରେ ଖିରି, ଚକୁଳି ତିଆରି ହୋଇ କାମ ଚଳୁଥିଲା। ଏମିତି ମହମବତୀ ଆଉ କେକ୍‌ର ଦରକାର ପଡୁନଥିଲା। ତମର ମନେ ରଖିବା ଉଚିତ ତମେ ଏ ଘରର ବୋହୂ ... କେକ୍ ଆଉ ତଉଲିଆ ଏ ଘରର ଝିଅ ନୁହଁ।

ହେମ : ମୁଁ କ'ଣ ସେଇ କଥା କହିଲି ? ଆମ ଘରେ କ'ଣ ଦଶ ଦଶଟା ତାଉଲିଆ ଅଛି ବୋଲି ମୁଁ କହିଲି ? ଆଚ୍ଛା, ମୁଁ ପଚାରୁଚି ଏଥିରେ ଭୁଲ୍ କ'ଣ ରହିଲା ? ଆମେ ଯଦି କିଣିବା ପାଇଁ ସକ୍ଷମ ତା'ହେଲେ ବ୍ୟବହାର କଲେ କ୍ଷତି କ'ଣ ?

ନବଘନ : କାଲି ଯଦି ମୋ ଚାକିରିଟା ଚାଲିଯାଏ ? କାଲି ଯଦି ଆମେ ହଠାତ୍ ଗରିବ ହୋଇଯିବା ?

ହେମ : ଦେଖିବ ଗାମୁଛାରେ ମୁଁ ବି କାମ ଚଳେଇ ନେଇପାରିବି। ଗାମୁଛା କ'ଣ ଚିରା ଶାଢ଼ି ନ ହେଲେ ଧୋତି ଖଣ୍ଡେ ବି ହେଲେ ଚଳିବ।

ନବଘନ : ଛାଡ଼ ! ସେଇଥିରୁ କ'ଣ ମିଳିବ ? କାହାକୁ କାହାକୁ ଡାକିଛ ଆଜି ?

ହେମ : (ଡାଏରୀ ଦେଖି) ବେବୀର ପରିଚୟ ଲୋକ ଭିତରୁ ଆକାଶବାଣୀ staff ଆଉ ତା'ର English honours ପିଲାଏ ଆସିବେ। Boy friends ଭିତରୁ ସୁରଜିତ୍, ଅମର, ବିଜୟାନନ୍ଦ ଏବଂ ଅମିତ୍ ... ତା' ଛଡ଼ା ତମ ଅଫିସ staff, Finance Secretary, Deputy Secretary, supplyର under secretary, ତାଙ୍କ family

O.M.P. 2nd battalionର commander ମି.ସାହୁ, sub treasury officer family ଏବଂ ମୋର ସାଙ୍ଗମାନଙ୍କ ଭିତରୁ ...

ନବଘନ : ଆଉ, ମୁଁ ବୁଝିପାରୁଚି । ତମ ତାଲିକାର ଦୈର୍ଘ୍ୟରୁ ଜଣାପଡୁଚି ଅନ୍ୟୂନ ତିନିଶହରୁ କମ୍ ହେବେନି । ତା'ମାନେ ସମୁଦାୟ ଦୁଇଲକ୍ଷ ପଚାଶ ହଜାର ଟଙ୍କାର ବନ୍ଦୋବସ୍ତ ?

ହେମ : ତମର ଏଇ ଯେଉଁ ହିସାବୀ ବୁଦ୍ଧି ନା ... ମତେ ଚିଡ଼ି ମାଡ଼େ ... ମୁଁ ଯାହା କରୁଛି ତମ status ପାଇଁ ତ ... ! ମିସେସ୍ ସିହ୍ନା ତାଙ୍କ ପୁଅର birthdayରେ ଅଢେଇ ଲକ୍ଷ ଖର୍ଚ୍ଚ କରିଥିଲେ । ଆମେ ପାରିବାନି ?

ନବଘନ : କ'ଣ ଲାଭ ?

ହେମ : ଲାଭ ? ଆକାଶବାଣୀ ବାଲା ଆସୁଛନ୍ତି ବୋଲି ଆଜି ସଂଧ୍ୟାରେ ଆଞ୍ଚଳିକ ସମ୍ବାଦରେ ବେବୀର birthday ସମ୍ପର୍କରେ ଦୁଇ ଲାଇନ୍ କୁହାହେବ । (ଖୁବ୍ ଖୁସି ହୋଇ) ଆଉ ଗୋଟାଏ ବି ପ୍ଲାନ୍ ଅଛି । ସଂଧ୍ୟାର ଭୋଜି ଆସର ପୂର୍ବରୁ ଗୋଟାଏ କବିତା ପାଠୋତ୍ସବର ଆୟୋଜନ କରାଯାଉଛି । ଅଧ୍ୟାପକ ମନ୍ଦରଧର ମହାପାତ୍ର ସମୀକ୍ଷା କରିବେ ଓ ପୋଲିସ୍ ଡି.ଏସ୍.ପି. ଗୋବିନ୍ଦ ମହାସୁଆର ଜନ୍ମଦିନ ପାଳନ ଉତ୍ସବର ଉପକାରିତା ସମ୍ପର୍କରେ ଏକ ସନ୍ଦର୍ଭ ପାଠ କରିବେ । ତମେ ଯଦି ଅନୁରୋଧ କରିବ ଛାୟା ଅପା ଏଇ ସମ୍ପର୍କରେ ଏକ radio news reel ପ୍ରସ୍ତୁତ କରିପାରନ୍ତି ।

ନବଘନ : ତମ ଛାୟା ଅପା କିଏ ମୁଁ ଜାଣେନି । ଜାଣିଥିଲେ ବି ଏତେ ସବୁ ଅନୁରୋଧ କରି ନଥାନ୍ତି । ଏସବୁ ଫମ୍ପା ଫୁଟାଣୀରେ ମୋର ଘୃଣା ।

ହେମ : ସେଇଥିପାଇଁ ତ କୁହାଗଲା ତମେ 1903-modelର ଏକ ପୁରୁଣା ଫୋର୍ଡ଼ ଗାଡ଼ି । ଆଜିକାଲିର ବଜାରରେ ସମ୍ପୂର୍ଣ୍ଣ ଅଚଳ ।

ନବଘନ : ତମ ଘରୁ କିଏ କିଏ ଆସିବେ ? Daddy ତ ନିଶ୍ଚୟ ।

ହେମ : ମାମୀ ଯଦି ଭାଇଙ୍କ ପାଖକୁ ବାଙ୍ଗାଲୋର୍ ଯାଇ ନ ଥାନ୍ତେ ସିଏ ବି ଆସିଥାନ୍ତେ । ତେବେ ଅଙ୍କଲ୍ ନିଶ୍ଚୟ ଆସିବେ ।

ନବଘନ : ବିପଦର ଆଶଙ୍କା ବେଶୀ ।

ହେମ : ତମେ ଯୋଉ ନୂଆ ସୁଟ୍‌ଟା ତିଆରି କରିଚ ସେଇଟାକୁ ପିନ୍ଧିବ । ଚୁରୁଟ୍ ଟାଣିବ । ଟିକିଏ ସ୍ମାର୍ଟ ହବ, ଏୟା ତ ।

ନବଘନ : ତୁମ ଅଙ୍କଲ୍ ଆମେରିକାରୁ ଫେରିଛନ୍ତି ବୋଲି ସିଏ ଯାହା କହିବେ କ'ଣ ବେଦବାକ୍ୟ ବୋଲି ଆମେ ଧରିନେବାକୁ ବାଧ୍ୟ ?

ହେମ : ତୁମେ ଅଙ୍କଲଙ୍କ ଉପରେ କାହିଁକି ରାଗୁଚ ଯେ ? ସେଦିନ ତମେ ତିନିଦିନର ମଇଳା ଗଞ୍ଜିଟାଏ ପିନ୍ଧିଥିଲ। ବଦଲାଇବାକୁ କହିଲେ ...

ନବଘନ : ତିନିଦିନ କ'ଣ... ଜୀବନରେ ଏମିତି ସମୟ ଆସିବ ଯେତେବେଳେ ଗୋଟାଏ ଗଞ୍ଜିରେ ଦଶବାର ଦିନ କଟାଇବାକୁ ପଡ଼ିବ। ତମେ କହିବା ଦିନଠୁ ଦିନରେ ଦି ଥର ବଦଳେଇ ଦଉଚି।

(ଜେମା ପୁଣି ଆସି କହିଚି)

ଜେମା : ମା' ... (ଜିଭ କାମୁଡ଼ି) ମାଡ଼ମ୍ ... ଚା' ଥଣ୍ଡା ହୋଇଗଲା।

ନବଘନ : ଏଇଠିକି ନେଇ ଆ' -

ହେମ : Hopeless ! ! ତମେ ଶୀଘ୍ର ଗଲ ଦାଢ଼ିଟା କାଟି ପକେଇଲ ପ୍ରଥମେ।

ନବଘନ : Baby ର birthday ହେଲେ ମୋର ଏଇ punishmentଟା ଖୁବ୍ ବେଶୀ ବାଧିଯାଉଚି।

ହେମ : ଡ୍ରାଇଭର ଆସିଲାଣି ?

ଜେମା : ଦାଣ୍ଡରେ ବସିଚି। ଡାକିଦେବି ?

ହେମ : ନା, କହିଦେ' କାର୍ ନେଇ Bakery କି ଯିବ।

(ଜେମା ଯାଇଚି)

ତମେ ଯାଅ shave ହେଇ ସୁଟ୍‌ଟା ପିନ୍ଧି ପକେଇବ। ସେ night gown ପିନ୍ଧା ନ ହେଲା ନାଇଁ। ଏଇ କ୍ଷଣିକା ଯଦି ନେଲି ଅପା ପହଞ୍ଚି ଯିବ ନା ...

ନବଘନ : ଯାଉଛି ବାବା ... ତମ ନେଲି ଅପାକୁ ଦେଖିଲେ ... ମୋର heart fail କରିଯିବ।

(ନବଘନ ଗଲାପରେ ବେବୀ ଆସିବ। ପରିଧେୟ ବେଲ ଇତ୍ୟାଦି। ଦେଖିବାକୁ ଭାରି ରୂପନଣ୍ଡୀ)

ବେବୀ : ମାମୀ ! ଘରେ କ'ଣ ଆଉ କିଛି ଜଳଖିଆ ନାଇଁ ?

ହେମ : ଅଣ୍ଡା ଥିଲା, ଫଳ ଥିଲା ... ଆଉ ବିସ୍କୁଟ।

ବେବୀ : ମୁଁ ସେ ଅଣ୍ଡା ଫଳ ଖାଇ ପାରିବିନି।

ହେମ : ପୂଜାରୀ କଟ୍‌ଲେଟ୍ କରିଥିଲା।

ବେବୀ : ଓ ! Bore ! ରୋଜ୍ ସେ ମାଛ କଟ୍‌ଲେଟ୍ କିଏ ଖାଇବ ଯେ ? ସେଗୁଡ଼ା କ'ଣ ଖାଦ୍ୟ ?

ହେମ : ଆଉ ମୁଁ କ'ଣ କରିବି ଯେ ?

ବେବୀ: (କାନ୍ଦିଲା ଭଳି) ନାଇଁ ଯା ... ମାଡ୍ରାସୀ ହୋଟେଲ୍‌ରୁ ମୋ' ପାଇଁ ଦୋଷା ମଗେଇ ଦେ'।

ହେମ : ଡ୍ରାଇଭରକୁ କହ। (ପାଟିକରି) ଜେମା ... ଜେମା ...

ଜେମା : (ପ୍ରବେଶ କରି) ତମେ ଦେଇଙ୍କ ବୁଝେଇଲ। ଜଳଖିଆ ଯେମିତି ସେମିତି ଟେବୁଲ୍ ଉପରେ ରଖା ହେଇଚି।

ବେବୀ : ମୁଁ ସେଗୁଡ଼ା ଖାଇପାରିବିନି।

ଜେମା : ମୁଁ ମରିଯାଉଥାଏ ଲୋ' ମା' ... ଡିମ୍ବ - ଭଜା ପାଟିକୁ ରୁଚୁନି ... ନି ... ଆ... ହା ... ହା ... ଚୁ ... ଚୁ ... ଚୁ ... !!

ହେମ : ତା' ପାଇଁ ଡ୍ରାଇଭରକୁ କହ - ମାଡ୍ରାସୀ ହୋଟେଲରୁ ଦୋଷା ନେଇ ଆସିବ।

ଜେମା : କ'ଣ କହିଲ ମା'! ଏଇନା ପୁଣି ଗାଡ଼ିରେ ଗୋଟାଏ ଲୋକ ମାଡ୍ରାସୀ ହୋଟେଲ ଯିବ ? ତେଲ ଖର୍ଚ୍ଚ ହବନି ?

ହେମ : ହଉ, ତୋର କ'ଣ ଗଲା ?

ଜେମା : ସତେ ମା' ... ଭୁଲ୍ ହୋଇଗଲା ... ମାଡ଼ାମ୍ ଗାଡ଼ିରେ କେତେ ବୋତଲ କିରୋସିନି ଖର୍ଚ୍ଚ ହୁଏ ?

ବେବୀ : କିରୋସିନୀ ? ଏଇଠୁ ମାଡ୍ରାସୀ ହୋଟେଲ ଯିବା ପାଇଁ ଦୁଇ ବାଲ୍‌ଟି !

ଜେମା : ହେ ପ୍ରଭୁ, ସର୍ବମଙ୍ଗଳା - ଜଗନ୍ନାଥେ! ଦି' ବାଲ୍‌ଟି ତେଲ ପୋଡ଼ିବ ଏଇନା ?

ହେମ : ପୋଡୁ।

ବେବୀ : ଯାକୁ ଭାରି ଚିନ୍ତା ଲାଗିଗଲା।

ଜେମା : ହଁଅ ... ମୋର କ'ଣ ଗଲା! ଯେମିତି ପଇସା ସେମିତି ଖର୍ଚ୍ଚ ... ଯେଡ଼େ ଗଛକୁ ତେଡ଼େ ପବନ ...

ହେମ : ତୋର ସାଙ୍ଗମାନେ ସବୁ ଆସିବେଟି ?

ବେବୀ : ବୁଝିଲୁ ମାମୀ! ସଞ୍ଜୟ ସାର୍‌ଟା ଭାରି ଅଭଦ୍ର। ସାଇକୋଲଜି ପ୍ରାକ୍‌ଟିକାଲ ଖାତା ଦସ୍ତଖତ କରବା ପାଇଁ ଘରକୁ ଡାକୁଛନ୍ତି।

ହେମ : ଗଲୁନି ?

ବେବୀ : ମତେ ତାଙ୍କ ଘରକୁ ଯିବା ପାଇଁ ଭଲ ଲାଗେନି।

ହେମ : ଆଉ ପ୍ରବୀର ଘରକୁ କେମିତି ଚାଲିଯାଉ।

ବେବୀ : ପ୍ରବୀର ଭାଇ କି ସୁନ୍ଦର ଗାଆନ୍ତି । ଆଜିକାଲି ଯେତେ ସିନେମା ହଉଚି ମାମୀ ପ୍ରବୀର ଭାଇଙ୍କୁ ସମସ୍ତେ book କରୁଛନ୍ତି । ପ୍ରବୀର ଭାଇ କହୁଥିଲେ ଏଣିକି ସିଏ ଗୋଟାଏ ଗୀତକୁ ହଜାରେ ଟଙ୍କା demand କରିବେ !

ହେମ : ପ୍ରବୀରକୁ କହିଲୁନି, ତୋର next programme କେବେ ମିଳୁଚି Radio stationରେ ବୁଝିଥାନ୍ତା ।

ବେବୀ : ତୁ ଆଜି ସୁବାସ ବାବୁଙ୍କୁ ଡାକିଚୁଟି ? ସେ ବିଅର୍ ପିଇବାକୁ ଭାରି ଭଲ ପାଆନ୍ତି । ଆମେ ଯୋଉ ସେଥର ରାଉରକେଲା ଯାଇଥିଲେ ... ମନେ ପଡୁନି ମାମୀ ? H.S.L.ର winter festival - ମୁଁ ଓଢଣୀ ଧରି ନାଚୁଥାଏ । ଏ ମା'... ସେ ଯାହା ଅଭଦ୍ରଙ୍କ ଭଳି ହେଲା ନା - - ଅନ୍ଧାରଟା ଭିତରେ ମତେ ଡର ମାଡ଼ିଲା, ପଚାରିବାରୁ ସମସ୍ତେ କହିଲେ ସେ ବିଅର୍ ପିଇବାକୁ ଭଲ ପାଆନ୍ତି ।

ହେମ : ଆଚ୍ଛା, ଆଚ୍ଛା । ତା' କଥା ବୁଝିବା । ସେ ଆଜି ଆସିବଟି ?

ବେବୀ : କେଜାଣି ?

ହେମ : କାଇଁକି ? ତୁ ନିମନ୍ତ୍ରଣ କରିନୁ କି ?

ବେବୀ : ସେ ମୋ ଉପରେ ରାଗିଯାଇଛନ୍ତି ।

ହେମ : ତୁ ଯେମିତି କଳିହୁଡ଼ି କାହା ସାଙ୍ଗରେ ତୋର ଭଲ ପଡ଼ିବ କି ?

ବେବୀ : ମୁଁ କିନ୍ତୁ ହାତ ଧରି ଡାକି ଦେଇଚି ।

ହେମ : କେଜାଣି, ଆସିବ କି ନାଇଁ ! ସୁରଜିତ୍, ସଂଜୟ ଆଉ ଦେବାଶୀଷ ?

ବେବୀ : ସେମାନେ ଆସିବେ ।

ହେମ : ଦରକାର ହେଲେ ତୁ ଗାଡ଼ି ନେଇ ଯିବୁ ଆଉ ପ୍ରବୀରକୁ ଡାକି ଆଣିବୁ ।

ବେବୀ : ଡାଡି ଗାଳି ଦେବେ ।

ହେମ : କ'ଣ ହେଲା ? ଡାଡି ଗାଳି ଦେବେ ? ତୋ boy friend ମାନଙ୍କୁ ଦେଖିଲେ ? ହେଲପାରିବନି ।

ବେବୀ : ତା' ହେଲେ ପ୍ରବୀର କଥା କ'ଣ କରିବା ମାମୀ ?

ହେମ : ତୁ ବରଂ ଗାଡ଼ିନେଇ ପ୍ରବୀର ଘରକୁ ଚାଲିଯା -

ବେବୀ : ଗାଡ଼ିନେଇ କାହିଁକି ଯିବି ଯେ ? ରିକ୍ସାରେ ଚାଲି ଯାଉଛି । ଗାଡ଼ିଟା ପୁଣି ତୋର ତ ଦରକାର ହେବ !

ହେମ : ହଉ, ସେୟା କର । ଶୀଘ୍ର ଚାଲି ଆସିବୁ କିନ୍ତୁ ନେଲିଆଣ୍ଡି ଆସିବେ । (ହଠାତ୍ ବାହାରୁ କାର୍ ଆସିବା ଶବ୍ଦ ଶୁଭିଲା)

ବେବୀ : ହେଇ, ଆଣ୍ଟି ଆସିଗଲେ ବୋଧହୁଏ !

ନେଲିଆଣ୍ଟି : ହେମ ... !! (ପ୍ରବେଶ କଲେ। ମୁହଁରେ ଚଷମା ପିନ୍ଧିଛନ୍ତି।)

ବେବୀ : Good morning ଆଣ୍ଟି !

ନେଲି : Good morning !

ହେମ : ଏ Shawlଟା କେବେ କିଣିଥିଲୁ ନେଲି ଅପା ?

ନେଲି : (ମୁହଁ ମୋଡ଼ି) ସିଏ କ'ଣ ଗୋଟାଏ conference attend କରିବା ପାଇଁ Amritsar ଯାଇଥିଲେ। ସେଇଠୁ ଆଣିଛନ୍ତି।

ବେବୀ : Wonderful ବା ... ଭାରୀ costly ଜଣାପଡୁଚି।

ହେମ : କେତେ ହୋଇଥିଲା କିଲୋ ?

ନେଲି : (ମୁହଁ ମୋଡ଼ି) କେଜାଣି। କିଏ ପଚାରେ ଏଇ ଶାଲ୍‌କୁ। ଅଙ୍କଲ ଯୋଉ ଆମେରିକାରୁ କୋଟ୍‌ଟା ଆଣିଥିଲେ ମୁଁ ସେଇଟାକୁ ପସନ୍ଦ କରେ। (ବେବୀକୁ) କିଲୋ ବେବୀ ତୋର next radio programme କେବେ ହଉଚି ? ତୁ ଗୋଟାଏ television interview ଦଉନୁ ?

ବେବୀ : ଆମର କ'ଣ ସେଥିରେ ହବ ଆଣ୍ଟି ? No influence.

ନେଲି : କ'ଣ କହିଲୁ ? ତୋର ହବନି ? ମୋ' ମତରେ ତୁ ଫିଲ୍‌ମରେ ପାର୍ଟ କରିବା କଥା, ତୋର ଯାହା ଚେହେରା ଆଉ ...!!

ବେବୀ : କୁନ୍‌ମୁନି ପରା 'ସପ୍ତଶଯ୍ୟା' ଛବିରେ ନାଚି ପକେଇଚି।

ନେଲି : ହଁ ରେ ବେବୀ ... ସେ ଟୋକୀ ଏଡ଼ିକି ଫାଜିଲ୍ ଦେଖିଲୁ ! collegeରେ sports ହଉଚି ବୋଲି ଗଲା। ମତେ କି ତା ଡ଼ାଡ଼ିକୁ ନ କହି ମନକୁ ମନ ଫିଲିମ୍‌ରେ ମିଶିଯାଇଚି। (ମୁହଁ ମୋଡ଼ିଲେ)

ହେମ : ସେଇ ଯୋଉ କବାଲୀ ସିନ୍‌ଟାରେ ନାଚିଛି ତ !

ନେଲି : ହଁ ମ'। ଘରେ ଆସି ମତେ କହୁଚି "ମାମୀ ଲୋ' ମୁଁ ସିନେମାରେ ମିଶିଗଲି।" ମୁଁ ପଚାରିଲି "ତୁ କିଛି କରିଦେଇ ଆସି ଘରେ କହିବୁ" ମାମୀ ଲୋ, ମୁଁ ଆଜି ଏୟା କରିଦେଲି !!"

ବେବୀ : (ହସି ହସି) ସେଇଠୁ କୁନ୍‌ମୁନି ଅପା କ'ଣ କହିଲା ?

ନେଲି : କହିଲା 'ହଁ' !

(ସମସ୍ତେ ହସିଲେ ଓ ନେଲି ଅପା ମୁହଁ ମୋଡ଼ିଲେ)

ହେମ : ଆଜିକାଲି ପରା ସମୟ ବଦଳୁଚି ନେଲି ଅପା ! ଟିକିଏ liberty ନ ଦେଲେ ଝିଅଗୁଡ଼ା ପୁଅଙ୍କ ସାଙ୍ଗରେ ତାଳ ଦେବେ କେମିତି ?

ନେଲି : (ମୁହଁ ମୋଡ଼ି) ହଁ। ବାଳିକା ଉନ୍ନୟନ କରିବା ତ ତମର କାମ ...!!

ହେମ : ତୁ' ଏକା ଏକା ଆସିଲୁ କି ଅପା? ଭାଇ, କୁନ୍‌ମୁନି ...??

ନେଲି : କୁନ୍‌ମୁନିର ଏକ୍‌ସ୍ଟ୍ରା କ୍ଲାସ ଅଛି। ସିଏ ସେଇଠୁ ସିଧା ଆସିବ। ଆଉ ଭାଇ ଅଫିସ୍ ଯାଇ ... ଆଉ ... ତମର ଏଇଠି ପର୍ଯ୍ୟନ୍ତ କିଛି ଆୟୋଜନ କରିନା ଯେ?

ହେମ : ତୁ ଟିକିଏ ଅପା ପାଖରେ ବସ ବେବୀ। ମୁଁ ଶାଢିଟା ବଦଳେଇ ଆସୁଚି। (ଚାଲିଗଲେ)

ବେବୀ : କୁନ୍‌ମୁନିର extra class ଅଛି? କୋଉ ସାର୍‌ଙ୍କର?

ନେଲି : କେଜାଣି।

ବେବୀ : କାଇଁ, ଆମର ତ ନାଇଁ।

ନେଲି : ଗୀତ ସାର୍‌ଙ୍କର ଏକ୍‌ସ୍ଟ୍ରା କ୍ଲାସ ହେଇଥିବ।

ବେବୀ : ହେଇଥିବ!

ନେଲି : ପିଲାମାନେ ଗୋଟାଏ କିଛି କରିବା ଉଚିତ।

ବେବୀ : ବୁଝିଲ ଆଣ୍ଟି। କୁନ୍‌ମୁନିର extra curricular activity ଭଲ।

ନେଲି : ଆହୁରି କରନ୍ତା। ମୁଁ ଯଦି ଟିକିଏ ନଜର ଦେଇ ପାରନ୍ତି!! ମୋର ତ ଏଇ ମାଗାଜିନ୍ କାମ ମୋତେ ଖାଇଲା। ମୋଟରୁ ସମୟ ମିଳୁନି। ବେଳେବେଳେ ଯୁବ ଲେଖକମାନଙ୍କୁ ଡାକି ଡ୍ରଇଂରୁମ୍‌ରେ କବିତା ପାଠୋତ୍ସବ କରାଉଚି। ଅଙ୍କଲ୍ ତ ଅଫିସ ଯିବେ। ମୋର କାମ ହେଲା ଏୟା।

ବେବୀ : ସେଇଥିପାଇଁ କୁନ୍‌ମୁନି ଆଜିକାଲି କବିତା ଲେଖୁଚି।

ନେଲି : ଏଇ New years dayରେ ଘରୋଇ ସାହିତ୍ୟ ସଭାଟେ କରୁଥିଲୁ। କୁନ୍‌ମୁନି ଗୋଟିଏ କବିତା ପଢିଥିଲା।

ବେବୀ : ମତେ ତମ ସାହିତ୍ୟ ଆସରକୁ ଡାକୁନା ଆଣ୍ଟି?

ନେଲି : (ମୁହଁ ମୋଡ଼ି) ତୋର ତ other engagements ବହୁତ ...

ବେବୀ : ରାଣ ଅଛି ଆଣ୍ଟି, ତମେ ଖବର ଦେଲେ ମୁଁ ନିଶ୍ଚୟ ଯାଆନ୍ତି।

ନେଲି : ତା' ହେଲେ ମୁଁ ଆରଥର ସାହିତ୍ୟ ସଭା ପାଇଁ ନିଶ୍ଚୟ ଖବର ଦେବି। ତୁ' ଖାଲି ସେଇ ରେଡ଼ିଓ ଷ୍ଟେସନ୍‌ବାଲାଙ୍କ ସହିତ ମିଶି ଯଥେଷ୍ଟ ହୋଇଗଲା ଭାବିବା ଉଚିତ ନୁହେଁ। କିଛି କବି ଓ ଗାଳ୍ପିକଙ୍କ ସହିତ ମଧ୍ୟ ପରିଚୟ ହେବା ଉଚିତ। They are interesting boys.

ବେବୀ : ସୁଜିତ୍ ଭାଇ ସେଇଠିକି ଆସୁଛନ୍ତି ?

ନେଲି : ସୁଜିତ୍ ? ଓ ସୁଜିତ୍ ଦାସ ! ହଁ, ତୁଁ କେମିତି ତାକୁ ଚିହ୍ନିଲୁ ?

ବେବୀ : ମୋର ଜଣେ ସାଙ୍ଗର ଭାଇ ।

ନେଲି : ଆମେ ଶୁଣିଲୁ ତୁ କୁଆଡ଼େ ପ୍ରବୀରକୁ ବାହା ହଉଚୁ !

ବେବୀ : (ଇଙ୍ଗିତ କରି) ଆସ୍ତେ, ଆସ୍ତେ, ଆଣ୍ଟି । ବାପା ଶୁଣିଲେ ...

ନେଲି : ବାପା କାହାନ୍ତି ? ବାବୁଙ୍କର କ'ଣ ଏ ପର୍ଯ୍ୟନ୍ତ ଦେଖାନାଇଁ ... !

ନବଘନ : (ପ୍ରବେଶ କରୁ କରୁ) ପାଟି ଶୁଣି ମୁଁ ଭାବୁଥିଲି ତମେ ନିଶ୍ଚେ ଆସିଚ । ନ ହେଲେ ଏଇ ସକାଳୁ ସକାଳୁ ଦାଣ୍ଡଘରେ କଳରବ ସୃଷ୍ଟି କରିବ ଆଉ କିଏ ?

ନେଲି : ବା ! ଆଜି କ'ଣ ପୁରା ସାହେବ ହେଇଯାଇଚ !

ନବଘନ : ସାହେବାଣୀମାନଙ୍କ ଗହଣରେ ରହିଲେ ସାହେବ ନ ହୋଇ ଆଉ ଉପାୟ ଅଛି ? ଅଗତ୍ୟା ।

ବେବୀ : ଡାଡ଼ି ! ଟାଇଟା Double knot କଲନି ?

ନବଘନ : ଏଇଥିରେ ଚଳିବ ।

ନେଲି : (ହସି ହସି) କମ୍ । ଇଏ କ'ଣ ? ବଳଦ ବେକରେ ଦଉଡ଼ି ବାନ୍ଧିଲା ଭଳି (ପୁଣି ହସିଲେ)

ନବଘନ : ହଁ ଭାଇ, ବୁଢାଲୋକ ଆମର କ'ଣ ଅଛି ? ପୁଣି ଥରେ ତ ଆଉ କିଏ ବାହା ହେବା ପାଇଁ ଆସିବ ନାଇଁ !

ନେଲି : ଯାହା କୁହ, ତମେ ଟକିଏ ଚୂଡ଼ା ଅଛ ।

ନବଘନ : କ'ଣ ଆଉ କରିବା ? ଆମେ ତ ଗ୍ରାମବାସୀ । ତମ ହେମାଙ୍ଗିନୀଙ୍କ ଭଳି ଫରେନ୍ ଫେରନ୍ତା ଘରର ଲୋକ ନୋହୁ ।

ବେବି : ଯାହା କୁହ ଡାଡ଼ି ବେଲ୍ ନଟ୍ ନ କଲେ ସମସ୍ତେ ଚିଡ଼େଇବେ ।

ନବଘନ : (ବିରକ୍ତ ହୋଇ) ଚିଡ଼େଇଲେ ତୋର କ'ଣ ଗଲା ? ମୁଁ ଏସବୁ ଫମ୍ପା ପସନ୍ଦ aristocracy କରେନା ।

ହେମ : (ପ୍ରବେଶ କରି) କ'ଣ ହେଲା ? ଏମିତି ପାଟି କରୁଚ କାଇଁକି ?

ବେବୀ : (କାନ୍ଦ କାନ୍ଦ ହୋଇ) ଦେଖିଲ ମାମା, ଡାଡି Tie-knot ଟାକୁ ବଳଦଙ୍କ ଭଳି ଭିଡ଼ିଛନ୍ତି, କହିଲା ବେଳକୁ ମୋ' ଉପରେ ଚିଡୁଛନ୍ତି ।

ହେମ : (ପରୀକ୍ଷା କରି) ହଁ ତ ! ଇଏ କି Knot ! ଏମିତି ଗୁଡ଼େ ଦେଖିଲେ ଅଙ୍କଲ୍ କ'ଣ କହିବେ ଯେ ?

ନବଘନନ : ତମ ଅଙ୍କଲ୍ କ'ଣ କହିବେ ନ କହିବେ, ତାଙ୍କ ମର୍ଜି ଜଗି ମୁଁ ବେଶ ହୋଇପାରିବିନି ।

ହେମ : କ'ଣ କହିଲ ?

ନବଘନ : ସମସ୍ତେ ହିପୋକ୍ରାଟ୍ । ଭିତରେ ଯାହା ଥାଉ ନ ଥାଉ ବାହାରଟାକୁ ଚହଟ ଚିକ୍‌କଣ କରି ଦେଖେଇବା ତମର ଧନ୍ଦା ...

ହେମ : କ'ଣ କହିଲ ? ଆମେ ଦେଖେଇ ହଉଚୁ ?

ନେଲି : ଆପଣଙ୍କର ଅଙ୍କଲ୍‌କୁ ଏମିତି ଆକ୍ଷେପ କରି କହିବା ଠିକ୍ ହେଉନି ନବଘନ ବାବୁ ।

ବେବୀ : Dady behaves like a rustic!

ନବଘନ : You shut up!

ହେମ : ତମେ ମୋ ଝିଅକୁ ଏମିତି ଗାଳି ଦେଇପାରିବନି ।

ନବଘନ : ଅଲବତ୍ ଦେବି ।

ହେମ : ତୁ' ଗାଡ଼ି ନେଇ ଯା' ବେବୀ । ପ୍ରବୀର ଘରକୁ ବରଂ ଚାଲି ଯା'-

ନବଘନ : ଚାଲିଯାଉ । ମୁଁ ଏ birthday party ପସନ୍ଦ କରେନା ।

ହେମ : ଜାଣିଥିଲେ ସିନା ପସନ୍ଦ କରନ୍ତ ? ତମ ଖାନ୍‌ଦାନୀରେ ତ କିଏ birthday କରି ନଥିବ ।

ନେଲି : ମୁଁ ଯାଉଛି ହେମ । ବରଂ ସନ୍ଧ୍ୟାବେଳେ ଆସିବି ।

ହେମ : ତମେ ବସ ଅପା ।

ବେବୀ : Aunty, please don't mind!

ନେଲି : ନା, ମୁଁ ଯାଉଛି । (ଚାଲିଗଲେ)

ବେବୀ : (ପଛେ ପଛେ) ଆଣ୍ଟି ! ରୁହ please ! !

ହେମ : ତୁ' ବି ଚାଲି ଯା' ବେବୀ । ଏ ଘରେ ଏମାନେ ଆମକୁ ରଖେଇ ଦେବେନି ।

ନବଘନ : ଯାଉ, ସମସ୍ତେ ଯାଆନ୍ତୁ । ଏଠି ଗୋଟାଏ ସକାଳୁ ସକାଳୁ ଜନ୍ମଦିନ ପାଲା ଚାଲିଚି । ପ୍ରବୀର କିଏ ? ତା' ଘରକୁ ବେବୀ ଯିବ କାହିଁକି ?

ହେମ : ବେବି ପ୍ରବୀରକୁ ଭଲ ପାଏ ।

ନବଘନ : ଏଇଟା ଗୋଟାଏ ଘର ନା ଘଟସୂତ୍ର ଅଫିସ ? ଯେତେ ସବୁ ବାଲୁଙ୍ଗା ଲୋଫର୍ ଟୋକାଙ୍କୁ ଡାକି, ମଦ ପିଇ, ଏଇଠି ହଜାର ହଜାର ଟଙ୍କା ଖର୍ଚ୍ଚ କରାହୋଇ party ହଉଚି । ଅଥଚ ବଡ଼ ଭାଇ ଆସି ଗାଁରୁ ପହଞ୍ଚୁଛନ୍ତି, ତାଙ୍କର ସୁବିଧା ଅସୁବିଧା କିଏ ବୁଝୁଚି ?

ହେମ : ବଡ଼ଭାଇ ଆସିଛନ୍ତି ? କେତେବେଳେ ଆସିଲେ ?

ନବଘନ : ନା, ତମେ କାହିଁକି ଜାଣିବ ? ତମକୁ ଡରି ସେ ଆଜିକାଲି ବାଡ଼ିପଟେ ଘରକୁ ଆସୁଛନ୍ତି ।

ହେମ : ଦାଣ୍ଡପଟେ ଆସିବା ପାଇଁ ତାଙ୍କର ସାହସ ନାଇଁ ।

ନବଘନ : କାରଣ ତମେ ସେମାନଙ୍କୁ ଘୃଣା କରୁଚ । ତମେ ମତେ ବି ଘୃଣା କରୁଚ । ଘୃଣାର ପ୍ରତିଦାନ ଘୃଣା ଛଡ଼ା ଆଉ କ'ଣ ହୋଇପାରେ ?

ହେମ : ମୁଁ ତମକୁ ଘୃଣା କରୁଚି ? ତମର ଅପରିଷ୍କାର ଅପରିଚ୍ଛନ୍ନତାକୁ ମୋର ଘୃଣା ।

ନବଘନ : ଦେହରେ ସାବୁନ୍ ଆଉ cosmetics ଲଗେଇ ପକେଇଲେ ପରିଚ୍ଛନ୍ନତା ଆସିଯାଏ ନାହିଁ । ମନଟା ପରିଷ୍କାର ରହିବା ଉଚିତ ।

ହେମ : ତମେ କହୁଚ ତମ ମନଟା ହିଁ ପରିଷ୍କାର ? ଆମେ ସମସ୍ତେ ଅପରିଷ୍କାର ଅପରିଚ୍ଛନ୍ନ ?

ନବଘନ : ହଁ । ତମଲାଗି ଏ ଘରର ପବିତ୍ରତା ନଷ୍ଟ ହେଉଚି । ତମ ଲାଗି ଦିନକ ପାଇଁ ଏ ଘରେ ଶାନ୍ତି ନାହିଁ । ବାହାହେଲା ଦିନଠୁ ତମେ ଆମ ଘରର ସମସ୍ତଙ୍କୁ ଘୃଣା ଚକ୍ଷୁରେ ଦେଖୁଚ । କାହାରି ପ୍ରତି ସମ୍ମାନ ନାହିଁ ... ଅମଣିଷ ସବୁ !

ହେମ : କ'ଣ କହିଲ ? (ପ୍ରାୟ କାନ୍ଦିଲା ଭଳି) ଆମେ ସବୁ ପଶୁ ? ତମେ ଏକା ମଣିଷ ? ମୋର ଏ ଘରେ ରହିବା ଦରକାର ନାଇଁ ଆଜି ମୁଁ ଅଙ୍କଲ୍‌ଙ୍କୁ ଫୋନ୍ କରି ଜଣେଇ ଦଉଚି । ସିଏ ଆସି ମତେ ନେଇଯାଆନ୍ତୁ ।

ନବଘନ : ତମେ କାଇଁକି ଯିବ ? Party କରି ତମେ ଅଙ୍କଲ୍ ଝିଅ ଆଉ ତମ ପରିବାରଙ୍କୁ ନେଇ ଆରାମରେ ରୁହ । ମୁଁ ବରଂ ଚାଲିଯାଉଛି । ଏଇଠି ଘୃଣାର ପଙ୍କ ବୋଲି ହୋଇ କୀଟ ଭଳି ଅପଦସ୍ତ ହେବା ଅପେକ୍ଷା ବାହାରେ ରହିବା ଶହେ ଗୁଣ ଭଲ । (ବଡ଼ ପାଟିରେ ଡାକିଲେ) ଡ୍ରାଇଭର୍ ! ଡ୍ରାଇଭର୍ ! ଗାଡ଼ି ବାହାର କର । (ଚାଲିଗଲେ ...)

ହେମ : ଠିକ୍ ଅଛି । ଆଜି ଅଙ୍କଲ୍ ଆସନ୍ତୁ । ମୁଁ କହୁଚି ।

(ଭିତରକୁ ଗଲେ । ମଞ୍ଚ ଅନ୍ଧକାର ହେଲା । ପୁଣି ମଞ୍ଚ ଆଲୋକିତ ହେଲା ବେଳକୁ ସନ୍ଧ୍ୟା ହୋଇଆସିଲାଣି । ଭିତରୁ stereoରେ ଗୋଟାଏ ବିଦେଶୀ ସୁର ବାଜିଛି । ଭିତରୁ ଗୁଡ଼ାଏ ହସ, 'ହାଏ' 'ହାଲୋ', 'ହାଉ ଡୁ ୟୁ ଡୁ',

'ଥ୍ୟାଙ୍କ୍ ୟୁ ଡାର୍ଲିଂ !" ଇତ୍ୟାଦି ଶୁଭୁଚି । ହେମ ଉଦାସ ଭାବେ ବସିଛନ୍ତି । ହଠାତ୍ ଫୋନ୍ ଆସିଲା । ସେ ଫୋନ୍ ଉଠାଇଛନ୍ତି । ଫୋନ୍‌ଟି ଅନ୍ୟ ଘରେ ଥିଲା, ଏଇଠି କି ଆସି ଯାଇଛି)

ହାଲୋ କିଏ ? ଓ ... ସେ ଏପର୍ଯ୍ୟନ୍ତ ଫେରି ନାହାନ୍ତି । କ'ଣ କହିଲେ ? ହଁ tourରେ ଯାଇଛନ୍ତି ... ହଁ ... ମାନେ ଏଇ ସନ୍ଧ୍ୟାରେ ଫେରିବା କଥା ତ okay ... (ଫୋନ୍ ରଖିଲେ)

ଜେମା : (ପ୍ରବେଶ କରି) ମାଡ଼ାମ୍ ... ! !

ହେମ : ସମସ୍ତେ ଆସିଗଲେଣି ?

ଜେମା : ଛାତ ଉପରେ ପରା ହୁଲସ୍ଥୁଲ୍ ହେଇଗଲାଣି । ବାଜା ବାଜୁଚି ବେଲୁନ୍ ଫୋଟାକା ନାଲି ନେଳି ଚାନ୍ଦୁଆ କ'ଣ ନ ହେଇଚି କିଏ ଦେଖିଲେ କହିବ ବେବୀ ଦେଇର ଆଜି ବାହାଘର । ତମକୁ ପରା ସମସ୍ତେ ଖୋଜୁଛନ୍ତି ମା' ।

ହେମ : ମୋ ମୁଣ୍ଡଟା ବିନ୍ଧୁଛି ।

ଜେମା : ମିଛ କଥା । ତମେ ଏ ଯାଏ ଶାଢ଼ି ବଦଳେଇନ, ପାଉଡ଼ର ଲଗେଇନ, ଓଠରେ ଅଲତା ପିନ୍ଧିନା... ବାବୁ ରୁଷିଛନ୍ତି ବୋଲି ତମେ ବି ରୁଷିଚ କି ?

ହେମ : ନା, ମୋ ମନ ଭଲ ନାହିଁ ।

ଜେମା : ବର୍ତ୍ତମାନ ଆଉ ମନ ଖରାପ କଲେ ଚଳିବ ମା' ? ସବୁ ବନ୍ଧୁବାନ୍ଧବ ପରା ଆସିଗଲେଣି । ବାବୁ ତାଙ୍କର ମନକୁ ମନ ଆସିବେନି ?

ହେମ : ବାବୁ ଆସିବେ ? ସତରେ ଆସିବେ ?

ଜେମା : ହଁ, ଆସିବେନି କାହିଁକି ଯେ ?

ହେମ : ତୋର ବିଶ୍ୱାସ ହେଉଚି ଜେମା ? ... ଆଚ୍ଛା କହିଲୁ ... ମତେ ଦେଖିଲେ କ'ଣ ଘୃଣା ଭାବ ମନରେ ଆସୁଛି ?

ଜେମା : କ'ଣ ଯେ ତମେ କୁହ ମା'... ତମ ମୁଣ୍ଡ ଖରାପ ହୋଇଗଲାଣି ।

ହେମ : କିନ୍ତୁ ସେ ରାଗି ଯେମିତି ଝଡ଼ ଭଳି ଘରୁ ଚାଲିଗଲେ ...

ଜେମା : ସମସ୍ତେ ମିଶି ବାବୁଙ୍କ ଉପରେ ଯେମିତି ... ହଉ ମ' ମା' ତମେ ମନ ଦୁଖ କରନି । ସେ ଫେରି ଆସିବେନି ?

ହେମ : ମତେ ନିଜକୁ ବଦଳାଇବାକୁ ପଡ଼ିବ ।
(ବାହାରୁ ଆସିଲେ ପ୍ରୀତିଧାରା । ହେମାଙ୍ଗିନୀଙ୍କ କଲେଜ ସାଙ୍ଗ, ହାତରେ କିଛି presentation)

ହେମ : କିଲୋ ପ୍ରୀତି ! ତୁ' ଏତେ ଡେରି କଲୁ ଯେ ... ?

ପ୍ରୀତି : କଲିକତା ବୁଲି ଯାଇଥିଲି। ଆଜି ସକାଳେ ପହଞ୍ଚିଲି। ଦେଖିଲି ତୁ ନିମନ୍ତ୍ରଣ ପଠେଇଚୁ।

ହେମ : ଶୁଣୁଥିଲି ତମର transfer ହେଇଗଲା।

ପ୍ରୀତି : ହଁ। ଆମେ ଯାରି ଭିତରେ ଚାଲିଯିବୁ। କ'ଣ ହେଲା ଜାଣିଚୁ ? ସନ୍ଧ୍ୟାରେ ଅନ୍ଧାର ହୋଇଗଲା ପରେ ତମ କ୍ୱାର୍ଟରସ୍‌ଟା ମୁଁ ଭୁଲିଗଲି।

ହେମ : (ହସି ହସି) ବୋକୀ। ଭୁବନେଶ୍ୱରରେ ଘର ଭୁଲି ଯାଉଛୁ ?

ପ୍ରୀତି : ତମ ଶହୀଦନଗର ଘର ଯେମିତି ଅଖାଡୁଆ ... ୧୫୦ ପରେ ୩୫୭ ... ୭୨୦ ପରେ ୨୭୨ ... ଏଥିରେ କେମିତି ଜାଣିବ ଯେ ?

ହେମ : (ହସି ହସି ଗଡ଼ିଗଲେ) ଗାଉଁଲି।

ପ୍ରୀତି : ଆଲୋ କେତେ ହସୁଚୁ ମ ? ଆଗରୁ ତ ଭାରି sophisticated ଥିଲୁ। ହସ ସବୁ ତୋର ମାପିଚୁପି ବାହାରୁଥିଲା। ଠିକ୍ ବିଦେଶୀ କାଇଦା। ନବ ଭାଇ ଏମିତି ହସିବା ଶିଖେଇ ଦେଲେ ବୋଧହୁଏ। କୁଆଡ଼େ ଗଲେ ?

ହେମ : Tour ରେ ଯାଇଛନ୍ତି।

ପ୍ରୀତି : ଆଜିଭଳି ଦିନରେ ? ତୁ' ଏମିତି ବସିଚୁ କାହିଁକି ? ଭଲ ଶାଢ଼ି ଖଣ୍ଡେ କ'ଣ C.T.O ଙ୍କ ସ୍ତ୍ରୀଙ୍କୁ ମିଳୁନି ?

ହେମ : ଏଇଥିରେ କ'ଣ ଚଳି ଯିବନି ?

ପ୍ରୀତି : ଆଶ୍ଚର୍ଯ୍ୟ ! କଲେଜରେ ଗୋଟାଏ ପିରିୟଡ୍ ଲିଜର୍ ମିଳିଲେ ଯିଏ ଶାଢ଼ି ବଦଳେଇ ଆସୁଥିଲା ତା'ର ପୁଣି ପରିବର୍ତ୍ତନ ?

ହେମ : ସମୟ ସବୁ ବଦଳେଇ ଦିଏ !

ପ୍ରୀତି : ନବ ଭାଇଙ୍କୁ ଆସିଲେ ପଚାରିବି। ସେ ତତେ ମ୍ୟାଜିକ୍ କରି ଦେଇଛନ୍ତି।

ହେମ : ଆରେ ଏମିତି ଠିଆ ହେଲୁ କାହିଁକି ? ଜେମା ... ଚା' ନେଇ ଆ ... ତୁ ବସ ପ୍ରୀତି।

ପ୍ରୀତି : ବେବୀ ଗଲା କୁଆଡ଼େ ?

ହେମ : ଏ ପର୍ଯ୍ୟନ୍ତ ଫେରିନି।

ପ୍ରୀତି : ଫେରିନି କ'ଣ ମ ? ଆଜି ପରା ତା'ର ଜନ୍ମଦିନ। କୋଉଠି ଯାଇ ବୁଲୁଚି ?

ହେମ : ସକାଳେ ପ୍ରବୀର ଘରକୁ ଯାଇଥିଲା। ଏ ପର୍ଯ୍ୟନ୍ତ ଫେରିନି।

ପ୍ରୀତି : ନା, ଏଇଟା ଆଦୌ ଭଲ କଥା ନୁହେଁ।

ହେମ : କ'ଣ ଆଉ କରିପାରିବି କହ, ପିଲାଦିନରୁ ସେ ସେମିତି ବଢ଼ିଚି।

ପ୍ରୀତି : ତୁ' ଯା' କହ ହେମ। ପିଲାଙ୍କୁ ଟିକିଏ ଜଗିବା ଉଚିତ।
(ଜେମା ଚା' ନେଇ ଆସିଚି)

ଜେମା : ଚା' କୋଉଠି ରଖିବି ମାଡ଼ାମ୍? ଏଇଠି ପିଇବେ ନା ଟେବୁଲ୍ ଉପରେ?

ହେମ : ଏଇଠି ଦେଇ ଯା'।

ପ୍ରୀତି : ହେମ, ତୁ ସତରେ ବଦଳି ଯାଇଚୁ। ଆଗରୁ ପାଣି ଗିଲାସେ ପିଇବା ପାଇଁ ଡାଇନିଂଟେବୁଲ୍ ଉପରକୁ ଯିବା ଦରକାର ପଡୁଥିଲା।

ହେମ : କ'ଣ ମିଳିବ ସେଇ ମିଛ ଫେସନ୍‌ରୁ କହୁନୁ ପ୍ରୀତି? ପାଣି ଗିଲାସେ, ଚା' ଟିକିଏ ପିଇବା ପାଇଁ ଏତେ ବାଟ ଯିବା କ'ଣ ଦରକାର?

ପ୍ରୀତି : ଟି-ପଟ୍‌ଟା ନଷ୍ଟ ହେଇଯିବନି? ଯଦି ଚା' ଢ଼ଳିଯାଏ?

ହେମ : ଭବିଷ୍ୟତରେ କେବେ ବିପଦ ଆସିବ ବୋଲି ଭାବି ବର୍ତ୍ତମାନଟାକୁ ନଷ୍ଟ କରିଦେବା କ'ଣ ଦରକାର?

ପ୍ରୀତି : ଆଉ ତୋର sophistication ... aristocracy ... ?

ହେମ : ଦୁନିଆରେ ଦଳେ ଲୋକ ଆଉ ଦଳଙ୍କ ପାଇଁ ନିଶ୍ଚୟ ଅଭଦ୍ର ଅସଭ୍ୟ ହୋଇ ରହିଯିବେ।

ପ୍ରୀତି : ତା' ବୋଲି ଆମେ ପୁଣି ଅସଭ୍ୟତା ଭିତରକୁ ଫେରିଯିବା? ହେମ! ଟିକିଏ ପାଣି ଦରକାର। ମୁଁ କୁଳି କରିବି।

ହେମ : କାଇଁକି?

ପ୍ରୀତି : ଚା' ପିଇ ସାରିଲା ପରେ ଟିକିଏ ଡେଟାଲୀନ୍ ଦେଇ କୁଳି ନ କଲେ କ୍ୟାରୀଜ୍ ହେବାର ସମ୍ଭାବନା।

ହେମ : ଜେମା, ଗିଲାସରେ ପାଣି ନେଇ ଆ' ...

ପ୍ରୀତି : ବାଥ୍‌ରୁମ୍?

ହେମ : ଏଇ ବାରଣ୍ଡା ସେପଟକୁ ଯାଇ କୁଳି କରୁନୁ?
(ପ୍ରୀତି ଯାଇ ଫେରିଆସିଚି)

ପ୍ରୀତି : ତଉଲିଆ?

ହେମ : ଜେମା, ସଫା ତଉଲିଆଟେ ଆଣି ଦେଲୁ।
(ପ୍ରୀତି ସେଥିରେ ମୁହଁ ପୋଛିବ)

ପ୍ରୀତି : ଜେମା, ଏଇ ପ୍ୟାକେଟ୍ ଟା ନେଇ ଯା – ଆଉ କିଏ କିଏ ଆସିଛନ୍ତି ! ମିସେସ୍ ସିହ୍ନା, ମମତା, ନେଲି ଅପା ?

ହେମ : ସମସ୍ତେ ଉପରେ ଅଛନ୍ତି । ତୁ' ଉପରକୁ ଯା –

ପ୍ରୀତି : ତୁ' ଆସିବୁନି ?

ହେମ : ଟିକିଏ ପରେ ।

ପ୍ରୀତି : ଶୀଘ୍ର ଆସିବୁ କିନ୍ତୁ । ଶାଢିଟା ବଦଳେଇ ଦେ' । ପ୍ଲିଜ୍ !! (ଚାଲିଗଲେ)

ହେମ : ଜେମା ?

ଜେମା : ମତେ କହୁଚ ମା' ... ଭୁଲ୍ ହୋଇଗଲା ... ମାଡ଼ାମ୍ ?

ହେମ : ମାଡ଼ାମ୍ ଡାକିବା ଦରକାର ନାଇଁ ! ତୁ ବରଂ ମା' ଡାକ୍ ।

ଜେମା : ମା' ... !!

ହେମ : ଜେମା ! ବାବୁ କ'ଣ ସତରେ ଫେରିବେନି ?

ଜେମା : ନିଶ୍ଚୟ ଫେରିବେ ।
(ହଠାତ୍ ବାହାରେ କାର୍ ହର୍ଣ୍ଣ ଶୁଭିଲା)
ହେଇ ବାବୁ ଆସିଲେଣି ।
(ନବଘନ ବାବୁ ଫେରିଲେ । ସାଙ୍ଗରେ କ୍ଳାନ୍ତ ଅବସ୍ଥାରେ ବେବୀ)

ନବଘନ : ନିଅ, ତମ darling ଝିଅଙ୍କ କଥା ବୁଝ ପ୍ରଥମେ ।

ହେମ : କ'ଣ ହେଇଚି ମୋ' ଝିଅର ?

ନବଘନ : ସେଇ ପ୍ରବୀର ଟୋକା ସାଙ୍ଗରେ outing କରିବା ପାଇଁ ଚାଲିଯାଇଥିଲେ ପୁରୀ । ମୁଁ ଆଉ tourରେ ଯିବି କ'ଣ ? ତମ ଝିଅକୁ ଫଲୋ କରୁଥିଲି । ପୁରୀରୁ ଫେରି ରାଜମହଲରେ ଦେଖିଲି ମାତାଲ ହୋଇ ଗଡୁଛନ୍ତି ।

ହେମ : ପୁଣି କ'ଣ ହେଲା ? (ବ୍ୟସ୍ତ ହୋଇପଡ଼ିଲେ)

ନବଘନ : ଆହା ବ୍ୟସ୍ତ ହେବାର କିଛି ନାଇଁ ... ବାନ୍ତି ହୋଇସାରିଚି । ବର୍ତ୍ତମାନ raw ଚା' ଟିକେ ପିଆଇ birthday party ପାଇଁ ଝିଅ ସାହେବାଣୀଙ୍କୁ ପ୍ରସ୍ତୁତ କରାଅ ... ଜେମା ! ଦେଇଙ୍କୁ ଭିତରକୁ ନେଇ ଯାଆ ।
(ଜେମା ବେବୀକୁ ନେଇ ଭିତରକୁ ଗଲା)

ହେମ : ସତ କୁହ, ମୋ' ଉପରେ ରାଗିନା ତ ?

ନବଘନ : ଅନେକ ଚିନ୍ତା ପରେ ମୁଁ ଠିକ୍ କରିଚି ଏଣିକି sophisticated ହେବି ।

ହେମ : ଅନେକ ଚିନ୍ତା ପରେ ମୁଁ ଠିକ୍ କଲି ସାଧାସିଧା ଜୀବନ ଭଲ। ଏତେ ଫେସନ୍ ଆଉ ଫୁଟାଣିରୁ କ'ଣ ମିଳିବ ! ଚା' ପିଇବ ?

ନବଘନ : ମୁଁ bathroom ରୁ ମୁହଁ ଧୋଇ ଆସେ।

ହେମ : ଏଇଠି ବାରଣ୍ଡା ପାଖରେ ମୁହଁ ଧୋଉନା ? bathroom ପର୍ଯ୍ୟନ୍ତ କାହିଁକି ଯିବ ଯେ ?

ନବଘନ : ଆଚ୍ଛା। (ଭିତରକୁ ଯାଇ ମୁହଁ ଧୋଇ ଆସି ଡ୍ରଇଁରୁମ୍‌ରେ ଥିବା ତଉଲିଆରେ ମୁହଁ ପୋଛିଲେ)

ହେମ : ଆହାହା ... ସେଇଟା ପରା ଅପରିଷ୍କାର ତଉଲିଆଟେ।

ନବଘନ : ଏଇଟା ଅପରିଷ୍କାର ?

ହେମ : ହଁ, ପ୍ରୀତି ଏଥିରେ ହାତ ପୋଛୁଥିଲା। ସଫା ତଉଲିଆ ସେପଟେ ଆଲଣା ଉପରେ ଅଛି।

ନବଘନ : ଓ ! ଚଷମାଟା ନ ପିନ୍ଧିଲେ ସବୁ ଗୋଳମାଳ ହୋଇଯାଉଛି।

ହେମ : ଚଷମା ପିନ୍ଧିଲେ ଆଉ ଅଧିକା କ'ଣ ହେବ ? ଜାଣିପାରୁନ ତଉଲିଆଟା ଓଦା ତା'ମାନେ ଆଗରୁ ସେଇଟା ବ୍ୟବହାର କରାଯାଇଛି !!

ନବଘନ : କ'ଣ ହୋଇଗଲା ସେଇଠୁ ?

ହେମ : ଯାଅ। Guest ମାନେ ଆସିଗଲେଣି।

ନବଘନ : Sure ! ମୁଁ Suit ଟା ବଦଳାଇ ଦିଏ। ମୁହଁରେ ଟିକିଏ old spice cologn...

ହେମ : ବା ! ବୁଢ଼ା ବୟସରେ ସେଗୁଡ଼ା କ'ଣ ଦରକାର ଯେ ?

ନବଘନ : ଏଣିକି ମୁଁ ମଧ୍ୟ ଫେସନ୍ କରିବି। uncle ଆସିଛନ୍ତି ?

ହେମ : ଉପରେ ତମ ପାଇଁ ଅପେକ୍ଷା କରିଛନ୍ତି।

ନବଘନ : ଯାଅ, ତମେ ଭଲ ଶାଢ଼ି ଖଣ୍ଡେ change କରିଦିଅ।

ହେମ : କ'ଣ ଦରକାର ? ଏଥିରେ ଚଳିବ !

ନବଘନ : ମୋ' ଉପରେ ଆଉ ରାଗିନା ତ ?

ହେମ : ପ୍ରଥମେ ତମେ କୁହ, ମୋ' ଉପରେ ରାଗିନା ତ ?

ନବଘନ : (ସମସ୍ତଙ୍କ ଆଢୁଆଳରେ ଟିକିଏ ଛାତିରେ ଜାକି ଦେଇ) ହେମାଙ୍ଗିନୀ ଉପରେ ମୁଁ ପୁଣି ରାଗିବି ?

ହେମ : ସକାଳେ ଯେମିତି ରାଗିଗଲ ...

ନବଘନ : ସକାଳର ମେଘ କ'ଣ ସନ୍ଧ୍ୟାରେ ଥାଏ ?

ହେମ : ଆକାଶ ତା' ହେଲେ ସଫା ?

ନବଘନ : ତମ ମୁହଁଠାରୁ ଆହୁରି ଅଧିକ ।

ହେମ : ଦୁଷ୍ଟ !

ନବଘନ : କାଇଁ ତମ ମୁହଁଟା ଦେଖା ... ଆରେ ମୋ ଚଷମାଟା ଗଲା କୁଆଡ଼େ ? ଚଷମାଟା ନ ପିନ୍ଧିଲେ ସକାଳର ମୁହଁଟା ସନ୍ଧ୍ୟାରେ କେମିତି ବଦଳିଛି ଜାଣି ହବନି ଯେ - !!

ହେମ : ଓ ! ବୁଢାଙ୍କର ସଉକି ଦେଖ ... (ଚାଲିଗଲେ । ନବଘନ ତାକୁ ଧରିବାକୁ ଚେଷ୍ଟା କରୁ କରୁ ପରଦା ନଇଁ ଆସିଲା)

ଗେଣ୍ଡା

ନାଟକର ଚରିତ୍ରମାନେ

ପୁରୁଷ	ନାରୀ
ଅଭି	ମାଳତୀ

ଗେଣ୍ଡା

ସ୍ଥାନ : ଯେକୌଣସି ଘର : ନିମ୍ନ ମଧ୍ୟବିତ୍ତ ପରିବାର

କାଳ : ଅସମ୍ପନ୍ନ ବର୍ତ୍ତମାନ

ପାତ୍ର/ପାତ୍ରୀ : ମା' (୫୩ ବର୍ଷ) ଏବଂ ପୁଅ (ପୁଅ ୨୪ ବର୍ଷ)

ମାଳତୀ : ଅଭି !

ଅଭି : (ଗମ୍ଭୀର) ହୁଁ।

ମାଳତୀ : ସକାଳୁ ସେମିତି କାଠ ହେଇ ସେଇଠି ବସିଛୁ ଯେ ?

ଅଭି : ଆଉ କ'ଣ କରିଥାଆନ୍ତି ? (ବିରକ୍ତି)

ମାଳତୀ : କ'ଣ ହେଇଚି ତୋ'ର ?

ଅଭି : କିଛି ନାଇଁ।

ମାଳତୀ : ମୁଁ ଜାଣେ – ଜୁଲିର ବ୍ୟବହାର ତତେ ବାଧୁଛି।

ଅଭି : ତୁ' ସମବେଦନା ଜଣେଇବା ପାଇଁ ଆସିଲୁ ?

ମାଳତୀ : ତମେ ସବୁ ବଡ଼ ହୋଇଗଲଣିରେ ବାପା, ମୁଁ ଆଉ କ'ଣ କରି ପାରିବି ?

ଅଭି : ନିଜେ ଶାସନ କରିପାରୁନୁ ବୋଲି ଜୁଲି ହାତରେ ମତେ ମାଡ ମରଉଚୁ ?

ମାଳତୀ : ତୋ' ମୁଣ୍ଡ ଖରାପ ହୋଇଗଲାଣି। ଆ' ଖାଇବୁ ଆ'।

ଅଭି : ବାପାଙ୍କ ଭାଷାରେ ମୁଁ ଗୋଟାଏ ବୁଲା କୁକୁର। ଖାଲି ଖାଇଲା ବେଳେ ଏଇଠି ପହଞ୍ଚି ଯାଉଛି।

ମାଳତୀ : ବାପା ତୋର ବୁଢା ହେଲେଣି; ତାଙ୍କ କଥାରେ ଗୋଟାଏ ଅଭିମାନ କଲେ ଚଳିବ ?

ଅଭି : ହଁ ବୋଉ; ବୁଲା କୁକୁରର ଗୋଟାଏ ଅଭିମାନ କଅଣ ?

ମାଳତୀ : ଦେଖ୍ ବାବୁ। ଧିଅ ମୋର ଆହୁରି ଭଲ ହେଇନି। ତୋ' ସାଙ୍ଗରେ ଯୁକ୍ତି କରିବାକୁ ମୋର ବଳ ନାଇଁ।

ଅଭି : ବେଶ୍, ତା'ହେଲେ ଏଠୁ ଯା'।

ମାଳତୀ : କାଇଁକି ? ଦଶଟା ବାଜିଲାଣି, କ'ଣ ଭୋକ ହଉନି ?

ଅଭି : ହେଲେ ହଉଥାଉ, ତମେ ସବୁ ଖାଇସାର, ଯାହା ବଳିବ ମୋ' ପତରରେ ଫୋପାଡ଼ି ଦେଲେ ଯଥେଷ୍ଟ।

ମାଳତୀ : (ଆହତ ସ୍ୱର) କେତେ ଆଉ କନ୍ଦେଇଲେ ତମେ ସବୁ ଶାନ୍ତି ପାଇବରେ ? ମୁଁ ତୋର ମା' ନା ଶତ୍ରୁ ?

ଅଭି : ତମେ ସମସ୍ତେ ମୋର ଶତ୍ରୁ।

ମାଳତୀ : ଏ କଥା କହିଲା ବେଳକୁ ତୋ' ତୁଣ୍ଡ ଅଟକି ଯାଉନି ?

ଅଭି : (ଚିତ୍କାର କରି) ନା, (ବଡ଼ ପାଟିରେ), ବୁଲି ବୁଲି, ରାସ୍ତାସାରା ସମସ୍ତଙ୍କୁ କହିବି : ସମସ୍ତେ ମତେ ଏଘରୁ ନିକାଲି ଦେବା ପାଇଁ ଚାହୁଁଚ, ମତେ ଘୃଣା କରୁଚ।

ମାଳତୀ : ଏଇଟା ତୋର ମନଗଢା କଥା ଅଭି। ବାପା ପୁଣି ତତେ ତ କାନ୍ଧରେ ବସେଇ ଏ ସାହିସାରା ବୁଲେଇ ମିଠେଇ ଖୁଆଉ ନଥିଲେ ? ତୁ ଯେତେବେଳେ ପ୍ରଥମ ପୁଅ ହେଇ ଏ ଘରେ ଜନ୍ମ ନେଲୁ - ତୋ' ବାପା ତ ପୁଣି ଦୁଇଶହ ଟଙ୍କା ଖର୍ଚ୍ଚ କରି ତାଙ୍କ ଅଫିସ୍‌ରେ ଭୋଜି ଦେଇଥିଲେ ?

ଅଭି : ଓ ! ଏକଦା - କୌଣସି ଏକ ସମୟରେ !

ମାଳତୀ : ହଁ ରେ ବାବୁ; କୋଳେଇ କାଖେଇ ବଡ଼ କରିଦେଲା ପରେ ଶତ୍ରୁ କହିବୁ ନି ତ କହିବୁ କ'ଣ ? ହେଲେ ଆମ ମନ କଥା ଠାକୁରେ ଜାଣନ୍ତି। ଚାକିରି ଖଣ୍ଡେ ମିଳୁ ବୋଲି କେତେ ଚିନ୍ତା ...

ଅଭି : ଚିନ୍ତା ନୁହେଁ ଘୃଣା, ଚାକିରି କରୁଚି ବୋଲି ଜୁଲି ଗେହ୍ଲା ଝିଅ - ଆଉ ବସି ବସି ଅନ୍ନଧ୍ୱଂସ କରୁଚି ବୋଲି ମୁଁ ହେଲି ବୁଲା କୁକୁର ? ଚାକିରୀ କରି ସହରସାରା ନାଁ ପକେଇଲେ ବି ସିଏ ତମର ଗେହ୍ଲା - ଅଥଚ ସହି ନ ପାରି କହିଦେଲି ବୋଲି ମତେ ସିଏ ମାରିବ ? ଶେଷରେ...

ମାଳତୀ : ଜନ୍ମ ଦେଇଚୁ ବୋଲି କର୍ମ ତ ଦେଇନୁ ବାପା- ଏ ଘରେ ଛୁଆଟିଏ ନ ଥିଲା ବୋଲି କେତେ ଠାକୁରଙ୍କୁ ଡାକିଛି, କେତେ ଚମ୍ପାଫୁଲ ଚଢେଇଚି ମହାଦେବଙ୍କ ମନ୍ଦିରରେ !

ଅଭି : ମହାଦେବ ତୋର ଗୁହାରି ଶୁଣିଲେ ବୋଲି ଆମଭଳି କେତେଟା ବିକଳାଙ୍ଗ ଆଉ ଅବାଞ୍ଛିତ ସନ୍ତାନ ତମ ଘରକୁ ଆସିଗଲୁ।

ମାଳତୀ : ତମେମାନେ କାଇଁକି ଅବାଞ୍ଛିତ ହେବରେ? କେତେ ତପସ୍ୟାର ଫଳ ତମେ ସବୁ!

ଅଭି : (ରାଗି) ବୋଉ! ତୋର କୌଣସି ଅଧିକାର ନାଇଁ ମତେ ସ୍ନେହ ଦେଖେଇବା ପାଇଁ। ମୁଁ ଏ ଘରେ କାହାର ଦାନ କିମ୍ବା ସ୍ନେହ ସହିପାରିବିନି। ମୁଁ ମୋର ଭାଗ୍ୟ ନେଇ ଜନ୍ମ ନେଇଚି ଏବଂ ତା'ର ଫଳ ପାଇବା ପାଇଁ ପ୍ରସ୍ତୁତ।

ମାଳତୀ : ସବୁବେଳେ ତୁ ସେମିତି ଅଝଟ, ପିଲାଦିନେ ଯେମିତି ଥିଲୁ, ଆଜି ବି ସେମିତି।

ଅଭି : ପିଲାଦିନେ ମୁଁ କେମିତି ଥିଲି?

ମାଳତୀ : ଏତେ ବଡ଼ ପାଟିରେ କାନ୍ଦୁଥିଲୁ ଯେ ସାଇପଡ଼ିଶା ସବୁ ବ୍ୟସ୍ତ ହୋଇପଡୁଥିଲେ।

ଅଭି : କାଇଁକି ମୁଁ ବଡ଼ ପାଟିରେ କାନ୍ଦୁଥିଲି?

ମାଳତୀ : କିଛି ଜାଣେ ନାଇଁ, ଖାଲି କାନ୍ଦିବା ତୋର ଅଭ୍ୟାସ ଥିଲା।

ଅଭି : ତୁ ମିଛ କହୁଚୁ।

ମାଳତୀ : ଥରେ ତୁ ଶୋଇ ବଡ଼ ପାଟିରେ କାନ୍ଦୁଥିଲୁ। ଜୁଲି ଗୋଟାଏ କଲମ ନେଇ ତୋ' ମୁହଁଟାକୁ ଆଞ୍ଚୁଡ଼ି ଦେଇଥିଲା।

ଅଭି : (ଉତ୍ତେଜିତ ହୋଇ) କାହିଁକି? ଜୁଲି କାଇଁକି ମୋ' ମୁହଁ ଆଞ୍ଚୁଡ଼ିଲା?

ମାଳତୀ : ମୁହଁକୁ ନୁହେଁ ମ, ଗାଲକୁ। ଖୁବ୍ ରକ୍ତ ବାହାରିଥିଲା ସେଥିପାଇଁ ମୁଁ ଜୁଲିକୁ ବାଡ଼େଇଥିଲି।

ଅଭି : ଜୁଲିକୁ ତୁ କାହିଁକି ପିଟିଥିଲୁ? ମୁଁ ବେଶୀ ଗେହ୍ଲାଥିଲି ନା ଜୁଲି ବେଶୀ ଗେହ୍ଲା ହୋଇଥିଲା?

ମାଳତୀ : (ହସି) ସମସ୍ତେ ସମାନ।

ଅଭି : ଆଉ ବାପା? ବାପା କ'ଣ କରିଥିଲେ?

ମାଳତୀ : ଅଫିସରୁ ଫେରି ବ୍ୟସ୍ତ ହେଲେ ଆଉ ଡାକ୍ତର ଡାକି ଆଣିଲେ।

ଅଭି : (ଆଶ୍ଚର୍ଯ୍ୟ ହୋଇ) ବାପା ଡାକ୍ତର ଡାକି ଆଣିଥିଲେ? ଆଶ୍ଚର୍ଯ୍ୟ! ବବ୍ଲକୁ ଚାରିଦିନ ହେଲା ଜର ହେଇଚି - କାଇଁ, ବାପା ତ ତା' କଥା ଆଦୌ ପଚାରୁନାହାନ୍ତି।

ମାଳତୀ : ସବୁଦିନେ ସବୁକଥା ଯାଏନି ବାପା। ସେଦିନ ଦି'ଜଣ ଥିଲ- ଆଜି ଆଠଜଣ ହେଇଚ। ସେଇ ହାରରେ ତ ବାପାଙ୍କ ଟଙ୍କା ବଢ଼ିନି। ତମମାନଙ୍କ ଲାଗି ମୁଁ ଷାଠିଏ ଭରି ସୁନା ବିକିଦେଲି।

ଅଭି : ଆଚ୍ଛା ବୋଉ, ତୋର ଠିକ୍ ମନେ ଅଛି ପିଲାଦିନେ ମୁଁ କାନ୍ଦୁଥିଲି ବୋଲି ?

ମାଳତୀ : ମନେ ରହିବ ନି ? କେତେ କାଳର କଥା କି ଏମିତି ?

ଅଭି : ଆଚ୍ଛା, ଖାଲି କାନ୍ଦୁଥିଲି ? ନା – କାନ୍ଦି କାନ୍ଦି କିଛି ମାଗୁଥିଲି ?

ମାଳତୀ : ହଁ, ମାଗୁଥିଲୁ ଏବଂ ବେଳେ ବେଳେ ଅଦ୍ଭୁତ ପ୍ରଶ୍ନ ସବୁ ପଚାରୁଥିଲୁ।

ଅଭି : କ'ଣ ମାଗୁଥିଲି ? ଆକାଶର ଚାନ୍ଦ ?

ମାଳତୀ : ନା, ଆମଘର ସାମନା଼ରେ ଜଣେ କଣ୍ଟ୍ରାକ୍ଟରଙ୍କର ବଡ଼ କୋଠାଘରଟେ ଥାଏ। ଦିନେ ଘରେ ଆସି ତୁ ଜିଦ୍ ଧରି ବସିଲୁ ସେ ଦି'ମହଲା ଉପରେ ରହିବା ପାଇଁ, ତା'ପରେ ଯୋଉ କାନ୍ଦ।

ଅଭି : ତା'ପରେ ବାପା ଆସି ମୋତେ ତ ଖୁବ୍ ପିଟୁଥିବେ ...

ମାଳତୀ : ପିଟିବେ କାଇଁକି ମ ?

ଅଭି : ଆଉ କ'ଣ କୋଠାଘରଟେ ଗଢ଼େଇ ଦେଲେ ?

ମାଳତୀ : ତତେ କାନ୍ଧରେ ପକେଇ ଗେଲ କଲେ ଆଉ ଦାସ୍ ବାବୁ କଣ୍ଟ୍ରାକ୍ଟରଙ୍କ ଘରକୁ ବୁଲେଇ ନେଲେ। ତାଙ୍କର ତ ପିଲାଛୁଆ କେହି ନ ଥାନ୍ତି। ତାଙ୍କ ସ୍ତ୍ରୀ ଯେମିତି ଏ କଥା ଶୁଣିଛନ୍ତି – ମାନେ ତୁ' ତାଙ୍କ ଘରଟା ମାଗୁଛୁ ବୋଲି – କୁଆଡ଼େ ତୋ' ବାପାଙ୍କୁ କହିଥିଲେ ତତେ ଧରମପୁଅ କରିନେବେ।

ଅଭି : ମତେ ଦେଇ ଦେଲନି ? ଅନ୍ତତ ଆଜି ତ ଏମିତି ଆଉ ଖାଇବାକୁ ନ ପାଇ, ପିନ୍ଧିବାକୁ ନ ପାଇ, ତମମାନଙ୍କଠାରୁ କୁକୁର ବୋଲି ଡାକଟା ଶୁଣୁ ନ ଥାନ୍ତି !

ମାଳତୀ : ସେତେବେଳେ ତୁ ଥିଲୁ ଏକୋଇରବଳା।

ଅଭି : ଆଜିଭଳି ଘରେ ଆଠଟା ଥିଲେ ମତେ ଦେଇ ଦେଇଥାନ୍ତ ?

ମାଳତୀ : କାହିଁକି ମ ? ମୋ' ଘରେ ଆଠଟା ହେଲେ କି ଦଶଟା ହେଲେ – ଆମେ କାହା ପାଖରେ ହାତ ପତେଇ ମାଗି ଯାଉନୁ ତ !

ଅଭି : ତା' ମାନେ– ଏଇଟା କୁକୁର ଆଉ ଗାଈର କାହାଣୀ। ତମେମାନେ ମତେ ଗଣ୍ଡେ ଭଲଭାବେ ଖାଇବାକୁ ଦେଇ ପାରିବନି, ପିନ୍ଧିବା ପାଇଁ ଭଲ ଲୁଗା

ଖଣ୍ଡେ ଦେଇ ପାରିବିନି– କିମ୍ବା ଧନୀ ଲୋକଟିଏ ମତେ ପୋଷିବା ପାଇଁ ଚାହିଁଲେ ବି ଛାଡ଼ିବ ନାହିଁ।

ମାଳତୀ : ଖାଲି ଏମିତି ଗୁଡ଼ାଏ କହୁଥିବୁ ନା ଖାଇବାକୁ ଆସିବୁ ?

ଅଭି : ତୁ ମତେ କହ ଆଉ କୋଉଥିପାଇଁ ମୁଁ କାନ୍ଦୁଥିଲି ?

ମାଳତୀ : ଓ ! ପିଲାବେଳେ ଯେମିତି – ଆଜିବି ସେମିତି ଅଝଟ।

ଅଭି : କିନ୍ତୁ ତୁ' କହିଲୁ ଯେ – ପିଲାଦିନେ ମୁଁ କାନ୍ଦୁଥିଲି ବୋଲି ?

ମାଳତୀ :ତିନିଚକିଆ ସାଇକେଲ ଗୋଟାଏ କାହାର ଦେଖି ଆସି ଘରେ ଯୋଉ ହଇରାଣ କଲୁ !

ଅଭି : ଆଶ୍ଚର୍ଯ୍ୟ ! ମୁଁ ଖାଲି ମାଗୁଥିଲି ଆଉ ତମେ ଦେଉ ନ ଥିଲ ବୋଲି କାନ୍ଦୁଥିଲି ?

ମାଳତୀ : ହଁ ... ତ।

ଅଭି : ତିନି ବର୍ଷର ଛୁଆଟା ତମକୁ ମାଗୁଥିଲା, ଅଥଚ ତମେ ବାପା ମା' ହେଇ ତାକୁ କିଛି ଦେଇପାରୁ ନ ଥିଲ ? ମୋର ତମମାନଙ୍କ ପ୍ରତି ...

ମାଳତୀ : ହଁ। ଶ୍ରଦ୍ଧା ନାଇଁ ବୋଲି ମୁଁ ଜାଣିଚି।

ଅଭି : ସମ୍ମାନ ମଧ୍ୟ ନାଇଁ।

ମାଳତୀ : ମୁଁ ଜାଣିଥିଲି। ମୁଣ୍ଡକୁ ହାତ ପାଇଗଲେ ସମସ୍ତେ ଏମିତି ଦେଇଯାଆନ୍ତି ବୋଲି।

ଅଭି : ଶ୍ରଦ୍ଧା ଆଉ ସମ୍ମାନ କୁଆଡୁ ଆସିବ ? ଦି' ବର୍ଷର ଛୁଆଟା ତମକୁ କିଛି ମାଗି କାନ୍ଦୁଥିଲା – ଅଥଚ ତମେ ମାନେ ...

ମାଳତୀ : କାନ୍ଦୁଥିଲା ବେଳେ ତତେ କିଏ ତଳେ ତ ଗଡ଼େଇ ଦେଇ ନାହାନ୍ତି ! ବାପା କାଖେଇ ପକାନ୍ତି; ଚୁମା ଦିଅନ୍ତି – ଗେଲ କରି ଦିଅନ୍ତି – ଆଉ ମୁଁ କ୍ଷୀର ଖୁଆଇ ଦିଏ ...

ଅଭି : (ଚିତ୍କାର କରି) ନା ତମମାନଙ୍କର କୌଣସି ଅଧିକାର ନ ଥିଲା ମତେ ଚୁମା ଦେବା ପାଇଁ କ୍ଷୀର ଖୁଆଇବା ପାଇଁ ... you are all sadists!

ମାଳତୀ : ସବୁବେଳେ ଏମିତି କଟର କଟର ହ' ନାରେ ଅଭି ! ପାଗଳ ହେଇଯିବୁ।

ଅଭି : ତମେ ସବୁ ମତେ ପାଗଳ କରିଦେବ।

ମାଳତୀ : ତୁ' ପିଲାଦିନୁ ଏମିତି ପାଗଳ ଥିଲୁ।

ଅଭି : ପିଲାଦିନେ କାନ୍ଦିବାଟା ପାଗଳାମି ନୁହେଁ। କିନ୍ତୁ ମୁଁ ଯାହା ମାଗୁଥିଲି

ତାହା ନ ଦେଇ ତମେମାନେ ଖାଲି ଚୁମା ଦେଲ ଆଉ ସ୍ନେହ ଦେଲ। ମତେ ସ୍ନେହ ଦେଇ ଦେଇ ଅନ୍ଧ କରି ପକେଇଲ। ଅଥର୍ବ କରିପକେଇଲ, କିମ୍ବା ମତେ ଚୁମା ଦେବା ପାଇଁ ତମକୁ ଭଲ ଲାଗୁଥିଲା ବୋଲି ତମେ ସବୁ ଜାଣି ଜାଣି ମତେ କନ୍ଦାଉଥିଲ, ଆଉ ତା'ପରେ କାଖେଇ ଚୁମା ଦେଉଥିଲ।

ମାଳତୀ : ହଉ ହେଲା, ଆମେ ଜାଣି ଜାଣି ତତେ କନ୍ଦାଉଥିଲୁ। ସେଇଠୁ କ'ଣ ହୋଇଗଲା! ଏବେ ତ ତୁ' ଆଉ କାନ୍ଦୁନୁ କି ଆମେ ଆଉ କନ୍ଦାଉନୁ ତତେ!

ଅଭି : (ହସିଚି) ଦୁନିଆରେ ଅନେକ ସାଙ୍ଗ, ଅନେକ ବନ୍ଧୁଙ୍କୁ ଚିହ୍ନି ହେଲା। କେବଳ ବାପା ମା ହେଇ ତମେ ଦି'ଜଣ ମୋର ଅଚିହ୍ନା ରହିଗଲ।

ମାଳତୀ : ହଉ ତୋ' କଥା ମାନିଲି, ଆ - ଖାଇବୁ। ଘଡ଼ି ଦେଖିଲୁ କେତେଟା ବାଜିଲା!

ଅଭି : ବାରଟା

ମାଳତୀ : ଚାକିରି କଥା ନେଇ କାହା ପାଖକୁ ଯିବୁ ବୋଲି କହୁଥିଲୁ ଯେ?

ଅଭି : ହଁ ଯିବି।

ମାଳତୀ : କାହା ପାଖକୁ?

ଅଭି : ମନ୍ଦାକିନୀ ପାଖକୁ।

ମାଳତୀ : ମନ୍ଦାକିନୀ କିଏ?

ଅଭି : ମୋ' ସାଙ୍ଗରେ ପଢୁଥିଲା, ବର୍ତ୍ତମାନ ଜଣେ ବଡ଼ ରାଜନୀତିକ ନେତ୍ରୀ।

ମାଳତୀ : ଓ ... ହଁ ତାକୁ ତାଙ୍କ ଘରୁ ବାହାର କରି ଦେଇଛନ୍ତି ନା?

ଅଭି : ଏମିତି ଘୃଣାରେ ନାକ ଟେକିଲୁ ଯେ? ତା' ପାଖକୁ ଗଲେ ତ ଯାଇ ଚାକିରିଟା ହେବ। ବଡ଼ ବଡ଼ ଅଫିସର ସବୁ ଚିହ୍ନା ତା'ର।

ମାଳତୀ : ଥାଉ, ଚିହ୍ନା ଥିଲେ ଥିବେ ପଛେ - ମୋର କ'ଣ ଗଲା ସେଥିରୁ?

ଅଭି : ତା' ବୋଲି ତାକୁ ତୁ ଘୃଣା କରିବୁ ଆଉ ତୋ' ଝିଅଟା କ'ଣ କରୁଛି?

ମାଳତୀ : ଯା - ଯା - ରେ! ମୋ' ଝିଅ ଆଉ ସେ ପଦରବୁଲୀ ମନ୍ଦାକିନୀ! କାହିଁ ରାଣୀ - କାଇଁ ଚନ୍ଦରକାଣୀ !!

(କିଛି ସମୟ ନିରବତା)

ଅଭି : ବୋଉ!

ମାଳତୀ : ଆ - ଖାଇବୁ!

ଅଭି : ମୁଁ ଚାକିରି କଲେ ଘରର ସବୁ ଅସୁବିଧା ଦୂର ହେଇଯିବ ?

ମାଳତୀ : ଅନ୍ତତ ଆମେ ଭଲ ଗଣ୍ଡେ ଖାଇ ପାରିବା ।

ଅଭି : ମୋ' ଚାକିରିଟା ହେଇଗଲେ ତୁ' ବାପାଙ୍କୁ କହିବୁ ବୋଉ ଜୁଲି ଦିଦି ଆଉ ଚାକିରି ନ କରେ ଯେମିତି, ଚାକିରି କରିବାରୁ ତା ନାଁରେ ହଜାର ଅପବାଦ, ଘରେ ଅଛ ବୋଲି ତମେ ସବୁ ଜାଣିପାରୁନା କିଛି । ହେଲେ ସାଙ୍ଗମାନେ ମତେ-

ମାଳତୀ : ବାପା କ'ଣ ରାଜି ହେବେ ? କହିବେ ଘରେ ରହିଲେ ଝିଅର ମୁଣ୍ଡ ଖରାପ ହେଇଯିବ, ବରଂ ବିବାହ କଲା ପର୍ଯ୍ୟନ୍ତ ଚାକିରି କରୁ ।

ଅଭି : ଜୁଲି ଦିଦି ଆଉ ବିବାହ କରିପାରିବ ବୋଲି ତୋର ବିଶ୍ୱାସ ଅଛି ?

ମାଳତୀ : (ନୀରବତା ପରେ) ଉଁ ?

ଅଭି : ମୁଁ ଜାଣୁଚି ବୋଉ ମୁଁ ବେକାର । ଏ ଘରେ ଘୃଣ୍ୟ, ଘର ସମ୍ପର୍କରେ ମୋର କିଛି କହିବାର ଅଧିକାର ନାହିଁ । ମୁଁ ଏ ଘରର ବୋଝ, ଘରେ ବସି ବସି ଗଣ୍ଡଗୋଳ କରୁଛି । କିନ୍ତୁ ତୁ' ଯା' କହ - ଜୁଲି ଲାଗି ମୁଁ ରାସ୍ତାରେ ମୁଣ୍ଡଟେକି ଚାଲିପାରୁନି ।

ମାଳତୀ : ତୁ' ପାଠ ପଢ଼ିଚୁ ଅଭି । ତତେ ଆଉ ବୁଝେଇବି କ'ଣ ?

ଅଭି : କାନ୍ଥ ବାଡ଼ରେ ତା ନାଁରେ ଲେଖା ହେଇଚି ।

ମାଳତୀ : ବାପାଙ୍କ ଅଫିସରେ ଯୋଉ ସୁନନ୍ଦବାବୁ ଆଉ ମାଧବବାବୁ ଅଛନ୍ତି ତାଙ୍କ ଝିଅମାନେ ତ ପୁଣି ଚାକିରି କରୁଛନ୍ତି ।

ଅଭି : ମୁଁ ଖୋଦ ଆଖିରେ ଦେଖିଛି, ସମରେନ୍ଦ୍ର ସାଙ୍ଗରେ ...

ମାଳତୀ : ସେମିତି କହିବୁ ନି ବାପା - ତା' ଭାଗ୍ୟରେ ଥିଲେ ସମରେନ୍ଦ୍ର ହିଁ ତାକୁ ବାହା ହେବ ।

ଅଭି : ଜୁଲି ଦିଦି ହାରିଯିବ ।

ମାଳତୀ : ତୋର ସେଥିରେ ମୁଣ୍ଡ ଖେଳେଇବା ଦରକାର ନାହିଁ । ଖାଇ ଦେଇ କୁଆଡ଼େ ଯିବୁ ଯଦି ଯା' -

ଅଭି : ହଁ, ତୁ ବୋଧହୁଏ ଠିକ୍ କହୁଚୁ ।

ମାଳତୀ : ଏତେ ଭୁଲ୍ ଆଉ ଠିକ୍ ବିଚାର କଲେ ଚଳିବନି ସଂସାର ।

ଅଭି : ପଚାଶ ବର୍ଷର ବୁଢ଼ୀ ହେଇ ତୁ Permissive ହେଇପାରୁଚୁ ଅଥଚ ମୁଁ... (କିଛି ସମୟ ଚୁପ୍ ରହି) ଆଚ୍ଛା ବୋଉ, ମୁଁ ମନ୍ଦାକିନୀକୁ ବାହା ହେବି ?

ମାଳତୀ : (ଚମକିଲା ଭଳି) କ'ଣ କହିଲୁ ?

ଅଭି : (ସୁସ୍ଥଭାବେ) ମୁଁ ଟିକିଏ ଆଗରୁ ଯୋଉ ମନ୍ଦାକିନୀ କଥା କହୁଥିଲି, ତାକୁ ବାହାହେଲେ କେମିତି ହୁଅନ୍ତା ? ତା'ର ଅନେକ ଟଙ୍କା ଅଛି। ସମାଜରେ ସମ୍ମାନ ଅଛି। ସେ ମୋ ପାଇଁ ଭଲ ଚାକିରି ଖଣ୍ଡେ ମଧ୍ୟ ଯୋଗାଡ଼ କରି ଦେଇପାରିବ।

ମାଳତୀ : ମନ୍ଦାକିନୀ ମୋର ବୋହୂ ହେବ ?

ଅଭି : ତୁ' ତା'ର ଶାଶୂ ହୋଇପାରିବୁ ?

ମାଳତୀ : ମତେ ସିଏ ଖାତିର୍ କରିବ ?

ଅଭି : ଖାତିରରୁ କ'ଣ ମିଳିବ ? ତୋ' ବାବୁଲି ପାଇଁ ଔଷଧ ଆସିବ। ବାପାଙ୍କ ପାଇଁ ଭଲ ଇଲିଶି ମାଛ ଆଉ ତୋ' ପାଇଁ ଗହଣା ... ପୁଣି ଥରେ ପିଲାମାନଙ୍କର ସ୍କୁଲରେ ନାଁ ଲେଖା ହୋଇପାରିବ।

ମାଳତୀ : କକା, ଖୁଡ଼ି, ମଉସା ସବୁ କ'ଣ କହିବେ ?

ଅଭି : ବର୍ତ୍ତମାନ କ'ଣ କହୁଛନ୍ତି ?

ମାଳତୀ : ଆମେ ଯେତେ ଗରିବ ହେଲେ ବି ସେମାନଙ୍କର ଆମ ପ୍ରତି ସମ୍ମାନ ଅଛି।

ଅଭି : ମରୁଭୂମିରେ ଗୋଟିଏ ପ୍ରକାର ପକ୍ଷୀ ଥାଆନ୍ତି; ବାଲି ଝଡ଼ କିମ୍ବା ଶତ୍ରୁ ଆକ୍ରମଣ କଲେ ମୁଣ୍ଡଟାକୁ ସେମାନେ ବାଲି ଭିତରେ ପୂରେଇ ଦେଇ ଭାବନ୍ତି ତାଙ୍କୁ କେହି ଦେଖିପାରୁ ନାହାନ୍ତି।

ମାଳତୀ : (ବିରକ୍ତ ହୋଇ) ଓ ! ତୋ'ର ଯାହା ଇଚ୍ଛା ହେଉଛି କର ନ ହେଲେ ମର, କିଛି ନ ହେଲେ ଆସି ମୋ' ମୁଣ୍ଡଟାକୁ ଚୋବେଇ ଖାଅନା ଏମିତି –

ଅଭି : ଜୁଲିର ନାଁ ଉଠେଇଲେ ତୁ ରାଗିବୁ ବୋଲି ମୁଁ ଜାଣେ –

ମାଳତୀ : ନାଇଁ – ଜୁଲି ତ ତୋର ଶତ୍ରୁ।

ଅଭି : ଯେମିତି ମୁଁ ତୋର, ବାପାଙ୍କର ଆଉ ଜୁଲିର ?

ମାଳତୀ : ଘରେ ବସି ବସି ତୋ ମୁଣ୍ଡରେ ପିଶାଚ ଚଢିଲାଣି !

ଅଭି : ଜନ୍ମରୁ ମୁଁ ପିଶାଚ – ଏଇ କଥା ତୁ' ଟିକିଏ ଆଗରୁ କହିଥିଲୁ।

ମାଳତୀ : ବେକାର ହେଇ ବସିବା ଦିନରୁ ତୁ ହୀନ ହୋଇଯାଇଛୁ କଦର୍ଯ୍ୟ ହେଇଯାଇଛୁ।

ଅଭି : ମୋ' ଆଖିରେ ତମେମାନେ ମଧ୍ୟ ହୀନ।

ମାଳତୀ : ଜୁଲି ଘରକୁ ଦି' ପଇସା ଆଣିପାରୁଚି ବୋଲି ତା' ଉପରେ ତୋର ଈର୍ଷା।

ଅଭି : ମୁଁ ମନ୍ଦାକିନୀକୁ ବିବାହ କଲେ ତମମାନଙ୍କର ଅବହେଳା ହେଇପାରେ ବୋଲି ତୁ' ଯେମିତି ମନ୍ତବ୍ୟ ଦେଲୁ?

ମାଳତୀ : ଅଭି !!

ଅଭି : ମୁଁ ସୁଖରେ ରହିବାର ସମ୍ଭାବନାଟା ତତେ ଭଲ ଲାଗୁନି।

ମାଳତୀ : (ରାଗିଯାଇ) ଅଭି!!

ଅଭି : ତୋର ଶାସନ କରିବା ଦରକାର ନାଇଁ ବୋଉ। ମତେ ଶାସନ କରିବା ପାଇଁ ତୋ'ର ରୋଜଗାରିଆ ଝିଅ ଅଛି।

ମାଳତୀ : ସିଏ ତୋର ବଡ଼ ଭଉଣୀ !!

ଅଭି : ସେଥିପାଇଁ କାଲି ରାତି ବାରଟାରେ ସମରେନ୍ଦ୍ର ସାଙ୍ଗରେ ବୁଲି ବୁଲି ଆସି ଆପତ୍ତି କରିଥିବା ଯୋଗୁଁ ତା'ର ବେକାରିଆ ସାନଭାଇ ଅଭିଜିତ୍ ଗାଲରେ ଶକ୍ତ ଚାପୁଡ଼ାଟେ ମାଇଲା ଏବଂ ତାକୁ ତମେ ଦୁହେଁ ସମର୍ଥନ କଲ ?

ମାଳତୀ : ଠିକ୍ ହେଇଚି (ରାଗରେ ଫୁଲି ଉଠୁଥାଏ ସେ।)

ଅଭି : ଠିକ୍ ହେଇନି। ମା' ହିସାବରେ ଶାସନ କରିପାରୁନୁ ବୋଲି ମତେ ତା' ହାତରେ ମାଡ଼ ଖୁଆଉଛୁ।

ମାଳତୀ : କ'ଣ କ୍ଷତି ହେଇଗଲା ସେଇଠୁ? ତୋ'ର ତ ବାପ ମା' ଭଉଣୀ ପ୍ରତି ସମ୍ମାନ ନାଇଁ।

ଅଭି : ତମେମାନେ ବାପ-ମା' ହେବା ପାଇଁ ଯୋଗ୍ୟ ନୁହେଁ!

ମାଳତୀ : ତୋ' ଲାଗି ଆମର ସବୁ ଅଶାନ୍ତି – ଏ ଘରୁ ତୁ' ଶୀଘ୍ର ଯାଆନ୍ତୁ ଭଲା!!

ଅଭି : ମୁଁ ରାମାୟଣର ଶ୍ରବଣ କୁମାର ନୁହେଁ ଯେ ତମେ ଦି'ଜଣ ଅଥର୍ବଙ୍କୁ କାନ୍ଧରେ ବସେଇ ତୀର୍ଥ ବୁଲିଯିବି।

ମାଳତୀ : ଆମେ କ'ଣ ଅନ୍ଧ? ହାତଗୋଡ଼ କ'ଣ ଆମର ଚଳୁନି? ତୋ' ବାପ କ'ଣ ଘରେ ବସିଚି? ନିତି ନିତି ଏ ବଜାର ଦରରେ ଭାତ, ଡାଲି ଖାଉଚୁ କେମିତି?

ଅଭି : ସେଇଟା ତମମାନଙ୍କର ସାମାଜିକ ଦାୟିତ୍ୱ।

ମାଳତୀ : ଆଉ ତୋର ନିଜର କିଛି ଦାୟିତ୍ୱ ନାହିଁ?

ଅଭି	:	ଅଛି, ମୁଁ ସେଥିପାଇଁ ଚିନ୍ତିତ।
ମାଲତୀ	:	ଖାଲି ଚିନ୍ତା କରୁଛୁ ନା କିଛି କରୁଛୁ ମ ? (ଖତେଇ ହେଲା ଭଳି)
ଅଭି	:	କରିବି... ମୁଁ ହେବି ଏ ଅଗ୍ନିଯୁଗର ନାୟକ। ମୁଁ ଅଭିଜିତ୍... ବୟସ ୨୪। ମୋର ଅନ୍ୟନାମ ନଚିକେତା। ମୋର ଅନ୍ୟନାମ ଅନ୍ୱେଷଣ... ମୁଁ ତୁମ ଚୁମ୍ବନ ଆଉ ସ୍ନେହଠାରୁ ଅନେକ ଦୂରରେ ... ମୁଁ ତମ ଛଳନା ଆଉ ପରାଜୟଠାରୁ ଆହୁରି ଆଗରେ ... ମୁଁ ତୁମ ହତାଶା ଓ ଯନ୍ତ୍ରଣାଠାରୁ ଅନେକ ଉଚ୍ଚରେ ! ତମମାନଙ୍କୁ ମୁଁ ହତ୍ୟା କରିବି ... ଭାଙ୍ଗିବି।
ମାଲତୀ	:	(ଡରିଯାଇ) ଅଭି ! ତୋର ଆଖିଗୁଡ଼ାକ ଏମିତି ନାଲ ହେଇଯାଉଛି କାହିଁକି ?
ଅଭି	:	ମୁଁ ସୂର୍ଯ୍ୟକୁ ଗିଳିବି। ସମୁଦ୍ରକୁ ପିଇବି।
ମାଲତୀ	:	ତୋ' ଦେହଟା ଏମିତି ଥରୁଛି କାହିଁକି ?
ଅଭି	:	ମୁଁ ଜନ୍ମରୁ ପିଶାଚ ଥିଲି। ବର୍ତ୍ତମାନ ମଧ୍ୟ।
ମାଲତୀ	:	ହେ ଭଗବାନ୍ ?
ଅଭି	:	ମୁଁ ଭଗବାନ୍‌ଙ୍କ ଭଳି ଏକ ମହୁମିଶା ଦୁଧକୁ ବିଶ୍ୱାସ କରେନା।
ମାଲତୀ	:	ହେ ଭଗବାନ୍। ମୋ ପୁଅର କ'ଣ ହୋଇଗଲା ?
ଅଭି	:	କହ ବୋଉ ! ମୋର କ'ଣ ହୋଇଗଲା ?
ମାଲତୀ	:	ମୋ ଧନଟା ... ମୋ' ସୁନାଟା କ'ଣ ହେଇଚି ତୋର ?
ଅଭି	:	କହ ମୋର କ'ଣ ହେଇଚି ? କାଇଁକି ମୁଁ ଭଗବାନଙ୍କୁ ହତ୍ୟା କଲି ?
ମାଲତୀ	:	ହେ ଭଗବାନ୍ ! ... (କାନ୍ଦିଲେ)
ଅଭି	:	(ଚିତ୍କାର କରି) କହ ବୋଉ, ମୁଁ କାଇଁକି ଏମିତି ଜଳୁଚି ?
ମାଲତୀ	:	ହେ ଭଗବାନ୍ ! ହେ ମା' ମଙ୍ଗଳା ! ମୋ' ଅଭିର କ'ଣ ହେଇଗଲା ?
ଅଭି	:	କାହିଁକି କାହାକୁ ନ କହି ମୁଁ ଏମିତି କାନ୍ଦୁଛି ... ଏବଂ କାହିଁକି ମୋ ସ୍ୱର ଆଉ ଚିତ୍କାର ବାହାରକୁ ଶୁଭୁନି !
ମାଲତୀ	:	ତୁ' ମୋର ସବୁବେଳେ ଏମିତି ଅଝଟିଆ। ସବୁବେଳେ ଏମିତି ଅଭି।
ଅଭି	:	ଏମିତି ଅଳି କରି କରି ମୁଁ ଇଉଫ୍ରେଟିସ୍ ଉପତ୍ୟକାରେ କାନ୍ଦୁଥିଲି।
ମାଲତୀ	:	ତୁ' ଯେତେବେଳେ ଜନ୍ମ ନେଲୁ - କାନ୍ଦି କାନ୍ଦି ଘର ଫଟେଇ ଦେଇଥିଲୁ।

ଅଭି : ତା' ପରେ ମୁଁ କାନ୍ଦିଥିଲି ରାମାୟଣର ପ୍ରଥମ ଶ୍ଲୋକରେ... ଲୁହର ଅକ୍ଷରରେ ମୁଁ ମହାକାବ୍ୟ।

ମାଳତୀ : ବାପା ଅଫିସରୁ ଡେରିରେ ଫେରିଲେ ମତେ ପ୍ରଶ୍ନ ପଚାରି ପଚାରି ରନ୍ଧେଇ ଦେଉ ନ ଥିଲୁ। ଦିନେ ଦିନେ ତତେ ନ କାଖେଇଲେ ଚୁଲି ଭିତରକୁ ପଶିଯିବା ପାଇଁ ହାମୁଡ଼ି ଯାଉଥିଲୁ।

ଅଭି : ତା'ପରେ ମୁଁ ଯାଇଥିଲି ଯମରାଜାଙ୍କ ଦରବାରକୁ। ମୁଁ ସେଇଠି ଅନଶନ କଲି। ମୃତ୍ୟୁର ରହସ୍ୟ ଜିଜ୍ଞାସା କଲି।

ମାଳତୀ : ତୁ ଟିକିଏ ଶୋଇପଡ଼ ବାପା ... ନ ହେଲେ ...

ଅଭି : ମୁଁ ଯଦି ପାଗଳ ହୋଇପାରନ୍ତି ... ବୋମାଟିଏ ହେଇ ଭିଏତ୍‌ନାମରେ ଫୁଟି ପାରନ୍ତି।

ମାଳତୀ : ଦିନେ ଦୀପାବଳୀ ଅମାବାସ୍ୟାରେ ବାଣ ଫୁଟେଇ ତୋ' ହାତ ପୋଡ଼ିଯାଇଥିଲା।

ଅଭି : ମୁଁ ଅମୃତର ସନ୍ତାନ। ପୃଥିବୀ ମୋ ପାଇଁ ଅମାବାସ୍ୟା ନୁହେଁ।

ମାଳତୀ : ତୁ ମୋର ଅତି ଆପଣାର ପୁଅ - ବଡ଼ ପୁଅ ମୋ'ର!

ଅଭି : ମୁଁ ସ୍ନେହ ଚାହେଁନା - ଚାହେଁନା କ୍ରୁଶବିଦ୍ଧ ହେବା ପାଇଁ।

ମାଳତୀ : ବୁଢା କାଳରେ ତୁ ଆମର ଭରସା ଅଭି। ତୁ' ଭଲରେ ରହ। ଯାହା ଚାହିଁଲେ ତାହା ଦେବି।

ଅଭି : ମୁଁ କାହାରି ସ୍ନେହ ଆଉ ମମତା ସହିପାରେନା। କେବଳ ଯନ୍ତ୍ରଣା ସହେ।

(କିଛି ସମୟ ମାଳତୀ ଅଭିର ଭୈରବ ରୂପକୁ ଦେଖି ଭାବିଲେ। ହଠାତ୍...)

ମାଳତୀ : ଅନେକ ଦିନ ହେଲା ତେଲ ନ ଲଗେଇ ତୋ ମୁଣ୍ଡଟା ଗରମ ହେଇଯାଇଛି ଅଭି। କି ନିଆଁ ଲଗା ଯୁଗ ଆଇଲା, ଏମାନେ ସବୁ ତେଲ ଲଗେଇବା ଛାଡ଼ିଦେଲେ।

ଅଭି : ଓ! ମୋ' ଆଗରେ କିଏ ପାଟି କରନି କହୁଚି।

ମାଳତୀ : (ବିବ୍ରତ ହୋଇ) କିଏ ଅଛରେ ସେ ଘରେ! ଲିଜି, ମିଜି, ବୁଲି, ଟଲି, ମିଲି, ସିଲି ଡାଳେ ପାଣି ଆଣିବୁଟି - ତୋ' ଭାଇର ମୁଣ୍ଡ ଖରାପ ହୋଇଗଲା।

ଅଭି : ତମେ ସବୁ ମୋ ମୁଣ୍ଡ ଖରାପ କରିଦେଉଚ।

ମାଳତୀ	:	(ନିଜେ ଯାଇ, ପାଣି ଆଣି) ଆଜି ଯଦି ବାଲ୍‌ଟିଏ ପାଣି ତୋ ମୁଣ୍ଡରେ ନ ଢାଳିଚି।
ଅଭି	:	ଓ ! ମୋ' ମୁଣ୍ଡରେ ପାଣିଗୁଡ଼ାକ ଇମିତି ...
ମାଳତୀ	:	ଗେଲ ଲାଗିଚି ନାଇଁ ଏଇଠି ... ? ଖରାରେ ବୁଲି ବୁଲି (ଆହୁରି ପାଣି ଢାଳିଲେ)
ଅଭି	:	(କ୍ଲାନ୍ତ ହୋଇ) ଓ। ମୋର କ'ଣ ହୋଇଥିଲା ବୋଉ ?
ମାଳତୀ	:	ନିଆଁ ପାଉଁଶ ହେଇଥିଲା ! ଦିହଟା ମୋର ଭଲ ରହୁନି ବୋଲି ତମମାନଙ୍କର ହେପାଜତ ନେଇ ପାରୁନି। ତା' ବୋଲି ମୁଣ୍ଡରେ ତେଲ ଟିକିଏ ଲଗଉନ ତମେ ସବୁ ! ଲିଲି ... ସେ ରାଶିତେଲ ଶିଶିଟା ଆଣିଲୁ !
ଅଭି	:	ଓ ! ହଠାତ୍ ଏ ଅତ୍ୟାଚାର -
ମାଳତୀ	:	କରିବିନି ? ପଚାରିଲେ କହୁଚି କ'ଣ ନା' ମତେ ଚବିଶି ବରଷ ହେଇଗଲା। ହେଲେ ହେଇଥିବ ... ଦାଣ୍ଡରେ ସିନା ତୁ ବାଇଶି ଚବିଶି ବର୍ଷର ଭେଣ୍ଡା ହେଇଗଲୁ ଯେ ମୁଣ୍ଡକୁ ହାତ ପାଇଗଲା ତୋର ! ମୋ' ପାଖରେ ତୁ ଯୋଉ ପିଲାକୁ ସେଇ ପିଲା-
ଅଭି	:	ଆରେ - ଏଇ - ଅବେଳଟାରେ -
ମାଳତୀ	:	କିଛି ଶୁଣିବିନି। ଆଜି ପୋଷେ ତେଲ ତୋ' ମୁଣ୍ଡରେ ମାଖିବି, ମୁଣ୍ଡ ଧୋଇ ଲେମ୍ବୁ ଲଗେଇ ଗାଧେଇବୁ, ଖାଇ ଦେଇ ଟିକିଏ ଶୋଇବୁ; ତା'ପରେ ଯାଇ ଯୋଉ କଥା-
ଅଭି	:	ଆହା ହା - ବାଳଗୁଡ଼ାକ ନଷ୍ଟ ହୋଇଗଲା ମୋର !
ମାଳତୀ	:	ମୁଣ୍ଡ ଆଉ ଭରମି ଯାଉଚି କାହିଁକି ? ଘରେ ଯେତେବେଳେ ଦେଖ ଖାଲି ଚିଡ଼ି ଚିଡ଼ି ହେଉଚି। ଯାକୁ ମାର - ତାକୁ ପିଟ - ଚାଲିଚି। ଅସଲ କଥା ଏଣେ ରହିଲାଣି ମାଲପା ଠେଇଁ !
ଅଭି	:	ତା' ବୋଲି ମୁଣ୍ଡଟାକୁ ମୋର -
ମାଳତୀ	:	ଚାଲ ଗାଧୁଆ ଘରକୁ। ଲିଲି ! ଲେମ୍ବୁଟାଏ ଦି'ଫାଳ କରି ଆଣିଲୁ।
ଅଭି	:	ବୋଉ !! - (ନରମି ଯାଇ)
ମାଳତୀ	:	(ଆଦେଶ କଲାଭଳି) ଚାଲ, ମୁଁ କହୁଚି...

ଉଡନ୍ତା ପାହାଡ଼ର ଦର୍ଜା

ନାଟକର ଚରିତ୍ରମାନେ

ମାଲିକ ଓ ଭୃତ୍ୟ

ଉଡନ୍ତା ପାହାଡ଼ର ଦର୍ଜା

ସ୍ଥାନ : ପୃଥିବୀ, କାଳ: ଆବହମାନ

ପାତ୍ର : ଦୁଇଜଣ ମଣିଷ ଯେଉଁମାନେ ପରସ୍ପରକୁ ମାଲିକ ଓ ଭୃତ୍ୟ ବୋଲି ମନେକରନ୍ତି। ପ୍ରଥମ ଦୃଶ୍ୟର ଭୃତ୍ୟ ଦ୍ୱିତୀୟ ଦୃଶ୍ୟର ମାଲିକ ଏବଂ ପ୍ରଥମ ଦୃଶ୍ୟର ମାଲିକ ଦ୍ୱିତୀୟ ଦୃଶ୍ୟର ଭୃତ୍ୟ ରୂପେ ଅଭିନୟ କରିବେ।

ପ୍ରଥମ ଦୃଶ୍ୟ

ମଞ୍ଚର ଅନ୍ଧକାର ଭିତରେ ଟେନାଏ ଫିକା ସବୁଜ ଆଲୁଅ। ପାହାଡ଼, ଝରଣା ଓ ପଶୁପକ୍ଷୀଙ୍କର କିଚିରିମିଚିରି। ପଶୁଙ୍କର ଗର୍ଜନ। ମୋଟ ଉପରେ ଏକ ଆଦିମ ପ୍ରାକୃତିକ ପରିବେଶର ସୂଚନା ମିଳିବା ଉଚିତ। ତା'ରି ଭିତରେ ମୋଟା ହୋଇ, ଗେଡ଼ା ହେଇ ମଣିଷଟିଏ ଆସିଚି। କେତେବେଳେ ଚତୁଷ୍ପଦ ପଶୁଙ୍କ ଭଳି, କେତେବେଳେ ଆଣ୍ଠୁରେ ଏବଂ କେତେବେଳେ ଠିଆ ହୋଇ, କୁଦା ମାରି ଚାଲିବାର ପ୍ରୟାସ କରୁଚି, କିନ୍ତୁ ଚାଲି ପାରୁନାହିଁ। ବରଂ ତାକୁ ଚାଲିବାର ପୂର୍ବାବସ୍ଥା ବୋଲି କୁହାଯାଇପାରେ। ପରେ ପରେ ସେ ଚାଲିବା ପାଇଁ ସକ୍ଷମ ହୋଇଚି। ତାରି ଭିତରେ ବୁଲୁ ବୁଲୁ ସେ ଗୋଟାଏ ବର୍ଚ୍ଛା ମଧ୍ୟ ସଂଗ୍ରହ କରିଚି। ତାକୁ ନେଇ ବିଭିନ୍ନ ହିଂସ୍ରଜନ୍ତୁଙ୍କ ସହିତ ଯୁଦ୍ଧ କରିବାର ଅଭିନୟ କରିଚି।

ହଠାତ୍ ବିଜୁଳି ଓ ବର୍ଷା। ତୋଫାନ୍ କିମ୍ବା ମାଡ଼ିଆସୁଥିବା ସମୁଦ୍ରର ଗର୍ଜନ। ମଣିଷଟିର ମନରେ ଭୟ। ସେ ଆଉ ଯୁଦ୍ଧ କରିପାରୁନି; ବରଂ ଡରି ଯାଇଚି। ଠିକ୍ ସେତିକିବେଳେ ଗୋଟିଏ ବଜ୍ରପାତ ଏବଂ ସେ ମୂର୍ଚ୍ଛିତ ହୋଇ ତଳେ ପଡ଼ିଯାଇଚି। ମଞ୍ଚ କ୍ରମଶଃ ଅନ୍ଧାର।

କ୍ରମଶଃ ଗୋଟିଏ ଉଦିତ ସୂର୍ଯ୍ୟର ଲାଲ ଆଲୁଅ ଆକାଶକୁ ରକ୍ତବର୍ଣ୍ଣରେ ରଞ୍ଜିତ କରୁଛି।

ଆକାଶର ରଙ୍ଗ କ୍ରମେ ଫିକା ନୀଳ ଏବଂ ତା ଭିତରେ ଜହ୍ନ। ଦୂରରୁ ଗୋଟାଏ ପାହାଡ଼ି ବାଜା ଶୁଭୁଛି। ଲୋକଟି ସେଇ ପାହାଡ଼ି ବାଜାର ତାଳରେ ଉନ୍ମତ୍ତ ହୋଇ ନାଚିବା ଆରମ୍ଭ କରିବ। କ୍ରମେ ପାହାଡ଼ି ବାଜାର ତାଳ ଦ୍ରୁତତର ହେବ ଏବଂ ଉପର ମଞ୍ଚ ଡାହାଣପଟୁ ଆଉ ଏକ ବିରାଟକାୟ ଉଚ୍ଚତର ମଣିଷ ପ୍ରବେଶ କରିଚି। ସେ ଅପେକ୍ଷାକୃତ ଅଧିକ ହିଂସ୍ର। ତା'ର ହିଂସ୍ରତା ପ୍ରକାଶ ପାଇଚି ଗୁଡ଼ିଏ ଭାଷାହୀନ ଗର୍ଜନ ଭିତରେ। ସେ ଲମ୍ଫଦେଇ ପ୍ରଥମ ମଣିଷଟିକୁ ତଳେ ପକାଇ ଦେଇଛି। ତା'ର ହାତରୁ ଆହାର ଛଡ଼ାଇ ନେଇ ନିଜେ ଖାଇବା ଆରମ୍ଭ କରିଚି। ତଳେ ପଡ଼ିଥିବା ମଣିଷଟି ଉପରକୁ ଉଠିବାକୁ ଚେଷ୍ଟା କଲାବେଳେ ତାକୁ ଜଘନ୍ୟ ଭାବେ ମାଡ଼ ଦେଇଛି। ଲୋକଟି ଦଳିତ ନିଷ୍ପେଷିତ ହୋଇ କରୁଣ ଭାବେ ଗେଁ ଗେଁ ଗର୍ଜନ କରିଚି। ପୁଣି ମାଡ ! ଦଳିତ ଲୋକଟି ବର୍ତ୍ତମାନ ବଳିଷ୍ଠ ଲୋକଟିର ଗୋଡ଼କୁ ଜାବୁଡ଼ି ଧରିଚି। ଖାଦ୍ୟ ଛଡ଼ାଇ ନେଇଥିବା ଲୋକଟି ହିଂସ୍ରଭାବେ ହସିଉଠିଛି ଏବଂ ତାକୁ ସେମିତି ପକାଇ ଦେଇ ଚାଲିଯାଇଛି। ଅନ୍ଧାର।

ପୁଣି ଏକ ସକାଳର ସୂର୍ଯ୍ୟ। ସମଗ୍ର ମଞ୍ଚ ପୁଣି ଥରେ ଲାଲ୍। ଦୀର୍ଘକାୟ ଲୋକଟି ସୂର୍ଯ୍ୟକୁ ଚାହିଁ ଠିଆ ହୋଇଚି। ହାତରେ ଏକ ବର୍ଚ୍ଛା। ଉପର ମଞ୍ଚ କେନ୍ଦ୍ରସ୍ଥଳରୁ ନିମ୍ନ ମଞ୍ଚ କେନ୍ଦ୍ର ପର୍ଯ୍ୟନ୍ତ ପୁଣି ଏକ ସରଳରେଖାରେ ସେ ଫେରିଯାଉଚି। ଯେମିତି ଏ ପଦଚାରଣ ସଭ୍ୟତାର ଆରମ୍ଭରୁ ଏପର୍ଯ୍ୟନ୍ତ କ୍ରମାଗତ ଭାବେ ଚାଲିଚି। ଗୋଟିଏ ନିର୍ଦ୍ଦିଷ୍ଟ ସରଳରେଖାରେ ଲୋକଟି ଉପର ମଞ୍ଚର ଗୋଟିଏ ପଥର ଉପରେ ବସିଯାଇଚି। ଚାରିପଟକୁ ଚାହିଁ ଗୋଟିଏ ଶବ୍ଦକରି ସଙ୍କେତ ଦେଇଚି ଏବଂ ଉପରୋକ୍ତ ସେଇ ନିଷ୍ପେସିତ ଲୋକଟି ଆସି ପହଞ୍ଚିଯାଇଛି - ଯେମିତି ସେ ଗୋଟିଏ ଭୃତ୍ୟ। ସେ ସାଙ୍ଗରେ ଆଣିଥିବା ମାଂସ ଓ ଫଳ ଖାଇବାକୁ ଦେଇଚି ବଳିଷ୍ଠ ଲୋକଟିକୁ। ପୁଣି ସେ ଖାଇଲାବେଳେ ତା'ର ପାଦ ଘଷି ଦେଇଚି। କିନ୍ତୁ ନିଜର କ୍ଷୁଧାକୁ ଚାପି ରଖିପାରିନି। ସେଇଠୁ ଆରମ୍ଭ ତା'ର ଈର୍ଷା ଓ ପ୍ରତିହିଂସାର ପଦକ୍ଷେପ। ଏଣେ ବଳିଷ୍ଠ ଲୋକଟି ଭୃତ୍ୟକୁ କିଛି ନଦେଇ ମାଲିକ ଭଳି ସବୁ ଖାଦ୍ୟ ଖାଇଦେଇଛି ଏବଂ ଖାଇସାରି ଭୃତ୍ୟକୁ ଜଗୁଆଳ ହେବା ପାଇଁ ଇଙ୍ଗିତ ଦେଇ ସେଇ ପଥର ଉପରେ ମୁଣ୍ଡଦେଇ ଶୋଇଯାଇଛି। ଭୃତ୍ୟର ମନରେ କ୍ରମଶ ଏକ ଅସହିଷ୍ଣୁଭାବ ବଢିଯାଇଛି।

କିଛି ସମୟର ବ୍ୟବଧାନ-

ଆବହ ସଙ୍ଗୀତ କ୍ରମଶ ଦୁର୍ବଳ ଲୋକଟିର ମାନସିକ ଅବସ୍ଥାକୁ ପ୍ରତିଫଳିତ କରି ଗତି କରିବ।

ଦୀର୍ଘକାୟ ମାଲିକ ଘୁଙ୍ଗୁଡ଼ି ମାରି ନିଶ୍ଚିତ ଭାବେ ଶୋଇଛି।

ଗେଡ଼ା ଭୃତ୍ୟଟି ଚାରିପଟକୁ ଚାହିଁ ଶେଷରେ ସ୍ଥିର କରିନେଇଚି ଯେ ମାଲିକକୁ ହତ୍ୟା କରିବା ଉଚିତ। ଆସ୍ତେ ଆସ୍ତେ ବର୍ଚ୍ଛାଟି ମାଲିକର ଛାତି ଉପରକୁ ଉଠେଇଚି।

ମାଲିକ ସେମିତି ଶୋଇଥିବା ଅବସ୍ଥାରେ ମଶା ତଡ୍ଡୁ ତଡ୍ଡୁ କଡ଼ ଲେଉଟାଇ ପୁଣି ଶୋଇଚି। ଭୃତ୍ୟ ଟିକିଏ ଶଙ୍କିଯାଇଛି ଏବଂ ପୁଣି ପହରା ଦେବାରେ ଲାଗିଚି।

ଆଲୋକର ରଙ୍ଗ ବଦଳିବ। ବର୍ତ୍ତମାନ ତାହା ଫିକା ନୀଳ ରଙ୍ଗର ହେବ। ଚାରିପଟ ହିଂସ୍ରଜନ୍ତୁଙ୍କ ଗର୍ଜନ ସେମିତି ଶୁଭୁଥିବ। ମୋଟ ଉପରେ ରାତ୍ରିର ଏକ ନିର୍ଜନ ପ୍ରହରର ସୂଚନା ମିଳିବା ଉଚିତ। ବର୍ତ୍ତମାନ ମାଲିକର ଗାଢ ନିଦ୍ରା।

ଭୃତ୍ୟ ପୁଣି ଥରେ ହତ୍ୟା କରିବା ପାଇଁ ଉଦ୍ୟମ କରିଛି। ଏଇଥର ସେ କୃତକାର୍ଯ୍ୟ ହେଲା। ଆସ୍ତେ ଆସ୍ତେ ପାଖକୁ ଯାଇ ବର୍ଚ୍ଛା ଉଠାଇ ଭୁଷିବାର ଅଭିନୟ କରି ମାଲିକକୁ କ୍ଷତ ବିକ୍ଷତ କରିଛି। ମାଲିକର ଭୟଙ୍କର ଗର୍ଜନ ଓ ଆବହ ସଙ୍ଗୀତ ସେହିଭଳି ସମାନ୍ତରାଳ ଭାବରେ ଗତି କରିବ। ତା'ପରେ ଶାନ୍ତି। ଭୃତ୍ୟ ଆସି ଗୋଟିଏ ପଥର ଉପରେ ଠିଆ ହେଲା, ଠିକ୍ ଯେପରି ବିଜେତା ଖେଳାଳୀମାନେ ପ୍ଲାଟଫର୍ମ ଉପରେ ଠିଆ ହୋଇ ନିଜର ବିଜୟ ଘୋଷଣା କରନ୍ତି।

ଅନ୍ଧାର

ଦ୍ୱିତୀୟ ଦୃଶ୍ୟ

(ପୂର୍ବୋକ୍ତ ଦୃଶ୍ୟରେ ଥିବା ଦୁଇଜଣ ମଣିଷ ଠିକ୍ ସେମିତି ଠିଆ ହୋଇଛନ୍ତି, ଶୋଇଛନ୍ତି, ପରିବର୍ତ୍ତନ ଭିତରେ ସେମାନଙ୍କର ପୋଷାକ ଆଧୁନିକ ଏବଂ ସେମାନଙ୍କର ପାହ୍ୟା ବଦଳିଯାଇଛି। ଯଥା- ମାଲିକର ମୃତ୍ୟୁପରେ ଭୃତ୍ୟ ବର୍ତ୍ତମାନ ଉଚ୍ଚ ଆସନରେ (ପ୍ଲାଟଫର୍ମ ଉପରେ) ଏବଂ ମାଲିକ ଭୂତଳଶାୟୀ। ଅର୍ଥାତ୍ ସେ ବର୍ତ୍ତମାନ ଭୃତ୍ୟ। ପ୍ରଥମ ଓ ଦ୍ୱିତୀୟ ଦୃଶ୍ୟ ଭିତରେ ସମୟ ବ୍ୟବଧାନ ଦଶ ହଜାର ବର୍ଷ ହୋଇପାରେ କିମ୍ବା ଆଦୌ କିଛି ନ ହୋଇପାରେ। କାରଣ ଦ୍ୱିତୀୟ ଦୃଶ୍ୟରେ ସବୁ ଅନୁଭୂତିର ସ୍ତରରେ ଘଟିତ ହେବ।)

ବର୍ତ୍ତମାନ ଉଭୟେ ନିଜ ବର୍ତ୍ତମାନ ଓ ଅତୀତ ସମ୍ପର୍କରେ ଚିନ୍ତାଶୀଳ।

ମାଲିକ : ଅନେକ ମୁହୂର୍ତ୍ତ, ଅନେକ ଘଣ୍ଟା, ଅନେକ ବର୍ଷ ମୁଁ ଏଇଠି ଠିଆ ହୋଇଚି। ମୁଁ ବର୍ତ୍ତମାନ ମାଲିକ।

ଭୃତ୍ୟ : ସହସ୍ର ବର୍ଷ, ଅୟୁତ ବର୍ଷ, ମୁଁ ଏମିତି ନିଷ୍ପେଷିତ ହୋଇଆସିଛି। ଶେଷରେ ମୁଁ ବର୍ତ୍ତମାନ ଭୃତ୍ୟ।

ମାଲିକ : ଅନେକ ସ୍ମୃତି, ଅନେକ ଅନୁଭୂତି, ଅନେକ ଅନୁତାପ, ତଥାପି ଅନ୍ୟକୁ ଠକିବା ମୋର ପେଶା।

ଭୃତ୍ୟ : ଅନେକ ମୂଲ୍ୟବୋଧ... ଅନେକ ଅପେକ୍ଷା, ତଥାପି ମୋ' ପିଠିରେ ନିଶ୍ୱାସର ବୋଝ।

ମାଲିକ : ଅନେକ ତୃଷ୍ଣା ... ଅନେକ କାମନା ... ଅନେକ ହତ୍ୟା,

ଭୃତ୍ୟ : କିଛି ଘଟିଲା ନାହିଁ, କିଛି ମିଳିଲା ନାହିଁ, ବିଶ୍ୱାସ କରି ସବୁଠି ମୁଁ ହାରିଗଲି।

ମାଲିକ : ଅନେକ ଚେଷ୍ଟା କରିଚି ନିଜକୁ ବଦଳେଇବା ପାଇଁ।

ଭୃତ୍ୟ : ଆମେ ଆଦୌ ବଦଳି ପାରିଲେ ନାହିଁ।

ମାଲିକ : ଆଦର୍ଶର ମୁଖାଟା ନ ପିନ୍ଧିଲେ ବଞ୍ଚିହେବ ନାହିଁ।

ଭୃତ୍ୟ : ଆଦର୍ଶ, ତୁମକୁ ମୁଁ ବିଦାୟ ଦେବାକୁ ଭାବିଚି।

ମାଲିକ : ଆଃ, ମନେକର ଆମେ ସବୁ ଅପରିଚିତ। ଆମର ଠିକଣା ନାହିଁ, ନାମ ନାହିଁ, ପରିଚୟ ନାଇଁ, ସମସ୍ତେ ଯଦି ଗୋଟିଏ ନାମ ବାଚକ ବିଶେଷ୍ୟ ନ ହୋଇ ମଣିଷ ହୋଇପାରନ୍ତେ ହୃଦୟ ବାଣ୍ଟିବା ଅନେକ ସହଜ ହୁଅନ୍ତା।

ଭୃତ୍ୟ : ବା! ସୁନ୍ଦର ଚିନ୍ତା! ଏମିତି ଚିନ୍ତା ମତେ ଚିରଦିନ ଆକର୍ଷଣ କରିଚି।

ମାଲିକ : ଆମେ ବନ୍ଧୁ, ଆମେ ମୈତ୍ର! ସମ୍ପର୍କ ଆମର ଅଭଡ଼ା କୁଡୁଆ ଭଳି।

ଭୃତ୍ୟ : ଆମର ସ୍ୱାର୍ଥ ନାହିଁ। ଆମେ ମୁକ୍ତି ଚାହୁଁ। ସମସ୍ତେ ହାତ ଧରାଧରି ହୋଇ ରୁଚିର ନଗର ବୁଲିବାକୁ ଚାହୁଁ।

ମାଲିକ : ଆସ, ଆସ ବନ୍ଧୁ! ତମେ ହିଁ ମୋର ଏକମାତ୍ର ସଖା।

ଭୃତ୍ୟ : ମୋର ବି ମନେ ହେଉଚି ... ଆପଣଙ୍କର ମୋର ବନ୍ଧୁତା ଠିକ୍ ଜମିବ। ମୁଁ ଅନେକ ସହର ଓ ଜଙ୍ଗଲ ଦେଖି ଆସିଲି। ସମସ୍ତଙ୍କୁ ହୃଦୟ ବାଣ୍ଟିବାକୁ ଚାହେଁ ... ସମସ୍ତଙ୍କୁ ନିଜର କରିବାକୁ ଚାହେଁ ... ଓ! କି ବ୍ୟାକୁଳ ସେଇ ଚେଷ୍ଟା! କିନ୍ତୁ କିଛି ହେଲା ନାହିଁ, ହୃଦୟ ନେବା ପାଇଁ କେହି ନାହାନ୍ତି।

ମାଲିକ : ମୋ'ର ସୌଭାଗ୍ୟ। ଆପଣଙ୍କ ଭଳି ଅତିଥିମାନଙ୍କ ସତ୍କାର କରିବା ପାଇଁ ମୁଁ ଏଇ ଉପନିବେଶ ତିଆରି କରିଚି। ଆସନ୍ତୁ। ମୁଁ ଆପଣଙ୍କୁ ସ୍ୱାଗତ କରୁଚି। (ଟିକିଏ ଅପେକ୍ଷା କରି) ଆସନ୍ତୁ, ଠିଆ ହୋଇ ରହିଲେ ଯେ? ଏଇଠି କୁଣ୍ଠାର ପ୍ରଶ୍ନ ନାହିଁ।

ଭୃତ୍ୟ : ଏସବୁ ଆପଣଙ୍କର ଇଲାକା?

ମାଲିକ : ଦେଖଇ ନେତ୍ର ଯାହା ଚଉଦିଗର – ସେ ସର୍ବର ଅଟଇ ମୁଁ ଅଧିଶ୍ୱର।

ଭୃତ୍ୟ : (ଘେରାଏ ବୁଲିଆସି) ମୋର ମନେ ହେଉଚି ମୁଁ ଯେପରି ଏକ ଅଦ୍ଭୁତ ବିଚିତ୍ର ସ୍ଥାନରେ ଆସି ପହଞ୍ଚିଯାଇଛି । ଆଗରୁ ଏମିତି ଗୋଟାଏ ସ୍ଥାନ ଦେଖିଲା ଭଳି ମନେ ହେଉନି । ଏଇଠି ପବନରେ ବନ୍ଧୁତାର ମନ୍ତ୍ର ଅନୁରଣିତ ... ରାସ୍ତାର ଧୂଳିରେ ମମତାର କଣିକା ... ଖାଇବା ହାଣ୍ଡିରେ ସାମ୍ୟର ଆଦର୍ଶ ।

ମାଲିକ : ଏଇଠି ସବୁ ହଜିଯାଇଥିବା ଜିନିଷ ମିଳେ । ଯନ୍ତ୍ରଣାବିଦ୍ଧ ମାନଙ୍କୁ ଆଶ୍ୱାସନା ମିଳେ ।

ଭୃତ୍ୟ : (ପୁଣି ଥରେ ସ୍ଥାନଟିକୁ ପରିଦର୍ଶନ କରି) ଅଦ୍ଭୁତ ! ବିଚିତ୍ର ! ମୋର ଅନେକ କିଛି ହଜିଯାଇଚି । ଏଇଠି ସେସବୁ ମିଳିଯିବ ? ଗୋଟାଏ ଅର୍ଥହୀନ ସମାଜ ବ୍ୟବସ୍ଥା ଭିତରେ ସବୁ ହଜେଇ ଦେଇସାରିଲା ପରେ...

ମାଲିକ : କିଛି ପରବାଏ ନାଇଁ, ଖାସ୍ ହଜେଇଥିବା ଲୋକଙ୍କ ପାଇଁ ମୋର ଉପନିବେଶ ତିଆରି । ଯେଉଁମାନେ ଜୀବନ ପ୍ରତି ବୀତସ୍ପୃହ, ଯେଉଁମାନେ ଜୀବନରେ ଯନ୍ତ୍ରଣା ଛଡ଼ା ଆଉ କିଛି ଅନୁଭବ କରିପାରନ୍ତି ନାହିଁ ... ସବୁଠି ଅସନ୍ତୋଷ ଏବଂ ବିପ୍ଳବ କରିବା ପାଇଁ ଇଚ୍ଛା ହୁଏ ... ଅଥଚ ସେମାନେ କିଛି କରିପାରନ୍ତି ନାହିଁ, ଅସହାୟତାକୁ ଘୋଡାଇ ରଖିବା ପାଇଁ ରାସ୍ତା ଘାଟରେ ଖଣ୍ଡେ ଟିଣର ଢୋଲ ଧରି ନିଜ କଥା ପ୍ରଚାର କରି ନିଜକୁ ଅନ୍ୟଠାରୁ ବଡ଼ ବୋଲି ପ୍ରତିଷ୍ଠା କରିବା ପାଇଁ ବିକଳ ହୋଇ ବୁଲନ୍ତି, ମୁଖା ପିନ୍ଧି ଜିତିବାର ଛଳନା କରନ୍ତି ଏବଂ ମନେ ମନେ ଭାବନ୍ତି ଆତ୍ମହତ୍ୟା କରିବା ଉଚିତ ... ସେଇ ଲହୁଲୁହାଣ ମଣିଷଗୁଡ଼ାକ ପାଇଁ କିଛି ଗୋଟାଏ ଥଇଥାନ ବ୍ୟବସ୍ଥା କରାଯିବା ଉଚିତ ଭାବି ...

ଭୃତ୍ୟ : ଧନ୍ୟବାଦ ! ଖୁବ୍ ଭଲ ଯୋଜନା । ଆପଣଙ୍କୁ ପୁଣି ଥରେ ଧନ୍ୟବାଦ । ମୋ' ତରଫରୁ ଏବଂ ଏ ପୃଥିବୀରେ ମୋ'ଭଳି ବଞ୍ଚିଥିବା ସମସ୍ତ ଜୀବନ୍ତ ମଣିଷଙ୍କ ତରଫରୁ ।

ମାଲିକ : (ଖୁସିରେ ହସିଲେ) ଯିଏ ଏଇ ଉପନିବେଶକୁ ଆସୁଛି ଧନ୍ୟବାଦ ନ ଦେଇ ରହିପାରୁନି । ସବୁ (ଉପରକୁ ଦେଖାଇ) ତାଙ୍କରି ଦୟା ...

ମାଲିକ : ଠିକ୍ କଥା । ତମେ ଯେଉଁସବୁ ଇଲାକା ବୁଲି ଆସିଚ ସେଇଠି ତ ଅନେକ କିଛି ମିଳୁ ନ ଥିବ । ଭାଷା ନ ମିଳିବା ଅସ୍ୱାଭାବିକ ନୁହେଁ । ବର୍ତ୍ତମାନ ମୁ ବୁଝୁଚି ତମର ଭାଷା ମଧ୍ୟ ହଜିଯାଇଛି ।

ଭୃତ୍ୟ : ଆଜ୍ଞା, ମୁଁ ହେଉଚି ସର୍ବହରା । ମୋର ଚକ୍ଷୁ ନାଇଁ, କର୍ଣ୍ଣ ନାଇଁ, ପାଟି ନାହିଁ, ସ୍ୱାଦ ନାହିଁ, ଅନୁଭୂତି ନାହିଁ ... କଲିଜା ନାହିଁ ... ଶ୍ୱାସନଳୀ ନାହିଁ ... ଯକୃତ ନାହିଁ ... ହୃଦୟ ନାହିଁ ... ମମତା ନାହିଁ, ପ୍ରାଣ ନାହିଁ ... କିଛି ନାହିଁ ... କିଛି ନାହିଁ, ମନେ କରନ୍ତୁ ସବୁଥାଇ କିଛି ନାଇଁ ।

ମାଲିକ : (ଭୃତ୍ୟର ଯନ୍ତ୍ରଣାଗୁଡ଼ିକୁ ଅନୁଭବ କଲାପରି) ଓ ! ସବୁ ବାତ୍ୟାରେ ଉଡ଼ିଗଲା ? ସବୁ ବନ୍ୟାରେ ବୁଡ଼ିଗଲା ? ସବୁ ଭୂମିକମ୍ପରେ ଭୁଶୁଡ଼ିଗଲା ?

ଭୃତ୍ୟ : (ହଠାତ୍ ଦମକାଏ ପବନ ଅନୁଭବ କଲା । ମଞ୍ଚ ଉପରକୁ କିଛି ଶୁଖିଲା ପତ୍ର ଉଡ଼ି ଆସିଲା । ସୁନ୍ଦର ଉଦ୍ୟାନର କାକଳୀ ଓ ଉପରୁ ଝରିଲା କିଛି ଗଙ୍ଗଶିଉଳୀ ଫୁଲ) ଆ ! ଏଇଠି ଖୁବ୍ ଭଲ ଲାଗୁଚି । ଅନେକ ଦିନରୁ ସ୍ନାୟୁ କୋଷ ଭିତରେ ରକ୍ତଗୁଡ଼ାକ ଜମାଟ ବାନ୍ଧି ରହିଥିଲା । ଆଜି ଯେମିତି ପ୍ରଥମ ଅମ୍ଳଜାନ ପାଇ ସେଥିରେ ପ୍ରବାହ ସଞ୍ଚାର ଆସିଲା...

ମାଲିକ : ତମେ ଯୋଉସବୁ ଜାଗା ବୁଲି ଆସିଲ, ସେଇଠି ରକ୍ତ ମଧ୍ୟ ସଞ୍ଚାଳିତ ହୁଏନି ?

ଭୃତ୍ୟ : ଜମାଟ ବାନ୍ଧିଯାଏ । ନିଶ୍ୱାସ ପ୍ରଶ୍ୱାସ ବନ୍ଦ ହୋଇଯାଏ । ମୁଁ ଏଇଠିକି ଆସିବା ପୂର୍ବରୁ କେବଳ ଗୋଟାଏ ଭୃତ୍ୟ ଥିଲି । ଗତଜନ୍ମରୁ ଲାଭା ସ୍ରୋତରେ ପହଁରି ପହଁରି ଆସିଚି । ସେଇଠି ସୂର୍ଯ୍ୟର କିରଣରେ ଖାଲି ଅନ୍ଧାର ଓ ଅଳନ୍ଧୁ ବର୍ଷା ହେଉଥିଲା । ଦେଖୁ ନାହାନ୍ତି, ଦେହଟା ସାରା କେମିତି କାଳିଆ ହୋଇଯାଇଛି ? ଯା' ହେଉ, ଏଇଠି ଆଲୁଅର ରଙ୍ଗ ଗୋରା ।

ମାଲିକ : ଏଇଠି ସବୁ ରଙ୍ଗୀନ । ମୁଁ ଦେଖି ଖୁସି ହେଲି ଯେ ମୋ' ଉପନିବେଶକୁ ଆସି ତମେ ତମର ହଜିଯାଇଥିବା ଶାରୀରିକ ଯନ୍ତପାତି ସବୁ ଖୋଜିପାଇଛ । ମୁଁ ବର୍ତ୍ତମାନ ଖୁସି ଯେ ତମେ ଏଇଠିକି ଆସି ଅନୁଭବକ୍ଷମ ହେଇଚ । (ଦୀର୍ଘଶ୍ୱାସ ପକେଇ, ଉପରକୁ ଦେଖାଇ) ସବୁ ତା'ରି ଦୟା ! ଏଇଟା ଗୋଟାଏ ବିଶ୍ୱାସର ବ୍ୟାପାର । ଆସ ... ବର୍ତ୍ତମାନ ତମର ଚିକିତ୍ସା କରେଇବା । ଏଇ ଦେଖ – ଆଗରେ ଗୋଟାଏ ଲାଲ ରଙ୍ଗର ଚଟାଣ ଦେଖୁଚ ?

ଭୃତ୍ୟ : ଚଟାଣ ?

ମାଲିକ : (ହସି ହସି) ନା, ଚଟାଣ ଭଳି ଦିଶୁଛି । ସେଇଟା ଗୋଟାଏ ହ୍ରଦ ।

ଭୃତ୍ୟ : ହ୍ରଦ ?

ମାଲିକ : ହଁ। ଚାଲ ସେଇ ଲାଲ୍ ହ୍ରଦ ପାଖରେ ଯାଇ ଗପିବା।

ଭୃତ୍ୟ : କିନ୍ତୁ ମୁଁ ବୁଝିପାରୁନି ... ହ୍ରଦର ପାଣିଗୁଡ଼ାକ ଲାଲ୍ ହେଲା କେମିତି ? (ଉଭୟେ ଯାଇ ଗୋଟିଏ କଳ୍ପିତ ହ୍ରଦ କୂଳରେ ଠିଆ ହେଲେ)

ମାଲିକ : ସବୁ ବିଶ୍ୱାସର ବ୍ୟାପାର। ନୂଆ ଆସିବ ବୋଲି ପୁରୁଣା ସବୁ ଅପରିଚିତ ଲାଗୁଚି। କାଳକ୍ରମେ ଦେଖିବ ପୁରୁଣା। ଏଇଥିରେ ଆଶ୍ଚର୍ଯ୍ୟ ହେବାର କିଛି ନାହିଁ। ତମର ଗୋଟାଏ ଉତ୍ତରଣ ଘଟିବ।

ଭୃତ୍ୟ : ହଠାତ୍ ମୋର ମନେହେଲା ଏଇଟା ଯେମିତି ଗୋଟାଏ ରକ୍ତର ହ୍ରଦ ! ଆଗରୁ ଏତେ ଲାଲ୍ ପାଣି ମୁଁ କେବେ ଦେଖି ନ ଥିଲି।
(ହଠାତ୍ କ'ଣ ଗୋଟାଏ ମନ୍ତ୍ର ଭଳି ଅଦ୍ଭୁତ ଶବ୍ଦ ପ୍ରତିଧ୍ୱନିତ ହେଲା)
ଗୋଟାଏ ମନ୍ତ୍ର ପାଠର ଅଦ୍ଭୁତ ଶବ୍ଦ ଶୁଭୁଚି ବୋଧହୁଏ। କୋଉଠୁ ଆସୁଚି ?

ମାଲିକ : ଶାଶ୍ୱତର ଆରାଧନା।

ଭୃତ୍ୟ : (ସମ୍ମୋହିତ ହୋଇ) ବା ! ଶାଶ୍ୱତ ! 'ଅଦ୍ଭୁତ' ଶବ୍ଦଟିଏ ! 'ବିଚିତ୍ର' ଶବ୍ଦଟିଏ ! !

ମାଲିକ : ଖାଲି ଅଦ୍ଭୁତ- ବିଚିତ୍ର ନୁହେଁ, ଚିରନ୍ତନ, ଚିରନ୍ତନର ପ୍ରତିଧ୍ୱନି।

ଭୃତ୍ୟ : କୋଉଠୁ ଆସୁଛି ?

ମାଲିକ : ଉଡ଼ନ୍ତା ପାହାଡ଼ ଉପରୁ ?

ଭୃତ୍ୟ : ଉଡ଼ନ୍ତା ପାହାଡ଼ ? ସେଇଟା ପୁଣି କ'ଣ ? ଏଇଟା ଗୋଟାଏ ଉପନିବେଶ ନା' କାଉଁରୀ ନଗର ?

ମାଲିକ : ବିଦେଶୀ ଇଞ୍ଜିନିୟର୍ ଓ ଦେଶୀ ତାନ୍ତ୍ରିକମାନଙ୍କର ସହଯୋଗରେ ତିଆରି ହେଇଚି ସେଇ ଉଡ଼ନ୍ତା ପାହାଡ଼ଟା। ପୃଥିବୀର ସବୁ ମନ୍ତ୍ର, ସବୁ ଶ୍ଳୋକ, ସବୁ ନୀତିବାକ୍ୟ ଟେପ୍‌ରେକର୍ଡ଼ କରାହେଇ ସବୁବେଳେ ସେଇଠି ବାଜୁଛି।

ଭୃତ୍ୟ : ସେଇଥିପାଇଁ ଏଇଠିକି ଆସିଲା ପରେ ଲାଗୁଚି ମଣିଷ ଅମୃତର ସନ୍ତାନ।

ମାଲିକ : ଆହୁରି ଅନେକ କିଛି ଲାଗିବ। ଯିବ ? ଯିବ ସେଇ ଉଡ଼ନ୍ତା ପାହାଡ଼ ଉପରକୁ ? ସେଇଠି ଅମୃତର ଝରଣା ଅଛି, ଅମୃତରସ ପାନ କଲେ ସୁଖର ଚରମରେ ପହଞ୍ଚିହୁଏ।

ଭୃତ୍ୟ : ରକ୍ତ ଆଉ ଜମାଟ ବାନ୍ଧିବ ନାଇଁ?

ମାଲିକ : ନା, ଏଇଠି ଖାଲି ଉନ୍ମୁକ୍ତ ପବନର ସ୍ପର୍ଶ! ଅଭଙ୍ଗା ଆକାଶର ସ୍ୱପ୍ନ!!

ଭୃତ୍ୟ : ଏମିତି ଗୋଟାଏ କିଛି ଅଲୌକିକ ଘଟଣା ପାଇଁ ମୁଁ ଅନେକ ଦିନରୁ ଅପେକ୍ଷା କରିଛି।

ମାଲିକ : ଖାଲି ଅପେକ୍ଷା କଲେ କ'ଣ ହେବ? ତପସ୍ୟା କରିଚ? ସାଧନା କରିଚ?

ଭୃତ୍ୟ : କୋଉଥିରେ କିଛି ହେଲା ନାହିଁ। ଖାଲି ଗୋଟାଏ ଛଟପଟ, ଦହଗଞ୍ଜ ଅବସ୍ଥା, ବିଶ୍ୱାସ କରନ୍ତୁ... ଦେହ ଭିତରେ କି ମନ ଭିତରେ, କୋଉଠି କେଜାଣି କାହିଁକି କେତେବେଳେ କେମିତି କଅଣ ଯେ ହେଇଯାଏ... ମୁଁ କିଛି ବୁଝିପାରେନି। ପ୍ରଥମେ ମୁଣ୍ଡ ଭିତରେ ବିଜୁଳି ଭଳି କ'ଣ ଗୋଟାଏ ଚମକି ଉଠେ। ତା'ପରେ ଦେହଟା ସାରା ଘାଣ୍ଟି ଚକଟି ହେଇଯାଏ... ଯେମିତି ନିଆଁରେ ପିଣ୍ଡୁଳାଟିଏ ବଦ୍‌ହଜମି ହୋଇ ବାନ୍ତି ହୋଇଯିବ! କିନ୍ତୁ ଶେଷରେ କିଛି ହୁଏନି, ସବୁ ତଣ୍ଟି ପାଖରେ ଅଟକିଯାଏ।

ମାଲିକ : ଏଇଠିକି ଆସିଲେ ମୂକମାନେ ମଧ୍ୟ ମୁଖର ହୋଇଯାଆନ୍ତି। ଏଇ ଦେଖୁନା, ତମେ ଯେମିତି ସ୍ୱଚ୍ଛନ୍ଦରେ ନିଜ ଯନ୍ତ୍ରଣାଗୁଡ଼ିକ ପ୍ରକାଶ କରିପାରୁଛ!

ଭୃତ୍ୟ : ବେଶ୍ ହାଲ୍‌କା ଲାଗୁଛି।

ମାଲିକ : ଆହୁରି ହାଲୁକା ଲାଗିବ। ସେଇ ଉଡ଼ନ୍ତା ପାହାଡ଼ ପାଖକୁ ଯାଇପାରିଲେ ତ ଏକବାର ମୁକ୍ତ !!

ଭୃତ୍ୟ : ମୁଁ ଟିକିଏ ତାରି ଉପରକୁ କେମିତି ଯାଆନ୍ତି ...! ଭାରି ଇଚ୍ଛା ହେଉଚି।

ମାଲିକ : ରାସ୍ତା ସାରା କାଉଁରୀ! ଝରଣାର ମାୟା... ତା'ପରେ ... ଆଉ ଏକ ଛୋଟିଆ ଢ଼ାଲୁ ପାହାଡ଼। ତା'ପରେ ଯାଇ ଉଡ଼ନ୍ତା ପାହାଡ଼। ସେଇଠି ଝରୁଚି ସ୍ୱପ୍ନର ପ୍ରପାତ... ତା'ଭିତର ଦେଇଗଲେ ଉଡ଼ନ୍ତା ପାହାଡ଼ର ଦର୍ଜା! ମେଘରେ ତିଆରି। ତାକୁ ଛୁଇଁଲେ ମିଳିବ ଗୋଟାଏ ସୁବର୍ଣ୍ଣର ଦୁର୍ଗ। ଦୁର୍ଗ ଭିତରେ ଗୋଟିଏ ପ୍ରବାଳର କୋଠରି। କୋଠରି ଭିତରେ ଏକ ଫୁଲର ସିନ୍ଦୁକ। ସିନ୍ଦୁକ ଭିତରେ ପୁଣି ଦେଢ଼ଗଜ ଇନ୍ଦ୍ରଧନୁରେ ଢାଙ୍କି ହେଇ ଦଶ ଆଙ୍ଗୁଳି ଲମ୍ବା ପଦାର୍ଥ ଅଛି। ତାକୁ ଧରିପାରିଲେ ମୁକ୍ତି ମିଳିଯିବ। (ଟିକିଏ ରହି) ଦେଖ୍, ସେଇଠିକି ଯାଉଯାଉ ଯଦି ଗୋଡ଼ ଖସିଯାଏ ସବୁ ଶେଷ। ପୁଣି ଥରେ ଚିନ୍ତାକର।

ଭୃତ୍ୟ : ଆପଣ କରିତ୍‌କର୍ମା । ଗୋଡ଼ ଖସିଗଲାବେଳେ ମୋର ହାତ ଧରି ଉଠାଇ ନେବେନି ?

ମାଲିକ : ପତିତମାନଙ୍କ ଉଦ୍ଧାର ପାଇଁ ତ ଏଇ ଉପନିବେଶ ଖୋଲା ହେଇଚି । ନିଶ୍ଚୟ ତମ ହାତ ଧରି ଉଠେଇ ନେଇଯିବି ।

ଭୃତ୍ୟ : ମତେ ସେଇ ଉଡ଼ନ୍ତା ପାହାଡ଼ଟା ଖୁବ୍ ସୁନ୍ଦର ଦେଖାଯିବ, ଆସ । (ଦୁହେଁ ଆଗେଇଯାଇ ଉପରର ଦିଗ୍‌ବଳୟକୁ ଦେଖିଲେ)

ଭୃତ୍ୟ : (ଉଡ଼ନ୍ତା ପାହାଡ଼ ଦେଖି ପିଲାଙ୍କ ଭଳି ଡେଇଁ ଡେଇଁ ବିମୁଗ୍ଧ ହୋଇଯାଇଛି) ଆହା, ଆହାହା ! ଉଡ଼ନ୍ତା ପାହାଡ଼ ! ରଙ୍ଗ ବେରଙ୍ଗର ମାଟି ... ନାଲିଗଛ, ନେଳୀଗଛ, ହଳଦିଆ ଗଛ, ବାଇଗଣ ଗଛ, ଧଳାଗଛ ! ! ଗଛରେ ସେଇଠି ଫୁଲ ଫୁଟନ୍ତି ନାଇଁ ... ଫୁଲ ବଦଳି ପ୍ରଜାପତି ! ! ଖାଲି ଗଛ ସାରା ପ୍ରଜାପତି ... ସାତରଙ୍ଗୀ ପ୍ରଜାପତି ... ଇସ୍ ! !

ମାଲିକ : ଆହୁରି ଅନେକ କିଛି ଅଛି । ଆସ, ଏଇ ବାଟେ ଆସ ।

ଭୃତ୍ୟ : (ନିଦରେ ଚାଲିଲା ଭଳି) କୋଉଠିକି ? ଏଇ ତ ଆଗରେ ଝରଣାଟିଏ ! !

ମାଲିକ : ନିଜକୁ ସମ୍ଭାଳି ନିଅ ! ସେ ଝରଣା ତମକୁ କାବୁ କରିଦେଇପାରେ ।

ଭୃତ୍ୟ : (ଡେଇଁ ଡେଇଁ ଚାଲିଲେ ଯେମିତି ଗୋଟିଏ ଝରଣା ଭିତରେ ଥିବା ପଥରଗୁଡ଼ାକ ଉପରେ ଚାଲୁଛନ୍ତି) ଆ ! ଏ ଝରଣା ଭିତରୁ ଯିବା ପାଇଁ ଇଚ୍ଛା ହେଉନି ।

ମାଲିକ : ସେଇଟା ସମୟର ଝରଣା । ସେଇଠି ଠିଆହେଲେ ଭସେଇ ନେଇଯିବ । ଆସ, ଦୌଡ଼ି ଚାଲିଆସ ।

ଭୃତ୍ୟ : ଏଇ ପଥର ଉପରେ ଜମିଥିବା ଶିଉଳି ଉପରେ ଗୋଡ଼ ରଖିବା ପାଇଁ ଭାରି ଇଚ୍ଛା ହେଉନି । ଏମିତି ବାରମ୍ବାର ଗୋଡ଼ ଖସାଇବାରେ ମଧ ଗୋଟିଏ ଆନନ୍ଦ ଅଛି ।

ମାଲିକ : ଓଟ ଯେମିତି କଣ୍ଟା ଗଛ ଖାଏ । ତା'ପାଟିର କ୍ଷତରୁ ରକ୍ତ ଝରେ । ପୁଣି ସେ କଣ୍ଟା ଖାଏ, ପୁଣି ରକ୍ତ ଝରେ ... ସେମିତି ?

ଭୃତ୍ୟ : ଆଗରୁ ଏମିତି ଅଲୌକିକ ପଛରେ ଗୋଡ଼େଇ ଗୋଡ଼େଇ ବହୁତ କ୍ଷତାକ୍ତ ହେଇଚି । ସକାଳର ସୂର୍ଯ୍ୟକୁ ଚାହିଁ ଚାହିଁ ... ଅନ୍ଧାର ଭିତରେ ସାଲୁବାଲୁ ହେଇ ... ଓ ! ମନେ ପଡ଼ିଗଲେ ଦେହ ଶିର୍‌ଶିରେଇ ଉଠୁଚି ।

ସେମାନେ କହିଥିଲେ ଗୋଟିଏ ନୂଆ ଜ୍ୟୋତି ଆସିବ ... ଆମର ରୂପାନ୍ତର ହେବ ... ଆମର ଅସ୍ଥି ସବୁ ସବୁ ମର୍କତ ହେବ ... ଆଖି ହେବ ମୁକ୍ତା ... !

ମାଲିକ : (ଖୁବ୍ ଜୋର୍‌ରେ ହସି) କିନ୍ତୁ ଶେଷରେ ତୁମକୁ ଠକି ଦେଲେ । ଏୟା ନା ? ତମେ ବୋକାଲୋକ । ନିହାତି ବୋକା । ମୁଁ ଭାବିଥିଲି ତମ ଭିତରେ ବିପ୍ଲବ କରିବା ପାଇଁ ନିଆଁ ଅଛି । ମୁଁ ଭାବିଥିଲି ତୁମେ ହେବ ଉପଯୁକ୍ତ ଉତ୍ତରସାଧକ । କିନ୍ତୁ ...

ଭୃତ୍ୟ : (ସ୍ୱପ୍ନାହତ ହୋଇ) ଶେଷରେ କିଛି ମିଳିଲା ନାଇଁ ... ଗୋଟାଏ କିଛି ପାଇବା ପାଇଁ କି ତପସ୍ୟା ... ! ! କି ଉତ୍ସର୍ଗ ମୁଁ କରି ନ ଥିଲି ।

ମାଲିକ : ଅନୁତାପ କର ନାହିଁ । ପ୍ରଶ୍ନ କର ନାହିଁ । ଖାଲି ବିଶ୍ୱାସ ରଖ ।

ଭୃତ୍ୟ : ଏଇଥର ମୁଁ ବିଶ୍ୱାସ ରଖିଲେ ଉଡ଼ନ୍ତା ପାହାଡ଼ ଉପରକୁ ଯାଇପାରିବି ତ ?

ମାଲିକ : ନିଶ୍ଚୟ ଯିବ । ଅଲବତ୍ ଯିବ । ମୋ' ଉପନିବେଶକୁ ଯେତେବେଳେ ଆସିଚ ...

ଭୃତ୍ୟ : ମୋ' ଦେହରେ ଆଉ ଶକ୍ତି ନାଇଁ । ମନରେ ଆଉ ଏକାଗ୍ରତା ନାଇଁ ।

ମାଲିକ : ସେଇ ଝରଣା ଭିତରେ ଠିଆ ହେଇଚି ବୋଲି ଏମିତି ଲାଗୁଚି । ସେଇଠୁ ଚାଲିଆସ ।

ଭୃତ୍ୟ : ଚାଲି ଆସିବି ! କିନ୍ତୁ ... ଏଇଠି ମତେ ଭଲ ଲାଗୁଚି ଯେ !

ମାଲିକ : କିନ୍ତୁ ତମର ଉଡ଼ନ୍ତା ପାହାଡ଼ ଉପରକୁ ଯିବାର ଥିଲା ନା ?

ଭୃତ୍ୟ : ମାଲିକ ! ଆପଣ ଏ ସୃଷ୍ଟିର କର୍ତ୍ତା ! ଆପଣ ଆଦେଶ ଦେଲେ ଯାହା ଇଚ୍ଛା ତାହା ହୋଇପାରିବ । ଆପଣଙ୍କ ଆଦେଶରେ ଆକାଶ ସବୁଜ ବର୍ଣ୍ଣ ହେଇଚି । ଆଲୋକର ରଙ୍ଗ ହେଇଚି ପ୍ରଜାପତି । ଆପଣ ଚାହିଁଲେ ମତେ କ'ଣ ଏ ଝରଣା ଉପରୁ ସିଧା ଉଠେଇ ଉଡ଼ନ୍ତା ପାହାଡ଼ ଉପରକୁ ନେଇପାରିବେନି ? ଆପଣଙ୍କ ପାଖରେ ଶକ୍ତି ଅଛି ।

ମାଲିକ : ନିଶ୍ଚୟ ! ଯଥେଷ୍ଟ ଶକ୍ତି ଅଛି । ତମେ ସେଇଠି ଆଖି ମୁଦି ଠିଆହୁଅ । ସବୁ ଦୁର୍ବଳତା, ସବୁ ଆଳସ୍ୟ, ସବୁ ନିଷ୍କ୍ରିୟତା ଘଡ଼ିକ ଭିତରେ ଦୂର ହେଇଯିବ ।

ଭୃତ୍ୟ : (କୃତଜ୍ଞ ସ୍ୱରରେ) ଆପଣଙ୍କ ପାଖରେ ମୁଁ ଚିରକୃତଜ୍ଞ ହୋଇ ରହିବି ମାଲିକ ! ମତେ, ଏଇ ଶିଉଳି-ସାଉଁଳା ପଥରର ଘର ଭିତରୁ ରକ୍ଷା

କରନ୍ତୁ ... ମୋ ଗୋଡ଼ ତଳକୁ ଖସିଯାଉଛି ! ପ୍ରଥମେ ଯଦିଓ ଭଲ ଲାଗୁଥିଲା ... ବର୍ତ୍ତମାନ ଶିଉଳିଗୁଡ଼ିକ ନିଶା ଭଳି ।

ମାଲିକ : (ଚିତ୍କାର କରି) ସେଇଠି ରୁହ । (ତା'ପରେ ତନ୍ତ୍ରପାଠ କଲାଭଳି) ହେ ମରୁଭୂମି, ପ୍ରାନ୍ତର, ସମୁଦ୍ର, ବାତ୍ୟା ଓ ପ୍ରସ୍ତରମାନ । ତୁମ୍ଭେମାନେ ଶାନ୍ତ ହୁଅ, ଶାନ୍ତ ହୁଅ ନକ୍ଷତ୍ର, ସୂର୍ଯ୍ୟ ଏବଂ ଧୂମକେତୁମାନେ ! ହେ ପୃଥିବୀ, ତୁମର ଆଗ୍ନେୟଗିରି ଓ ଭୂମିକମ୍ପମାନେ ଅମୃତ ବର୍ଷଣ କର ... ସବୁ ମୃତବ୍ୟକ୍ତିମାନେ ଚିରଦିନ ପାଇଁ ଅମୃତ ନିଦ୍ରା ଯାଆନ୍ତୁ । ସବୁ ତୃଷିତମାନେ, କ୍ଷୁଧାର୍ତ୍ତମାନେ ଏବଂ ଅସହାୟମାନେ ଜୀବନର ଜୟଗାନ କରନ୍ତୁ ... ଅପାର୍ଥିବମାନେ ସୁବର୍ଣ୍ଣର ଶିଡ଼ି ତିଆରି କରନ୍ତୁ ଏଇ ଶିଉଳି ଖସଡ଼ା ପଥର ଉପରୁ ସେଇ ଉଡ଼ନ୍ତା ପାହାଡ଼ ପର୍ଯ୍ୟନ୍ତ ... (ହଠାତ୍ ଗୋଟିଏ ତୀବ୍ର ଲାଲ ରଙ୍ଗର ଆଲୋକ ଶିଖା ଆସି ପଡ଼ିଲା ମାଲିକଙ୍କ ଉପରେ । ମାଲିକ ତିନିଥର ଫୁଙ୍କିଦେଲେ ଭୃତ୍ୟକୁ । ଭୃତ୍ୟ ସମ୍ମୋହିତ ହୋଇ ନିଜର ଶରୀର ଭିତରେ ଗୋଟିଏ ଶକ୍ତିର ସଞ୍ଚାର ହେବା ଅନୁଭବ କଲା । ତା'ପରେ ଗୋଟିଏ କୁଦାମାରି ଡେଇଁଲା । ଏଇ ଡେଇଁବା ଅଭିନୟ ଭିତରେ ସେ ପଥର ଉପରୁ ଡେଇଁଆସି, ଝରଣା ପାର ହୋଇ ଭୂଇଁ ଉପରେ ଠିଆହେଲା ।)

ଭୃତ୍ୟ : ଚାଲିଆସିଲି ।

ମାଲିକ : ତମେ ବର୍ତ୍ତମାନ ଝରଣା ପାର ହୋଇଆସିଲ । ଏଇଠି ଠିଆ ହେଇ ସେଇ ଉଡ଼ନ୍ତା ପାହାଡ଼ ଉପରକୁ ଦେଖ । ତା'ଉପରକୁ ଯିବା ପାଇଁ କି ସୁନ୍ଦର ଶିଡ଼ି !

ଭୃତ୍ୟ : (ସମ୍ମୋହିତ ହୋଇ) ସୁନ୍ଦର ଶିଡ଼ି ହେଇଚି ବାଃ ! ସେଇଟା ବୋଧହୁଏ ବାଟ ? (ତା'ପରେ ସେ ସ୍ପନ୍ଦିତ ହୋଇ) ମୁଁ ଯାଇପାରିବି ... ମୋ' ଦେହରେ ଅନେକ ସୀତ୍‌କାର ... ମୁଁ ବର୍ତ୍ତମାନ ସମୟ ଓ ନିର୍ଦ୍ଦିଷ୍ଟ ପରିସୀମା ଭିତରେ ଆବଦ୍ଧ ହୋଇପାରେନା ...

ମାଲିକ : ଠିକ୍ । ମନେକର ତୁମକୁ ଗୋଟାଏ ଗୋଡ଼ିଆ କଂକ୍ରିଟ୍‌ର ପାହାଡ଼ ଚଢିବାକୁ ହେବ । ଭାରି ଖସଡ଼ା କିନ୍ତୁ । ତାରି ଉପରକୁ ଚଢିଲେ ଉଡ଼ନ୍ତା ପାହାଡ଼ର ଶିଡ଼ିଟା ଚମତ୍କାର ଦିଶିବ ।

ଭୃତ୍ୟ : ଆଚ୍ଛା ? (ଖୁବ୍ ଶୀଘ୍ର କିଛି ଗୋଟାଏ ଚଢିବାକୁ ଯାଇ ଖସି ପଡ଼ିଲାବେଳେ) ଓ ! ଆଦୌ ଚଢିହେବନି ।

ମାଲିକ : ମୁଁ ଆଦେଶ ଦେଉଛି, ତୁମେ ଚଢିବା ଆରମ୍ଭ କର।

ଭୃତ୍ୟ : (ସମ୍ମୋହିତ ମଣିଷ ଚଢିଲା ଭଳି ଚଢିଲେ। କିନ୍ତୁ ଯେତିକି ଉପରକୁ ଗଲେ ସେତିକି ଖସିଲେ। ଠିକ୍ ମାଙ୍କଡ ଓ ତୈଳାକ୍ତ ଖୁଣ୍ଟର ଅଙ୍କ ହିସାବ କଲାଭଳି। ଶେଷରେ କ୍ଳାନ୍ତ ହୋଇ)। ଓ! ମୁଁ ଜମା ଆଗକୁ ଯାଇପାରୁନାହିଁ। ଯେତିକି ଉପରକୁ ଉଠୁଚି ସେତିକି ତଳକୁ ଖସି ଯାଉଚି। ମୋ' ଆଣ୍ଠୁ ଆଉ ପାପୁଲିରୁ ରକ୍ତସ୍ରାବ ହେଲାଣି।

ମାଲିକ : ଏମିତି ରକ୍ତାକ୍ତ ହେବାକୁ ପଡ଼େ। ଲୁହ ସିଂହାଣିଆ ହେବାକୁ ପଡ଼େ।

ଭୃତ୍ୟ : ତା'ହେଲେ ଯାଇ ଉଡ଼ନ୍ତା ପାହାଡ଼ ଉପରକୁ ଯାଇହେବ।

ମାଲିକ : ମୁଁ ନେଇଯିବି।

ଭୃତ୍ୟ : ଉଡ଼ନ୍ତା ପାହାଡ଼ ଉପରକୁ ଗଲେ ସବୁ ହଜିଯାଇଥିବା ଜିନିଷ ମିଳିବ?

ମାଲିକ : ସୃଷ୍ଟିର ଆରମ୍ଭରୁ ଆଜି ଯାଏ ସବୁ କେବଳ ହଜିଚି। କିଛି ମିଳିନି। ମୋ' ଉପନିବେଶ କିନ୍ତୁ ଗଢା ହେଇଚି ସର୍ବହରାଙ୍କ ପାଇଁ। ତମେ ଚେଷ୍ଟାକର।

ଭୃତ୍ୟ : (ଚେଷ୍ଟାକରି ପଡ଼ିଚି; ପୁଣି ଉଠିଚି ଶୂନ୍ୟରେ ଏବଂ ପୁଣିଥରେ ବିଫଳ ହୋଇପଡ଼ିଚି। ମୁହଁରେ ତା'ର ଯନ୍ତ୍ରଣାର ଛାପ। ପୁଣି ଡେଇଁଚି। ଏଇଥର ସେ କୃତକାର୍ଯ୍ୟ ହେଲା। (ତା' ମୁହଁରେ ତୃପ୍ତି ଓ ବିଜୟର ହସ, ଯେମିତି ଗୋଟାଏ ଯୁଦ୍ଧରେ ଜିଣି କରି ଆସିଚି) ହାଃ ହାଃ ହାଃ, ଆସିଗଲି।

ମାଲିକ : (ଖୁସି ହୋଇ) ବାଃ! ତମେ ହେବ ଏଇ ଉପନିବେଶର ପ୍ରଥମ ନାଗରିକ। ସଫଳ ନାଗରିକ। କାରଣ ତୁମେ ଉତ୍ସର୍ଗ କରି ଜାଣ। ତମେ ନିଜକୁ ବାଣ୍ଟିପାର। ସୁନ୍ଦର।

ଭୃତ୍ୟ : ବର୍ତ୍ତମାନ କୁହନ୍ତୁ କ'ଣ କରିବାକୁ ହେବ? ଲକ୍ଷ୍ୟ ଆଉ କେତେଦୂର ?

ମାଲିକ : ନିକଟ ହୋଇ ଆସିଲାଣି। ବର୍ତ୍ତମାନ ଏଇଠୁ ଦେଖ - ସେଇ ଉଡ଼ନ୍ତା ପାହାଡ଼ ତଳୁ ଅନେକ ଫୁଲର ଲତା ଓହଳିଛନ୍ତି ଏଇ ମାଟି ପର୍ଯ୍ୟନ୍ତ। ସେଇ ଲତାଗୁଡ଼ିକରେ ସଫା ଧଳାଫୁଲ, ସବୁ ସଫେଦ .... ହେଇଯାଇଛି।

ଭୃତ୍ୟ : (ସମ୍ମୋହିତ ହୋଇ) ସୁନ୍ଦର। ମନେ ହେଉଛି ଉଡ଼ନ୍ତା ପାହାଡ଼ର ଗାଲ ଉପରୁ ଯେମିତି ଲମ୍ବିଯାଇଚି କୋରାଏ ପାଚିଲା ଦାଢି।

ମାଲିକ : ଠିକ୍ ଧରିଚ। ତମର ଗୋଟାଏ କାବ୍ୟ ଚେତନା ଅଛି। ସେଇ ଧଳା ଧଳା ମେଘ ଭିତରେ ପହଁରି ପହଁରି ଯିବାକୁ ହେବ। ଶୂନ୍ୟରେ ଭାସି ଭାସି !!

ଭୃତ୍ୟ : ମୁଁ ଯାଇପାରିବି ତ ?

ମାଲିକ : ଶୂନ୍ୟରେ ନ ଭାସିଲେ ତମେ ଏ ଉପନିବେଶର ନାଗରିକ ହୋଇପାରିବନି। ଖାଲି ମଇଳା ମାଟିରେ ପୋତି ହେଇ ଗଛ ହେଇଯିବ! ଆସ, ମୋ ସାଙ୍ଗରେ ଆସ ... ଦେଖ, ମୁଁ କେମିତି ଚଢେଇ ଭଳି ଉଡୁଛି। (ନିଜେ ଉଡ଼ିବା ଆରମ୍ଭ କଲେ) ଆସ !

ଭୃତ୍ୟ : ମୁଁ ଉଡ଼ିପାରିବି ତ ?

ଭୃତ୍ୟ : ଯାଉଚି। ଅପେକ୍ଷା କର। (ପହଁରିବାକୁ ଆରମ୍ଭ କଲେ। ଶୂନ୍ୟରେ।)

ମାଲିକ : ଉଡ଼ି ନପାରିଲେ ପହଁରି ପହଁରି ଆସ। (ପହଁରି ପହଁରି) ଏମିତି ପହଁରିଲାବେଳେ ଆଖି ମୁଦିଦିଅ। ତମର ଆଖିପତା ତଳେ ଖାଲି ନୀଳ ନୀଳ ଫେଣର ସ୍ୱପ୍ନ ଆସୁ... ସବୁ ଚେତନା ନିଦ୍ରା ଭିତରେ ଶାଶ୍ୱତ ହୋଇଯାଉ।

ଭୃତ୍ୟ : ନା, ମୁଁ ଦେଖିବାକୁ ଚାହେଁ। ମୁଁ ଜାଣିବାକୁ ଚାହେଁ, ମୁଁ କିଏ... କାହିଁକି ଏମିତି ଶୂନ୍ୟରେ ପହଁରୁଚି... କୁଆଡ଼େ ଯାଉଚି... ଯୋଉଠିକି ଯାଉଚି ସେଇଟା ପୁଣି ଗୋଟାଏ ଶ୍ମଶାନ ନା ଆଲୋକର ଇଲାକା...

ମାଲିକ : ମିଳିଗଲା ବୋଲି ଭାବିଦେଇ ସ୍ୱପ୍ନ ଦେଖ। ଅଲିଭା ମଶାଲର ସ୍ୱପ୍ନ ... ମନେକର ତମେ ମୁକ୍ତ। ମନେକର ତମେ ବରଗଛ ଓହଳ ଧରି ସମସ୍ତ କାମନାଙ୍କ ଊର୍ଦ୍ଧ୍ୱକୁ ଚାଲିଯାଇଛ ଓ କାମନାଗୁଡ଼ିକ ମଳମୂତ୍ର ପରି ନିରଞ୍ଜନା ନଦୀରେ ଭାସିଗଲେ।

ଭୃତ୍ୟ : ସ୍ୱପ୍ନ ଦେଖିବି କେମିତି ? ମୋ' ଆଖିରେ ନିଦ ନାହିଁ। ଅନେକ ଯନ୍ତ୍ରଣା ଅଛି। ସେଇଥିପାଇଁ ତ ଏଇ ଉପନିବେଶକୁ ଆସିଥିଲି ... ଓଃ !! (ପହଁରିବାରେ ବ୍ୟସ୍ତ)

ମାଲିକ : କିନ୍ତୁ ... ତଥାପି ଅଥଚର ପ୍ରଶ୍ନ ନାହିଁ। ଶୀଘ୍ର ଶୀଘ୍ର ପହଁରିବାକୁ ଚେଷ୍ଟା କର। (ନିଜେ ଗୋଟିଏ ଲମ୍ଫ ପ୍ରଦାନ କରି ଉପରକୁ ଚାଲିଗଲେ। ଉଡ଼ନ୍ତା ପାହାଡ଼ ଉପରକୁ) ଏଇ, ମତେ ଦେଖ। ଏଇ ଉଡ଼ନ୍ତା ପାହାଡ଼କୁ ଦେଖ। ଏଇଠି ଗୋଟାଏ ଘୂର୍ଣ୍ଣୀୟମାନ ସୁବର୍ଣ୍ଣର ଦୁର୍ଗ। ସ୍ତମ୍ଭସବୁ ହାତୀ

ଦାନ୍ତରେ ତିଆରି। ମେଘରେ ତିଆରି ଦର୍ଜା ... ଖୋଲିଦେଲେ ମୁକ୍ତି ! !
(ହଠାତ୍ ଗୋଟିଏ ଜଳପ୍ରପାତର ଶବ୍ଦ ଶୁଭିଲା)

ଭୃତ୍ୟ : ଦର୍ଜାଟା ମୁଁ ଖୋଲିପାରିବି ?

ମାଲିକ : ନିଶ୍ଚୟ, ଚେଷ୍ଟାକର। ସାଧନା କର। ତପସ୍ୟା କର। ତ୍ୟାଗ କର। ସତ୍ୟରେ ବିଶ୍ୱାସ କର। ଯାହା ଖୋଜୁଚ ମିଳିଯିବ।

ଭୃତ୍ୟ : କେତେ ଦିନ ? କେତେ ମୁହୂର୍ତ୍ତ ? କେତେ ଲିତା ? ଆଉ କେତେ ଦଣ୍ଡ ?

ମାଲିକ : ହିସାବ କରୁଚ ? ହିସାବ ଖାତାରୁ କ'ଣ କିଛି ମିଳେ ? ନିର୍ଦ୍ଦିଷ୍ଟ ସମୟ ଭିତରେ କ'ଣ ମିଳିଯିବ ବୋଲି ଆଶା କରାଯାଇପାରେ ?

ଭୃତ୍ୟ : (ସାମାନ୍ୟ ଉତ୍ତ୍ୟକ୍ତ ହୋଇ) କାହିଁ ? ସୁବର୍ଣ୍ଣର ଦୁର୍ଗ କାହିଁ ? ଦୁର୍ଗର ଦର୍ଜା କାହିଁ ? ମୋ' ଚାରିପଟେ ସ୍ୱପ୍ନର ଜଳପ୍ରପାତ। ମୁଁ ଦେଖୁଚି, ସ୍ୱପ୍ନର ବନ୍ୟାରେ ନଈନାଳ, ଗ୍ରାମ ଜନପଦ ଭାସିଯାଉଚି ... କୋଟି କୋଟି ବିଶ୍ୱାସୀ ମଣିଷ, ଗାଈ, ଗୋରୁ, ମେଣ୍ଢା ଭାସି ଚାଲିଚନ୍ତି ମୁହାଣ ଆଡ଼କୁ। କିନ୍ତୁ ଜୁଆର ଆସି ପୁଣି ସେମାନଙ୍କୁ ସେଇ ବନ୍ୟା ଭିତରକୁ ଠେଲି ଦେଉଛନ୍ତି। ମୋ' ଭଳି ଅଣନିଶ୍ୱାସୀ ହୋଇ ସେମାନେ ମରିଗଲେ, ଓ ! ମୁଁ ଆଉ ପାରୁନି। (ଖୁବ୍ ଜୋରରେ ପହଁରିଛନ୍ତି। ତା'ପରେ କାଳିଶୀ ଲାଗିଲା ଭଳି।)

ମାଲିକ : ମୁଁ ତୁମକୁ ନୂତନ ଜ୍ୟୋତିରେ ଆଲୋକିତ କରିବି। ନୂତନ ଉପନିବେଶ ଭିତରେ ନାଗରିକ କରିଚି। ମୈତ୍ରୀର ଥାଳିଆରେ ଭାତ ଖୁଆଇଚି। ଉଡ଼ନ୍ତା ପାହାଡ଼ର ସ୍ୱପ୍ନ ଦେଖେଇଚି ... ଅପେକ୍ଷା କର। ମୁଁ ତୁମକୁ ରୂପାନ୍ତରିତ କରିବି।

ଭୃତ୍ୟ : (ପହଁରି ପହଁରି) ମୁଁ ସ୍ୱପ୍ନରେ ଉବୁଟୁବୁ ହେଲିଣି, ଅଣନିଃଶ୍ୱାସୀ ହୋଇଗଲିଣି। (ପହଁରିବା ଅବସ୍ଥାରେ ସେ କ୍ଳାନ୍ତ ଜଣାଗଲେ। ବର୍ତ୍ତମାନ ବୁଡ଼ିଯିବାର ସମୟ ଆସିଗଲା। ସେ ଏମିତି ଅଭିନୟ କରିବେ ଯେପରି ବେଳେବେଳେ ବୁଡ଼ିଯାଇ ଉତୁଉତା ହେଇଯାଉଛନ୍ତି) ମତେ ବଞ୍ଚାଅ ! ବଞ୍ଚାଅ !

ମାଲିକ : (ଖୁବ୍ ଶବ୍ଦ କରି ହସିଲେ) ପ୍ରାଣାୟମ କର। ବିଶ୍ୱାସ ରଖ। ସବୁ ମିଳିବ !

ଭୃତ୍ୟ : ସୁବର୍ଣ୍ଣର ଦର୍ଜା କାହିଁ ? ଉଡ଼ନ୍ତା ପାହାଡ଼ର ଦର୍ଜା କାହିଁ ? ମୁଁ ଯେ ଆଉ

ଯାଇପାରୁନି ! (ଭୟଙ୍କର ଝଡ଼ପ୍ରପୀଡ଼ିତ ସମୁଦ୍ରର ଗର୍ଜନ। ଲୋକଙ୍କର ଚିତ୍କାର। ଧ୍ୱଂସର ଶବ୍ଦ / ଆଲୋକ ସମ୍ପାତ)

ମାଳିକ : (ଉପରୁ, ଖୁବ୍ ଉଚ୍ଚରୁ କ୍ଷୀଣ ଅଥଚ ସ୍ପଷ୍ଟ ଭାବେ ଶୁଭିଲା ତାଙ୍କର ସ୍ୱର) ଆସ, ଚେଷ୍ଟାକର। ପ୍ରଶ୍ନକର ନାହିଁ, ବିଶ୍ୱାସ କର। ପାଣି ସୁଅରେ ଶୁଖିଲା ପତ୍ର ପରି ଭାସିଚାଲ। ଦେଖିବ ଭାସି ଭାସି ମୁହାଣ ପର୍ଯ୍ୟନ୍ତ ଯିବ। ନିଜ ସତ୍ତାକୁ ସମ୍ପୂର୍ଣ୍ଣ ରୂପେ ଭୁଲିଯାଅ।

ଭୃତ୍ୟ : କେମିତି ଭୁଲିବି ମୋର ସତ୍ତାକୁ ? ମୁଁ ଯେ ଏ ପର୍ଯ୍ୟନ୍ତ ବଞ୍ଚିଛି ! (ବ୍ୟତିବ୍ୟସ୍ତ ଓ ଅଣନିଃଶ୍ୱାସୀ ଅବସ୍ଥାରେ) ଆ ! ଦର୍ଜା କାହିଁ ? ମେଘର ଦର୍ଜା ଖୋଲିଦିଅ ...

ମାଳିକ : ନିଜେ ଦର୍ଜା ନ ଖୋଲିଲେ କିଛି ପାଇବନି। ଚେଷ୍ଟା କର।

ଭୃତ୍ୟ : (ଚେଷ୍ଟା କରି ବିଫଳ ହୋଇ) ମୁଁ ପାରୁନି, ମୁଁ ମୁମୂର୍ଷୁ।

ମାଳିକ : ବର୍ତ୍ତମାନ ତମେ ମାନବିକତାର ଧର୍ମରେ ଉଦ୍‌ବୁଦ୍ଧ। ଆଲୋକ ପାଇଁ ପାଗଳ ହେଇଥିବା ପତଙ୍ଗ। ମୁଁ ତମ ଭିତରେ ଆଦର୍ଶ ଖୁନ୍ଦିଦେଇଚି। ବର୍ତ୍ତମାନ ଅନୁଭବ କରୁଥିବ ତମର ନାକ ଭିତରେ ଆଦର୍ଶ, କାନ ଭିତରେ ଆଦର୍ଶ ... ପଛଆଡ଼େ ଆଦର୍ଶ ... ଆଗରେ ଆଦର୍ଶ ... ପାଟି ଭିତରେ ଆଦର୍ଶ ପଶିଯାଇଚି ... ପେଟ ଭିତରୁ ଆଦର୍ଶ ବାନ୍ତି ହେଉଚି... ଏଇ ଆଦର୍ଶ ହିଁ ମେଘର ଦର୍ଜା। ଆଉଥରେ ଚେଷ୍ଟା କର।

ଭୃତ୍ୟ : ମତେ କିଛି ଶୁଭୁନି। ମୁଁ କିଛି ବୁଝୁନି। ମୁଁ ଆଦର୍ଶର ବନ୍ୟାରେ ଭାସିଯାଇଚି। ଦର୍ଜା ଖୋଲ। (ଜଳପ୍ରପାତ ଶବ୍ଦ ତୀବ୍ର ଓ ଭୟଙ୍କର ହେଲା)

ମାଳିକ : ଭାସିଚାଲ। ଆଦୌ ଅଭିଯୋଗ କରନାହିଁ।

ଭୃତ୍ୟ : କିନ୍ତୁ ତମେ କହିଥିଲ ହାତ ଧରି ଉଡ଼ନ୍ତା ପାହାଡ଼ ଉପରକୁ ନେଇଯିବ ବୋଲି। କାରଣ ଆମେ ଦୁହେଁ ବନ୍ଧୁ।

ମାଳିକ : ତମର ରୂପାନ୍ତର ହେଇଗଲାଣି।

ଭୃତ୍ୟ : ଆପଣ କହିଥିଲେ ସବୁ ମିଳିଯିବ ବୋଲି ... ଦର୍ଜା ଖୋଲିଯିବ ବୋଲି...

ମାଳିକ : ରୂପାନ୍ତର ପରେ ସ୍ୱଦେହରେ ତୁମେ ଏଠାକୁ ଆସିବା ଉଚିତ।

ଭୃତ୍ୟ : ମୁଁ ଭୟଙ୍କର ଏକା ... ଏତେ ଉଚ୍ଚରେ ... ଘୂରି ଘୂରି ... ପହଁରି ପହଁରି... ସ୍ୱପ୍ନର ବନ୍ୟାରେ ଭାସି ଭାସି ... ମୁମୂର୍ଷୁ ଅବସ୍ଥାରେ ... ଓ ! ଦର୍ଜାଟା ଖୋଲି ଦିଅନ୍ତୁ।

ମାଲିକ	: ଦର୍ଜା କେମିତି ଖୋଲାହୁଏ ମୁଁ ବି ଜାଣିନି। ଆମେ ସମସ୍ତେ ଏକା।
ଭୃତ୍ୟ	: (ବିକଳ ଚିତ୍କାର କରି) କିଏ ଅଛ ବଞ୍ଚାଅ! ମୁଁ ଆଦର୍ଶର ପ୍ରପାତ ଭିତରେ ଘୂରୁଛି। ମୋ' ମୁଣ୍ଡ କଟିଗଲାଣି।
ମାଲିକ	: ତାହା ହିଁ ସତ୍ୟ, ସତ୍ୟରେ ବିଶ୍ୱାସ ରଖ।
ଭୃତ୍ୟ	: ଏମିତି ଆଦର୍ଶର ବନ୍ୟାରେ ଭାସି ଭାସି ସୁବର୍ଣ୍ଣ ଦୁର୍ଗର ଦର୍ଜା ପାଖରେ ମରିଯିବା କ'ଣ ସତ୍ୟ? ମୋ ଭଳି ଏକ ବାଟଭୁଲା ପଥିକକୁ ଉଡ଼ନ୍ତା ପାହାଡ଼ର ଲୋଭ ଦେଖାଇ ମାରିଦେବା କ'ଣ ମୈତ୍ରୀ?
ମାଲିକ	: ଏମିତି ବିଶ୍ୱାସୀମାନଙ୍କ ପାଇଁ ମରିବା ପରେ ତମେ ଶହୀଦ ହେଇଯିବ।
ଭୃତ୍ୟ	: ଅନେକ ଦିନ ପର୍ଯ୍ୟନ୍ତ, ବନ୍ୟା ଛାଡ଼ିଗଲା ପରେ, ହୁଏତ ଗ୍ରାମ ଜନପଦ, ତୋଟା, ବିଲ ସବୁଠି ସ୍ୱପ୍ନ ଓ ବିଶ୍ୱାସ ପଟୁମାଟି ଭଳି ଜମି ରହିବେ। ମୁଁ ତାରି ଭିତରେ କବର ହେଇଯିବି!
ମାଲିକ	: ମନ୍ଦ କ'ଣ! ଏମିତି ମୃତ୍ୟୁ କାହା ଭାଗ୍ୟରେ ଜୁଟିଥାଏ?
ଭୃତ୍ୟ	: (ଉତ୍ତ୍ୟକ୍ତ ହୋଇ) ତା'ମାନେ?
ମାଲିକ	: ଏଇ ତ! ତମର ରକ୍ତ ଅମୃତ ହେଲାଣି ... ଆଖି ମୁକ୍ତା ... ଅସ୍ଥି ହିରଣ୍ମୟ!
ଭୃତ୍ୟ	: ମତେ ଆପଣ ଏଇ ଉପନିବେଶ ଭିତରେ ହତ୍ୟା କରିବେ ତା'ହେଲେ?
ମାଲିକ	: ସ୍ୱପ୍ନ ଦେଖ, ଏଇଠି ମୃତ୍ୟୁ ମଧ୍ୟ ସ୍ୱପ୍ନ ଭଳି।
ଭୃତ୍ୟ	: ତମେ ଆଉ ବେଶୀଦିନ ଏମିତି ବୁଢିଆଣୀ ଜାଲ ଭିତରକୁ କୀଟମାନଙ୍କୁ ଡାକିଆଣି ପାରିବନି।
ମାଲିକ	: ଦଳେ ଯେତେବେଳେ ଆଦର୍ଶ ଆଉ ସ୍ୱପ୍ନର ବୁଢୀଆଣୀ ଜାଲ ଭିତରେ ପଚିସଢି ମରିବା ପାଇଁ ରାଜି ...
ଭୃତ୍ୟ	: ତମେ ନିଜେ ନିଜ ଜାଲରେ ପଡ଼ିବ, ଏଇ ତ! ତମେ ନିଜେ ମଧ୍ୟ ଗୋଟିଏ କାଚର ଶାମୁକା ଭିତରେ ବନ୍ଦୀ! ଲୁଚିଛି ... ଗୋଡ଼ ଦି'ଟା ଦିଶୁଛି!!
ମାଲିକ	: ଚୁପ୍‌କର! ତମେ ମୃତ ହେବା ସମୟ ଆସିଗଲାଣି। ଅବଶ୍ୟ ସତ୍ୟର ପ୍ରତିଷ୍ଠା ପାଇଁ ବାରମ୍ବାର ଏମିତି ମରିବାକୁ ପଡ଼େ। ଅନ୍ଧାରକୁ ଭାଙ୍ଗିବା ପାଇଁ ସୂର୍ଯ୍ୟଙ୍କୁ ବାରମ୍ବାର ଆସିବାକୁ ପଡ଼େ । ତମେ ସୂର୍ଯ୍ୟ! ତମର ଅଜସ୍ର ପ୍ରତିଭା! ତମେ ସେଇ ଅମ୍ଳାନ ଜ୍ୟୋତି!!

ଭୃତ୍ୟ : ଆଉ ଦେଖିବିନି ସ୍ୱପ୍ନ!!

ମାଲିକ : ତମେ ସ୍ୱପ୍ନ ଦେଖିବାକୁ ଭଲପାଅ ବୋଲି ଏଠାକୁ ଆସିଥିଲ। ତମ ବିଶ୍ୱାସ, ତମ କଳ୍ପନା, ତମ ଇଚ୍ଛା ... ସବୁ ଗୋଟିଏ ଗୋଟିଏ ପ୍ରଜାପତି। ତମେ ସ୍ୱପ୍ନ ଦେଖିବା ଛାଡ଼ିଦେଲେ ବଞ୍ଚିପାରିବନି।

ଭୃତ୍ୟ : ତା'ହେଲେ ମୁଁ ମରିବାକୁ ଚାହେଁ।

ମାଲିକ : ଆଉ ଥରେ ଭାବି ଦେଖ। ଆଉ ଗୋଟିଏ ଚାନ୍ସ ନିଅ। ସ୍ୱପ୍ନ ଦେଖ! ଜୀବନ ଗୋଟେ ସ୍ୱପ୍ନ

ଭୃତ୍ୟ : ନା, ଆଉ ନୁହେଁ, ମୁଁ ମରିଯାଉଚି। ଏଣିକି ନୀତି, ମୂଲ୍ୟବୋଧ, ବିଶ୍ୱାସ ଓ ଆଦର୍ଶମାନଙ୍କର ମଧ୍ୟ ମୃତ୍ୟୁ ହେଲା ବୋଲି ଘୋଷଣା କରାଯିବ। (ଚିତ୍କାର କରି ଘୋଷଣା କଲାଭଳି) ମୁଁ ବିଶ୍ୱାସ କରି ଏଇ ଉପନିବେଶରେ ମରୁଛି। ଆଦର୍ଶର ନିଆଁରେ ପୋଡ଼ି ହେଇ ମରୁଛି, ହେ ନିଷ୍ପାପ ସରଳତାର କମ୍ବଳ ଘୋଡେଇ ହେଇ ଶୋଇ ରହିଥିବା ମଣିଷମାନେ! ମୋ ସହିତ ତମର ମଧ୍ୟ ମୃତ୍ୟୁ ହେଲା। କ୍ରାସ୍ ଶବ୍ଦ। କିଛି ସମୟ ନୀରବତା)

ମାଲିକ : ଭୃତ୍ୟ!

ଭୃତ୍ୟ : ହଜୁର!

ମାଲିକ : ତମେ ବର୍ତ୍ତମାନ ମୃତ

ଭୃତ୍ୟ : ହଜୁର। ଆପଣଙ୍କ ଆଦେଶ ଶିରୋଧାର୍ଯ୍ୟ।

(ଗୋଟାଏ କଳକଣ୍ଢେଇ ଭଳି ଅଭିନୟ କରି ଗୋଟାଏ କଟାଗଛ ମାଟିରେ ପଡ଼ିଗଲା ଭଳି ମୃତ୍ୟ ପଡ଼ିଯିବ ଓ ମରିଯିବ। ମୃତ୍ୟୁର ପ୍ୟାରୋଡ଼ି)

ମାଲିକ : (ଉଚ୍ଚ ଆସନରେ ଠିଆ ହୋଇ ଶୂନ୍ୟକୁ ଚାହିଁ ଆବୃତ୍ତି କରିବେ)

ଦେଖଇ ନେତ୍ର ଯାହା ଚଉଦିଗର; ସେ ସର୍ବର ଅଟଇ ମୁଁ ... ମୁଁ ... ମୁଁ ... ମୁଁ ...

ଅନ୍ତରାଗର କାବ୍ୟ

ନାଟକର ଚରିତ୍ରମାନେ

ପୁରୁଷ	ନାରୀ
ହୁରିଆ ବରାଳ	ଝୁମ୍‌କୀ
ସତୀଶ	
ଶ୍ରୀନିବାସ	
ସାମ୍ବାଦିକ	
ରଘୁ	
ଓକିଲ	
ନାଟ୍ୟକାର	
ଟହଲିବାବୁ	

ଅସ୍ତରାଗର କାବ୍ୟ

(ପ୍ରଥମ ଦୃଶ୍ୟ)

(ସହରର ବସ୍ତି ଅଞ୍ଚଳରେ ଥିବା ଗୋଟେ ଏକ ବଖରିଆ ଘରର ଭିତରପଟ, ଗୋଟେ କଣରେ କାଠ ଚୌକିଟେ ଓ ଫୁଙ୍ଗୁଳା ରଂଗ ଛଡ଼ା ଗୋଟେ ଟେବୁଲ। କାଠ ଚୌକୀରେ ବସିଚି ନାଟ୍ୟକାର ସତୀଶ ମହାପାତ୍ର। ଘର ଭିତରୁ ପାଟି କରୁଚି ସେଇଘରେ ଭଡ଼ାରେ ରହୁଥିବା ହୁରିଆ ବରାଳ। ସତୀଶର ବୟସ ଚାଳିଶି ପାଖା ପାଖି ହେବ ଏବଂ ହୁରିଆ ତା'ଠୁ ଦି' ବର୍ଷ ବଡ଼ ହେବ। ହୁରିଆର ଗୋଟେ ଟ୍ରଲି ରିକ୍ସା ଅଛି ଓ ସହର ସାରା ବୁଲି ବୁଲି ସିଏ କବାଡ଼ି ସଂଗ୍ରହ କରେ ଏବଂ ତାକୁ କମ୍ପାନୀକୁ ବିକ୍ରି କରେ। ମଂଚରେ ଆଲୋକ ଆସିଲା ବେଳକୁ ହୁରିଆ ବରାଳ ରାଗରେ ବର୍ଷୁଚି ସତୀଶ ଉପରେ।)

ହୁରିଆ : ସେମିତି ହେଲେ ପଳେଇ ଯା' ଏଇ ଘରୁ। ମୁଁ କ'ଣ ତମ ଚାକର? ଶଳା ପରିବା କାଟିବି ମୁଁ, ଚୁଲି ଲଗେଇବି ମୁଁ ... ରୋଷେଇ କରିବି ମୁଁ ... ଆଉ ଲୁଗା ଧୋଇ ଇସ୍ତ୍ରି କରିବି ମୁଁ? ଆଉ ତମେ ସେ କାଠ ଚୌକିରେ ବସି ଚବିଶ ଘଣ୍ଟା କ'ଣ ଗୁଡ଼େ ଆବୁରୁ ଜାବୁରୁ ଗାରୋଉଥିବ? ଏ ଗୁଡ଼ା କ'ଣ? ତମକୁ ଘର ମିଳୁନଥିଲା ... ମୁଁ ଦୟା କରି ଏ ଘରେ ଭାଗୁଆଳି କରିକି ତମକୁ ରଖିଲି।

ସତୀଶ : ସେଇଠୁ କ'ଣ ହେଲା? ମୁଁ ପଇସା ଦଉଚି ନା ନାଇଁ?

ହୁରିଆ : ଖାଲି ଘର ଭଡ଼ାଟା ଦେଲେ ହେଇଗଲା? ଖାଇବା କ'ଣ?

ସତୀଶ : ଆରେ ଭାଇ ରାଗୁଚୁ କାଇଁକି ହୁରିଆ? ମତେ ଚୁଲୀଟା ଜଳେଇ ଆସେନି ...

ହୁରିଆ : ମା' ପେଟରୁ କ'ଣ କିଏ ଶିଖିକି ଆସିଥିଲା ? ସବୁ ଶିଖିବାକୁ ପଡ଼େ। ଆରେ କଲେ ସିନା ଶିଖିବୁ। ହାତ ଗୋଡ଼ ବାନ୍ଧି ସେ କାଠ ଚୌକିରେ ବସି ଲେଖିଲେ କ'ଣ ମିଳିବ ? ମୁଁ କହିଦଉଚି ସତୀଶ ବାବୁ ! ଏମିତି ହେଲେ ତମ ବାଟ ତମେ ଦେଖ। ମୁଁ ତମ ସାଙ୍ଗରେ ଭାଗୁଆଳି ହେଇ ଚଳିପାରିବି ନାହିଁ।

ସତୀଶ : କ'ଣ କରିବା କହ ! ମୋ ଦେଇ ତ ସେ ରୋଷେଇ ବିଦ୍ୟାଟା ହେଲା ନାଇଁ।

ହୁରିଆ : ତା'ହେଲେ ଭାଗ୍ ... ଭାଗ୍ ଏଇଠୁ ! ଆଉ ଗୋଟେ ବସାଘର ଦେଖ। ମୁଁ ତମ ସାଙ୍ଗରେ ଚଳିପାରିବିନି ...

ସତୀଶ : ଏବେ ବସାଘରଟେ କୋଉଠୁ ଖୋଜିବିରେ ହୁରିଆ ? ଗୋଟେ ନୂଆ ନାଟକର ଷ୍ଟୋରୀ ତିଆରି ଚାଲିଛି। ଅସ୍ତରାଗର କାବ୍ୟ।

ହୁରିଆ : ଗୁଳିମାର ବେ ତୋର ସେ ନାଟକକୁ ! ନବରଙ୍ଗ ଲଗେଇଚ ଏଇଠି ! ଶଳା ଲୋକ ଟ୍ରଲି ପେଲି ପେଲି କବାଡ଼ି ଉଠେଇ ଆଣୁ ଆଣୁ ଦିନ ଗୋଟାଏ ବାଜିଲାଣି। ଏବେ ଖାଇବି କ'ଣ ଭାବିଲା ବେଳକୁ ଚୁଲିଟା ଲିଭେଇ ଦେଇକି ବଇଚୁ ? ମୁଁ ଖାଇବି କ'ଣ ଏବେ ? ଭୋକରେ ହଂସା ଉଡ଼ିଗଲାଣି ! ଶଳା ଚୁଲିଟା ଲିଭି ଥଣ୍ଡା ହୋଇଗଲାଣି। ଭାତଟା ଗାଳି ପାରିଲିନି - ପେଜ ମରି ଭାତ କାଠ ହେଇଯାଇଥିବ।

ସତୀଶ : ମୁଁ ଦେଖିଚିରେ ହୁରିଆ ... ପେଜ ଉତୁରି ଚୁଲିଟା ଲିଭିଗଲା, ତା'ପରେ ମୁଁ ଯାଇ ଡାଙ୍କୁଣିଟା କାଢିଦେଲି।

ହୁରିଆ : ଆଉଥରେ ଚୁଲିଟା ଲଗେଇ ଦେଲନି ?

ସତୀଶ : ମୁଁ ?

ହୁରିଆ : ଯଦି ଚୁଲିଟା ପେଜ ଉତୁରି ଲିଭିଗଲା - ଆଉ ଥରେ ଜାଳେଣି ଦେଇ ଚୁଲିଟା ଜଳେଇଥାନ୍ତ। ଏବେ ଭାତଟା ସିନା ହେଇଗଲା - ଡାଲମାଟା ହେବ କେମିତି ? ଚୁଲିଟାକୁ ଲିଭେଇ ଦେଇ ନାଟକ ଲେଖୁଚ ! ଦିନ ଆସି ସାଢେ ଗୋଟେ ହେଲାଣି। ଅସ୍ତରାଗର କାବ୍ୟ ଲେଖୁଥାଅ।

ସତୀଶ : ସେଇଠି ତ ଅସୁବିଧା ... ଏ କାଠଚୁଲିଟା ଜଳେଇ ଆସିଲାନି ମତେ ! କୁଆଡୁ ଟଙ୍କାପଇସା ମିଳିଲେ ଗ୍ୟାସ୍ ଚୁଲିଟେ କିଣିଦେବା, ଆଗ 'ଅସ୍ତରାଗର କାବ୍ୟ' ବହିଟା ସରୁ।

ହୁରିଆ : ହୁ ! ପରିବା କାଟି ଆସୁନି - ଆଙ୍ଗୁଠି କଟି ଯାଉଛି - ଚୁଲିଟା ଜଳେଇ

ଆସୁନି ... ସର୍ଫ ପକେଇ ଲୁଗାପଟା ସଫା କରିଆସୁନି - ଲୁଗା ଶୁଖିଲେ ଆଣି ଇସ୍ତ୍ରୀ କରିବା ଆସୁନି ଆଉ ଆସୁଛି କ'ଣ ସତୀଶ ବାବୁ ? ଖାଲି ସେ କାଠ ଚୌକିଟା ଉପରେ ବସି ଗାରେଇବ ? କଣଟା ଅସ୍ତରାଗର କାବ୍ୟ ? ମୁଁ କବାଡ଼ି ଗୋଟେଇବା ଲୋକ ... କ'ଣ ଗାରୋଉଚୁ ଜାଣିବି କେମିତି ?

ହେଇତି, ସତୀଶ ବାବୁ ! ମୁଁ ମୂର୍ଖ କବାଡ଼ି ବାଲା ନୁହେ ମ ! ପ୍ଲସ ଥ୍ରୀରେ ଫେଲ୍ ହୋଇଗଲି - ଘରେ ଆଉ ପଇସା ପଠେଇଲେ କାହିଁ । ସେଇଥିପାଇଁ ଏ କବାଡ଼ି ବେପାର କରୁଛି । ବି.ଏ.ଟା ପାଶ୍ କରିଥିଲେ କଣଟେ ହେଇଥାନ୍ତା ? ସେକ୍ରେଟେରୀଏଟ୍‌ରେ କିରାଣୀ ହୋଇ କ୍ୱାଟରଟେ ପାଇଥାନ୍ତି । ନ ହେଲା ନାଇଁ ... ଏ ସାଲିଆ ସାହି ବସ୍ତି ଆମ ପାଇଁ ସ୍ୱର୍ଗ । ତମେ ଯେତେବେଳେ ଜଗତସିଂହପୁର ଯାଉଚ - ମୁଁ କ'ଣ ତମ ଫାଇଲ ପଢୁନି ? ପଢିଚି ସତୀଶ ବାବୁ ! ତମ ନାଟକ ମୁଁ ବେଶ୍ ବୁଝୁଚି... ଖାଲି ଇଂଲିସ୍‌ଟା ହେଲାନି ବୋଲି ପ୍ଲସ୍-ଥ୍ରୀ ଫେଲ୍ । ହେଲେ ଏ ଗୋଲାମ ନଗରରେ ମୁଁ କାହାର ଗୋଲାମ ହେଇନି ସତୀଶ ବାବୁ ! ହକ୍ ପରିଶ୍ରମ କରୁଛି ଆଉ ମାସକୁ ଚାରି ପାଞ୍ଚ ହଜାର ପାଇଯାଉଛି । ହେଲେ ତମେ ଏଠି କରୁଚ କ'ଣ ? ଏମ୍.ଏ. ପଢିଚ - କୋଉ ପ୍ରାଇଭେଟ୍ କଲେଜରେ ଯାଇ ଅଧ୍ୟାପକ ହେଲନି ? ବାଇଆଙ୍କ ପରି ଗୁଡ଼େ ନାଟକ ଲେଖିଲେ କ'ଣ ମିଳୁଛି ? ସେଇଥିପାଇଁ କହୁଚି ଏ ଘର ଛାଡ଼ ଆଉ ଗୋଟେ ନୂଆ ଘର ନେଇ ଚାକିରି ଖୋଜ ଆଉ ଦୟାକରି ଏ କବାଡ଼ିବାଲାର ଘର ଛାଡ଼ି ଗୋଟେ କିଛି ଚାକିରି ଧନ୍ଦା କର ।

ସତୀଶ : ଯିବିରେ ହୁରିଆ ! ଯିବି । ନିଶ୍ଚୟ ଯିବି । ତୋ' ସାଙ୍ଗରେ ରହିଲେ ଯାତ୍ରାପାର୍ଟି କି ଟି.ଭି. ବାଲା କେହି ଆସୁନାହାନ୍ତି ।

ହୁରିଆ : କାଇଁକି ?

ସତୀଶ : ଭାବୁଛନ୍ତି ମୋ' ନାଟକ ଗୁଡ଼ା ମଧ୍ୟ କବାଡ଼ି ମାଲ !

ହୁରିଆ : ତା'ହେଲେ ବର୍ତ୍ତମାନ ଯାଅ ... ଏଇ ସଙ୍ଗେ ସଙ୍ଗେ ...

ସତୀଶ : ଏବେ ଦି' ପହରଟାରେ କୁଆଡ଼େ ଯିବି ?

ହୁରିଆ : ସଂଗେ ସଂଗେ ଯିବ ।

ସତୀଶ : କୁଆଡ଼େ ଯିବି ?

ହୁରିଆ : ଯୁଆଡ଼େ ଯିବ ଯା' - ହେଲେ ଏଇଠି ତମଭଳି ଗୋଟେ ଜାମକୋଳି

ଅଳସୁଆକୁ ମୁଁ ସମ୍ଭାଳି ପାରିବି ନାହିଁ। କାଇଁ - ମୁଁ କ'ଣ ତମ ଚାକର? Household help? Get out! ଶଳା କି ଭୁଲ୍ କଲି ତମକୁ ଏଇଠି ରଖି? ଭାବିଲି ଏମ୍.ଏ. ପଢିଛ - ଭଦ୍ରଲୋକ ହେଇଥିବ - ଦେଖିଲାବେଳକୁ କବାଡ଼ିବାଲା ବୋଲି ଆମକୁ ଘୃଣା କରୁଚ? ଫୁଟ ଏଇଠୁ... ଶଳା ନାଟକ ଲେଖୁଚି - ସେଇଟା ପୁଣି 'ଅସ୍ତରାଗର କାବ୍ୟ'।

ସତୀଶ : କାଇଁ ମିଛଟାରେ ମୋ' ଉପରେ ରାଗୁଚୁ କିରେ?

ହୁରିଆ : ମିଛୁଟାରେ? ଏଇନା ଚାଲ ଏଇଠୁ... ତମର ପ୍ରେସଟିଜ୍ ଅଛି - ଆଉ ଆମର ନାଇଁ? ସଂଗେ ସଂଗେ ଖାଲି କର ଏ ଘର... ଏଇନେ... ନ ହେଲେ ଫିଙ୍ଗି ଦେବି ତମର ପେଡ଼ି ପୁଟୁଳା...

(ହୁରିଆ ଭିତରକୁ ଯାଇ ଗୋଟେ ବାଲ୍‌ଟି, ମଗ୍, ଗୋଟାଏ ଟ୍ରଙ୍କ୍, ଗୋଟେ ଛତା ... ସବୁ ଫୋପାଡ଼ିଲା ମଂଚ ଉପରକୁ।)

ସତୀଶ : ହୁରିଆ ...! ଇଏ କ'ଣ ହଉଛି? ହୁରିଆ ...!

(ସତୀଶ ତାର ଛତା, ବେଡ଼ିଂ ଇତ୍ୟାଦି ଗୋଟାଇବାରେ ଲାଗିଚି ଓ ହୁରିଆ ସବୁ ଫୋପାଡ଼ି ଚାଲିଛି। ହଠାତ୍ ପଶି ଆସିଲେ କଳାଶ୍ରୀ ଥିଏଟରର ମ୍ୟାନେଜର ଅଭିନେତା ଶ୍ରୀନିବାସ ମହାନ୍ତି। ଯୁବକ, ଦେଖିବାକୁ ସୁନ୍ଦର ଓ ହାତରେ ଏକ ଛୋଟ ବ୍ୟାଗ୍। ହୁରିଆ ଫୋପାଡୁଥିବା ଲୁଗା ଗଣ୍ଠିଲିଟା ବାଜିଲା ଶ୍ରୀନିବାସ ଦେହରେ। ସେ ଚମକି ପଡ଼ିଲା ଓ ପଚାରିଲା...)

ଶ୍ରୀନିବାସ : ଆରେ... ଆରେ... ଇଏ କ'ଣ ହଉଚି? ଏଇଟା ନାଟ୍ୟକାର ସତୀଶ ମହାପାତ୍ରଙ୍କ ଘରଟି?

ସତୀଶ : ଆଜ୍ଞା ମୁଁ ସତୀଶ, ଆପଣ?

ଶ୍ରୀନିବାସ : ମୁଁ ଶ୍ରୀନିବାସ ମହାନ୍ତି। କଳାଶ୍ରୀ ଥିଏଟରରୁ ଆସିଛି।

ସତୀଶ : ନମସ୍କାର ... କ'ଣ କରିବି? ଏଇଠି ଚୌକିଟେ ବି ନାଇଁ ବସିବା ପାଇଁ। ଭିତରେ ଗୋଟେ କାଠ ଚୌକି ଥିଲା ... ହେଲେ ସିଏ ମତେ ଏ ଘରୁ ବାହାର କରିଦେଉଛି।

ଶ୍ରୀନିବାସ : କିଏ ସିଏ? (ଆଗେଇ ଯାଇ) ହଇଏ ବାବୁ ଆସିଲ ଏଇଠିକି। (ହୁରିଆ ଆସିଲା) କ'ଣ ହେଇଚି? ତମେ ଆମ ନାଟ୍ୟକାରଙ୍କୁ ଏଇଠୁ ଘଉଡ଼ି ଦଉଚ କାଇଁକି?

ହୁରିଆ : ଆଜ୍ଞା - ଏଇଟା ଛତରଖିଆ ପରି ବୁଲୁଥିଲା ... ମୁଁ ତାକୁ ଡାକି ଆଣି

ମୋ' ବସାରେ ରଖିଲି । ଆପଣ ପଚାରିବେ କାଇଁକି ରଖିଲୁ ? ଆଜ୍ଞା ସିଏ ଏମ୍.ଏ. ପଢ଼ିଛନ୍ତି ତ । ବହି ଲେଖୁଛନ୍ତି । ଭଦ୍ର ଲୋକ ପରି ଦିଶୁଛନ୍ତି । ରଖିଲି ବୋଲି ମୋର ଦୋଷ ହୋଇଗଲା ? ମୁଁ ୟାଙ୍କ ପାଇଁ ରୋଷେଇ କରିବି - ୟାଙ୍କ ଲୁଗାପଟା ଧୋଇବି ଆଉ ଇସ୍ତ୍ରୀ କରିବି । ଆଉ ଇଏ ସେ କାଠ ଚୌକି ଉପରେ ବସି ଖାଲି ସ୍ୱପ୍ନ ଦେଖିବେ ? କହିଲେ କହିବେ କବାଡ଼ିବାଲା ?

ଶ୍ରୀନିବାସ : କବାଡ଼ିବାଲା କିଏ ?

ହୁରିଆ : ଆଜ୍ଞା ମୁଁ । ଦିନସାରା କବାଡ଼ି ଗୋଟୋଉଚି ଆଉ ସନ୍ଧ୍ୟାରେ ମାଲିକକୁ ଦେଲେ ସିଏ ପଇସା ଦଉଚି । ମାସ ଶେଷକୁ ଚାରି ପାଞ୍ଚ ହଜାର ହୋଇଯାଉଛି । ତା' ବୋଲି ମତେ କବାଡ଼ିବାଲା କହି ଧିକାରିବେ ? ମୁଁ ଆଜ୍ଞା ପ୍ଲସ୍ ଥ୍ରୀ ଫେଲ୍ । ଘରୁ ଟଙ୍କା ଆଣିପାରିଲିନି ... ବହି କିଣି ପାରିଲିନି । ତା' ବୋଲି ମୁଁ କ'ଣ ଆଜ୍ଞା କେହିନୁହେଁ ? ଖାଲି ଗୋଟେ କବାଡ଼ିବାଲା ? ମୁଁ ଆଜ୍ଞା କାର୍ ଭଡ଼ା ଟ୍ରଲି ଚଲଉନି ... ଏଇଟା ମୋର ନିଜର ଗାଡ଼ି । ମୁଁ ମୋ ନିଜ ପଇସାରୁ ଏ ଟ୍ରଲି କିଣିଛି । ମୁଁ କାର ଗୋଲାମ ନୁହେଁ ସାର୍ ! ନିଜ ପାଇଁ ନିଜେ ଖଟୁଛି - ଆଉ ସାର୍... କଲେଜରେ ପଢ଼ିଲାବେଳେ ଡ୍ରାମା ସୋସାଇଟିରେ ସମ୍ପାଦକ ଥିଲି । ସେଇଥିପାଇଁ ଏ ନାଟ୍ୟକାରଟାକୁ ରଖିଥିଲି ଯେ ... ଭୁଲ୍ ହେଇଗଲା... ଏଇ ନାଟ୍ୟକାର ହାତରେ ଖଡ଼ା ଶିଝୁନି ।

ଶ୍ରୀନିବାସ : ଶୁଣ... ତମେ କବାଡ଼ିବାଲା କାମ କରିବା ଦରକାର ନାଇଁ, ଆସ ଆମ କଳାଶ୍ରୀ ଥିଏଟରରେ ଟିକେଟ୍ ବିକିବ ଆଉ ହିସାବ ରଖିବ । ମାସକୁ ପାଞ୍ଚହଜାର ଦେବି । ଖାଇବା ରହିବା ମାଗଣା - ଚାଲ ମୋ' ସାଙ୍ଗରେ -

ହୁରିଆ : ଧନ୍ୟବାଦ ସାର୍ ! ସାର୍ ଛୋଟିଆ ମୋଟିଆ ରୋଲ୍ ମିଳିବ? ମୁଁ ଅଭିନୟ କରୁଥିଲି ।

ଶ୍ରୀନିବାସ : ମିଳିବ ମିଳିବ ! ତା'ମାନେ ତମେ ଜଣେ କଳାକାର ମଧ୍ୟ ।

ହୁରିଆ : କିନ୍ତୁ ୟାଙ୍କ ଭଳିଆ କବାଡ଼ି ନୁହେଁ ସାର୍ ! ମୋ' ହାତରେ ସବୁ କାମ ହୁଏ ।

ଶ୍ରୀନିବାସ : ତୁରନ୍ତ ବାହାର - ଏ କବାଡ଼ି ନାଟ୍ୟକାରକୁ ଏକେଲା ଛାଡ଼ ... ସିଏ

ତାଙ୍କର ନାଟକ ଲେଖନ୍ତୁ – ତମେ ଆସ – ଯାଅ ଘର ଜିନିଷ ନେଇ ଆଣ –

ହୁରିଆ : ଆପଣ ଚାଲନ୍ତୁ ସାର୍ – ମୁଁ ଜିନିଷପତ୍ର ଟ୍ରଲିରେ ଧରି କଳାଶ୍ରୀ ପାଖରେ ପହଞ୍ଚିଯିବି

ଶ୍ରୀନିବାସ : ତ' ... ନାଟ୍ୟକାର ସାର୍! ଆମ ବହି କେତେ ଦୂର ଗଲା ?

ସତୀଶ : ଅଧାରେ ଅଛି ସାର୍! ନାଁଟା କିନ୍ତୁ 'ଅସ୍ତରାଗର କାବ୍ୟ' ରହିବ।

ଶ୍ରୀନିବାସ : କାଲି ସକାଳ ଦଶଟାରେ ରିହାରସଲ୍। ପାଣ୍ଡୁଲିପି ନେଇ କି ଆସ। (ହାତ ବ୍ୟାଗ୍ ଖୋଲି) ଏଇ ଦଶହଜାର ରଖିଥାନ୍ତୁ। ଆଡଭାନ୍ସ ... ଡେଲି ଚାରିଟା ସିନ୍ ଲେଖି ଆଣନ୍ତୁ – ଡାଇରେକ୍ଟରଙ୍କ ସାଙ୍ଗରେ ଆଲୋଚନା କରି ଲେଖିବେ। ବହି ସରିଲେ ବଳକା ଟଙ୍କା ନେବେ ହେଲା ? ଦିଅନ୍ତୁ ପାଣ୍ଡୁଲିପି ...

ସତୀଶ : ଭିରରକୁ ଆସନ୍ତୁ ସାର୍! (ଶ୍ରୀନିବାସ ଭିତରକୁ ଗଲେ। ମଞ୍ଚ ଅନ୍ଧାର)

ଦ୍ୱିତୀୟ ଦୃଶ୍ୟ

(ବାହାରେ ଖୁବ୍ ଜୋର୍‌ରେ ପବନ ବହୁଚି। ଝଡ଼ ଓ ବର୍ଷା। ମଝିରେ ମଝିରେ ବିଜୁଳି ଓ ଘଡ଼ଘଡ଼ି। ସତୀଶ ତା' କାଠ ଚୌକିରେ ବସି ନାଟକ ଲେଖିବାରେ ବ୍ୟସ୍ତ। ଦାଣ୍ଡଦୁଆର ଓ ଝରକା ବନ୍ଦ କରିବାକୁ ଭୁଲିଯାଇଛି। ଏଣୁ ଝଡ଼ ବର୍ଷାର ପ୍ରକୋପ ଘର ଭିତରେ ଅନୁଭବ କରି ହେଉଛି। ନାଟ୍ୟକାର ଉଠିଲା। ଝରକା କବାଟ ବନ୍ଦ କରିବାକୁ ଭାବିଲା, କିନ୍ତୁ ବନ୍ଦ କଲା ନାହିଁ ଲୋକଙ୍କୁ ଚାହିଁ ସ୍ୱଗତୋକ୍ତି କଲା)

ସତୀଶ : ଦୃଶ୍ୟ ପରିବର୍ତ୍ତନ କରିବା ପାଇଁ ନାଟକ ବାଧ୍ୟ। ଜୀବନ ମଧ୍ୟ ଏବଂ ମୁଁ ବି। କାରଣ କାହାକୁ ବିଶ୍ୱାସ କରି ଜୀବନର ଧରାବନ୍ଧା ଶଗଡ଼ ଗୁଳାରେ ଚାଲିଲେ ନାଟକ ଲେଖା ହେଇପାରିବନି। ସେଇଥିପାଇଁ ଜୀବନର ନିତ୍ୟ ନୈତିକତାକୁ ସ୍ୱୀକାର କରିବା ପାଇଁ ମୁଁ ବାଧ୍ୟ ନୁହେଁ। ସେଇଥିପାଇଁ ଅଦିନିଆ ବର୍ଷା ଓ ଝଡ଼ମାନଙ୍କୁ ସ୍ୱାଗତ କରାଯାଇପାରେ। କିଛି ନ ହେଲେ ଗରମଟା ତ କମିଯିବ।

(ହଠାତ୍ ବର୍ଷାରେ ତିନ୍ତି ଘର ଭିତରକୁ ପଶି ଆସିଲା ଝିଅଟିଏ। ବୟସ ୨୫/୨୬ ହେବ। ଝିଅଟି ଅଟକି ଗଲା। ସତୀଶକୁ ଦେଖି ବୁଝିପାରିଲା – ଭୁଲ୍ ହେଇଚି। ସେ ଜିଭ କାମୁଡ଼ି କହିଲା)

ଝିଅ : ଆଇ ଏମ୍ ସରି ... ! (ଫେରିଯାଉଥିଲା)

ସତୀଶ : ଶୁଣ ... ! ଆସ ଆସ ଭିତରକୁ ଆସ ... ବାହାରେ ବର୍ଷା ହଉଚି ... ତିନ୍ତିଗଲ ଯେ - ଛତାଟେ ଆଣିବାକୁ ଭୁଲିଗଲ ବୋଧେ ?

ଝିଅ : ନାଇଁ ମୁଁ ଛତା ଆଣିନି। ରାଗି କି ଗାଁରୁ ଚାଲି ଆସିଲି।

ସତୀଶ : ଗାଁରୁ ଆସିଲ ?

ଝିଅ : ହଁ, ଜଇପୁରରୁ। ମୁଁ ବି.ଏ. ଅନର୍ସରେ ଫାଷ୍ଟକ୍ଲାସ୍ ପାଇଲି। ସେମାନେ ମତେ ପଢେଇବାକୁ ମନା କଲେ।

ସତୀଶ : ବାପା କ'ଣ କରନ୍ତି ?

ଝିଅ : ବାପା ଚାଲିଗଲେ ଦି' ବର୍ଷ ତଳେ - ମହାମାରୀରେ - ମା' କହୁଚି ଚାକିରି କର। ବି.ଏ ପଢିବି କି ଚାକିରି କରିବି ? ଏମ୍.ଏ. ପାଶ୍ କଲେ ସିନା ଅଧ୍ୟାପିକା ଚାକିରିଟେ ମିଳିବ ? ସେଇଥିପାଇଁ ଚାଲିଆସିଲି।

ସତୀଶ : କୋଉଠିକି ? ଏଇଠି ଏମ୍.ଏ. ପଢିବାକୁ ହେଲେ ବାଣୀବିହାର ଯିବାକୁ ହେବ। ଆଡ୍‌ମିଶନ୍ ପାଇଁ ତ ପାଞ୍ଚ/ସାତ ହଜାର ଲାଗିପାରେ।

ଝିଅ : ମୁଁ ଆଡ୍‌ମିଶନ୍ ହେଇଗଲିଣି। ମା' ତାର କାନଫୁଲ ବିକି ଦଶହଜାର ଦେଇଚି।

ସତୀଶ : ଆଚ୍ଛା ଆଚ୍ଛା ! ଏବେ କ'ଣ ଗାଁକୁ ଫେରିଯିବ ? କୋଉଁ ଗାଁ ଟି ? ଓ ... ଜଇପୁର ... ? କିନ୍ତୁ ଏଇଠୁ ତ ବସଷ୍ଟାଣ୍ଡ ବହୁତ ଦୂର ... ସେଥିରେ ପୁଣି ଅଦିନିଆ ବର୍ଷା..

ଝିଅ : ଏଇ ବାଟେ ବସ୍‌ଷ୍ଟାଣ୍ଡ ଯାଉଥିଲି। ବର୍ଷା ହେଲା ... ଆପଣଙ୍କ ବାରଣ୍ଡା ଉପରକୁ ଉଠିଆସିଲି। ଦେଖିଲି ଦାଣ୍ଡ କବାଟଟା ଖୋଲା ଥିଲା ... ପଶି ଆସିଲି ... କିଛି ମନେ କରିବେନି।

ସତୀଶ : ନାଇଁ ନାଇଁ- କିଛି ନାଇଁ... ବର୍ଷା ଛାଡୁ... ମୁଁ ବସ୍‌ରେ ବସେଇ ଦେଇ ଆସିବି।

ଝିଅ : କିନ୍ତୁ ଭାବୁଚି ... ଗାଁକୁ ଯାଇ କ'ଣ କରିବି ? କାଲିଠୁ କ୍ଲାସ୍ ଆରମ୍ଭ ହୋଇଗଲାଣି। ହଷ୍ଟେଲ୍‌ରେ ଜଏନ୍ କରିବା ପାଇଁ ପଇସା ନାଇଁ।

ସତୀଶ : କ'ଣ କରିବ ତା'ହେଲେ ?

ଝିଅ : ଏଇଠି ଖଣ୍ଡେ ଚାକିରି ମିଳନ୍ତା ଯଦି କରନ୍ତି। କେବଳ ସଂଧାରେ। କାରଣ ଦିନବେଳା ମୁଁ କ୍ଲାସ୍ ଆଟେଣ୍ଡ୍ କରିବି।

ସତୀଶ : ଇଏ ତ ମୁସକିଲ୍ କଥା। ଚାକିରି ମାନେ ତ ଦିନବେଳା ଅଫିସ୍ ...

ସରକାରୀ ଚାକିରି ମିଳିବ ନାଇଁ ... ପ୍ରାଇଭେଟ୍ ଚାକିରି ... ଯଦି କରିବ କୋଉ ହୋଟେଲ୍ କି ହସପିଟାଲ୍‌ରେ ରିସପସନିଷ୍ଟ ଚାକିରିଟେ ଖୋଜିଦେବି।

ଝିଅ : ମୁଁ ଆପଣଙ୍କ ପାଖରେ କୃତଜ୍ଞ ରହିବି ସାର୍ ... କିନ୍ତୁ ଏଇଠି ... ଏଇ ଘରେ ଆପଣ କ'ଣ ଏକା ?

ସତୀଶ : ଗୋଟେ କବାଡ଼ିବାଲା ସାଙ୍ଗରେ ଭଡ଼ାରେ ରହୁଥିଲି ଏଇଠି। ସେଇଟା ଚାଲିଗଲା ଆଠଦିନ ହେଲା। ଏବେ ମୁଁ ଏଇଠି ଏକୁଟିଆ ଚଳେଇଚି।

ଝିଅ : କାଇଁ ଆପଣଙ୍କ ଫ୍ୟାମିଲି ?

ସତୀଶ : ଫେମିଲି ... ମାନେ ... ଆଇ ମିନ୍ ... ମୁଁ ବାହା ହେଇନି।

ଝିଅ : ତା' ହେଲେ ମତେ ରଖିଦଉନାହାନ୍ତି ... ହାଉସ୍ ହୋଲ୍ଡ ହେଲ୍ପ ?

ସତୀଶ : ନାଇଁ ... ନାଇଁ ... ଏଇଠି ଝିଅ ପିଲାଟେ ରହିଲେ ବାର ଲୋକ ବାର କଥା କହିବେ !

ଝିଅ : କାଇଁକି ? ଆପଣ ହାତରେ ରୋଷେଇ କରି ଖାଉଛନ୍ତି... ମୁଁ ରୋଷେଇ କରିଦେବି....। ଆଉ ସବୁ ଘର କାମ କରିଦେବି ସାର୍ ... ଝାଡୁ କରିବା, ବାସନ ମାଜିବା, ଲୁଗାସଫା କରିବା, ଇସ୍ତ୍ରୀ କରିବା ... ସବୁ କରି ପାରିବି ...

ସତୀଶ : ମୁଁ ଡାକିଲେ ତୁମେ ଲେଖିପାରିବ ?

ଝିଅ : କ'ଣ ଡାକିବେ ? ଓଡ଼ିଆ ନା ଇଂରାଜୀ ? (ହସି)
ଆପଣ କ'ଣ କରନ୍ତି ଯେ ?

ସତୀଶ : ମୁଁ ... ମୁଁ ଜଣେ ନାଟ୍ୟକାର। ନାଟକ ଲେଖେ ...।

ଝିଅ : ଆରେ ବା ! ନାଟ୍ୟକାର ଆପଣ ? ତା' ହେଲେ ଟି.ଭି. ସିରିଏଲ୍ ଆଉ ଫିଲ୍ମ ପାଇଁ ଡାଇଲଗ୍ ମଧ୍ୟ ଲେଖୁଥିବେ ?

ସତୀଶ : ଦି ଚାରିଟା କାମ ପଡ଼ିଲେ ମୁଁ ହଇରାଣ ହେଇଯାଉଛି। ମାନେ, ନାଟକ ଲେଖିଲା ବେଳକୁ ଡାଲି ପୋଡ଼ି ଯାଉଛି। ତରକାରୀ କରେଇରେ ଲାଗି ଯାଉଛି।

ଝିଅ : ତା'ହେଲେ ମତେ ରଖିଦିଅନ୍ତୁନା ସାର୍ ! ଆପଣ ଏବେ ନିକଟରେ ଯଦି ବାହା ହେଉନାହାନ୍ତି ... ମୁଁ ସବୁ କାମ ଚଳେଇ ଦେବି ସାର୍ ! ଅ ଠୁ କ୍ଷ ପର୍ଯ୍ୟନ୍ତ। ସବୁ କାମ।

ସତୀଶ : ଚଳେଇ ଦେବ ଯେ ... ଲୋକେ କ'ଣ କହିବେ ?

ଝିଅ : କୋଉ ଶଳା ଲୋକକୁ କିଏ ଖାତିର କରୁଛି ସାର୍ ? ଲୋକେ ତ ସଜ ମାଛରେ ପୋକ ପକେଇବେ ! ଆପଣ ବରହମ୍ପୁର ସହରକୁ ଯାଆନ୍ତୁ ସାର୍ ଦେଖିବେ - ୨୫/୩୦ ଟା କଲେଜ ପିଲା ଘରମାନଙ୍କରେ ରୋଷେଇ କରି ବାସନ ମାଜି ପାଠ ପଢୁଛନ୍ତି। ଭୁବନେଶ୍ୱରରେ ବି ହେଉଥିବ। ଆପଣ ଟ୍ରାଏ କରନ୍ତୁନା। ଭଲ ହେଲା ... ଆପଣ ନାଟ୍ୟକାର। ନାଟକ ଡିକ୍‌ଟେସନ୍ ଦେବ - ଆଉ ମୁଁ ଲେଖିବି। ମୋ' ଅକ୍ଷର ସୁନ୍ଦର ସାର୍ ... ଆଜେ ବାଜେ ପିଲା ନୁହେଁ। ଇଂଲିସ୍ ଅନର୍ସରେ ଫ୍ଲାଷ୍ଟକ୍ଲାସ୍ ପାଇଚି ସାର୍ ... ବିନା ଟିଉସନ୍‌ରେ। କ'ଣ ଚାକିରି କରୁଚ ବୋଲି କିଏ ପଚାରିଲେ ମୁଁ କହିବି 'ପ୍ରାଇଭେଟ୍ ସେକ୍ରେଟେରୀ'। କାମବାଲୀ କାହିଁକି କହିବି ? କହିବି ପରସ୍‌ନାଲ୍ ସେକ୍ରେଟେରୀ ... ପ୍ରାଇଭେଟ୍ ସେକ୍ରେଟେରୀ.। କିନ୍ତୁ କେତେ ପଇସା ଦେବ ସାର୍ ?

ସତୀଶ : ଛ' ହଜାର। ଛ' ହଜାରରୁ ବେଶୀ ଦେଇପାରିବିନି। କିନ୍ତୁ ଦେଖ ... ମୁଁ ପ୍ରତି ମାସରେ ପେମେଣ୍ଟ କରିପାରିବିନି। ମୋର ଚାକିରି ନାଇଁ କି ଦରମା ନାଇଁ।

ଝିଅ : ତା' ହେଲେ ତ ଅସୁବିଧା ହେବ ସାର୍ ... ରୋଷେଇ କରୁଚି ମାନେ ଖାଇବାଟା ଫ୍ରି। କିନ୍ତୁ କଲେଜ ଦରମା - ଡ୍ରେସ୍, ଟାଉନବସ୍ ଖର୍ଚ୍ଚ ଆଉ ବହିଖାତା କିଣା ... ଏଥିପାଇଁ ତ ପଇସା ଦରକାର ହେବ।

ସତୀଶ : ମୁଁ ଏଣିକି ଯାତ୍ରା ଲେଖିବି ... ଗୋଟେ ନାଟକ ପାଇଁ ପଚାଶ ହଜାରରୁ ଲକ୍ଷେ। ତମେ ୩୦ %ପେମେଣ୍ଟ ପାଇବ ... ମାନେ ଲକ୍ଷେରେ ତେତିଶ ହଜାର। ଚଳିବ ?

ଝିଅ : ଚଳିବ ସାର୍ ! କହିବେ ଯଦି ମୁଁ ଆପଣଙ୍କୁ ଷ୍ଟୋରୀ କହିବି।

ସତୀଶ : ଗୋଟେ ଷ୍ଟୋରୀ ପାଇଁ କୋଡ଼ିଏ ହଜାର। ଓକେ ? ତମ ନା କ'ଣ ?

ଝିଅ : ଝୁମ୍‌କୀ ନାୟକ।

ସତୀଶ : Good ! ଆଗରୁ କହିଦଉଚି। ପ୍ରତିମାସରେ ମୁଁ ପେମେଣ୍ଟ କରିପାରିବି ନାହିଁ।

ଝିଅ : ତା' ହେଲେ ମତେ ପାଠ୍ୟକ୍ରମ ବହିର୍ଭୂତ କିଛି କାମ କରିବାକୁ ପରମିଶନ୍ ଦେବ ?

ସତୀଶ : ବୁଝିପାରିଲିନି। ପାଠ୍ୟକ୍ରମ ବହିର୍ଭୂତ ମାନେ ?

ଝିଅ : ଆପଣଙ୍କର ସତୀତ୍ୱ ଫତିତ୍ୱ ଟାବୁ (taboo) ନାହିଁ ତ ?

ସତୀଶ : ମାନେ ?

ଝିଅ : ବହୁତ ପୁଅ ଅଛନ୍ତି ସାର୍ ... ଯେଉଁମାନେ ସତୀତ୍ୱ ଥିବା ଝିଅମାନଙ୍କ ସାଙ୍ଗରେ ହିଁ ସମ୍ପର୍କ ରଖନ୍ତି - ଆପଣଙ୍କର ସେ ରୋଗ ନାଇଁତ ? କାଇଁକି ନା ଭୁବନେଶ୍ୱରରେ ପ୍ରଚୁର ସେକ୍ସ ର୍ୟାକେଟ ଚାଲିଚି । ଭଲ ପଇସା ସେଥିରେ । ମୁଁ ସୁବିଧା ଦେଖି ଗୋଟେ ସେକ୍ସ ରାକେଟ୍‌ରେ ଜଏନ୍ କରିଯାଇପାରେ । ଭଲ ପଇସା, ସାର୍ !

ସତୀଶ : ଝୁମ୍‌କୀ ! ଇଏ କ'ଣ କହୁଚ ? ଏଇଠି ରହି ଧନ୍ଦା କରିବ ?

ଝିଅ : ଚମକିଲେ କାହିଁକି ? ଓଡ଼ିଶାରେ ପ୍ରତିଦିନ ଗୋଟେ ରେପ୍ କେଶ ହେଉଛି । ଶିଶୁ ଯୌନ ବ୍ୟବସାୟ ଦି'ଗୁଣ ବଢ଼ିଚି । ପୁଅମାନେ ଗାଁରୁ ଆସି ଏଇଠୁ ଲିଭ୍ଇନ୍ ରିଲେସନ୍‌ସିପ୍‌ରେ ରହିଲେଣି । ଆପଣ ମୋ କଥା ଶୁଣି ଚମକୁଛନ୍ତି କାଇଁକି ? କୋଉ ଶତାବ୍ଦୀର ନାଟ୍ୟକାର ଆପଣ ? ଏକବିଂଶ ଶତାବ୍ଦୀର ନା ଊନବିଂଶ ଶତାବ୍ଦୀର ସାର୍ ?

ସତୀଶ : ନାଇଁ ... ମାନେ ...

ଝିଅ : ଲାଜ କ'ଣ କରୁଛନ୍ତି ସାର୍ ? ଏ ଝୁମ୍‌କୀ ନାୟକ ଯଦି ଆପଣଙ୍କର ପ୍ରାଇଭେଟ୍ ସେକ୍ରେଟେରୀ ରହିବ ... ସବୁ ପ୍ରାଇଭେଟ୍ କାମ କରିବାକୁ ସିଏ ପ୍ରସ୍ତୁତ ।

ସତୀଶ : ଦେଖିବା ! ଦେଖିବା ତା' ହେଲେ

ଝିଅ : ଦେଖିବେ କ'ଣ ସାର୍ ... ? ଦରକାର ପଡ଼ିଲେ ମୁଁ ଡ୍ରଗସ୍ କାରବାର କରିପାରେ । ସେଥିରେ ବି ପ୍ରଚୁର ପଇସା ...

ସତୀଶ : ନାରକୋଟିକ୍‌ସବାଲା ଧରିନେବେ ହୋ- ମୁଁ ବଦନାମ୍ ହେଇଯିବି । ତମେ ଏଇଠୁ ଗଲ ... !

ଝିଅ : ଡରିଗଲେ ସାର୍ ? (ହସିଲା) ଟଙ୍କା ରୋଜଗାର କରିବା ମୋର ଲକ୍ଷ୍ୟ ନୁହେଁ ସାର୍ । କୌଣସି ମତେ ଏମ୍.ଏ. ଟା ପାଶ୍ କରିଦେଲେ ଚାକିରି ଖଣ୍ଡେ ପାଇବି । ଯାଉଛି ଆପଣଙ୍କ ପାଇଁ ଚୁଲିଟା ଲଗାଏ । ଚା' ପିଇବେ ?

ସତୀଶ : ଯଦି ସମ୍ଭବ - କପେ କରିକି ଆଣ ... ଆମର ଏଇଠି ଦୁଧ ନାଇଁ ... ଲେମ୍ବୁ ଚିପୁଡ଼ି କରିଦିଅ ।

ଝିଅ : ଏ ଝୁମ୍‌କୀ ନାୟକ ସବୁ ଆଡ଼୍‌ଜେଷ୍ଟ କରିଦେବ ସାର୍। ପରୀକ୍ଷା କରି ଦେଖନ୍ତୁ।

ତୃତୀୟ ଦୃଶ୍ୟ

(ନାଟ୍ୟକାରର ଘର। ସମୟ ସଂଧ୍ୟା। ପ୍ରବେଶ କଲେ ଜଣେ ଯୁବ ଆଇନଜୀବି ଓ ଜଣେ ସାମ୍ବାଦିକ। ଉଭୟେ ନାଟ୍ୟକାରଙ୍କ ବନ୍ଧୁ। ପ୍ରଥମେ ପ୍ରବେଶ କରିଗଲେ ଓକିଲ ଜଣକ। ବୟସ ୩୦-୩୫ ହେବ।)

ଓକିଲ : ନାଟ୍ୟକାର ! ନାଟ୍ୟକାର ! ସତୀଶ ଭାଇ ! (ପ୍ରବେଶ କରି) କୁଆଡ଼େ ଗଲେ ? ଦାଣ୍ଡ କବାଟଟା ଆଉଜେଇ ଦେଇ କୁଆଡ଼େ ଯାଇଚନା କ'ଣ ? ସାଂବାଦିକ ଜଣକ ପ୍ରବେଶ କଲେ। ତାଙ୍କ ହାତରେ ଗୋଟେ ପୁଡ଼ିଆ, ତା ଭିତରେ ବରା ପିଆଜି ଅଛି)

ଆରେ ସତୀଶ ଭାଇନା ଦାଣ୍ଡ ଦୁଆରଟା ଆଉଜେଇ ଦେଇ କୁଆଡ଼େ ଯାଇଚି ! ଶଳା ତାଲାଟା ପକୋଉନି।

ସାଂବାଦିକ : ଠିକ୍ ଅଛି ଆମେ ତ ଆସିଗଲେଣି ଟହଲି ବାବୁ ! ହାତରେ ସେଇଟା କ'ଣ ?

ଓକିଲ : ଏଇ ଗୋବିନ୍ଦା ଦୋକାନରୁ ବରା ଆଉ ସିଂଗଡ଼ା ଆଣିଥିଲି- ଆମ ନାଟ୍ୟକାର କାଇଁ କୁଆଡ଼େ ଗଲା ? ନୂଆ ବହି କୁଆଡ଼େ ଗଲା ?

ସାଂବାଦିକ : ଜଗତସିଂହପୁର ପଳେଇଲାକି ଆଉ ? ତୁଳସୀ ଗଣନାଟ୍ୟ ବହିଟେ ମାଗିଚି ବୋଲି କହୁଥିଲା।

ଓକିଲ : ଯାଇଥିଲେ ଯାଇଥିବ ଯେ - ଘରଟାରେ ତାଲା ନ ମାରି ପଳେଇଯିବ ?

ସାଂବାଦିକ : ଘରେ ତା'ର କ'ଣ ଅଛିକି ? ଏଇ ପ୍ଲାଷ୍ଟିକ ଚଉକି ଚାରି ପାଞ୍ଚଟା ଆଉ ବାସନ ଦି ଚାରିଟା... ଆଉ ତାର ସେଇ ପୁରୁଣା ଟିଣ ଟ୍ରଂକଟା... (ଚାରିପଟ ଖୋଜି ଖୋଜି, ନପାଇ) ସେଇଟା ନେଇ କି ପଳେଇ ଯାଇଛି। ତାଙ୍କ ଗାଁରୁ କିଏ ଜଣେ ଆସିଛନ୍ତି। ଡାକିବି ଭିତରକୁ?

ଓକିଲ : ଡାକେ, ଏ ବରା, ପିଆଜି ପୁଡ଼ିଆଟା ଦେ ମତେ। ଆମେ ତାଙ୍କର ଚର୍ଚ୍ଚା କରିବା ଏଥିରେ। (ପୁଡ଼ିଆଟା ସାମ୍ବାଦିକଙ୍କ ହାତରୁ ନେଇ ଓକିଲ ଟହଲିବାବୁ ଭିତରକୁ ଗଲେ। ସାମ୍ବାଦିକ ବାହାର ଦୁଆର ପାଖକୁ ଯାଇ ଡାକିଲେ) ମଉସା ଭିତରକୁ ଆସନ୍ତୁ।

(ପ୍ରବେଶ କଲେ ରଘୁଦାଦା, ବୟସ ଷାଠିଏ,ହାତରେ ଗୋଟେ ଅଖାବ୍ୟାଗ୍)

ରଘୁ : କୁଆଡ଼େ ଗଲା ଅପଦାର୍ଥ ? (ଓକିଲ ଟହଲି ଗୋଟେ ପ୍ଲେଟରେ ବରା ସିଂଗଡ଼ା ନେଇନେଲେ)ଭଲଭଲ, ତମେ ସବୁ ମେସ୍ କରି ଏଇଠି ରହୁଚ ପିଲେ ? ହରେକୃଷ୍ଣ !

ଓକିଲ : ନାଇଁ ମଉସା... ଆମେ ତ ଚାଉଳିଆଗଂଜରେ ରହୁଚୁ। ଫେମିଲି ନେଇକରି। ସତୀଶ ଭାଇ ଏଇଠି ଏକେଲା।

ରଘୁ : ଏକଲା ? ଆଉ ତାଲା ନଦେଇ କୁଆଡ଼େ ପଳେଇ ଯାଇଚି ?

ସାଂବାଦିକ : କେଜାଣି ମଉସା ! ବୋଧେ ଜଗତସିଂହପୁର ଗଲା କି କ'ଣ... !

ରଘୁ : ଜଗତସିଂହପୁର ? କାହିଁକି ? (ବରା ଖାଇବାରେ ଲାଗିଲେ)

ଓକିଲ : ତୁଳସୀ ଗଣନାଟ୍ୟ ବାଲା ଆସିଥିଲେ। ବହିଟେ ଲେଖୁଚି ବୋଧେ...

ରଘୁ : ସତିଆ ବହି ଲେଖିଲାଣି ହରେକୃଷ୍ଣ ? ଶଳା...ଚାକିରି ବାକିରି ନକରି ଯାତ୍ରାପାର୍ଟିରେ ମିଶିଚି ?

ସାଂବାଦିକ : ଆପଣ ନାଟ୍ୟକାରଙ୍କର କ'ଣ ହେବେ ମଉସା ?

ରଘୁ : (ଖାଉ ଖାଉ) ବଡ଼ବାପା ! ମୋ' ସାନ ଭାଇର କୁଳାଙ୍ଗାର ପୁତ୍ର ସତିଆ। ଧାନ, କୋଳଥ, ବିରି, ମୁଗ ବିକି ମାସକୁ ମାସ ଦୁଇଟା ଟଙ୍କା ପଠାଉଥିଲା ମୋ' ସାନ ଭାଇ, ସେତିକି ବି ପଠେଇବା ତା' ପାଇଁ କାଠିକର ପାଠ ଥିଲା ବାବୁ। ଡାଏବେଟିସ୍-ହାର୍ଟ ଔଷଧ ଖାଉଥିଲା। ଗୋଟେବେଳା ଔଷଧ ଖାଇବା ଛାଡ଼ିଦେଲା, ଏ ପିଲା ଏମ.ଏ ପାସ୍ କଲା - ଜଗତସିଂହପୁର କି କୋଉଠି ଅଧ୍ୟାପକ ଚାକିରିଟେ କରି ବାପକୁ ସାହାଯ୍ୟ କରିବ ବୋଲି ଭାବିଥିଲୁ। ହେଲା ନାଇଁ ... ହରେକୃଷ୍ଣ... ଖାଲି ବାପ ପଇସାକୁ ଅନେଇ ବସିଲା।

ସାମ୍ବାଦିକ : ଏ ସହରରେ ଭଡ଼ାଘରେ ରହି, ହାତରେ ରୋଷେଇ କରି ଚାକିରି ଖୋଜିବା କ'ଣ କମ୍ କଷ୍ଟକର କଥା, ମଉସା ? ନାଟ୍ୟକାର ଆମର କମ୍ ଘଣା ପେଲୁଛନ୍ତି ଏଇଠି ? ଦାଢି କାଟିବା ପାଇଁ ମଉସା - ପାଞ୍ଚଟା ଟଙ୍କା ମିଳିବନି ... ସେଇଥିପାଇଁ ଦାଢି ଛାଡ଼ି ବୁଲିବାକୁ ପଡୁଛି ସତୀଶ ଭାଇକୁ।

ରଘୁ : ସେଇଠୁ ଆମର ଭାସିଗଲା ହରେକୃଷ୍ଣ। ଚାକିରି ମିଳିବନି- ଇମିତି କୋଉ ପାଠ ପଢୁଥିଲା ? ବେଳାଏ ଔଷଧ ନଖାଇ ସାନଭାଇଟା ମୋର ଅକାଳରେ ଚାଲିଗଲା ହୋ' ! ଏ ଶଳା ଏମିତିକା ପୁଅ- ଶଳା ବୋପା ମରିଗଲା- ଏଇଟା ଶୁଦ୍ଧ ହେବା ପାଇଁ ଗାଁକୁ ଗଲାନି ? ଫୁଲ୍ ହରେକୃଷ୍ଣ ପାର୍ଟି !

ସାମ୍ବାଦିକ : ଏମିତି ଗୋଟେ ଟ୍ରାଜେଡ଼ି ହେଇଚି ଟହଲି ବାବୁ ! କାଇଁ ସତିଆଇ ଆମକୁ ତ କହିନି !

ଓକିଲ : ସତିଆ ଶୁଦ୍ଧ ଘରକୁ ଗଲାନି ?

ଟହଲି : ଖବର ପାଇ ନଥିବ ମଉସା !

ରଘୁ : କେମିତି ପାଇ ନ ଥିବ ହୋ ? ମୁଁ ଚିଠି ଲେଖିଲି । ତା' ଭଉଣୀ ସୁଲି ଚିଠି ଲେଖିଲା ... ଆମ ଗାଁ ବସ୍ କଣ୍ଡକ୍‌ଟର ହାତରେ ଖବର ପଠେଇଲୁ – ଇଏ ଖବର ପାଇଲା ନାଇଁ ? କେମନ୍ତ ?

ଟହଲି : କେମିତି ପାଇବ ମଉସା ? ସତିଆ ପରା ପ୍ରତି ଦି'ମାସରେ ଭଡ଼ାଘର ବଦଳାଉଚି ! ଆଜି ଗୌରୀ ନଗରରେ ତ କାଲି ପୋଖରୀପୁଟରେ ପଅର ଦିନ ଭରତପୁରରେ... । ଚିଠିଟା କ'ଣ ଭୁବନେଶ୍ୱରରେ ବୁଲୁଥିବ ୟା ପଛରେ ?

ସାମ୍ବାଦିକ : ଭାରୀ ଅସୁବିଧା କଥା ମଉସା ... ମୁଁ ତ ଏମ.ଏରେ ଫାଷ୍ଟକ୍ଲାସ୍ ପାଇ ଚାକିରି ମିଳିଲାନି ବୋଲି ଖବରକାଗଜରେ ପଶିଲି ... ଖରା ନାଇଁ, ବର୍ଷା ନାଇଁ ସହର ସାରା ବୁଲିବାକୁ ପଡୁଚି ଖବର ସଂଗ୍ରହ କରିବାକୁ ।

ରଘୁ : ହରେକୃଷ୍ଣ, ତା'ହେଲେ ଏ ଭୋବନେଶ୍ୱରକୁ ଆସୁଚ କାଇଁକି ? ଗାଁରେ ରହି ଜମିଚାଷ କର । ଏଇଠି ଘର କାଇଁକି ବଦଳଉଚ ? ଗୋଟେ ଘରେ ରହିଲେ ହୁଅନ୍ତାନି ?

ସାମ୍ବାଦିକ : ନାଟ୍ୟକାର ବାହାହେଇ ନାହାନ୍ତି ... ଆଉ ବାହା ନ ହେଲେ ଏଇଠି ଘର ମିଳିବା କାଠିକରପାଠ ମଉସା ।

ରଘୁ : ବୁଝୁଚିରେ ପୁଅ... ଗାଁ ବାଲାଟାଏ ହେଲେ ବି ସବୁ ବୁଝୁଚି ମୁଁ । ସହର ବଢୁଚି, ନୋକ ବଢୁଛନ୍ତି... ଭୋକ ବି ବଢୁଚି । ସବୁଦିନ ସମସ୍ତଙ୍କୁ ନୂଆ ଦରକାର । ତାରି ଭିତରେ ଏ ନୂଆ ମାୟାରେ ପଡ଼ିଯାଇଛି ପୁତୁରାଟା ମୋର । ହେଲେ ଆମେ ତ ନାନୁ ଆଉ ତା' ପାଖକୁ ମାସକୁ ମାସ ଦି' ହଜାର ପଠେଇ ପାରିବୁନି, କେବେ ବି ନୁହେଁ ! ତା' ଭଉଣୀ ସୁଲିଟା... ସେଇଟାକୁ ବତିଶ ବର୍ଷ ହୋଇଯାଇଥିଲା । ଏ ଦି' ମାସ ତଳେ ଗୋଟେ ଅଟୋବାଲା ସାଙ୍ଗରେ ପଳେଇଗଲା । ମା'ଟା ତ ବାୟାଣୀ । ଆଉ କ'ଣ ହବ ପୁଅ ? ଆମର ତ ଭାଇ ଭାଗର ଘର । ଆଉ ଜମି ଦି' ମାଣ – ଘର ବାଡ଼ି ଦି'ଖଣ୍ଡ ପଡ଼ିଚି । ଇଏ ଘରକୁ ନ ଯିବ ଯଦି ନ ଯାଉ । ଦସ୍ତଖତଟା କରିଦେଲେ ସେ କଥା ପଛେ ମୁଁ ବୁଝନ୍ତି । ଯା' ହେଲେ

ବି – ମୋର ପୁତୁରା ସିଏ ! ଋଣ କରଜ କରି ଭାଇର ଶୁଦ୍ଧିଘର କଲି । ପୁଣି ଋଣ କରି ବିହନ କିଣିଲି –

ଟହଲି : ଆସୁ ସତିଆଇ ! ମୁଁ କହିବି । ମୁଁ ହାଇକୋର୍ଟ ଓକିଲ ମଉସା ।

ରଘୁ : କ'ଣ କରିବି ପୁଅ । ବାପ ମଲା – ଇଏ ଗାଁକୁ ଗଲାନି । ଶୁଦ୍ଧିଘର ହବ କେମିତି ? ଧାର ଉଧାର କରି ବାର ଦିନ ଭୋଜିଟା ଦେଲି । କ'ଣ ଆଉ କହିବି ? ଏ ଟୋକା ଏଠି ଯାତ୍ରା କରୁଚି ... ମୁଁ ତେଣେ ଋଣରେ ବୁଡ଼ି କଣ୍ଠାଗ୍ରତ ହରେକୃଷ୍ଣ !

ସାମ୍ବାଦିକ : କ'ଣ କରିବା ମଉସା ? ସତିଆଇ ତ ସହରରେ ନାହାନ୍ତି – ଯେତେଦୂର ସମ୍ଭବ ଜଗତସିଂହପୁର ନ ହେଲେ ଭଦ୍ରକ ଯାଇଥିବେ ।

ରଘୁ : (ରାଗିଗଲେ) ମୁଁ ଶଳା ଏଣେ ପାଁଶ ଟଙ୍କା ଖର୍ଚ୍ଚ କରି ଭୋବିନିସର ଆସିଲି କାହିଁକି ? ଶଳା ଗୋଟେ ନବରଙ୍ଗ ଲାଗିଛି ଏଇଠି ହରେକୃଷ୍ଣ ? ସାନ ବୋହୂଟା ପାଗେଲି ହୋଇଗଲା । ଝିଅଟା ତ ପଳେଇଲା ... ମୁଁ କାହିଁକି ଏ ବୟସରେ ଏତେ କଥା ବୁଝିବି ହୋ । ଆସିଲେ କହିଦେବ ତମ ସାଙ୍ଗକୁ । ଆଠଦିନ । ଆଠଦିନ ଭିତରେ ଗାଁକୁ ଆସି ପାର୍ଟିଶନ୍ ଡୀଡ୍‌ରେ ଦସ୍ତଖତ କରିବ । ଆଉ କହିବ ଭୁଲ୍‌ରେ କେବେ ସେ ଗାଁ ମାଟି ମାଡ଼ିବନି । ଯଦି ମାଡ଼ିବ ... ମୋର ଲୋକ ଅଛନ୍ତି ... ମୁଣ୍ଡ ଗଣ୍ଡି ଦି' ଗଡ଼ କରିଦେବେ । ଏକାଥରକେ ହରେକୃଷ୍ଣ ।

ରଘୁ ଦାଦା ଚାଲିଗଲେ । କାବା ହେଇ ଚାହିଁରହିଲେ ଟହଲି ଓ ସାମ୍ବାଦିକ ।

(ମଂଚ ଅନ୍ଧାର)

ଚତୁର୍ଥ ଦୃଶ୍ୟ

(ନାଟ୍ୟକାର ତାର ପରିଚିତ କାଠଚୌକି ଉପରେ ବସିଚି ଓ ଭାବୁଚି । ଆଶ୍ଚର୍ଯ୍ୟର କଥା ସେ ଯାହା ଭାବୁଚି ସବୁ ଶୁଭୁଚି ଦର୍ଶକମାନଙ୍କୁ । ଟେବୁଲ ଉପରେ କିଛି ଖାଇବା ପଦାର୍ଥ ବଢ଼ାହେଇଚି ।)

ନାଟ୍ୟକାର : ହେଲା ଯେ – ଘରେ ... ଗାଁରେ ଯେତେସବୁ ଅଘଟଣ ଘଟିଲା ସେଥିପାଇଁ ମୁଁ କେମିତି ଦାୟୀ ? ଭଉଣୀ ବାହା ହେଇ ନ ପାରି ଅଟୋବାଲା ସାଙ୍ଗରେ ପଳେଇଲା... ତ... ମୁଁ କେମିତି ଦାୟୀ ? ବାପା ଗୋଟେ ବେଳା ଔଷଧ ନ ଖାଇ ଅକାଳରେ ଚାଲିଗଲେ... ମୁଁ

ଦାୟୀ ? ଭାଇଟା ତିନିଥର ହେଲା ମାଟ୍ରିକ୍ ପାଶ୍ କରିପାରୁନାହିଁ ... ସେଥିପାଇଁ ମୁଁ କେମିତି ଦାୟୀ ? (ଆବହ ସଂଗୀତ)

ଏମିତି ମାଳମାଳ ଅବାନ୍ତର ପ୍ରଶ୍ନମାନଙ୍କ ଉତ୍ତର ଖୋଜୁ ଖୋଜୁ ମୋ' ନାଟକର ଦୃଶ୍ୟାୟନ ଭୁଲ୍ ହୋଇଯାଉଛି । ମୁଁ ବା କ'ଣ କରିପାରିବି ? ସମଗ୍ର ସଂସାରକୁ ହଜେଇ ଦେଲାପରେ ଯାଇ ତ ସରସ୍ୱତୀଙ୍କର ଦୟା ହୁଏ । ଜୀବନକୁ ଆଉ ସମାଜକୁ ଦେଖିବାର ସାମର୍ଥ୍ୟ ମତେ ସେଇ ଶ୍ୱେତପଦ୍ମାସନା, ବୀଣାପୁସ୍ତକଧାରିଣୀ ଦିଅନ୍ତି । ମତେ ସେଇଥିପାଇଁ ସଂସାରର ବନ୍ଧନ ଭିତରୁ ମୁକ୍ତ ହେବାକୁ ପଡ଼ିବ । କ'ଣ କରିବି ?

(ହଠାତ୍ ପ୍ରବେଶ କଲା ଝୁମ୍‌କୀ, ହାତରେ ଚା' କପ୍ । ଦେଖିଲା ଖାଦ୍ୟ ପୂର୍ବବତ୍ ଥାଳିରେ ଥୁଆ ହେଇଛି । ଝୁମ୍‌କୀ କିଛି ସମୟ ଚାହିଁଲା ସତୀଶ ମହାପାତ୍ରଙ୍କୁ । ସତୀଶ ଦେଖିପାରିନାହାନ୍ତି- ନା ଖାଦ୍ୟକୁ - ନା ଝୁମ୍‌କୀକୁ)

ଝୁମ୍‌କୀ : ସାର୍ ! ପୁଣି ଭାବିଲେନା ? ଏତେ କ'ଣ ଭାବୁଛନ୍ତି ?

ନାଟ୍ୟକାର : (ଝୁମ୍‌କୀର କଥା ଶୁଣୁନାହାନ୍ତି ନାଟ୍ୟକାର)

ଝୁମ୍‌କୀ : (ବଡ଼ପାଟିରେ) ସାର୍ ! ଜଳଖିଆରେ ମାଛି ବସିଲାଣି ।

ନାଟ୍ୟକାର : ଏଁ ।

ଝୁମ୍‌କୀ : ଏତେ କ'ଣ ଭାବୁଛନ୍ତି ?

ନାଟ୍ୟକାର : ଖାଲି ଭାବିଲେ ଚଳିବନି ଝୁମ୍‌କୀ, ଦୃଶ୍ୟଟାକୁ ଦେଖିବାକୁ ପଡ଼ିବ । ଦୃଶ୍ୟ ଭିତରେ ପଶିବାକୁ ପଡ଼ିବ । ଅନ୍ୟ ଚରିତ୍ରମାନଙ୍କ ସହ ମିଶି ଅଭିନୟ କରିବାକୁ ପଡ଼ିବ । ଯା ! ତମେ ଡାକିଦେଲ - ଦୃଶ୍ୟଟା ଲିଭିଗଲା ମନରୁ ।

ଝୁମ୍‌କୀ : ସରି ! କିନ୍ତୁ ଗରମ ଗରମ ବରା ପିଆଜୀ ଛାଣିଥିଲି - ଥଣ୍ଡା ହେଇଗଲା । ଚା'ଟା ବି ଥଣ୍ଡା ହେଇଯିବ । ଖାଇଦିଅନ୍ତୁ । ମୁଁ ଚା'ଟା ଆଉଥରେ ଗରମ କରି ଆଣୁଛି - (ଚା' କପ୍‌ଟା ନେଇ ଚାଲିଗଲା ଝୁମ୍‌କୀ । ବରାରୁ ଖଣ୍ଡେ ପାଟିରେ ପକାଇ ନାଟ୍ୟକାର ଉଠନ୍ତି ... ଏବଂ ପଦଚାରଣ କରୁକରୁ ଭାବନ୍ତି ।

ନାଟ୍ୟକାର : ସତରେ ଝୁମ୍‌କୀ ! ତମେ ଆସିଲା ଦିନଠୁ ଖାଇବାଟା ସୁବିଧାରେ ମିଳିଯାଉଛି । କିନ୍ତୁ କାଇଁକି ଯେ ସେଇ ଗୋଟିଏ ଭୁଲ୍ ବାରମ୍ବାର ହେଇଯାଉଛି ଜଣାପଡୁନି । ପଡ଼ିଶା ଘରୁ ସବୁବେଳେ ଘରକୁ ଆସୁଥିବା ବିଲେଇ ଛୁଆକୁ ଦେଖିଲେ ମୁଁ ହଠାତ୍ ବିଲେଇ ହେଇଯାଏ । ଗଛରୁ

ପତ୍ର ଝଡ଼ିଗଲେ ମୁଁ ଥୁଣ୍ଟାଗଛ ହେଇଯାଏ। ଲମ୍ବାଧାଡ଼ିରେ ଚାଲୁଥିବା ପିମ୍ପୁଡ଼ିମାନଙ୍କୁ ଦେଖିଲେ ମୁଁ ପିମ୍ପୁଡ଼ି ହେଇଯାଏ ... ଆଉ କେତେବେଳେ ଘରଚଟିଆ ସାଙ୍ଗରେ ଉଡ଼ିଯାଇ ମୁଁ ଚାଳ ଉପରେ ଚକର କାଟେ ... କାଇଁକି ହୁଏ ଏମିତି ? ନାଟକ ଲେଖିବା ପାଇଁ ଏଗୁଡ଼ା କ'ଣ ସବୁ ଦରକାର ?

ଝୁମ୍‌କୀ : କ'ଣ ଦରକାର ବିଲେଇ ଛୁଆ ହେବା ? ଏ ମା ! କବିମାନେ ତ ଏମିତି ହୁଅନ୍ତି ନାଇଁ ! ନାଟ୍ୟକାରମାନଙ୍କର କ'ଣ ହୁଏ ?

ନାଟ୍ୟକାର : ଏତେଦିନ ମୋର ପ୍ରାଇଭେଟ୍ ସେକ୍ରେଟାରୀ ହେଇ ଡିକ୍‌ଟେଶନ ନଉଚ... ଜାଣିପାରୁନା କ'ଣ ହୁଏ ? ନାଟ୍ୟକାରକୁ ଚରିତ୍ର ଭିତରେ ପଶିବାକୁ ହୁଏ। ନ ହେଲେ ତା' ଡାଇଲଗ୍ ସିଏ କେମିତି ଲେଖିବ ?

ଝୁମ୍‌କୀ : ଆପଣଙ୍କୁ ଦେଖି ସମସ୍ତେ ହସୁଛନ୍ତି। କ'ଣ ବିଲେଇ ପାଇଁ ଡାଇଲଗ୍ ଲେଖିବାକୁ ପଡ଼ିବ ?

ନାଟ୍ୟକାର : କାଇଁକି ହସିବେ ସେମାନେ ? ମୁଁ କ'ଣ ଗୋଟେ ଜୋକର ?

ଝୁମ୍‌କୀ : ନାଇଁ ... ସେଦିନ ଜଗତସିଂହପୁର ପଳେଇ ଗଲେ। ଦୁଆର ସାହାଣ ମେଲା ... ତାଲାଟା ନ ପକେଇ ଯାଉଥିଲେ କେମିତି ?

ନାଟ୍ୟକାର : ତୁମେ ବାଣୀବିହାର ଯାଇଥିଲ। ଫେରିଲେ ଘରେ ଯଦି ଗୋଟେ ତାଲା ଝୁଲୁଥାନ୍ତା ... କ'ଣ କରିବ ତୁମେ ?

ଝୁମ୍‌କୀ : ତମ ସାଙ୍ଗମାନେ ଆସିଥିଲେ। ଗାଁରୁ ରଘୁଦାଦା ଆସିଥିଲେ। ସେଇଥିପାଇଁ ମୁଁ ଭିତରକୁ ଆସିଲି ନାଇଁ। ହଷ୍ଟେଲ ଯାଇ ଗୋଟେ ସାଙ୍ଗ ପାଖରେ ରହିଗଲି।

ନାଟ୍ୟକାର : ଅସଲ କଥା ହେଲା – ମୁଁ ଏମିତି ଗୋଟେ ସମାଜ ଚାହେଁ ଯୋଉଠି ଘରଦୁଆର ତାଲା ପଡୁନଥିବ। ସମସ୍ତେ ସମସ୍ତଙ୍କୁ ଭାଇ ବିରାଦର ପରି ଭଲପାଉଥିବେ। କେହି କାହାର ସମ୍ପତ୍ତି ଚୋରେଇବା ପାଇଁ ଲୋଭ କରୁ ନ ଥିବେ। ସମସ୍ତେ ସମସ୍ତଙ୍କୁ ବିଶ୍ୱାସ କରୁଥିବେ। ଏମିତି ଗୋଟେ ସମାଜ ଚାହେଁ ଏ ନାଟ୍ୟକାର। କୁହ, ତମେ ମୋ' ସାଙ୍ଗରେ ପାଦରେ ପାଦ ମିଳେଇ ବାଟ ଚାଲି ପାରିବ ଝୁମ୍‌କୀ ?

ଝୁମ୍‌କୀ : ମୁଁ ଆପଣଙ୍କ ଚିନ୍ତାଧାରାକୁ ସମ୍ମାନ ଦିଏ ନାଟ୍ୟକାର। କିନ୍ତୁ ଆପଣ ଯୋଉ ସମ୍ମାନ ପାଇଁ ଏ ଫିଲୋସଫି କରୁଛନ୍ତି ସେ ସମ୍ମାନ ଆପଣଙ୍କୁ ମିଳୁନି କାହିଁକି ?

ନାଟ୍ୟକାର : ମୁଁ ତାର ଉତ୍ତର କେମିତି ଦେବି ଝୁମ୍‌କୀ? ଏ ସମାଜରେ ଯାହା ସବୁ ଘଟୁଚି ତାର କାରଣ ମୁଁ ଜାଣିନି ଝୁମ୍‌କୀ। ଜାଣିନି ଏ ପର୍ଯ୍ୟନ୍ତ ବାହା ହେବା ପାଇଁ ଝିଅଟେ ରାଜି ହେଲାନି କାହିଁକି? ଜାଣିନି ଏ ଦେଶର କୁକୁର ବିଲେଇ ପୁରସ୍କାର ପାଉଥିଲାବେଳେ ମୋ' ଭାଗ୍ୟରେ କାହିଁକି ପୁରସ୍କାରଟେ ଜୁଟୁନାହିଁ ... ?

ଝୁମ୍‌କୀ : ସମସ୍ତେ କହୁଛନ୍ତି ଆପଣଙ୍କର ଗୋଠ ନାହିଁକି ମଠ ନାଇଁ। କୋଉ ଦଳର ସାହିତ୍ୟିକ ଆପଣ? ଚାଳିଶି ବର୍ଷ ହେଲାଣି କାହିଁକି ବାହା ହେଇ ନାହାନ୍ତି ଏ ପର୍ଯ୍ୟନ୍ତ? ଏମ୍.ଏ.ରେ ଫାଷ୍ଟକ୍ଲାସ୍ ପାଇ ଅଧ୍ୟାପକ ଚାକିରିଟେ ମିଳିଲା ନାଇଁ କାହିଁକି ଆପଣଙ୍କୁ? ଆପଣ ଏ ବିଷୟରେ କେବେ କିଛି ଭାବିଛନ୍ତି? କେବେ ଆତ୍ମସମୀକ୍ଷା କରିଛନ୍ତି?

ସତୀଶ : ଆତ୍ମସମୀକ୍ଷା କ'ଣ କରିବି? ମୋର ସବୁ ସାମର୍ଥ୍ୟ ନାଟକକୁ ଖୋଜିବାରେ ନିୟୋଜିତ ହୋଇଯାଇଛି। ନିଜ ପାଇଁ ଚାକିରିଟେ ଖୋଜିବା ଓ ତା' ପାଇଁ ଗୁଡ଼େ ବହି ପଢିବାର ଆଗ୍ରହ ନଥିଲା ମୋ' ପାଖରେ। ମୁଁ ଫୁଲଟାଇମ୍ ଲେଖକଟେ ହେଇ ବଞ୍ଚିବାକୁ ଚାହିଁଛି ସବୁବେଳେ। ଗୋଟେ ଫୁଲ୍‌ଟାଇମ୍ ଗୋଲାମ ହେଇ ନିଜକୁ ମାରିଦେବା ପାଇଁ ମୁଁ ଚାହିଁ ନ ଥିଲି ଝୁମ୍‌କୀ! ଗୋଟେ ରାଷ୍ଟ୍ରକୁ ନିର୍ମାଣ କରିବା ପାଇଁ ରାଜନୀତିଜ୍ଞ ଯେମିତି ବ୍ୟସ୍ତ, ମଣିଷର ହୃଦୟ ପରିବର୍ତ୍ତନ କରିବା ପାଇଁ ଗୋଟେ ଧର୍ମପ୍ରଚାରକ ଯେମିତି ବ୍ୟସ୍ତ... ନାଟ୍ୟକାର ହିସାବରେ ମୁଁ ସେମିତି ବ୍ୟସ୍ତ ଥାଏ ଝୁମ୍‌କୀ। ଦୁଃଖ, ଶୋକ ଓ ଯନ୍ତ୍ରଣାରେ ପୀଡ଼ିତ ଏଇ ପୃଥିବୀର ଅଧିବାସୀମାନଙ୍କ ମନରେ ଏ ପୃଥିବୀ ଅଧିକ ବାସଯୋଗ୍ୟ ହେବ ବୋଲି ଗୋଟେ ପ୍ରତ୍ୟୟ ସୃଷ୍ଟି କରିବା ପାଇଁ ମୋ' ନାଟକ ପ୍ରେରଣା ଯୋଗାଏ। ଏହା ହିଁ ମୋ' ନାଟକର ଏକମାତ୍ର ଜୀବନ ଦର୍ଶନ। ଝୁମ୍‌କୀ! ବେଳେବେଳେ ଏ ପୃଥିବୀର ମଳିନ ବିଷର୍ଣ୍ଣ ଛବି ଅଙ୍କନ କଲାବେଳେ ମଧ୍ୟ ମୋ' ନାଟକର ଦର୍ଶକ ମନରେ ଜୀବନ ପ୍ରତି, ପୃଥିବୀ ପ୍ରତି ଆକର୍ଷଣ ଯେପରି ପ୍ରଗାଢ ହୁଏ, ସେଇ ସ୍ୱପ୍ନରେ ମୁଁ ନିମଜ୍ଜିତ ଥାଏ।

ଝୁମ୍‌କୀ : କିଏ ବୁଝିବ ଆପଣଙ୍କର ଜୀବନ ଦର୍ଶନ? ବୁଝୁଥିଲେ ବୁଝୁଥିବେ କୋଉ ପଛ ଧାଡ଼ିର କୋଉ ଅନାମଧେୟ ଦର୍ଶକ। କିନ୍ତୁ ଯୋଉମାନେ

ସାହିତ୍ୟକୁ ପୁରସ୍କାର ଦିଅନ୍ତି ସେମାନେ? ସେମାନେ ନା ଆପଣଙ୍କ ପ୍ରଦର୍ଶିତ ନାଟକକୁ ଚିହ୍ନନ୍ତି ନା ଦୃଶ୍ୟମାନଙ୍କୁ।

ସତୀଶ : ପାଦ ପକେଇ ଜାଣିଲେ ବାଟ ଦିଶିବ ଝୁମ୍‌କୀ ... ଆଖି ମେଲେଇ ଜାଣିଲେ ଦୃଶ୍ୟ ଦିଶିବ। ଆଉ ସବୁଠୁ ଭଲ ଦୃଶ୍ୟଟା ଆଖି ବନ୍ଦ କରିଦେଲା ପରେ ହିଁ ଦିଶେ। କିନ୍ତୁ ସେମାନେ କ'ଣ ଜାଣନ୍ତି ସବୁ ପଥ ପାଦରେ ଚଲାଯାଏ ନାହିଁ ... ସବୁ ଦୃଶ୍ୟ ଆଖିକୁ ଦେଖାଯାଏ ନାହିଁ ...? ଏ ସମ୍ପର୍କରେ ମୁଣ୍ଡ ଖେଳେଇବା ବୟସ ହୁଏତ ତମର ଆସିନାହିଁ ଝୁମ୍‌କୀ! ଯାଅ ସମୟ ହେଲାଣି - ତମେ ବାଣୀବିହାର ଯାଅ। ବାହାରେ ମୋ' ସାଇକେଲଟା ଅଛି - ନେଇ ଯାଅ, ତମର କ୍ଲାସ୍ ଡେରି ହେଇଯିବ।

ଝୁମ୍‌କୀ : ଠିକ୍ ଅଛି ସାର୍! ନୂଆ ନାଟକର କାହାଣୀଟିକୁ ଦୃଶ୍ୟରେ ଭାଙ୍ଗି ଦିଅନ୍ତୁ। ସଂଧ୍ୟାବେଳେ ଆସିଲେ ଡାକିବେ - ଦାର୍ଶନିକ ଭଳି ଯାଡ୍ରୁ ସ୍ୟାଡ୍ରୁ ଭାବିବେନି ଯେମିତି। ସମାଜ କଥା କହିବାକୁ ପଡ଼ିବ। (ଝୁମ୍‌କୀ ଚାଲିଗଲା। ମଞ୍ଚ ଅନ୍ଧାର ହେଲା)

ପଞ୍ଚମ ଦୃଶ୍ୟ

(ପ୍ରବେଶ କଲେ ବରା ପିଆଜି ଠୁଙ୍ଗା ଧରି ଓକିଲ ଟହଲି ବାବୁ ଓ ସାଙ୍ଗରେ ତାଙ୍କର ବନ୍ଧୁ ସାମ୍ବାଦିକ।)

ଟହଲି : ଭାଇ ଆଜିବି ନାଟ୍ୟକାରର ଘର ଖୋଲା - କୁଆଡ଼େ ପଳେଇଚି ନାଟ୍ୟକାର।

ସାମ୍ବାଦିକ : କୁଆଡ଼େ ଗଲା ନାଟ୍ୟକାର?

ଟହଲି : ଆରେ ଯୁଆଡ଼େ ଯାଉଛି ଯାଉ ହେ' - ତାଲାଟା ପକେଇ ଯାଉନି କାହିଁକି?

ସାମ୍ବାଦିକ : ନାଟ୍ୟକାର ଆଉ ଗୋଟେ ବିକଳ୍ପ ସମାଜରେ ବିଶ୍ୱାସ କରନ୍ତି ... ଏମିତି ଗୋଟେ ସମାଜ ... ଯୋଉଠି ଚୋର ନ ଥିବେ ... ଡକାୟତ ନଥିବେ।

ଟହଲି : ତା' କେମିତି ସମ୍ଭବ? ଚୋରି ଡକେଇତି କ୍ରାଇମ୍ ହବନି ... ଆମେ ଓକିଲମାନେ ଚଳିବୁ କେମିତି? କୋର୍ଟ କଚେରୀ ଉଠିଯିବ ନା କ'ଣ? ଶଳା ଏ ଗୁଡ଼ା କି ଫାଣ୍ଟାସୀ କିହୋ ... ମୁଁ ଯେତେବେଳେ ଆମ କୋର୍ଟ ଛକରୁ ବରା ପିଆଜୀ ନେଇକି ଆସୁଛି- ନାଟ୍ୟକାର ଫେରାର।

କୁଆଡ଼େ ଗଲା ? ମୁଁ ଶୁଣୁଥିଲି ଗୋଟେ ଝିଅ ପିଲା ବରାବର ତା' ପାଖକୁ ଆସୁଛି ।

ସାମ୍ବାଦିକ : (ହସି) ଝିଅ ପିଲା ? ତା' ମାନେ ନାଟ୍ୟକାର ଏଇ ଚାଳିଶ ବର୍ଷ ବୟସରେ ପ୍ରେମରେ ପଡ଼ିଯାଇଛି ? କିଛି ଅସମ୍ଭବ ନୁହେଁ ଭାଇ । ମୁଁ ଯେତେବେଳେ ଜର୍ଣ୍ଣାଲିଜିମ୍ ସାରି ବରହମ୍ପୁରରୁ ଏଇଠି ପହଞ୍ଚିଲି ... ଶଳା ମୋ' ଭାଗ୍ୟରେ ବି ଗୋଟେ ଜୁଟିଥିଲା ... ଖାଲି ଇଂଗିଲିସ୍ ଚୋବାଉଥିଲା ଆଉ ଉର୍ଦ୍ଦୁ ଶାୟରୀ ଶୁଣାଉଥିଲା । ଏଇ ଝିଅଟା କିଏ ?

ଟହଲି : କେଜାଣି ଶଳା – ନାଟ୍ୟକାରଙ୍କ ସାଇକେଲ୍‌ଟା ନେଇ ବୁଲୁଚି ।

ସାଂବାଦିକ : ସାଲଓ୍ୱାର କମିଜ୍ ପିନ୍ଧୁଚି ନା ଜିନ୍ ପ୍ୟାଣ୍ଟ ଟି ଶାର୍ଟ ? ମୋର ସେ ପ୍ରେମିକାଟା ଜୀନ୍ ପିନ୍ଧୁଥିଲା ଆଉ ପବ୍‌ରେ ବସି ବିଅର ପିଉଥିଲା ।

ଟହଲି : ଏଇଟା ବି ଟି.ଭି. ସିରିଏଲ୍ କରୁଛି ନା କ'ଣ ? କିନ୍ତୁ ଟି.ଭି. ସିରିଏଲ୍ କଲେ ତ ପ୍ରୋଡ୍ୟୁସରର କାର୍‌ରେ ଯିବ । ସାଇକେଲରେ ଯାଉଚି କୁଆଡେ ?

ସାଂବାଦିକ : କୁଆଡେ ଯାଉଚି ଯାଉ – ନାଟ୍ୟକାର କିନ୍ତୁ ସେ ଝିଅର ପ୍ରେମରେ ପଡ଼ି ଯାଉଚି... ଏବଂ ଯଦି ଚାଳିଶି ବର୍ଷ ବୟସରେ ପର ପ୍ରେମର ରାସ୍ତାରେ ଖେଳୁଚି... ଆମର ଦାୟିତ୍ୱ ହେଲା... ମାନେ ବନ୍ଧୁ ହିସାବରେ ଆମର ଦାୟିତ୍ୱ ହେଲା ଏ ପ୍ରେମକୁ ଆଗକୁ ବଢ଼ିବାର ସୁଯୋଗ ନେଇ ଉଭୟଙ୍କୁ ବିବାହ ବନ୍ଧନରେ ବାନ୍ଧି ରଖିବା ।

ଟହଲି : ଦରକାର ପଡ଼ିଲେ ମତେ ଖବର ଦବ । କୋର୍ଟରେ ବାହା କରେଇବା ସବୁଦାୟିତ୍ୱ ମୁଁ ନେବି । ଯଦି ସେ ଝିଅଟାକୁ ଜାଣିଚ – ତା'ହେଲେ ପଚାର ।

ସାଂବାଦିକ : ଆମେ ପଚାରିବା ?

ଟହଲି : ପବ୍ଲିକ ଯଦି ନାଟ୍ୟକାର ନାଁରେ ରିଉମର କରନ୍ତି ସାଂଗ ହିସାବରେ ଆମେ ପୁଣି କ'ଣ ଗୋଟେ କରିବା କଥା ନା ନାହିଁ ?

(ହଠାତ୍ ବାଣୀବିହାରରୁ ଫେରି ଘର ଭିତରକୁ ପ୍ରବେଶ କଲା ଝୁମକୀ, ଘରେ ଦୁଇଜଣଙ୍କୁ ଦେଖି ପଚାରିଲା)

ଝୁମକୀ : ଆପଣମାନେ ? ଚାବି ପଡୁନଥିବା ଏ ଘର ଭିତରେ ପଶି କ'ଣ କରୁଛନ୍ତି ?

ସାଂବାଦିକ : ତମେ କିଏ ? ପ୍ରଥମେ ସେଇଟା କୁହ !

ଝୁମ୍‌କୀ : ମୁଁ ଝୁମକୀ ମହାନ୍ତି। ନାଟ୍ୟକାରଙ୍କର ପ୍ରାଇଭେଟ ସେକ୍ରେଟାରୀ।

ଟହଲି : ପ୍ରାଇଭେଟ କ'ଣ? ଯୋଉ ଖଟିଘରେ ତାଲା ପଡୁନାଇଁ - ସେଇଡି ସବୁ ପବ୍ଲିକ ମାଡ଼ାମ!

ଝୁମକୀ : ତାଲା ପଡ଼ିନି ବୋଲି ଆପଣ ଆସି ଘର ଭିତରେ ଆଡ୍‌ଡା ଜମେଇଛନ୍ତି? ଇଏ ବୋଉ କଥା?

ଟହଲି : ଆମେ ନାଟ୍ୟକାର ସତୀଶ ମହାପାତ୍ରର ଫ୍ରେଣ୍ଡ।

ଝୁମକୀ : କେମିତିଆ ଫେଣ୍ଡ? ଆପଣ ଜାଣି ନାହାନ୍ତି ସିଏ ଘରେ ତାଲା ପକେଇବାକୁ ଭଲ ପାଆନ୍ତିନି ବୋଲି? କାହିଁକି ଏ ବସ୍ତିର ଏ ଛୋଟିଆ ଘରେ ତାଲାଟିଏ ମାରିବେ? ନାଟ୍ୟକାର ଏମିତି ଏକ ସୋସାଇଟି ଚାହାନ୍ତି ଯୋଉଠି ଚୋରି ଡ଼କେଇତିର ନାଁ ଗନ୍ଧ ନଥିବ।

ସାଂବାଦିକ : ଜାଣୁ। ଜାଣୁ ଆମ୍ଭେମାନେ! କିନ୍ତୁ ଆପଣଙ୍କୁ ତ ଆଗରୁ କେବେ ଦେଖିବୁ ଏଇଠି!

ଝୁମ୍‌କୀ : ମୁଁ ଦି' ବର୍ଷ ହେଲା ରହିଲିଣି ଏଇଠି, କାଇଁ - ଆପଣମାନଙ୍କୁ ଦେଖିନି କେବେ?

ଟହଲି : ତା'ହେଲେ ଆପଣ ରାତିରେ ରହୁଛନ୍ତି ଏଇଠି?

ଝୁମକୀ : ହଁ, ରାତିରେ ଏଇଠି ରୁହେ ଏବଂ ଭିତରୁ କବାଟ ବନ୍ଦ କରିଦିଏ।

ସାଂବାଦିକ : ତା'ପରେ?

ଝୁମକୀ : ତା'ପରେ ଯାହା ହବା କଥା ସବୁ ହୁଏ। କ'ଣ କରିବେ ଆପଣ ମାନେ? ମୋ' ଚରିତ୍ର ଖରାପ ବୋଲି କହିବେ? କହିବେ ମୁଁ ଗୋଟେ ବେଶ୍ୟା ବୋଲି? କୁହନ୍ତୁ ... ମୋର ଖାତିରି ନାଇଁ ଆପଣ ମାରୁଥିବା କମେଣ୍ଟମାନଙ୍କୁ । ଆମର ଯାହା ଇଛା ତାହା କରିବା।

ଟହଲି : ନାଇଁ ନାଇଁ ... ଆଇନ ଅନୁସାରେ ଆପଣ ଯାହା କରିବାକୁ ଇଛା ହଉଚି, ତାହା କରନ୍ତୁ ... କିନ୍ତୁ ଭଲ ହେବ କୋର୍ଟରେ ଯାଇ ବାହା ହେଇପଡ଼ନ୍ତୁ। ମୁଁ ଟହଲି ବେହେରା- ଆଡ଼ଭୋକେଟ୍ ମାଡ଼ାମ୍। ମୁଁ କଥା ଦଉଚି ... ବିନା ଫିଜ୍‌ରେ ମୁଁ ଆପଣମାନଙ୍କର ଏ ବାହାଘରଟା କରେଇ ଦେବି। ଆଉ ଆପଣ ସାମ୍ବାଦିକ ବାବୁ। ଆପଣ ଏ ଶୁଭ ପରିଣୟର ସାକ୍ଷୀ ରହିବେ।

ଝୁମ୍‌କୀ : ଦ୍ୟାଟସ୍ ୱାଣ୍ଡରଫୁଲ୍। ସବୁ ଖବର କାଗଜରେ ଆମର ଫଟୋ ଛାପିଦେବେ। ବଢିଆ ହେବ। (ପ୍ରବେଶ କଲେ ନାଟ୍ୟକାର)

ନାଟ୍ୟକାର : ଆରେ ... ଆରେ ... ତମେ ସବୁ କେତେବେଳୁ ଆସିଲଣି ? ଝୁମ୍‌କୀ – ଏମାନଙ୍କୁ ଚିହ୍ନିଲ ?

ଝୁମ୍‌କୀ : ମୁଁ ବାଣୀବିହାରରୁ ଫେରିଲା ବେଳକୁ ଏମାନେ ଏଇଠି ଖଟି କରୁଛନ୍ତି ।

ସାମ୍ବାଦିକ : ସେଇଟା ଆମର ଅଭ୍ୟାସ । ନାଇଁ ନାଇଁ ଆମେ ଏଇଠି ପର ଚର୍ଚ୍ଚା କରୁନା କି ଚୁଗୁଲୀ କରୁନା ।

ଝୁମ୍‌କୀ : ଆଉ କ'ଣ କରନ୍ତି ?

ସାମ୍ବାଦିକ : ଆମେ ନାଟ୍ୟକାର ପାଇଁ ବରା ପିଆଜୀ ଛେନାପୋଡ଼ ନେଇକି ଆସୁ ଆଉ ନାଟ୍ୟକାର ଆମକୁ ସବୁଦିନ ଗୋଟେ ଗୋଟେ ନୂଆ କାହାଣୀ ଶୁଣାନ୍ତି ।

ଟହଲି : ଯାତ୍ରା ଷ୍ଟୋରୀ । ଆମେ ତାଙ୍କ ଷ୍ଟୋରୀ ଶୁଣି ତାଙ୍କୁ ପ୍ରଶ୍ନ ପଚାରୁ ଆଉ ଉତ୍ତର ଦେଉ ଦେଉ ତାଙ୍କ କାହାଣୀ ରେଡ଼ି ହୋଇଯାଏ ।

ଝୁମ୍‌କୀ : ଆରେ ବା !

ନାଟ୍ୟକାର : ଷ୍ଟୋରୀ ଫାଇନାଲ୍ ହୁଏ ଆମ ଖଟିରେ – ଆଉ ତା'ପରେ ମୁଁ ସେଇଟା ଡାକିଦିଏ ଝୁମ୍‌କୀକୁ । ଅପେକ୍ଷା କର, ଏଇନେ ଜଣେ ଡାଇରେକ୍ଟର ଆସି ପହଞ୍ଚିଯିବେ ।

ଝୁମ୍‌କୀ : ଆପଣମାନଙ୍କ ଷ୍ଟୋରୀରେ ମୁଁ ମଝିରେ ମଝିରେ ନୂଆ ଆଇଡ଼ିଆ ମିଶେଇ ଦିଏ ।

ଟହଲି : ପ୍ରାଇଭେଟ୍ ସେକ୍ରେଟେରୀ । ନାଟ୍ୟକାର କ'ଣ ତମକୁ ଦରମା ଦିଅନ୍ତି ?

ଝୁମ୍‌କୀ : ଦିଅନ୍ତି । ଦି'ବର୍ଷ ଭିତରେ ମତେ ତିନିଥର ଦରମା ମିଳିଛି । ମୋର ବି ପ୍ରତି ମାସରେ ଦରମା ଦରକାର ନାଇଁ । ଏଇଠି ମାଗଣା ରହିଛି ... ଆଉ ମାଗଣା ଖାଉଛି ... ଏମିତି ହେଇ ହେଇ ମୋର ଦି' ବର୍ଷ ପିଜି ପାଠ ସରିଗଲାଣି ...

ନାଟ୍ୟକାର : ଜୀବନରେ ଯାହା ସବୁ ଅଧା ଥିଲା – ଝୁମ୍‌କୀ ଆସିଲା ପରଠୁ ସବୁ ପୂର୍ଣ୍ଣ ହେଇଗଲା । ମୋର ବି ଅଧ୍ୟାପକ ଚାକିରୀ ଦରକାର ନାଇଁ । ମୋର ଏଇ ବାଟେ ବର୍ଷକୁ ୫/୬ ଲକ୍ଷ ହେଇ ଯାଉଛି ।

ଟହଲି : ଲୋକେ କିନ୍ତୁ ତମ ଚରିତ୍ର ଉପରେ କଳାଛିଟା ବୋଳିବା ଆରମ୍ଭ କଲେଣି ନାଟ୍ୟକାର ।

ନାଟ୍ୟକାର : ଲୋକେ କ'ଣ ବୁଝିବେ ଯାତ୍ରା ପାଇଁ କାହାଣୀ ତିଆରି କରିବା କେତେକଷ୍ଟ ? ତିନିଥାକରେ କାମ ହୁଏ । ପ୍ରଥମେ କାହାଣୀଟା ମୁଁ

କହିଲେ ବନ୍ଧୁମାନେ ତାକୁ ସଂଶୋଧନ କରି ଦିଅନ୍ତି। ତା'ପରେ ଝୁମ୍‌କୀ ଲେଖିଲାବେଳେ ସେଇଟା ବଦଳେଇ ଦିଏ। ଝୁମ୍‌କୀ ଓଡ଼ିଆରେ ଏମ୍.ଏ. କରୁଛି ... ଏ ବର୍ଷ ନିଶ୍ଚୟ ଫାଷ୍ଟକ୍ଲାସ୍ ପାଇବ। ତାର ଆଇଡ଼ିଆ ଓ ଭାଷାକୁ ମୁଁ ସମ୍ମାନ ଦିଏ। ତେବେ ଏଇ ଦି' ଥାକରେ କରେକ୍‌ସନ ହେଲାପରେ ଆମ ଡାଇରେକ୍ଟର ପୁଣିଥରେ ନାଟକ ଉପରେ ଫାଇନାଲ ଟଚ୍ ଦିଅନ୍ତି। ଲୋକଙ୍କ କାମ ହେଲା ଟିକଟ କାଟି ଆସି ହସିବେ, କାନ୍ଦିବେ ଆଉ ତାଳିମାରିବେ।

ଝୁମ୍‌କୀ : ଆଉ ଝିଅଟେ କାଇଁକି ନାଟ୍ୟକାର ପାଖରେ ରହିଲା ବୋଲି ସମ୍ପର୍କକୁ ବଦନାମ କରିବେ ?

ସାମ୍ବାଦିକ : ତା' ହେଲେ ଲୋକଙ୍କ ମୁହଁକୁ ଜବରଦସ୍ତ ବନ୍ଦ କରାଯାଉ।

ଝୁମ୍‌କୀ : କୁକୁରମାନେ ଏମିତି ପରଚର୍ଚ୍ଚା କରୁଥିବେ ସାର୍। ଭୁବନେଶ୍ୱର ଆସି ମୁଁ ଏ ପୃଥିବୀକୁ ପୋଷ୍ଟମଡର୍ଣ୍ଣ ଚଷମା ଦେଇ ଦେଖିସାରିଲିଣି।

ଟହଲି : ତା'ହେଲେ ମତେ ଏ ବିଷୟରେ ପଦେ କହିବା ପାଇଁ ଚାନ୍‌ସ ଦେବେ ?

ଝୁମ୍‌କୀ : କ'ଣ କହିବେ ?

ଟହଲି : ସତୀଶ ବାବୁଙ୍କୁ ପଚାରିବି କଥାଟା ?

ନାଟ୍ୟକାର : କ'ଣ ପଚାରିବୁ ପଚାର

ଟହଲି : ଏ ମ୍ୟାଡ଼ାମଙ୍କୁ ଆମେ ଭାଉଜ ଡାକିବା ପାଇଁ ଚାହୁଁଛୁ।

ସାମ୍ବାଦିକ : ସେଥିପାଇଁ ଷ୍ଟୋରୀଟାକୁ ଟିକିଏ ବଦଳାଇବାକୁ ପଡ଼ିବ।

ନାଟ୍ୟକାର : ଷ୍ଟୋରୀ ବଦଳାଇବ ? ବଦଳାଅ।

ଟହଲି : ତା'ହେଲେ କାଲି ବାରଟା ବେଳକୁ କୋର୍ଟକୁ ଆସ ... ଝୁମ୍‌କୀ ମାଡ଼ାମ୍! କାଲି ବାଣୀବିହାର କ୍ଲାସ୍ ବନ୍ଦ ତ' ସତୀଶ ଭାଇ! କାଲି ପ୍ରଥମ କଥା ହେଲା ତମେ କୋର୍ଟକୁ ଆସିବ। ଆଉ ମାଡ଼ାମ୍ ... ଆପଣ ମଧ୍ୟ!

ଝୁମ୍‌କୀ : ମୁଁ ଟିକିଏ ଡେରିରେ ଯିବି।

ସାମ୍ବାଦିକ : ଶୁଭସ୍ୟ ଶୀଘ୍ରମ୍! ଡେରୀ କ'ଣ ?

ଝୁମ୍‌କୀ : ମତେ ଏ.ଟି.ଏମ୍ ରୁ ଟଙ୍କା ଡ୍ର କରିବାକୁ ପଡ଼ିବ। ତା'ପରେ ଏସ୍‌ପ୍ଲାନେଡ୍ ଯିବାକୁ ହେବ ... ଗୋଟେ ଶାଢ଼ି କିଣିବି।

ଟହଲି : ଏକଦମ୍ ବଢ଼ିଆ। ଏଇ ଖୁସିରେ ମୁଁ ଆଣିଥିବା ବରା ପିଆଜି ଆଉ ଛେନାପୋଡ଼ ଖିଆଯାଉ... (ସମସ୍ତେ ଛେନାପୋଡ଼ ଖାଇଲେ। ମଂଚ ଅନ୍ଧାର)

ଷଷ୍ଠ ଦୃଶ୍ୟ

(ଆଲୁଅ ଆସିଲା ବେଳକୁ କଳାଶ୍ରୀ ଥିଏଟରର ମ୍ୟାନେଜର ଶ୍ରୀନିବାସ ମହାନ୍ତି ଓ ଟିକଟ ବିକ୍ରି କାଉଣ୍ଟର ମାଲିକ ପ୍ରବେଶ କରିବା କଥା। କିନ୍ତୁ ଭୁଲ୍‌ବଶତ ପ୍ରଥମେ ପ୍ରବେଶ ହେଇଯାଇଛି କବାଡ଼ିବାଲା (ପୂର୍ବତନ) ହୁରିଆ। ହାତରେ ଗୋଟେ ନୂଆ ଡ୍ରେସ୍)

ହୁରିଆ : ନାଇଁ ନାଇଁ ନାଇଁ, ମୁଁ କିଛି ଶୁଣିବିନି ସାର୍ ... ଏ କବାଡ଼ି ନାଟ୍ୟକାର ସାଙ୍ଗରେ ମୁଁ ଦି ବର୍ଷ ଚଳିଚି। ତାକୁ ଚଳେଇଚି ସାର୍! ହାତରେ ଖଡ଼ା ସିଝିବନି। ସେଇଟା ପୁଣି ବାହା ହଉଚି ... ମୁଁ କେମିତି ନ ଆସିବି ସାର୍ ?... ଶଳା ହରବରିଆ ହେଇ ମତେ ଡାକିବାକୁ ଭୁଲିଯାଇଛି। ତା'ବୋଲି ଖବର ପାଇଲା ପରେ ମୁଁ ନ ଆସି ରହିଯିବି ? ...

ଶ୍ରୀନିବାସ : ଆରେ ଖଣ୍ଡେ ନାଟକ ଦେଇଚି ଯେ ଗୋଟେ ବର୍ଷ ଆମ କଳାଶ୍ରୀ ଥିଏଟରକୁ ଖୋରାକି ଯୋଗେଇଲା। ତା ବାହାଘର ପାଇଁ ଆମେ କିଛି ଦବାନି କେମିତି ? ଅସ୍ତରାଗ୍ୟର କାବ୍ୟ। ଆରେ ନାଁ ଯେମିତି ଟିକଟ ବିକ୍ରି ସେମିତି !

ହୁରିଆ : ଝିଅଟାକୁ ମୁଁ ଦେଖିସାରିଲିଣି ସାର୍! ବାଣୀବିହାରରୁ ଏବର୍ଷ ଓଡ଼ିଆରେ ଏମ୍.ଏ. ପାଶ୍ କରିବ। ହେଲେ ଗୋଟେ ଅସୁବିଧା।

ଶ୍ରୀନିବାସ : କିଛି ଅସୁବିଧା ହେବାକୁ ଦେବିନି। କ'ଣ ଅସୁବିଧା ?

ହୁରିଆ : ତା'ର କେହି ନାହାନ୍ତି ସାର୍। ବାପାଟା ପାଣ୍ଡେମିକ୍‌ରେ ମରିଗଲା। ଏବେ କନ୍ୟାଦାନ ହେବ କେମିତି ?

ଶ୍ରୀନିବାସ : ମୁଁ ତାର ଧରମ ବାପା ହେଇଯିବି। ମୁଁ କନ୍ୟାଦାନ କରିବି। କିନ୍ତୁ ହୁରିଆ ... ମୁଁ ତ ଝିଅଟାକୁ ଚିହ୍ନିନିରେ। ସିଏ ମତେ ବାପା ବୋଲି ମୁଣ୍ଡିଆ ମାରିବାକୁ ହେବ।

ହୁରିଆ : ମାରିବ ସାର୍! ଅଲବତ ମାରିବ। ଆପଣ ଝିଅର ବାପ ହେଲେ ମୁଁ ବରର ବାପ ହେଇଯିବି ସାର୍! ହେଇ ... ନାଟ୍ୟକାର ପାଇଁ ମୁଁ ଗୋଟେ ବାହାଘର ଡ୍ରେସ୍ ଆଣିଚି।

ଶ୍ରୀନିବାସ : କାଇଁ ଦେଖେ ... (ଦେଖି) ଏଇଟାତ ପଗଡ଼ି। ଡ୍ରେସ୍ କାଇଁ ?

ହୁରିଆ : ଡ୍ରେସ୍ ନେଇକି ଆସିଚି ସାର୍। ଆଉ ଗୋଟେ ମୈଶୁର ସେଣ୍ଡାଲ୍ ସାବୁନ ... ଗୋଟେ ପଣ୍ଡସ୍ ପାଉଡ଼ର ଡବା ... ଆଉ ଗୋଟେ ପରଫ୍ୟୁମ୍ ଆଣିକି ଦେଲି ... ଡ୍ରେସ୍‌ଟା ଦେଇକି ଆସିଲି ... ଖଡ଼ା ଶିଝୁନି ହାତରେ

ସାର୍! ଦି'ବର୍ଷ ଚଳେଇଚି ତାକୁ, ଆଜି ସେଇଟା ବାହା ହେଉଚି ମାନେ ... ମୁଁ କବାଡ଼ିବାଲା ଥିଲି ବାବୁ! ହେଲେ ଏବେ ତ ତା' ନାଟକର ଟିକଟ ବିକ୍ରି କରୁଚି। ଅସ୍ତରାଗର କାବ୍ୟ ମାନେ ରାତିକେ ସେଲ୍ ଲକ୍ଷେରୁ କମ୍ ନୁହେଁ। ବଡ଼ କଳାକାରଟେ ସାର୍! ଏ ବସ୍ତିରେ ତାକୁ କିଏ ଚିହ୍ନିନାହାନ୍ତି। (ପ୍ରବେଶ କଲେ ସାମ୍ବାଦିକ ଓ ଓକିଲ ଟହଲୀ ମହାନ୍ତି)

ସାମ୍ବାଦିକ : ନମସ୍କାର, ନମସ୍କାର! ଯା' ହଉ ଆପଣମାନେ ଆସିଲେ। ବାହାଘର ଉତ୍ସବଟା ଜମିବ।

ହୁରିଆ : ଖବରକାଗଜରେ ବାହାରିଚି ସାର୍! 'ଅସ୍ତରାଗର କାବ୍ୟ' ନାଟକର ପ୍ରଖ୍ୟାତ ନାଟ୍ୟକାର ସତୀଶ ମହାପାତ୍ରଙ୍କର ଶୁଭ ପରିଣୟ ଝୁମ୍‌କୀ ମହାନ୍ତିଙ୍କ ସାଙ୍ଗରେ। ଖବରଟା କିଏ ଦେଇଛି? ଆପଣତ ସାମ୍ବାଦିକ ବାବୁ?

ସାମ୍ବାଦିକ : ଆଜ୍ଞା - ଝୁମ୍‌କୀର ଅସଲ ସଂଜ୍ଞାଟା ନାୟକ ନା ପରିଡ଼ା ନା ବିଶ୍ୱାଳ ମୁଁ ଭଲ ଭାବରେ ଜାଣିନି। ଛାପିଦେଲି।

ଶ୍ରୀନିବାସ : ଭଲ କଲେ ସାର୍! ଆଉ ଖଣ୍ଡେ ନିଉଜ୍ ଲେଖିଦିଅନ୍ତୁ କଳାଶ୍ରୀ ଥିଏଟରର ନାଟ୍ୟକାର ବୋଲି ... ମୁଁ ସାର୍ ଶ୍ରୀନିବାସ ମହାନ୍ତି। ନାଟ୍ୟକାର ରେଭେନ୍‌ସାରେ ମୋ ସାଙ୍ଗରେ ପଢୁଥିଲା।

ଓକିଲ : ପଢୁଥିଲା ଯେ ... ଆସାମୀ ଗଲା କୁଆଡ଼େ? ଏ ପର୍ଯ୍ୟନ୍ତ ବରକନ୍ୟାଙ୍କର ଦେଖା ନାଇଁ।

ଶ୍ରୀନିବାସ : ଆସୁଥିବେ ଆସୁଥିବେ। ଏଇଠିକି ଆସିଲା ପରେ ଜଣାପଡ଼ିଲା ମୁଁ କନ୍ୟାପିତା ହେବି। ବୋହୂଟାର ବାପା ଗତବର୍ଷ ପାଣ୍ଡେମିକ୍‌ରେ ଚାଲିଗଲେ।

ଓକିଲ : କିଛି ଅସୁବିଧା ନାଇଁ ସାର୍। ବାହାଘରଟା କୋର୍ଟରେ ହେବ। ମୁଁ ସବୁ ଲେଖାଲେଖି କରି ଟାଇପ୍ କରିଦେଇଚି। ଏମାନେ ଖାଲି ଦସ୍ତଖତ ମାରିବା କଥା।

ଶ୍ରୀନିବାସ : ତା'ହେଲେ ଆପଣ ବାହାଘର ଦଲିଲ୍ କଥା ବୁଝୁଥାନ୍ତୁ। ମୁଁ ଟିକିଏ ସାମ୍ନା ଦୋକାନରୁ ... ନ ହେଲେ ବଜ୍ରକବାଟିରୁ ଆସେ। କଥା କ'ଣ କି ... ମୁଁ କନ୍ୟାପିତା ହେବି - କନ୍ୟା ପାଇଁ ଗୋଟେ ଭଲ ଶିଲ୍‌କ ଶାଢି ଆଣିବିନି? ବାହାଘରଟା ବାହାଘର ଭଳିଆ ଦିଶିବା ଦରକାର। ନା' କ'ଣ?

ଓକିଲ : ଦୋଳମୁଣ୍ଡାଇ ବାହାଘର ଦୋକାନରୁ ଗୋଟେ ପୁଅ ପାଇଁ ପଗଡ଼ି ଆଉ ଝିଅ ପାଇଁ ମୁକୁଟ ଆଣିଥିବେ। (ଶ୍ରୀନିବାସ ଓ ହୁରିଆ ଚାଲିଗଲେ।)

(ମଞ୍ଚ ଅନ୍ଧାର)

ସପ୍ତମ ଦୃଶ୍ୟ

(ପଶିଆସିଲେ ରଘୁଦାଦା, ତାଙ୍କର ରାଗ ପଞ୍ଚମରେ, ଚିତ୍କାର କଲେ ?)

ରଘୁଦାଦା : କାଇଁ ସିଏ ? କୁଆଡ଼େ ଗଲା ସେ ସତିଆ ? ଶଳା ବାହାହଉଚି ଲଭ୍ କରିକି ... ଖବର ବାହାରୁଚି କାଗଜରେ ? ଶଳା ଏଡ଼େ ଭି.ଆଇ.ପି ଇଏ ? ବୋପା ମଲା ଶୁଦ୍ଧି ହେଲାନି ... ଆଉ ମୁଁ ଟା ତାର ବଡ଼ ବାପା... ! ମୁଁ ଥାଉ ଥାଉ ମତେ ନ କହି "ଶୁଭ ପରିଣୟ" ? କିରେ ମା'ଟା ସେଇଠି ଗାଁରେ ପଡ଼ିଚି। ମୁଗ ବିରି କୋଳଥ ବିକି ପଇସା ପଠେଇଲା ବୋଲି ଇଏ ଏମ୍.ଏ. ପଢିଲା ... ଇଏ ମାକୁ ନ ଡାକି ... ମା' କୁ ନ କହି ବାହା ହେଇଯିବ ? କାହାକୁ ବାହା ହଉଚି ... ? ଆଉ କିଏ ମିଳିଲାନି ପୃଥିବୀରେ ଶଳା କାମବାଲୀ ସାଙ୍ଗରେ ନାରେ ନାରେ ? କାଇଁ ଶଳା ... କୁଆଡ଼େ ଗଲା ? ସତିଆ ... !! କୋଉ ଗାତରେ ପଶିଚୁ ବାହାରି ଆ'... ବାହାର୍ ବେ' ! ଆଜି ତତେ ହରେକୃଷ୍ଣ କରାହେବ।

(ରଘୁ ଦାଦାର ଚିତ୍କାର ଶୁଣି ବାହାରୁ ପ୍ରବେଶ କଲେ ସାମ୍ବାଦିକ ବାବୁ ଓ ପରେ ଓକିଲ ଟହଲି ମହାନ୍ତି)

ସାମ୍ବାଦିକ : ଆରେ ମଉସା ଆସିଲେଣିରେ ଟହଲି ... ଶୀଘ୍ର ଆ' ... ନାଟ୍ୟକାର ଗାଁରୁ ତାଙ୍କ ଦାଦା ଆସିଲେଣି। (ଟହଲି ଫାଇଲ୍ ଧରି ପ୍ରବେଶ)

ଟହଲି : ନମସ୍କାର ସାର୍ ! ଆପଣ ଆସିଲେ ଭଲ ହେଲା ... ମତେ ଚିହ୍ନିପାରୁଛନ୍ତିଟି ? ମୁଁ ଟହଲି ମହାନ୍ତି – ଜଗତସିଂହପୁର କୋର୍ଟର ଓକିଲ।

ରଘୁଦାଦା : ଓ... ବୁଝିଲି, ବୁଝିଲି, ବୁଝିଲି, ହେଲା ବାବୁ, କଥାଟା କ'ଣ ସତ ? ଆମ ସତିଆ କ'ଣ ସତରେ ବାହାହଉଚି ? ନାଁ ଖବରକାଗଜରେ ଖାଲି ଛପେଇ ଦେଇଛି ?

ସାମ୍ବାଦିକ : ଖବରକାଗଜରେ କ'ଣ ଭୁଲ୍ ଖବର ଛପାଯାଏ ? ନାଟ୍ୟକାର ଆଜି କୋର୍ଟକୁ ଯାଇ ବାହାହେବେ।

ଟହଲି : କାଗଜପତ୍ର ସବୁ ରେଡ଼ି ସାର୍ ! ଆପଣ ଖାଲି ଦସ୍ତଖତଟା ମାରନ୍ତୁ। କଲମ ଅଛି।

ସାମ୍ବାଦିକ : (ପେନ୍ ଦେଇ) ଏଇଠି ମଉସା ... ଦସ୍ତଖତ କରିଦିଅନ୍ତୁ।

ରଘୁଦାଦା : ଦସ୍ତଖତ ? ଦେଇଦେବି ? କାଇଁକି ? ସେଥିରେ କ'ଣ ଲେଖାହେଇଚି ଜାଣିବା ଦରକାର ନାଇଁ ?

ଟହଲି : କ'ଣ ଜାଣିବେ ? ଏଇଟା ମେରେଜ୍ ଏଫିଡେଭିଟ୍। ଏଥିରେ ବର ଓ କନ୍ୟାର ପୂର୍ଣ୍ଣ ବିବରଣୀ ଅଛି। ତିନିଜଣ ସାକ୍ଷୀ ଦରକାର ସାର୍। ଆପଣ ତାଙ୍କ ପରିବାର ଲୋକ ହିସାବରେ ସାଇନ୍ ମାରନ୍ତୁ। ମୁଁ ଓକିଲଟା ସାର୍! ଆପଣଙ୍କର କିଛି ଅସୁବିଧା ହେବନି।

ରଘୁଦାଦା : ଆଉ ଦି ଜଣ ସାକ୍ଷୀ ?

ଟହଲି : କଳାଶ୍ରୀ ଥିଏଟରର - ଯାଇଛନ୍ତି ଝିଅର ବାହାଘର ଶାଢ଼ି ଆଉ ମୁକୁଟ ହେରିକା କିଣି ଆଣିବେ। ଆସିଲେ ସେମାନେ ଦସ୍ତଖତ କରିବେ।

ରଘୁଦାଦା : ଏତେ କଥାରୁ କ'ଣ ମିଳିବ ? ଆମ ସତିଆ ଯୌତୁକ ବାବଦରେ କ'ଣ ପାଇବ ?

ସାମ୍ବାଦିକ : ନାଟ୍ୟକାରର କିଛି ଡିମାଣ୍ଡ ନାଇଁ ମଉସା।

ରଘୁଦାଦା : କ୍ୟାନସଲ୍! କ୍ୟାନସଲ କର ସେ ବାହାଘର। ମୁଁ ଗୋଟେ ଝିଅ ଠିକ୍ କରିଛି। ପାଞ୍ଚମାଣ ଜମି ଦେବ। ମୁଁ କାଇଁକି ତମର ଏଇ ଫାଲ୍ତୁ ଏଫିଡାଭିଟ୍‌ରେ ଦସ୍ତଖତ ଦେବି ହୋ ? କିଏ ତମେ ମାନେ ?

ଓକିଲ : ଆପଣ ଜାଣିବା ଦରକାର ନାଇଁ। ଆମେ ସେ ଯୌତୁକ ଝାମେଲାରେ ପଶିବୁନି। ଧରପଗଡ଼ ଚାଲିଛି। ସରକାର ୧୯୬୧ରୁ ଏଇ ଆଇନ ଜାରି କଲେଣି।

ରଘୁଦାଦା : ବାହାଘର ପାଇଁ ତ ଏଇଠି ବ୍ୟବସ୍ଥା ନାଇଁ। କୋଉଠି କରୁଛ ?

ଓକିଲ : କୋର୍ଟରେ ବାହାଘର ହେବ - ଜାଣିପାରୁନାହାନ୍ତି ?

ରଘୁଦାଦା : ବେଦୀରେ ବସିବେନି, ବ୍ରାହ୍ମଣ ଆସିବେନି ... କି ବାହାଘର ହବ ହୋ' ? ମୁଁ ଆସିଗଲିଣି ଯେତେବେଳେ ବାହାଘରଟା ମନ୍ଦିରରେ ହେବ। ବିଷ୍ଣୁ ମନ୍ଦିରରେ। ମନ୍ତ୍ର ପଢ଼ା ହବା ପାଇଁ ବାଧ। ଶଙ୍ଖ ମହୁରୀ ବାଜିବାକୁ ବାଧ। ମଙ୍ଗଳ ଦୋଷ ଅଛି। ରୁହ ... ମୁଁ ମନ୍ଦିର ବ୍ରାହ୍ମଣଟାକୁ ପଟେଇକି ଆଣୁଚି। କିରେ ମନ୍ତ୍ର ନାହିଁ - ଗ୍ରହ ଶାନ୍ତି ନାଇଁ ... କି ବାହାଘର କରିବ କୋର୍ଟରେ ? ଆମେ କ'ଣ ଖ୍ରିସ୍ତାନି ନା ପଠାଣ ? ମୋ ପୁତୁରାଟାକୁ ତମେ କ'ଣ ବୋଲି ଭାବିଲ ? ଆରେ ତା' ବାପଟା ମରିଗଲା ବୋଲି ସିଏ କ'ଣ ଛେଉଣ୍ଡ ହେଇଗଲା ?... ଶଳା କଚେରି

ବାହାଘର ? କଚେରିକି ଯିବ ହାତଗଣ୍ଠି ପଡ଼ିଲା ପରେ- ମୁଁ ଆସିବା ଯାଏଁ ଅପେକ୍ଷା କର- ଆରେ ଏ ପର୍ଯ୍ୟନ୍ତ ସତିଆର ବଡ଼ ବାପାଟା ବଂଚିଛିରେ ! ତା'ପସନ୍ଦ ଅନୁଯାୟୀ କନ୍ୟା ସିଏ ଠିକ୍ କରିଚି ।

ସାମ୍ବାଦିକ : ଆପଣ ବଡ଼ ବାପା ବୋଲି ସବୁ କଥାରେ ନାକ ପୁରେଇବେ ? ଆମେ ଯୋଉ ଝିଅଟାକୁ ଠିକ୍ କରିଥିଲୁ ... ତା'ର କ'ଣ ହେବ ?

ରଘୁଦାଦା : କ'ଣ ସେଇ କାମବାଲୀଟାର ?

ସାମ୍ବାଦିକ : ନାଇଁ ସାର୍ ... କାମବାଲୀ ନୁହଁ ... ଏମ୍.ଏ. ପଢିଚି ସେ ଝିଅ ଆଉ ସତୀଆର ପ୍ରାଇଭେଟ୍ ସେକ୍ରେଟାରୀ ରୂପେ କାମ ବି କରୁଚି । ରୁହନ୍ତୁ ସାର୍ ମୁଁ ଯାଉଛି । ସେ ଝିଅକୁ ନେଇକି ଆସୁଛି । ସାମ୍ବାଦିକ ଚାଲିଗଲେ । (ବାହାରୁ ଝିଅର ଶାଢି ଓଢଣୀ ଓ ମୁକୁଟ ନେଇ ଫେରିଲେ ଶ୍ରୀନିବାସ ମହାନ୍ତି ଓ ହୁରିଆ)

ଶ୍ରୀନିବାସ : ଟହଲି ବାବୁ ! ଦେଖିଲେ ଏଇ ଶାଢୀ, ଓଢଣୀ ଆଉ ମୁକୁଟ ଚଳିବନି ନାଇଁ ... (ରଘୁ ଦାଦାଙ୍କୁ ଦେଖି) ଆପଣ ? ଟହଲିବାବୁ କାହାନ୍ତି ?

ରଘୁଦାଦା : ମୁଁ ସତିଆର ବଡ଼ବାପା । ବାହାଘର ଖବର କାଗଜରୁ ପଢି ଦୌଡ଼ି ଆସିଚି । ଆପଣମାନେ କିଏ ସବୁ ମୁଁ ଜାଣିନି ବାବୁ । ଯାହା କରୁଛନ୍ତି ତା' ପାଇଁ, ଆମେ କୃତଜ୍ଞ । ହେଲେ ବାବୁ, ପୁତୁରା ମୋର କାମବାଲୀ/ ପ୍ରାଇଭେଟ ସେକ୍ରେଟାରୀ ରୋଷେଇବାଲୀକୁ କେମିତି ବାହା ହେଇ ପଡ଼ିବ ?

ଶ୍ରୀନିବାସ : ଆଉ ? ଆମେ ସମସ୍ତେ ଯୋଉ ଝିଅଟାକୁ ଠିକ୍ କରିଛୁ ... ? ତାର କ'ଣ ହେବ ? ଆପଣଙ୍କର ତ ଏ ପର୍ଯ୍ୟନ୍ତ ଦର୍ଶନ ମିଳୁନଥିଲା ...

ରଘୁଦାଦା : କେମିତି ମିଳିବ ସାର୍ ? ଗାଁରେ ହଜାରେ ମାମଲତି ... ଦିଇଟା ପରିବାରର ଦାୟିତ୍ୱ ... ଚାଷଜମି ... ଦେହ ପା' ଅଛି ... ଇଏ ତ ଗାଁକୁ ଗଲାନି ... ବାପା ମଲା - ଶୁଦ୍ଧି ହେଲାନି ... କି ମା'ର ମୁହଁ ଚାହିଁଲାନି । ଏବେ ମନକୁ ମନ ପ୍ରାଇଭେଟ ସେକ୍ରେଟାରୀକୁ ବାହା ହେଇପଡ଼ିଲେ ମା' ବୁଢୀଟାର କ'ଣ ହେବ ସିଆଡ଼େ ?

ହୁରିଆ : ତା'ହେଲେ କ'ଣ ହବ ଏବେ ? ଆମେ ଯୋଉ ଝିଅଟାକୁ ଠିକ୍ କରିଛୁ କ'ଣ ହବ ତାର ? ଆଜିକାଲି ତ ବେଦୀ ବାହାଘରକୁ ଲୋକେ ଆଦୌ ଖାତିର କରୁନାହାନ୍ତି ।

ରଘୁଦାଦା : କ'ଣ ହେଲା ? ଖାତିର କରୁନାହାନ୍ତି ?

ଶ୍ରୀନିବାସ : ଦେଖନ୍ତୁ ... ଆପଣ ନ ଆସିଥିଲେ ମୁଁ କନ୍ୟାପିତା ହେଇ ବାହାଘର କାମ ଚଳେଇଥାନ୍ତି ସାର୍ ... ମୁଁ ଶ୍ରୀନିବାସ ମହାନ୍ତି ... କଳାଶ୍ରୀ ଥିଏଟରର ଅଭିନେତା ଆଉ ମ୍ୟାନେଜର ... ଆଉ ଇଏ ହୁରିଆ ବାବୁ।

ହୁରିଆ : ନମସ୍କାର ମଉସା। ଆଗରୁ ମୁଁ ସତିଆ ସାଙ୍ଗରେ ରହୁଥିଲି। ସହରକୁ ଆସି ଯେତେବେଳେ ମୁଣ୍ଡ ଗୁଞ୍ଜିବାକୁ ଯାଗା ନ ପାଇଁ ରେଳଷ୍ଟେସନରେ ବେଞ୍ଚ ଉପରେ ଶୋଉଥିଲା ... ମୁଁ ତାକୁ ଡାକିଆଣି ଏ ଘରେ ରଖିଥିଲି। ଆପଣ ସେତେବେଳେ କୋଉଠି ଥିଲେ ? ତା' ପାଇଁ ଏ ବାହାଘରଟା ଯୋଗାଡ଼ କରିବା ଅଧିକାର କ'ଣ ପାଇଁ ଆମର ନାଇଁ ?

ରଘୁଦାଦା : ଅଛି ବାବୁ ! ହେଲେ ମୁଁ ଯୋଉ ଝିଅଟାକୁ ଠିକ୍ କରିଚି ? ତାର କ'ଣ ହେବ ?

ଶ୍ରୀନିବାସ : କାଇଁ ସିଏ ? ଡାକିଲୁ ତାକୁ।

ରଘୁ : ମୁଁ ତାକୁ ଗାଁରୁ ନେଇ ଆସିଛି ସଂଧାରେ। ସତିଆକୁ ଘୋଡ଼ା କି ଗାଡ଼ି ମଟର ଚଢି ଶ୍ୱଶୁର ଘରକୁ ଯିବାକୁ ପଡ଼ିବନି ବାବୁ। ମୁଁ ଯୋଉ ଝିଅଟାକୁ ଠିକ୍ କରିଚି, ସିଏ ଅଧାପିକା ସାର୍। ରୋଷେଇଠୁ ପାଠ ପଢାଯାଏ - ସବୁ କାମ ତା' ହାତରେ ହଉଚି। ତାର କିନ୍ତୁ ବାପା ଚାଲିଯାଇଚି। ହେଲେ ପାଞ୍ଚମାଣ ଦୋ-ଫସଲି ଜମି ଯୌତୁକରେ ମିଳିବ।

ଶ୍ରୀନିବାସ : ତା'ହେଲେ ଆଉ କ'ଣ କରିବା ? ମୁଁ ଯୋଉ ଶାଢି ଆଉ ମୁକୁଟ ଆଣିଚି ତାକୁ ପିନ୍ଧେଇ ଦେବା। କାଇଁ ସିଏ ? ଡାକନ୍ତୁ ତାକୁ।

ରଘୁଦାଦା : ତାକୁ ବସେଇ ଦେଇ ଆସିଚି କଲ୍ୟାଣ ମଣ୍ଡପରେ। ଦିଅ ... ମୁଁ ନେଇକି ଦେଇଦେବି କନିଆକୁ। ବିଷ୍ଣୁ ମନ୍ଦିର କଲ୍ୟାଣ ମଣ୍ଡପ ... ବ୍ରାହ୍ମଣ ପାଖରୁ ଭୋଜି ପର୍ଯ୍ୟନ୍ତ ସବୁ ବ୍ୟବସ୍ଥା କରିଦେଇଛି। କିନ୍ତୁ ସାର୍ ... ସେଇଠି ମାଛ, ମାଂସ ହେଇପାରିବନି। ମନ୍ଦିରଟା।

ହୁରିଆ : ସବୁ ହେଲା ଯେ ମଉସା ! ସତିଆ ଯୋଉ ଝିଅଟାକୁ ଠିକ୍ କରିଚି ତାକୁ ବାହାହେବ ନା ତମେ ଯୋଉ ଝିଅଟାକୁ ଠିକ୍ କରିଚ ତାକୁ ?

ରଘୁଦାଦା : କିରେ ମୁଁ ପରା ତାର ବଡ଼ ବାପାଟା ବଂଚିଛି। ଗାଁରେ ପରା ତା' ମା ବୁଢୀଟା ବଂଚିଛି ? ଇଏ ନିଜେ ନିଜେ କେମିତି ଠିକ୍ କରି ପକେଇଚି ? ସେଇଟା ପୁଣି କୋର୍ଟରେ ? ପଚାର - କୋଉ ଭଦ୍ରଲୋକକୁ ପଚାରୁଛ ପଚାର। ଯା ବାପା ମରିଗଲା - ଶୁଦ୍ଧ ଘର ମୁଁ କଲି। କୋଡ଼ିଏ ହଜାର ଋଣ କରିଛି ବ୍ୟାଙ୍କରୁ। ଇଏ ଗାଁକୁ ଯାଉନି କି ପାହୁଲାଟେ ପଠଉନି !

ତା' ଭାଗର ଜମି ଚାଷ କରୁଛି ମୁଁ। ମୋର ଯୋଉ ଚାଷ, ବିହନ ଇତ୍ୟାଦି ଖର୍ଚ୍ଚ ହଉଚି ଇଏ କ'ଣ ଦଉଚି ମତେ? ଏବେ ମୋ କଥା ନ ଶୁଣି -- କାଇଁ ତମର ସେଇ ପ୍ରାଇଭେଟ ସେକ୍ରେଟାରୀ ଝିଅ? ମୁଁ ତା' ସାଙ୍ଗରେ କଥା ହେବି। ତାକୁ ବୁଝାଇବାକୁ ପଡ଼ିବ। କାଇଁ ସିଏ?

ଶ୍ରୀନିବାସ : ସିଏ ସିଧାସଳଖ କୋର୍ଟକୁ ଯିବ। ଝିଅ ଏମ୍.ଏ. ପଢିଚି ସାର୍। ଫାଲତୁ ନୁହେଁ।

ରଘୁଦାଦା : ମୁଁ କ'ଣ ଫାଲତୁ ଝିଅ ଠିକ୍ କରିଛି? ଅଧାପିକା ହେଇଚି ଆଉ ଯୌତୁକରେ ପାଞ୍ଚମାଣ ଜମି ମିଳିବ। କେମିତି ମୁଁ ମନା କରିଦେବି ତାକୁ? ପୁଅର ପ୍ରେମଗୁଡ଼ାକ ଇଆଡ଼େ ନିଗିଡ଼ି ପଡୁଛି ଏଇଠି। ଶଳା ମଣିଷ ଏଇଠି କୁଆଡ଼ିକାର ହବ? ଆଣ – ସେ ଝିଅକୁ ଆଗ ହାଜର କରାଅ।

ଶ୍ରୀନିବାସ : ଓକିଲ ବାବୁ, ଝିଅଟା କାଇଁ କହୋ? (ଓକିଲ ସେଇଠି ନଥିଲେ)

ହୁରିଆ : ସିଏ ତାର କୋର୍ଟକୁ ଗଲାଣି ସାର୍! ଓକିଲ ବାବୁଙ୍କ ସାଙ୍ଗରେ ଯାଇଛି।

ଶ୍ରୀନିବାସ : ଆମ ପ୍ରଚାର ଅଟୋଟାକୁ ନେଇ କରି ଯାଅ – ତାକୁ ନେଇ ଆସ। ପ୍ରଥମେ ସିଏ ଦାଦାଶ୍ୱଶୁରଙ୍କୁ ଆଉ ଶାଶୁଙ୍କୁ ମୁଣ୍ଡିଆ ମାରିବ ... ତା' ପରେ କୋର୍ଟକୁ ଯିବ। ନାଟ୍ୟକାର କାହାନ୍ତି?

ହୁରିଆ : ମଉସା ଆସିବା ଖବର ଶୁଣି ସେଇଟା ଚମ୍ପଟ ମାରିଲାଣି- କୋର୍ଟକୁ ଗଲା କି ନାଇଁ ଦେଖିବାକୁ ହେବ। ଏଗୁଡ଼ାକ ସବୁ ଅଜବ ଲୋକ ସାର୍। ଚାଲନ୍ତୁ, ଶୀଘ୍ର ଯିବା ଆଉ ସେ ଝିଅକୁ ନେଇ ଆସିବା, ଆଉ ମଉସା, ତମେ ଯୋଉ ଝିଅକୁ ଗାଁରୁ ଆଣିଚ ବୋଲି କହୁଚ, ସିଏ କାଇଁ?

ରଘୁଦାଦା : କହିଲି ପରା ବିଷ୍ଣୁ ମନ୍ଦିରରେ ବସେଇ ଦେଇ ଆସିଛି। ବ୍ରାହ୍ମଣ ଅଛନ୍ତି ସବୁ ବ୍ୟବସ୍ଥା କରିବେ। ମନ୍ଦିର ଭିତରେ ମଣ୍ଡପ ପାଖରେ ସବୁ ବ୍ୟବସ୍ଥା ଅଛି।

ହୁରିଆ : ତା' ବୋଲି ଝିଅଟାକୁ ସେଇଠି ଏକଲା ଛାଡ଼ି ଦେଇ ଆସିବେ? ଚାଲନ୍ତୁ ତାକୁ ଏଇଠିକି ନେଇ ଆସିବା। ନାଟ୍ୟକାର ଆସିଲେ ଗୋଟେ ଓଲା କରିଯିବା ମନ୍ଦିର।

ରଘୁଦାଦା : ସେୟାକର ବାବା! ମୁଁ ଏକଲା ଲୋକକୁ ଝିଅଟାର କେହି ନାହାନ୍ତି। ତମେ ସବୁ ତାର ସାଙ୍ଗମାନେ ଅଛ ... କାମଟା ଚଳେଇ ନବନି?

ଶ୍ରୀନିବାସ : ଚାଲ ! ଗୋଟେ ଟାକ୍ସି କରି ସମସ୍ତେ ମନ୍ଦିରକୁ ଯିବା । ସେ ଝିଅଟାକୁ ଧରି କୋର୍ଟକୁ ଯିବା ।

(ଶ୍ରୀନିବାସ ସମସ୍ତଙ୍କୁ ଧରି ସେ ଘରୁ ଚାଲିଗଲେ । ମଞ୍ଚ ଅନ୍ଧାର ହେଲା । ସେ ଯେଉଁପଟେ ଗଲେ, ସେ ପଟୁ ପ୍ରବେଶ କଲେ ଓକିଲ ଟହଲି ମହାନ୍ତି, ମଂଚ ପୁଣି ଆସ୍ତେ ଆସ୍ତେ ଆଲୋକିତ ହେଲା ।)

ଟହଲି : ନାଟ୍ୟକାର... ନାଟ୍ୟକାର କୁଆଡ଼େ ଗଲ ? ହଇଏ ବାବୁ... ସତୀଶ ମହାପାତ୍ର...! କାଇଁ ସେ ଝିଅଟା ? ତମ ପ୍ରାଇଭେଟ୍ ସେକ୍ରେଟାରୀ ମ ? ଆରେ ସିଏ କୋର୍ଟକୁ ଯାଇନି । ଏବେ କ'ଣ ହେବ ? ମୁଁ ଚାରି ଘଣ୍ଟା ଅପେକ୍ଷା କଲି । ବାରଟା ବାଜିଲା - ମୁଁ ଖୋଜିବା ଆରମ୍ଭ କଲି । ତା'ପରେ ଗୋଟେ ବାଜିଲା, ଦିଇଟା ବାଜିଲା, ତିନିଟା ବାଜିଲା ...ଏବେ ଚାରିଟା

(ନାଟ୍ୟକାର ପ୍ରବେଶ କଲେ, ଶେରୱାନି ଓ ଯୋଧପୁରୀ ବାହା ପୋଷାକ ପିନ୍ଧିଛନ୍ତି)

କି ଅଜବ ଲୋକ କିହୋ ତମେ ? ମୁଁ ତେଣେ ଆଫିଡେଭିଟ୍ ଲେଖି ତିନିଜଣ ସାକ୍ଷୀଙ୍କ ଦସ୍ତଖତ ନେଇ କୋର୍ଟରେ ତମକୁ ଅପେକ୍ଷା କରିଛି । ଶେଷରେ ତମେ ବି ଆସିଲ ନାଇଁ ?

ନାଟ୍ୟକାର : ଆରେ ଭାଇ ! କେମିତି ଆସିଥାନ୍ତି ? ଲୁଚିଥିଲି ।

ଟହଲି : କୋଉଠି ଲୁଚିଥିଲ ? କାହାକୁ ଲୁଚିଥିଲ ?

ନାଟ୍ୟକାର : ରଘୁଦାଦାଙ୍କୁ ! ସିଏ ଆସି ଗାଁରୁ ପହଞ୍ଚିଗଲେ । ଖବରକାଗଜରୁ ମୋ ବାହାଘର ଖବର ଶୁଣି ଗାଁରୁ ଆଉ ଗୋଟେ ଝିଅ ଠିକ୍ କରି ଚାଲି ଆସିଛନ୍ତି ।

ଟହଲି : ଆଉ ଗୋଟେ ଝିଅ ? ସିଏ ପୁଣି କୁଆଡୁ ଆଇଲା ?

ନାଟ୍ୟକାର : ମୁଁ କ'ଣ ଜାଣିଛି ? କହିଲେ ପାଞ୍ଚମାଣ ଜମିଦେବ ଯୌତୁକରେ । ମା' ମୋର ସେ ଝିଅଟିକୁ ବାଛିଛନ୍ତି । ସେଇଠୁ ମୁଁ କରେ କ'ଣ ? ବାଧ ହୋଇ ଲୁଚିଗଲି ।

ଟହଲି : ଆଉ ଏଇ ଯୋଉ ଯୋଧପୁରୀ ସୁଟ୍ ସେରୱାନି ପିନ୍ଧିଛ ?

ନାଟ୍ୟକାର : କଳାଶ୍ରୀ ଥିଏଟରର ଶ୍ରୀନିବାସ ମହାନ୍ତି ... ସିଏ ଆଣି ଦେଇଛନ୍ତି ... ଝୁମ୍କୀ ପାଇଁ ବି ଗୋଟେ ନାଲି ସିଲ୍କ ଶାଢି ଆଣିଥିଲେ ।

ଟହଲି : ଝୁମ୍କୀ ମାଡ଼ାମ୍ କାହାନ୍ତି ? କୋର୍ଟକୁ ଆସିଲେନି କାଇଁକି ?

ନାଟ୍ୟକାର : ଆରେ ମୁଁ କେମିତି ଜାଣିବି ? ଦାଦା ଯେମିତି ରାଗରେ ତମ୍‌ତମ୍ ହେଇ ଗାଳି ଫଜିତ କଲେ ସାମ୍ନାକୁ ଆସିଥିଲେ ମାଡ଼ ସିଓର୍ ! କ'ଣ ନାଇଁ କ'ଣ କରନ୍ତା ଶଳା ... ମୁଁ ଚୁପ୍ କିନି ଏ ଡ୍ରେସ୍‌ଟା ନେଇ ଖସିଗଲି । ଗଲି ଡାଇରେକ୍ଟର୍ ଘରକୁ ... ସେଇଠୁ ଲୁଚି ଲୁଚି ଆସି ଦେଖିଲାବେଳକୁ ରଘୁ ଦାଦା ନାଇଁ... ଓହୋ... ମଣିଷ ବାହା ନ ହେଇ ରହିଥିଲା ... ଭଲ ଥିଲା –। ଝୁମ୍‌କୀ ଆସିଲା ... କାମ ଚଳିଯାଉଥିଲା...

ଟହଲି : ଚୁପ୍ ! ପାଟି ଚୁପ୍ ! କ'ଣ କାମ ଚଳିଯାଉଥିଲା ? ତୁ ତିନିମାସ ହେଲା ଝୁମ୍‌କୀକୁ ଦରମା ଦେଇନୁ। ଝୁମ୍‌କୀ ତୋଠୁ ପଇସା ନଉଥିଲା; ଭାବିନେ' ଝୁମ୍‌କୀ ଘର ଜୋଇଁକୁ ତାଙ୍କର ୧୫ ହଜାର ବନ୍ଧାଣ ଟଙ୍କା ଦେଲେ। ଯୋଉଟା ବେଦୀରେ ଦିଆହେବା କଥା।

ନାଟ୍ୟକାର : ବନ୍ଧାଣ କ'ଣ ? ଆମର କ'ଣ ବେଦୀ ଉପରେ ବାହାଘର ହେଉଛି ?

ଟହଲି : ତୋ ରଘୁଦାଦା ବିଷ୍ଣୁ ମନ୍ଦିରରେ ସବୁ ଯୋଗାଡ଼ କରିଛନ୍ତି। ସେଇଠି ମଣ୍ଡପ ... ସେଇଠି ବ୍ରାହ୍ମଣ ... ସେଇଠି ଭୋଜି ...

ନାଟ୍ୟକାର : କାଇଁ ଦାଦା ?

ଟହଲି : ବିଷ୍ଣୁ ମନ୍ଦିର ଯାଇଚି। କହିଲା ମନ୍ତ୍ର ପଢାହେବାକୁ ବାଧ। ଶଙ୍ଖମହୁରୀ ନ ବାଜି ବାହାଘର ହେଇପାରିବନି। ବାହାଘର ବେଦୀ ଉପରେ ହବ, ତା'ପରେ ଯାଇ କୋର୍ଟ ବାହାଘର।

ନାଟ୍ୟକାର : କ'ଣ ଝିଅକୁ ନ ଦେଖି ବାହାଘର ?

ଟହଲି : ଆରେ ତୋ ଝୁମ୍‌କୀ ତ ଫେରାର୍ ହୋଇଗଲା।

ନାଟ୍ୟକାର : ଫେରାର୍ କ'ଣ ? ଗାଁକୁ ଯାଇଥିବ। ତାର ତ ବାପା ନାହାନ୍ତି। ମା'ଙ୍କୁ ନକହି କ'ଣ ବାହାହେଇଯିବ ? ସେଥିପାଇଁ ଗାଁକୁ ଯାଇଛି।

ଟହଲି : ଦାଦା ପଚାରିଲେ ସେୟା କହିଦେବୁ। ମୁଁ ଆଫିଡେଭିଟ୍ ଲେଖି ଦେଇଚି। ତିନିଜଣ ସାକ୍ଷୀ ଯୋଗାଡ଼ କରି ଦସ୍ତଖତ ନେଇଯାଇଛି। ବର୍ତ୍ତମାନ ଖାଲି ସିଭିଲ୍ ରେଜିଷ୍ଟ୍ରାରଙ୍କ କୋର୍ଟକୁ ଯାଇ ସାର୍ଟିଫିକେଟ୍ ଆଣିବା କଥା। ତା'ପରେ ଦେଖିବା ତୋ ଦାଦା କ'ଣ କରୁଛନ୍ତି, ହେଲେ ତୋ ସ୍ତ୍ରୀ କାଇଁବେ ? କୋର୍ଟକୁ ଯିବା ଆଗରୁ ଆଗ ଫଟୋଷ୍ଟୁଡ଼ିଓ ଯାଇ ଫଟୋଟା ଉଠେଇବାକୁ ପଡ଼ିବ।

ନାଟ୍ୟକାର : ମୁଁ ତା ମୋବାଇଲ୍‌କୁ ଗୋଟେ କଲ୍ ମାରିକି ପଚାରୁଛି। (ମୋବାଇଲ୍‌ରେ କଲ୍ ମାରିଲା। କଲ୍ ମାରି ଭିତରକୁ ଗଲା)

ଟହଲି : ଆଗ ଷ୍ଟୁଡ଼ିଓ ଯାଇ ଫଟୋ ଉଠିବ, ତା'ପରେ ତୋ' ଦାଦା କ'ଣ କହୁଛନ୍ତି ଦେଖିବା ! ଶଳା ଭାରୀ ଅଖାଡୁଆ ଲୋକ ! ! ଆଜିର ଏ ଉତ୍ତର ଆଧୁନିକ ଯୁଗରେ ଗୋଟେ ଶାହାନାଇ ଟିକିରା କ'ଣ ବାଜିବ ? ଏଇଟା କ'ଣ ଯାତ୍ରାପାର୍ଟି ବାହାଘର ?

(ବାହାରେ କାର୍ ଅଟକି ହର୍ଣ୍ଣ୍ ଦେଲା, ଚମକି ଉଠିଲେ ଟହଲି)

ଟହଲି : କିଏ ? ନାଟ୍ୟକାରର ଦାଦା ଆସିଗଲେ ବୋଧେ... ମୁଁ ଏଇଠୁ ଯାଏ... ଏଇ ପଛ ରାସ୍ତାରେ ପଳେଇ ଯାଏ ...

(ଟହଲି ମହାନ୍ତି ଚାଲିଗଲେ ବସ୍ତି ଘରର ପଛପଟ ଗେଟ୍ ଦେଇ। ପ୍ରବେଶ କଲେ ରଘୁଦାଦା ଓ ତାଙ୍କ ନିର୍ବାଚିତ କନିଆ। ନୂଆ ନାଲି ଶାଢି ପିନ୍ଧିଚି ଓ ଓଢଣା ଦେଇଚି)

ରଘୁଦାଦା : ଆ' ! ଭିତରକୁ ଆ ! ଏଇଟା ହେଲା ତୋ' ବରର ବସାଘର। ବିଷ୍ଣୁ ମନ୍ଦିରରେ ବାହାଘର ସରିଲେ ତୁ ଏଇଠିକି ବାହାଦେଇ ଆସିବୁ। ତା' ପରେ କୋର୍ଟରେ ରେଜିଷ୍ଟ୍ରେସନ୍ ହେଇ ବାହାହେଲ ବୋଲି ସାଟିଫିକେଟ୍ ମିଳିବ। ତା'ପରେ ଯିବାକୁ ହେବ ଗାଁକୁ। ଗାଁରେ ବୁଢୀମା'ଟା ଅନେଇ ବସିଚି। ତାକୁ ମୁଣ୍ଡିଆ ମାରିବୁ ତା' ପରେ ତୋ କଲେଜକୁ ଯିବୁ, ହେଲା ? କିଲୋ ଓଢଣାଟା ଟେକିଚୁ କ'ଣ ? ପକା। ହାତେ ଓଢଣା ପକେଇ ନୂଆବୋହୂ ରୋଲ୍‌ରେ ଆକ୍‌ଟିଙ୍ଗ୍ କର। ଏଇଠି ଏ ଚୌକୀରେ ଓଢଣା ଦେଇ ବସେ। ମୁଁ ତାର ସାଙ୍ଗମାନଙ୍କୁ ଯୋଗାଡ଼ କରୁଚି। ସେମାନେ ୪/୫ ଜଣ ବରଯାତ୍ରୀ ହେଇ ବିଷ୍ଣୁମନ୍ଦିର ଯିବେ ଆଉ ମୁଁ ସେଇଠି ତୋର ବାପା ରୋଲ୍ କରି ସେମାନଙ୍କୁ ପାଛୋଟି ଆଣିବି। ବସ୍ ଏଇଠି। ମୁଁ ଗେଣ୍ଡୁମାଳ, ମହୁରିଆ ଆଉ ବାଜାବାଲାଙ୍କୁ ଯୋଗାଡ଼ କରିଚି ଲୋ ମା' ! ସବୁ ବାଜିବ। ଏ ବସ୍ତିରେ ଲୋକେ ଜାଣିବେ ମୋ ପୁତୁରାର ବାହାଘର ହେଉଛି।

(ଠିଆହେଲେ ରଘୁଦାଦା, ଶାହାନାଇ ଓ ଟିକରା ବାଜିଲା। ଶଙ୍ଖଟେ ଫୁଙ୍କାଗଲା। କନ୍ୟା ଓଢଣା ଦେଇ ମୁଣ୍ଡିଆ ମାରିଲା)

"ମଙ୍ଗଳମୟ ଭବତୁ ବୈବାହିକ ଜୀବନମ୍"

(ଏହା କହି ଚାଲିଗଲେ ରଘୁଦାଦା। କିଛି ସମୟ ପରେ ପ୍ରବେଶ କଲେ ନାଟ୍ୟକାର। ନାଟ୍ୟକାର ଦେଖିଲେ ତାଙ୍କ ଘରେ ହାତେ ଲମ୍ବର

ଓଢଣା ଟାଣି ଝିଅଟିଏ ବସିଛି। ନାଟ୍ୟକାର ଗଳା ସଫା କଲା। ଝିଅଟାର ପ୍ରତିକ୍ରିୟା ଜଣାପଡୁନଥିଲା। ତଥାପି ସେ କହିଲା :)

ନାଟ୍ୟକାର : ଦେଖ, ତମେ କିଏ ମୁଁ ଜାଣିନି। ରଘୁଦାଦା ତମକୁ ଆଣି ଛାଡ଼ିଦେଇ ଗଲେ। କୁଆଡ଼େ ଗଲେ ମୁଁ ଜାଣିନି। ମୁଁ ଭାବିଲି, ବାହା ହେବା ଆଗରୁ ତମ ସହ କଥା ହେବା ନିହାତି ଆବଶ୍ୟକ। କାରଣ ମୁଁ ଆଉ ଗୋଟେ ଝିଅକୁ ଭଲପାଉଛି। ମୁଁ ତାକୁ ହିଁ ବାହାହେବି ବୋଲି କଥାଦେଇଛି। ବର୍ତ୍ତମାନ ମୁଁ କୋର୍ଟକୁ ଯାଇ ଆଫିଡେଭିଟ୍ କରିବି। କାଗଜପତ୍ର ସବୁ ଲେଖାସରିଲା ପରେ ରଘୁଦାଦା ତମକୁ ଆଣିଲେ। ମୁଁ ଏବେ କରିବି କ'ଣ? ରଘୁଦାଦା କହୁଛନ୍ତି ଆଗ ବିଷ୍ଣୁମନ୍ଦିରରେ ବାହାଘର ହେବ - ତା' ପରେ କୋର୍ଟରେ। ମୁଁ ଆଉ କ'ଣ କରିପାରିବି? ବାପା ମଲାପରେ ସିଏ ମୋର ଏକମାତ୍ର ଗାର୍ଡ଼ିଅନ୍।

(ହଠାତ୍ ଟହଲି ଗୋଟେ ଫାଇଲ୍‌କୁ ବ୍ରିଫ୍‌କେଶ୍‌ରେ ଧରି ପହଞ୍ଚିଲେ)

ଟହଲି : ନାଟ୍ୟକାର! କୋର୍ଟରେ ସେ ଝିଅ ନାହିଁ। ମୁଁ ଦି' ଘଣ୍ଟା ହେଲା ଅପେକ୍ଷା କରିଚି। କାଇଁ ତୋର ସେ ଝୁମ୍‌କୀ? (ହଠାତ୍ ଝିଅଟେ ଦେଖି) ଇଏ ପୁଣି କିଏ?

ନାଟ୍ୟକାର : ରଘୁଦାଦା ଆଣିଛନ୍ତି, ଗାଁରୁ। ଦାଦା କହୁଛନ୍ତି ଆଗ ବିଷ୍ଣୁମନ୍ଦିରରେ ବାହାଘର ହେବ, ତା'ପରେ କହିବି ଯାଇ କୋର୍ଟ କାମ।

ଟହଲି : ଠିକ୍ ଅଛି ... ଏ ଟାଇମ୍‌ରେ କିଳା କୁ ଡାକିବା କିଛି ଭଲ ହେବନି। ସିଏ ଆମ ସମସ୍ତଙ୍କର ଗାର୍ଡ଼ିଅନ୍। ସିଏ ଯାହା କହୁଛନ୍ତି ସେୟା ହିଁ ହବ। (ଫାଇଲ୍ ଖୋଲି) ଏଇଠି ଖାଲି ଦସ୍ତଖତଟେ କରିଦିଅ ଭାଉଜ! ତା'ପରେ ଆମେ ଗୋଟେ ଓଲା କି ଉବେର୍ କରି ବିଷ୍ଣୁ ମନ୍ଦିର ପହଞ୍ଚିବା। (ଫାଇଲ୍‌ଟା ନାଟ୍ୟକାରକୁ ଦେଲା) ନାଟ୍ୟକାର। ତୁ ଭାଉଜଙ୍କ ଦସ୍ତଖତ ଆଣ। ମୁଁ ଓଲାଟା ବୁକ୍ କରୁଛି।

(ଓକିଲ କାଗଜପତ୍ର ଦେଇ ବାହାରକୁ ଗଲେ। ନାଟ୍ୟକାର ଆଫିଡେଭିଟ୍ ନେଇ ଝିଅ ପାଖକୁ ଗଲେ। ଝିଅ ଦସ୍ତଖତ କରି ବଢେଇ ଦେଲା ବେଳକୁ ଓଢଣା ଖସିଗଲା। ନାଟ୍ୟକାର ଦେଖିଲେ ଯେ ଝିଅଟି ଝୁମ୍‌କୀ! ଚମକି ଫ୍ରିଜ୍ ହେଇ ରହିଗଲେ ନାଟ୍ୟକାର)

ନାଟ୍ୟକାର : ଆରେ! ଝୁମ୍‌କୀ! ତମେ! ମୋର ତ ରକ୍ତ ଶୁଖିଯାଇଥିଲା ... ଆଉ ଗୋଟେ କିଏ ହେଇଥିବ ବୋଲି।

ଝୁମ୍କୀ : ତମ ରଘୁଦାଦା ଆସିଥିଲେ । ମା'କୁ କହିଲେ । ମା' ଅତି ଆନନ୍ଦରେ ରାଜି ହୋଇଗଲା । ତମ ଜମିକୁ ଲାଗି ଆମର ଯୋଉ ପାଞ୍ଚମାଣ ପଡ଼ିଆ ଖଣ୍ଡକ ଥିଲା – ସେତକ ଯୌତୁକରେ ଦେବାକୁ କହିଲା ।

ନାଟ୍ୟକାର : କିଛି ଦରକାର ନାଇଁ । ମୁଁ ଯୌତୁକ ପ୍ରଥାର ଘୋର ବିରୋଧି ।

ଝୁମ୍କୀ : କିନ୍ତୁ ମା' କହିଲା ସେ ପାଞ୍ଚମାଣ ଜମିଟା ମୋ ନାଁରେ କରିଦେବ । (ବାହାରୁ ଫେରିଲା ଟହଲି)

ଟହଲି : ସେୟା ହିଁ ହେବ । ଜମି ପାଞ୍ଚ ମାଣ ବିଚାରରେ ଏ ଆଫିଡେଭିଟ୍‌ରେ କିଛି ଲେଖା ହେବନି । ସେ ଜମି ତମ ନାଁରେ ଥାଉ ଭାଉଜ । ସତୀଶ ଭାଇ ଯେମିତି ତାକୁ ବିକ୍ରି କରି ପାରିବ ନାଇଁ, ଆସ ! ଓଲା ଆସିଲାଣି ଆମେ ବିଷ୍ଣୁ ମନ୍ଦିର ଯିବା–

(ସମସ୍ତେ ମଞ୍ଚ ବାହାରକୁ ଚାଲିଗଲେ । ଆବହ ସଂଗୀତରେ ବିବାହ ବେଦୀର ଶାହାନାଇ ବାଜୁଥିଲା । ମଂଚ ଅନ୍ଧାର ହୋଇ ପୁଣି ଆଲୋକିତ ହେଲା । ପ୍ରବେଶ କଲେ ରଘୁଦାଦା)

ରଘୁଦାଦା : ସମୁଦୁଣୀ ! ସମୁଦୁଣୀ ... ଇଆଡ଼େ ଆସ । ହଁ, ଶୁଣ । ଆମେ ତମଠୁ ପାଞ୍ଚମାଣ ଜମି ଯୌତୁକ ରୂପେ ନବୁ ନାଇଁ । ପୁତୁରା ମନା କରୁଛି । ଡ୍ରାଇଭର ଆଉ ଝିଅକୁ ଧରି ବିଷ୍ଣୁ ମନ୍ଦିର ଚାଲ ।

(ଫେରିଆସିଲା ଝୁମ୍କୀ । ଆସି ରଘୁଦାଦାଙ୍କୁ ମୁଣ୍ଡିଆ ମାରିଲା)

ଆୟୁଷ୍ମତୀ ଭବ । ଶୁଣ ମା' ମୁଁ ସମୁଦୁଣୀକୁ ମନା କରିଦେଲି ।

ଝୁମ୍କୀ : କୋଉ କଥା ଦାଦା ?

ରଘୁଦାଦା : ଆମେ ତମଠୁ କିଛି ଯୌତୁକ ନବୁନି । ପୁତୁରା ମନା କଲା ।

ଝୁମ୍କୀ : ମା' କହୁଚି ଆମେ ଝିଅକୁ ଖାଲି ହାତରେ ପଠେଇ ପାରିବୁନି । ପାଞ୍ଚମାଣ ଜମି ଦବୁ ଆଉ ଗୋଟେ ଜରସୀ ଗାଇ ଅଛି । ଆମେ ଯେମିତି ହେଲେ ଏଇ ଦିଓଟି ନେଇ ଜୋଇଁଙ୍କୁ ବନ୍ଦେଇବୁ । ଏଇଟା ଯୌତୁକ ନୁହ । କନ୍ୟାଦାନ ସାଙ୍ଗକୁ ସାମାନ୍ୟ ଦକ୍ଷିଣା – ମୁଁ ନାଟ୍ୟକାରଙ୍କୁ ବୁଝେଇ ଦେବି ।

ରଘୁଦାଦା : ହଉ, ଡେରି ହଉଚି ତେଣେ । ବିଷ୍ଣୁମନ୍ଦିର ବ୍ରାହ୍ମଣ ... ସେମାନେ ମନ୍ତ୍ର ଛାଡ଼ିବେ ନାଇଁ ... ଚାଲ । ଠିକ୍ ସମୟରେ ହାତଗଣ୍ଠି ପଡ଼ିବ ।

(ଦୁହେଁ ଚାଲିଗଲେ । ମଂଚ ଅନ୍ଧାର)

ପଶୁ

ଚରିତ୍ର

(କେବଳ ନାରୀମାନଙ୍କ ପାଇଁ)

ସୁମତି

ଅଞ୍ଜଳି

ଆରତୀ

ସରୋଜିନୀ

ମନିକା

ବୀଥିକା

ପଶୁ

ପଶୁ

ଶ୍ରୀମତୀ ମହାପାତ୍ରଙ୍କ ଆଭିଜାତ୍ୟପୂର୍ଣ୍ଣ ଡ୍ରଇଁରୁମ୍। ସମୟ ଦ୍ୱିପ୍ରହର। ଶ୍ରୀମତୀ ମହାପାତ୍ର ବିଧବା। ଦୁଇ ଝିଅ ମନିକା ଓ ବୀଥିକା ବିବାହିତା। ଘରେ ସେ ଏବଂ ଚାକରାଣୀ ସୁମତି ଛଡ଼ା ଅନ୍ୟ କେହି ନାହାନ୍ତି। ଏଇ ଅଳ୍ପ କିଛି ଦିନ ହେଲା ପଣ୍ଡିଚେରୀ ଆଶ୍ରମରେ ରହୁଥିବା ତାଙ୍କର ଦୂର ସମ୍ପର୍କୀୟ ଭଉଣୀ ଆରତୀ ଆସି ପହଞ୍ଚିଛନ୍ତି। ଆରତୀଙ୍କ ବୟସ ୩୫ରୁ ୪୦ଭିତରେ। ପରଦା ଉଠିଲା ବେଳକୁ ଆରତି କ'ଣ ଗୋଟାଏ ସିଲେଇ କରୁଛନ୍ତି। ସରୋଜିନୀ ଭିତରେ କିଛି ସମୟ ପରେ କଲିଂ ବେଲ୍ ଶୁଭିଲା ଓ ଚାକରାଣୀ ସୁମତି (ବୟସ ୩୦ ପାଖାପାଖି) ଆସି ଦୁଆର ଖୋଲିଛନ୍ତି ଓ ଭିତରକୁ ପ୍ରବେଶ କଲେ ଅଞ୍ଜଳି ପଟ୍ଟନାୟକ। ସହରର ବିଶିଷ୍ଟ ନେତ୍ରୀ, ଲେଖିକା, ସମାଜ ସେବିକା ଏବଂ ଅନେକ କିଛି। ସୁନ୍ଦରୀ, ବୟସ ତୁଳନାରେ ଅଧିକ ଚପଳା, ଫେଶନ୍‌ବାଲୀ। ମୁହଁରେ ଚଷମା ଓ ଦାମୀ କସ୍‌ମେଟିକ୍‌ସ୍।

ସୁମତି : (ଏକ ଉଷ୍ମ ଅଭିବାଦନ ଜଣାଇ) ନମସ୍କାର ଦିଦି, ଆସନ୍ତୁ (ଭିତରକୁ ଆଣିଲେ)

ଅଞ୍ଜଳି : ସରୋଜିନୀ ?

ସୁମତି : ଖାଇ ବସିଛନ୍ତି। ଆପଣ ବସନ୍ତୁ। ଏଇଲେ ଆସିଯିବେ ଯେ......

ଅଞ୍ଜଳି : (ଆରତିଙ୍କୁ ଚାହିଁ) ଆପଣ...

ସୁମତି : ଆରତି ଅପା ମା'ଙ୍କ ଭଉଣୀ। ପଣ୍ଡିଚେରୀରୁ ଆସିଛନ୍ତି ।

ଆରତୀ : ନମସ୍କାର।

ସୁମତି : ଅପା, ଏଇ ହେଲେ ଅଞ୍ଜଳି ପଟ୍ଟନାୟକ। ସହରର ବିଶିଷ୍ଟ ନାରୀନେତ୍ରୀ। ଦୁଇଥର ଏମ୍.ଏଲ୍.ଏ ପାଇଁ ଠିଆ ହେଲେଣି।

ଆରତୀ : ମୁଁ ଆପଣଙ୍କ ନାଁ ଟା ଶୁଣିଛି।

ଅଞ୍ଜଳି : (ବସୁ ବସୁ) ତୁ' ଯା' ସୁମତି, ସରୋଜିନୀକୁ କହିଦେବୁ ମୁଁ ଆସିଛି

ବୋଲି । (ଆରତୀକୁ ଲକ୍ଷ୍ୟ କରି) ସୁମତି ଅନେକ ଦିନରୁ ମୋ' ପାଖରେ ଥିଲା । ଏଇ, ମି.ମହାପାତ୍ରଙ୍କ ଡ଼େଥ୍ ପରେ ସରୋଜିନୀଙ୍କର ଭଲ ମେଡ୍ ସରଭ୍ୟାଣ୍ଟ୍‌ଟିଏ ଦରକାର ହେଲା- ତାକୁ ପଠେଇ ଦେଲି । (ସୁମତି ଭିତରକୁ ଗଲା) ଭାରୀ କାମିକା ଝିଅଟେ । ଆଦିବାସୀ ।

ଆରତୀ : କହୁଥିଲା ସୁନ୍ଦରଗଡର଼୍ ବୋଲି ।

ଅଞ୍ଜଳି : ପାଠଶାଠ ପଢ଼ିଛି । ଗ୍ରାମ ସେବିକା ଥିଲା । ସେଠାରୁ ଚାକିରି ଛାଡ଼ି ଦେଇ...

ଆରତୀ : କାହିଁକି ? ଚାକିରିଟା ଛାଡ଼ିଲା କାହିଁକି ?

ଅଞ୍ଜଳି : ସିଏ ଗୋଟାଏ ଇତିହାସ । (ରୁମାଲରେ ମୁହଁକୁ ପଙ୍ଖା କରୁକରୁ) ଓଃ ! ଭୀଷଣ ଗରମ ହଉଛି ! ଯାଉଥିଲି ଟିକିଏ ରେଡ଼ିଓ ଷ୍ଟେସନ । ସେ ବେବୀଟାର ପ୍ରୋଗାମ୍ କଥା ଟିକିଏ ବୁଝିବା ପାଇଁ ବେବୀ । ମୋର ଝିଅ ଖୁବ୍ ଭଲ ଗୀତ ଗାଏ । ଦି ବର୍ଷ ହେଲା ରେଡ଼ିଓ ପୋଗ୍ରାମ କଲାଣି । ବୁଝୁ ନାହାନ୍ତି, ରେଡ଼ିଓ ଷ୍ଟେସନ କଥା; କେତେ ଆଟିଷ୍ଟ, କେତେ ବଡ଼ବଡ଼ ଲୋକେ ସେଇଠି ଅଛନ୍ତି; ମଝିରେ ମଝିରେ ଟିକିଏ ମନେ ପକେଇ ନ ଦେଲେ ପୋଗ୍ରାମ ମିଳିବା ମୁସ୍କିଲ ! ଏଣେ ହଠାତ୍ ମନେ ପଡ଼ିଗଲା,ଝୁନୁ ମାନେ ଏଇ...ସରୋଜିନୀ ଡ଼କେଇଥିଲା ବୋଲି । ଚାଲି ଆସିଲି । ଆପଣ, ସେଇଠି ପଣ୍ଡିଚେରୀରେ ଥାଆନ୍ତି ନା କ'ଣ ?

ଆରତୀ : ପ୍ରାୟ ସେଇଠି ହିଁ ରହେ ।

ଅଞ୍ଜଳି : ସିଏ ଗୋଟାଏ ପ୍ରକାର ଆଧ୍ୟାତ୍ମିକ ଚିନ୍ତା ....ଆଉ କ'ଣ ?

ଆରତୀ : କିନ୍ତୁ ମନ ଭିତରେ ଗୋଟାଏ ପ୍ରକାର ଆଲୋକ ନିର୍ଗତ ନ ହେଲେ-

ଅଞ୍ଜଳି : ବାଃ !ଆପଣ ଜଣେ ଇଣ୍ଟେରେଷ୍ଟିଂ ଭଦ୍ର ମହିଳା ଦେଖୁଛି !

ଆରତୀ : ମୁଁ ଆସିଥିଲି ଏଇ ଆନ୍ତର୍ଜାତିକ ମହିଳା ବର୍ଷର ସମ୍ମିଳନୀ ପାଇଁ ।

ଅଞ୍ଜଳି : ମୁଁ ତ ତାର ଏଗ୍‌ଜିକ୍ୟୁଟିଭ ବଡିରେ ମେମ୍ବର ଅଛି । କନ୍‌ଫରେନ୍ସ୍ ହବ ସତର ଠାରୁ ପଚିଶ ପର୍ଯ୍ୟନ୍ତ ...

ଆରତୀ : ଆଜ୍ଞା, ସରୋଜିନୀ ମୋର ମାଉସୀଙ୍କ ଝିଅ ଭଉଣୀ । ଓଡ଼ିଶା ଆସିଲେ ପ୍ରାୟ ମୁଁ ଏଇଠି ରହେ । ୟା ଭିତରେ ତ ଅପାର ଏଇ ଦଶା ହେଇଚି । ବିଚରା ଭାରୀ ମାନସିକ ଅଶାନ୍ତି ଭୋଗୁଚି ।

ଅଞ୍ଜଳି : ବେଶୀ ଅଶାନ୍ତି ଏଇ ଝିଅ ଦି ଟା ପାଇଁ । ଆପଣ ତ ଜାଣିଥିବେ ।

ସ୍ୱାସ୍ଥ୍ୟ ତାର ଅନେକ ନଷ୍ଟ ହୋଇଗଲାଣି। ତା' ଛଡ଼ା ଯା ଭିତରେ ଯୋଉ ଘଟଣା ସବୁ ଘଟୁଛି, ସରୋଜିନୀ ଆଉ ଘରୁ ବାହାରି ପାରୁ ନାଇଁ।

ଆରତୀ : କାଇଁକି ? କ'ଣ ହେଲା ? ଏଇ ମନିର ବର କଥା ତ ?

ଅଞ୍ଜଳି : ହଁ ଶାନ୍ତନୁ ପାଇଁ ତାର ସୋସିଆଲ୍ ପ୍ରେଷ୍ଟିଜ୍ ବହୁତ କମିଯାଉଛି। ସୀମା ଲଙ୍ଘନ କରିଗଲା।

ଆରତୀ : ଭୟଙ୍କର ନୈତିକ ଅଂଧକାର ଭିତରେ ତାର ଆତ୍ମା ଗତି କରୁଛି। ଠିକ୍ ଗୋଟାଏ ପାପର ଅଂଧାରିଆ କୂପ ଭିତରକୁ ସେ ପାହାଚ ପାହାଚ ହେଇ ତଳକୁ ତଳକୁ... ଓଃ ! କି ଅଧୋଗତି !

ଅଞ୍ଜଳି : ଆପଣ ଯା' କୁହନ୍ତୁ ସରୋଜିନୀ ଏଇଥି ପାଇଁ ଏତେ ଚିନ୍ତା କରିବା ଉଚିତ୍ ନୁହେଁ। ଶାନ୍ତନୁ, ଆଫଟର୍ ଅଲ୍......ତା' ଜୀବନକୁ ନେଇ ଏକ୍ସପେରିମେଣ୍ଟ କରୁଛି। ମନି ଯଦି ସ୍ତ୍ରୀ ହିସାବରେ ଶାନ୍ତନୁର ଏକ୍ସପେରିମେଣ୍ଟ ସାଙ୍ଗରେ ନିଜକୁ ସାମିଲ ନ କରି ପାରିଲା... ତା ପାଇଁ ଅନ୍ୟ କିଏ କ'ଣ ବା କରିବ ? ସେଦିନ ଶାନ୍ତନୁ ସାଙ୍ଗରେ ଦେଖା ହୋଇଥିଲା କଲିକତାରେ। ସେଇଠିକାର ଗୋଟାଏ ଝିଅକୁ ଧରି ଚୌରଙ୍ଗୀ ଉପରେ ବୁଲୁଥିଲା। ଦେଖିଲା, କଥାବାର୍ତ୍ତା କଲା ମୁହଁରୁ ଭୟଙ୍କର ଡ୍ରିଙ୍କସ୍ ଗଂଧ ଆସୁଥିଲେ ସୁଦ୍ଧା କଥାବାର୍ତ୍ତା ଠିକ୍ ବାହାରୁଥିଲା, ପଚାରିଲେ କହିଲା- ହିସାବରେ, ଭାଉଜ ହେବ।

ଆରତୀ : ଶରୀରର କ୍ଷୁଧା ଜଘନ୍ୟ। ମଣିଷକୁ ଦିବ୍ୟ ଜ୍ୟୋତି ପାଖରୁ ଦୂରକୁ ଦୂରକୁ ଟାଣି ନେଇ ଫୋପାଡ଼ି ଦିଏ।

ଅଞ୍ଜଳି : ଆପଣ ଯେମିତି ପବିତ୍ର ପବିତ୍ର କଥା କହୁଛନ୍ତି, ଶାନ୍ତନୁର କୀର୍ତ୍ତି ଶୁଣିଲେ ନିଶ୍ଚୟ ମୂର୍ଚ୍ଛା ହୋଇ ପଡ଼ିବେ।

ଆରତୀ : ମୁଁ ସେ ସବୁ ଖବରଠାରୁ ଦୂରେଇ ରହେ। ଆପଣ ବୋଧହୁଏ ଜାଣି ନାହାନ୍ତି, ଆଶ୍ରମ ଜୀବନ ଭାରି କଠୋର। ମାତୃତ୍ୱ ନଥାଇ ମାତୃତର ଚିନ୍ତା କରିବା ଏବଂ ସମଗ୍ର ଜୀବନକୁ ଏକ ଶକ୍ତି ସହିତ ଯୋଗ କରି ଦେବା ଭୟଙ୍କର ବ୍ୟାପାର ।

ଅଞ୍ଜଳି : କିନ୍ତୁ ଶାନ୍ତନୁ। ଯୋଉ ମନିକାକୁ ବିଷ ଦେଇଦେଲା ସେଇଟା କି ଭୟଙ୍କର ବ୍ୟାପାର ଦେଖିଲେ ? ଆପଣ ତ ଜାଣିଥିବେ ସେଇ ବନାନୀ ସରକାର୍ ଏପିସୋଡ୍ ! ତାରି ପାଇଁ ମନିକା। ଦିନେ ପ୍ରୋଟେଷ୍ଟ କଲା।

କିହୋ ପର୍ମିସିଭ୍ ସୋସାଇଟି କରିବି ବୋଲି ବାହାର ଝିଅଟେ ଘର ଭିତରକୁ ଆସି ହାକିମିଦେଖେଇବେ ଏକଥା କିମିତି ମନିକା ସହିଥାନ୍ତା ? ସେଇଠୁ ଶାନ୍ତନୁ କହିଲା 'ତମର ଯଦି ଏ ଘରେ ବନାନୀର, ଚାକର ହେଇ ରହିବା କଥା ରୁହ। ବେଶୀ ପାଟିକଲେ ତୁମକୁ ମୋ' ରାସ୍ତାରୁ ହଟିଯିବା ପାଇଁ ହବ।

ଆରତୀ : ଏବଂ ତା'ପରେ ବିଷ ଦେଇ...

ଅଞ୍ଜଳି : କୁହନ୍ତୁ ନାଇଁ, କୁହନ୍ତୁ ନାଇଁ। ଆପଣଙ୍କ ଭଳିଆ ପବିତ୍ର ଲୋକ ଏକଥା ଶୁଣିଲେ କାନରେ ଆଙ୍ଗୁଠି ପୂରେଇ ରହିଯିବେ।

ଆରତୀ : କିନ୍ତୁ ଶାନ୍ତନୁ ସସ୍‌ପେଣ୍ଡ୍ ହେଲାଭଳି କାମକଲା କାଇଁକି ?

ଅଞ୍ଜଳି : ପିଇବା ପାଇଁ ଦିନକୁ ଦେଢ଼ଶ ଟଙ୍କା ଦରକାର। କ୍ଲାସ ୱାନ୍ ଅଫିସର୍ ବୋଲି ଏତେ ଟଙ୍କାର ଡ୍ରିଙ୍କସ୍ ପାଇଁ ବଜେଟ୍ କାଇଁ ? ସେଇଠୁ ଆରମ୍ଭ କଲେ କଳାବାଜାରୀଙ୍କ ସହ ପ୍ରୀତି। ଇଏ ଥାନ୍ତି ଫରେଷ୍ଟ ଡ଼ିପାର୍ଟମେଣ୍ଟ ଡ଼େପୁଟୀ ସେକ୍ରେଟାରୀ। ହଠାତ୍ ଦିନେ ଗୋଟାଏ ଅଗ୍ରୱାଲ କଣ୍ଟ୍ରାକ୍ଟର ଧରେଇ ଦେଲା.....ଏଇଥିରେ ପୁଣି ଆଜିକାଲି ଯୋଉ ଅନୁଶାସନ ପର୍ବ ଚାଲିଛି ଏମିତି ବାଜେ ଅଫିସର୍ ପାଇଁ ସ୍ଥାନ କାହିଁ? କିହୋ ଦିନସାରା ପିଇବା ପାଇଁ କ'ଣ ଦେଶବାସୀ ତୁମକୁ ତିରିଶ୍ହଜାର ଟଙ୍କା ଦରମା ଦଉଛନ୍ତି ?

ଆରତୀ : ମଦ୍ୟପାନ କରି ହିତାହିତ ଜ୍ଞାନ ହରେଇବା ପିଲା ନୁହେଁ ଶାନ୍ତନୁ। ସିଏ ଆଉ ମୁଁ କଲେଜରେ ଏକାଠି ପଢ଼ିଥିଲୁ। ଶାନ୍ତନୁ ତାର ଚେହେରା ପାଇଁ ଆମ ଝିଅ ମହଲରେ ବେଶ୍ ଜଣାଶୁଣା ଥିଲା। ସୁନ୍ଦର ଉର୍ଦ୍ଦୁ ଶାୟାରୀ ଗାଏ ଏବଂ ଆକାଶବାଣୀ ପାଇଁ ଗୀତ ଲେଖେ। ସୁନ୍ଦର ଲେଖୁଥିଲା। (ହଠାତ୍ ଲାଜେଇ ଗଲେ)

ଆରତୀ : ନା, ନା ଏଥିରେ ମନେ କରିବାର କିଛି ନାହିଁ। ବୁଝିଲେ ଆରତୀ ଦେବୀ! ମୁଁ ମଧ୍ୟ ତାକୁ ବେଶ୍ ନିକଟରୁ ଜାଣିଛି। ସେଇଥିପାଇଁ ତ ସରୋଜିନୀଙ୍କୁ ଆଜି ଡ଼କେଇଚି ! ଶାନ୍ତନୁର ଗୀତ ନେଇ ଦେବୀ ପ୍ରଥମେ ଗାଇଥିଲା। ପ୍ରଥମ ପ୍ରୋଗାମ୍ ପରେ ପରେ ବେବୀ ବରହମ୍ପୁର ଆଉ ବଲାଙ୍ଗୀରରେ ନାଁ କରି ଆସିଚି। ପବ୍ଲିକ ଫଙ୍କସନ୍ ତା ବାପା ଦିଲ୍ଲୀ ଯାଇଥାଆନ୍ତି..... ପାର୍ଲାମେଣ୍ଟ ସେସନ୍ ଚାଲିଥିଲା। ମୁଁ ବାଧ୍ୟ ହୋଇ ଶାନ୍ତନୁକୁ ସାଙ୍ଗରେ ନେଇ ବ୍ରହ୍ମପୁର ଗଲି। ଓଃ ଯୋଉ ପାଲା। ମୋ

ଝିଅର ଚାନସ୍ ମିଳିଲେ ମୁଁ ତାକୁ ଥରେ ନେଇଯିବି। (ହଠାତ୍ କଥା ଫେରାଇ)ହଁ... କହୁଥିଲି ଶାନ୍ତନୁ କଥା ଆଉ। (କୃତ୍ରିମ ବିରକ୍ତି ସହ) ସେଇଟାର କଥା ପକେଇ ଲାଭ କ'ଣ! ବେଶ୍ୟାଘରେ ପଡ଼ି ରହୁଚି ଚବିଶି ଘଣ୍ଟା....ସସ୍‌ପେଣ୍ଡ୍ ହେବା ପରେ ତାକୁ ଦେଖିଲେଣି? କି ଭୟଙ୍କର ଭିକାରୀ ଭଳି ଦିଶୁଚି! ଏକବାରେ ଶ୍ରୀହୀନ।

ଆରତୀ : ତା' ହେଲେ ବିବେକ ବୋଲି ନିଶ୍ଚୟ କିଛି ଗୋଟାଏ କାମ କରୁଛି ତା'ଭିତରେ। ନିଜ ସହିତ ଯୁଦ୍ଧ କରୁଛି ଶାନ୍ତନୁ, ତା' ଭିତରର ଶଇତାନଟାକୁ ତଡ଼ିବା ପାଇଁ ।

ଅଞ୍ଜଳି : ଶାନ୍ତନୁ ନିଜେ ଗୋଟାଏ ଶଇତାନ, ମନିକାକୁ ଜଘନ୍ୟ ଭାବରେ ପିଟେ। ସାଡିଷ୍ଟ ଭଳି, ମନିକାର ବ୍ଲାଉଜ୍ ଖୋଲି ତା'ପିଠିକୁ ଦେଖ... କେମିତି ରକ୍ତାକ୍ତ ଦାଗ । ଛିଛି......କୌଣସି ଶିକ୍ଷିତ ଲୋକ ନିଜ ସ୍ତ୍ରୀକୁ ଏମିତି ପିଟେ?

ଆରତୀ : ପିଲାଦିନେ ଶାନ୍ତନୁ ଖୁବ୍ ସୁନ୍ଦର ଥିଲା। ମୁଁ ଜାଣେ ଶୀତଦିନ ରାତିରେ ଗୁଡ଼ାଏ ବୁଲା କୁକୁରଙ୍କୁ ଏକାଠି ବାଂଧି ତାଙ୍କ ଚାରିପଟେ ନିଆଁ ଜାଳୁଥିଲା କୁକୁରଗୁଡ଼ାକ ମଲା ପର୍ଯ୍ୟନ୍ତ। ସେଇଟା ତା'ପାଇଁ ଗୋଟାଏ ଜୋକ୍! ଶାନ୍ତନୁ ସୁନ୍ଦର ହେଲେ ବି ନିଷ୍ଠୁର ପିଲା ଥିଲା।

ଅଞ୍ଜଳି : ବେଳେବେଳେ ଶାନ୍ତନୁ ପଶୁଙ୍କ ଭଳି ବ୍ୟବହାର କରେ। ସରୋଜିନୀର ଅନୁରୋଧରେ ମୁଁ ତାର ଗତିବିଧି ଅନେକ ଥର ଲକ୍ଷ୍ୟ କରିଛି। ଭୁବନେଶ୍ୱରରରେ ଥିଲାବେଳେ ପ୍ରାୟ ଯାଇ ମୁଁ ମନିକା ପାଖରେ ରହେ। ଅନେକଥର ଭୁବନେଶ୍ୱର ଯିବାକୁ ପଡ଼େ ତ.....ସେତେବେଳେ ଲକ୍ଷ୍ୟ କରୁଛି ଶାନ୍ତନୁ ପାଖକୁ ପ୍ରଚୁର ଝିଅ ଆସନ୍ତି ।

ଆରତୀ : ଆଶ୍ଚର୍ଯ୍ୟ! ଆପଣ ବାରମ୍ବାର ଗୋଟାଏ କଥାକୁ ଏତେଥର କହୁଛନ୍ତି କାହିଁକି? ସେଇ ଗୋଟାଏ ଅଶ୍ଳୀଳ, ପାପର ପୁନରାବୃତ୍ତିମାନ! ଏମିତି କହିବା ପୂର୍ବରୁ ଆପଣ ଶାନ୍ତନୁକୁ ସେଇ ଅଧୋଗତିରୁ ଉଦ୍ଧାର କରିପାରିଥା'ନ୍ତେ। ତାର ଗୋଟାଏ feminine influence ଆବଶ୍ୟକ। ବୋଧହୁଏ ମନିକା କେବଳ ପତ୍ନୀର ଭୂମିକା ନେଇଚି। ସେ ଶାନ୍ତନୁର ମା' ହୋଇପାରୁନି ।

ଅଞ୍ଜଳି : ମା' କ'ଣ ହବ ମ? ସବୁକଥାରେ ଏମିତି ପବିତ୍ର ଚିନ୍ତା ପୁରେଇଲେ କ'ଣ କିଛି ସମାଧାନ ହୋଇପାରିବ? ଆପଣ ଯେମିତିକା ଲୋକ

ନା'....ସେଃ ! ମୁଁ ତ ଭାବୁଛି ସରୋଜିନୀକୁ ଆଜି କହିବି- ଏଇସବୁ ଜୋଇଁଙ୍କ ପରସ୍‌ନାଲ୍ ଆଫେୟାର୍ ଭିତରେ ମୁଣ୍ଡ ପୂରେଇବା ଅପେକ୍ଷା ସେମାନଙ୍କ ସମସ୍ୟା ସେମାନଙ୍କ ଉପରେ ଛାଡ଼ିଦେବା ଉଚିତ। (ଟିକିଏ ଫୁସ୍‌ଫୁସ ସ୍ୱରରେ)ଆଛା, ଆପଣତ ଜାଣିଥିବେ.....ମନିକାର ଯୌତୁକ ଇତ୍ୟାଦି କ'ଣ କିଛି ଗଣ୍ଡଗୋଳ ଥିଲା କି ?

ଆରତୀ : ଦେଖ ଭଉଣୀ ମୁଁ ତ ରହିଲି ଆଶ୍ରମରେ । ସେଇଠି ଜୀବନର ଧାରା ଏତେ ସ୍ୱଛ୍ ଆଉ ପବିତ୍ର ଯେ ଆମେ ଏଇସବୁ ଛୋଟ ଛୋଟ କଥାରେ ଆଦୌ ମୁଣ୍ଡ ପୁରେଇବା ପାଇଁ ସମୟ ପାଉନା, ମନିର ବାହାଘର ବେଳକୁ ମୁଁ ଆସି ପାରି ନଥିଲି। ଶ୍ରୀମା'ଙ୍କର ଫୁଲ ପଠେଇ ଦେଇଥିଲି।

ଅଞ୍ଜଳି : (ରୁମାଲରେ ମୁହଁ ପୋଛୁପୋଛୁ) ସେଇଥିପାଇଁ ମନିକାର ଅବସ୍ଥା ଏମିତି ହେଲା।

ଆରତୀ : ଆପଣଙ୍କର ଏମିତି କଠୋର ଭାଷା ପ୍ରୟୋଗ କରିବା ଉଚିତ ହୋଇ ନାହିଁ ବୋଲି କହିବି।

ଅଞ୍ଜଳି : ଆଇ ଏମ୍ ସରୀ ! କିଛି ମନେ କରିବେନି, ମୋର ଧାରଣା ମନିକାର ଶ୍ୱଶୁର ଘରେ ପ୍ରବ୍‌ଲେମ୍ ହେଉଚି ଯୌତୁକ ସମ୍ପତ୍ତି ନେଇ। ଶାନ୍ତନୁ ବୋଧହୁଏ ଯୌତୁକ ବେଶୀ ଚାହୁଁଥିଲା।

(ସୁମତି ପାନ ନେଇ ପହଞ୍ଚିଲା। ଉଭୟଙ୍କୁ ଦେଲା ଓ କହିଲା)

ସୁମତି : ମା'ଆପଣଙ୍କ ପାଇଁ (ଅଞ୍ଜଳି ଦେବୀକୁ ଚାହିଁ) ପାନ ପଠେଇଛନ୍ତି।

ଅଞ୍ଜଳି : ଓଃ ! ପାନ ପଠଉଛନ୍ତି ନା ଆସୁଛନ୍ତି ମ ! କୁହ, ଜଲଦି ଆସିବେ।

ଆରତୀ : ଆମେ ବରଂ ତା' ପାଇଁ ଅପେକ୍ଷା କରିବା। ତାକୁ ଏଇ ଅବସ୍ଥାରେ ଦୟା କରାଯିବା ଉଚିତ୍।

ଆରତୀ : ଦୟା କରାଯିବ ବୋଲି ଏତେ ବିକଳ ହେଇଯିବ ?

ସୁମତି : ହେଇ, ମା'ଆସିଲେଣି। (ସେ ନିଜେ ଭିତରକୁ ଗଲା ଓ ଆସିଲେ ସରୋଜିନୀ ଦେବୀ)

ସରୋଜିନୀ : କିଲୋ, ଅଂଜୁ ! ଏତେବେଳକୁ ମୋ କଥା ମନେ ପଡ଼ିଲା ?

ଅଞ୍ଜଳି : ହଜାରେ ଧନ୍ଦା ତ ଜାଣିଛ....ଏଇ ମହିଳା କନ୍‌ଫେରନ୍‌ସଟା ପାଇଁ ଲାଗି ପଡୁଛି। ତୋ ଠୁ ଶାନ୍ତନୁ ବିଷୟରେ ଏଇ ଶେଷ ସମ୍ବାଦଟା ପାଇଲା ପରେ ସାଙ୍ଗେ ସାଙ୍ଗେ ଦୌଡ଼ି ଆସିଲି। ହଇଲୋ, ଶେଷରେ ଏମିତି କଲା ?

ସରୋଜିନୀ : ଛାଡ଼ । ତା' କଥାରୁ କ'ଣ ମିଳିବ ? ମୁଁ ଦେଖୁଚି ତା'ର ଚରିତ୍ର ବଦଳେଇବା ଆଉ କାହାଦ୍ୱାର ସମ୍ଭବ ହେଇ ପାରିବନି । ଗତ ଛ'ବର୍ଷ ହେଲା ଶାନ୍ତନୁକୁ ବଦଳେଇବା ପାଇଁ ଚେଷ୍ଟା କରୁଚି ତା' ପରିବାରର ଆଭିଜାତ୍ୟଟା କେମିତି ଧୂଳିସାତ ହେଇ ନ ଯାଉ । କାରଣ ତା' ସାଥିରେ ମୋ ଝିଅର ଆଭିଜାତ୍ୟଟା ବି ନଷ୍ଟ ହେଇଯିବ । ତୁ ବିଶ୍ୱାସ କରିବୁନି, ଶାନ୍ତନୁର ଆର୍ଥିକ ଚାହିଦା ମେଣ୍ଟାଇ ମେଣ୍ଟାଇ ମୁଁ ଭୟଙ୍କର ଋଣଗ୍ରସ୍ତ ହୋଇଗଲିଣି । ଆଉ ଶେଷରେ ପୁରସ୍କାର ମିଳିଲା କ'ଣ ଜାଣିଛୁ ? ତା' ବାପ କହିଲା, ମୁଁ କୁଆଡ଼େ ଶାନ୍ତନୁର ଅଧଃପତନ ପାଇଁ ଦାୟୀ ।

ଅଞ୍ଜଳି : ତୁ ସେଇଥିରେ କାହିଁକି କାନ ଦଉଚୁ ଯେ ?

ସରୋଜିନୀ : ଶାନ୍ତନୁର ମୁହଁ ନ ଚାହିଁ ବୁଢ଼ା ମଲା ତିନିବର୍ଷ ତଳେ । ଆଉ ସେଇଦିନଠୁ ଶାନ୍ତନୁ ଏମିତି ଲଗାମଛଡ଼ା ହେଇଗଲା । କିନ୍ତୁ ଅଂଜୁ, ସମୟେ ସମୟେ ଶାନ୍ତନୁ ଭିତରୁ ଫୁଲ ଭଳି କଅଁଳ ଏବଂ ପବିତ୍ର ମଣିଷଟିଏ ବାହାରି ଆସେ । ତମେ ସେତିକିବେଳେ ବିଶ୍ୱାସ କରିପାରିବିନି ଯେ ପରମୁହୂର୍ତ୍ତରେ ସିଏ ପୁଣି ଏମିତି ପଶୁ ଭଳି ବ୍ୟବହାର କରିବ ।

ଆରତୀ : ସବୁ ସେଇ ଶଇତାନର ଆମନ୍ତ୍ରଣ । ଠିକ୍ କାଳିସୀ ଲାଗିଲା ଭଳି ଶଇତାନ ଆସି ମଣିଷ ଉପରେ ସବାର ହେଇଯାଏ । ସେତିକିବେଳେ ତା' ର ସାମାଜିକତା ଓ ସ୍ୱାଭାବିକ ଦେବସୁଲଭ ଗୁଣଗୁଡ଼ିକ ଗୌଣ ହୋଇଯାଏ ଏବଂ ଭିତରୁ ପଶୁତ୍ୱ ମାଙ୍କଡ଼ ଭଳି ଡ଼େଇଁ ଉଠେ ।

ଅଞ୍ଜଳି : ଶାନ୍ତନୁର କେସ୍ ନେଇ ସେମାନେ ଗୋଟିଏ ଅନୁସନ୍ଧାନ କମିଟି ବସେଇଛନ୍ତି । ଏଇଥର ମୁଁ କହିଦଉଛି ଝୁନୁ, ଯଦି କମିଟି ଶାନ୍ତନୁ ବିପକ୍ଷରେ ମତାମତ ଦିଏ, ତା' ହେଲେ ତାକୁ ଚାକିରିରୁ ଡ଼ିସ୍‌ମିସ୍ କରି ଦିଆଯିବ ।

ସରୋଜିନୀ : ଡିସ୍‌ମିସ୍ କରନ୍ତୁ କି ଜେଲରେ ପୂରେଇଦିଅନ୍ତୁ- ମୋର ଆଉ କିଛି କରିପାରିଲା ଭଳି ମାନସିକ ଧୈର୍ଯ୍ୟ ନାହିଁ । ଗତ ଛ' ବର୍ଷ ହେଲା ମନିକା ପାଇଁ ମୁଁ ଶାନ୍ତନୁଠାରୁ କମ୍ ଅପମାନ ପାଇନି ।

ଆରତୀ : ଶାନ୍ତନୁ ଏ ଭିତରେ ଭୟଙ୍କର ପାପଦ୍ୱାରା ଆକ୍ରାନ୍ତ ହୋଇ ଗୋଟିଏ ରୋଗୀ ହେଇଗଲେଣି । ଆମ୍ଭେମାନେ ଗୋଟିଏ ରୋଗୀର ଯେତିକି ଚିକିତ୍ସା ଆବଶ୍ୟକ ସେତିକି ପରିମାଣ ଧୈର୍ଯ୍ୟ ସହ ତାର ମୁକ୍ତି ପାଇଁ ଚେଷ୍ଟା କରିବା ଉଚିତ ।

(ମୁହଁ ମୋଡ଼ି) ଆଉ ମୁକ୍ତି! କଥା ଦାଣ୍ଡରେ ପଡ଼ି ଘାଟରେ ଗଡ଼ିଲାଣି। ଓଡ଼ିଶା ସାରା କିଏ ନ ଜାଣିଚି ତା' କଥା? ଖବରକାଗଜରେ ଦଶ ପନ୍ଦର ଥର ସମ୍ବାଦ ବାହାରିଲାଣିଚି!

ଅଞ୍ଜଳି : ପ୍ରଭୁ ନିଶ୍ଚୟ ଆମକୁ ସାହାଯ୍ୟ କରିବେ। ମନିକା ଓ ଶାନ୍ତନୁଙ୍କ ଜୀବନରେ ପୁଣି ଥରେ ସୁଖ, ସମ୍ମାନ ଓ ସମୃଦ୍ଧି ନିଶ୍ଚୟ ଆସିବ। ଏହା ଖାଲି ପ୍ରଭୁଙ୍କୁ ଚାହିଁ ଅପେକ୍ଷା କରିବା କଥା। ଅପେକ୍ଷା କରି କରି ଆମେ ଅବା କ'ଣ କରିପାରିବା?।

ଅଞ୍ଜଳି : କିନ୍ତୁ ମୁଁ ଯାହା ଗୁଜବ ଶୁଣୁଛି ଝୁନୁ, ଲୋକେ କହୁଛନ୍ତି ଶାନ୍ତନୁ ଓ ମନିକା ଭିତରେ ଯୋଉ ପାରିବାରିକ ଅଶାନ୍ତି ଘଟୁଛି ସେ ସବୁ ଯୌତୁକଜନିତ। ତମେ କୁଆଡ଼େ ଗୋଟାଏ ଆମ୍ବାସାଡାର ଦେବା ପାଇଁ ପ୍ରମିଶ କରିଥିଲ ଏବଂ ଦେଇପାରୁନା ବୋଲି ମନିକା ଗଂଜଣା ସହୁଚି।

ସରୋଜିନୀ : ଲୋକେ କହୁଛନ୍ତି ବୋଲି ତ ମୁଁ ଆଉ ମାନି ନେଇପାରିବିନି ଅଂଜୁ! ତୁ' କ'ଣ ମନି ବାହାଘର ଆଡ଼ମ୍ବର ଦେଖିନୁ? ତିନି କୋଟି ଟଙ୍କା ମୁଁ ଖର୍ଚ୍ଚ କରିଛି। ବ୍ୟାଙ୍କ୍‌କ ଆଉ ହଂକଂରୁ କାଠ ଆସି ତା'ପାଇଁ ପଲଙ୍କ-ଆଲମାରୀ ତିଆରି ହେଇଚି। ଖାଲି ମେହେଗାନି ଓ ହାତୀଦାନ୍ତର କାରୁକାର୍ଯ୍ୟରେ ତିଆରି। ଅଛନ୍ତି କାଲିଫର୍ଣ୍ଣିଆରେ- ଛ ମାସ ଆଗରୁ ସୁଟ ଓ ଯାବତୀୟ ଫେଶନ ଜିନିଷ ସେଇଠୁ ସିଏ ପଠେଇଥିଲେ। ମି.ମହାପାତ୍ରଙ୍କର ଜଣେ ପୁରୁଣା ବଂଧୁଙ୍କ ଜରିଆରେ ଅହମଦାବାଦ୍‌ରୁ ଆସିଥିଲା ନେକ୍‌ଲେସ୍, ଲକେଟ୍‌ରେ ହୀରା ବସିଚି। ଖାଲି ଶାଢ଼ି ଦିଆହୋଇଥିଲା ଷାଠିଏ ହଜାର ଟଙ୍କାର। ଯିଏ ଦେଖିଚି ତା ମୁହଁରୁ ବାହାରିଛି ଇଏ ରାଜକନ୍ୟା କାରବାର। ମନିକା ଭଲ ଝିଅ...ରାଜକୁମାର କଲେଜରୁ ପାଠ ପଢ଼ିଥିଲା....ସିଏ ପୁଣି ଶେଷରେ ଚାବୁକରେ ମାଡ଼ ଖାଇଲା....(ତାଙ୍କ କଂଠ ଭାଙ୍ଗି ପଡ଼ିଲା).....ଚାକର , ପିଅନ, ଡ୍ରାଇଭର ପୁଣି ସେ କଥା ଦେଖିଲେ...

ଅଞ୍ଜଳି : ଆଶ୍ଚର୍ଯ୍ୟ କଥା! ଏତେ ସବୁ ଦିଆ ହେଲା ପରେ ଯଦି ଶାନ୍ତନୁ ସ୍ତ୍ରୀ ଉପରେ ଏମିତି ଅତ୍ୟାଚାର କରେ ତା' ହେଲେ ତ...

ସରୋଜିନୀ : ଥରେ ମୋ ଅବସ୍ଥାଟା ଚିନ୍ତା କଲୁ ଅଂଜୁ! ଖରାପ ସମ୍ବାଦ ଛଡ଼ା ଅନ୍ୟ କିଛି ମୋ ପାଖରେ ପହଞ୍ଚୁ ନାହିଁ । ମି.ମହାପାତ୍ରଙ୍କ ମୃତ୍ୟୁ, ମନିକା ଦିନରାତି କାନ୍ଦୁଚି। ବୀଥିକାଟିର ଅବସ୍ଥା ବି ସେମିତି। ବାହା ହେଇ

ତିନିବର୍ଷ ହେଲାଣି ଯେ ସ୍ୱାମୀ ବୋଲି କ'ଣ ଜାଣିଲା ନାହିଁ। ଦେବାଶିଷ ଯାଇ ଆମେରିକାରେ ଆଉ ଇଏ ମରହଟ୍ଟୀ ଶାଶୂ ଶ୍ୱଶୁର ସେବା କରିବାରେ ବ୍ୟସ୍ତ। ତୁ' କହୁନୁ ଅଂଜୁ, ଆମଘରେ କିଏ ସପ୍ତପୁରୁଷରେ ରୋଷେଇ କରିଥିଲା ? ତା' ପୁଣି ଗ୍ୟାସଚୁଲି ହୋଇଥାଆନ୍ତା ଅଲଗା କଥା, କାଠ, ଚୁଲି। ଜମିଦାର ଘର ବୋଲି ଇଏ ଝିଅକୁ ବାହା କରେଇଥିଲେ। ଏଇନା ଶୁଣୁଚି ତା' ସ୍ୱାସ୍ଥ୍ୟ ପରିବର୍ତ୍ତନ ପାଇଁ କୁଆଡ଼େ ପନ୍ଦର ଦିନ ହେଲା ମଶୋରୀ ଯାଇଚି। ସାଙ୍ଗରେ କିଏ ଯାଇଚି କେଜାଣି ! ଏଇଟା ପୁଣି ବୋକୀଟେ !

ଅଞ୍ଜଳି : ଶୁଣୁ ଝୁନୁ' ! ଏ ସଂପର୍କରେ ବେବୀର ବାପାଙ୍କୁ କହିଥିଲି। ସିଏ ନିଶ୍ଚୟ ଶାନ୍ତନୁର ବିଷୟ ନେଇ କମିଟିରେ କହିଥିବେ। ତେଣୁ ଶୀଘ୍ର ସିଏ ପୁଣି ଚାକିରି ପାଇଯିବ। ତୁ ବରଂ କିଛିଦିନ ତାକୁ ଏଇଠିକି ଡ଼ାକି ଆଣି ଘରେ ରଖ।

ସରୋଜିନୀ : କିଛି ହବନି। ମୁଁ ତାକୁ ପାରିବି ? ବେଳେବେଳେ ଯୋଉ ଅଭଦ୍ର ଚିଠି ସବୁ ଲେଖୁଚି, କୌଣସି ଭଦ୍ରମହିଳା ତାକୁ ପଢ଼ିପାରିବନି। ବେଳେବେଳେ ଧମକ ଦେଉଚି ସୁଇସାଇଡ଼୍ କରିବ। ମୁଁ ଜାଣେ ଅଶ୍ଳୀଳ ଚିନ୍ତା ଛଡ଼ା ତା' ମୁଣ୍ଡରେ କିଛି ପଶୁନି। ତା' ଚାଲାକି ମୁଁ ଜାଣେ। ଏମିତି ଲେଖି ମତେ ଧମକେଇ ଦେବ। ମୁଁ କିନ୍ତୁ ଏଣିକି ଆଦୌ ବିଚଳିତ ହେବିନି। ମନିକାକୁ ଲେଖିବି, ସେ ଏଇଠିକି ଚାଲି ଆସୁ। ଏଇଠି ଅନ୍ତତଃ ସେ ଶାନ୍ତିରେ ବଞ୍ଚି ପାରିବ। ଆଉ ତା' ପରେ....ତା' ପରେ ମୁଁ ଦେଖିବି ଶାନ୍ତନୁ କିପରି ଅତ୍ୟାଚାର କରିବ ! ତୁ ଆଦୌ ଶାନ୍ତନୁ ନାଁରେ ସୁପାରିଶ୍ କରିବୁନି ଅଂଜୁ ! ସେ ବରଂ ହାଜତରେ ପଶୁ ତା' ପରିବାରର ମାନସମ୍ମାନ ସବୁ ଜଳି ପୋଡ଼ି ଛାରଖାର ହୋଇଯାଉ... ମୋ 'ନିଃଶ୍ୱାସରେ' ସେ ଧ୍ୱଂସ ହେଇଯାଉ।

ଆରତୀ : (ଉଠିପଡ଼ି)ଅପା ! ଇଏ ତୁ କ'ଣ କରୁଛୁ ଅପା ! ଯେତେହେଲେ ତୁ ମନିର ମା' ମୁଁ ଜଣେ ତୁ'ତାର ମଙ୍ଗଳ ଚାହୁଁ। ଆଜି ପର୍ଯ୍ୟନ୍ତ ଅନ୍ତତଃ ତୁ'ସେୟା ଚାହିଁ ଆସୁଚୁ।

ସରୋଜିନୀ : ତୁ ଏଇଠିକି ମହିଳାମାନଙ୍କ ଅଧିକାର ସର୍ମ୍ପକରେ ଭାଷଣ ଦେବା ପାଇଁ ଆସିଚୁଟି ? ଖାଲି ସ୍ୱାମୀ ଯାହା କହିବ ସେୟା ମାନି, ସ୍ୱାମୀ ଚାବୁକ ମାଡ଼ରେ ପିଠି ଫଟେଇ ରକ୍ତାକ୍ତ କଲେ ଯାଇ ମହିଳାମାନଙ୍କର ଅଧିକାର

ଆସିଯିବ ? କ'ଣ ଦରକାର ସେଇ ଦାସତ୍ୱର ଶୃଙ୍ଖଳ ସହିବା ? ମନିକା କଣ ମା' ହେବା ପାଇଁ ଅଯୋଗ୍ୟ ?

ଆରତୀ : ମୁଁ ତୋ ମନର କଥା ବୁଝୁଚି ଝୁନୁ ଅପା। ପଣ୍ଡିଚେରୀ ଆଶ୍ରମରେ ମୁଁ ଦେଖୁଚି ସେଇ ପାଶ୍ଚତ୍ୟ ସମାଜର ପ୍ରତିବିମ୍ବ। ଯୋଉଠି ନାରୀ ଆଉ ପୁରୁଷ ଭିତରେ ବିଶେଷ ପ୍ରଭେଦ ନାଇଁ। ଉଭୟେ ଭଗବାନଙ୍କ ଆଲୋକ ପାଇବା ପାଇଁ କ୍ଷମ। ଉଭୟେ ଚେଷ୍ଟାକଲେ ଶରୀର ସ୍ତରରୁ ଉନ୍ନୀତ

ହୋଇ ଦିବ୍ୟଜ୍ୟୋତି ଆଡ଼କୁ ଯାଇପାରିବେ। କିନ୍ତୁ ଏଇଠି, ଆମ ସମାଜ ଭିତରେ ସ୍ୱାମୀ ପରିତ୍ୟକ୍ତା ସ୍ତ୍ରୀର ସ୍ଥିତି କାହିଁ ?

ଅଞ୍ଜଳି : (ବିଦ୍ରୁପ କରି) ଏ ? ସ୍ଥିତି ନାହିଁ, ନା ଆଉ କିଛି ନାହିଁ ମ ? ସେଃ !! ସେ ସ୍ୱାମୀ ନ ହେଲା ନାହିଁ! ବିଦେଶରେ ପୁଣି ମନଇଚ୍ଛା ସ୍ୱାମୀ ବଦଳ କରି ନେଉଛଂତି ନା ନାଇଁ! ଆମେରିକାରେ ଯଦି ସ୍ତ୍ରୀକୁ ଏମିତି କିଏ ଚାବୁକରେ ମାରନ୍ତା, ତା' ହେଲେ ସ୍ତ୍ରୀକୁ ସେମିତିକା ରାତି ଅଧରେ ପିସ୍ତଲ ଫାୟାର କରି କୋଉଠିକି ପଳେଇ ଯାଆନ୍ତା ?

ସରୋଜିନୀ : ଆଲୋ ଏତେ ଆମେରିକା କଥା କାହିଁକି କହୁଚୁ ବା ? ଆମ ଦେଶରେ କ'ଣ 'ଡ଼ାଇଭୋରସ୍ ହଉନି ? ଏମିତିକା ପଶୁମାନେ ଯୋଉଠି ସ୍ୱାମୀ ସେମାନଙ୍କୁ ଆଉ କେମିତି ପୂଜା କରାଯାଆନ୍ତା ?

ଆରତୀ : ଦେଖ ଝୁନୁ ଅପା, ତୁ ମୋଠୁ ବେଶୀ ପାଠ ପଢ଼ିଛୁ, ବେଶୀ ଦେଶ ବୁଲିଚୁ, ବେଶୀ ଅୟସରେ ବଢ଼ିଛୁ କିନ୍ତୁ ପଣ୍ଡିଚେରୀରେ ମୁଁ ଯାହା ଦେଖିଲି, ଏମିତି ସ୍ୱେଚ୍ଛାଚାରର ଶିକାର ହେଇ ଅନେକ ପରିବାର ଧ୍ୱଂସ ହେଇଯାଇଚି। ପବିତ୍ରତା କେବଳ ମନ୍ଦିରରେ ନ ଥାଏ ଜୀବନଚର୍ଯ୍ୟା ଭିତରେ ହିଁ ପବିତ୍ରତା ପ୍ରକାଶ କରିହୁଏ। ଭାରତରେ ପରିବାରକୁ ଏକ ପବିତ୍ର ଅନୁଷ୍ଠାନ ବୋଲି ଗ୍ରହଣ କରାଯାଇଛି ବୋଲି ଆଜି ପର୍ଯ୍ୟନ୍ତ ଆମେ କୌଣସି ମତେ ଚଳେଇ ଆସିଛେ। ତୁ କ'ଣ ସତରେ ଚାହୁଁଛୁ ମନିକାର ପାରିବାରିକ ଜୀବନ ଧ୍ୱଂସ ହୋଇଯାଉ ?

ସରୋଜିନୀ : ଦେଖିଲୁ ଅଂଜୁ, କେମିତି କହୁଚି ! ଖାଲି ଆଦର୍ଶ ଆଉ ପରମ୍ପରାକୁ ଜଗି ବସିଲେ ତ ଜୀବନରେ ଶାନ୍ତି ମିଳେନା,ସ୍ୱାମୀ ଆଉ ସ୍ତ୍ରୀର ସହାବସ୍ଥାନ ହେଲେ ଯାଇ ପରିବାର ଭିତରେ ପୂର୍ଣ୍ଣତା ଆସେ। ଶାନ୍ତନୁ ଭଳି ଗୋଟାଏ ପଶୁ ମୋ' ମନକୁ ପ୍ରତିଦିନ ଏମିତି କ୍ଷତ ବିକ୍ଷତ କରି

ଝୁଣି ଖାଇଯାଉଥିବ ଏବଂ ମନି ସେ ସବୁ ଅତ୍ୟାଚାରକୁ ବୈଦିକ ନାରୀ ଭଳି ମୁଣ୍ଡପାତି ସହିଯିବ, ୟାର କିଛି ମାନେ ହୁଏନା

ଅଞ୍ଜଳି : ସବୁ ତ ପୁରୁଷଙ୍କ ମନମୁଖୀ ଶାସନ! ହଇଲୋ, ବାପଘରକୁ ପନ୍ଦର ଦିନ ପଳେଇଗଲେ ଅବସ୍ଥା ପଛେ ବାରାଣା ଦିକଡା ହେଇଯିବ...ଖାଇବା ପିଇବା ସବୁ ବିଗିଡ଼ି ଯାଇ ଫେରିଲା ବେଳକୁ ଦେଖିବ ପତିଦେବତାଙ୍କର ଦିହ କଣ୍ଟା ହୋଇଗଲାଣି.... ଏଣେ କହିଲା ବେଳକୁ ସ୍ତ୍ରୀ କ'ଣ ନା'- ସେବାଦାସୀ- ପ୍ରତିଦିନ ପାଦଧୋଇ ପାଦୁକ ନ ପିଇଲେ ମୁକ୍ତି ମିଳିବ ନାଇଁ! (ହଠାତ) ମନେ ପଡ଼ିଲା, ସେ ଦିନ ରୋଟାରୀରେ ଲେକ୍‌ଚର ଦଉଦଉ କିଏ ଜଣେ କହୁଥିଲେ- ଆରିଷ୍ଟୋଟଲ୍ ନା ସକ୍ରେଟିସ୍ କିଏ ଗୋଟାଏ କହିଥିଲା : ସ୍ତ୍ରୀମାନଙ୍କର ପୁରୁଷମାନଙ୍କ ଅପେକ୍ଷା କମ୍ ଦାନ୍ତ ଉଠେ... କି ହୋ ତମର ତ' ଛ' ସାତଟା ସ୍ତ୍ରୀ ଥିଲେ ପରୀକ୍ଷା କରି ଦେଖିଲନି- ଆମ ଦିହରେ କ'ଣଟା ଏମିତି କମ୍ ଅଛି! ଖାଲି ପୁରୁଷ ବୋଲି କ'ଣ ମନକୁ ମନ ହିରୋ ?

ଆରତୀ : ଆଃ ! ସେଗୁଡ଼ା ସବୁ କୁସଂସ୍କାର । ମୁଁ କ'ଣ ମନା କରୁଚି ? ସ୍ତ୍ରୀମାନଙ୍କର ଗୋଟାଏ ଅଧିକାର ଅଛି । ସେମାନେ ମଧ୍ୟ ସେଇ ବ୍ରହ୍ମ ସତ୍ତାର ଅଂଶ ବିଶେଷ! ସେମାନେ ବରଂ ମାତୃତ୍ୱର ଗୌରବରେ ସର୍ବଂସହା...ତଥାପି, ଏ ସବୁ ସତ୍ତ୍ୱେ ଏଇ ମନିକା କେସ୍‌ରେ, ତୋର ଝୁନୁ ଅପା ଏତେଟା ଉତ୍‌କ୍ଷିପ୍ତ ହେବା ଉଚିତ ନୁହେଁ ।

ଅଞ୍ଜଳି : ତମେ ଯାହା କହୁଚ ନା, ଇଏ ଆମ ସାଧାରଣ ସାମାଜିକ ନାରୀ ପକ୍ଷରେ ମାନିନେବା ସମ୍ଭବ ନୁହେଁ। ବୁଝିଲୁ ଝୁନୁ ଇଏ ତ ଖାସ୍ ଯାଇ ଦିଲ୍ଲୀରେ ରହିଲେ । ଏମ୍.ପି .ଲୋକ । ମତେ ତ ଘର ଚଳେଇବାକୁ ପଡୁଚି । ତା' ଛଡ଼ା ମୋର ବି ତ ଗୋଟାଏ ସାମାଜିକ ଜୀବନ ଅଛି, ମୁଁ ତ ଆଉ ରୁଟି ଡ଼ାଲମା ରାନ୍ଧି ଠାକୁର ପୂଜା କରି ରହିବା ଝିଅ ନୁହେଁ ; ମୋ'ର ଗୋଟାଏ ରାଜନୈତିକ ସ୍ଥିତି ଅଛି । ମୁଁ ବି ଟୁର୍ କରେ... ଡ଼ାକବଙ୍ଗଳାରେ ରାତି କଟ଼ାଏ... ଅନେକ କିଛି କରିବାକୁ ପଡ଼େ...

ସରୋଜିନୀ : କାଇଁକି କରିବୁନି ଯେ? ତୁ କ'ଣ ଅନ୍ୟମାନଙ୍କ ଭଳି ହେଇଚୁ? ତୋର କେତେ influence କେତେ ଜଣାଶୁଣା....

ଅଞ୍ଜଳି : ସେଇଠୁ ଦିନେ କିଏ ମି.ପଟ୍ଟନାୟକଙ୍କୁ ଲଗେଇ ଦେଇଚି ମୋ' ଚରିତ୍ର

ଖରାପ....ମୁଁ କୁଆଡ଼େ ଅଫିସରମାନଙ୍କ ଗାଡ଼ିରେ ବୁଲେ...

ସରୋଜିନୀ : ଛି-ଛି-ଛି... Nasty ଲୋକଗୁଡ଼ାକ ...ଝିଅ ହେଲୁ ବୋଲି ଆମେ କ'ଣ କାହା ସାଙ୍ଗରେ କୁଆଡ଼େ ଯାଇ ପାରିବୁନି ?

ଅଞ୍ଜଳି : ନାଃ ଖାଲି ଘରକୋଣରେ ଓଢ଼ଣା ଦେଇ ଚୁ' ଚୁ' କରିଥିବୁ। (ଟିକିଏ ରହ) ସେଇଠୁ ମତେ ଯେମିତି ମି.ପଟ୍ଟନାୟକ ଏଇ କଥା ପଚାରି ଦେଇଛନ୍ତି, ପ୍ରଥମେ ଚଷମାଟା ଖୋଲି ଟିକିଏ ତାଙ୍କ ମୁହଁକୁ ଚାହିଁଲି... ମି. ପଟ୍ଟନାୟକ ଟିକିଏ ଶଙ୍କିଗଲେ। ମୁଁ ପଚାରିଲି ତମେ ଯୋଉ ଦିଲ୍ଲୀରେ ସେଇ ସାଉଥ୍ ଏଭେ୍ୟନୁ ଫ୍ଲାଟରେ ଏକୁଟିଆ ମାସ ମାସ ରହୁଚ ? କ'ଣ କରୁଚ, କ'ଣ ନ କରୁଚ ସେ କଥା କ'ଣ ଆମେ ପଚାରୁଚୁ ?" ନାଇଁ, ତୁ' କହୁନୁ ଝୁନୁ, ମୁଁ କ'ଣ ମିଛ କହିଲି ?

ସରୋଜିନୀ : ସେଇଠୁ ମି. ପଟ୍ଟନାୟକ କ'ଣ କହିଲେ ?

ଅଞ୍ଜଳି : ହୁଁ, କହିବେ ଆଉ କ'ଣ ମ' ? ମୁହଁ ବନ୍ଦ। ମାସେ ଦି ମାସେ ରହିବେ ଯେ କ'ଣ ମୋ' ସାଙ୍ଗରେ ଝଗଡ଼ା ଲଗେଇବେ ? ଘରର ମୁରବୀ ମୁଁ ନା ସିଏ ? ହକ୍ ଘର ଚଳେଇଚିଟି ! ତାଙ୍କୁ ତ ପଠେଇଲେ ପରିବା ଦି' ଖଣ୍ଡ ବଜାରରୁ କିଣି ପାରିବେନି... ପଚାସଢ଼ା, ବରଫଦିଆ ମାଲ୍ ନେଇ ଆସିବେ, କ୍ଷମାମାଗି ଚୁପ୍‌ଚାପ୍ ରହିଲେ। ତୁ କହୁନୁ ଝୁନୁ, ଆମେ ଦେଶସେବା କଲୁ କି ଯାହା କିଛି କଲୁ ସ୍ୱାମୀଙ୍କର ଯାହା ଦରକାର, ଯେମିତି ତଦାରଖ କରିବା ଦରକାର, ସେଥିରେ ତ ଆଉ ଅବହେଳା କରୁନୁ, ମୁହଁ ଟାଣ କରି କଥା କହିଲେ ସହିବୁ କାହିଁକି ?

ସରୋଜିନୀ : ଆଦୌ ନୁହେଁ ନା। ଆଜି ମୁଁ ମନି ପାଖକୁ ଚିଠି ଲେଖି ଦଉଚି। ଶାନ୍ତନୁ ଭଳି ଗୋଟାଏ ପଶୁର ଅତ୍ୟାଚାର ସହି ସେଇଠି ଲୁହ ଗଡ଼େଇବାର କୌଣସି ଅର୍ଥ ହୁଏନା।

ଆରତୀ : ମୁଁ ଭାବୁଚି,ଏଇ କନ୍‌ଫେରନ୍‌ସ୍‌ଟା ସରିଲେ ଥରେ ଯାଇ ଶାନ୍ତନୁ ଆଉ ମନିକାକୁ ଦେଖି ଆସିବି। ଅବଶ୍ୟ ମହତ୍ ଉଦ୍ଦେଶ୍ୟ ସାଧନ କରିବା ପାଇଁ ବେଳେବେଳେ ଛୋଟ ଛୋଟ ପାପ କରିବାକୁ ପଡ଼େ, ପୃଥିବୀରେ ମୂଲ୍ୟହୀନ ବୋଲି କିଛି ନାହିଁ। ଦେଖାଯାଉ ମୁଁ ଚେଷ୍ଟା କରେ।

ଅଞ୍ଜଳି : ତା' ହେଲେ ମୁଁ ଆଜି ଆସୁଚି ଝୁନୁ। ଟିକିଏ ରେଡ଼ିଓ ଷ୍ଟେସନ୍ ବାହାରିଥିଲି। (ଉଠିଲେ) ତୁ ଯଦି ସତରେ ଚାହୁଁଛୁ ଶାନ୍ତନୁ ହଇରାଣ

ହେଉ ଏବଂ ଯନ୍ତ୍ରଣା ଭିତର ଦେଇ ପୁଣିଥରେ ସୁନାପୁଅ ହେଇ ତୋର ପାଖକୁ ଆସି ମନିକାର ଭବିଷ୍ୟତ ପାଇଁ ପ୍ରତିଶ୍ରୁତି ଦେଉ, ତା'ହେଲେ ତାର ଚାକିରିଟା ଚାଲିଯିବା ଉଚିତ। ମୁଁ ସେମିତି ସୁପାରିଶ୍ କରିଦେଇପାରେ।

ସରୋଜିନୀ : ମାନେ ଏଇକ୍ଷଣି ହଠାତ୍ ମୁଁ କିଛି ଠିକ୍ କରିପାରୁନି। ତତେ ଟିକିଏ ପରେ ଜଣେଇଲେ ହବନି ?

ଅଞ୍ଜଳି : ଆଚ୍ଛା, ଠିକ ଅଛି। (ଚାଲିଗଲେ, ପୁଣି ପଛରୁ ଫେରି ଆରତିଙ୍କୁ) ଆଚ୍ଛା, ପୁଣି ଦେଖାହେବ କନ୍‌ଫରେନ୍ସରେ.....। (ଅନ୍ୟପଟେ ଆରତି ମଧ୍ୟ ଭିତରକୁ ଗଲେ। ସରୋଜିନୀ ଆସି ଏକାକିନୀ ସୋଫା ଉପରେ ବସିଲେ। ପୁଣି ଉଠିଲେ ଏବଂ କିଛି ଚିନ୍ତା କଲେ। ଏତିକିବେଳକୁ ବାହାରେ ଗୋଟିଏ ଟ୍ୟାକ୍‌ସି ଅଟକିବା ଶବ୍ଦ ଓ ହର୍ଣ୍ଣ ଶୁଭିଲା। ସରୋଜିନୀ ସେଇ ଆଡ଼କୁ ଚାହିଁଲେ ଏବଂ ଡ଼ାକିଲେ...)

ସରୋଜିନୀ : ସୁମତି, ସୁମତି...

ସୁମିତ : (ପ୍ରବେଶ କରି) ମା'...

ସରୋଜିନୀ : ଦେଖିଲୁ, କାହା ଗାଡ଼ି ? ଏଇଠି ଅଟକିଲା କି ? (ସୁମତି ଯାଇଚି)

ସୁମତି : (ଫେରିଆସି, ଉଚ୍ଛ୍ୱସିତ ଭାବରେ) ମା' ମନିକା ଦେଇ !

ସରୋଜିନୀ : (ଆଶ୍ଚର୍ଯ୍ୟାନ୍ୱିତ ହୋଇ) କ'ଣ ହେଲା ? ମନିକା ? ଚିଠିପତ୍ର ନ ଦେଇ...ହଠାତ ଏମିତି...

(ସୁମତି ମନିକାର ବ୍ୟାଗ ଓ ସୁଟକେଶ୍ ନେଇ ଭିତରକୁ ଯାଇଚି)

ମନିକା : (ପ୍ରବେଶ କରି) ମାମୀ !

ସରୋଜିନୀ : ମନି !

(ମନିକା ସରୋଜିନୀକୁ ଇଂରେଜ କାଇଦାରେ ଆଲିଙ୍ଗନ କଲା ଓ ଚୁମା ଦେଲା)

ମନି, ଖାଲି ତୋ କଥା ଚିନ୍ତା କରି କରି ମୁଁ ପାଗଳୀ ହେଇଗଲିଣି। ଏଇ ତ... ତୋ' ଦୁଃଖ କଥା ପଢ଼ିଥିଲା

ମନିକା : ମୁଁ ସେଇ ନିର୍ଜନ କ୍ୱାଟରରେ ତୋ କଥା ହିଁ ଭାବୁଥିଲି ମାମୀ। ଭାରୀ ଖରାପ ଲାଗିଲା । ଚାଲି ଆସିଲି। ଦାଣ୍ଡକୁ ବାହାରି କୁଆଡ଼େ ଟିକିଏ ବୁଲି ଯିବାର ଉପାୟ ନାହିଁ। ସସ୍‌ପେଣ୍ଡ୍ ପରେ ସବୁଠି ତାଙ୍କରି ଚର୍ଚ୍ଚା। ସନ୍ଧ୍ୟାରେ କୋଉଦିନୁ ଟିକିଏ କ୍ଲବକୁ ଗଲେ ହଜାରେ ଆଖି ଛୁରୀ ମାରିଲା

ଭଳି ମୋତେ ଚାହୁଁଛନ୍ତି । ଓଃ ! କି ଭୟକର ନିର୍ଜନତା Isolation ମୁଁ ପ୍ରାଣ ନେଇ ଦୌଡ଼ି ଆସିଲି ତୋ' ପାଖକୁ ।

ସରୋଜିନୀ : ମୁଁ ଜାଣେ, ଗୋଟାଏ ଭୟଙ୍କର ପଶୁ ପାଖରେ ଜୀବନ ବିତେଇବା କି କଷ୍ଟକର ଓଃ ! ମୋ ଦେହ ଶିହରି ଉଠୁଚି, ଦିନ ଦିନ ...ରାତି ରାତି.....ମୁଁ ଚିନ୍ତା କରିପାରୁନି ।

ମନିକା : ଆଜିକାଲି ରାତିରେ ସିଏ ଘରେ ରହୁନାହାନ୍ତି । ପ୍ରାୟ ବାହାରେ କୋଉଠି ଦେଶୀ ମଦଗୁଡ଼ାକ ପିଇ ..ବେଶ୍ୟାପଡ଼ାରେ... ଷ୍ଟେସନ ସେପାଖ ଅନ୍ଧାରୁଆ ବସ୍ତିରେ....ଆଗେ ଦିନେ ଦିନେ ମୁଁ ଫଲୋ କରି ଯାଉଥାଏ...ବର୍ତ୍ତମାନ ଆଉ କିଛି ନୂଆ ଜାଣିବାର ନାହିଁ ।

ସରୋଜିନୀ : (ଘୃଣାରେ) ଛି..ଛି...ମତେ ବାନ୍ତି ମାଡ଼ିଲାଣି..ଓୟାକ..(ବାନ୍ତି ଉଠେଇଲା ଭଳି)

ମନିକା : ବିରାଟ ସରକାରୀ ଘର ଚାରିପଟେ କେହି ନାହିଁ । ଏକା ଏକା ବେଡ୍‌ ଲ୍ୟାମ୍ପଟା ଜଳେଇ ଦେଇ କାନ୍ଥକୁ ଅନେଇ ରହିବା ଛଡ଼ା ଅନ୍ୟ କିଛି କାମ ନାହିଁ । ସଂଧ୍ୟା ଠାରୁ ସକାଳ ପର୍ଯ୍ୟନ୍ତ...ଦୀର୍ଘ ବାରଘଣ୍ଟା... ବେଳେବେଳେ ଲାଗେ ସେଇ ଝାପ୍ସା ଝାପାସା ଅଂଧାର ଭିତରୁ ଦୁଇଟା ଲମ୍ବାଲମ୍ବା ହାତ ଆସି ମୋ' ତଣ୍ଟି ଚିପି ଧରୁଛି..। ମାମୀ, ମୁଁ ସେତିକିବେଳେ ଅଣନିଃଶାସୀ ହେଇଯାଏ, ଝରକା ଖୋଲି ଅଂଧାର ଆକାଶଟାକୁ ଚାହେଁ.....ଗୁଡ଼ିଏ ତାରା ଛଡ଼ା ଆଉ କିଛି ନ ଥାଏ ସେଇଠି....

ସରୋଜିନୀ : ନା...ଆଉ କହିବା ଦରକାର ନାଇଁ.... (କାନ୍ଦି ପକେଇଲେ) ମନି ମୋର କି ଦୁଃଖ ନ ପାଇଲା ! ମତେ ଦୋଷ ଦବୁ ନାଇଁ ମନି....ଆମର କିଛି ଦୋଷ ନାଇଁ...ଆଭିଜାତ୍ୟ ଘର...ଆଇ.ଏ.ଏସ୍.ବର..ବାପା- ମା'ହେଇ ଆଉ କ'ଣ ବା ଅଧିକ କରିପାରିଥାନ୍ତୁ ଆମେ ? ସବୁ ତୋର ଭାଗ୍ୟ ।

ମନିକା : ମାମୀ, ମୁଁ ଯାହା ଅନୁମାନ କରୁଛି ଏଇ ସସ୍‌ପେଣ୍ଡ୍ ଅର୍ଡ଼ର ପାଇଲା ପରେ ତାଙ୍କର ବେଶୀ ମସ୍ତିଷ୍କ ବିକୃତି ଘଟିଛି । ତାଙ୍କ କେସ୍‌ଟା ବର୍ତ୍ତମାନ ଏନକ୍ୱାରୀ ପାଇଁ ଗୋଟିଏ କମିଟି ହାତକୁ ଦିଆଯାଇଛି । ତୁ' ଟିକିଏ ଅଂଜୁ ଆଣ୍ଟିକୁ କହିବୁନି ମାମୀ ? ଏଇଥର ମୁଁ ତାକୁ ବାଟକୁ ଆଣିବା ପାଇଁ ଚେଷ୍ଟା କରିବି ।

ସରୋଜିନୀ : ଏମିତି ହେଇ ହେଇ ଛ' ବର୍ଷ ଭିତରେ ତିନିଥର ଅସୁବିଧାରେ ପଡ଼ିଲାଣି। କିଏ କେତେ ପଲଟିକାଲ୍ ଇନ୍‌ଫ୍ଲୁଏନସ୍ କରୁଥିବ ? ଅବଶ୍ୟ ମୁଁ ଅଂଜୁକୁ ଏ ସର୍ମ୍ପକରେ କହିଛି।

ମନିକା : ପ୍ଲିଜ ମାମୀ ! ଏଇ ଶେଷ ଥର। ମୁଁ ଖାସ୍ ସେଇଥିପାଇଁ ତୋ' ପାଖକୁ ଏଇ ଜୁନ୍ ମାସ ଖରା ସହି ଦୌଡ଼ି ଆସିଛି।

ସରୋଜିନୀ : (ଇଙ୍ଗିତ ପୂର୍ଣ୍ଣ ଭାବରେ ଚାହିଁ) ଓ ! ମୁଁ ଭାବିଥିଲି ତୁ' କିଛିଦିନ ଏଇଠି କଟେଇବା ପାଇଁ ଆସିଚୁ। ଆଛା ! ଶାନ୍ତନୁ କେମିତି ଅଛି ?

ମନିକା : ଜାଣେନା।

ସରୋଜିନୀ : ମାନେ ?

ମନିକା : ପନ୍ଦର ଦିନ ହେଲା ସିଏ ଘରକୁ ଆସୁନାହାନ୍ତି।

ସରୋଜିନୀ : (ଆଶ୍ଚର୍ଯ୍ୟ) କ'ଣ ତୁ କହୁଚୁ ? ମାନେ...ତତେ ନ କହି...ନିଜ ସ୍ତ୍ରୀକୁ ନ କହି...ଛି..ଛି...ଛି...

ମନିକା : ପ୍ରତିଦିନ ତାଙ୍କର ସର୍ମ୍ପକରେ ପ୍ରଶ୍ନ କରି କରି ପଡ଼ୋଶୀମାନେ... ଅନ୍ୟାନ୍ୟ ଅଫିସରଙ୍କ ସ୍ତ୍ରୀମାନେ... ମତେ ବିବ୍ରତ କରି ପକେଇଲେଣି। ଭଲ ହେଇଚି ସେ କୁଆଡ଼େ ଯାଇଛନ୍ତି ମୁଁ ଜାଣିନି। ବୋଧହୁଏ ତାଙ୍କ ପଛରେ ଭିଜିଲାନ୍ସ ଲାଗିଛନ୍ତି।

ସରୋଜିନୀ : ଏବଂ ଏକା ଏକା ଜୀବନକୁ ଅନିଶ୍ଚିତ ଭାବରେ ଗୋଟାଏ ନିର୍ଜନ ଘରେ ଫୋପାଡ଼ି ଦେଇ ତୁ ତାର ଫେରିବା ବାଟକୁ ଅନେଇ ବସିଛୁ ! ରିଏଲି ମନି, ତୋର ପତିଭକ୍ତି ମତେ ନିଶ୍ଚିତ ଭାବରେ ଆଶ୍ଚର୍ଯ୍ୟାନ୍ୱିତ କରିଛି। କିନ୍ତୁ ଏମିତି ଗୋଟାଏ ସ୍ୱାମୀ ପାଇଁ....

ମନିକା : ମାମୀ ! ତୁ'ନା ମତେ କହିଥିଲୁ ସ୍ତ୍ରୀର ଏକାଗ୍ରତା ଆଉ ଭକ୍ତି ସବୁବେଳେ ସ୍ୱାମୀକୁ ବାନ୍ଧି ରଖେ ବୋଲି।

ସରୋଜିନୀ : ତା' ଅବଶ୍ୟ ସତ୍ୟ। କିନ୍ତୁ ସବୁଥିର ଗୋଟାଏ ସୀମା ଅଛି।

ମନିକା : ମାମୀ ! ମୁଁ କିନ୍ତୁ ମନେ ମନେ ଦୃଢ଼ ପ୍ରତିଜ୍ଞା କରିଛି। ଯଦି ସ୍ୱାମୀ ମୋର ପାପର ସମସ୍ତ ସୀମା ଲଙ୍ଘନ କରିଥାଆନ୍ତି....ମୁଁ ମଧ୍ୟ ଭକ୍ତିର ସମସ୍ତ ସୀମା ଲଙ୍ଘନ କରିବି।

ସରୋଜିନୀ : ମା' ମନି ! ଏତେ ଦୁଃଖ ଭିତରେ ମଧ୍ୟ ତୋର ଏଇ ଦମ୍ଭ ଦେଖିଲେ ମୋ' ଛାତି ଫାଟିଯାଉଛି। ତୋ ମୁହଁରେ ଏଇ ସବୁ ବ୍ରଣ ଓ ବୟସର ଛାପ ଦେଖିଲେ ମୋର ମନେ ପଡ଼ିଯାଉଚି ତୋର ପିଲାବେଳର

କଥା.....ଗୁଲୁଗୁଲିଆ ହେଇ କଣ୍ଢେଇଟାଏ ଭଳି ହେଇଥିଲୁ.....ଦୁଃଖ ବୋଲି କ'ଣ ଜାଣି ନ ଥିଲୁ...ଆମେ ଭାବିଥିଲୁ ମହାପାତ୍ର ବଂଶ ଭିତରେ ଏମିତି ବାହାଘର କାହାର ହେଇ ନ ଥିବ, କିଏ ଜାଣେ...କୋଉ ଅପଦେବତାର ଅଭିଶାପ ତତେ ଏମିତି ଶ୍ରୀହୀନ କଲା....ବାପା ତ ସବୁ ଭୁଲିଯାଇ ନିଶ୍ଚିନ୍ତରେ ଆଖି ବୁଜିଦେଲେ....ଖାଲି ତମମାନଙ୍କ ଦୁଃଖ ଦେଖି ଏକା ଏକା ଲୁହ ଗଡ଼େଇବା ପାଇଁ ମୁଁ ବଞ୍ଚି ରହିଛି। (ପୁଣି କାନ୍ଦିଲେ)

ମନିକା : ମାମୀ! ମୋ ଆଗରେ ମୋର ଦୁଃଖ ଆଉ ଅଶାନ୍ତି କଥାଗୁଡ଼ା ନ କହିଲେ ଭଲ। ଦୁଃଖ କ'ଣ? ମୁଁ ସେ ଦିଇଟା ଶବ୍ଦକୁ ଘୃଣା କରେ। ତୁ କ'ଣ ଭାବୁଚୁ ମୁଁ ଭିକାରୁଣୀ ଭଳି ଦ୍ୱାର ଦ୍ୱାର ବୁଲି ତମମାନଙ୍କ ଦୟା, ଦାକ୍ଷିଣ୍ୟ ଭିକ୍ଷା କରୁଚି ?

ସରୋଜିନୀ : (ଲୁହ ପୋଛି)ହଁ ମନି। ସବୁ ଦୋଷ ମୋର । ଶାନ୍ତନୁ ସଙ୍ଗରେ ତୋର ବାହା କରେଇଥିଲି ବୋଲି ସିନା ଆଜି ଏମିତି ବୁଢ଼ୀ ବୟସରେ ଲୁହ ନ କାନ୍ଦି ରକ୍ତ କାନ୍ଦୁଚି! ଦିନେ ତୁ ଆସି ଚାହୁଁଥିଲୁ ଶାନ୍ତନୁକୁ ସାହାଯ୍ୟ କରିବା ପାଇଁ। ଝିଅ କହିଲା ବୋଲି ଜୋଇଁ ପାଇଁ ମୋର ମାନ, ସମ୍ମାନ ଆଭିଜାତ୍ୟ ଭୁଲି ଅଜଣା ଅଚିହ୍ନା ସମସ୍ତଙ୍କର ଦ୍ୱାରସ୍ଥ ହେଇଚି...ଶାନ୍ତନୁ ସରକାରୀ ଟଙ୍କା Misappropriate କଲା .....ତାକୁ ଶୁଝି ଶୁଝି ମୋର ବ୍ୟାଙ୍କ୍ ବାଲାନସ୍ ଶେଷ ହେଇଗଲା...କ'ଣ ମୁଁ ତୋ ପାଇଁ କରିନି? ହଉ ତୁ ଯେତେବେଳେ ମୋ' ର ସାହାଯ୍ୟ ପାଇଁ ଏଠିକି ଆସିଛୁ, ତତେ ମୁଁ ଗୋଟିଏ ଉପଦେଶ ଦେଇପାରେ।

ମନିକ : କ'ଣ ?

ସରୋଜିନୀ : ତୁ ଶାନ୍ତନୁକୁ ଡ଼ାଇଭୋର୍ସ କର ଏବଂ ଏଇଠିକି ଚାଲି ଆ'। ସମାଜରେ ଯାହା ବଦନାମ ହେବ ତାକୁ ବରଂ ମୁଁ ସମ୍ଭାଳିବି।

ମନିକା : (ଦୃଢ଼ କଣ୍ଠରେ) ନା, ମୁଁ ଶାନ୍ତନୁକୁ ଛାଡ଼ି ପାରିବି ନାହିଁ। ଡ଼ାଇଭୋର୍ସ କରିବାର ସେମିତି କିଛି ପ୍ଲାନ ମଧ୍ୟ ନାହିଁ।

ସରୋଜିନୀ : କାହିଁକି? ଏମିତି ଅବୁଝା ହେଇ ଦିନ ଦିନ ପାଶବିକ ଅତ୍ୟାଚାର ସହିବାର ମାନେ କ'ଣ ହୁଏ? ସତରେ କ'ଣ ସେଇ ଜଘନ୍ୟ ଲୋକଟା ପାଇଁ ତୋ ମନରେ ସ୍ନେହ ମମତା ବୋଲି କିଛି ଅଛି ?

ମନିକା : ମାମୀ, ଲୋକନିନ୍ଦା ପାଇଁ ମୋର ଆଦୌ ଖାତିର ନାହିଁ। ଏଇ ପନ୍ଦର ଦିନର ନିର୍ଜନତା ଭିତରେ ସାଧା କାନ୍ଥଟିକୁ ଚାହିଁ ଚାହିଁ ଏଇ ଛ ବର୍ଷର ବିବାହିତ ଜୀବନକୁ ଗୋଟି ଗୋଟି କରି ମନେ ପକାଇଚି। ଲୋକେ କହନ୍ତି ଶାନ୍ତନୁ ବ୍ୟଭିଚାରୀ.... କୌଣସି ଝିଅ ବୋହୂ ଥିବା ଘରକୁ ତାକୁ ନେବାକୁ ଅନ୍ୟମାନଙ୍କର ଡ଼ର କିନ୍ତୁ ଅତ୍ୟାଚାର ଆଉ ପ୍ରେମ....ଚାବୁକ୍ ଆଉ ଚୁମ୍ବନରେ ଗଢ଼ା ଏଇ ଦୁଇ ହଜାର ଏକଶହ ନବେ ଦିନ ଆଉ ରାତିର ସ୍ମୃତିକୁ ଗୋଟେଇ ଆଣି, ମୁକ୍ତା ଭଳି ଗୁନ୍ଥି....ମୋ'ଗଳାର ହାର କରି ପିନ୍ଧିଛି। ବନାନୀ ସରକାର ଯେତେବେଳେ ଡ଼ିନର୍ ଖାଇ ଘରକୁ ଆସେ ମୁଁ ବିନା ପ୍ରତିବାଦରେ ମୋର ବେଡ୍‌ରୁମ୍ ଛାଡ଼ି ଦେଇଚି ସେମାନଙ୍କ ପାଇଁ....ଚା'କିମ୍ବା ପାଣି, ପାନ କିମ୍ବା ସିଗାରେଟ ଯୋଗେଇଦେବା ପୂର୍ବରୁ ବନ୍ଦ ଦର୍ଜାରେ ମୁଁ ନକ୍ କରିଛି...ଭିତରକୁ ପଶିଯାଇନି...କୋଉ ଏକ ସାତ ପର ଭଉଣୀର ଜାତି ଗୋତ୍ର ବର୍ଣ୍ଣହୀନ ଝିଅଟିକୁ ଆଣି କିଛି ଦିନ ଧରମ ଝିଅ କରି ସେ ବୁଲୁଛନ୍ତି କ୍ୟାମ୍ପରେ...କିଛି କହୁନି....କାହିଁକି ଜାଣୁ ମାମୀ ? ତାଙ୍କର ମନକୁ ମୁଁ ଚିହ୍ନେ...ସ୍ୱାଧୀନତାବୋଧର ଚୂଡ଼ାନ୍ତ ଅନୁଭୂତି ତାଙ୍କ ପାଇଁ ସର୍ବସ୍ୱ...ସେ ଏଇ ସମାଜ, ଶୃଙ୍ଖଳା, ନୀତି, ନିୟମ, ପାପ ଓ ପୁଣ୍ୟ ଚିନ୍ତାଠାରୁ ଅନେକ ଦୂରରେ...ପ୍ରତି ମୁହୂର୍ତ୍ତରେ ସେ ମୁକ୍ତ ହେବାକୁ ଚାହାନ୍ତି....ମାନେ.....ଏକ ଆରଣ୍ୟକ ସରଳତା ନେଇ.....

ସରୋଜିନୀ : ଥାଉ। ଶାନ୍ତନୁର ଚରିତ୍ର ସମ୍ପର୍କରେ ମତେ ବୁଝେଇବା ଆବଶ୍ୟକ ନାହିଁ। ତାର ଆଚାର, ବ୍ୟବହାର, କାର୍ଯ୍ୟକଳାପ ଦେଖିଲେ ଯେ କେହି କହିବ ସେ ଏକ ଜଘନ୍ୟ ପଶୁ ଅଥଚ ତୁ ଅଯଥା ଦାର୍ଶନିକ ଭଳି....

ମନିକା : ସମସ୍ତେ କହନ୍ତି ସେ ଗୋଟାଏ ଦାଗୀ ଆଉ ବ୍ୟଭିଚାରୀ। କିନ୍ତୁ ମୋ ପାଇଁ ? ତାଙ୍କର ପ୍ରେମ ଓ କ୍ରୋଧ, ଆଲିଙ୍ଗନ ଓ କଠୋରତା ସବୁ ମୋ' ପାଇଁ ଏକାକାର ହୋଇଯାଇଛି। ମାମୀ ; ସବୁବେଳେ ତୋର ବୁଦ୍ଧି, ଅର୍ଥ ଓ ସାମାଜିକ ପ୍ରତିଷ୍ଠା ଶାନ୍ତନୁକୁ ବିଭିନ୍ନ ବିପଦରୁ ରକ୍ଷା କରିଚି...କିନ୍ତୁ ମୁଁ ତତେ କେମିତି ବୁଝେଇବି ....ଅନ୍ୟମାନଙ୍କ ପାଇଁ ଯିଏ କଳଙ୍କ ମୋ ପାଇଁ ସିଏ ଏକ ଅଦ୍ଭୁତ ସଙ୍ଗୀତର ସିଫୋନୀ ଭଳି– (ବ୍ଲାଉଜର ପଛ ବୋତାମ ଖୋଲି ଦେଇଚି) ଏଇ ପିଠିରେ କିଛି ଦେଖିପାରୁଛୁ ମାମି ?

ସରୋଜିନୀ : ଆଁ! (ଚିତ୍କାର କରି ଉଠିଲେ) ରକ୍ତର ଦାଗ!

ମନିକା : ହଁ, ଚାବୁକର ଦାଗ, ମାସେ ହେଲା ଶୁଖୁନି।

ସରୋଜିନୀ : ହେ ଭଗବାନ୍! ମୋ ଝିଅର ଇଏ କ'ଣ ହେଲା! (ଭାଙ୍ଗି ପଡ଼ିଲେ) ନା, ଆଉ ମତେ ଏ ସବୁ ବାଧୁନି। ସବୁ ଅଭ୍ୟାସରେ ପରିଣତ ହୋଇଗଲାଣି।

ମନିକା : ଏଇ ରକ୍ତାକ୍ତ ଘା'ଭିତରେ ଯାହାର ସ୍ମୃତି.....ଅନେକ ଉଷ୍ଣ ଆଲିଂଗନରେ ବି ତାହାର ସ୍ମୃତି। ମାମୀ, ମୁଁ ଜାଣେ ବେଳେବେଳେ ସେ ତୋ' ପ୍ରତି ଦୁର୍ବ୍ୟବହାର କରିଛନ୍ତି। କିନ୍ତୁ ତାକୁ ଏଇ ଶେଷଥରକ ପାଇଁ କ୍ଷମା କରିଦେ। କେବଳ ଏଇ ଥରୁଟିଏ ପାଇଁ। ଏଇଥର ପୁଣି ଚାକିରିରେ ଜଏନ୍ କଲାପରେ ମୁଁ ମୋର ସମସ୍ତ ଶକ୍ତି ଦେଇ ତାଙ୍କର କଠୋର ହୃଦୟକୁ ତରଳେଇବା ପାଇଁ ଚେଷ୍ଟା କରିବି...ମୁଁ ତତେ କଥା ଦଉଚି.....ଯା ପରେ ଆଉ କେହି ତାଙ୍କ ବିଷୟରେ କୁତ୍ସା କରିବା ପାଇଁ ସୁଯୋଗ ପାଇବେ ନାହିଁ ....ନା...ଆଉ କେବେ ନୁହେଁ। ମୁଁ ତୋ ପାଦ ତଳେ ପଡୁଚି (ଏଇତକ କହୁକହୁ ମନିକାର ମୁଣ୍ଡ ଘୁରିଯାଉଛି ଓ ସେ ତଳେ ପଡ଼ି ଯାଉଯାଉ ସୋଫା ଉପରେ ଢ଼ଳି ପଡ଼ିଛି ଏବଂ ସରୋଜିନୀ ତାକୁ ଟେକି ନେଇଛନ୍ତି)

ସରୋଜିନୀ : ତୁ ଭୟଙ୍କର ଅଶାନ୍ତି ଭିତରେ ଗତି କରୁଛୁ...ଇସ୍...! ତୋ ଦେହ ଦୁର୍ବଳ ହୋଇଗଲାଣି...ସ୍ନାୟବିକ ଦୁର୍ବଳତା... ଚାଲ୍... ତୋ ରୁମ୍‌ରେ ଶୋଇପଡ଼ିବୁ ପ୍ରଥମେ ... ସନ୍ଧ୍ୟାରେ ଯାଇ ଯୋଉ କଥାବାର୍ତ୍ତା। (ମନିକାକୁ ନିଜ ଉପରେ ଭରା ଦେଇନେଇ ଯାଉ ଯାଉ) ମୁଣ୍ଡଟା ଥଣ୍ଡା ହେଲେ ନିଶ୍ଚୟ ତୁ ଡ଼ାଇଭୋର୍ସ ପାଇଁ ରାଜି ହବୁ। ଡ଼ାଇଭର୍ସ କରିବା ତ ଗୋଟାଏ ଅସାମାଜିକ କାର୍ଯ୍ୟ ନୁହେଁ...ନାରୀ ହିସାବରେ ତୁ ତୋର ଅଧିକାରକୁ ସାବ୍ୟସ୍ତ କରିବାର ଏକମାତ୍ର ଆଇନଗତ ପନ୍ଥା। (ଭିତରକୁ ନେଇ ଗଲେ। ଏକ ଗମ୍ଭୀର ଆବହ ସଙ୍ଗୀତରେ ମଂଚର ବାତାବରଣ ପୂର୍ଣ୍ଣ ହୋଇଗଲା)

ଦ୍ୱିତୀୟ ଦୃଶ୍ୟ

(ଡ୍ରଇଂରୁମ୍‌ର ଲମ୍ବା ଝରକା (French Window) ସେପଟୁ ସୂର୍ଯ୍ୟାସ୍ତର ଲାଲ ଆଲୁଅ ଆସି ଘରଟିକୁ ଆଲୋକିତ କରିଛି। ବାହାରୁ ଆସିଛନ୍ତି ସୁମତି ଓ ବୀଥିକା ବିବାହ ପରେ ମଧ୍ୟ ବେଲ୍ ବଟମ ଏବଂ ସାର୍ଟ ବଟମ୍ ପିନ୍ଧୁଛି। ତା'ର ଚାଲିଚଳନରେ ଏକ ଅଦ୍ଭୁତ କୈଶୋରର ଚାପଲ୍ୟ ଏପର୍ଯ୍ୟନ୍ତ ପରିଲକ୍ଷିତ। ତାଙ୍କୁ ଦେଖିଲେ ଏକ ମରହଟ୍ଟୀ ପରିବାରର ବୋହୂ ବୋଲି କେହି ଜାଣିପାରିବେ ନାହିଁ। କାନ୍ଧରେ ତାର ଗୋଟିଏ ବୃହଦାକାର ଟୁରିଷ୍ଟ୍ ବ୍ୟାଗ ଝୁଲୁଛି। ସେ ପାଦ ଟିପିଟିପି ପ୍ରବେଶ କରୁଛି। ବ୍ୟାଗ୍‌ଟି ରଖିଛି)

ବୀଥିକା : ଶୁଣ୍ ମାମୀକୁ ଆଦୌ କହିବୁ ନାଇଁ।

ସୁମତି : ଓଃ ! ମାମୀ ଆଉ ଜାଣି ପାରିବେନି ! ବୀଥିଦେଇଙ୍କର ଯୋଉ ଢଙ୍ଗ ନା....

ବୀଥିକା : ମାନେ....ଯାହାକୁ କହନ୍ତି ପ୍ଲେଜେଣ୍ଟ୍ ସରପ୍ରାଇଜ !

ସୁମତି : ମନିକା ଦେଇ ଅଛନ୍ତି।

ବୀଥିକା : ଏଁ ! ମନି ଅପା ଆସିଚି ? ବୋର୍ ! ଅଯଥା ମୋ' ଉପରେ ଗାଡ଼ିଆନ୍‌ଗିରି ଦେଖେଇବେ। କେତେଦିନ ହେଲା ?

ସୁମତି : ପ୍ରାୟ ଦି ମାସ ହେଲା ରହିଲେଣି।

ବୀଥିକା : ଆରତି ମାଉସୀ ଗଲେଣି ?

ସୁମତି : ଅଛନ୍ତି ନା, ତାଙ୍କର ପରା ମହିଳା ସମ୍ମିଳନୀ କାର୍ଯ୍ୟକ୍ରମ ଚାଲିଚି। ଗାଁ ଗାଁ ବୁଲୁଛନ୍ତି।

ବୀଥିକା : ଶୁଣ, ତା' ହେଲେ ଗୋଟାଏ କାମ କର। ମାମୀ ବର୍ତ୍ତମାନ କୋଉଠି ?

ସୁମତି : ବାଥରୁମରେ । ତା' ପରେ ତ ପୂଜାରେ ବସିଯିବେ।

ବୀଥିକା : ଓ.କେ.ମାମୀ ବାଥରୁମରୁ ଆସିଲା ଭିତରେ ମୁଁ ଯାଇ ତାର ସେଇ ରାଧାମାଧବ ମୂର୍ତ୍ତି ପଛପଟେ ଲୁଚିଯାଇଥିବି। ମାମୀ ଯାହାସବୁ ରାଧାମାଧବକୁ ଗୁହାରି କରିବ, ତାର ରିପ୍ଲାଇ ଦିଆଯିବ। କେମିତି ?

ସୁମତି : ହେଃ ବାହାସାହା ହେଲାପରେ ବି ତମର ସେ ଢ଼ଙ୍ଗ ଗଲାନି ଦେଖୁଚି। ସେମିତି ସେଇଠି ଶ୍ୱଶୁର ଘରେ ପିଲାଳିଆମି କରୁଚ ?

ବୀଥିକା : ବାହାସାହା କ'ଣ କିରେ ସୁମତି ? ମୋ'ର ତ କାଇଁ ମନେ ପଡୁନି ମୁଁ ବାହା ହେଇଚି ବୋଲି। ପାଠ ପଢ଼ିଲାବେଳେ ହଷ୍ଟେଲ୍‌ରେ ସୁପରିଣ୍ଟେଣ୍ଡେଣ୍ଟ୍‌ଙ୍କର ଲାଲ ଆଖି ତଳେ ଡ଼ରିମରି ଚଳୁଥିଲି; ଏଇନା

ଦିଟା ହରେକୃଷ୍ଣ ହରେ ରାମ ବୁଢ଼ାବୁଢ଼ୀ ମୋ'ପିଛା ଧରିଛନ୍ତି । ଯା'ହଉ ଦିଟା ଇଣ୍ଟେରେଷ୍ଟିଂ କ୍ୟାରେକ୍ଟର..... 'ଶ୍ୱଶୁର'....ଆଉ 'ଶାଶୂବୁଢ଼ୀ। ଡ଼େଲି(Daily)ସକାଳୁ ଶ୍ୱଶୁର ବୁଢ଼ା ଗୋଟାଏ ଚପାକସ୍ ପେଣ୍ଟିଂ ହେବ ।

ସୁମତି : କ'ଣ ତମେ କହୁଚ ବୀଥି ଦେଇ ?

ବୀଥିକା : (ସୁମତିର କାଂଧକୁ ଥାପୁଡ଼େଇ ଦେଇ) ଆଃ ଶୁଣ୍ ନା, ପ୍ରଥମେ ଗୋଟାଏ ହଳଦିଆ କଲର (ମୁଦ୍ରା ଦେଖାଇ କପାଳରୁ ନିର୍ଦ୍ଦେଶରେ କରିଛି) ତାପରେ ବଡ଼ର(Border) ଦିଆ ହେବ ଗୋଟାଏ ଧଳା....ତା ପରେ ମଝି ଅଶଂଟା ଲାଲ। ଯୋଡ଼ାଏ ଦର୍ପଣ ଦେଖି ଏଇ ରମାନନ୍ଦୀ ନା କ'ଣ ତାକୁ କହୁଛନ୍ତି ସେଇଥିରୁ ଗୋଟାଏ ଚିତ୍ରବିଚିତ୍ର ହେଇ ବୁଢ଼ା ଅର୍ଡ଼ର ଦବ (ଶ୍ୱଶୁରଙ୍କୁ ଅନୁକରଣ କରି) 'ବୋହୂ! ପାନ ଡ଼ବାଟା ଆଣିଲୁ... !"

ସୁମତି : ଆଉ। ଶାଶୂ ?

ବୀଥିକା : ଓ ! ଦି ବିଗେଷ୍ଟ ଜୋକ୍ !(ଶାଶୁଭଳି ଥରଥର ଗଳାରେ)ପୁଅ ସାଇବାଣୀ ବୋହୂ ଆଣିଚି ଯେ ଭାତ ଦି ସେର ରାନ୍ଧି ଆସୁନି .... ଛ୍ୟା... ତୁ ଶଳା ବୋହୂ ହବୁ ବୋଲି ଦି' ସେର ଚାଉଳର ଡ଼େକ୍‌ଚି ଗୋଟାଏ କାଠଚୁଲୀରେ ବସାଇ ଫୁଙ୍କିବୁ ବୋଲିତ କୋଉ ଆଇନରେ ଲେଖା ହୋଇନି .... ମୁଁ ମୋର ରୁମ୍‌ରେ ବସି ଟେପରେର୍କଡ଼ରେ ଶୁଣେ, ନ ହେଲେ ବୁଣାବୁଣି କରେ ... ଆଉ ବେଳେବେଳେ ବୁଢ଼ୀ ଯେତେବେଳେ ରାଗିଯାଏ ମନକୁ ମନ କହିବ "ନିମୂଳି ଘର ଝିଅ, ଖାଲି ରେଡ଼ିଓ ଶୁଣୁଚି... ମା' ସାଇବାଣୀ ସେଇଥିରୁ ଗୋଟାଏ ଧରେଇ ଦେଇଚି... ପିତ୍ତଳ ହଣ୍ଡାଟେ, ବାସନକୁସନ କିମ୍ବା ସୁନା ପଚାଶ ଷାଠିଏ ଭରି ଦେଇଥାନ୍ତା .... ତା ନାଇଁ .... ଝିଅକୁ ଆମେ ପାଠ ପଢ଼େଇଚୁ... ହେଇ ... ବୋହୂ ହେଇ ଆସିଚି ଗୋଟାଏ ଅଣ୍ଡିରାଚଣ୍ଡୀ ... !"

ସରୋଜିନୀ : (ଭିତରୁ)କିଏ ? କିଏ ଆସିଚି ?

ସୁମତି : ମା' ଆଇଲେଣି।

ବୀଥିକା : ଚୁପ୍ ! ମୁଁ ଲୁଚି ଯାଉଚି। ଦେଖିଲୁ କୁଆଡ଼େ ଗଲା...

ସୁମତି : (ଦେଖି) ଏଇଆଡ଼େ...

ବୀଥିକା : ଓଃ ! ଗଲା, ମର୍ଡ଼ର ହେଇଗଲା....

ସରୋଜିନୀ : (ପ୍ରବେଶ କରି) କିଏ ? କିଲୋ ବୀଥି, ତୁ' ଏଇ ସଞ୍ଜବେଳେ ?

ବୀଥିକା : (ହସିବାକୁ ଚେଷ୍ଟା କରି) ମାନେ...ଏଇନା ମୁଁ ଫେରିଲି।

ସରୋଜିନୀ : ଫେରିଲୁ ମାନେ? ତୁ ପରା ମଶୋରୀ ଯାଇଥିଲୁ?

ବୀଥିକା : ହଁ ତ ମଶୋରୀରୁ ଫେରିଚି।

ସରୋଜିନୀ : ଏଇଠିକି କେମିତି ଆସିଲୁ? କାହା ସାଙ୍ଗରେ ?

ବୀଥିକା : କାହିଁକି? ଏକା ଏକା!!

ସରୋଜିନୀ : (ସୁମତିକୁ ଚାହିଁ) ଆରେ ଏଇଠି ଅନେଇ ରହିଲୁ କ'ଣ ମ? ତାର ବ୍ୟାଗ ସୁଟକେଶ୍ ନେଇ ଭିତରକୁ ଯା- (ସୁମତି ଯାଇଛି) ହଁ....ଏକା ମାନେ? ତୁ ପରା ଶାଶୂ ଶ୍ୱଶୁର ସାଙ୍ଗରେ ତୀର୍ଥ କରି ଯାଇଥିଲୁ?

ବୀଥିକା : ପାଗଳ ହେଲୁ ମାମୀ? ମତେ ଶାନ୍ତନୁଭାଇ ସେମିତି କହିଲେ ବୋଲି ଲେଖିଦେଲି ନା...

ସରୋଜିନୀ : ଶାନ୍ତନୁ ଭାଇ? ସେଇ ପଶୁଟା ପୁଣି କୁଆଡୁ ଆସିଲା?

ବୀଥିକା : ହଁ, ମୁଁ ତା଼ଙ୍କ ସାଙ୍ଗରେ ତ ବୁଲୁଥିଲି!

ସରୋଜିନୀ : ଓଃ! ଭଗବାନ! ସର୍ବନାଶ! ସେଇଟା ମୋର ଶତ୍ରୁ! ମୋ' ପରିବାରଟାକୁ ଧ୍ୱଂସ କରିବାକୁ ବସିଚି। (ବସିପଡ଼ି) କ'ଣ ହେଇଚି କହିଲୁ?

ବୀଥିକା : କିଛିନାଇଁ, ହଠାତ ଦିନେ ସଂଧ୍ୟାରେ ଶାନ୍ତନୁ ଭାଇ ଆସି ଶ୍ୱଶୁରଙ୍କ ଘରେ ପହଞ୍ଚିଲେ। ଖାଇଲେ, ପିଇଲେ, ରହିଲେ ଏବଂ ସମସ୍ତଙ୍କୁ କହିଲେ- ତୁ' ଡ଼କେଇ ପଠେଇଚୁ। ସେମାନେ ମତେ ପଠେଇ ଦେଲେ। ବାଟରେ ଶାନ୍ତନୁ ଭାଇ କହିଲେ ଚାଲ ହଲିଡ଼େଇଙ୍ଗ କରି ପଳେଇଯିବା କାଠମାଣ୍ଡୁ...ବାଟରେ ଦେଖିଲୁ ପାଖରେ ପଇସା ନାହିଁ....ତେଣୁ ମଶୋରୀ ହେଲା ନେକ୍ସଟ୍ ଅଲ୍‌ଟେର୍‌ନେଟିଭ....

ସରୋଜିନୀ : ଓଃ! କି ଭୟଙ୍କର ଲୋକଟା...ମୋ ଝିଅଟିକୁ ଭୁଲେଇ ନେଇ... ତା'ପରେ? ତୋ' ଶ୍ୱଶୁର ଘରୁ ଯଦି ଗୋଟାଏ କିଏ ଆସି ପହଞ୍ଚି ଯାଇଥାନ୍ତା! ମୁଁ କି ଉତ୍ତର ଦେଇଥାନ୍ତି ତାଙ୍କୁ? ସହଜେ ତ ମରହଟିଆ ଲୋକ ସେମାନେ, ସେଇଥିରେ ପୁଣି ଦେଖେନ୍ତେ ଭିଣୋଇର କୀର୍ତ୍ତି।

ବୀଥିକା : ସେମାନେ କିଛି ଜାଣିପାରିବେନି ମ! ସେମାନେ ତ ଚାହାନ୍ତି ମୁଁ କେମିତି ସେ ଘରେ ନ ରୁହେ। ସେମାନଙ୍କର ଧାରଣା ମୁଁ ତାଙ୍କ ଘରେ ଗୋଟାଏ ବୋଝ।

ସରୋଜିନୀ : ତୁ' ଗୋଟାଏ ବୋକୀ! ସେଇ ଜଘନ୍ୟ ଲୋକଟା ସାଙ୍ଗରେ ମାସେ ହେଲା ବୁଲୁଥିଲୁଟି? ବାହାହେଲେ ଝିଅ ଏମିତି ହୁଅନ୍ତି?

ବୀଥିକା

:

ବୀଥିକା : ଓଃ, ମାମୀ ....ତୁ ଆଉ ବକାବକି କରନି।

ସରୋଜିନୀ : ପଇସା କୋଉଠୁ ଆଣିଲ ?

ବୀଥିକା : ଶାନ୍ତନୁ ଭାଇଙ୍କ ପାଖରେ କିଛି ପଇସା ଥିଲା, ସରିଯିବା ପରେ ମୋର ଗୋଟାଏ ନେକ୍‌ଲେସ୍ ବିକ୍ରି କରିଦେଲୁ।

ସରୋଜିନୀ : ଭୟଙ୍କର ! ତୋର ଏଇ ଖାମଖିଆଲୀ ଆଡ଼ଭେଂଚର୍ କଥା ଆଉ ଶୁଣି ହଉନି। ବୀଥି, ତୁ ମୋ' ଆଗରେ ପ୍ରମିଶ୍ କର ଏ କାହାଣୀ ଆଉ କାହାକୁ କହିବୁ ନାଇଁ। ମନିକା ଏଇଠି ଅଛି, ଜାଣିଚୁ କି ନାଇଁ?

ବୀଥିକା : ଜାଣେ, ସୁମତି କହୁଥିଲା।

ସରୋଜିନୀ : ସିଏ ଯଦି ଜାଣେ ତୁ ଶାନ୍ତନୁକୁ ନେଇ ମଶୋରୀ ଯାଇଥିଲୁ ...ଆଉ କିଛି ହଉ କି ନ ହେଉ ମନି ମୋର ସୁଇସାଇଡ୍ କରିଦବ। ବୁଝିପାରୁଛୁ କି ନାଇଁ?

ବୀଥିକା : କିଏ ଜାଣେ....ମନି ଅପା ହୁଏତ ଜାଣିଥାଇପାରେ !

ସରୋଜିନୀ : ନା, ଏ ପର୍ଯ୍ୟନ୍ତ ଜାଣିନି। ବରଂ ଶାନ୍ତନୁ କୋଉଠି ଅଛି ସେ ଜାଣିବା ପାଇଁ ବ୍ୟଗ୍ର। ଏବଂ ମୁଁ ଜାଣେ ତୁ ଶାନ୍ତନୁର ଠିକଣା ଜାଣିଛୁ।

ବୀଥିକା : ନା' ଶାନ୍ତନୁ ମତେ କଲିକତାରେ ଛାଡ଼ି ଦେଇ କୋଉଠି ହଜିଗଲା। ପ୍ରଥମେ ଚାରିଦିନ ମତେ ସେ କଲିକତାରେ ବିଭିନ୍ନ ହୋଟେଲ ଆଉ ପରିଚିତ ଓଡ଼ିଆ ଲୋକଙ୍କ ଘରକୁ ନେଇଗଲା। ଶାନ୍ତନୁ ଅନେକ ବଡ଼ବଡ଼ କବି ଆଉ ଗାଳ୍ପିକଙ୍କୁ ସେଇଠି ଜାଣେ। ମାମୀ, ମୋର ସନ୍ଦେହ ହେଉଛି ଶାନ୍ତନୁ ଭାଇ ବୋଧହୁଏ କବିତା ଲେଖାଲେଖି କରୁଛନ୍ତି, କାରଣ ସେଇଠି ତାଙ୍କର ଅନେକ ପ୍ରେମିକା ମଧ୍ୟ ଅଛନ୍ତି ! ଷ୍ଟ୍ରେନ୍‌ଜ୍ ! ଜଣେ ଭଦ୍ରମହିଳାଙ୍କୁ ସେ 'ଅପା'ଡ଼ାକେ....ସିଏ ତାର ପ୍ରେମିକା... ସେ 'ଅପା'ର ଗୋଟାଏ ଝିଅ ଅଛି....ସିଏ ମଧ୍ୟ ଶାନ୍ତନୁ ଭାଇର ପ୍ରେମିକା-

ସରୋଜିନୀ : ଜଘନ୍ୟ ! ପାଶବିକ ! ସେଇଟା ଅତିଶୀଘ୍ର ଧ୍ୱଂସ ହେଇଯିବ। ତୁ'ଜାଣିଚୁ କି ନାଇଁ ଶାନ୍ତନୁ ବର୍ତ୍ତମାନ ସସ୍‌ପେଣ୍ଡ ହେଇଚି ଚାକିରିରୁ ଏଇ ବ୍ୟଭିଚାର ଅପରାଧରେ। ତା'ନାଁରେ ଏନକ୍ୱାରୀ କମିଶନ୍ ବସିଛି। ପ୍ରତିଦିନ ପୋଲିସ ଆସି ତାର ଖବର ନେଉଚି। ତାର ସବୁ ସୋସିଆଲ୍ ପ୍ରେଷ୍ଟିଜ୍ ଧୂଳିସାତ୍ ହେଇଗଲାଣି- ହୁଏତ ମୁଁ ଚାହିଁଲେ ସିଏ ଆରେଷ୍ଟ ହେଇ ଜେଲଦଣ୍ଡ ଭୋଗିବ।

ବୀଥିକା : ମୁଁ ଜାଣେ। କିନ୍ତୁ....

ସରୋଜିନୀ : କିନ୍ତୁର ପ୍ରଶ୍ନ ଉଠୁନି। ସିଏ ବର୍ତ୍ତମାନ କେଉଁଠି ଅଛି କହ।

ବୀଥିକା : କଲିକତାରେ। ବାଲିଗଂଜର ଗୋଟିଏ ଗଳିରେ। କିନ୍ତୁ କାହିଁକି ? ସେ ବର୍ତ୍ତମାନ ସୁଦ୍ଧା ଓଡ଼ିଶା ଚାଲି ଆସିଥାଇପାରନ୍ତି।

ସରୋଜିନୀ : ଆସୁ, ତା' ପାଇଁ ମୋର ବିଶେଷ ମୁଣ୍ଡ ଖେଳେଇବା ଦରକାର ନାଇଁ ଦେବାଶିଷ ଠାରୁ ଚିଠି ପାଇଥିଲୁ ?

ବୀଥିକା : ତାଙ୍କର ସେକ୍ରେଟାରୀ ପ୍ରୋଷ୍ଟଗ୍ରାଜୁଏଟ ଷ୍ଟଡ଼ି ଶେଷ ହେଇଗଲାଣି। ସେ ବର୍ତ୍ତମାନ ସେଇଠି ଗୋଟାଏ ଚାକିରି ମଧ୍ୟ ପାଇଗଲେଣି। ବୋଧହୁଏ ଏଇ ଆଗାମୀ ଅଟ୍‌ମନରେ ଆସି ମତେ ନେଇଯିବେ। ଅନ୍ତତଃ ସେଇୟା ତ ଆଶା କରାଯାଉଛି।

ସରୋଜିନୀ : ଯାହା ହେଉ, ତୁ ଆମେରିକା ଚାଲିଗଲେ ମୋର ଗୋଟାଏ ଚିନ୍ତା ଯିବ। ତୋର ଶାଶୂ ଶ୍ୱଶୁରଙ୍କର ଖବର କ'ଣ ?

ବୀଥିକା : ନାଷ୍ଟି ! ମୀନ୍ ଲୋକଗୁଡ଼ାକ। ସବୁବେଳେ ଏଇଟା ଆଣିଲୁନି ବୋଲି ବକ୍‌ବକ୍ ହେଉଛନ୍ତି। ମୁଁ ସେଗୁଡ଼ା ଶୁଣୁନି। ତାଙ୍କର ପ୍ରକୃତି ସେୟା। ମାମୀ, ମୁଁ ଏଇଥର ଗଲା ବେଳକୁ ମୋ' ପାଇଁ ନେକ୍‌ଲେସ୍‌ଟାଏ ଗଢ଼େଇ ଦବୁ। ନ ହେଲେ ପୁଣି....

ସରୋଜିନୀ : ଯେତେ ଦେଲେ କ'ଣ ଯଶ ଅଛି ? ସେମାନଙ୍କର ଅଭ୍ୟାସ ହେଲା ବୋହୂମାନଙ୍କୁ କହିବା। ବେଳେବେଳେ ଯାହା ମନେ ହେଉଛି...ଏଇ ଯୋଉ ନୂଆ ଆଇନ୍ ହେଇଚି ଯୌତୁକ ବିଷୟରେ....ଗୋଟାଏ କେସ୍ କରି ଦବା ପାଇଁ। କ'ଣ କରି ପାଇଲେ କି ଏମାନେ !

ବୀଥିକା : ଓ ! ସେ ବୁଢ଼ୀ ଯାହା ହଉଚି.... ଜୋକରଟାଏ ତ... ! ଏଇ କିଛିଦିନ ହେଲା ତା'ର ଏକମାତ୍ର ସମୟ କଟେଇବାର ଉପାୟ ହେଲା ମୋତେ ଗାଳି ଦେବା।

ସରୋଜିନୀ : ତମେ ସିନା ପାଠଶାଠ ପଢ଼ିଲରେ ପିଲେ, ମୁଁ କ'ଣ ଜାଣୁ ନାଇଁ? ସବୁ ଭାଗ୍ୟର ଦୋଷ। କ'ଣ ବା କରାଯାଇ ପାରନ୍ତା ? ପୁଅଟା ଆମେରିକା ଫେରନ୍ତା ଡ଼ାକ୍ତର ବୋଲି ଆମେ ସେଇଠି କରେଇ ଦେଲୁ; ଦେଖିଲା ବେଳକୁ ଜମିଦାର ଘର ଖାନଦାନୀ ଏୟା। ଯାହା କହ, ଏଇ ଯୌତୁକ ନେଇ ଆଇନ ତିଆରି କଲେ କ'ଣ ହବ ? ଆମ ମାଇପେ ସିନା ବୁଝିଲେ ହ'ନ୍ତା। (ଘର ଭିତରକୁ ଦେଖି) ମନି

ଆସିଲାଣି । (ମନିକାକୁ) ମନି....ହେଇ, ବୀଥି ଆସି ପହଞ୍ଚିଲାଣି । ତମେ ଗପୁଥାଅ ପିଲାଏ, ମୁଁ ପୂଜାଟା ସାରି ଦେଇ ଆସୁଚି ।

ବୀଥିକା : ଅପା !

ମନିକା : କିରେ, ତୁ କୋଉଠୁ ?

ବୀଥିକା : ମଶୋରୀରୁ ସିଧା ଫେରୁଚି ।

ମନିକା : ଅନେକ ଦିନ ପରେ ତୋ ସାଙ୍ଗରେ ଦେଖା ।

ବୀଥିକା : ଅନେକ ଦିନ ପରେ । ପ୍ରାୟ ବାହାଘର ପରେ ମୁଁ ତତେ ଦେଖିନି ।

ମନିକା : ତୁ' ଏ ଭିତରେ ଖୁବ୍ ବଢ଼ି ଯାଇଚୁ । ମୁଁ ତ ବୁଢ଼ି ହେଇଗଲିଣି !

ବୀଥିକା : ମୋଟେ ନୁହେଁ । ହସିଲେ ବର୍ତ୍ତମାନ ମଧ୍ୟ ତୁ ଆଗଠାରୁ ଅଧିକ ସୁନ୍ଦର ସୁନ୍ଦର ଦିଶୁଛୁ । ଅବଶ୍ୟ ତୋର ମାନସିକ ଅଶାନ୍ତି ଖୁବ୍ ବେଶୀ । ମୋ' ଠୁ ଯଥେଷ୍ଟ ବେଶୀ ।

ମନିକା : ମାନସିକ ଅଶାନ୍ତି ? କ'ଣ ତୁ କହୁଚୁ ବୀଥିକା ? ମୁଁ ଯା ଭିତରେ ଶାନ୍ତି କ'ଣ ଜାଣିପାରୁଛି । ସମୁଦ୍ର ବାଲି ଉପରେ ଯଦି ସୁନାର ରେଣୁ ବିଛେଇ ଦିଆଯାଏ କ'ଣ ହବ ? ଖାଲି ଖରା ପଡ଼ିଲେ ଚକ୍‌ଚକ୍... ଜହ୍ନ କିରଣରେ ଝିଲ୍‌ମିଲ୍....ଗୋଟେଇବା ପାଇଁ ହାତ ଚାଲିଯାଏ ମୁଠାଏ ତୋଳି ଧରିଲା ବେଳକୁ କେବଳ ବାଲି ଛଡ଼ା ଆଉ କିଛି ନାଇଁ....ଠିକ୍ ସେମିତି । ଲୋକେ କହନ୍ତି ମୁଁ କୁଆଡ଼େ ଭାରି ଅଭାଗିନୀ...ସ୍ୱାମୀ ମୋର ବ୍ୟଭିଚାରୀ...ଯୋଉ କୁଳକୁ ଗଲେ ସେଇଠି ନାଁ ପକେଇଲେ...ତାଙ୍କର ଦୁର୍ବଳତାକୁ ସବୁଠୁ ଧରା ପକେଇ ଦିଅନ୍ତି ସିଏ....କିନ୍ତୁ ମୋ ପାଇଁ ସେ ଠିକ୍ ସେୟା । ତାଙ୍କର ପାପ, ମୋର ଅଶାନ୍ତି...ଅଦ୍ଭୁତ ଭାବରେ ଏକ ହେଇଯାଇଚି ।

ବୀଥିକା : ମଶୋରୀର ପାହାଡ଼ ଉପରେ ଗ୍ରୀଷ୍ମଟା ଖୁବ୍ ଚମତ୍କାର ଥିଲା ।

ମନିକା : ମୁଁ ଜାଣେ ତୁ କାହା ସାଙ୍ଗରେ ମଶୋରୀ ଯାଇଥିଲୁ !

ବୀଥିକା : ମାମୀ ମନା କରିଛି ତତେ କହିବା ପାଇଁ ।

ମନିକା : ଖାଲି କ'ଣ ଏକା ତୁ ବୀଥି ? ଅନେକ....ଅନେକ ଝିଅ ତାଙ୍କର ଆନନ୍ଦ ପାଇଁ ଏମିତି ବଳି ପଡ଼ନ୍ତି । କିନ୍ତୁ ଗୋଟାଏ କଥା କହିବି ବୀଥି ? ସେ କାହାକୁ ଭଲ ପାଆନ୍ତି ନାହିଁ । ତତେ ମଧ୍ୟ ।

ବୀଥିକା : ତତେ ମଧ୍ୟ ?

ମନିକା : ସେଇଥିପାଇଁ ତତେ ମୁଁ ଈର୍ଷା କରି ପାରେନା ।

ବୀଥିକା : ନା, ତୋର ମାନିଯିବା ଉଚିତ, ଶାନ୍ତନୁ ଭାଇ ତୋ ଛଡ଼ା ଆଉ କାହାରିକୁ ଭଲ ପାଆନ୍ତି ନାହିଁ।

ମନିକା : ହଁ....ମନେ ମନେ ଫାଣ୍ଟାଷ୍ଟିକ କଥା ଭାବିବା ପାଇଁ କ'ଣ କାହାକୁ ମନା ଅଛି ? ଶାନ୍ତନୁ ସାଙ୍ଗରେ ଯିଏ ମିଶିଲା ଏମିତି ଅନେକ ମନଗଢ଼ା କଥା ଭାବିବା ପାଇଁ ତାକୁ ଖୋରାକ ମିଳିଯାଏ।

ବୀଥିକା : ତା' ହେଲେ ? ତା' ହେଲେ ତୁ କେମିତି କହିଲୁ ଯେ ଖୁବ ଶାନ୍ତିରେ ଅଛୁ! ଖୁବ୍ ସୁଖରେ ଅଛୁ!

ମନିକା : ସେଇଟା ମଧ୍ୟ ଗୋଟାଏ ମନଗଢ଼ା କଥା। ସତରେ, ସୁଖ କ'ଣ କେମିତି ବର୍ଣ୍ଣନା କରି ହେବ.... ? ବୋଧହୁଏ ନିର୍ଜନତା, ଏକାକୀତ୍ୱ, ଅନ୍ଧାର, ସୂର୍ଯ୍ୟାସ୍ତ, ସକାଳର କୁହୁଡ଼ି, ଫୁଲର ବାସ୍ନା ସବୁ ଗୋଟାଏ ସୂତାରେ ଗଜରା ଭଳି ଗୁନ୍ଥାହୋଇ ତାର ନାଁ ଦିଆ ହେଇଚି ସୁଖ ଆଉ ଶାନ୍ତି। ବୀଥି, ସେଇଥି ପାଇଁ ଶାନ୍ତନୁକୁ ମୁଁ ଏତେ ଭଲ ପାଏ।

ବୀଥିକା : ମନିଅପା, ସବୁକଥାକୁ ତୁ କବିତାର ସରଳାର୍ଥ ଭଳି ବୁଝିଯାଉ, ବୋଧହୁଏ। ଚରମ ପାପ ଏବଂ ଚରମ ପବିତ୍ରତାକୁ ବୁଝିବା ପାଇଁ କବିତା ହିଁ ଏକମାତ୍ର ମାଧ୍ୟମ, ମୁଁ କିନ୍ତୁ ଶାନ୍ତନୁ ପାଖରେ ଏକ ଅତି ସାଧାରଣ ବାଳିକା ହେଇଯାଏ। ସେଇଥିପାଇଁ ସିଏ ମୋ' ପାଖରେ ଅତି ସାଧାରଣ ପୁରୁଷ ଭଳି ବ୍ୟବହାର କରନ୍ତି। ମୁଁ ମଧ୍ୟ ସାଧାରଣ ନାରୀ ଭଳି ତାଙ୍କର ସ୍ପନ୍ଦନର ଉତ୍ତର ଦିଏ।

(ହଠାତ୍ ବାହାରୁ କଲିଂବେଲ୍ ବାଜିଲା)

ମନିକା : କିଏ ଡ଼ାକୁଚି ବୋଧହୁଏ। ଦେଖିଲୁ।

(ବୀଥିକା ଯାଇଚି ଏବଂ କିଛି ସମୟ ପରେ ଗୋଟିଏ ଚିଠି ନେଇ ଫେରି ଆସିଚି।)

ବୀଥିକା : ମୁଁ ଚିହ୍ନି ନାହିଁ। ହୁଏତ ଜଣେ କିଏ ଅପରିଚିତ ଭଦ୍ରବ୍ୟକ୍ତି। ଏଇ ଚିଠିଟି ଦେଇ ଦେବାକୁ ଆସିଥିଲେ। ବୋଧହୁଏ। ଶାନ୍ତନୁ ଭାଇର ଚିଠି। ମାମୀର। କେୟାର୍‌ରେ ତୋ' ପାଇଁ ଲେଖା ଖାମ୍‌ଟା ଚିରିବି ?

ମନିକା : ତା' ହେଲେ ବୀଥି, ତୁ'ତ ତାଙ୍କ ସାଙ୍ଗରେ ମଶୋରୀ ବୁଲି ଆସିଚୁ, ମୋ' ପାଖରେ ସାଧାରଣ ମଣିଷଙ୍କ ଭଳି ବ୍ୟବହାର କରିବାକୁ ଚାହେଁ। ମୁଁ କିନ୍ତୁ ଜାଣେ ସେ ସାଧାରଣ ନୁହନ୍ତି। ତେଣୁ ମୁଁ ତତେ ଶାନ୍ତନୁର

ସାଧାରଣ ଆନନ୍ଦ ପାଇଁ ବ୍ୟବହାର କରେ। ନିଜର ବୋକାମିଟା ବୁଝିପାରିଲି ଏଥର ?

ବୀଥିକା : କିନ୍ତୁ ଅପା, ଜୀବନ ସମ୍ପର୍କରେ ଏତେ ଘନିଷ୍ଠ ଭାବେ ଚିନ୍ତା କରିବା ପାଇଁ ମୋର ଇଚ୍ଛା ନାହିଁ। ମୁଁ କେବଳ ଦେବାଶିଷର ଚିଠିକୁ ଅପେକ୍ଷା କରି ବସିଛି। ଯେ କୌଣସି ମୁହୂର୍ତ୍ତରେ ସେ ଆସିଯାଇପାରେ ଏବଂ ମୁଁ ଚାଲିବି ଆମେରିକା। ସେଇଠି ତୁ' ଶାନ୍ତନୁ ଭାଇ, ସେ ବୁଢ଼ାବୁଢ଼ୀ ଶାଶୂଶ୍ୱଶୁର ଆଉ ମାମୀ....କେହି ମୋ' ର ହେଇ ରହିବେନି। ଏମିତିକି ଏଇ ଦେଶ... ଏଇ ଭାଷା... ଆମର ଏଇ ଅନ୍ଧବିଶ୍ୱାସ... ଏଇ ପଚାସଢ଼ା ସମାଜର ନିୟମ...ସବୁ ମୋ' ପାଇଁ ଅର୍ଥହୀନ ହେଇ ପଡ଼ିବେ...ତେଣୁ, ବୀଥିଅପା, ତୁ'ମତେ ମୋର ସ୍ୱପର କାଚଘର ଭିତରେ ଏକାକୀ ବସି ମୁଁ ମନେମନେ ଉଡ଼ିବି ...ମୋ' ତଳେ ପିଲାଦିନର ଛବି ବହିର ଚିତ୍ର ଭଳି ରହିଯିବ ଭାରତବର୍ଷ... ତାର ନଈ ଆଉ ପାହାଡ଼..ସମୁଦ୍ର...ତା' ପରେ ଦିନେ ହଠାତ୍ ଆମେରିକା...ସେଇଠି ସହରର ଅସଂଖ୍ୟ ଯାତ୍ରୀଙ୍କ, ମଣିଷଙ୍କ ଭିତରେ ମୁଁ ବି ଏକ ହେଇଯିବି....

(ହଠାତ୍ ବାହାରୁ କଲିଂବେଲ୍ ବାଜିଲା)

ମନିକା : କିଏ ଡାକୁଚି ବୋଧହୁଏ। ଦେଖିଲୁ।

(ବୀଥିକା ଯାଇଚି ଏବଂ କିଛି ସମୟ ପରେ ଗୋଟିଏ ଚିଠି ନେଇ ଫେରି ଆସିଚି।)

କିଏ ଡାକୁଥିଲା ?

ବୀଥିକା : ମୁଁ ଚିହ୍ନି ନାହିଁ। ହୁଏତ ଜଣେ କିଏ ଅପରିଚିତ ଭଦ୍ରବ୍ୟକ୍ତି। ଏଇ ଚିଠିଟି ଦେଇ ଦେବାକୁ ଆସିଥିଲେ। ବୋଧହୁଏ । ଶାନ୍ତନୁ ଭାଇର ଚିଠି। ମାମୀର କେୟାର୍‌ରେ ତୋ' ପାଇଁ ଲେଖା ଖାମ୍‌ଟା ଚିରିବି ?

ମନିକା : ନା ମତେ ଦେ'।

ବୀଥିକା : ଭଦ୍ରଲୋକ ବଙ୍ଗାଳୀ। ବୋଧହୁଏ ଶାନ୍ତନୁ ଭାଇ କଲିକତାରୁ ଲେଖିଛନ୍ତି। ମୋ' ପାଖରୁ ହଜିଗଲା ପରେ।(ଚିଠିଟା ଦେଇଚି)

ମନିକା : (ଖୁବ୍ ଉତ୍କଣ୍ଠାର ସହିତ ଚିଠିଟା ଖୋଲି ପଢ଼ିଛି। ଶାନ୍ତନୁର କଣ୍ଠସ୍ୱର)

ମନିକା ଡ଼ିଅର,

ପ୍ରାୟ ସାତ ଦିନ ହେଲା ପୋଲିସ୍ ମୋର ପିଛା ଧରିଚି। ଆଉ ବୋଧହୁଏ ଏଇଥର ଖସିବାର ଉପାୟ ନାହିଁ। ସେଇଥି ପାଇଁ ବୀଥିକାକୁ

ତା'ରାସ୍ତାରେ ଛାଡ଼ି ଦେଲି। ଆଉ ବେଶୀ ହେଇ ଦିନେ କି ଦୁଇଦିନ ତା'ପରେ ମୁଁ କଲିକତାରେ କୋଉ ଅଖ୍ୟାତ ଜେଲ୍ ଭିତରେ ହୁଏତ ସଢ଼ି ସଢ଼ି ମରିବି।

ମନିକା, ମୁଁ ତମ ଉପରେ ଅଜସ୍ର ଅତ୍ୟାଚାର କରିଚି। ତମେ ମତେ ମା' ତା'ର ଦୁଷ୍ଟ ଶିଶୁକୁ କ୍ଷମା ଦେଲା ଭଳି ସବୁଥର ମୋ' ଦେହରୁ ଧୂଳି ଝାଡ଼ି ଦେଇଚ ମତେ ପୁଣି କୋଳକୁ ନେଇଚ.... ତମର ଉଷ୍ଣ ଆଲିଙ୍ଗନ ଭିତରକୁ ନେଇଚ। ଆଜି କ'ଣ ମତେ ଏଇଠି ଏମିତି ଠେଲିଦବ? ତମରି ସାହାଯ୍ୟ ବିନା ମୁଁ କେବେ ବଞ୍ଚିପାରି ନଥାନ୍ତି। ଆଜି ମଧ୍ୟ ନୁହେଁ। ମନିକା, ଆଉ ଗୋଟିଏ ଚାନ୍ସ ମତେ ଦିଅ। ଏଇ ଶେଷଥର। ଆଉ କେବେ ମୁଁ ଅବାଧ୍ୟ ହେବିନି ମତେ... କ୍ଷମାକର...।

ତମର; ଶାନ୍ତନୁ

(ଚିଠିଟା ପଢ଼ିଲା ବେଳକୁ ମନିକାର ମନ ଭିତରେ ଏକ ଅଦ୍ଭୁତ ଚାପା କୋହ ଏବଂ ଅଭିମାନ ଆସିଚି, ଯାହାକୁ ସେ ଏପର୍ଯ୍ୟନ୍ତ ଅବରୁଦ୍ଧ କରି ଆସିଥିଲା ବର୍ତ୍ତମାନ ଯେମିତି ସେ ଫାଟି ପଡ଼ିଲା)

ମନିକା : ନା'...ତମକୁ କ୍ଷମା ମୁଁ କରି ପାରିବିନି ....ଆଦୌ ନୁହେ। ତମେ...ସତରେ ଗୋଟାଏ ପଶୁ.....!!

(ମନିକା ଚିଠି ସହିତି ସୋଫା ଉରେ ଭୁଷୁଡ଼ି ପଡ଼ିଚି, ବୀଥିକା ଦୌଡ଼ି ଯାଇଚି ଭିତରକୁ କିଛି ସମୟ ପରେ ଆସିଛନ୍ତି ସରୋଜିନୀ)

ସରୋଜିନୀ : କ'ଣ ହେଇଚି? ଶାନ୍ତନୁ ଚିଠି ଦେଇଚି?

ମନିକା : (ନିଜକୁ ଯଥାସାଧ୍ୟ ସମ୍ଭାଳି ନେଇ) ହଁ, ବୋଧହୁଏ ସେ ବର୍ତ୍ତମାନ ବିପଦରେ ପଡ଼ିଛନ୍ତି।

ସରୋଜିନୀ : ମୁଁ ଜାଣେ, ସେ ଆରେଷ୍ଟ୍ ହେଇ ସାରିଥିବ।

ମନିକା : ତୁ' ଜାଣିଚୁ? ଅଥଚ ମତେ ସେ ବିଷୟରେ କିଛି ଜଣେଇନୁ।

ସରୋଜିନୀ : ଜଣେଇବା କ'ଣ ଦରକାର? ତୁ'ଭାବି ନେଇପାରୁ ମୁଁ ତାକୁ ଆରେଷ୍ଟ୍ କରେଇଛି!

ମନିକା : ମାମୀ!

ସରୋଜିନୀ : ହଁ, ତୋର ନିଦ ଭାଙ୍ଗିବା ପାଇଁ ଏଇ ନିଷ୍ଠୁର ଆବଶ୍ୟକତାକୁ ପ୍ରୟୋଗ କରିବାକୁ ପଡ଼ିଲା। ମୁଁ ଚାହେଁ ତୁ ତୋର ଏବଂ ଏଇ ପରିବାରର ଆଭିଜାତ୍ୟ ପାଇଁ ଶାନ୍ତନୁକୁ ଡ଼ିଭୋର୍ସ କର।

ମନିକା : (ପୁଣି ଦୃଢ଼ତାର ସହିତ) ନା, ମୁଁ ପାରିବିନି।

ସରୋଜିନୀ : କାହିଁକି ପାରିବୁନି ? ତା' ମାନେ ତୋ'ର କ'ଣ ଇଚ୍ଛା ସେ ଇତର ଲୋକଟାର ପାଶବିକ ଅତ୍ୟାଚାରକୁ ତୁ' ଚିରିଦିନ ସ୍ୱାମୀର ସମ୍ମାନ ଦେଇ ଆସୁଥିବୁ ? ଏଇ ଛ'ବର୍ଷର ସମ୍ପର୍କ ଭିତରେ ସେ ଦିନକ ପାଇଁ ତୋ'ପ୍ରତି ବିଶ୍ୱସ୍ତ ହେଇଚି ? ମୁଁ ଜାଣେ, ଯେତେବେଳେ ସେ ଦୁର୍ଦ୍ଦିନ ଭିତରେ, ଅସହାୟତା ଭିତରେ ଗତି କରୁଛି, ତୋ'ପାଖକୁ ସେଣ୍ଟିମେଣ୍ଟାଲ, ପ୍ରେମ ଗଦ୍‌ଗଦ୍ ଚିଠି ଲେଖୁଛି। ଚନ୍ଦ୍ର ସୂର୍ଯ୍ୟ ଥିବା ଯାଏଁ ତତେ ସିଏ ଭଲପାଇବ ବୋଲି ପ୍ରତିଶ୍ରୁତି ଦେଉଚି। କିନ୍ତୁ ଦେଖିବୁ, ଏଇଥର ଜେଲରୁ ଆସିଲେ ପୁଣି ସେଇ ପୁରୁଣା ଅଧ୍ୟାୟର ପୁନରାବୃତ୍ତି ହେବ। ମନି, ମା' ମୋର, ତତେ ମୁଁ ଅନୁରୋଧ କରୁଛି ତା'ର ଆଶା ଛାଡ଼ିଦେ'। ତୁ' କ'ଣ ଏଇଠି ମୋ' ପାଖରେ ଚଳି ପାରିବୁନି ? କ'ଣ ତୋର ଅଭାବ ? ଦେଖ, ପୁଣି ଚିନ୍ତା କର, ମୁଁ ତୋରି ସୁଖର ଭବିଷ୍ୟତ ପାଇଁ କହୁଛି।

ମନିକା : ସୁଖର ଭବିଷ୍ୟତ ?

ସରୋଜିନୀ : ତାକୁ ଭୁଲିଯା'-

ମନିକା : ମୁଁ ପାରୁନି।

ସରୋଜିନୀ : କାହିଁକି ? କ'ଣ କାରଣ ଅଛି ଯା ପଛରେ ? ବାରମ୍ବାର ଶାନ୍ତନୁ ତତେ ଧୋକା ଦେଇଚି। ଠକେଇଚି। ଅଥଚ....ତୁ..ଗୋଟାଏ ପଚାସଢ଼ା ଆଦର୍ଶ ପାଇଁ କାହିଁକି ଏ ଜୀବନର, ଏ ମାଟିର ସୁଖଟାକୁ ଗୋଇଠି ମାରି ଚାଲି ଯାଉଛୁ ?

ମନିକା : ମାମୀ ! କୌଣସି ପୁରୁଷ କୌଣସି ସ୍ତ୍ରୀ କୁ କେବେ ଠକି ନାଇଁ। ସ୍ତ୍ରୀ ଚାହିଁଲେ ନିଜେ ଠକେଇ ହୁଏ, ଆଉ ଧୋକା ଖାଏ... କାରଣ ବାରମ୍ବାର କଚାଡ଼ି ହୋଇ ପଡ଼ିବାରେ ବି ଗୋଟାଏ ଆନନ୍ଦ ଅଛି। ଶାନ୍ତନୁ ପାଇଁ ମୋର ଭାବପ୍ରବଣତା କୌଣସି ଏକ ପଚାସଢ଼ା ଆଦର୍ଶର ନୁହେଁ। ଅନେକ ନିର୍ଜନ ରାତିର ଅତ୍ୟାଚାର ପରେ ମୁଁ ଆବିଷ୍କାର କଲି। ଶାନ୍ତନୁର ବ୍ୟଭିଚାର ମୋ'ର ହୃଦୟକୁ ମଧ୍ୟ ପ୍ରଭାବିତ କରି ପକେଇଚି। ମୁଁ ସବୁବେଳେ ଜାଣିବାକୁ ଚେଷ୍ଟା କରିଛି ଶାନ୍ତନୁ କେମିତି ଲିଭିଂଷ୍ଟୋନଙ୍କ ଭଳି ବ୍ୟଭିଚାରର ଅନ୍ଧକାର ମହାଦେଶକୁ ଆବିଷ୍କାର କରି ଚାଲେ... ପ୍ରତିଟି କଥା....ଆଖି ଆଉ ହାତ ସବୁ ତାର ଯେମିତି ମାପି ଚୁପି ଆଗେଇ ଯାଏ ନୂଆ ଝିଅଟିର ରକ୍ତ ପିଇଯିବା ପାଇଁ...ସେତିକିବେଳେ ଚରମ

ଅନ୍ଧକାରକୁ ସେ ଚିହ୍ନିବାକୁ ଚେଷ୍ଟା କରେ...ଏତେ କଳଙ୍କର କାହାଣୀ ଭିତରେ ସେ କୌଣସି ଝିଅର ପ୍ରେମ ଆଉ ସ୍ମୃତି ଚାହିଁନି...ତାର ନିଜର ଅବଦମିତ ଅହଂକୁ ବିଭିନ୍ନ ଶେଯରେ, ବିଭନ୍ନ, ବିଭିନ୍ନ ସମୟ ଆଉ ପିରିସ୍ଥିତିରେ ବିକଳ ଭାବରେ ପ୍ରତିଷ୍ଠା କରିବାକୁ ଚାହୁଁଛି। ଆଉ ମୁଁ, ଶାନ୍ତନୁକୁ ଚିହ୍ନୁ ଚିହ୍ନୁ ଏଇ ଛ'ବର୍ଷ ବିତିଗଲା। ମୁଁ ଜାଣେ ଜେଲରୁ ଫେରିଲେ ସେ ପ୍ରଥମେ ମୋ' ପାଖକୁ ଆସିବ, କାନ୍ଦିବ, କ୍ଷମା ମାଗିବ ଏବଂ ପୁଣି ଚାବୁକ୍‌ରେ ପିଟି ମୋର ଦେହକୁ କ୍ଷତାକ୍ତ କରିବ...ତେଣୁ ମୁଁ ତାଙ୍କଠୁ କେବେ ପ୍ରେମ ଆଉ ଶ୍ରଦ୍ଧା ଆଶା କରିନି।

ସରୋଜିନୀ : (ଉତ୍ତ୍ୟକ୍ତ ଭାବେ) ଆଉ କ'ଣ ଆଶା କରିଥିଲୁ ? ସ୍ୱାମୀର ସବୁ ଅତ୍ୟାଚାରକୁ ମୁଣ୍ଡ ପୋତି ସହିବା ପାଇଁ ? ଗୋଟାଏ ଜଘନ୍ୟ ପଶୁ ତତେ ଯେମିତି ନଚେଇବେ ସେମିତି ନାଚିବା ପାଇଁ ? ତା' ହେଲେ ନାରୀ ହିସାବରେ ତୋର ଗର୍ବ ଆଉ ରହିଲା କୋଉଠି ? (ହତାଶ ଓ ଭଙ୍ଗା ଗଳାରେ) ମୋ' ଝିଅ ଏମିତି ନିଜର ନିଜତ୍ୱ ହରେଇ ବସିବି ବୋଲି ମୁଁ କେବେ ଆଶା କରି ନ ଥିଲି

ମନିକା : ତୁ' ଖାଲି Women Lib କଥା ଚିନ୍ତା କରୁଛୁ...ସେଇଥିପାଇଁ ମୋ' ସମସ୍ୟାଟା ବୁଝିବା ପାଇଁ ତୁ ଅକ୍ଷମ । ତମେମାନେ ଗୋଟାଏ ସାଧାରଣ ଆଇନକାନୁନ୍ କଥା ଚିନ୍ତା କରୁଚ। ସାଧାରଣ ସମାଜର ଛଳନା ଓ ଦୋମୁହାଁ ନୀତି ଭିତରେ ତମେ ସବୁ ଶାନ୍ତନୁକୁ ବୁଝିପାରିବ ନାହିଁ....ମତେ ବି ନୁହେଁ। ମୁଁ ତମମାନକୁ ଘୃଣା କରେ ।

(ତୀବ୍ର ଗତିରେ ଭିତରକୁ ଚାଲିଗଲା । ସରୋଜିନୀ ତାକର ବ୍ୟର୍ଥ ଅହଂକାରକୁ ନେଇ କିଛି ସମୟ ବସିଲେ। ସୋଫା ତଳୁ ପ୍ୟାଡ୍ ବାହାର କରି କିଛି ଲେଖିଲେ ଏବଂ ତାକୁ ଭାଙ୍ଗି ଭୁଙ୍ଗି ଗୋଟାଏ ଖାମ୍ ଭିତରେ ରଖୁ ରଖୁ)

ସରୋଜିନୀ : ସୁମତି ! ସୁମତି !

ସୁମତି : (ଆସି) ମା'

ସରୋଜିନୀ : କେତେଟା ବାଜିଲାଣି ?

ସୁମତି : ସାତଟା ବାଜିବ।

ସରୋଜିନୀ : ତା' ହେଲେ ବେଶୀ ସମୟ ହେଇନି। ତୁ ଯାଇ ଏ ଚିଠିଟା ଅଂଜଳିକି ଦେଇ ଆସିବୁ।

ସୁମତି : ଦେଇ ପରା ଆସିବାର ଥିଲା ? ତମେ କାହା ଘରକୁ ଯିବ ବୋଲି କହୁଥିଲ !

ସରୋଜିନୀ : କାଇଁ ! ସାତଟା ବାଜିବଟି ?

ସୁମତି : ଆସୁଥିବେ ନା । କହୁଛନ୍ତି ଯେତେବେଳେ ନିଶ୍ଚୟ ଆସୁଥିବେ । ସେ ଏସବୁ ବିଷୟରେ କେବେ ହେଳା କରନ୍ତି ନାହିଁ । (ଠିକ୍ ଏତିକିବେଳେ ବାହାରୁ କାର୍ ହର୍ଣ୍ଣ ଶୁଭିଲା) ହେଇ ! ଆସିଲେଣି ବୋଧହୁଏ ।

ସରୋଜିନୀ : ଗଲୁ, ବାହାର ପୋର୍ଟିକୋରେ ଆଲୁଅଟା ଜଳେଇଦେବୁ ।

ସୁମତି : (ଯାଇ, ଆଲୁଅ ଜଳେଇ, ଫେରି ଆସି)ହଁ, ଦେଇ ତ' ! ମୁଁ କହୁଚି ପରା !(ଚାଲିଗଲା)

(ପ୍ରବେଶ କଲେ ଅଂଜଳି ଦେବୀ, ହାତରେ ଖବରକାଗଜ) ।

ଅଞ୍ଜଳି : କିଲୋ ଝୁନୁ, ଘରେ ଅଛୁ ?(ପ୍ରବେଶ କଲେ)

ସରୋଜିନୀ : ତୋ' ପାଇଁ ଅପେକ୍ଷା କରି ବସିଚି ।

ଅଞ୍ଜଳି : ଆରେ ମୋର ପରା ଟିକିଏ ଡ଼େରି ହେଇଗଲା । ପାଞ୍ଚଟା ବେଳେ ଇଏ ଦିଲ୍ଲୀରୁ ଆସି ପହଞ୍ଚିଲେ । ସେଇଥି ପାଇଁ ଡ଼େରି । ଶୀତକାଳୀନ ଅଧିବେଶନ ସରିଲା । କହୁଥିଲେ ଦିଲ୍ଲୀରେ କୁଆଡ଼େ ଭାରୀ ଶୀତ ପଡ଼ିଚି ଏ ବର୍ଷ ।

ସରୋଜିନୀ : ତୋ'ପାଇଁ କ'ଣ ଆସିଚି ?

ଅଞ୍ଜଳି : (ମୁହଁମାଡ଼ି) କ୍ୟାଡ଼ିଗନ୍ ଟେ ! କ'ଣ ମିଳିବ ସେ ଡ଼ିଜାଇନରୁ ? ବଅସ ଆସୁଚି ନା ଯାଉଚି ? ଦି' ଥର ପିନ୍ଧିଦେଲେ 'ବେବୀ' ତାର ପିନ୍ଧିବ । ହଁ; ଭୁଲିଯାଇଥିଲି । ଦେବାଶିଷ ତୁମ ସାନ ଜୋଇଁମ...କୁଆଡ଼େ ଦିଲ୍ଲୀ ଆସି ପହଞ୍ଚିଛନ୍ତି । ଯାଙ୍କ ପାଖକୁ ଯାଇଥିଲେ ପାସପୋର୍ଟ ଇତ୍ୟାଦି କାମରେ...ଇଏ ତ ଆଜି ଫ୍ଲାଇଟ୍ ନେଇ ଚାଲି ଆସିଲେ । ଟିକିଏ ଟନ୍‌ସିଲାଇଟିସ୍ ହେଇଚି ଭୀଷଣ ଶୀତ ତ...ନ ହେଲେ ପ୍ରାୟ ସେଇ ଉତ୍କଳ ଏକ୍‌ପ୍ରେସରେ ହିଁ ଆସନ୍ତି....ପାସପୋର୍ଟ ପାଇଁ ଆଉ ଜଣେ ବନ୍ଧୁଙ୍କୁ କହିଦେଇ ଆସିଛନ୍ତି । ସିଏ କାମଟା କରେଇ ଦବ ।

ସରୋଜିନୀ : ତା' ହେଲେ ବୀଥିକାର ଭାଗ୍ୟ ଖୋଲିଗଲା । ଚିଠି ଦେଇ ନାହାନ୍ତି ?

ଅଞ୍ଜଳି : ଦେଇ ନାହାନ୍ତି ବୋଧହୁଏ । ସେଇଠି କାମ ସାରି ସାତ ଆଠ ଦିନ ଭିତରେ ଏଇଠିକି ଆସିବ ବୋଧହୁଏ ।

ସରୋଜିନୀ : ଯା' ହଉ ! ଗୋଟାଏ ଝିଅର ପ୍ରବ୍ଲେମ୍ ଗଲା ।

ଅଞ୍ଜଳି : ହଁ। ବିଚରା....ସେଇ ପଲ୍ଲୀ ଗାଁ ଟାରେ....ଗୁଡ଼ାଏ, ଗାଈ ଗୋରୁ, ଚିତା ତିଳକ ବାଲାଙ୍କୁ ନେଇ...(ହସିଲେ)

ସରୋଜିନୀ : ଖାଲି ସେ ଶାନ୍ତନୁ ଗ୍ରହଟା ଯଦି କୌଣସି ମତେ ରାସ୍ତାରୁ ହଟି ଯାଇପାରନ୍ତା....

ଅଞ୍ଜଳି : (ଆସ୍ତେ ଆସ୍ତେ) ହଇଲୋ ସିଏ ପରା କଲିକତାରେ ଆରେଷ୍ଟ୍ ହେଇଯାଇଚି। କିଏ କହୁଥିଲା କୁଆଡ଼େ ସୋନାଗାଛି ଅଞ୍ଚଳରେ ମଦ ପିଇ କୋଉ ବେଶ୍ୟାଘରେ ପଡ଼ିଥିବା ଅବସ୍ଥାରେ ପୋଲିସ ଧରିଲା...ଆଉ କିଏ କହୁଚି ପାର୍କ ଭିତରେ ଗୋଟାଏ ଝିଅକୁ ନେଇ ଶୋଇଥିଲା।

ସରୋଜିନୀ : ସିଏ ଯାହାକରୁ ମୋର ଆଉ କିଛି କରିବାର ନାହିଁ। ଆରେଷ୍ଟ୍ ହୋଇଥିଲେ ଯଥେଷ୍ଟ। ତୁ ଆଇ.ଜି.କୁ ଠିକ୍ ଭାବେ କହିଛୁଟି ?

ଅଞ୍ଜଳି : ସେଦିନ ସନ୍ଧ୍ୟାରେ କହିଦେଇଚି। ପାର୍ଟିରେ ତ ଦେଖା ହୋଇଥିଲା ଆଇ.ଜି.ଙ୍କ ସହିତ। (ଟିକିଏ ରହି) କ'ଣ ଯିବାଟି ?

ସରୋଜିନୀ : ଚାଲ। ମୁଁ ସ୍କାର୍ଫଟା ନେଇ ଆସେ। (ଭିତରକୁ ଯାଉଯାଉ)ବୀଥି - ବୀଥି-ଶୁଣ୍, ଆଣ୍ଟି କ'ଣ ଖବର ଆଣିଛନ୍ତି (ଭିତରକୁ ଗଲେ)

ବୀଥିକା : (ପ୍ରବେଶ କଲେ)ଆଣ୍ଟି, ନମସ୍କାର,

ଅଞ୍ଜଳି : ନମସ୍କାର, ନମସ୍କାର, ଆମେରିକା ଯାଉଛୁ ତା' ହେଲେ ? ଦେବାଶିଷ ଆସି ଦିଲ୍ଲୀରେ ପାସ୍‌ପୋର୍ଟ ବ୍ୟବସ୍ଥା କରିଚି। ମଉସା କହୁଥିଲେ।

ବୀଥିକା : ମଉସା ଆଜି ଆସିଲେ ? ଚିଠି ଦେଇନାହାନ୍ତି ?

ଅଞ୍ଜଳି : ନା ଖବର ପଠେଇଛନ୍ତି। ତୁ ଆଜିକାଲି ଭିତରେ ଶାଶୂଘର ଚାଲି ଯା'-ନା' କ'ଣ ?

ସରୋଜିନୀ : (ଫେରି) ଚାଲ...ଯିବା ପରା....

ଅଞ୍ଜଳି : (ଯାଉଯାଉ) ବୀଥି-ଯିବା ଆଗରୁ ଘରକୁ ଆସିବୁ- ମନେ ରହିଲା ?

ବୀଥିକା : ସିଓର୍, ଆଣ୍ଟି ! ନିଶ୍ଚୟ ଯିବି।

(ସରୋଜିନୀ ଓ ଅଂଜଳି ଗଲାପରେ ଭିତରୁ ଆସିଚି ସୁମତି)

ସୁମତି : କ'ଣ ବୀଥି ଦେଇ, ଆମକୁ ଛାଡ଼ି ଯାଉଚ ?

ବୀଥିକା : ଯାଃ ! ଗୋଟାଏ ଗ୍ରହ ଗଲା। ଏଣିକି ଆଉ ବୋର୍ ହବାକୁ ପଡ଼ିବନି।

ସୁମତି : ଏଥର ମନ ଖୁସି ତ !

ବୀଥିକା : ମନ ଖୁସି ତ ନିଶ୍ଚୟ। ସେ ରାମାନନ୍ଦୀଆ ବୁଢ଼ାବୁଢ଼ୀଙ୍କଠୁ ଯାହା ରକ୍ଷା ମିଳିଗଲା

ସୁମତି : ଚାଲ, ମା'ତ ଗଲେଣି କାହାଘରକୁ। ତମ ପାଇଁ ଫାଷ୍ଟକ୍ଲାସ୍ କେକ୍ ତିଆରି କରିଚି- ଖାଇବା।

ବୀଥିକା : ମନି ଅପା କଣ କରୁଚି ?

ସୁମତି : ସିଏ ତାଙ୍କର ଶୋଇଛନ୍ତି। ଥଣ୍ଡା ହେଇଚି। ଚାଲ, ଆମେ କିଚେନ୍‌ରେ ବସି କେକ୍ ତିଆରି କରିବା-

(ଉଭୟେ ଭିତରକୁ ଗଲେ। ଅନ୍ଧାର)

ତୃତୀୟ ଦୃଶ୍ୟ

(ସୋଫା ଉପରେ ମନିକା ବସି କିଛି ଗୋଟାଏ ବୁଣୁଛି। ଟିକିଏ ଦୂରରେ ଠିଆ ହେଇଚି ସୁମତି, ସଂପ୍ରତି ଆଣିଥିବା ହରଲିକ୍ସ ମଗ୍‌ଟା ସୋଫାର ଛୋଟ ଟେବୁଲ ଉପରେ ଥୁଆ ହେଇଚି। ଏ ଭିତରେ ମନିକାର ଆଖି ତଳେ କଳାଦାଗ ଏବଂ ବୟସ ସାମାନ୍ୟ ବଢ଼ିଗଲା ଭଳି ଦେଖାଯାଉଛି)

ସୁମତି : ହରଲିକ୍ସଟା ପିଇ ଦେଉନା ଦେଇ, ଥଣ୍ଡା ହେଇଯିବ ଯେ...

ମନିକା : (ଅନ୍ୟମନସ୍କ ଭାବରେ) ଆଚ୍ଛା। (ପିଉପିଉ) ତୁ'ଏଇଠି ରହି ପ୍ରାୟ ଚାରିବର୍ଷ ହେଇଗଲା, ନୁହେଁ ସୁମତି ?

ସୁମତି : ହଁ, ଅଂଜୁ ଦେଇ ଘରେ ଚାରିବର୍ଷ ଆଉ ଏଇଠି ଚାରିବର୍ଷ। ଚାକିରି ଛାଡ଼ିବା ଆଠ ବର୍ଷ ହେଇଗଲା।

ମନିକା : କ'ଣ ଜୀବନ ସାରା ଏମିତି ବିତେଇ ଦେବାକୁ ସ୍ଥିର କରିଛୁ ?

ସୁମତି : (ନୀରବ)

ମନିକା : ଚାକିରିଟା ଛାଡ଼ିଦେଇ ଭୁଲ୍ କରିଛୁ।

ସୁମତି : ବର୍ତ୍ତମାନ ଏମିତି ତ ଖାଇପିଇ ସୁଖରେ ଅଛି। ଦିନେ ସୁଦ୍ଧା ଅନୁଭବ କରିନି ଚାକରାଣୀ ବୋଲି। ଆଉ ସେଇ ଗ୍ରାମସେବିକା ପୋଷ୍ଟରେ ଥିଲେ ଏତିକିବେଳକୁ ବେଶ୍ୟା ହେଇ ସାରନ୍ତିଣି।

ମନିକା : ସବୁ ଚାକିରିଆ କ'ଣ ସେୟା ?

ସୁମତି : ନା, ତା'ନୁହେ। ମୋର ବି ଧାରଣା ନାହିଁ। ମାନେ ଏଇ ସେକ୍ସ ସହିତ ଚରିତ୍ରକୁ ଯୋଡ଼ି ଦେବା ପ୍ରଥା ଆମ ସମାଜରେ ନାହିଁ। ମୁଁ ଦେଖୁଚି ତମର ଏଇପଟେ... ଟିକିଏ ପାଠପଢ଼ି ଶିକ୍ଷିତ ହେଇଗଲେ ଏସବୁ ଛଳନା ଆସିଯାଏ। ଏଣୁ ମୋର ବି ଟିକିଏ ଆସିଯାଇଛି।

ମନିକା : ତମ ସମାଜରେ ଏ ସବୁ ନାହିଁ ମାନେ ?

ସୁମତି : ଏତେ ସବୁ ଛୋଟଛୋଟ ଦେହଜନିତ ବ୍ୟାପାରରେ କିଏ ମୁଣ୍ଡ ପୁରାନ୍ତି ନାହିଁ...ରାତି ହେଲେ...ବିଶେଷ କରି ଜହ୍ନ ରାତିରେ ଗାଁ ପଡ଼ିଆରେ ପୁଅ ଝିଅ ମନଖୁସିରେ ହାଣ୍ଡିଆ ପିଇ ନାଚନ୍ତି । ଖୁବ୍ ଶୀତ ପଡ଼େ...ଶୀତ ସାଙ୍ଗ ରେ କୁହୁଡ଼ି ...ସବୁ ଦେଖାଯାଏ ଝାପ୍ସା ଝାପ୍ସା.....ମାଦଲ୍ ବାଜେ ....ଘୁମରା ନାଚ ହୁଏ... ଗାଁରେ ସବୁ ଧାଙ୍ଗେଡ଼ି ହାତ ଧରାଧରି ହେଇ ସେଇ ଝାପ୍ସା ଜହ୍ନ ଆଲୁଅ ଆଉ କୁହୁଡ଼ି ଭିତରେ ନାଚନ୍ତି...ଆଗରୁ କିଏ କାହା ସାଙ୍ଗେ ଯିବ ଠିକ ହୋଇଥାଏ...ନାଚି ନାଚି ଥକିଗଲେ, ଗାଇ ଗାଇ ଦେହ ଅବଶ ହେଇଗଲେ, ଆମେ ଚାଲି ଯାଉ ଧାଙ୍ଗଡ଼ା ମାନଙ୍କୁ ଧରି...କେହି କିଛି କହନ୍ତି ନାଇଁ...କେହି ବାରଣ କରନ୍ତି ନାହିଁ....ତା ପରେ ସ୍ୱପ୍ନ ଭଳି ରାତି ପାହିଯାଏ...ଯିଏ ଯାହା କାମରେ ଯାଆନ୍ତି ।

ମନିକା : ତୁ' କେବେ ନାଚିଛୁ ସେମିତି ?

ସୁମତି : ଅନେକଥର । ପିଲାବେଳେ । ତା'ପରେ ମିଶନ ସ୍କୁଲରେ ପାଠ ପଢ଼ିଲି...ଅଭ୍ୟାସ ଛାଡ଼ିଗଲା । କ୍ରମେ କ୍ରମେ ଲଜ୍ଜା ଆଉ ସଙ୍କୋଚ ଆସିଗଲା । କିନ୍ତୁ ମୋ ମା'ଏବେ ବି ଡ଼ଙ୍ଗର ଉପରେ କାମ କରେ ....ଆମେ ଏଇ ଘିଅ, ଡ଼ାଲଡା, ତେ଼ଲ ଏବେବି ଖାଇବା ଜାଣିନୁ । ଡଙ୍କିଏ ମାଣ୍ଡିଆ ଶିଝା ମିଳିଗଲେ ଏବେ ବି ଲୋକେ ନିଶ୍ଚିନ୍ତ ହୋଇ ଶୋଇଯାଇ ପାରନ୍ତି । ବାହା ହେବା ପାଇଁ ଏତେ କଟର୍ କଟର୍ ନାଇଁ...ସମସ୍ୟା ନାଇଁ...ଯୌତୁକ ପାଇଁ ଏତେ ଜବରଦସ୍ତି ନାଇଁ...ଅସଲ କଥା ଆମର ସେପଟେ କନିଆକୁ ନେବା ପାଇଁ ପୁଅକୁ କିଛି ପଇସା ଦେବାକୁ ହୁଏ ଏମିତିକି ଝିଅର ଗାଁ ବାଲାଙ୍କୁ ବି କିଛି ବୋଦା, କୁକୁଡ଼ା ଆଉ କପଡ଼ା ଦବାକୁ ହୁଏ । ମଦ ଦବା ପାଇଁ ତ ବାଧ୍ୟ । ...ତମକୁ ଏସବୁ ଶୁଣି ଆଶ୍ଚର୍ଯ୍ୟ ଲାଗୁଥିବ, ନୁହେ ?

ମନିକା : ସ୍ୱପ୍ନ ଭଳି ଲାଗୁଚି । ତୁ' ପୁଣି ଚାଲି ଯାଉନୁ ସେଇଠି କି ? ଏଇଠି କଣ ମିଳୁଚି ତତେ ? ସେଇଠି ବାହାହେଇ, ସେମିତି ପାହାଡ଼ ଭିତରେ ତୁ'ତ ରହି ପାରୁନୁ ?

ସୁମତି : ଅଭ୍ୟାସ ଛାଡ଼ିଗଲାଣି । ଏଣିକି ଆଉ ଭଲ ଲାଗିବ ନାହିଁ । ତା' ଛଡ଼ା ମତେ ବି ସେଇଠି କେହି ଗ୍ରହଣ କରି ପାରିବେ ନାଇଁ । ମୋର ଏଇ

ବେଶଭୂଷା କଥା, ଢ଼ଙ୍ଗ ଦେଖିଲେ ଇତ୍ର ଲୋକ ଭଳି ସେମାନଙ୍କୁ ଲାଗିବ। ଏମିତିକି ମୋ' ମା'ଙ୍କୁ ମଧ୍ୟ।

ମନିକା : ତମେ ସେଇଠି ସବୁ ବେଶ୍ ସୁଖରେ ଅଛ ମୋର ମନେ ହେଉଚି ସେମିତି ଏକ ପାହାଡ଼ିଆ ଅଞ୍ଚଳକୁ ଲୁଚି ପଳେଇଯିବା ପାଇଁ...ଆଦିମାତା..ପ୍ରକୃତି ସହିତ ନିଜକୁ ମିଶେଇ ଦେବା ହିଁ ଏକମାତ୍ର ଜୈବିକ ଧର୍ମ-ଏତେ ଆର୍ଦଶ, ମୂଲ୍ୟବୋଧ, ନୀତି, ସଭ୍ୟତା ସବୁ ଗଢ଼ିବା ଓ ସେ ସବୁକୁ ଲୁଚେଇ ଲୁଚେଇ ଭାଙ୍ଗିବାରେ କୌଣସି ଅର୍ଥ ହୁଏନା -ସତରେ ସୁମତି, ତୁ ତୋର ଗାଁକୁ ପଳେଇ ଯା'...ମତେ ଦେଖୁଚୁ ଅନେକ ପାଠ ପଢ଼ିଲି...ଇଂରାଜୀ ଶଖିଲି, ଫ୍ରେଞ୍ଚ ଶିଖିଲି- ଆଇ.ଏସ୍.ସ୍ୱାମୀଙ୍କୁ ବାହାହେଲି -ଖାଇବା, ପିଇବା ପିନ୍ଧିବା- ଘର, ଚାକର, ଗାଡ଼ି ସବୁ ଅଛି- ତଥାପି ଜୀବନରେ କି ଅଶାନ୍ତି- କି ବିପର୍ଯ୍ୟୟ- ଯାକୁ ଦେଖି ସୁଦ୍ଧା ତୁ' ଏମିତି ଏକ ଜୀବନକୁ ପସନ୍ଦ କରୁଛୁ ?

ସୁମତି : ତମେ ପାଗଳୀ ହେଇଗଲଣି ମନିକା ଦେଈ ! ଏଇ ଦି'ଟା ବର୍ଷ ଭିତରେ କ'ଣ ତମର ଚେହେରା ହେଲାଣି ? ଆମ ସମାଜରେ ଖୁବ୍ ସହଜରେ ସ୍ୱାମୀ ସ୍ତ୍ରୀକୁ ଛାଡ଼ିପାରେ ଏବଂ ସ୍ତ୍ରୀ ସ୍ୱାମୀକୁ ଛାଡ଼ି ଅନ୍ୟ ସ୍ୱାମୀ ଗ୍ରହଣ କରିପାରେ, ସେଥିରେ କୌଣସି ସାମାଜିକ ବନ୍ଧନ ନାହିଁ। ବରଂ ସ୍ତ୍ରୀକୁ ସେମାନେ ଖାତିର କରନ୍ତି... ମୂଲ୍ୟ ଦିଅନ୍ତି... ତମର ଯୋଉ Womens Liberation ଆନ୍ଦୋଳନ... ନାରୀ ସ୍ୱାଧୀନତା ପାଇଁ ଏତେ ବାକ୍‌ବିତଣ୍ଡା... ଯୌତୁକ ନିରୋଧ ଆଇନ୍ ଏସବୁ ମୋ'ପାଇଁ, ଆମ ସମାଜ ପାଇଁ ସମ୍ପୂର୍ଣ୍ଣ ଅର୍ଥହୀନ... କାରଣ ଆମର ଜଙ୍ଗଲ, ପାହାଡ଼, ହଳଦିଆ ଅଳସୀ ଫୁଲର କ୍ଷେତଘେରା ଗାଁ ଆଉ ଉପତ୍ୟକା ଭିତରେ ଦିନେ ଏସବୁ ଅଛି... ନାରୀର ସ୍ୱାଧୀନତା ନଷ୍ଟ ହେଇନାହିଁ। ତମେ ଯାହାକୁ ସ୍ୱପ୍ନ ବୋଲି ଧରି ନେଇଚ, ସେଇଟା ଆମ ପାଇଁ ବାସ୍ତବତା...

ମନିକା : ସତରେ ! ତତେ ଦେଖିଲେ ମୋ'ର ଈର୍ଷା ହେଉଚି ସୁମତି...ଶାନ୍ତନୁ ଜେଲ୍ ଯାଇ ଦି'ବର୍ଷ ହେଇଗଲା ହୁଏତ ଏ ଭିତରେ ଦିନେ କେବେ ଖଲାସ ହେବ... ପୁଣି ସେଇ ପୁରୁଣା କାହାଣୀ... ତାର ପୁନରାବୃତ୍ତି ଛଡ଼ା ଅନ୍ୟ କିଛି ହେବ ନାହିଁ।

(ବାହାରୁ ଆରତୀଙ୍କ କଣ୍ଠସ୍ୱର ଶୁଭିଲା)

ଆରତୀ : ମନି...ମନି...

ସୁମତି : (ତରତରରେ ମଗ୍‌ଟି ଉଠାଇ) ମୁଁ ଯାଉଚି ଦେଇ। ଆରତି ଆସି ପହଞ୍ଚିଲେଣି... ରୋଷେଇ ହବ... ତାଙ୍କ ପାଇଁ ଅଲଗା ରୋଷଇ ହବ ତ...(ଚାଲିଗଲା)

ଆରତି : ମନି ! ଆଶ୍ଚର୍ଯ୍ୟ ଘଟଣା ସବୁ ଘଟୁଚି।

ମନିକା : କ'ଣ ହେଲା ?

ଆରତି : ଆଲୌକିକ... ମୋର ଧାରଣା ପୃଥିବୀର ବ୍ୟସ୍ତ ଜଗତରେ ମଧ୍ୟ ଏକ Transcendence, ତା' ମାନେ ଏକ ଉତ୍ତରଣ ଅବସ୍ଥା ଆସିଗଲାଣି।

ମନିକା : କ'ଣ ହେଇଚି କହୁନା ମାଉସୀ ?

ଆରତି : ଆଲୋ ହବ କ'ଣ ମୁଁ କଲିକତା ଯାଇଥିଲି, ଜାଣିଚୁଟି ?

ମନିକା : ଜାଣେ।

ଆରତି : ଯାଇଥିଲି ସେଣ୍ଟ୍ରାଲ୍ ଜେଲ। ସେଇଠି ଶାନ୍ତନୁ ସାଙ୍ଗରେ ଦେଖାହେଲା....

ମନିକା : (ବୀତସ୍ପୃହ ଭାବରେ) ଶାନ୍ତନୁ ସାଙ୍ଗରେ ! କେମିତି ଅଛନ୍ତି... ?

ଆରତି : ନା...ମାନେ...ଠିକ୍ ସେମିତି ଯେ କହିବି...ସେ'ତ ଶାନ୍ତନୁ ନୁହେ...ମୁଁ ଯାହା ସାଙ୍ଗରେ ଦେଖା କଲି ତାର ଶରୀର ଶାନ୍ତନୁର ନୁହେ...କେବଳ ଆତ୍ମାଟା...

ମନିକା : ତମେ ଭୟଙ୍କର ମିଷ୍ଟିକ୍ ହେଇଯାଉଚ ମାଉସୀ !

ଆରତି : ନୋ' ମିଷ୍ଟିସିଜ୍ମ ! ଏହା ଆଖିରେ ଦେଖିବା କଥା... ଶାନ୍ତନୁକୁ ଦେଖିବା ଆଠ ଦିନ ହୋଇଗଲାଣି... ମାନେ... ତୁ' ବିଶ୍ୱାସ କରିବୁନି ଏଇ ଆଠ ଦିନ ମୋ ପାଇଁ ଏକ nightmare ଭଳି...ଓଃ...କେମିତି ଯେ ମୁଁ ଛଟପଟ ହେଇଚି ଆସି ତତେ ଖବରଟା ଦେବା ପାଇଁ-କିନ୍ତୁ ଦୁଇଦିନ ହେଲା ତ ସିଏ ଜେଲ୍‌ରୁ ରିଲିଜ୍ ହେଇଯିବଣି -ଏଇଠିକି ଆସିନାହିଁ ?

ମନିକା : ନାଁ ତ ଦୁଇଦିନ ହେଲା ଶାନ୍ତନୁ ଜେଲ୍‌ରୁ ଖଲାସ୍ ହୋଇ-

ଆରତି : ନା-ତୁ' ତାକୁ ଶାନ୍ତନୁ କହିପାରିବୁନି ତା'ର ଶାରୀରିକ ରୂପାନ୍ତର ହେଇଚି- କଂପ୍ଲିଟ୍ ମେଟାମରଫସିସ୍ !!

ମନିକା : ଶାନ୍ତନୁ ରୂପାନ୍ତର ହେଇପାରେନା-ସେ ବସ୍ତୁତଃ ଏକ...

ଆରତି : ପଶୁ। ସତରେ ମନିକା... ମୁଁ ବିଶ୍ୱାସ କରି ପାରିଲିନି...ଶାନ୍ତନୁର ମୁଣ୍ଡର ସେ ପୁରୁଣା ବାଳ ଆଉ ନାହିଁ। ମୁହଁଟା ଅସ୍ୱାଭାବିକ ଭାବେ ଗୋଟାଏ

ବାରହା ଭଳି ହେଇଯାଇଚି। ଏବଂ ସବୁଠୁ ବଡ଼ ଅଲୌକିକ କାଣ୍ଡ ହେଲା ତାର ସେଇ ମଇଳା ରୁମୁରୁମୁଆ ମୁଣ୍ଡରେ ଦୁଇଟି ଶିଙ୍ଗ ଉଠିଚି... ବଡ଼ ନୁହେଁ-ଜଷ୍ଟ, ମାନେ ଛୋଟ ଛୋଟ ଦୁଇ ଇଞ୍ଚିଆ ଶିଙ୍ଗ ଦୁଇଟା ଗଜୁରି ଉଠୁଚି... ପଛପଟେ ଗୋଟାଏ ଲାଂଜ...ସେ ତାର ପୁରୁଣା ଭାଷା ଓ ସଂସ୍କୃତି ସବୁ ଭୁଲିଯାଇଛି...

ମନିକା : (ଚେୟାର୍‌ରେ ଉଠିପଡ଼ି) ହ୍ୱାଟ ଏ ଜୋକ୍!!

ଆରତି : ନୋ' ଜୋକ୍ ମନିକା। ସେ ଅଦ୍ଭୁତ ସ୍ୱରରେ ଗଁ ଗଁ କରୁଛି .. ଏଇତ, ଆଜିର ଖବରକାଗଜରେ ତାର ଫଟୋ ବାହାରୁଛି... ସେଇଥି ପାଇଁ ବୋଧହୁଏ ତାକୁ... କିଏ ଜାଣେ ଜେଲ୍‌ର କର୍ତ୍ତୃପକ୍ଷ ଯଦି ଏଇଠିକି ଆଣି ଛାଡ଼ି ଦେଇଯିବେ...

ମନିକା : (ଖବରକାଗଜ ଦେଖି) My goodness! ମୁଁ ମୋ ଆଖିକୁ ବିଶ୍ୱାସ କରି ପାରୁନି... ଶାନ୍ତନୁ ମନ ଭିତରେ ଗୋଟାଏ ପଶୁତ୍ୱ ଥିଲା...କିନ୍ତୁ ୟା'ଭିତରେ...

ଆରତି : ଶ୍ରୀମା କହୁଥିଲେ ଗୋଟାଏ କିଛି ଘଟିବ...ଏଇ ଦେଖ...ଘଟୁଛି...(ଘର ଭିତରୁ ସରୋଜିନୀଙ୍କୁ ଡ଼ାକି) ଝୁନୁଅପା... ଝୁନୁଅପା...

ମନିକା : ବୋଉ ବାହାରକୁ ଯାଇଚି।

ଆରତି : ବୀଥିକା ?

ମନିକା : ତା'ବର ସାଙ୍ଗରେ ସପ୍ତାହେ ହେଲା ଆମେରିକା ଚାଲିଗଲାଣି। ମୁଁ ଏଇଠି ଏକା।

ଆରତି : ଏକା !

ମନିକା : ହଁ। ଏକା ଏକା ମୋ' ଆଖିରୁ ସବୁ କୁହୁଡ଼ି ଛାଡ଼ିଗଲାଣି।

ଆରତି : ନିଶ୍ଚୟ ଛାଡ଼ିବ। ସତ୍ୟ କ'ଣ ଏ ପୃଥିବୀ ନିଶ୍ଚୟ ଦେଖିବ। ସତ୍ୟର ଯୁଦ୍ଧ ଜିଣିବା ପାଇଁ ଜଣେ ପ୍ରକୃତ ଯୋଦ୍ଧା ହୋଇଥିବା ଆବଶ୍ୟକ।

ମନିକା : ଦେହରେ ବିକାର ମୋର ଆଉ ନାହିଁ। ମାଉସୀ, ମୁଁ ଯଦି ବର୍ତ୍ତମାନ ପଣ୍ଡିଚେରୀ ଯାଏ କିଛି ହେଇପାରିବି ?

ଆରତି : ନିଶ୍ଚୟ, ସେଇଠି ସମସ୍ତ ପାଶବିକତା ଠାରୁ ତୁ' ଦୂରରେ ରହିବୁ ? ଏକା ଏକା, ତୋର ସ୍ନାୟୁ, ରକ୍ତ, ତନ୍ତୁ, ଅସ୍ଥି, ମାଂସ ଓ ମଜା ଦେଇ ଶରୀରର ରୂପାନ୍ତର ଘଟିବ।

(ହଠାତ୍ ବାହାର ଦର୍ଜାରେ ଆଘାତ ଶୁଭିଲା)

କିଏ... ? (ଯାଇ ଦୁଆର ଖୋଲିଲେ) ଓଃ ! ସେମାନେ ଆସିଗଲେ।

ମନିକା : କିଏ ?

ଆରତି : ଯା'..ଦେଖିବୁ।

ବାହାରୁ : (କନେଷ୍ଟବଲ୍‌ର କଣ୍ଠ) ଏଇଠି ଶାନ୍ତନୁ ଦାସଙ୍କର ସ୍ତ୍ରୀ ରହନ୍ତି ?

ମନିକା : ହଁ। ତମେ କିଏ ?

ବାହାରୁ : ମୁଁ ଜଣେ କନେଷ୍ଟବଲ୍। ଆପଣ ଆସି ଶାନ୍ତନୁ ଦାସଙ୍କୁ ନେଇ ଯାଆନ୍ତୁ। (ମନିକା ଆସ୍ତେ ଦୁଆର ପାଖକୁ ଯାଇଛି ଏବଂ ହଠାତ୍ ଶାନ୍ତନକୁ ଦେଖି ଗୋଟାଏ ଚିତ୍କାର କରି ଦୌଡ଼ି ଆସିଚି ଓ ଆରତି ମାଉସୀକୁ ଜାବୁଡ଼ି ଧରିଚି)

ମନିକା : ନା...ନା...ସେ ଗୋଟାଏ ଭୟଂକର ପଶୁ!! ତାକୁ ମନା କରିଦିଅ ମାଉସୀ...ଏଇଠି ଶାନ୍ତନୁ ଦାସ୍‌ର କେହି ଆତ୍ମୀୟ ନାହାନ୍ତି।

ଆରତି : ଚାଲିଯାଅ। ଏଇଠି ଶାନ୍ତନୁ ଦାସର କେହି ଆତ୍ମୀୟ ନାହାନ୍ତି। (ସେମାନେ ଚାଲିଯିବା ପଦଶବ୍ଦ ଶୁଭିଲା)

ମନିକା : ମତେ ଖୁବ୍ ଭୟ ଲାଗୁଚି...ବାହାର ଦର୍ଜାଟା ଦେଇ ଦିଅ....

ଆରତି : (ମନିକାର ବଂଧନ ମୁକ୍ତ କରି) ବାହାର ଦର୍ଜାରେ କିଛି ନାହିଁ। ସତ୍ୟ ସେମିତି ଭୟଙ୍କର । Truth is a diffcult and straneous conquest ...one must be a real warrior to make this conquest a warrior who fears nothing, neither enemies nor death...' ଆ ତତେ ମୁଁ ଶୁଆଇ ଦେବି। ତା' ପରେ କ । ଲି ସକାଳୁ... ନୂଆ ଆଲୁଅ ଯେତେବେଳେ ତା' ଝରକା ଦେଇ ଘର ଭିତରକୁ ପଶିବ... ଆମେ ପଣ୍ଡିଚେରୀ ଯିବା... ହେଲା... ? ସେଇଠି ବିବାହ, ଯୌତୁକ, ଅଶାନ୍ତି...ନାରୀର ସବୁ ସାମାଜିକ ଯନ୍ତ୍ରଣା ...ଆଭିଜାତ୍ୟ... କିଛି ରହିବ ନାଇଁ। (ଆସ୍ତେ ଆସ୍ତେ ମନିକାକୁ ନେଇ ଘର ଭିତରକୁ ଚାଲିଗଲେ।)

ଅନ୍ଧାର

ବରଦେଖା

ବରଦେଖା

ପ୍ରଥମ ଦୃଶ୍ୟ

(ନାଟକ ଆରମ୍ଭରୁ ଗୋଟିଏ କଲିଂବେଲ୍ ବାରମ୍ବାର ବାଜୁଥିଲା ଏବଂ ଭିତରୁ ପ୍ରମିଳା 'ବୟସ ୫୨' ପଚାରିଲେ)

ପ୍ରମିଳା : କିଏ ? ରୁହନ୍ତୁ.... ! ଯାଉଛି

(ପ୍ରମିଳା ଯାଇ ଦୁଆର ଖୋଲିଲେ ଓ ପ୍ରବେଶ କଲେ ସୁଧାକର ଓ ଉର୍ମିଳା)

ସୁଧାକର : ନମସ୍କାର ମାଡ଼ାମ ! ମୁଁ ସୁଧାକର ମହାପାତ୍ର । ଚିହ୍ନି ପାରୁଛନ୍ତି ? ଇଏ ଉର୍ମିଳା, ମୋର ସ୍ତ୍ରୀ ! ମନେ ପଡ଼ୁଛି... ?ଭଦ୍ରକର ଚାକିରି କଲାବେଳେ ଆମେ ପଡ଼ୋଶୀ ଥିଲେ ।

ପ୍ରମିଳା : ସଂଜୟର ମା' ?

ସୁଧାକର : ଆଜ୍ଞା ! ଠିକ ମନେରଖିଛ ତ, ଆପଣଙ୍କ ସେଇ ଝିଅ ସୁଜାତା ଆଉ ମୋ' ପୁଅ ସଂଜୟ -ଇଣ୍ଟରନେଟ୍‌ରେ ଚାଟ୍ କରି ପରସ୍ପର ବାହା ହେବାକୁ ଠିକ୍ କରିଛନ୍ତି ।

ଉର୍ମିଳା : କଥାଟା ଆମ ପାଖକୁ ଆସିଲା , ଇଏ...କମ୍ପ୍ୟୁଟରରେ କଣ ବାହାଘର ହେବ ? ସେଇଥିପାଇଁ ଆସିଲୁ ।

ସୁଧାକର : ଏକାଥରକେ ଦୁଇଟା କାମ; ଝିଅଟାକୁ ଦେଖିବୁ ଆଉ ଆପଣଙ୍କ ସାଙ୍ଗେ ଦେଖା ହେବ । ଦେବବ୍ରତ ବାବୁ କେମିତି ଅଛନ୍ତି ?

ପ୍ରମିଳା : ଶୋଇଛନ୍ତି, ଗତବର୍ଷ ରିଟାୟାର୍ଡ଼ ହେଲେ । ଆସନ୍ତୁ, ଭିତରକୁ ଆସନ୍ତୁ, ମୁଁ ତାଙ୍କୁ ଉଠେଇ ଦେବି ।

(ସମସ୍ତେ ଭିତରକୁ ଆସିଲେ)

ଆପଣମାନେ ବର୍ତ୍ତମାନ କୋଉଠି ଅଛନ୍ତି ?

ସୁଧାକର : ଏ ବର୍ଷ ରିଟାୟାର୍ଡ଼ମେଣ୍ଟ ହବ। ଆମେ ଅଛୁ ଭବାନୀପାଟଣାରେ । ପୁଅ ସଂଜୟ... ଯା'କୁ ଆପଣ ଦେଖିଥିଲେ-ତାର ଚାକିରି ହେଇଚି ରାଉରକେଲାରେ।

ପ୍ରମିଳା : କଣ ଚାକିରି ?

ଉର୍ମିଳା : ପ୍ଲାଣ୍ଟରେ ଇଂଜିନିୟର, ତାରି ପାଇଁ ପ୍ରସ୍ତାବ ନେଇ ଆସିଚୁ।

ପ୍ରମିଳା : ଆମ ସୁଜାତା ପାଇଁ (ହସିଲେ) ସୁଜାତା କଟକରେ ଚାକିରି କରୁଛି,ଡ଼େଲୀ ସଟଲ୍‌ରେ ଯିବା ଆସିବା କରୁଛି।

ସୁଧାକର : ଘରେ ନାଇଁ ?

ପ୍ରମିଳା : ଆସିଯିବ...ସଟଲ ଆସିବା ଟାଇମ୍ ହେଇଗଲାଣି, ଆପଣମାନେ ବସନ୍ତୁ, ମୁଁ ଏ.ସି.ଟା ଲଗେଇ ଦଉଚି। ଅନେକ ଦିନ ପରେ ଆସିଛନ୍ତି। ମୁଁ ଯାଏ ବରା ପିଆଜି ଛାଣେ...ଗରମ ଖାଇବେ, ଯା ଭିତରେ ଯାକୁ ଉଠେଇ ଦଉଛି।

ଉର୍ମିଳା : ମୁଁ ଯିବି ? ସାହାଯ୍ୟ କରିବି ?

ପ୍ରମିଳା : କି କଥା ଇଏ ? ପନ୍ଦର କି ଷୋହଳ ବର୍ଷ ପରେ ଆସିଛନ୍ତି, ମୁଁ ଆପଣଙ୍କ ହାତରେ କାମ କରେଇବି ? ବସନ୍ତୁ ....ମୁଁ ସବୁ ରେଡ଼ି କରି ରଖିଛି। ତେଲ ଗରମ ହେଲେ ଛାଣିବି।

(ପ୍ରମିଳା ଚାଲିଗଲେ, ଉର୍ମିଳା ପୁଅ ସଂଜୟ ପାଖକୁ ଫୋନ ଲଗାଇଲେ। ମୋବାଇଲ୍‌ରେ ରିଂଟୋନ ବାଜିଲା। ସଂଜୟ ଫୋନ ଧରିଲା)

ସଂଜୟ : ହାଲୋ ! ମା' ନମସ୍କାର !

ଉର୍ମିଳା : କିରେ ଘରକୁ ଫେରିଲୁଣି ? କଣ କ୍ୱାଟର ମିଳିଲା ? କୋଉ ସେକ୍ଟରରେ ?

ସଂଜୟ : କ୍ୱାଟର ଆହୁରି ମିଳିନି ମା' ! ମୁଁ ଏବେ ହିଲ ଭିଉ ଗେଷ୍ଟ ହାଉସ୍‌ରେ ରହୁଚି।

ଉର୍ମିଳା : ହଉ, ଆମେ ସୁଜାତାକୁ ଦେଖିବା ପାଇଁ ଭୁବନେଶ୍ୱର ଆସିଚୁ, ପାନ୍ଥ ନିବାସରେ ଓହ୍ଲେଇ, ରେଷ୍ଟ୍ ନେଇ ଏବେ ସୁଧାକର ବାବୁଙ୍କ ଘରେ ଆସି ପହଂଚିଲୁ।

ସଂଜୟ : ଭଲ କରି ଦେଖିବ ମା' ! ଆମ ରାଉରକେଲା ଷ୍ଟାଣ୍ଡାର୍ଡରେ ଦେଖିଲେ ଭୁବନେଶ୍ୱର ଝିଅଗୁଡ଼ା ଟିକିଏ 'ମଫ' ଷ୍ଟାଇଲ୍ , ଏଇଠି ଚଳିବା ପାଇଁ ସ୍ମାର୍ଟ ହେଇଥିବା ଦରକାର...ଦେଖିବୁ ଯେମିତି ହିନ୍ଦୀ ଆଉ

ଇଂଲିଶ କହୁଥିବ। ନହେଲେ ଏମିତି ଗୋଟେ ମଲ୍ଟି କଲଚଲ୍‌ର ସିଟିରେ ଚଳିପାରିବନି।

ଉର୍ମିଳା : (ହସିଲେ) ହଉ-ହଉ-ଦେଖିବି, ଦେଖିସାରିଲେ ତତେ ଫୋନ କରିବି। (ହସିହସି ସ୍ୱାମୀକୁ କହିଲେ) କହୁଚି ଭୁବନେଶ୍ୱର ଝିଅ ମଫସଲି। ଯା ପାଇଁ ସାଇବାଣୀଟେ କୋଉଠୁ ଖୋଜିବା ଏବେ ?

(ହଠାତ୍ ବାହାରୁ ଆସିଲା ସୁଜାତା। ସାଲଓ୍ୱାର୍ ପଞ୍ଜାବୀ ପିନ୍ଧିଛି ଓ ମୁହଁ ସାରା ଝାଳ। ସେ ଡ୍ରଇଂରୁମ୍‌ରେ ଭଦ୍ରଲୋକଙ୍କୁ ଦେଖି ନମସ୍କାର କଲା ଓ ଭିତରକୁ ଚାଲିଗଲା)

ଦେବବ୍ରତ : ଏଇ ଝିଅଟା ହେଇଥିବ।

ଉର୍ମିଳା : ହେଇଥିବ କଣ ? ଇଏ ନିଶ୍ଚେ ସୁଜାତା, ହାଲିଆ ହେଇ ଅଫିସ୍‌ରୁ ଫେରିଛି।

ଦେବବ୍ରତ : ଅଟକେଇ ଦେଲେନି ? ବିନା ମେକଅପ୍‌ରେ ଥିଲା , ତା' ସାଙ୍ଗରେ ଟିକିଏ ଗପିଥାନ୍ତେ ! ମେକଅପ୍ ହେଇ ଜଳଖିଆ ଚା ଧରି ସବୁଝିଅ ଆସିବେ !

ଉର୍ମିଳା : ମଲା ଇଏ ପରା ଭଦ୍ରକ ହସପିଟାଲରେ ଜନ୍ମ। ଯାକୁ ମୁଁ ଜନ୍ମ ହେଲାପରେ ନର୍ସିଂହୋମ୍‌ରେ କାଖେଇଚି, ଦେଖିବ କଣ ? ସଂଜୟକୁ ପଚାର।

ଦେବବ୍ରତ : ଝିଅଟା ଗୋରୀ ନା ସାବନା ଜଣାପଡ଼ିଲାନି।

ଉର୍ମିଳା : ସଂଜୟ ଠୁ ଆମର ଇଏ ସଫା, ହେଲେ କ୍ଲାନ୍ତ ହେଇ କଟକର ସଟଲ୍ ଟ୍ରେନରେ ଫେରୁଛି, ବାଣୀବିହାର ଷ୍ଟେସନ୍‌ରୁ ଓହ୍ଲେଇ ଘରକୁ ଆସୁଛି, ବାହାପାଣି ବାଜିଲେ ରଂଗ ଫିଟିଯିବନି ?

ଦେବବ୍ରତ : ଦେଖ କ'ଣ ହଉଚି !

(ଏଇଠି ଦୃଶ୍ୟ ଶେଷ ହେଲା)

ଦ୍ୱିତୀୟ ଦୃଶ୍ୟ

(ସୁଧାକର ବାବୁଙ୍କ ରୋଷେଇ ଘର)

ସୁଜାତା : ମା'...ମା'....(ମା' ପାଖରେ ନାହାନ୍ତି , ବରା ପିଆଜି ଛାଣୁଛାଣୁ)

ପ୍ରମିଳା : କ'ଣ ? (ରୋଷଇ ଘର ଛାଡ଼ି ବାହାରକୁ ଆସିଲେ)

ସୁଜାତା : (ଚାପା କଣ୍ଠରେ) ଡ୍ରଇଂରୁମରେ କିଏ ସେମାନେ ?

ପ୍ରମିଳା : ମହାପାତ୍ର ବାବୁଘର ମାଉସୀ ! ଭଦ୍ରକରେ ଥିଲେ ଆମ ପଡ଼ିଶା ଘରେ, ତୁ' ଛୋଟ ହେଇଥିଲୁ ବା। ପ୍ରଥମ କି ଦ୍ୱିତୀୟ ପଢୁଥିଲୁ ମନେ ଅଛି ?

ସୁଜାତା : ଅନେକ ଦିନ ତଳର କଥା।

ପ୍ରମିଳା : ଫ୍ରେସ୍ ହେଇ ଆସିଲୁ.... ସେମାନଙ୍କୁ ଚା'- ଜଳଖିଆ ଦେଇ ଆସିବୁ। ମୋର ଆଲଜିମେର୍ ହେଲାଣି ହାତଟା ଥରୁଚି।

ସୁଜାତା : ଠିକ, ଅଛି,

ପ୍ରମିଳା : ମୁଣ୍ଡଟା ଟିକିଏ କୁଣ୍ଡେଇ ଦବୁ। ଶୀଘ୍ର ଆସ- ସେମାନେ ଅନେକ ବେଳୁ ଆସିଲେଣି (ଚାଲିଗଲେ ରୋଷଇ ଘରକୁ)

ସୁଜାତା : ଓ ! ଝିଅ ଦେଖା ? କଣ ପାଇଁ ଝିଅଟେ ଦେଖିବେ ? ମୋର ବାହା ହବାର କାଇଁ , ଅପାକୁ ବାହା କରେଇଥିଲ ଆମେରିକା ବର ସାଙ୍ଗରେ ! କ'ଣ ହେଲା ? ତାକୁ ଛାଡ଼ି ଦେଇ ଗୋଟେ ସାଇବାଣୀ ଧରି ଟେକ୍‌ସାସ୍‌ରେ ମଉଜ୍ କରୁଚି, ଆଉ ଅପା ଏଇଠି ମୁହଁ ଶୁଖେଇ ବସିଚି।

ତୃତୀୟ ଦୃଶ୍ୟ

(ପ୍ରମିଳା ବିରକ୍ତିରେ ଡ୍ରଇଂରୁମରେ)

ପ୍ରମିଳା : କି କଥା ଯେ କୁହ ? ସେମିତି କେମିତି ଚାଲିଯିବି ? ଝିଅଟାକୁ ସେମାନେ ଫର୍ମାଲି ଦେଖେଇବେ ନା ନାଇଁ ?

ସୁଧାକର : ଝିଅଟାକୁ ପରା ଦେଖିସାରିଲେଣି ଆମେ ? ଏଇବାଟେ ଆମକୁ ନମସ୍କାର କରିକି ଗଲା... !

ଉର୍ମିଳା : ଗଲା ଯେ -ପ୍ରମିଳା ପରା କହିକି ଗଲେ ବରା ପିଆଜି ଛାଣିବା ପାଇଁ ? ଷୋହଳ ବର୍ଷ ପରେ ଦେଖା- ପଳେଇଯିବା କେମିତି ବାହାରୁ ବାହାରୁ ? ଅପେକ୍ଷା କର !

(ପ୍ରବେଶ କଲେ ସୁଧାକର)

ସୁଧାକର : ନମସ୍କାର ଦେବବ୍ରତ ବାବୁ ! ଆଇ.ଏମ୍ ସରି ! ଶୋଉ ଶୋଉ ଟିକିଏ ଅଧିକା ଶୋଇ ପଡ଼ିଲି। ଆପଣମାନେ ଝିଅକୁ ଅପେକ୍ଷା କରି କରି ବୋର୍ ହେଇଗଲେଣି ! ଝିଅ ଅଫିସ୍‌ରୁ ଏଇଲେ ଫେରିଲା ....ଏଇ ପାଞ୍ଚ ମିନିଟରେ ଆସୁଚି।

ଉର୍ମିଳା : ଆସୁ ଆସୁ । ଆମେ ବସିଚୁ, ଝିଅକୁ ତ ଦେଖିସାରିଲୁଣି ।

ସୁଧାକର : ଦେଖି ସାରିଲେଣି ? (ହସି) କେତେବେଳେ ଆଉ ଦେଖିଲେ ?

ଦେବବ୍ରତ : ଏଇ ଯୋଉ ଟ୍ରେନ୍‌ରୁ ଓହ୍ଲେଇ ଏଇବାଟେ ଗଲା ! ସେତିକି।

ସୁଧାକର : (ହସି)ହେଃ ! ସେଇଟା କଣ ଝିଅ ଦେଖା ? ଝିଅ ମେକ୍‌ଅପ ନେଇ ଆସିବ ଆପଣମାନେ ତା'ହାତରୁ ଚା'ଜଳଖିଆ ଖାଇବେ...ଚା'ପିଉ ପିଉ ତା'ସାଙ୍ଗରେ ଦି ଚାରିପଦ କଥାହେବେ, ତେବେ ଯାଇ ସିନା ଝିଅ ଦେଖା.... ? (ହସିଲେ)

ଉର୍ମିଳା : ମଲା, ଏ ଝିଅ ଭଦ୍ରକରେ ଜନ୍ମଟି ? ଯା ଜନ୍ମ ବେଳକୁ ମୁଁ ପରା ଦି'ଦିନ ହସ୍ପିଟାଲ ଡ୍ୟୁଟି କରିଛି !

ଦେବବ୍ରତ : ଠିକ୍ ଠିକ୍ ! ମନେ ପଡ଼ିଲା।

ଉର୍ମିଳା : ଯାକୁ କାଖେଇ ମୁଁ କହିନଥିଲି ? ଆମ ସଂଜୟ ପାଇଁ ଏଇଟାକୁ ବୋହୂ କରିବି... ଆମର ଯଦି ସମୁଦି ସମୁଦୁଣୀ ହବାର ଯୋଗଥିବ ତା'ହେଲେ ନିଶ୍ଚୟ ବାହାଘର ହବ। ସଂଜୟ ଏବେ ଆମର ରାଉରକେଲା ଷ୍ଟିଲ୍‌ପ୍ଲାଣ୍ଟ୍‌ରେ ଇଂଜିନିୟର-ମାସେ ହେଲା ଚାକିରି ପାଇଲା, ଘର ପାଇନି ଆହୁରି ହିଲ୍- ଭ୍ୟୁ ଗେଷ୍ଟ ହାଉସ୍‌ରେ ରହୁଚି ବୋଲି କହୁଥିଲା ! ଏବେ ସାତ ନମ୍ବରରେ ଘରଟେ ମିଳିବ ବୋଲି କହୁଥିଲା। ହେଇ , ସମୁଦି ! ଏବେ ଚାଳିଶି ହଜାର ପାଉଛି ଆଗକୁ ଦରମା ବଢ଼ିବ। ସବୁଠୁ ବଡ଼ କଥା ହେଲା ଟ୍ରାନସ୍‌ଫର ନାହିଁ, ପଚାଶ ଥର ଜିନିଷପତ୍ର ବାନ୍ଧି ଟ୍ରକରେ ନବାର ନାଇଁ ; ଗୋଟେ ଜାଗାରେ ରହିବି।

ଦେବବ୍ରତ : ଆମେ ତ ଝିଅଘର ସୁଧାକର ବାବୁ ! ଚିହ୍ନା ପରିଚୟ ବୋଲି କହିଦେବା କଥା ! କିଛି ଜବରଦସ୍ତ ନାଇଁ। ଗୋଟେ ମିନିଟ୍ ମୁଁ ଦେଖେ ସିଆଡ଼େ କ'ଣ ହେଲା !

(ଚାଲିଗଲେ ଭିତରକୁ)

ଚତୁର୍ଥ ଦୃଶ୍ୟ

(ରୋଷେଇ ଘର ବାରଣ୍ଡା, ପ୍ରମିଳା ଝିଅକୁ ତାଗିଦ୍ କରୁଛନ୍ତି)

ପ୍ରମିଳା : ବାପା ପରା କହିଲେ ମୁଣ୍ଡଟା କୁଣ୍ଡେଇକି ଆସ ବୋଲି ? ମୁହଁରେ ପାଉଡ଼ର୍ ମାରି ଜଳଖିଆଟା ନେଇକି ଦେ !

ସଜାତା : ଲାଜ କାଇଁ ମୋ' ମୁହଁକୁ ! ଡ୍ରେସିଂ ପେଣ୍ଟିଂ ହେଇ ବୋହୂ ହେଇ ତାଙ୍କ ପାଖକୁ ଯିବି ? ସତେ ଯେମିତି ମୁଣ୍ଡ କୁଣ୍ଡେଇ ପକାଇଲେ ମତେ ବୋହୂ କରି ନେଇଯିବେ !

ପ୍ରମିଳା : ଆଜିକାଲି ତ ଝିଅମାନେ ବିଉଟିପାର୍ଲର ଯାଇ ଫେସିଆଲ୍ କରି ବରଦେଖାକୁ ଆସୁଛନ୍ତି ! ତୁ' ମୁଣ୍ଡଟା କୁଣ୍ଡେଇବା ପାଇଁ ଏମିତି କଣ ହଉଚୁ ?

ସୁଜାତା : ତମମାନଙ୍କୁ ମୁଁ ମନା କରିଥିଲି ନା' ମା ? ଅପା କଥା ଫଇସଲା ହବା ପର୍ଯ୍ୟନ୍ତ ମୋ' ବାହାଘରରେ ମୁଣ୍ଡ ପୁରାଅ ନାଇଁ।

ପ୍ରମିଳା : କାହିଁକି ? ଅପା କଥା ଅଲଗା ତୋ କଥା ଅଲଗା। ଏମାନେ ତତେ ଜନ୍ମରୁ ଦେଖିଛନ୍ତି ଭଦ୍ରକରୁ।

ସୁଜାତା : ଅପାକୁ ବି ବାପା ବାହା କରେଇଥିଲେ ତାଙ୍କ ସାଙ୍ଗର ପୁଅକୁ। ହେଲେ ସିଏ କଣ କଲା ? ଅପାକୁ ଛାଡ଼ି ଦେଇ ଗୋଟେ ଲୋହିତ ଭାରତୀୟ ଝିଅକୁ ଧରି ଟେକ୍ସାସ୍‌ରେ ରହିଗଲା- ଆଉ ଅପା ଏକା ପଳେଇ ଆଇଲା କାନ୍ଦି କାନ୍ଦି।

ପ୍ରମିଳା : ଆଉ କଣ କରିଥାନ୍ତା ? ମୁହଁ ଫିଟେଇଥିଲେ ସେ ସାଇବାଣୀ ତାକୁ ଖୁନ୍ କରିଦିଅନ୍ତା ! ନହେଲେ ଡ଼ିଭୋର୍ସ କରିବାକୁ ବାଧ୍ୟ ହେଇଥାନ୍ତା।

ସୁଜାତା : ଭଲ ହେଇଥାନ୍ତା, ଏମିତି ଝୁଲି କି ରହିବା ଅପେକ୍ଷା ଡ଼ିଭୋର୍ସ ହୋଇଯାଇଥିଲେ ଆମେ ଅପା ପାଇଁ ଅନ୍ୟ ବ୍ୟବସ୍ଥା କରନ୍ତେ !

ପ୍ରମିଳା : ଆଉ କଣ ବ୍ୟବସ୍ଥା କରନ୍ତେ କହିବୁ ! ଜୋଇଁ ତ ପଇସା ନପଛରେ ଗୋଡ଼େଇ ବାପା ମା'କୁ ପଚାରିଲାନି ! ସେଇଠି ଟେକ୍ସାସ୍‌ରେ ଘର ଜୋଇଁଆ ହେଲାନା କଣ ?

ସୁଜାତା : କୋଉଠି ବା ? ମୁଁ ଖବର ପାଇଚି, ଗତବର୍ଷ ସେ ସାଇବାଣୀକୁ ଧରି ଘରକୁ ଆସିଥିଲା, ଦି ଚାରି କୋଟି ଦେଇ କି ଯାଇଛି, ତା' ପରଠୁ ସମସ୍ତଙ୍କ ମୁହଁ ବନ୍ଦ !

ସୁଧାକର : (ଦାଣ୍ଡଘରୁ ପାଟି କଲେ)କିରେ ଜଳଖିଆ କଣ ହେଲା ? ଶୀଘ୍ର ଆଣ।

(ପ୍ଲେଟ୍ ଓ ଗ୍ଲାସ୍ ଇତ୍ୟାଦି ଥୋଇବା ଶବ୍ଦ)

ପ୍ରମିଳା : ମୋ ଝିଅ ସୁଜାତା।

ଦେବବ୍ରତ : କହିଲି ପରା ସୁଧାକର ବାବୁ ! ୟାଙ୍କୁ ଏବାଟେ ଗଲାବେଳେ ଦେଖିଲୁ ?

ଉର୍ମିଳା : ତାକୁ କଣ ଚିହ୍ନି ପାରିବୁନି ବୋଲି ଭାବିଥିଲେ ? ଇଏ ପରା ଜନ୍ମ ହେଲା ପରେ ମୁଁ ଧରିଥିଲି !

ସୁଧାକର : ତୁ' କଣ ମଉସା/ମାଉସୀଙ୍କୁ ଚିହ୍ନି ପାରୁନୁ ?

ସୁଜାତା : ମନେ ନାଇଁ.....ଏବେ ଚିହ୍ନିଲି।

ପ୍ରମିଳା : ଭଦ୍ରକରେ ସେମାନେ ଆମ ପଡ଼ିଶା ଘରେ ରହୁଥିଲେ।

ସୁଧାକର: ହଉ ତୁ' ଯା'ମା! ଅଫିସରୁ ଫେରିଚୁ, ଭୋକ ହେଉଥିବ। କଣ ଦିଇଟା ଖାଇଦେଇ ମଉସା ମାଉସୀଙ୍କ ଚା' ନେଇ ଆସିବୁ!

ପଞ୍ଚମ ଦୃଶ୍ୟ

ସୁଧାକର ବାବୁଙ୍କ ପଛଘର। ସେଇଠି ପ୍ଲେଟ୍‌ରେ ଜଳଖିଆ ବାଢୁଥିଲା ସୁଜାତାର ବଡ଼ ଭଉଣୀ ସୁଲତା। ସୁଲତା ଆମେରିକାରେ ଥିଲା, ବର୍ତ୍ତମାନ ଭାରତ ଚାଲି ଆସି ଘରେ ରହୁଛି। ସୁଜାତା ପହଞ୍ଚିଲା।

ସୁଜାତା : ଅପା , ତୁ ମହାପାତ୍ର ମଉସା ମାଉସୀଙ୍କୁ ଚିହ୍ନିଚୁ?

ସୁଲତା : ତାଙ୍କୁ ଚିହ୍ନିଚି- ତାଙ୍କ ପୁଅ ସଂଜୟକୁ ବି ଚିହ୍ନିଚି। ମୋ ସାଙ୍ଗରେ ପଢୁଥିଲା। ମୁଁ ଜାଣି ଜାଣି ଯାଇନି ଦେଖା କରିବାକୁ। ଦେଖା କଲେ ଏଇନେ ମୋ କଥା ପଚାରିବେ, ମୋ' ସ୍ୱାମୀ ବିଷୟରେ। ସେଇଥିପାଇଁ ଗଲିନି।

ସୁଜାତା : ଠିକ କଥା!

ସୁଲତା : ମା' କହୁଥିଲା ଇଂଜିନିୟରିଂ ପରେ ଏମ.ବି.ଏ କଲା ସଂଜୟ ତା'ପରେ ଆର.ଏସ୍.ପି.ରେ ପୋଷ୍ଟିଂ। ଭଲ ଦରମା , ସେଇଥିପାଇଁ ବାପା ଏଇ କେଶ୍‌ଟାରେ ଏତେ ଇଣ୍ଟ୍ରେଷ୍ଟ୍ ଦେଖାଇଛନ୍ତି!

ସୁଜାତା : ମୁଁ ବାହାହେବିନି ଅପା-! ବାପାଙ୍କ ମୁଣ୍ଡ ଖରାପ ହେଇଗଲା ନା କଣ? ମୁଁ ସଫାସଫା ମନା କରିଦେଇଥିଲି। ପୁଣି କାଇଁକି ସେଇ ସଂଜୟ ପଛରେ ଗୋଡ଼ଉଛନ୍ତି କେଜାଣି? ତୁ କହି ଦବୁ ଏବେବି ମୁଁ ମନା କରୁଛି।

(ହଠାତ୍ ସୁଧାକର ପ୍ରବେଶ କଲେ)

ସୁଧାକର : ତୁ' କିଏ ମନା କରିବାକୁ? ଏ? ମନେରଖ! ମୁଁ ତାଙ୍କୁ ଏ ପ୍ରସ୍ତାବ ଦେଇନି। ସେ ଦୁହେଁ ମତେ ଫୋନ୍ କରି ଆମ ଘରକୁ ତତେ ଦେଖିବାକୁ ଆସିଛନ୍ତି। ଆଉ ଜାଣିରଖ- ତତେ ପିଲାଟି ଦିନରୁ ସେମାନେ ବହୁତ ଭଲ ପାଆନ୍ତି!

ପ୍ରମିଳା : ଏତେ ଆଗ୍ରହରେ ସେମାନେ ଆସିଛନ୍ତି ! ଆମେ କ'ଣ ମନା କରି ଦେଇଥାନ୍ତେ ସୁଜାତା? ସେମାନେ ଆମର ବଂଧୁ! ପାଞ୍ଚ ବର୍ଷ ପଡ଼ୋଶୀ ଥିଲେ।

ସୁଜାତା : ଅପା ବାହାଘର ତ ତମର ଆଉ ଜଣେ ବଂଧୁଙ୍କ ପୁଅ ସାଙ୍ଗରେ କରିଥିଲ ବାପା ! କହୁଥିଲ ତାକୁ ଭଲ ଭାବରେ ଜାଣିଚି ବୋଲି ! ତା ହେଲେ ? କେମିତି ଜାଣି ପାଇଲ ନାହିଁ । ସିଏ ଆମେରିକାରେ ଗୋଟେ ଲୋହିତ ଭାରତୀୟ ଝିଅକୁ ରଖିଚି ବୋଲି ? ଅପାକୁ ନେଇ ଭଦ୍ରଲୋକ ପରି ଆମେରିକା ଚାଲିଲା । ସେଇଠି ଆରମ୍ଭ କଲା ଅକଥନୀୟ ଅତ୍ୟାଚାର । କ'ଣ ନା ଅପା ମୋର ଆମେରିକା ସାଂଗରେ ଖାପ ଖୁଆଇ ଚଳିପାରୁନି । ଗାଁଉଲି ଆଉ ଚୂଡ଼ା ପରି ହେଉଛି ।

ସୁଲତା : ବାଜେ କଥା ! ଆଉ କଣ ଡେନିମ୍ ଆଉ ଟି'ସାର୍ଟ ପିନ୍ଧି କ୍ଲବକୁ ଯାଇ ମଦ ପିଇଥାନ୍ତି ? ସେଗୁଡ଼ାକ ମୋ'ଦେଇ ହବନି ! ମଦ ପିଇ ତା' ସାଂଗରେ ନାଚିଲେ ଯାଇ ଫରୱାର୍ଡ଼ ?

ସୁଜାତା : ନାଚିବୁନା ଆଉ କିଛି ? ଅପା ତୁ ରେଭେନ୍ସାରୁ ସାଇକୋଲଜିରେ ପି.ଜି କରି ଚଳିପାରୁଲୁନି ! ମୁଁ ତ ବି.କମ୍ ପରେ ଏମ୍.ବି.ଏ କରିଚି । କିଛି ଜାଣିନି କହିଲେ ଚଳିବ !

ସୁଧାକର : ହଉ ହଉ , ଥାଉ ସେ କଥା ଗୁଡ଼ା ! ବରା ଦି'ଟା ଖାଇଲୁ କି ନାହିଁ ? ତାଙ୍କ ପାଇଁ ଚା' କି କଫି ନେଇକି ଯା !

ପ୍ରମିଳା : ମୁଣ୍ଡରେ ଟିକିଏ ପାନିଆ ମାରି ଦେଲୁନି ? ସେମାନେ କଣ ଭାବିବେ ? କହିବେ -ଚିହ୍ନା ପରିଚୟ ବୋଲି ଝିଅଟା ଆମକୁ ବେଖାତିର କରୁଚି ।

ସୁଜାତା : ମନା କରି ଦେ' ! ମତେ ହିନ୍ଦୀ -ଇଂରାଜୀ ଆସୁନି କି ମୁଁ ରାଉରକେଲାରେ ଚଳି ପାରିବିନି । ଶେଷକୁ ମତେ ପୁଣି 'ଚୂଡା' କହି ରିଜେକ୍ଟ କରିଦବ !

ସୁଧାକର : ତୁ'କାହିଁକି ସେମିତି ଭାବୁଚୁ କହିଲୁ ? ସମସ୍ତେ କାହିଁକି ତୋ'ଅପାର ବର ପରି ହେବେ ? ତୁ'ଆଗ ଚା ନେଇ ଆସିଲୁ ଦାଣ୍ଡ ଘରକୁ ! ମୁଣ୍ଡଟା କୁଣ୍ଡେଇ ଆସିବୁ ।

ସୁଜାତା : ନା ଚା'... ଟା ନେଇକି ଦେବି, କିନ୍ତୁ ସେଇଠି ବାହା ହେଇ ପାରିବିନି, ବହୁତ ଦରମା ପାଉଚି-ବହୁତ ଫୁଟାଣି ହେଇଥିବ ।

ସୁଧାକର : କାଇଁକି ସେମିତି ବାୟାଣୀଟା ପରି ହଉଚୁ ସୁଜାତା ? ଦେବବ୍ରତ ମଉସା ଆମର ଖୁବ୍ ଅନ୍ତରଙ୍ଗ ମଣିଷ । ପାଞ୍ଚ ବର୍ଷ ଆମେ ଏକାଠି ଥିଲେ । ସଂଜୟକୁ ଆମେ ପିଲାଟି ଦିନରୁ ଚିହ୍ନିଛେ ।

ସୁଜାତା : ସେଇଠୁ କଣ ହେଲା ବାପା ? ଅପା ଉପରେ ତା' ବର ଅକଥନୀୟ

ଅତ୍ୟାଚାର କଲା। ମତେ ଯିଦି ଏ ଇଜିଂନିୟର ଟୋକା ସେମିତି କରିବ? ବାପା କଣ ମିଳିବ ସେ ବାହାଘରରୁ? କଣ ଥାଏ ସେ ବାହାଘରର ? ଅପା ଶାଶୂ ଶ୍ୱଶୁର କହିଛନ୍ତି-ବୋହୂଟା ପୁଅ ସାଙ୍ଗରେ ଆଡ଼ଜଷ୍ଟ୍ କରି ପାରିଲା ନାହିଁ।

ପ୍ରମିଳା : ସବୁ ତାର ଭାଗ୍ୟ !

ସୁଜାତା : ଭାଗ୍ୟ ଉପରେ ଦୋଷ ଦେଇ ନିଜ ଭୁଲ୍‌କୁ ଏଡ଼େଇ ଯାଉଛ ! (କିଛି ସମୟ ପରେ) ଅପାକୁ ତାଙ୍କ ଘରେ ଦେବା ଆଖିରୁ ପୁଅଟା ବିଷୟରେ ଟିକିଏ ଗବେଷଣା କରିବାର ଥିଲା -ପୁଅଟା କଣ କରୁଛି ସେଇଠି... ସେ ଖବର ସଂଗ୍ରହ କରିବାର ଥିଲା। ଏଇଟା ତମର ଦାୟିତ୍ୱ।

ସୁଧାକର : ସମୁଦି କହୁଚି ଅପା ତୋର ଆମେରିକାରେ ଆଡ଼ଜଷ୍ଟ କରି ପାଇଲା ନାଇଁ।

ସୁଜାତା : କାଇଁକି ? ଅପାଟା କଣ ମୋର ମୂର୍ଖ ? ରେଭେନ୍‌ସାରେ ଛ'ବର୍ଷ ପଢ଼ିଚି...ସେଗୁଡ଼ା ଏତେ ସାଇବ ? ଏ କେଶ୍‌ଟା ମଧ୍ୟ ସେମିତି ହବ। ଏବେ ହାଁ ହାଁ କରି ବାହାଘରଟା କରେଇ ଦେବେ-ତା'ପରେ ତାଙ୍କ ଆଡୁ ଡ଼ାଇଭର୍ସ ସୁଟ୍ କରାହବ। ସେତିକିବେଳେ ?

ସୁଧାକର : ଡ଼ାଇଭର୍ସ ହବ। ଆମ ଝିଅକୁ ଆମେ ଅନ୍ୟଠି ବାହା କରେଇ ଦବୁ। ଛାଡ଼, ଦେଖ ମା'ସୁଜାତା ! ମୁଁ ସେମାନଙ୍କୁ କୌଣସି ଫାଇନାଲ୍ ଜବାବ୍ ଦେଇନି କି ଦେବିନି। ହେଲା ? ତାଙ୍କ ତରଫରୁ ପ୍ରସ୍ତାବଟା ଆସିଚି। ସେଥିପାଇଁ ଆମେ ଖୁସି, ଯା'-ଚା ନେଇକି ଯା'।

ଷଷ୍ଠ ଦୃଶ୍ୟ

(ଆବହ ସଂଗୀତରେ ଦୃଶ୍ୟ ପରିବର୍ତ୍ତନ)

ସୁଲତା : ଆ'ସୁଜାତା ! ତୋ' ମୁଣ୍ଡ ମୁଁ କୁଣ୍ଡେଇଦେବି ଆ' ! ଶୁଣ...ସବୁବେଳେ ମୋ' ବାହାଘର ବିପର୍ଯ୍ୟୟ କଥା ଭାବି ତୁ' କାଇଁକି ମୁଣ୍ଡ ଖରାପ କରୁଚୁ? ମୋ'ଭାଗ୍ୟରେ ଯାହା ଘଟିଲା - ତୋର ସେୟା ହବ ବୋଲି କାଇଁକି ଭାବୁଚୁ? ମୋ' ବାହାଘରଟା ବାପା ତରବରିଆରେ କରିଦେଲେ, ପୁଅଟା ବିଷୟରେ ଖବର ସଂଗ୍ରହ କରିବା ପାଇଁ ଟାଇମ୍ ମିଳିଲା ନାଇଁ।

ସୁଜାତା : ମୁଁ କିନ୍ତୁ ସଂଜୟକୁ ସହଜରେ ବିଶ୍ୱାସ କରିବି ନାଇଁ। ରୀତିମତ ତା'ଉପରେ ଗବେଷଣା କରିବି।

ସୁଲତା : ତୋ'ର ଯାହା ଇଚ୍ଛା ତାହା କର, କିନ୍ତୁ ଗୋଟାଏ କଥା ମୁଁ ଜାଣିଲି ସବୁ ପୁରୁଷ ସୁଯୋଗ ପାଇଲେ ଲମ୍ପଟ ଆଉ ସ୍ୱାର୍ଥପର। ତା' ବିଷୟରେ ଯାହା ଖବର ନେବା କଥା ତୁ ନେ ।

ସୁଜାତା : କଣ କରିବି ?

ସୁଲତା : ହଠାତ୍ ଯାଇ ସଂଜୟ ପାଖରେ ପହଞ୍ଚିବୁ। ତା' ସାଙ୍ଗମାନଙ୍କୁ ପଚାରିବୁ ତା' ଗାର୍ଲଫ୍ରେଣ୍ଡ୍‌ମାନଙ୍କ ସଂପର୍କରେ... ନିଜେ ଚେକ୍ କରିବୁ । ତା'ପରେ ତୁ ଓ.କେ କଲେ ବାହାଘର।

ସୁଜାତା : ତା'ହେଲେ ମୁଁ ରାଉରକେଲା ଯିବି ଅପା ?

ସୁଲତା : ନିଜେ ଯାଇ ସବୁ ଇନ୍‌ଭେଷ୍ଟିଗେଟ୍ କରିବୁ ତାର ପୁରୁଷ ସାଙ୍ଗ ଆଉ ଗାର୍ଲଫ୍ରେଣ୍ଡ୍...ସମସ୍ତଙ୍କ ବିଷୟରେ ଖବର ନବୁ। ରାଉରକେଲା ଏମିତି କେତେ ବାଟ କି ? ତୋର ତ ରାଉରକେଲା ଟୁଅର ପଡୁଛି। ଯାଉ...ଏବେ ଚା'ଟା ନେଇ ମଉସାମାଉସୀଙ୍କୁ ଦେଖା କର ଆଉ ସେକ୍‌ଟର ନମ୍ବର କ୍ୱାଟରସ୍ ନମ୍ବର ଟିପିକି ରଖ।

ସୁଜାତା : ତା' ହେଲେ ମୁଁ ନେକ୍ସଟ ୱିକ୍ ରାଉରକେଲା ଯିବି। ଦେଖିବା ଟୋକା କେମିତି ?

(ଟ୍ରେନ୍ ଆସି ଷ୍ଟେସନରେ ଲାଗିଲା, ସୁଧାକର ବାବୁ ସୁଜାତାଙ୍କୁ ନେଇ ଷ୍ଟେସନ୍‌ରେ ପହଞ୍ଚିଲେ ଷ୍ଟେସନ୍‌ର ଶବ୍ଦ ତାରି ଭିତରେ)

ସୁଧାକର : ମା'ରେ! ସୁଜାତା! ଟ୍ରେନ୍ ରାଉରକେଲାରେ ପହଞ୍ଚିବ ରାତି ଦଶଟାରେ। ଏଇ ଠିକଣାଟା ରଖିଥା ! ଟାକ୍ସି କି ଅଟୋ କରି ଚାଲିଯିବୁ। କିଛି ନ ହେଲେ ହୋଟେଲ୍‌ରେ ରହିଯିବୁ ସକାଳୁ ସଂଜୟ ସାଂଗରେ ଦେଖା କରିବୁ, ହେଲା।

ସୁଜାତା : ତମେ ଓହ୍ଲେଇ ପଡ଼ ବାପା ! ଟ୍ରେନ୍ ଛାଡ଼ିବ।

ସୁଧାକର : (ଓହ୍ଲାଉ ଓହ୍ଲାଉ) ସଂଜୟ ଘରେ ପହଞ୍ଚି ଫୋନ୍ କରିବୁ।

(ଟ୍ରେନ୍ ଷ୍ଟାର୍ଟ ହେବା ଶବ୍ଦ ଓ ହୁଇସ୍ୱିଲ, ଟ୍ରେନ୍ ଚାଲିଲା)

ସପ୍ତମ ଦୃଶ୍ୟ

(ପଶ୍ଚାତପଟରେ ଟ୍ରେନ ଚାଲିଥିବା ଶବ୍ଦ କମ୍ପାଟମେଣ୍ଟରେ ୨/୪ଜଣ କମ ବୟସର ଟୋକା ତାସ୍ ଖେଳିବା ମତଲବ୍‌ରେ ଅଛନ୍ତି)

୧ମ ଯାତ୍ରୀ : କ'ଣ ପକେଇବା ? ଟୋଣ୍ଟିନାଇନ ଦି ବାଜି ହେଇଯାଉ !

୨ୟ ଯାତ୍ରୀ : ତାସ୍ ଅଛି। ତଉଲିଆ ପକେଇଦେଲେ ଚାଲିବ, ମାଡ଼ାମ୍ ଆପଣ ଟିକିଏ ସେ ୱିଣ୍ଡୋ ପାଖ ସିଟ୍‌କୁ ଯିବେ? ଆମେ ଏଇଠି ଟିକିଏ ଟୋଣ୍ଟିନାଇନ ଦି'ବାଜି ପକେଇବୁ।

ସୁଜାତା : ଠିକ ଅଛି, ସେଇଠି ଆପଣଙ୍କ ସିଟ୍ ତଳେ ମୋ ଆଟାଚିଟା ରହିଲା, ମୁଁ ଘୁଞ୍ଚି ଯାଉଛି।

୧ମ ଯାତ୍ରୀ : ମାଡ଼ାମ୍ କୋଉ ଯାଏଁ ଯିବେ?

ସୁଜାତା : ରାଉରକେଲା। ଦେଖନ୍ତୁ....ଇଏ କଣ? ଆପଣମାନେ ମଦ ବୋତଲ କଣ ଖୋଲିଲେଣି...? ପିଇବେ ନା କଣ? ଓଃ! ହ୍ୱାଟ୍ ଆ' ନୁଇସାନ୍ସ!

୧ମ ଯାତ୍ରୀ : ସରି ମାଡ଼ାମ୍ ! ପାରାଦ୍ୱୀପ ପୋର୍ଟରୁ ଏ ଇଂପୋଟେଡ଼ ହ୍ୱିସ୍କିଟା ମଗେଇଥିଲୁ।

୨ୟ ଯାତ୍ରୀ : ନାଇଁ ଆମେ ଚୁପଚାପ ପିଇବୁ ମାଡ଼ାମ ! ଏଠି ଗାଡ଼ି ଭିତରେ ବୋବାଲ୍ କରିବାର ନାଇଁ।

ସୁଜାତା : ଉତ୍ପାତ ହେଲେ ଟିକଟ୍ କଲେକ୍ଟରକୁ ଡ଼ାକିବି ନହେଲେ ଜି.ଆର୍.ପିକୁ ଡାକିବି ଖେଳିବା ପାଇଁ ଯଦି ଏତେ ଇଛା ଚୁପ୍‌ଚାପ ଖେଳ !

୨ୟ ଯାତ୍ରୀ : ଟାଇମ ପାସ୍ ମାଡ଼ାମ୍ ! ଚୁପଚାପ କଣ? ଏ ଟ୍ରେନ୍‌ରେ ଆମେ ପ୍ରତିଦିନ ସମ୍ବଲପୁରରୁ ରାଉରକେଲା ଯାଉ ଆଉ ଆସୁ। ଏଇଟା ଆମ ଜୀବନ ସହିତ ଜଡ଼ିତ ହୋଇଗଲାଣି, ଏ ଟ୍ରେନ୍‌ଟା।

(ଗାଡ଼ି ଷ୍ଟେସନ୍‌ରେ ରହିବା ଶବ୍ଦ)

୧ମ ଯାତ୍ରୀ : ଆସନ୍ତୁ ମାଡ଼ାମ୍! ରାଉରକେଲା ହେଇଗଲା ଆସ...ଆପଣ ଓହ୍ଲେଇ ଯାଆନ୍ତୁ ମୁଁ ଆଟାଚିଟା ବଢ଼େଇ ଦଉଚି। ସୁଦାମ...ତୁ'ତ ଯିବୁ ସେକ୍ଟର ସାତ...ମାଡ଼ାମଙ୍କପାଇଁ ଅଟୋଟେ ବୁଝିଦିଅ...

(ଷ୍ଟେସନ୍ ବାହାରେ ଅଟୋ ଗହଳିର ଶବ୍ଦ)

୨ୟ ଯାତ୍ରୀ : ଅଟୋ! (ଅଟୋ ଅଟକିବା ଶବ୍ଦ) କୋଉଠିକି ଯିବେ ମାଡ଼ାମ୍?

ସୁଜାତା : ଏଇ କାଗଜରେ ଲେଖା ହେଇଚି।

୨ୟ ଯାତ୍ରୀ : ଓ! ବାସନ୍ତୀ କଲୋନୀ? ଏଇ ଆଡ୍ରେସ୍‌ଟାକୁ ନେଇଯିବ ଏଇ ଭଦ୍ରମହିଳାଙ୍କୁ?

ସୁଜାତା : ଆସନ୍ତୁ ଆପଣ...ବସନ୍ତୁ ଅଟୋରେ, ମତେ ଛାଡ଼ି ଦେଇ ଆସିବେ!

୨ୟ ଯାତ୍ରୀ : ଦେଖନ୍ତୁ ମୁଁ ଏପଟେ ଯିବି।

ସୁଜାତା : (ଧମକ ଦେଲା ଭଳି) ଚୁପଚାପ୍ ମୋ ସାଙ୍ଗରେ ଅଟୋରେ ବସନ୍ତୁ, ନହେଲେ ପାଟି କରିବି- ଆପଣ ମୋ ସାଙ୍ଗରେ ଅସଦାଚରଣ କରୁଛନ୍ତି।

୨ୟ ଯାତ୍ରୀ : ହଉ।

ସୁଜାତା : ଦ୍ୟାଟ୍‌ସ ଲାଇକ୍ ଏ ଗୁଡ୍ ବୟ !

(ଅଟୋ ଷ୍ଟାର୍ଟ କରି ଚାଲିବାର ଶବ୍ଦ ଶୁଭିଲା)

ଅଟୋବାଲା : କୋଉଠିକି ଯିବେ ମାଡ଼ାମ ? ଆଜି ଇଣ୍ଟରସିଟିଟା ଅଧ ଘଣ୍ଟା ଲେଟ୍‌ରେ ପହଞ୍ଚି ଲା।

ସୁଜାତା : ବାପା ତାଙ୍କ ସାଙ୍ଗକୁ କହିଥିଲେ ଷ୍ଟେସନ୍‌କୁ ଆସି ମତେ ନେଇଯିବା ପାଇଁ ବୋଧହୁଏ ଶୀତ ଯୋଗୁଁ ଆସିପାରିନାହାନ୍ତି।

୨ୟ ଯାତ୍ରୀ : ଏଇ ଆଡ୍ରେସ୍‌ଟା କୋଉଠୁ ପାଇଲେ ? ସାତ ନମ୍ବରର ଆଡ୍ରେସ ? ସଂଜୟ ବେହେରା !

ସୁଜାତା : କାଇଁକି ? ଏଇ ଲୋକ କଣ ତମର ଚିହ୍ନା ?

ଅଟୋବାଲା : ଅବଶ୍ୟ, ଚାଲନ୍ତୁ....ମୁଁ ଛାଡ଼ିଦେଇ ଆସିବି। (ସ୍କୁଟର୍ ଚାଲିଯିବା ଶବ୍ଦ)

ଅଷ୍ଟମ ଦୃଶ୍ୟ

(ପ୍ରମିଳାଙ୍କ ଘର, ସମୟ ରାତ୍ରି)

ପ୍ରମିଳା : ଝିଅଟାକୁ ଏକେଲା ଛାଡ଼ିଦେଇ ଆସିଲେ ଟ୍ରେନ୍‌ରେ। ପହଞ୍ଚିଲା କି ନାଇଁ ଟିକିଏ ପଚାରି ବୁଝିଲନି ?

ସୁଧାକର : ସେଲ୍‌ରେ ମୋର ବଂଧୁ ଜ୍ଞାନେନ୍ଦ୍ର ଜେନା ଏଜିଏମ୍ ଅଛି। ତାକୁ ଫୋନ୍ କରି ଦେଇଚି। ସିଏ ଟ୍ରେନ୍‌କୁ ଆସିବ।

ପ୍ରକିଳା : କ'ଣ ଗ୍ୟାରେଣ୍ଟି ତମ ବଂଧୁ ଆସିଥିବେ ବୋଲି ? ଝିଅକୁ ଫୋନ୍ ଲଗାଅ।

ସୁଲତା : କାଇଁକି ବେକାରଟାରେ ଛାନିଆ ହଉଚୁ କହିଲୁ ! ସୁଜାତା କଣ ଛୁଆ ହେଇଛି ? ରାଉରକେଲା ଆଜି ନୂଆ ଯାଉଛି ?

ପ୍ରମିଳା : ତଥାପି ଗୋଟେ ଫୋନ୍ କରେ ତାକୁ, ବେଳକାଳ ଭଲ ନୁହେଁ।

ସୁଲତା : ହଉ ହଉ ଲଗଉଛି !

ପ୍ରମିଳା : କୋଉଠି ରହିଲା କ'ଣ କଲା ମତେ କହିବୁ।

ନବମ ଦୃଶ୍ୟ

(ହଠାତ୍ ଅଟୋ ରହିବା ଶବ୍ଦ)

ଅଟୋ ଡ୍ରାଇଭର : ମାଡ଼ାମ୍ ଦେଖିଲେ ! ଏଇ ଠିକଣା ତ ?

ସୁଜାତା : ହଁ...ହଁ...ଏଇ ଠିକଣା !

ଡ୍ରାଇଭର : ମୁଁ ଏଇଠୁ ଅଟୋ ନେଇ ଏଇ ବାବୁଙ୍କୁ ଛାଡ଼ିବାକୁ ଯିବି।

ସୁଜାତା : ତମର ଭଡ଼ା କେତେହେଲା ?

୨ୟ ଯାତ୍ରୀ : ଭଡ଼ାଟା ମୁଁ ଦେଇଦେବି ମାଡ଼ାମ ! ଆପଣ ଯାଆନ୍ତୁ ।

ସୁଜାତା : କମ୍ପାଉଣ୍ଡ୍‌ଟା ଅନ୍ଧାରୁଆ ଦିଶୁଚି,କିଏ ନାହାନ୍ତି ନା କଣ ? ଓଃ ଏଇନା କଣ କରିବି ... ? ରାତି ଆସି ଦଶଟା ପଇଁଚାଳିଶି ବାଜିଲାଣି।

୨ୟ ଯାତ୍ରୀ : ଚାଲନ୍ତୁ...ମୁଁ ଭିତରେ ଛାଡ଼ି ଦେଇ ଆସୁଚି।

ସୁଜାତା : ଏ ମା' ! ଚାବି କଣ ପଡ଼ିଛି ?

୨ୟ ଯାତ୍ରୀ : ରୁହ ! ମୁଁ ଖୋଲି ଦଉଛି।

(ଚାବି ଖୋଲିବା ଶବ୍ଦ)

ସୁଜାତା : ଖୋଲିଗଲା ? ଆପଣଙ୍କ ପାଖରେ ଏ ଘରର ଚାବି କୁଆଡ୍ରୁ ଆଇଲା ?

୨ୟ ଯାତ୍ରୀ : ଆସିଲା କାରଣ ଏଇଟା ମୋ କ୍ୱାଟର୍ସ, ଏଇ ଆଠ ଦିନ ହେଲା ମିଳିଛି !

ସୁଜାତା : କେମିତି ? ଏଇଟା ତ ସଂଜୟ ବେହେରାଙ୍କ ଘର !

୨ୟ ଯାତ୍ରୀ : ମୋ ନାଁ ସଂଜୟ !

ସୁଜାତା : ଏ ମା ! ମୋ ନାଁ ସୁଜାତା।

୨ୟ ଯାତ୍ରୀ : ସୁଜାତା ? ମାନେ ଏଇ କିଛି ସମୟ ଆଗରୁ ବୋଉ ଫୋନ କରି ତମ କଥା କହୁଥିଲା, ମାନେ ତମକୁ ଦେଖିବା ପାଇଁ ବାପା ଆଉ ବୋଉ ଭୁବନେଶ୍ୱର ଯାଇଥିଲେ ନା ?

ସୁଜାତା : ଯାଇଥିଲେ ମାନେ ? ସୁଧାକର ମଉସା ? ମହାପାତ୍ର ଘର ମାଉସୀ ? ଏ ମା' ସିଏ ଆପଣଙ୍କ ପ୍ୟାରେଣ୍ଟ୍‌ସ୍ ! ମୁଁ ତାଙ୍କ ପାଖରୁ ତ ଏ କ୍ୱାର୍ଟର୍ସ୍ ଠିକଣାଟା ପାଇଲି।

ସଂଜୟ : ଆସ, ଭିତରକୁ ଆସ

ଦଶମ ଦୃଶ୍ୟ

(ଘର ଭିତକୁ ପଶିବା ଶବ୍ଦ)

ସୁଜାତା : ଇସ୍ ! କଣ ହେଇଚି ଏ ଘର ? ଖଟ ଉପରେ ଗୁଡ଼ାଏ ବହି ଆଉ ସି.ଡ଼ି ବିଛେଇ ପଡ଼ିଛି, ଯା' ଉପରେ ଶୋଉଚ କେମିତି ? ଆରେ...ଆରେ...ଜୋତାଗୁଡ଼ା ଏଇଠି କଣ ପଡ଼ିଚି ? ଜୋତା ଷ୍ଟାଣ୍ଡ୍‌ରେ ରଖୁନା ? ଏହେ ହେ - ମୋଜା, ଗେଞ୍ଜି, ଆଉ ଅଣ୍ଡରୱେୟାର ଆସି ତକିଆ ଉପରେ ...କି ଘର ଏଇଟା ? ଏ ଘରେ ରାତିଟା ରହିବି କେମିତି ?

ସଂଜୟ : ପାଞ୍ଚ ମିନିଟ୍! ପାଞ୍ଚ ମିନିଟ ସମୟ ଦିଅ - ମୁଁ ସବୁ ଠିକ କରିଦେବି।

ସୁଜାତା : ପୁଅମାନଙ୍କ ଦ୍ୱାରା ଏ କାମ ଏତେ ସହଜରେ ହୁଏନି। ପ୍ରଥମେ ଚିନ୍ତା କର ରାତିରେ ଖାଇବା କଣ? ରୋଷେଇ ଘର କୋଉଟା?

ସଂଜୟ : ଫ୍ରିଜ୍‌ରେ ପାଉଁରୁଟି କେକ୍ ଅଛି, ଚଳେଇ ଦବା! ନ ହେଲେ ଜୋମାଟୋରେ ମଗାଇଦେବା ଢ଼ାବାରୁ।

ସୁଜାତା : ରାତି ଆସି ଏଗାରଟା ବାଜିଲାଣି।

ସଂଜୟ : ବ୍ୟସ୍ତ ହେବା ଦରକାର ନାହିଁ, ଫ୍ରିଜରେ ଅଟା ଚକଟା ହୋଇ ଥୁଆ ହୋଇଛି, କିଛି ଚିକେନ୍ କଷା ମଧ୍ୟ, ଯେତିକି ଅଛି ସେତିକିରେ କାମ ଚଳିଯିବ! ନ ହେଲେ ପଞ୍ଜାବୀ ଢ଼ାବାକୁ ଫୋନ କଲେ ସାଙ୍ଗେ ସାଙ୍ଗେ ପଠେଇଦବ ପରାଠା ଆଉ ତଡ଼କା। ତା'ଭିତରେ ତମେ ଲୁଗା ବଦଳେଇ ଫ୍ରେସ୍ ହେଇ ଆସ।

ସୁଜାତା : ରୁହ ଘରଟାକୁ ଝାଡୁ ମାରେ ପ୍ରଥମେ! ମାଇପିମାନଙ୍କ ହାତ ନ ବାଜିଲେ ଘର କ'ଣ ସଫା ହୁଏ?

ସଂଜୟ : କହିଲି ପରା ୫ ମିନିଟ୍! ପାଞ୍ଚ ମିନିଟ୍ ସମୟ ଦିଅ- ମୁଁ ସବୁ ଠିକ୍ କରି ଦଉଛି।

(ଗୋଟିଏ ଚୌକି ଘୋଷାରିବା ଶବ୍ଦ)

ତମେ ଏଇଠି ବସ ଏଇ ଚୌକିରେ।

ସୁଜାତା : ମୁଁ ଏଇ ଖଟ ଉପରେ ବସିଚି, ତମେ ପଙ୍ଖାଟାକୁ ଜୋର୍ କରିଦିଅ। ଝରକାଗୁଡ଼ାକ ଖୋଲିଦିଅ - ଘର ଭିତରୁ କେମିତି ଗୋଟେ ଉଷୁମାଳିଆ ଗନ୍ଧ ବାହାରୁଛି।

ସୁଜାତା : ଝରକା ଖୋଲିଲେ ଏଇନେ ମଶା ଆସିବେ। ମୁଁ ଏ.ସି.ଟା ଅନ୍ କରି ଦଉଛି।

(ଏସି.ସ୍ୱିଚ୍ ମାରିବା ଶବ୍ଦ)

ସୁଜାତା : ପିଇବା ପାଣି ଅଛି ଫ୍ରିଜ୍‌ରେ?

ସଂଜୟ : ଦଉଚି। ଆଗ ସେ ରୁମ୍‌କୁ ଯାଇ ଲୁଗା ବଦଳେଇ ଫ୍ରେସ୍ ହେଇକି ଆସ! ରେଷ୍ଟ୍ ନିଅ ଟିକିଏ...

(ଆବହ ସଂଗୀତ। ସୁଜାତା ଖଟ ଉପରେ ରେଷ୍ଟ୍ କଲା। ସଂଜୟ ରୋଷେଇ ଘରକୁ ଯାଇ ରୋଷେଇ କରିବାର ଶବ୍ଦ ଶୁଭିଲା)

ସଂଜୟ : ସୁଜାତା ! ସୁଜାତା ! ଆରେ ଶୋଇପଡ଼ିଲ ନା କଣ ? ଉଠ,ତମର ଡିନର ରେଡ୍ଡି । ଖାଇଦେଇ ଶୋଇବ ଆସ ।

ସୁଜାତା : ଓ ! ଆଇ ଆମ୍ ସରି, ଗଡୁଗଡୁ ନିଦ ଲାଗିଯାଇଥିଲା ।

ସଂଜୟ : ଠିକ୍ ଅଛି, ତମେ ଟାୟାର୍ଡ଼ ହେଇ ଯାଇଚ । ଆସ ମୁହଁ ହାତ ଧୋଇ ଡ଼ାଇନିଂ ଟେବୁଲ୍ ଉପରକୁ ଆସ ।

ସୁଜାତା : ତା' ମାନେ ମୁଁ ଶୋଇଥିଲି- ବାହାରୁ ଦୁଆର ବନ୍ଦ କରି ହୋଟେଲ୍‌କୁ ଯାଇଥିଲ ?

ସଂଜୟ : ନାଇଁ ନାଇଁ- ଫ୍ରିଜ୍‌ରେ ଅଟା ଚକଟା ହେଇ ଥୁଆ ହେଇଥିଲା- ପରଟା କରିଦେଲି , ଆଉ ଚିକେନ୍ କଷା ହେଇଥିଲା- ତରକାରୀ କରିଦେଲି । ଅଧଘଣ୍ଟା ଲାଗିଲା, ମାତ୍ର ଅଧ ଘଣ୍ଟାରେ ସବୁ ରେଡ୍ଡି!

ସୁଜାତା : ଆରେ ବାଃ (ଖାଉ ଖାଉ) ଫାଷ୍ଟ କ୍ଲାସ୍ ହେଇଚି । ତା' ମାନେ ତମକୁ ଭଲ ରୋଷେଇ ଆସୁଛି ।

ସଂଜୟ : ଗ୍ୟାସ୍,ପ୍ରେସର୍ କୁକର ସବୁ କିଣିଛି । ହେଲେ ରୋଷେଇ କରିବାକୁ ସମୟ ହଉନି ।

ସୁଜାତା : ଆରେ-ଆରେ- ସେତିକି । ମୁଁ କଣ ଏତେ ଖାଇ ପାରିବି ? ମୁଁ ପରା ଡ଼ାଏଟିଂ କରୁଛି । ଏଇ ଦେଖ ପେଟରେ ଟିକିଏ ହେଲେବି ଚର୍ବି ଲାଗିବାକୁ ଦେଇନି ।

ସଂଜୟ : ଓକେ...ଓକେ ! ଟିସାର୍ଟ ଟେକି ପେଟ ଦେଖାଇବା ଦରକାର ନାହିଁ ।

ସୁଜାତା : ତମ ସାଙ୍ଗରେ ପରା ମୋର ବାହାଘର ପ୍ରସ୍ତାବ ପଡ଼ିଚି ।

ସଂଜୟ : ମା' କହୁଥିଲା ଫୋନ୍‌ରେ !

ସୁଜାତା : ମୁଁ କିନ୍ତୁ ସଫାସଫା ମନା କରିଦେଇଚି ।

ସଂଜୟ : ତୁମେ ସୁଲତାର ସାନ ଭଉଣୀଟି ?

ସୁଜାତା : କେମିତି ଜାଣିଲ ?

ସଂଜୟ :ସୁଲତା ଆଉ ମୁଁ ଏକାଶ୍ରେଣୀରେ ପଢୁଥିଲୁ ! ଭଦ୍ରକରେ ।

ସୁଜାତା : ମା'କହୁଥିଲା ତମେ କୁଆଡ଼େ ଆମ ପଡ଼ିଶା ଘରେ ରହୁଥିଲ ? ତା' ମାନେ ତମେ ?

ସଂଜୟ : ଆଉ ଟିକେ ଚିକେନ୍ ଦେବି ?

ସୁଜାତା : ନୋ' ! ଥ୍ୟାଙ୍କସ୍ !

ସଂଜୟ : ଭଲ ହେଇନି ବୋଧେ ଲୁଣ, ମସଲା ଠିକ୍ ଥିଲା ତ ?

ସୁଜାତା : ନାଇଁ ନାଇଁ। ଫାଷ୍ଟକ୍ଲାସ୍ ରୋଷେଇ। ମତେ ତ ଜମାରୁ ରୋଷଇ ଆସେନି ! ରେଭେନ୍ସାରେ ହଷ୍ଟେଲରେ ରହି ପାଠ ପଢୁଥିଲି - ଆଉ ଏବେ ଚାକିରି ପରେ ମା'ହାତର ରୋଷେଇ ଖାଉଛି- ତମେ ଯା ହଉ ଷ୍ଟିଲପ୍ଲାଣ୍ଟର ଏଜିଏମ୍ ହେଇକି ରୋଷଇ କରିପାରୁଚ !

ସଂଜୟ : ରୋଷଇଟା ମୋର ଗୋଟେ ହବି , ତା'ଛଡ଼ା ସବୁବେଳେ ସେଇ ଗୋଟେ ସ୍ତ୍ରୀ ଲୋକର ହାତରନ୍ଧା ଖାଇବା ଅପେକ୍ଷା ମଝିରେ ଦିନେ ଦିନେ କମ୍ ମସଲା, କମ୍ ତେଲର ରୋଷେଇ କରି ଖାଇବା ଭଲ।

ସୁଜାତା : ରୋଷେଇକୁ ନେଇ ତମର ସ୍ୱାଧୀନ ଚିନ୍ତାଟା ଶୁଣିକି ଭଲ ଲାଗିଲା। କାରଣ ମୋ'ଭଳିଆ ରୋଷେଇ ଜାଣିନଥିବା ଝିଅଟେ ବାହାହେଲେ ଅଧାଦିନ ଓପାସ ରହିବାକୁ ପଡ଼ିବ ବିଚରା ସ୍ୱାମୀକୁ। ତେଣୁ ରୋଷେଇ ଜାଣିଥିବା ବରଟେ ଆଜିକାଲି ନିହାତି ଦରକାର। ହଉ...ସଂକ୍ଷିପ୍ତରେ...ମେନି ଥ୍ୟାଙ୍କସ୍ ଫର୍‌ଦ ଟେଷ୍ଟି ଡ଼ିନର ! ମୁଁ ଉଠୁଚି।

(ବାସନ ନେଇ ବେସିନ୍‌ରେ ପକେଇବା ଶବ୍ଦ)

ସଂଜୟ : ଆହା-ଇଏ କଣ କରୁଚ ସୁଜାତା ? ଆଫଟର ଅଲ୍...ତମେ ଏ ଘରେ ମୋର ଗେଷ୍ଟ୍ ! ବାସନ କଣ ମାଜିବା ପାଇଁ ନେଲ ?

ସୁଜାତା : କାଇଁ , ମୁଁ କଣ ସାଇବାଣୀ ? ମୁଁ ଖାଇବି ଆଉ ତମେ ବାସନ ମାଜିବ ? ମୁଁ ମାଜିଦେବି।

ସଂଜୟ : ନୋ-ନୋ ! ତା'କେମିତି ହବ ? ତମେ ମୋର ଗେଷ୍ଟ୍ ! ଦିଅ... ମତେ ସେ ବାସନଗୁଡ଼ା ଦିଅ... (ବାସନ ନେଇ ସିଙ୍କ୍‌ରେ ପକାଇବା ଶବ୍ଦ)। ଆହେ ସଂଗୀତ। ତା'ପରେ ଖଟ ଉପରକୁ ଗଲା ସୁଜାତା ଓ ଶବ୍ଦ କରି ହାଇ ମାରିଲା)

ସୁଜାତା : (ହାଇ ମାରୁମାରୁ) ଥ୍ୟାଙ୍କ୍ୟୁ ! ମତେ ନିଦ ମାଡ଼ିଲାଣି। ମୁଁ ଶୋଉଚି। ଶୋଇଲି ସଂଜୟ ! ଗୁଡ଼୍ ନାଇଟ୍ !

(ସୁଜାତା ଯାଇ ଶୋଇପଡ଼ିଲା ସଂଜୟର ଖଟ ଉପରେ)

ସଂଜୟ : ଆ'ମିନିଟ୍ ! ଟିକିଏ ରହିଯା ସୁଜାତା। ଏସିଟା ଲଗେଇ ଦଉଚି। ଏଇ ବେଡ଼୍‌ସିଟ୍‌ଟା ନିଅ, ଥଣ୍ଡା ହେଲେ ଘୋଡ଼େଇ ହେଇ ପଡ଼ିବ ! ରୁହ ରୁହ, ମୁଁ ଘୋଡ଼େଇ ଦଉଚି ହେଲା ଓ.କେ ? ଗୁଡ଼୍ ନାଇଟ୍ !

(ଆବହ ସଂଗୀତ)

ସଂଜୟ : ଦରଜାଟା ଭିତରପଟୁ ଦେଇଦିଅ, ମୁଁ ଯାଉଛି।

ସୁଜାତା : କୁଆଡ଼େ ? କୁଆଡ଼େ ଯାଉଛ ?

ସଂଜୟ : ଶୋଇବାକୁ ! ଆଉ କୁଆଡ଼େ ?

ସୁଜାତା : କାଇଁକି ଏଇଠି ? ଏ ଖଟରେ କଣ ଜାଗା ହବନି ?

ସଂଜୟ : ତମ ମୁଣ୍ଡ ଖରାପ ନା କଣ ? ବାହାଘର ନ ହେଲା ଯାଏଁ ଏକା ଖଟରେ ଶୋଇବା କଣ ସମ୍ଭବ ?

ସୁଜାତା : ସବୁ ସମ୍ଭବ, ଅଫଟର ଅଲ୍ ,ମୁଁ ତମର ଗେଷ୍ଟ୍ !

ସଂଜୟ : ସେଇଥିପାଇଁ ଖଟଟା ଛାଡ଼ି ଦେଲି, ମୁଁ ଏ ତକିଆଟା ନେଇ ସୋଫା ଉପରେ ଡ୍ରଇଂରୁମ୍‌ରେ ଶୋଇଯାଉଛି ।

(ଆବହ ସଂଗୀତ ପରିବର୍ତ୍ତନ ହେଲା । ତା ପରେ ମୋବାଇଲ୍ ରିଙ୍ଗ ହବା ଶବ୍ଦ)

ସୁଲତା : ହାଲୋ ! ସୁଜାତା... କଣ ସକାଳୁ ସକାଳୁ ?

ସୁଜାତା : ଉଠିଲଣି ? ମୁଁ ସୁଜାତା କହୁଛି ।

ସୁଲତା : କୋଉଠି ରହିଲୁ କାଲି ? ବାପାଙ୍କ ସାଙ୍ଗ ଆସିଥିଲେ ?

ସୁଜାତା : ଆସିଥିବେ, ମୁଁ ଜାଣିନି, ଆସିଥିଲେ ବା ମତେ ଚିହ୍ନିପାରନ୍ତେ କେମିତି ?

ସୁଲତା : ଆଉ କଣ ହୋଟେଲରେ ରହିଲୁ ?

ସୁଜାତା : ନାଇଁ ଲୋ, ଅଚାନକ ସଂଜୟ ସାଙ୍ଗରେ ଦେଖା ହୋଇଗଲା ।

ସୁଲତା : କେମିତି ?

ସୁଜତା : କୁଆଡେ ଅଫିସ୍ କାମରେ ଭୁବନେଶ୍ୱର ଆସିଥିଲେ । ଆମେ ଗୋଟେ କମ୍ପାର୍ଟମେଣ୍ଟ୍‌ରେ ଥିଲୁ ।

ସୁଲତା : ସେଇଠୁ !

ସୁଜତା : ବରଦେଖା ହେଇଗଲା । ଇଣ୍ଟରଭ୍ୟୁରେ ପାସ୍ କରିଗଲା ସଂଜୟ ।

ସୁଲତା : ତାର ସାଙ୍ଗମାନଙ୍କୁ ଭେଟିବାକୁ ପଡ଼ିବ ।

ସୁଜତା : ଦରକାର ନାଇଁ , ମୁଁ ବର୍ତ୍ତମାନ ତା' ରୁମ୍‌ରେ ଶୋଇଚି , ଭିତରୁ କବାଟ ବନ୍ଦ । ସଂଜୟ ଡ୍ରଇଂରୁମ୍‌ରେ ଶୋଇଚି, ବାପାଙ୍କୁ କହିଦବୁ । ବାହାଘର ଏଇଠି ହବ (ସାହାନାଇ ଓ ଟିକିରା ଶବ୍ଦ ଓ ହୁଳହୁଳି) ।

ବିରଳ ଉପଦ୍ରବ

ବିରଳ ଉପଦ୍ରବ

ସଂକ୍ଷିପ୍ତିକା

ପ୍ରଚଳିତ ଉତ୍ତର ଆଧୁନିକ ବନାମ ଉତ୍ତର ଧନତାନ୍ତ୍ରିକ ସାଂସ୍କୃତିକ ବ୍ୟବସ୍ଥାରେ ଉପଭୋକ୍ତାବାଦ ଓ ଭୌତିକ ସ୍ୱାର୍ଥର ପରିଣାମଟି ଏତେ ତୀବ୍ର ଯେ ସ୍ନେହ, ପ୍ରେମ ଓ ମାନବିକତା ପ୍ରଭୃତି ଚିରନ୍ତନ ମୂଲ୍ୟବୋଧ ଗୁଡ଼ିକର ବନ୍ଧନ ଶିଥିଳ ହୋଇଯାଉଛି ଏବଂ ଯୁବ ସମାଜ କ୍ରମଶଃ ଅପରାଧପ୍ରବଣ ହୋଇ ଉଠୁଛନ୍ତି।

ସମାଜରେ, ପରିବାର ଭିତରେ, ପତି, ପୁତ୍ର, ପତିପତ୍ନୀ, ଓ ପ୍ରେମିକ ପ୍ରେମିକାଙ୍କ ସଂପର୍କରେ ଯେଉଁ ଆବିଳତା ଓ ବିଘଟନ ପ୍ରବେଶ କରିଛି, ସେଥିରେ ହଜିଯାଉଛି 'ବୈକୁଣ୍ଠ ସମାନ' ଘରର ସଂଜ୍ଞା ଏବଂ ମାନବୀୟ ସମ୍ବେଦନାର ସମସ୍ତ ପରିଭାଷା। ବରଂ ମଣିଷ ତା'ର ମଣିଷପଣିଆ ହରାଇ ପାଶବିକତାର ଆଶ୍ରୟ ନେବା ଫଳରେ ସମଗ୍ର ସମାଜ ପ୍ରଦୂଷିତ ହେଉଛି। ଗୋଟିଏ ପଟେ ଉପଭୋକ୍ତାବାଦର ପ୍ରାବଲ୍ୟ ଓ ମଣିଷ ଏକ ବସ୍ତୁବାଚକ ବିଶେଷ୍ୟରେ ରୂପାନ୍ତରିତ ହେବାର ଉଦାହରଣ ଦର୍ଶକର ଆତ୍ମାକୁ ବିଦ୍ଧ କଲାବେଳେ ଭଲପାଇବା ଓ ମାନବିକତାର ସେତୁଟିଏ ନିର୍ମାଣ କରୁଛନ୍ତି ଏ ନାଟକର ମନୋଜ ଓ ଶତାବ୍ଦୀ।

ପ୍ରଚଳିତ ବ୍ୟବସ୍ଥାରେ ମଣିଷ ଉଚ୍ଚଶିକ୍ଷିତ ହୋଇପାରେ, ଡିଜିଟାଲ୍ ଶିକ୍ଷ

ମାଧ୍ୟମରେ ବ୍ରଜ ମଲ୍ଲିକଙ୍କ ଭଳି ସଫଳତାର ଶିଖରକୁ ସ୍ପର୍ଶ କରିବାର ସ୍ପର୍ଦ୍ଧା ରଖି ପାରେ। କିନ୍ତୁ ସ୍ୱାର୍ଥ ଓ ଉଚିତ ମୂଲ୍ୟବୋଧ ଶିକ୍ଷା ଅଭାବରୁ ତାଙ୍କର ପରିବାର ଧସେଇ ପଡୁଛି ବିପର୍ଯ୍ୟୟ ଭିତରକୁ। ଏହା ଆମ ସଂସ୍କୃତିରେ ଘଟୁଥିବା ଏକ ବିରଳ ଉପଦ୍ରବ।

-୦-

ଦୃଶ୍ୟ -୧

(ଏହା ଏକ **Multi-Set** ମଂଚ। ସାଇକ୍ଲୋରାମା ନାହିଁ। ମଂଚର ପଛପଟେ ଷଡ଼ ଦାରୁକ ଆଡ଼କୁ ମଂଚ ଉପରକୁ ଉଠିବା ପାଇଁ ତିନୋଟି ପାହାଚ ଅଛି। ସେଇବାଟେ ବାହାରୁ ଚରିତ୍ରମାନେ ପ୍ରବେଶ କରନ୍ତି।

ଚରିତ୍ରମାନେ ପ୍ରବେଶ କଲାପରେ ବାମପଟକୁ ତିନୋଟି ପାହାଚ ଉଚ୍ଚରେ ରହିବ ବ୍ରଜସୁନ୍ଦର ମଲ୍ଲିକଙ୍କ ଘର। ବ୍ରଜବାବୁ (ବୟସ ସତୁରି) କୋଟିପତି ଓ ଗୋଟିଏ ଇଲେକ୍ଟ୍ରୋନିକ୍ସ ଓ ଆଇ.ଟି. କମ୍ପାନୀର ମାଲିକ। ପ୍ରତି ତିନି ମାସରେ ଥରେ ସେ ସିଂଗାପୁର, ଲଣ୍ଡନ କିମ୍ବା ୱାସିଂଟନ୍ ଯାଆନ୍ତି।

ମଂଚ ଆଲୋକିତ ହେଲା ବେଳକୁ ବ୍ରଜ ସୁନ୍ଦରଙ୍କ ଦୁଇ ପୁଅ ଭିକି ଓ ରକି ବ୍ରଜଙ୍କ ଦେହ ହାତକୁ ଶିକୁଳିରେ ବାନ୍ଧି ଧକ୍‌କା ଦେଇ ଦେଇ ପଛପଟୁ (**Up Stage**) ଆଣି ତାଙ୍କ ଘର ଭିତରକୁ ଫୋପାଡ଼ି ଦେଲେ। ରକି ହାତରେ ଗୋଟେ ଦସ୍ତାବିଜ ଧରିଛି। ରକି ଧମକ ଦେଉଛି:)

ରକି : ସାଇନ୍ କର। ଏ ଦସ୍ତାବିଜରେ ସାଇନ୍ କର।

ବ୍ରଜ : ନାଁ, ମୁଁ ଏ ୱିଲ୍‌ରେ ଦସ୍ତଖତ କରିବି ନାଇଁ।

ଭିକି : ନ କଲେ ତମକୁ ବାଡ଼େଇ ବାଡ଼େଇ ମାରିଦବୁ ବାପା। ଆଜି ତମ ସମସ୍ତ ସମ୍ପତ୍ତିର ଭାଗ ବଣ୍ଟା ହବ।

ରକି : କୁହ ବାପା, ତମର ଏ ବିରାଟ ବଂଗଳାଟା କାହାକୁ ଦବ?

ଭିକି : ଆଉ ଶୈଳଶ୍ରୀ ବିହାରର ସେ ଡୁ୍ୟପ୍ଲେକ୍ସ କୋଠାଟା? ଭାଇ ଯଦି ଏଇଟା ନବ - ମୋ ନାଁରେ ସେ ଶୈଳୀଶ୍ରୀ ବିହାର ବଂଗଳାଟା ଲେଖେଇ ଦିଅ।

ବ୍ରଜ : ମୁଁ ଦି'ଟା ଯାକ ଘର ବିକ୍ରି କରି ଦେଇଛି।

ଭିକି : କ'ଣ କହିଲ, ଏ ଘର ଆଉ ଶୈଳଶ୍ରୀ ବିହାର ଘର- ଦି' ଟା ଯାକ ବିକ୍ରି କରିଦେଲ? ଆମେ ତା'ହେଲେ ରହିବୁ କୋଉଠି?

ବ୍ରଜ : ପଡିଆରେ ତମ୍ବୁ ପକେଇ ରୁହ। ନ ହେଲେ ନିଜେ ଗୋଟେ ଘର ତିଆରି କର। ମୋ' ସଂପତ୍ତିରୁ କାଣିଚାଏ ବି ଦେବିନି ତମେ ଦୁଇଟା କ୍ରିମିନାଲ୍‌ଙ୍କୁ।

ରକି : କ'ଣ କହିଲ ? ଆମେ ଦିଇଟା ତମ ପୁଅ ନୁହଁ – କ୍ରିମିନାଲ୍ ? (ହାତ ଉଞ୍ଚେଇଲା ମାରିବା ପାଇଁ)

ବ୍ରଜ : ଦିଇଟା କୁକୁର... ପାଗଳା କୁକୁର ! ଶଳେ ଛ' ଛ' ମାସ ଜେଲ୍‌ରେ ରହି ଫେରିଚ। ଖଣ୍ଡା ଫାର୍ସା ଧରି ରାସ୍ତାରେ ଯାଉଥିବା ଲୋକଙ୍କୁ ଲୁଟି କରୁଚ ! ଦୋକାନ ବଜାରରୁ ଜବରଦସ୍ତ ଚାନ୍ଦା ଆଦାୟ କରୁଛ। ଡ୍ରଗ୍‌ସ୍ ଖାଇ, ବ୍ରାଉନ୍ ସୁଗାର ଚୋରା କାରବାର କରୁଛ।

ଭିକି : ତମ ଲାଗି। ତମେ ପୋଲିସ୍ ଡାକି ଆମକୁ ଜେଲ୍‌କୁ ପଠେଇଥିଲ ! ତମେ !

ରକି : ତମେ ପୋଲିସକୁ ପଇସା ଦେଇ ଆମକୁ ହାଜତରେ ମାଡ଼ ଖୁଆଇଚ।

ବ୍ରଜ : କାହା ଅନୁମତିରେ ମୋ' ଫ୍ୟାକ୍‌ଟରୀ ଅଫିସ୍‌କୁ ଆସି ମୋ' ଡ୍ର ଭିତରୁ ଦି'ଟା ଲକ୍ଷେ ଟଙ୍କିଆ ବଣ୍ଡଲ୍ ନେଇଥିଲ ? କୋଉ ସାହସରେ ତମେ ମତେ ମର୍ଡ଼ର କରିବ ବୋଲି ଧମକ ଦେଇଥିଲ ?

ଭିକି : ତମକୁ ସାବଧାନ କରି ଦଉଛୁ ବାପା। ମୁଁ ତମର ବଡ଼ ପୁଅ !

ବ୍ରଜ : ଲଜ୍ଜା ଲାଗୁଚି ମତେ ! ବଡ଼ପୁଅ ମୋର ଗୋଟେ ଡ୍ରଗ୍‌ସ ବେପାରି ଚୋର ଆଉ ଗୁଣ୍ଡା ବୋଲି କହିବା ପାଇଁ ଲଜ୍ଜା ଲାଗୁଛି ମତେ।

ଭିକି : ବାପା ! ବଡ଼ପୁଅର ଭାଗଟା ମତେ ଭଲରେ ଭଲରେ ଦେଇଦିଅ କହୁଚି। ନହେଲେ ତମର ସବୁ ଅନ୍ୟାୟ ଓ ଅତ୍ୟାଚାରର ହିସାବ ନିକାସ କରିଦେବି ଆଜି।

ରକି : ଖାଲି ଲୁହା ଶିକୁଳିରେ ବନ୍ଧା ହେଇଚ ବୋଲି ଖସିଯିବ ଭାବୁଚ ? ତମ ପ୍ୟାଣ୍ଟ୍ ସାର୍ଟ ଉତାରି ବିଛୁଆତି ଡାଳରେ ପିଟାଯିବ।

ବ୍ରଜ : ଧମକ ଦଉଚ ? ଆରେ ବ୍ରଜସୁନ୍ଦର ମଲ୍ଲିକ ଫ୍ୟାକ୍ଟ୍ରି ଚଳେଇଲା ଭିତରେ ବହୁ ଗୁଣ୍ଡାଙ୍କୁ ସାବାଡ଼ କରିଛି। ମନେରଖ ଭିକି ! ତମେ ଯେତେ ଶିକୁଳିରେ ବାନ୍ଧିଲେ ବି ମତେ ଜିତି ପାରିବ ନାହିଁ। ଯେତେ ବିଛୁଆତି ଡାଳରେ ପିଟିଲେ ବି ମୁଁ ଏମିତି ବଂଚିଥିବି। ବ୍ରଜ ମଲ୍ଲିକ ଗ୍ରାସରୁଟ୍ ଲେବେଲ୍‌ରେ ଖଟିଖଟି ଏ ଦେହଟାକୁ ପଥର କରି ଦେଇଛିରେ ! ଶଳା ତମ ବୁଦ୍ଧିବୃତ୍ତି ଦେଖି ମା'ଟା ତମର ଆମହତ୍ୟା କରିଦେଲା,

ତା'ପରେ ତମେ ଦିଇଟାକୁ ମଣିଷ କରିବା ପାଇଁ କ'ଣ ନ କରିଚି ମୁଁ? ଇଂଲିଶ ମିଡ଼ିଅମରେ ପଢେଇଲି। ତା'ପରେ ଦିଲ୍ଲୀ ଜେ.ଏନ୍.ୟୁ.କୁ ପଠେଇଥିଲି। କିଛି ହେଲାନି। ଶଳେ ପାଠ କ'ଣ ପଢ଼ିବ- ମଣିଷ ହେଲ ନାଇଁ।

ରକି : ହେଃ ! ରଖ ତମର ପ୍ରବଚନ ! ସିଧା କୁହ - ତମେ ମରିଗଲା ପରେ ତମ ଫ୍ୟାକ୍ଟ୍ରିର ମାଲିକ ହବ କିଏ? ମୁଁ ନା ଭାଇ?

ଭିକି : ସିଧାସିଧା କୁହ ତମ ପରେ ଏ ଘର କାହାକୁ ଦବ ? ମତେ ନା ରକିକୁ?

ରକି : ସିଧା ସିଧା କୁହ ତମ ରୋଲ୍ସ ରୟେସ୍ କାର୍‌ଟା କାହାର ଆଉ ବୁଗାଟି କାର୍‌ଟା କାହାର ?

ବ୍ରଜ : କିଛି ଦେବିନି। ସବୁ ଝିଅ ନାଁରେ କରିଦେବି।

ଭିକି : ଏ ଘରେ ଝିଅ କିଏ ବାପା? ଶତାବ୍ଦୀ କ'ଣ ଚାରିଚକିଆ ଚଳେଇବ? ସ୍କୁଟି ଖଣ୍ଡେ ହେଲେ ତା'ର କାମ ସଇଲା।

ରକି : ଶତାବ୍ଦୀ କିଏ ବାପା ? ଆଜି ଅଛି - କାଲି ବାହା ହେଇ ପରଘରକୁ ଚାଲିଯିବ। ତମ ସଂପତ୍ତିରେ ଭାଗ ଆମର। ଆମେ ପୁଅ ତମର।

ବ୍ରଜ : ପୁଅ ନୁହ ଶତ୍ରୁ। ତମେ ଦି'ଟା ମୋର ଶତ୍ରୁ।

ଭିକି : ଶତ୍ରୁ କ'ଣ ତମେ ଜାଣିନା ବାପା! ଭିକି ଆଉ ରକି ଭଳି ଜବାନ୍ ପୁଅମାନଙ୍କ ସହିତ ପଙ୍ଗା ନେଇ ତମେ ଯେ ମସ୍ତବଡ଼ ଭୁଲ କରିଚ ବାପା- ସେଇଟା ଆଜି ହିଁ ତମେ ଜାଣିବ... ଗୋଡ଼ ହାତ ବନ୍ଧା ହେଇ ଦି'ଟା ଦିନ ଉପାସ ରହିଗଲେ ଏକାଥରକେ ବୁଝିଯିବ ଶତ୍ରୁତା କ'ଣ?

ରକି : ଛାଡ଼ ଭାଇ! ଶତ୍ରୁ। କ'ଣ କରିବେ ଇଏ ଆମ ସାଙ୍ଗରେ? ୟା'ଙ୍କୁ ଦୟାକରି ଶିକୁଳିଟି ଖୋଲି ଦେ'। ଏଇ ଦସ୍ତାବିଜ୍‌ରେ ଦସ୍ତଖତଟେ କରିଦେଲେ ଆମ କାମ ଫତେ।

ଭିକି : କୁହ ବାପା ଦସ୍ତଖତ କରିବ ନା ନାଇଁ?

ବ୍ରଜ : ନା'! କ'ଣ ଲେଖିଚ ସେ ଦସ୍ତାବିଜ୍‌ରେ?

ରକି : ଆମେ ଲେଖିନୁ ବାପା, ଓକିଲ ପ୍ରକାଶ ମହାନ୍ତି ଲେଖିଛି।

ବ୍ରଜ : କ'ଣ ଲେଖିଚି?

ରକି : ତମେ ମଲାପରେ ତମର ଫ୍ୟାକ୍‌ଟ୍ରୀ, ଘର, କାର୍ ଆଉ ବ୍ୟାଙ୍କ୍ ବାଲାନ୍ସ କିଏ ପାଇବ ସେ ସଂପର୍କରେ ଗୋଟେ ୱିଲ୍ କର।

ବ୍ରଜ : ନା, ମୁଁ କାହାକୁ କିଛି ଦେବିନି । ଏ ଘରଟାକୁ ବୃଦ୍ଧାଶ୍ରମକୁ ଦେଇଦେବି । ଆଉ ଶୈଳଶ୍ରୀବିହାର ଘରଟା ମୋ' ଝିଅର ଯୌତୁକରେ ଯିବ ମୋର ଭବିଷ୍ୟତର ଜ୍ୱାଇଁ ପାଖକୁ ।

ଭିକି : ଆଉ ଆମେ ? ଆମେ କ'ଣ ଶିଶୁପାଳ ହେଇ ଚାହିଁ ବସିଥିବୁ ? ଆଜି ଦସ୍ତଖତ କର ।

ରକି : ଏଇ ! ବର୍ତ୍ତମାନ ! ବର୍ତ୍ତମାନ ସାଇନ ୍ ମାର ନ ହେଲେ ବାଡେଇ ବାଡେଇ ତମ ଗୋଡ଼ହାତ ଭାଙ୍ଗିଦବୁ ।

ବ୍ରଜ : ତଥାପି ମୁଁ ବଂଚିବିରେ ଚଣ୍ଡାଳ ! ଭିକି ମଲ୍ଲିକ ଆଉ ରକି ମଲ୍ଲିକକୁ ମୁଁ ଡରିନି । ମୁଁ କ'ଣ କରିବି ସବୁ ଠିକ୍ କରି ସାରିଛି । ନେଇଯାଅ ଏ ଉଇଲ୍ ! ମୁଁ ସେଇଥିରେ ଦସ୍ତଖତ କ'ଣ... ମୋ' ହାତକୁ ଆସିଲେ ସେଇଟାକୁ ଟିକ୍‌ଟିକ୍ କରି ଚିରିଦେବି ।

ରକି : ତା'ହେଲେ ତମେ ବି ମନେରଖ । ୱିଲ୍‌ରେ ଦସ୍ତଖତ ନ କଲା ଯାଏଁ ତମର ହାତରୁ ଶିକୁଳି ଖୋଲାଯିବ ନାହିଁ ।

ଭିକି : ଖାଲି ସେତକି ନୁହେଁ । ଏଇଠି ବନ୍ଧା ହେଇ ପଡିଥିବ । ଭାତ କ'ଣ ପାଉଁରୁଟି ଖଣ୍ଡେ ମଧ୍ୟ ମିଳିବନି- ପାଣି ଟୋପାଏ ମଧ୍ୟ ମିଳିବ ନାହିଁ । (ଗୋଟେ ଧକ୍କା ଦେଲା । ବ୍ରଜ ପଡିଗଲେ ତଳେ । ଆବହ ସଂଗୀତରେ ପୁରୁଷ କଣ୍ଠରେ ଏକ ଲମ୍ବା ଶାସ୍ତ୍ରୀୟ ଆଳାପ । ତା'ପରେ Key boardରେ କରୁଣ ରାଗିଣୀ । କୋରାଲ ୍ ହମିଂ ଦିଆଯାଇପାରେ । ଭିକି ଓ ରକି ଚାଲିଗଲେ । ଅତି କଷ୍ଟରେ ଉଠିଲେ ବ୍ରଜ । ଉଠି ପାରିଲେ ନାହିଁ । ହଠାତ ୍ କଲିଂବେଲ ବାଜିଲା ଓ ପ୍ରବେଶ କଲେ ସତ୍ୟରଂଜନ ବେହେରା । ବୟସ ୫୫ । ବ୍ରଜ ମଲ୍ଲିକଙ୍କ ଶାଳକ ଓ ଭିକି, ରକିଙ୍କ ମାମୁ । ଘର ଭଦ୍ରକ । ପ୍ରତି ଦି' ମିନିଟ୍‌ରେ ଥରେ ଗୋଟେ ପଲିଥିନ୍ ପାଉଚ୍‌ରେ ଥିବା ଦେଶୀ ମଦ ପିଅନ୍ତି ।)

ସତ୍ୟ : ବ୍ରଜଭାଇ ! ବ୍ରଜଭାଇ ! ଭିକି... ! ଆରେ ଘରେ କିଏ ଅଛ ନା କିସ ? ଶଳା ସିଲୁ ଅପାଟା ଚାଲିଗଲା ପରେ ଏ ଘରୁ ଲକ୍ଷ୍ମୀ ଚାଲିଗଲା । (ପିଇଲେ) (ବ୍ରଜବାବୁଙ୍କ ମୋବାଇଲ୍ ବାଜିଲା, କିନ୍ତୁ ତାଙ୍କ ହାତ ବନ୍ଧା ହୋଇଥିବାରୁ ସିଏ ପକେଟ୍‌ରୁ ମୋବାଇଲ ବାହାର କରି ପାରୁ ନଥିଲେ । ସତ୍ୟ ମୋବାଇଲ୍ ଶବ୍ଦ ଆସୁଥିବା ସ୍ଥାନ ଆଡ଼କୁ ଚାହିଁ ଦେଇ କାବା ହେଇଗଲେ । କ୍ରାସ୍ ଶବ୍ଦ ଓ ସାରେଗାମା ବାଣୀରେ ଦ୍ରୁତ

ଆଳାପ। ଘର ଭିତରେ ଏକ ସ୍ୱତନ୍ତ୍ର ସ୍କଟ୍‌ରେ ବ୍ରଜ ମଲ୍ଲିକ ପୀଡ଼ା ଓ ଯନ୍ତ୍ରଣାରେ ଛଟପଟ ହେଉଥିଲେ। ସତ୍ୟରଂଜନ ପାଖରେ ପହଞ୍ଚିଲେ ଓ ବ୍ୟସ୍ତ ହେଇ ମୋବାଇଲ୍‌ଟା ବାହାର କରି ତାଙ୍କ କାନରେ ଲଗେଇ ରଖୁରଖୁ ପଚାରିଲେ)

ସତ୍ୟ : କିଏ ? କିଏ ଏମିତି କରିଚି ତମକୁ ? ମୋ' ନିଶାଟା ଛାଡ଼ିଯାଉଛି ଶାଳା।

ବ୍ରଜ : (ଉତ୍ତର ନ ଦେଇ ଫୋନ୍ ଧଇଲେ) ହଁ, ମୁଁ ବ୍ରଜ ମଲ୍ଲିକ କହୁଚି। ଆପଣ କୋଉଠୁ କହୁଛନ୍ତି ? ପୋଲିସ ଷ୍ଟେସନ୍‌ରୁ ? ଆଜ୍ଞା ! ଆସନ୍ତୁ ସାର୍... ଶୀଘ୍ର ଆସନ୍ତୁ। ନିଜ ଆଖିରେ ଦେଖି ଦେଇଯିବେ। କ'ଣ କହିଲେ ? ଆସୁଛନ୍ତି। ଥ୍ୟାଙ୍କ୍ ୟୁ। ମୁଁ ଅପେକ୍ଷା କରିଚି ସାର୍। (ଫୋନ୍ ରଖି) ସତ୍ୟ... ଭଲ ହେଲା ତମେ ଆସିଗଲ।

ସତ୍ୟ : କିଏ ତମର ଏ ଅବସ୍ଥା କରିଚି ବ୍ରଜଭାଇ ?

ବ୍ରଜ : ତମ ଭଣଜାମାନେ ସତ୍ୟ। ତମ ଗୁଣବନ୍ତ ଭଣଜାଦ୍ୱୟ ... ଭିକି ଆଉ ରକି ! ମୋ' ସଂପତ୍ତିରୁ ଭାଗ ମାଗୁଛନ୍ତି।

ସତ୍ୟ : ସେ ଦିଇଟା ଭୟରେ ତ ମୁଁ ତମ ଘରକୁ ଆସିବା ଛାଡ଼ିଦେଲି ବ୍ରଜଭାଇ ! ସେ ଦିଇଟା - ମୁଁ ଶୁଣୁଚି - ଡ୍ରଗସ୍ ଖାଇ ରେଡ୍‌ଲାଇଟ୍ ଜୋନ୍‌ରେ ରାତି କଟାଉଛନ୍ତି ! ଘୋର କଳିଯୁଗ ! ମୋ' ନିଶାଟା ଛାଡିଯାଇଛି। (ପିଇଲେ)

ବ୍ରଜ : କଟଉଥିବେ ହେ ସତ୍ୟ ! ତମ କଥାକୁ ମୁଁ ଜମା ଅବିଶ୍ୱାସ କରିବି ନାହିଁ। ସେଗୁଡ଼ାକ ଭୁଜାଲି ଧରି ଲୁଟପାଟ ଛିନ୍‌ତାଇ କରୁଛନ୍ତି ବିଚ୍ ରାସ୍ତା ଉପରେ। ପ୍ରତି ସପ୍ତାହରେ ପୋଲିସ ଆସୁଚି। ମୁଁ ଲକ୍ଷେ ଦି' ଲକ୍ଷ ଲାଞ୍ଚ ଦେଇ ସେମାନଙ୍କୁ ଆରେଷ୍ଟ୍ ହେବା ବିପଦରୁ ରକ୍ଷା କରୁଛି। ତମେ ସତ୍ୟ ସେ ମଦଗୁଡ଼ାକ କାହିଁକି ପିଉଛ ?

ସତ୍ୟ : କାହିଁକି ? ଦୁଃଖରେ ବ୍ରଜଭାଇ। ତମ ଦୁଃଖରେ ଭାଗିଦାର ହେବାପାଇଁ ପିଉଛି। କାହିଁକି ରକ୍ଷା କରୁଚ ବ୍ରଜଭାଇ ? ସେଗୁଡ଼ା ଜେଲ୍ ଯାଆନ୍ତୁ।

ବ୍ରଜ : ଯେତେହେଲେ ମୋ' ବଂଶର ଉତ୍ତରାଧିକାରୀ ସେମାନେ ସତ୍ୟ। ତମ ଭଉଣୀଟା ଚାଲିଗଲା ପରେ ମୁଁ ସେମାନଙ୍କୁ ନିଜ ହାତରେ ଖୁଆଇ ଏତ୍ତୁଟେରୁ ଏତ୍ତୁଟେ କରିଛି ହେ। ତମେ କ'ଣ ତମ ଭଣଜାମାନଙ୍କ କ୍ୟାରେକ୍ଟର ଜାଣିନା ? କାନ୍ଧରେ ବସେଇ ବାଲିଯାତ୍ରା ବୁଲେଇଚି।

ହେଲେ... ଏବେ ସେଇ କାନ୍ଧ ଉପରେ ଲୁହା ଶିକୁଳିର ଭାର ସହୁଚି ଏ ଯାଏଁ।

(ପୁରୁଷ କଣ୍ଠରେ ସେଇ High pitch ଆଳାପ। ତା'ପରେ Key board କିମ୍ବା Violin) (କରୁଣ ଏବଂ କ୍ଲାନ୍ତ କଣ୍ଠରେ) ଭୀଷଣ କଷ୍ଟ ହଉଚି ସତ୍ୟ: ଏଇ ଡିସେମ୍ବରରେ ସତୁରୀ ପାର ହେଇ ଏକସ୍ତରୀ ଚାଲିଲା...। ଏଇ ବୟସରେ... ନିଜ ପିଲାଙ୍କ ହାତରୁ ମାଡ଼ ଖାଇବା ବେଳେ ତାଙ୍କ ମୁହଁ ଉପରକୁ ଛେପ ପକେଇବା ପାଇଁ ଇଚ୍ଛା ହଉଚି। ହେଲେ ପର ମୁହୂର୍ତ୍ତରେ ତମ ଭଉଣୀ ସୁଲୋଚନାର ମୁହଁଟା ଦିଶିଯାଉଛି। ଲାଗୁଚି... ମା' ଛେଉଣ୍ଡ ପିଲା ଦିଇଟାର ମୋ' ଛଡ଼ା ଆଉ କିଏ ଅଛି ? (କହୁକହୁ କାନ୍ଦୁଥିଲେ ବ୍ରଜ)

ସତ୍ୟ : (କାନ୍ଦି ପକେଇଲେ) ସୁଲି ଅପା ଚାଲିଗଲା.. ରକ୍ଷା ପାଇଗଲା ବ୍ରଜଭାଇ ! ଥିଲେ ତାକୁ ମଧ୍ୟ ଲୁହା ଶିକୁଳିରେ ବାନ୍ଧି ଦେଇଥାନ୍ତେ, ବ୍ରଜଭାଇ। ଏ ଦୁଃଖ ଲାଘବ କରିବା ପାଇଁ ଏ ଦେଶୀ ମାଲ୍ ଟିକିଏ ପିଇଦିଅ- ଆଉ ପାଥେଟିକ୍ ଲାଗିବ ନାହିଁ।

(ସତ୍ୟ ଚେଷ୍ଟା କରୁଥିଲେ ବ୍ରଜଙ୍କର ଶିକୁଳି ଓ ପଛପଟେ Hand cuff ପଡ଼ିଥିବା ହାତ ଦୁଇଟାକୁ ଖୋଲିବା ପାଇଁ। ପାରୁ ନଥିଲେ)

ମୋ' ଦେଇ ହଉନି ହେ ବ୍ରଜଭାଇ। ତମ ହାତ ଦି'ଟାକୁ ହାତକଡ଼ି ପକେଇ ଦେଇଛନ୍ତି।

ବ୍ରଜ : ହାତକଡ଼ି ? ହାତକଡ଼ି କୋଉଠୁ ଆଣିଲେ ?

ସତ୍ୟ : ଟଙ୍କା ପଚାଶଟା ଦେଲେ ଚିତ୍ରାଳୟରୁ ହାତକଡ଼ି ମିଳିଯାଉଛି ଭାଇ। ହେଲେ ସେ କୁଳାଙ୍ଗାର ଦିଇଟା ହାତକଡ଼ିରେ ତାଲା ପକେଇ ଦେଇଛନ୍ତି ବୋଧେ ! କ'ଣ କରିବା ? କୁଆଡ଼େ ଗଲେ ସେ ଦିଇଟା ? ଚାବିଟା ମିଳିଲେ ଯାଇ ଖୋଲିବ। କୁଆଡ଼େ ଗଲେ ?

ବ୍ରଜ : ନର୍କକୁ ! ନର୍କକୁ ଯାଆନ୍ତୁ ସେମାନେ ! ମୋର ଚିନ୍ତା କରିବାର କିଛି ନାହିଁ।

ସତ୍ୟ : କାହିଁକି ଏମିତି କଲେ ବ୍ରଜଭାଇ ? କ'ଣ ତମେ ଝଗଡ଼ା କଲ ସେଗୁଡ଼ା ସାଙ୍ଗରେ ?

ବ୍ରଜ : ଆହେ ଝଗଡ଼ା କ'ଣ ? ଗୋଟେ ଓକିଲ ହାତରେ ମୋ'ର ଏଇ ହଜାରେ କୋଟିର ସମ୍ପତ୍ତିଟାକୁ ଉଇଲ୍ କରି ନେଇଯିବାକୁ ବସିଥିଲେ। ହେଲେ ମୁଁ ସେ ଦସ୍ତାବିଜରେ କେମିତି ସାଇନ୍ କରିଦେଇଥାନ୍ତି ବ୍ରଜ ? ମୋର କୋଳପୋଛା ଝିଅଟା ଅଛି। ଅହମଦାବାଦ୍‌ରେ, ଇଣ୍ଡିଆନ୍ ଇନ୍‌ଷ୍ଟିଚ୍ୟୁଟ୍ ଅଫ୍ ମ୍ୟାନେଜମେଣ୍ଟ୍‌ରେ ଏମ୍‌ବି.ଏ. କରିଛି। ଦି' ବର୍ଷର

କୋର୍ସ ଫି ୩୦ ଲକ୍ଷ। ତା'ର ତ ପୁଣି ବାହାଘରଟା କରିବି। କନ୍ୟାଦାନ ନ କଲେ ସୁଲୋଚନାର ଆତ୍ମା ଶାନ୍ତି ହବ କେମିତି ?

ସତ୍ୟ : ତାକୁ ଆମେରିକା ପଠେଇ ଦିଅ ଭାଇ ! ଏଇଠି ଓଡ଼ିଶାରେ ତା' ପାଇଁ ବର ମିଳିବେ ନାଇଁ। ଫାଲତୁ ଜାଗା... ସେଥିରେ ପୁଣି ଆମ ଭଦ୍ରକରେ କିଏ ଗୋଟେ ଆଖିଦୁରୁଶିଆ ପିଲା ନାହାନ୍ତି।

ବ୍ରଜ : ଭଦ୍ରକରେ ସିନା ନାହାନ୍ତି ସତ୍ୟ, ଭୁବନେଶ୍ୱରରେ ମିଳିଯିବେ। ହେଲେ ଡର ଲାଗୁଚି। ଏ ଦିଇଟା ଯଦି ତା' ଶାଶୂଘରକୁ ଯାଇ କିଛି ଗୋଟାଏ କାଣ୍ଡ କରି ବସନ୍ତି... ମୋ ଝିଅର ଜୀବନ ଆଉ ଭବିଷ୍ୟତ ନଷ୍ଟ ହେଇଯିବ।

ସତ୍ୟ : ଠିକ୍ କଥା। ତା'ହେଲେ ଗୋଟେ ହେଭି ଗୁଣ୍ଡା ଜୋଇଁଟେ ବାଛ। ଏକାଥରକେ କୋଟିପତି ହେଇଥିବ। ଆଉ ଏ ଭିକି ଗୁଣ୍ଡା ରକି ଗୁଣ୍ଡାକୁ ସାବାଡ଼୍ କରି ପାରୁଥିବ, ମିଳିବେ ?

ବ୍ରଜ : ମିଳିବେ, ମିଳିବେ ! ଟିକିଏ ଖୋଜିବାକୁ ପଡ଼ିବ। (ଏଇ ଖୁସିରେ ସତ୍ୟ ଆଉଟିକିଏ ପିଇଲେ)

ସତ୍ୟ : ହଉ ... ସେ କଥା ଛାଡ଼। ଆଗ କହିଲ ବ୍ରଜ ଭାଇ ! କ'ଣ ଖାଇଚ ନା ନାହିଁ ସକାଳୁ ?

ବ୍ରଜ : ଖାଇଚି... ଖାଇଚି। ଗୁଡ଼େ ବିଧା ଚାପୁଡ଼ା ଖାଇଚି ହେ ସତ୍ୟ। ତମ ଗୁଣବନ୍ତ ଭଣଜା ଦିଇଟା ମତେ ଦି' ଦିନ ଉପାସରେ ରଖିବେ ବୋଲି ଧମକ ଦେଇ ଚାଲି ଯାଇଛନ୍ତି। ୱିଲ୍‌ରେ ସାଇନ୍ କଲେ ଶିକୁଳି ଖୋଲିବେ, ତା'ପରେ... ହାତଟା ଫ୍ରି ହେଲେ ତ ଖାଇବି।

ସତ୍ୟ: ଛିଛିଛି ଛିଛି... ରୁହ... ମୁଁ ଯାଉଚି... ପାଖ ହୋଟେଲରୁ କିଛି ସିଙ୍ଗଡ଼ା କଚୋଡ଼ି ନେଇ ଆସୁଛି। ମିଶି କରି ଖାଇବା। (ଯାଉଥିଲେ)

ବ୍ରଜ : ଶୁଣ ସତ୍ୟ ! ମୋ ପକେଟ୍‌ରେ ହାତ ପୁରେଇ ଦେଖିଲ... ମନିପର୍ସଟା ଅଛି ନା ନାଇଁ...(ଫେରି ବ୍ରଜଙ୍କର ପ୍ୟାଣ୍ଟ୍ ପକେଟ୍‌ରୁ ୱାଲେଟ୍ (Wallet)ଟା ବାହାର କଲେ)

ବ୍ରଜ : ଟଙ୍କାଟା ବାହାର କର। ଗୋଟେ ୫୦୦ ଟଙ୍କିଆ ଧର ଆଉ ଯାହା ପାରୁଚ ଗରମ ଗରମ ନେଇକି ଆସିବ। ଦି'ଜଣ ଯାକ ଖାଇବା।

ସତ୍ୟ : ସାଙ୍ଗେ ସାଙ୍ଗେ ଯାଉଚି। ମୁଁ ଅଛି ବ୍ରଜଭାଇ ! ମୁଁ ଖୁଆଇ ଦେବି। ଜମାରୁ ପରୁଆ ନାଇଁ... ଚାଲିଗଲେ।

(ସ୍ପଟ୍ ପଡ଼ିଲା ବ୍ରଜ ଉପରେ ଆବହ ସଂଗୀତ ଗମ୍ଭୀର)

ବ୍ରଜ : ଚଷମାଟା କୁଆଡ଼େ ଗଲା ? ଖାଲି ଆଖିରେ କିଛି ଦେଖା ଯାଉନି। ସାରା ଦିନ ଅନ୍ଧକାର। ଲାଗୁଚି, ବର୍ତ୍ତମାନଟା ଅନ୍ଧକାର... ଭବିଷ୍ୟତଟା ବି ସେତିକି। କିଏ ଗୋଟେ ଦାର୍ଶନିକ କହିଥିଲା: ମଣିଷ ଶଙ୍ଖଳହୀନ ହେଇ ଜନ୍ମ ହେଇଥିଲା, କିନ୍ତୁ ଶୃଙ୍ଖଳମାନେ କ'ଣ ଏଇ ଲୁହା ଶିକୁଳି ? ବ୍ରଜସୁନ୍ଦର ମଲ୍ଲିକ ! ତମକୁ ଏ ଶୃଙ୍ଖଳ ଭାଙ୍ଗିବାକୁ ପଡ଼ିବ। ଉନ୍ମାଦମାନଙ୍କର ସ୍ୱାର୍ଥର ଶୃଙ୍ଖଳ... ସେଗୁଡ଼ାକୁ ଅତିକ୍ରମ କରିବାକୁ ହେବ। ନହେଲେ ଏମାନେ ଚିରନ୍ତନ ମୂଲ୍ୟବୋଧମାନଙ୍କୁ ଭାଙ୍ଗିଦେବେ। ମହାନ୍ ପରମ୍ପରାକୁ ଭାଙ୍ଗିଦେବେ।

(ଆବହ ସଂଗୀତରେ ଆଶାର ସଂଚାର। Stroke Instrument ନିଅ ପିଆନୋ କମ୍ୱି ବେଞ୍ଜୋରେ। ସ୍ପଟ୍ ଆଲୁଅରେ ବସିଛନ୍ତି ବ୍ରଜ ମଲ୍ଲିକ। ବାହାରୁ, ଅନ୍ଧାର ଭିତରୁ ଶୁଭିଲା ଖୁବ୍ ଜୋର୍‌ରେ ଖୁସି ହେଇ ଡାକୁଥିବା ଶତାବ୍ଦୀର ସ୍ୱର। (ଶତାବ୍ଦୀର କାନ୍ଧରେ ନାଲି ରଙ୍ଗର ଗୋଟେ (Back Pack) ବ୍ୟାକ୍ ପେକ୍। ସ୍ପଟ୍ ବ୍ରଜଙ୍କ ଉପରୁ କଟି ପୁରା ମଞ୍ଚରେ ଆଲୁଅ ଆସିଲା। ଦେଖାଗଲା ଶତାବ୍ଦୀ ପ୍ରବେଶ କରି ଡେଇଁ ଡେଇଁ ଆସିଲା ଆନନ୍ଦରେ। ବାମପଟ ମଞ୍ଚ ଓ ଡାହାଣ ପଟ ମଂଚ ମଝିରେ ଥିବା ଗଳି ଭିତରେ ଡେଇଁ ଡେଇଁ ଘୁରିଘୁରି ବଡ଼ ପାଟିରେ ନିମ୍ନ ସଂଳାପଟି କହିବ)

ଶତାବ୍ଦୀ : ବାପା... ବାପା... ମୋର କ୍ୟାମ୍ପସ୍‌ରେ ପ୍ଲେସ୍‌ମେଣ୍ଟ୍ ହୋଇଗଲା... ଚାକିରି ନୋଇଡ଼ାରେ। ବର୍ଷକୁ ଚଉଦ ଲକ୍ଷ ବାପା...। ମତେ ମିଠାଇ ଖାଇବାକୁ ଦିଅ... ନହେଲେ ମୁଁ କଲାକଂଦ୍ ଆଣିଛି। ନିଅ। ଖାଇବ। (ଏହା କହି ପାହାଚ ଚଢ଼ି ତାଙ୍କ ଘର ଭିତରକୁ ଯିବା ପୂର୍ବରୁ ତା' ଆଖିରେ ପଡିଗଲା ଶିକୁଳି ବନ୍ଧା ହୋଇପଡ଼ିଥିବା ବାପାଙ୍କ ଦୃଶ୍ୟ। ଗୋଟେ ସାପ କି ଭୂତ ଦେଖିଲା ପରି ଚିତ୍କାର (Screaming) କଲା ଶତାବ୍ଦୀ। ତା'ପରେ...)

ଶତାବ୍ଦୀ : ବାପା ! (କହି ଦୌଡ଼ି ଯାଇ କୁଣ୍ଢେଇ ପକେଇ ଶିକୁଳିଗୁଡ଼ାକୁ ଅଣ୍ଡାଳୁଅଣ୍ଡାଳୁ ପଚାରିଲା)ଏଗୁଡ଼ା କ'ଣ ବାପା ? କିଏ ତମକୁ ଏମିତି ଶିକୁଳିରେ ବାନ୍ଧି ପକେଇଚି ?

ବ୍ରଜ : ତୋର ଭାଇମାନେ !

ଶତାବ୍ଦୀ : କ'ଣ କଲେ ? ତମକୁ ବାନ୍ଧି ଏଇଠି ପକେଇଛନ୍ତି କାହିଁକି ?

ବ୍ରଜ : ମୋ ସଂପତ୍ତିର ଭାଗ ମାଗୁଛନ୍ତି ।

ଶତାବ୍ଦୀ : ଭାଗ... ? ଦେଇ ଦିଅ ତାଙ୍କୁ... ଆଉ ମୋ' ସାଙ୍ଗରେ ନୋଇଡ଼ା ଆସ । ସେଇଠି ରହିବ ମୋ' ପାଖରେ... ମାସକୁ ଦରମା ଦେଢ଼ଲକ୍ଷ ବାପା... ସେଇଠି ଆରାମରେ ରହିବ... ଛାଡ଼ି ଦିଅ ଏ ଫେକ୍ଟ୍ରୀ ଆଉ ଘର ।

ବ୍ରଜ : ନା ! ନୂଆ ପଇସାଟିଏ ଦେବି ନାହିଁ । ଏ ସମ୍ପତ୍ତି ରୋଜଗାର କରିଚି ମୁଁ ! ସବୁ ତୋ' ନାଁରେ କରିଦେବି ।
ଶୈଳଶ୍ରୀବିହାର ଘରଟା ବିକିଦେଲି ପାଞ୍ଚକୋଟି ହେଲା । ତୋର ଆକାଉଣ୍ଟ୍ ନମ୍ବର ଟା ଦେ' ମା' ! ଏ ଶିକୁଳି ଖୋଲା ହେବା ମାତ୍ରେ ମୁଁ ଟ୍ରାନ୍ସଫର କରିଦେବି ତୋ' ପାଖକୁ । ହେଲେ ସେ କ୍ରିମିନାଲ୍ ଦିଇଟାକୁ ପାହୁଲାଟାଏ ବି ଦେବିନି । ନୋ, ନେଭର୍ !

ଶତାବ୍ଦୀ : ଏ ଶିକୁଳି କ'ଣ ଖୋଲୁନି ? କାଇଁ ଦେଖି ! (ଶତାବ୍ଦୀ ଶିକୁଳି ଖୋଲିବାକୁ ଚେଷ୍ଟା କରିଛି) ନା, ଲକ୍ କରି ଦେଇଚି । ମୁଁ ଭାଇର ରୁମ୍ ଖୋଜେ... କୁଆଡ଼େ ଗଲେ ସେ କୁଳାଙ୍ଗାର ଦିଇଟା ?

ବ୍ରଜ : ଯାଇଛନ୍ତି ମୋ' ଫେକ୍ଟ୍ରୀକୁ । ସେଇଠି ଯାଇ କ'ଣ କରିବେ ମୁଁ ଜାଣିନି ।

ଶତାବ୍ଦୀ : ଇଏ ତ ବଡ଼ ଅସୁବିଧା କଥା । ତମେ ଖାଇବ କେମିତି ? ଟଏଲେଟ୍ ଯିବ କେମିତି ?

ବ୍ରଜ : ହାତ ଖୋଲିବା ଦରକାର ନାଇଁ । ଖୋଲିଲେ ସେ ଉଇଲ୍ କାଗଜରେ ଦସ୍ତଖତ କରିବାକୁ କହିବେ ।

ଶତାବ୍ଦୀ : ଉଇଲ୍ ? କି ଉଇଲ୍ ?

ବ୍ରଜ : ଗୋଟେ ଓକିଲକୁ ଧରି ତାଙ୍କ ନାଁରେ ସବୁ ସମ୍ପତ୍ତି ବାଣ୍ଟି ଦେଇ ଦସ୍ତଖତ କରିବାକୁ କହୁଛନ୍ତି... ଦସ୍ତଖତ କରିବା ମାତ୍ରେ ମତେ ମାରିଦେବେ । ଆଉ ତତେ ନୂଆ ପଇସାଟେ ବି ଦେବେ ନାହିଁ । ସବୁଠୁ ଭଲ.. ମୋ' ଝିଅର ମଙ୍ଗଳ ପାଇଁ ମୁଁ ଏମିତି ବନ୍ଧା ହେଇ ପଡ଼ିଥିବି, ହେଲେ ସେମାନଙ୍କ ଉଇଲ୍‌ରେ ଦସ୍ତଖତ କରିବି ନାଇଁ...

ଶତାବ୍ଦୀ : ତମେ ଖାଇଚ କ'ଣ ?

ବ୍ରଜ : କିଛି ନାଁଇରେ ମା' ! ତୋ ମାମୁ ଆସିଥିଲା । ଯାଇଚି ହୋଟେଲ୍‌ରୁ ସିଙ୍ଗଡ଼ା ଫିଙ୍ଗଡ଼ା କ'ଣ ଆଣିବ ।

ଶତାବ୍ଦୀ : ମୋ' ପାଖରେ ହଟ୍‌କେଶ୍‌ରେ ଫ୍ରାଏଡ୍ ଟୋଷ୍ଟ ଅଛି । ସେଇଥିରୁ ଦୁଇଟା ଖାଇଦିଅ ।

(ଆବହ ସଂଗୀତ, ତାଳ ସହ । ଶତାବ୍ଦୀ ବ୍ୟାଗ୍‌ରୁ ହଟକେଶ୍ ବାହାର କରି ବ୍ରେଡ୍ ଓ କିଛି କଲାକଂଦ ବାହାର କଲା । ବ୍ରଜଙ୍କୁ ଖୁଆଇ ଦେଲା ଚାମଚ୍‌ରେ । ଆବହ ସଂଗୀତ ମଧୁର, ତାଳ ସହ । ମିନିଟିଏ ଭିତରେ କ୍ରାସ୍ ଶବ୍ଦ । ବାହାରୁ ଧସେଇ ପଶିଲେ ଭିକି ଓ ରକି)

ଭିକି : ଓ ! ତୁ ପଳେଇ ଆସିଲୁ ରକ୍ଷା କରିବା ପାଇଁ ବାପାଙ୍କୁ ?

ରକି : ଏଁ ! ଖାଇବାକୁ ଦଉଚୁ ? ତୁ କିଏବେ ଖାଇବାକୁ ଦବା ପାଇଁ ? ପାଣି ଟୋପେ ବି ଦିଆଯାଇ ପାରିବ ନାହିଁ ।

ଶତାବ୍ଦୀ : ଲାଜ ଲାଗୁନି ତମେ ଦିଇଟାକୁ ? ଯୋଉ ବାପା ହାତ ଧରି ତମକୁ ଦୁନିଆ ଦାଣ୍ଡରେ ବାଟ ଚଲେଇବା ଶିଖେଇଥିଲେ- ତାଙ୍କୁ ଶିକୁଳିରେ ବାନ୍ଧିକି ପଳେଇଚ ? ଲାଜ ଲାଗୁନି ତମକୁ ? ଯୋଉ ବାପା ତମକୁ କାନ୍ଧରେ ବସେଇ ବାଲିଯାତ୍ରା ଦେଖେଇବା ପାଇଁ କଟକ ନେଉଥିଲେ- ତାଙ୍କ କାନ୍ଧ ଉପରେ ଲୁହା ଶିକୁଳି ପକେଇ ଫୋପାଡ଼ି ଦେଇଚ ? ଧିକ୍ ତମ ଜୀବନ ।

ଭିକି : ଏୟ ! ଚୁପ୍ କର ଶତାବ୍ଦୀ ! ଚୁପ୍‌ଚାପ୍ ବସ । ନହେଲେ ତତେ ବି ବାନ୍ଧିକି ପକେଇ ଦବୁ । ଶଳା କୁଆଡ଼େ ବାହାରେ ଥିଲା ଭଲ ଥିଲା- ଏଇଠି ଆସି ପ୍ରବଚନ ଦଉଚି । ବକ୍‌ବକ୍ ହେଲେ ଗୋଡ଼ହାତ ଭାଙ୍ଗିଦେବି ।

ଶତାବ୍ଦୀ : ଏୟ ! ଭିକି ମଲ୍ଲିକ ! ଧମକ ଦଉଚୁ ମତେ ? ଗୋଟେ ମାଡ଼ ମାରିବି ଯେ କରାଟେ ଷ୍ଟାଇଲ୍‌ରେ... ଘର ଭିତରୁ ଯାଇ ଅଗଣାରେ ପଡ଼ିବୁ । କ'ଣ ଭାବିଲୁ ବେ ମତେ ? ମୁଁ ବି ବ୍ରଜ ମଲ୍ଲିକ ଝିଅ ବୋ । ଶତାବ୍ଦୀ ମଲ୍ଲିକ ! ପାଞ୍ଚ ମିନିଟ୍ ସମୟ ଦେଲି । ଖୋଲ ବାପାଙ୍କ ହାତ । ଖୋଲ୍ !

ରକି : ହେଃ ! ତୁ ଆମ ସାଙ୍ଗରେ ଫାଇଟ୍ କରିବୁ ? ତୋ' ହାତ ଦିଇଟାରେ ହେଣ୍ଡକଫ୍ (Hand Cuff) ପକେଇ ଫୋପାଡ଼ି ଦେବି ଗୋଟେ କୋଣରେ । ଜାଣିଚୁ ମୁଁ କିଏ ?

ଭିକି : ଉଠ୍ ! ଉଠ୍ ଏଇଠୁ ! (ହଟ୍‌କେଶ୍ ଓ ବ୍ରେଡ୍ ଫୋପାଡ଼ି ଦେଲା)

ଶତାବ୍ଦୀ : ଭାଇ ! ଛି ! ତତେ ଭାଇ ବୋଲି ଡାକିବାକୁ ଘୃଣା ଲାଗୁଚି ।

ରକି : ଚୋପ୍ ! (ରକି ମାଡ଼ିଆସିଲା ଶତାବ୍ଦୀ ଉପରୁ। ତା'ର ଚୁଟିକୁ ଧରି ଗୋଟାଏ ପଟକୁ ଫୋପାଡ଼ି ଦେଲା)

ବ୍ରଜ : ଏୟ ! କିଏ ମାରିଲା ମୋ' ଝିଅକୁ ?

ରକି : କଣ କରିବ ତମେ? କିଏ ସିଏ ତମର ?

ଭିକି : ଏ ଘରଟା ଯା' ନାଁରେ କରିଦବ ବୋଲି ବୁଢ଼ା ଭାବିଚିରେ ରକି ହେଲେ ଏମିତି ଗୋଟେ ଅନ୍ୟାୟକୁ ଆମେ କେବେ ସହି ପାରିବୁ ନାହିଁ।

ବ୍ରଜ : ମୁଁ ତମ ଦିଇଟାକୁ ତ୍ୟାଜ୍ୟପୁତ୍ର କରିବି।

ଭିକି : ତା' ପରେ ଏ ହଜାର କୋଟିର ସଂପତ୍ତି ଏ ଶତାବ୍ଦୀ ହାତକୁ ଚାଲିଯିବ? ମୁଁ ଏମିତି ଗୋଟେ ଘଟଣା କେବେ ଘଟିବାକୁ ଦେବିନି !

ରକି : ସେଇଥିପାଇଁ ଅହମ୍ମଦାବାଦ୍‌ରୁ ଆସି ଏଠି ପିତୃସେବା କରୁଛି।

ଭିକି : ଧକ୍‌କା ଦେଇ ବାହାର କରିଦେ' ଏଇଟାକୁ। ନ ହେଲେ କୋଉଠି ଗୋଟେ ବାହାଘର କରିଦବା ଏଇଟାକୁ। ସେଇଠି ଯାଇ ଅଖା ଧୋଉଥିବ ଗୁଣ ଗାଉଥିବ।

ଶତାବ୍ଦୀ : ଏୟ ! ଖବରଦାର୍ ! ତମେ ଦିଇଟା ମୋର ବାହାଘର କଲେ ମୁଁ ସେଇଠି ବାହା ହେବି ନାହିଁ କହି ଦଉଚି। କୋଇଁ ନାଁରେ କ୍ରିମିନାଲ୍‌ଟେ ଧରି ଆଣିବ କୋଉଠୁ !

ଭିକି : ବାପା ବୁଢ଼ା ହେଇଗଲେଣି। ତାଙ୍କର ମୁଣ୍ଡ ଆଉ କାମ କରୁନି। ସେଇଥିପାଇଁ ଆମେ ଭାଇମାନେ ତୋ' ବାହାଘର କଥା ବୁଝିବୁ। ଏବଂ ତୁ ଆମ କଥା ମାନିବା ପାଇଁ ବାଧ୍ୟ।

ଶତାବ୍ଦୀ : ଏତେ ଯଦି ଦାୟିତ୍ୱ ନଉଚ ତମେ ଦୁଇଟା ଆଗ ବାହା ହେଉ ପଡୁନ। ଘରକୁ ଯୋଡ଼େ ଭାଉଜ ଆସନ୍ତୁ ପ୍ରଥମେ !

ରକି : ଏୟ! ଭାଇ କଥାରେ ଜବାବ୍ ଦଉଚୁ? ଏଡ଼େ ସାହସ? (ପାଖକୁ ଯାଇ ଶତାବ୍ଦୀର ଚୁଟିକୁ ଧରି ପିଠିକୁ ଗୋଟେ ଧକ୍‌କା ଦେଇ ଫୋପାଡ଼ି ଦେଲା) ଯା- ଯଦି ବାପାର ମଙ୍ଗଳ ଚାହଁୁଛୁ ତା'ହେଲେ ତାଙ୍କୁ ବୁଝା। ତ୍ୟାଜ୍ୟ ପୁତ୍ର କରିବା ଆଗରୁ ଆମ ଭାଗ ସମ୍ପତ୍ତିଟା ଆମକୁ ଦେଇଦେବେ।

ଭିକି : ସଂପତ୍ତିର ଭାଗ ଦେବାକୁ ସିଏ ବାଧ୍ୟ। ନହେଲେ ସବୁ ଶେଷ କରିଦବୁ ଆମେ।

ରକି : ପ୍ରଥମେ କହ ବୁଢ଼ାକୁ ଖାଇବାକୁ ଦବାକୁ କିଏ ତୁ ?

ଶତାବ୍ଦୀ : କ'ଣ କହିଲୁ ସାନଭାଇ ? ବାପାଙ୍କୁ ମୁଁ ଖାଇବାକୁ ଦେବିନି ? କ'ଣ କହୁଚୁ ତୁ? ବାପାଙ୍କୁ ଓପାସ ରଖିବୁ ?

ରକି : ହଁ, ଉପାସ ରହିବ ବୁଢ଼ା। ଏଇ ଉଇଲ୍‌ରେ ସାଇନ୍ ନ କଲା ଯାଏଁ ପାଣି ଟୋପାଏ ମଧ୍ୟ ଦେବିନି। ଶଳା, ବାପା ବୋଲି ମୁଣ୍ଡ ଖାଇବ ଆମର ?

ଶତାବ୍ଦୀ : ତୁ କିଏ ବେ ଏମିତି ? ମୋ' ବାପାଙ୍କୁ ତୁ କ'ଣ ପାଣି ଦବୁ ବେ ? ମୁଁ ଆସିଗଲିଣି ମୁଁ ଥିବା ଯାଏଁ ତତେ ପାଣି ଟୋପେ ବି ଦେବିନି। ସେ ପୂର୍ଝାରି ଟୋକାକୁ ବାହାର କରିଦେବି।

ଭିକି : ଶତାବ୍ଦୀ ! ଛୋଟ ପିଲାଟା ବୋଲି ତତେ ଛାଡ଼ି ଦେଇଥିଲି। ହେଲେ ଆମ ସ୍ୱାର୍ଥରେ ବାଧା ଦେଇ ସଂପତ୍ତିଟା ତୁ ମାରିନବାକୁ ବସିଚୁ। ଏବେ ତୋ କଥା ବି ବୁଝିବାକୁ ପଡ଼ିବ।

ରକି : ଆମେ ଦି' ପୁଅ ଥାଉ ଥାଉ ସଂପତ୍ତି ତୁ ନବୁ ? ଯା- ଯା ଏ ଘରୁ।

ଶତାବ୍ଦୀ : କାହିଁକି ବେ ? ଏଇଟା ଯେମିତି ତୋ' ବାପାର ଘର- ମୋର ବି ସେମିତି ଏଇଟା ମୋ' ବାପାର ଘର।
ଆଗ ତାଙ୍କ ହାତରେ ପଡ଼ିଥିବା ହାଣ୍ଡ୍‌କଫ୍‌ର ଚାବିଟା ଦେ'। ତା'ପରେ ଯାହା କରିବା କଥା ମୁଁ କରିବି।

ଭିକି : ରକି ! ହାଣ୍ଡକଫ୍ ଚାବିଟା ଖୋଲ।

ରକି : ଖୋଲିବି ଯଦି ବୁଢ଼ା ଉଇଲ୍‌ଟାରେ ଦସ୍ତଖତ ଦବ।

ଶତାବ୍ଦୀ : ହାତଟାକୁ ତ ପଛପଟକୁ ନେଇ ବାନ୍ଧି ଦେଉଚ- ସାଇନ୍ କେମିତି କରିବେ ? ଆଗ ଖୋଲ ସେ ହାତ।
(ଆବହ ସଂଗୀତରେ ଉତ୍କଣ୍ଠା। Key board ରେ tensionର ମ୍ୟୁଜିକ୍। ଭିକିର ଇସାରାରେ ରକି ବ୍ରଜ ହାତ ପଛରେ ଥିବା ହାଣ୍ଡକଫ୍ ଖୋଲିଲା। ବ୍ରଜଙ୍କ ହାତ ଶୃଙ୍ଖଳମୁକ୍ତ ହେଲା)

ରକି : ହେଲା ଏଥର? ସାଇନ୍ କର।

ବ୍ରଜ : ପ୍ରଶ୍ନ ଉଠୁନି। ବର୍ତ୍ତମାନ କୋର୍ଟକୁ ଯିବି। ତମ ଦି'ଜଣଙ୍କୁ ତ୍ୟଜ୍ୟ ପୁତ୍ର କରିବି।

ରକି : ଚୋପ୍! (କହି ଗୋଟାଏ ଘୁଷି ମାରିଲା ବ୍ରଜଙ୍କ ମୁହଁକୁ। ମୁହଁରେ ରକ୍ତ କିମ୍ବା ନାଲି ଦାଗ ପଡ଼ି ପାରେ)

ଶତାବ୍ଦୀ : ଭାଇ !

ଭିକି : ଶତାବ୍ଦୀ ! ତୁ କହିଲୁ ବୋଲି ଆମେ ହାତଟା ଖୋଲିଦେଲୁ । ଏବେ ବାପାଙ୍କୁ କହ ସାଇନ୍ କରିବେ ।

ବ୍ରଜ : ନା, ସିଏ କ'ଣ କହିବ ? ମୁଁ ତମ ଦିଇଟାକୁ ତ୍ୟଜ୍ୟପୁତ୍ର କଲି !

ଭିକି : ନୋ !

ରକି : ୟେସ୍ କର ବାପା ? ତମକୁ ଶେଷ ଥର ପାଇଁ କହୁଚି । ସାଇନ୍ କର । କର ସାଇନ୍ । ନହେଲେ ଟିପ ଚିହ୍ନ ଦିଅ ।

ଶତାବ୍ଦୀ : ଟିପ ଚିହ୍ନ ? (ମୋ ବାପା ତିନିମାସକୁ ଥରେ ଆମେରିକା ଯାଉଛନ୍ତି । ସିଂଗାପୁରରେ ତାଙ୍କର ଅଫିସ୍ ଅଛି । ସିଏ ଟିପ ଚିହ୍ନ ଦେବେ ସାନ ଭାଇ ?

ଭିକି : ଅଲ୍‌ବତ ଦେବେ । ନ ହେଲେ ସାଇନ୍ କରିବେ । (ଏ ବାପା ! ସାଇନ୍ କର ! ଦୁଇ ଭାଇ ମିଶି ବ୍ରଜଙ୍କୁ ଟଣାଟଣି ଧସ୍ତାଧସ୍ତି କରି, ମୁଥ ମାରି କହିଲେ)

ଭିକି : ଭଲରେ ଭଲରେ କହୁଚି- ସାଇନ୍ କର ।

ବ୍ରଜ : ନା ।

ରକି : (ଢୋ କରି ଗୋଟେ ଚାପୁଡ଼ା ମାରିଲା)

ଶତାବ୍ଦୀ : ଭାଇ ! ତୋ ହାତଟା ଛିଣ୍ଡି ପଡୁନି ? କୁଷ୍ଠ ହେଇ ଯାଉନି ତୋର ସେଇ ହାତକୁ ! ସତୁରି ବର୍ଷର ବୁଢ଼ା ବାପାଟାକୁ ଚାପୁଡ଼ା ମାରୁଛୁ ?

ବ୍ରଜ : ଏଇଟା ଏଇ ସଭ୍ୟତାର ଗୋଟେ ବିରଳ ଉପଦ୍ରବ ଲୋ ଶତାବ୍ଦୀ ! ଏଇଟା ଆମ ଧନତାନ୍ତ୍ରିକ ସଭ୍ୟତାରେ ମାନବିକତାର ବିରଳ ଅବକ୍ଷୟ ।

ଭିକି : ଫିଲୋସଫି କହୁଚ ନା ସାହିତ୍ୟ କହୁଚ ?

ରକି : ଆବେ ତୋ' ଫିଲୋସଫିକୁ ଗୁଳି ମାରବେ ବୁଢ଼ା । ତ୍ୟଜ୍ୟ ପୁତ୍ର କରିବାକୁ ତୁ କିଏ ?

ଭିକି : ହଜାରେ କୋଟିରୁ ଯଦି ଶହେ କୋଟି ନ ମିଳୁଚି ତା'ହେଲେ....

ରକି : ତା'ହେଲେ... (ଧଡାସ୍ କରି ଗୋଟେ ଛୁରୀ ବାହାର କଲା) ଏଇଟାକୁ ଦେଖୁଚୁ ?

ଶତାବ୍ଦୀ : ଭାଇ ! ଛୁରୀ ଦେଖେଇ ଷ୍ଟେସନ ୍ ପାଖ ପାର୍କରେ ଲୋକମାନଙ୍କ ପକେଟ୍ ମାରୁଛୁ । ଏଇଟା ମୁଁ ଜାଣିନଥିଲି । ବାପାଙ୍କଠୁ ଶୁଣିଥିଲି । ଏବେ ସେ ଛୁରୀଟା ବାପାଙ୍କୁ ଦେଖଉଚୁ ?

ରକି : ଦେଖଉଚି କ'ଣ ବେ ? ପଚାରୁଚି ବୁଢ଼ାକୁ, କୁହ ବାପା !

ଭିକି : ଆରେ ଏଇଟା ବାପା ନୁହଁରେ ଗୋଟେ କଂସେଇ ! ଶଳା ଆମେ ତ ତ୍ୟଜ୍ୟ ପୁତ୍ର- ଏଇଟା ଆମର ବାପା ହବ କିମିତି ? ତ୍ୟଜ୍ୟ ପିତା ହବ !

ରକି : ଆଉ କିଏ ଏଇଟା ? ଗୋଟେ ଇତର ଲୋକ ?

ଭିକି : ହଁ ଇତର ଲୋକ। ତା'ହେଲେ ଆଉ ଗୋଟେ ଚାନ୍ସ ଦେ- ଶେଷଥର ପାଇଁ ପଚାରେ ଆମକୁ ତା' ସଂପତ୍ତିରୁ ଭାଗ ଦବ କି ନାହିଁ ?

ବ୍ରଜ : ଏ ସଂପତ୍ତି ମୁଁ ଦାନ କରିଦେଇଛି। ଏ ଘରକୁ ମୁଁ ବୃଦ୍ଧାଶ୍ରମକୁ ଦାନ କରିଦେଲି। ଏ ପ୍ୟାଲେସ୍ ଭଳି ତିନି ମହଲା ବଂଗଳାରେ ଆମ ଦେଶର ହତଭାଗ୍ୟ ବାପାମାନେ ତାଙ୍କର ବାନପ୍ରସ୍ଥ କାଟିବେ। ପାଞ୍ଚଶହ କୋଟି ଦାନ କରିଦେଲି ବୃଦ୍ଧାଶ୍ରମକୁ। ସେ ପଇସାର ସୁଧରେ ବୃଦ୍ଧାଶ୍ରମ ଚାଲିବ। ହେଲେ... ହେଲେ... ତମେ ଦିଇଟା କ୍ରିମିନାଲ୍ ପାଇଁ ଠିଆ ହେବା ପାଇଁ ଇଂଚେ ମଧ୍ୟ ଜାଗା ଦେବିନାହିଁ। ଯାଇ ଚୋରି ଡକାଇତି କର ନହେଲେ ଭିକ ମାଗ।

(ଅତି ଉତ୍ତ୍ୟକ୍ତ ହେଇ ମାନସିକ ଭାରସାମ୍ୟ ହରାଇ ଭିକି ବାହାର କରିଥିବା ଛୁରୀଟା ପୁରେଇ ଦେଇଛି ବ୍ରଜବାବୁଙ୍କ ପେଟରେ। ବ୍ରଜବାବୁ ଚିତ୍କାର କଲେ। ଆବହ ସଂଗୀତ। କାବା ହେଇ ଠିଆ ହେଇଥିବା ଶତାବ୍ଦୀ ଯାଇ ବାପାଙ୍କୁ ଜାବୁଡ଼ି ଧରିଛି।)

ରକି : ଚାଲ୍ ଭାଇ ! ଏଇଟା ବାପା ସୁଆଗ ଦେଖାଉଥାଉ। ଆମେ ପଳେଇ ଯିବା।

ଭିକି : ଏ ଶତାବ୍ଦୀଟା ଏକଦମ୍ ବଦମାସ୍ ପାଲଟିଯାଇଛି। ଶଳା ଅହମ୍ମଦାବାଦରେ IIM ରୁ MBA କରିଛି ବୋଲି।

ଶତାବ୍ଦୀ : ପୋଲିସ୍‌ରେ ଦେବି ତମ ଦି'ଟାକୁ। କୁଆଡ଼େ ଯାଉଚ? (ମୋବାଇଲ୍ ବାହାର କଲା। ଭିକି ଓ ରକି ତାକୁ ମାଡ଼ ମାରି ପକେଇ ଦେଲେ। ଶତାବ୍ଦୀ ଉଠି ଆସି ବାପାଙ୍କ ପାଖରେ ଠିଆ ହେଲା। ଠରାଠରି ହେଉ ଦି' ଭାଇ ଯିବାକୁ ବାହାରିଲେ)

ବ୍ରଜ : ଆଃ (ଶତାବ୍ଦୀ) ଧରିନେଲା।

ଶତାବ୍ଦୀ : ବା..ପା ! (ଯାଇ ଭିଡ଼ି ଧରିଲା)

ତମେ ଦି'ଟା ମୋର ଭାଇ ନା କଂସେଇ? କ୍ରିମିନାଲ୍ ଦିଇଟା ! ଏବେ

ମୁଁ ପୋଲିସ୍ ଡାକିବି। (ପୁଣି ମୋବାଇଲ ଲଗେଇଲା)

ରକି : ଭାଇ ! ଏଇଟାର ଗୋଡ଼ ହାତ ଭାଙ୍ଗି ପକେଇ ଦେ !

ଭିକି : ଚାଲ ପଳେଇବା। ଇଏ ସେ ବୁଢ଼ାର ଗେହ୍ଲା ଝିଅ ହେଇ ତା'ର ଶବ ସଂସ୍କାର କରୁଥାଉ। ଚାଲ, ଆମେ ପଳେଇବା।

ରକି : ନାଇଁ ଭାଇ। ଏଇ ଡେଞ୍ଜରସ୍ ଝିଅଟା କଥା ଆଗ ବୁଝିବାକୁ ହବ।

(ଦୁଇ ଭାଇ ଗୋଟେ ଦଉଡ଼ି ଆଣି ଶତାବ୍ଦୀର ହାତ ବାନ୍ଧିବାକୁ ଆସିଲେ। ଶତାବ୍ଦୀ କରାଟେ ଫାଇଟିଙ୍ଗ୍ କଲା। ଆବହ ସଂଗୀତ କରୁଣ। ଅତି କଷ୍ଟରେ ଉଠିଲେ ବ୍ରଜ ମଲ୍ଲିକ। ଶତାବ୍ଦୀ ଠିଆ ହେଲା। ଛଟପଟ ହେଇ ତା'ର ବନ୍ଧା ହେଇଥିବା ହାତକୁ ଖୋଲିଲା। ଏବଂ ବାପାଙ୍କ ପାଖକୁ ଗଲା। ଅତି କଷ୍ଟରେ ବଜ୍ର ମଲ୍ଲିକ ଝିଅକୁ କହିଲେ ଭିକି ଓ ରକି ଚାଲିଗଲା ପରେ)

ବ୍ରଜ : ମୁଁ ଯାଉଚି ମା' ! ମୁଁ ମରିଯାଇପାରେ। ହେଲେ ଏମାନଙ୍କ ପାଖରେ ହାରିବି ନାହିଁ। ତା' ପୂର୍ବରୁ ତୁ' ଚାଲିଯା' ଏ ଘରୁ। ମା'ରେ! ନହେଲେ ତତେ ବି ମାରିଦେବେ। ମୋର ବଂଶ ବୁଡ଼େଇ ଦେବେ।

ଶତାବ୍ଦୀ : ତମକୁ ଏ ଅବସ୍ଥାରେ ଛାଡ଼ି କେମିତି ଯିବି ବାପା ?

ବ୍ରଜ : ନହେଲେ ତତେ ମାରିଦେବେ ଲୋ ମା' ! ଯା' ପଳେଇ ଯା - ହଁ... ମୋ' ବେଡରୁମ୍‌କୁ ଯିବୁ। ଗୋଟେ ଏୟାର ବ୍ୟାଗ୍‌ରେ ମୁଁ ସବୁ ରଖି ଦେଇଚି। ତୋ' ବୋଉର କେଜିଏ ପାଖାପାଖି ସୁନା ଗହଣା.. ଆଉ ଶୈଳଶ୍ରୀବିହାର ଘର ବିକା ଟଙ୍କା ପାଞ୍ଚ କୋଟି। ସେଇ ଏୟାର୍ ବ୍ୟାଗ୍‌ରେ ସବୁ ଅଛି। ତାକୁ ନେଇ ପଳେଇ ଯା- ଏଇଠୁ...

ଶତାବ୍ଦୀ : ନାଇଁ ବାପା ! ଧିକ୍ ମୋ' ଜନମ। ମୋ' ଆଖି ଆଗରେ ତମକୁ ଛୁରୀ ମାରି ପଳେଇ ଗଲେ- ମୁଁ କିଛି କରି ପାରିଲିନି। ଏବେ କହୁଛ ପଳେଇ ଯିବି ?

ବ୍ରଜ : ସେ ଶଳେ କୁଆଡ଼େ ଯାଇନାହାନ୍ତି। ଏଇଠି କୋଉଠି ଥିବେ। ପୁଣି ଆସିବେ। ତା' ଆଗରୁ ସେ ବ୍ୟାଗ୍‌ଟା ନେଇ ଚାଲିଯା' ଏଇଠୁ। ଏମାନଙ୍କ ପାଖରୁ ପଳେଇ ଯା'।

ଶତାବ୍ଦୀ : କୁଆଡ଼େ ଯିବି ବାପା ? ଏ ଅଧ ରାତିଟାରେ ଟଙ୍କା ବ୍ୟାଗ୍ ନେଇ କୁଆଡ଼େ ଯିବି ?

ବ୍ରଜ : ଏୟାର୍‌ପୋର୍ଟ ପଳେଇଯା- ରାତି ପାହିଲେ ଦିଲ୍ଲୀ ଫ୍ଲାଇଟ୍, ସେଇଠୁ

ନୋଇଡ଼ା- ପଳେଇ ଯା' (ଠେଲିଦେଲେ ଓ ନିଜେ ଏତକ କଷ୍ଟରେ କହି ତଳେ ପଡ଼ିଗଲେ। ପ୍ରାଣବାୟୁ ଉଡ଼ିଗଲା। ଶତାବ୍ଦୀ 'ବାପା' କହି କାନ୍ଦିଲା। ଆବହ ସଂଗୀତ କରୁଣ। ଉଠିଲା ଶତାବ୍ଦୀ) ତା' ଉପରେ ସ୍ପଟ୍।

ଶତାବ୍ଦୀ : ବାପା ଠିକ୍ କହୁଥିଲେ। ଏଇଠୁ ପଳେଇଯିବା ହିଁ ଉଚିତ ହେବ। କିନ୍ତୁ ବାପା ଯୋଉ ଏୟାର ବ୍ୟାଗଟା କଥା କହୁଥିଲେ... ସେଇଟା କାହିଁ ?

(ଆବହ ସଂଗୀତରେ ଟେନ୍‌ସନ୍। ଶତାବ୍ଦୀ ଦୌଡ଼ି ଯାଇ ଭିତରୁ ବ୍ୟାଗ୍ ଆଣିଲା ଓ ଚାଲିଗଲା। ମଂଚ ଉପରେ ପଡ଼ିଚି ବ୍ରଜ ମଲ୍ଲିକଙ୍କ ଶବ। ବାହାରୁ ଜଳଖିଆ ନେଇ ଫେରିଲେ ସତ୍ୟରଂଜନ। ଆଖିରେ ପଡ଼ିଗଲା ବଜ୍ରଙ୍କର ମୃତଦେହ)

ସତ୍ୟ : କ'ଣ ହେଲା... ମୁଁ ଜଳଖିଆଟା ନେଇ ଥାନାରେ ଟିକିଏ ଅଟକିଗଲି ଯେ ଫେରିଲା ବେଳକୁ ମର୍ଡ଼ର କେଶ୍। ଏଗୁଡ଼ା କି କଥା ? ବଜ୍ର ଭାଇ କାମ ଶେଷ। ଶଳା ନିଶାଟା ଛାଡ଼ିଗଲା। ସିଲୁ ଅପାଟା ଯାଇଥିଲା- ଏବେ ବ୍ରଜଭାଇଟା ଗଲା- ତା' ମାନେ ଭୁବନେଶ୍ୱର ସହିତ ସଂପର୍କ କଟ୍ (Cut) (ପିଇଲେ) ଶଳା- ନିଶାଟା ଛାଡ଼ି ଯାଉଚି। (ମୋବାଇଲ୍‌ରୁ ଥାନାକୁ ଫୋନ୍ କଲେ)

ସତ୍ୟ : କ'ଣ ସାର୍ ? ମୁଁ ସତ୍ୟରଂଜନ କହୁଛି। ଆପଣ ଆସିବା ପାଇଁ ଏତେ ଡେରି କ'ଣ କରୁଛନ୍ତି ? ଏଣେ ଲୋକଟାକୁ ମର୍ଡର୍ କରା ହେଇଗଲାଣି। ଆଉ କେତେବେଳେ ଆସିବେ ? ଶୀଘ୍ର ! କ'ଣ ହେଲା ସାର୍ ? ସବ୍-ଇନ୍‌ସ୍ପେକ୍ଟର ଆସୁଛନ୍ତି ?

(ହଠାତ୍ ପଶି ଆସିଲେ ଜଣେ ସବ୍ ଇନ୍‌ସ୍ପେକ୍ଟର)

ସବ୍-ଇନ୍‌ସ୍ପେକ୍ଟର : କାହିଁ ? ମର୍ଡ଼ର କେଶ୍ ବୋଲି ତ କହି ନଥିଲେ।

ସତ୍ୟ : ମୁଁ କ'ଣ ଜାଣିଥିଲି ସାର୍ ? ଥାନାରୁ ଆସି ଘରେ ପହଞ୍ଚିଲା ବେଳକୁ ଏକାଥରକେ ମର୍ଡ଼ର୍। ଛୁରା ଭୁଷି ଦେଇଛନ୍ତି।

ସ.ଇନ୍ସ. : ଏଇଟା ମଧ୍ୟ ସେ ଭିକି-ରକି ଦି' ଭାଇଙ୍କ କାଣ୍ଡ ନିଶ୍ଚୟ। ସେ ଦିଇଟା ଦୁର୍ଦ୍ଦାନ୍ତ କ୍ରିମିନାଲ୍ ସାର୍। କିନ୍ତୁ ବର୍ତ୍ତମାନ ଆମର ପ୍ରଥମ କାମ ହେଲା ଏଇ ଡେଡ୍ ବଡ଼ିଟା ନେଇ ହସ୍ପିଟାଲକୁ ଯିବାକୁ ହବ। ଡାକ୍ତର ପରୀକ୍ଷା

କରିବେ। ଡେଥ୍ ସାର୍ଟିଫିକେଟ୍ ଦେବେ ସାର୍ ! ତା' ନହେଲେ ତାଙ୍କ ସଂପତ୍ତିର ଉତ୍ତରାଧିକାରୀ କିଏ ହବ? ଆସନ୍ତୁ। ଧରନ୍ତୁ ଡେଡ୍ ବଡ଼ି। ନେଇ ଗାଡ଼ିରେ ପକେଇବା।

ସତ୍ୟ : କ'ଣ ଗାଡ଼ି ନେଇ ଆସିଛନ୍ତି ?

ସବ୍. ଇନ୍ସି. : ଆପଣ ଯେମିତି ମର୍ଡ଼ର କେଶ୍ କହିଲେ ମୁଁ ଗାଡ଼ି ନେଇ ଆସିଲି। ଆସନ୍ତୁ।

(ଉଭୟେ ବ୍ରଜବାବୁଙ୍କୁ ଧରି ନେଇଗଲେ। ଆବହ ସଂଗୀତରେ ଉତ୍କଣ୍ଠା ଓ ଉତ୍ତେଜନାର ସ୍ୱର। ଦୌଡ଼ି ଆସିଲେ ଭିକି ଓ ରକି)

ଭିକି : ଇଏ କ'ଣ ? ବୁଢ଼ାର ଡେଡ୍‌ବଡ଼ି କାଇଁ ? କାଇଁ ସେ ଶତାବ୍ଦୀ ? ଦେଖିଲୁ ଘର ଭିତରେ। ଅଛି ନା ମଢ଼ ପୋଡ଼ିବାକୁ ମଶାଣି ଯାଇଚି। (ରକି ତଳକୁ ଆସି ଖୋଜାଖୋଜି କରି ଗଲା)

କିଏ ଆସିଥିଲା ତା'ହେଲେ? ଏତେ ରାତିରେ ଏ ଘରେ ପଶିଥିଲା କିଏ? ଶତାବ୍ଦୀ କ'ଣ ବୁଢ଼ାକୁ ନେଇ ସତ୍ୟନଗର ମଶାଣିକି ନେଇଗଲା ? ନା ପୋଲିସ୍ ଥାନାକୁ ଚାଲିଯାଇଛି ? ଗଲୁ ଭିତରେ ଦେଖିଲୁ ସେ ଟୋକି ଅଛି ନା କୁଆଡ଼େ ଗଲା? (ଫେରିଆସିଲା ରକି। ଆବହ ସଂଗୀତରେ ଉତ୍କଣ୍ଠା)

ରକି : କାଇଁ ଘର ଭିତରେ ନାହିଁ ତ !

ଭିକି : ତା'ହେଲେ ? ପୋଲିସ୍ ଷ୍ଟେସନ୍ ଯାଇଥିବ।

ରକି : ଯଦି ଯାଇଥିବ... ରାତି ପାହିବା ପୂର୍ବରୁ ସେଇଟାକୁ ବି ଶେଷ କରିଦେବାକୁ ପଡ଼ିବ। ତା'ପରେ ଭାଇ! ବୁଢ଼ାର ହଜାର କୋଟିର ସଂପତ୍ତି ଆମେ ଦି' ଭାଇ ପାଇବା।

(ବାହାରୁ ପୋଲିସ୍ ଗାଡ଼ିର ସାଇରନ୍ ଶୁଭିଲା)

ଭାଇ ! ପୋଲିସ୍ ! ଏଇଠି ରହିବା ବିପଦ... ଆଉ ରକ୍ଷା ନାହିଁ...

ଭିକି : ପ୍ରଥମେ ଖୋଜ ସେ ଶତାବ୍ଦୀକୁ। ପୋଲିସ୍ ଗାଡ଼ି ଆସୁ ଆମେ ପଛ ପଟେ ଗେଟ୍‌ରେ ପଳେଇବା। ଚାଲ। ରାତି ପାହିବା ଆଗରୁ ସେ ଶତାବ୍ଦୀଟାକୁ ଶେଷ କରି ଦବାକୁ ହବ।

(ଦୁଇ ଭାଇ ଚାଲିଗଲା ପରେ ପ୍ରବେଶ କଲା ଶତାବ୍ଦୀ। ଦେଖିଲା। ବ୍ରଜବାବୁଙ୍କ ମୃତଦେହଟା ଆଉ ନାହିଁ।)

ଶତାବ୍ଦୀ : ଆରେ! କି ଆଶ୍ଚର୍ଯ୍ୟ କଥା। ବାପାଙ୍କ ଡେଡ୍‌ବଡ଼ି ଗଲା କୁଆଡ଼େ?

କ'ଣ ପୋଲିସ ଆସିଥିଲା ? ଆସିଥିବ। ମୁଁ ତ ଏଫ୍.ଆଇ.ଆର୍ ଦେଇକି ଆସିଥିଲି। ଯଦି ପୋଲିସ୍ ଆସିଥିବ... ଯାଏ ଥାନାକୁ ଯିବାକୁ ପଡ଼ିବ। (ହଠାତ୍ ଫେରି ଆସିଲେ ଭିକି ଆଉ ରକି। ଶତାବ୍ଦୀକୁ ଦେଖିଲେ। କ୍ରାସ୍ ଶବ୍ଦ)

ରକି : ଏୟ ! ତୁ' ଆମ ନାଁରେ ଏଫ୍.ଆଇ.ଆର୍. ଦେଇଚୁ ?

ଶତାବ୍ଦୀ : ହଁ ଦେଇଚି। ମର୍ଡ଼ର୍ କରି କୁଆଡ଼େ ପଳେଇବ ଦେଖିବି ମୁଁ।

ଭିକି : ଆରେ ସେଇଥି ପାଇଁ ପୋଲିସ ଆମ ପଛରେ ଗୋଡ଼େଇଚି ?

ଶତାବ୍ଦୀ : ମରିବ। ମରିବ ତମେ ଦିଇଟା।

ଭିକି : ତା' ଆଗରୁ ତୁ' ମରିବୁ ବେ !

(ତାକୁ ଗୋଡ଼େଇଲେ ମାରିବା ପାଇଁ। ଶତାବ୍ଦୀ ଦୌଡ଼ିଲା। ଦି' ଭାଇ ତାକୁ ଧରିଲେ। ଶତାବ୍ଦୀ ବ୍ୟାଗ୍‌ଟା ପକେଇ ଦେଇ ପ୍ରାଣମୂର୍ଚ୍ଛା ଫାଇଟିଙ୍ଗ୍ କଲା ଦୁଇ ଗୁଣ୍ଡା ଭାଇମାନଙ୍କ ସାଂଗରେ। ଅହମ୍ମଦାବାଦ୍‌ରେ ପଢ଼ିଲାବେଳେ ସିଏ ଜୁଡ଼ୋ- କରାଟେ ଶିଖିଥିଲା। ସେଇଟା ବର୍ତ୍ତମାନ କାମ ଦେଲା। ତା' ଛଡ଼ା ପାଖରେ ଗୋଟେ କାଠର ବାଡ଼ି ପଡ଼ିଥିଲା। ସେଇଟାକୁ ଗୋଟେଇ ଶତାବ୍ଦୀ ପିଟି ଚାଲିଲା ଦି' ଭାଇଙ୍କୁ। ହଠାତ୍ ପୋଲିସ୍ ପେଟ୍ରୋଲିଂ ସାଇରନ୍ ବାଜିଲା- ଲୁଚିଗଲେ ଭିକି ଆଉ ରକି। ଶତାବ୍ଦୀ ବ୍ୟାଗ୍‌ଟା ଗୋଟେଇ ଦୌଡ଼ି ଚାଲିଗଲା ବାହାରକୁ। ପୋଲିସ୍ ସାଇରନ୍ ଜୋର୍‌ରେ ଶୁଭିଲା। ଭିକି, ରକି ଭାବିଲେ ଏଇଠି ଲୁଚିଲେ ଧରା ପଡ଼ିଯିବେ। ସେମାନେ ଦୌଡ଼ି ଚାଲିଗଲେ ବାହାରକୁ। ଗୋଡ଼େଇଛନ୍ତି ଭିକି ରକି। ଶତାବ୍ଦୀ ଚାଲିଗଲା। ଏମିତି ଦୌଡ଼ା ଦୌଡ଼ି ୨/୩ ଥର ଚାଲବି ଓ ପୋଲିସ୍ ସାଇରନଟା ଶୁଭୁଥିବା ମଂଚରୁ ଆଲୁଅ ଲିଭିଯିବ। ଆବହ ସଂଗୀତରେ କିନ୍ତୁ ଉତ୍କଣ୍ଠା ବଜାୟ ରହିବ।)

-୦-

ଦୃଶ୍ୟ -୨

(ଅନ୍ଧାରରେ ଗୋଟେ ମୋବାଇଲ୍‌ରେ ରିଙ୍ଗ୍ ହଉଚି। ମୋବାଇଲର ରିଙ୍ଗ୍‌ଟୋନ୍ ଖୁବ୍ ଜୋର୍‌ରେ ଶୁଭୁଛି। ଲାଇଟ୍ ଆସିଲା। ମୋବାଇଲ୍ ଉଠେଇଲେ ହୋଟେଲ୍ ଆଶ୍ରୟର ମ୍ୟାନେଜର୍ ପଙ୍କଜ ବାବୁ। ସେ ମଂଚ ଉପରେ ପଦଚାଳନା କରିବେ ଓ କଥାବାର୍ତ୍ତା କରି କରି ତଳକୁ ଆସି ଦୁଇଟି ମଂଚ ମଧ୍ୟରେ ଥିବା ଖାଲି ସ୍ଥାନରେ ବୁଲିବେ। ପୁରା

ମଂଚକୁ ଆଲୋକିତ ନକରି କେବଳ ୨ୟ ମଂଚର ସ୍ପଟ୍ ଜଳିବ ଓ ସ୍ପଟ୍ ତାଙ୍କୁ ଆଖି ଦୁଇ ମଂଚର ମଧ୍ୟବର୍ତ୍ତୀ ସ୍ଥାନ Foyer ରେ ଛାଡ଼ିବ।)

ପଙ୍କଜ : ହାଲୋ ଆଜ୍ଞା ମୁଁ ପଙ୍କଜ ପଟ୍ଟନାୟକ କହୁଛି। ହୋଟେଲ୍ ଆଶ୍ରୟର ମ୍ୟାନେଜର ସାର୍! କ'ଣ କହିଲେ ? ରୁମ୍ ଦରକାର ? ନାଇଁ ସାର୍... ସବୁ ଫୁଲ୍ ହେଇ ଯାଇଚି। ଆଜ୍ଞା ଗୋଟେ ରାମମନ୍ଦିର ପ୍ରତିଷ୍ଠା ହଉଚି ଯେ ଦଶହଜାର ବିଜେପି କର୍ମୀ ଭୁବନେଶ୍ୱର ଆସୁଛନ୍ତି ସାର୍। ନାଇଁ ସାର୍! ଡର୍ମିଟରି ବି ଖାଲି ନାହିଁ।

(ହଠାତ୍ ପଛପଟୁ ଅଣନିଃଶ୍ୱାସୀ ହେଇ ଦୌଡ଼ି ଆସୁଥିବା ଶତାବ୍ଦୀ ମ୍ୟାନେଜର୍ ସହ ଧକ୍କା ଖାଇ ବ୍ୟାଗ୍ ସହ ତଳେ ପଡ଼ି ମୂର୍ଚ୍ଛା ହେଇଗଲା। ମ୍ୟାନେଜର୍ ତାକୁ ଉଠାଇ ପାରିଲେ ନାହିଁ)

ମ୍ୟାନେଜର୍ : ହାଲୋ ! ମାଡ଼ାମ୍... !

ଶତାବ୍ଦୀ : (ଉତ୍ତର ନାହିଁ)

ମ୍ୟାନେଜର : ୟା'ଙ୍କର କ'ଣ ହୋସ୍ ନାହିଁ। (ପାଖରେ ବୋତଲଟେ ଥିଲା, ତାକୁ ଆଣି ତା' ମୁହଁରେ ଛିଞ୍ଚିବାରୁ ଚେତା ପାଇଲା ଶତାବ୍ଦୀ)

ଶତାବ୍ଦୀ : ପାଣି... ଟିକିଏ ପାଣି...

(ମ୍ୟାନେଜର ପାଣି ବୋତଲଟା ଦେଲେ। ଶତାବ୍ଦୀ ଢକଢକ କରି ପିଇଦେଇ ବୋତଲକୁ ଫେରେଇଲା, କିନ୍ତୁ ଧଇଁସଇଁ ହେଉଥିଲା।)

ପଙ୍କଜ : କ'ଣ ହେଇଚି ମାଡ଼ାମ୍ ? କିଏ ଆପଣ ?

(ଶତାବ୍ଦୀ ଚାରିଆଡ଼କୁ ଚାହିଁ ପରୀକ୍ଷା କଲା ଭିକି ଆଉ ରକି ତାକୁ ଗୋଡ଼େଇଛନ୍ତି କି ନାହିଁ)

ପଙ୍କଜ : କ'ଣ ହେଉଚି ମାଡ଼ାମ୍ ?

ଶତାବ୍ଦୀ : ମତେ କୋଉଠି ଲୁଚେଇ ଦିଅନ୍ତୁ ସାର୍। ନହେଲେ ସେମାନେ ମତେ ମର୍ଡର୍ କରିଦେବେ। ଗୋଡେଇଛନ୍ତି ସାର୍ !

ପଙ୍କଜ : କିଏ ଗୋଡ଼େଇଚି ?

ଶତାବ୍ଦୀ : ଗୁଣ୍ଡାମାନେ ସାର୍ ! ପ୍ଲିଜ୍ ଗୋଟେ ରୁମ୍ ଦିଅନ୍ତୁ ମତେ !

ପଙ୍କଜ : ରୁମ୍ ଖାଲି ନାଇଁ ମାଡ଼ାମ୍।

ଶତାବ୍ଦୀ : ମୁଁ ଡବଲ ଭଡ଼ା ଦେବି।

ପଙ୍କଜ : ରୁମ୍ ତ ନାଇଁ- ଡବଲ ଭଡ଼ା କ'ଣ ଦେବେ ?

ଶତାବ୍ଦୀ : ପ୍ଲିଜ୍ ସାର୍। ମୁଁ ଝିଅପିଲାଟେ... ରାତି ଆସି ଏଗାର ବାଜିଲାଣି-

ରାସ୍ତାରେ କୋଉଠି ବୁଲିବି ? ଏଣେ ଝଡ଼ବର୍ଷା ଆସିଲାଣି।

(Foyerରେ ଏମାନେ କଥାବାର୍ତ୍ତା ହେଲା ବେଳେ ମଂଚ-୨ ଉପରେ ଜଣେ ଜଣେ ଲୋକ ଆସି ଠିଆ ହେଲେ ଓ Foyerରେ ଚାଲିଥିବା ଘଟଣାକୁ ଦେଖୁଥିଲେ।)

ପଙ୍କଜ : ମୁଁ ସେଥିପାଇଁ କ'ଣ କରି ପାରିବି ମାଡ଼ାମ୍ ? କୁହନ୍ତୁ।

ଶତାବ୍ଦୀ : ଯେମିତି ହେଲେ ଆଡ଼ଜଷ୍ଟ କରିବେନା ସାର୍। ନହେଲେ ଡର୍ମିଟରୀରେ ଖଟଟେ ଦିଅନ୍ତୁ। ମୁଁ ଝିଅପିଲାଟେ ସାର୍।

ପଙ୍କଜ : କିଛି ଖାଲି ନାଇଁ ମାଡ଼ାମ୍। ଆଇ ଆମ୍ ସରୀ।

ଶତାବ୍ଦୀ : ମାନବିକତା ଦୃଷ୍ଟିରୁ ମୋ କଥା ବିଚାର କରନ୍ତୁ ସାର୍। ମୁଁ ଏ ରାତିରେ କୁଆଡ଼େ ଯିବି। ମୁଁ ଝିଅପିଲାଟେ।

(ହଠାତ୍ ଝଡ଼ ବର୍ଷା ଓ ବିଜୁଳି ଶବ୍ଦ ଶୁଭିଲା)

ବର୍ଷା ଆସିଲାଣି... ମୁଁ ଏବେ କୁଆଡ଼େ ଯିବି ସାର୍ ? ହାତ ଯୋଡୁଚି। ଆପଣଙ୍କର ଗୋଡ଼ ତଳେ ପଡୁଚି- ଜାଗା ଟିକିଏ ଦିଅନ୍ତୁ। (ଶତାବ୍ଦୀ ଗୋଡ଼ ଧରି ପକେଇଲା)

ପଙ୍କଜ : କି' କଥା ଇଏ ମାଡ଼ାମ୍ ? ମୁଁ ଆପଣଙ୍କୁ ହାତ ଯୋଡୁଚି... ଗୋଡ଼ ତଳେ ପଡୁଚି ଆପଣଙ୍କର ମାଡ଼ାମ୍... କ୍ଷମା କରିଦିଅନ୍ତୁ ମତେ... ମୁଁ ସାହାଯ୍ୟ କରି ପାରୁନି। ମୋ' ହୋଟେଲ୍ ଓଭରଲୋଡ୍ ହେଇଯାଇଚି।

(ଉପରେ ଠିଆ ହୋଇଥିବା ୨/୩ ଜଣ ମଧ୍ୟରୁ ଜଣେ କହିଲେ। ମନେ କର ତାଙ୍କ ନା ଟିଟୁନ୍। ସିଏ ଜଣେ ୩୦ ବର୍ଷର ଯୁବକ। ସୁନ୍ଦର ଚେହେରା)

ଟିଟୁନ୍ : (ଉପରୁ) ଶୁଣନ୍ତୁ। ମୋ' ରୁମ୍‌ଟା ଏଇ ମାଡ଼ାମ୍‌ଙ୍କୁ ଦେଇ ଦିଅନ୍ତୁ ମ୍ୟାନେଜର ବାବୁ ! ମୁଁ ବାହାରକୁ ଚାଲିଯିବି।

ପଙ୍କଜ : କେତେ ନମ୍ବର ରୁମ୍ ଆପଣଙ୍କର ?

ଟିଟୁନ୍ : ୱାନ୍ ସିକ୍‌ସ ଟୁ (୧୬୨) ଶହେ ବାଷଠି ନମ୍ବର ସାର୍।

ପଙ୍କଜ : କିନ୍ତୁ ଆପଣ କେଉଁଠି ରହିବେ ?

ଟିଟୁନ୍ : ମୁଁ ଷ୍ଟେସନ୍‌ରେ ବସି ରାତି କଟେଇ ଦେଇ ପାରିବି ମ୍ୟାନେଜର୍। ମୁଁ ପୁଅ ପିଲାଟା, ମୋର କିଛି ଡର ଭୟ ନାହିଁ। ମୋ' ରୁମ୍‌ରେ ଏ ମାଡାମ୍‌ଙ୍କୁ ରଖି ଦିଅନ୍ତୁ। ଏଇଟା ହିଁ ଉଚିତ ହେବ।

ପଙ୍କଜ : ନାଇଁ ସାର୍ ! ଝାମେଲା ହବ। ପୋଲିସ ରେଡ୍ କରୁଛି ସାର୍।

ରେଜିଷ୍ଟାର୍‌ରେ ଆପଣଙ୍କ ନାଁ ଅଛି । ସେଇଠି ଝିଅଟେ କେମିତି ରହିବ ?

ଟିଟୁନ୍ : କହିବେ ମୁଁ ମୋ ରୁମ୍‌ଟା ଛାଡ଼ି ଦେଇଚି ।

ପଙ୍କଜ : ପୋଲିସ କ'ଣ ଶୁଣିବ ସାର୍ ? କେମିତି, ଶୁଣିବ କହୁନାହାନ୍ତି ? ହଁ.. ଯଦି ଆପଣ ଦି'ଜଣ ଶହେ ବାକ୍ଷଠିରେ ରହିଯିବେ ତା' ହେଲେ ଗୋଟେ ପ୍ରକାର ଚଳି ଯାଆନ୍ତା । କିନ୍ତୁ ଆପଣ ପୁରୁଷ ଓ ସିଏ ସ୍ତ୍ରୀ ! ପୁଣି ଯଦି ପୋଲିସ ଧରିବ ?

ଶତାବ୍ଦୀ : କ'ଣ କରିବାକୁ ହବ ତା'ହେଲେ ?

ପଙ୍କଜ : ରେଜିଷ୍ଟର୍‌ରେ ଆପଣ ଦି'ଜଣ ସ୍ୱାମୀ ସ୍ତ୍ରୀ ବୋଲି ଲେଖିବେ ।

ଟିଟୁନ୍ : କିନ୍ତୁ ଏଇଟା କେମିତି ଲେଖିବୁ ଆମେ ? ଆମେ ଦି'ଜଣ କେହି କାହାରିକୁ ଜାଣିନୁ ।

ଶତାବ୍ଦୀ : ଜାଣିଯିବେ, ଜାଣିବା ପାଇଁ କିଛି ଅସୁବିଧା ନାଇଁ ସାର୍ । ଲେଖିଦବା ଆମେ ଦି'ଜଣ ସ୍ୱାମୀ ସ୍ତ୍ରୀ ବୋଲି । ମିଛ କହିବାକୁ ମୁଁ ରାଜି । ଆପଣଙ୍କୁ ଯଦି ଡର ମାଡୁଚି ତା'ହେଲେ ମୁଁ ଲେଖିଦେବି । ପ୍ଲିଜ୍ ସାର୍, .. ଡୋଣ୍ଟ୍ ମାଇଣ୍ଡ୍...

ଟିଟୁନ୍ : ହଉ, ଆସନ୍ତୁ ।

(ଶତାବ୍ଦୀ ସିଡ଼ି ଚଢୁଥିଲା ପଙ୍କଜ ଅଟକାଇଲେ)

ପଙ୍କଜ : ଶୁଣନ୍ତୁ.. ଆଜିକାଲି ହୋଟେଲ୍‌ମାନଙ୍କରେ ବହୁତ ସେକ୍ସ ରାକେଟ୍ ଚାଲୁଛି । ପୋଲିସ୍ ଯଦି ଆସେ- ଆସେ କ'ଣ ଆସିବ ନିଶ୍ଚେ- ଯେମିତି ଜଣା ନ ପଡ଼େ ଆପଣ ଦି'ଜଣ କେହି କାହାକୁ ଚିହ୍ନନ୍ତି ନାଇଁ ବୋଲି । ସ୍ୱାମୀ-ସ୍ତ୍ରୀ ଭଳି ବ୍ୟବହାର କରିବେ ।

ଶତାବ୍ଦୀ : ଦେଖନ୍ତୁ... ଆମେ ଦି'ଜଣଙ୍କୁ ଆଜି ରାତିକ ପାଇଁ ସ୍ୱାମୀ ଆଉ ସ୍ତ୍ରୀ ଭୂମିକାରେ ଅଭିନୟ କରିବାକୁ ହବ । ରାଜି ହେଇଯାଆନ୍ତୁ ପ୍ଲିଜ୍ ।

ଟିଟୁନ୍ : କିନ୍ତୁ... ସ୍ୱାମୀ-ସ୍ତ୍ରୀ ... ଏଇଟା କେମିତି ଲେଖିବା ?

ଶତାବ୍ଦୀ : ମୁଁ ସବୁ ସମ୍ଭାଳି ନେବି ସାର୍; ଆପଣ ବ୍ୟସ୍ତ ହୁଅନ୍ତୁ ନାହିଁ ।

ମ୍ୟାନେଜର୍‌କୁ ଚାହିଁ - ଏଥର ଯିବି ମ୍ୟାନେଜର୍ ସାହେବ ? ରୁମ୍ ନମ୍ବର...

ଟିଟୁନ୍ : ୱାନ୍ ସିକ୍‌ସ ଟୁ- ଫାଷ୍ଟ ଫ୍ଲୋର୍ । ଆସନ୍ତୁ ।

(ଆବହ ସଂଗୀତ, ମଂଚ ଅନ୍ଧାର)

ଦୃଶ୍ୟ -୨ (କ)

(ଆଶ୍ରୟ ହୋଟେଲ୍‌ର କୋଠରୀ ନଂ. ୧୬୨।
ଆଲୋକ ଆସିଲା ମଂଚ-୨ରେ, ସେଇଠି ଅଛନ୍ତି ଟିଟୁନ ଓ ଶତାବ୍ଦୀ)

ଟିଟୁନ୍ : ଦେଖନ୍ତୁ... ଆପଣ ଯଦି ଅନୁମତି ଦେବେ... ମୁଁ ଡ୍ରେସ୍‌ଟା ଚେଂଜ୍ କରନ୍ତି...

ଶତାବ୍ଦୀ : କରନ୍ତୁ। ଏ ପର୍ଯ୍ୟନ୍ତ ମୁଁ ଆପଣଙ୍କ ନାଁଟା ଜାଣିନି। ଦୟାକରି ନାଁଟା କହିବେ ?

ଟିଟୁନ୍ : ମୋ ନାଁ ମନୋଜ ପ୍ରଧାନ। ଡାକ ନାଁ ଟିଟୁନ। ଜୟ ବଜରଙ୍ଗବଲୀ।

ଶତାବ୍ଦୀ : ମୋ ନାଁ ଶତାବ୍ଦୀ ମଲ୍ଲିକ।

ଟିଟୁନ୍ : ଏଇଟା ଠିକ୍ ନାଁ ନା ଆଜି ରାତିର ଅଭିନୟ ପାଇଁ ଗୋଟେ ଡୁପ୍ଲିକେଟ୍ ନାଁ ?

ଶତାବ୍ଦୀ : ନାଇଁ ନାଇଁ, ମୁଁ ସତ ନାଁଟା କହିଦେଲି। ଆମକୁ ଯଦି ପୋଲିସ୍ ଧରେ ଆମେ କ'ଣ ସତ ନାଁ କହିବା ?

ଟିଟୁନ୍ : ଆଉ କ'ଣ କହିବା କହୁନାହାନ୍ତି ? ଆପଣ କୁହନ୍ତୁ।

ଶତାବ୍ଦୀ : ପ୍ରଥମ କଥା ଆପଣ ବୋଲି ମତେ ଡାକିବେ ନାଇଁ। ଆମେ ପରା ସ୍ୱାମୀ-ସ୍ତ୍ରୀ !

ଟିଟୁନ୍ : ତା'ହେଲେ କ'ଣ ଡାକିବି ? ଜୟ ବଜରଙ୍ଗବଲୀ।

ଶତାବ୍ଦୀ : ମତେ ତୁ' ତା' କରି ଡାକିବେ- ମନେକର ମୋ' ନା ଝିଲ୍ଲୀ। ମତେ କେମିତି ଡାକିବେ ରିହାରସାଲ୍ ଦେଲେ !

ଟିଟୁନ୍ : ଏ ଝିଲ୍ଲୀ ! ଏଇଠିକି ଆସିଲୁ।

ଶତାବ୍ଦୀ : ଏଥର ଠିକ୍ ହେଲା।

ଟିଟୁନ୍ : ଜୟ ବଜରଙ୍ଗବଲୀ। (ଦୁହେଁ ହାତ ମିଳାଇଲେ)

ଶତାବ୍ଦୀ : ଆଚ୍ଛା, ଟିଟୁନ ବାବୁ, ଆମେ କ'ଣ ହାତ ମିଶେଇବା ? ଆମେ ପରା ସ୍ୱାମୀ-ସ୍ତ୍ରୀ !

ଟିଟୁନ୍ : ତା' ହେଲେ କ'ଣ କରିବାକୁ ହେବ ? ଜୟ ବଜରଙ୍ଗବଲୀ।

ଶତାବ୍ଦୀ : ପ୍ରଥମେ ଆମେ ପରସ୍ପରଙ୍କ କାନ୍ଧରେ ହାତ ପକେଇବା। ପକେଇଲ ଦେଖି...

(ଟିଟୁନ୍ ଓ ଶତାବ୍ଦୀ ପରସ୍ପରଙ୍କ କାନ୍ଧରେ ହାତ ପକେଇଲେ। ଟିଟୁନ୍ ଭୟରେ ଥରିବାକୁ ଲାଗିଲା)

ଶତାବ୍ଦୀ : ତା'ପରେ ଆମେ ପରସ୍ପରକୁ ଆଲିଙ୍ଗନ କରିବା। କଲେ ଦେଖି!

(ଟିଟୁନ୍ ଓ ଶତାବ୍ଦୀ ପରସ୍ପରକୁ ଆଲିଙ୍ଗନ କଲେ। ଆବହ ସଂଗୀତ ମଧୁର ଓ ରୋମାଣ୍ଟିକ୍)

ଟିଟୁନ୍: ଜୟ ବଜରଙ୍ଗବଲୀ। ମୋ' ଦେହରୁ ଖାଲି ଝାଳ ବାହାରୁଛି। ଦେଖ ଝିଲ୍ଲୀ! ଏଇଟା ଡବଲ୍ ବେଡ୍‌ରୁମ୍ ନୁହେଁ ସିଙ୍ଗଲ୍ ବେଡ୍ ! ଆମେ ରାତିରେ କ'ଣ ଗୋଟେ ବେଡ୍‌ରେ ଶୋଇବା ?

ଶତାବ୍ଦୀ : (ଦୁଷ୍ଟାମି) ଅଗତ୍ୟା ! ଆଉ କ'ଣ କରାଯାଇପାରେ ? ମତେ ତ ବିକଳ୍ପ କିଛି ଦିଶୁନି। ଆପଣ କ'ଣ କହୁଛନ୍ତି ?

ଟିଟୁନ୍ : ଗୋଟେ ବେଡ୍‌ରେ ଶୋଇଲେ ନିଦ ହବ ତ ? ମାନେ ଆମେ ଦିହେଁ ଶୋଇ ପାରିବା ତ ? ମୁଁ ବଜରଙ୍ଗବଲୀଙ୍କ ପୂଜା କରି ବ୍ରହ୍ମଚର୍ଯ୍ୟ ପାଳନ କରୁଛି।

ଶତାବ୍ଦୀ : କିଛି ଅସୁବିଧା ନାଇଁ। ଆମେ କ'ଣ ଛୋଟ ଛୁଆ ? ଗୋଟେ ବେଡ୍‌ରେ ଶୋଇଲେ ବି କଂଟ୍ରୋଲ୍ କରିଦବାନି ?

ଟିଟୁନ୍ : ଜୟ ବଜରଙ୍ଗବଲୀ !

ଶତାବ୍ଦୀ : ତା'ହେଲେ ଆସିଲ ! ଆମେ ଗୋଟେ ବେଡ୍‌ରେ ଶୋଇ ପରୀକ୍ଷା କରିବା। ଆଜି ରାତିଟା ତମ ବଜରଙ୍ଗବଲୀଙ୍କୁ ଛୁଟି ଦେଇଦିଅ। (ଦୁହେଁ ଗୋଟେ ଖଟରେ ଶୋଇଲେ) ସାରେଗାମା ବାଣୀରେ ଆଳାପ।

ଟିଟୁନ୍ : ଜୟ ବଜରଙ୍ଗ ବଲୀ। କାଲିଠୁ ବ୍ରହ୍ମଚର୍ଯ୍ୟ ପାଳିବା। ଓକେ। (ଦି ଜଣ ଏକା ଖଟରେ ଶୋଇବା ପୂର୍ବରୁ ଆଲିଙ୍ଗନବଦ୍ଧ ହେଲେ। ମଂଚରୁ ଆଲୁଅ କଟିଲା)

ଦୃଶ୍ୟ -୨ (ଖ)

ବର୍ତ୍ତମାନ ଆଲୋକ ଆସିଲା ମଂଚ-୧ ଓ ମଂଚ-୨ ମଧ୍ୟରେ ଥିବା foyer ମଧ୍ୟରେ। ସେଇଠି ମ୍ୟାନେଜର୍ ମୋବାଇଲ୍ ଧରି କାହା ସହିତ ନିରବରେ କଥା ହେଉଥିଲେ। ପୋଲିସ ହୁଇସିଲ୍ ବାଜିଲା ଓ ପ୍ରବେଶ କଲା ଜଣେ ଇନ୍ସିପେକ୍ଟର।

ମ୍ୟାନେଜର୍ : ୟେସ୍ ଅଫିସର୍ !

ପୋଲିସ୍ : ହୋଟେଲ , ଆଶ୍ରୟ ଚେକ୍ କରାହବ।

ମ୍ୟାନେଜର୍ : ସର୍ଚ୍ଚ ୱାରେଣ୍ଟ (Search Warrant) ଦେଖାନ୍ତୁ... ଆଉ ଆଇଡେଣ୍ଟିଟି କାର୍ଡ୍‌ଟା।

(ପୋଲିସ୍ ଇନ୍ସିପେକ୍ଟର ଆଇ-କାର୍ଡ଼ ଓ ୱାରେଣ୍ଟ୍ ଦେଖାଇଲେ)

ପୋଲିସ : ରେଜିଷ୍ଟର ଦେଖାନ୍ତୁ...ଆଜି କେତେ କଷ୍ଟମର୍ ଚେକ୍-ଇନ୍ (Check-in) କରିଛନ୍ତି।

ମ୍ୟାନେଜର୍ : ଏଇ ଦେଖନ୍ତୁ ସାର୍।

(ଆବହ ସଂଗୀତ। ପୋଲିସ୍ ରେଜିଷ୍ଟର ପୃଷ୍ଠା ଓଲଟାଇଲା)

(ମଂଚ ଅନ୍ଧାର ହେଲା। ଆବହ ସଂଗୀତ। ଆଲୋକ ଆସିଲା ମଂଚ-୨ରେ। ଏକାଠି ଶୋଇଛନ୍ତି ମନୋଜ ଓ ଶତାବ୍ଦୀ। ବେଲ୍ ବାଜିଲା, ସେମାନେ ଉଠିଲେ। ଦୁଆର ଖୋଲିଲେ। ପ୍ରବେଶ କଲେ ଇନ୍ସିପେକ୍ଟର)

ଇନ୍ସିପେକ୍ଟର : ଆପଣମାନେ ?

ମନୋଜ : ମୁଁ ଟିଟୁନ୍ ଆଉ ଇଏ ଝିଲ୍ଲୀ।

ଇନ୍ସିପେକ୍ଟର : ମୁଁ ପଚାରୁଚି କିଏ ଆପଣମାନେ ?

ଶତାବ୍ଦୀ : କାହିଁକି ଆମ ସ୍ୱାମୀ ସ୍ତ୍ରୀଙ୍କୁ ଏତେ ରାତିରେ ହଇରାଣ କରୁଛନ୍ତି କହିଲେ ?

ଇନ୍ସିପେକ୍ଟର : ଆପଣମାନେ ସ୍ୱାମୀ-ସ୍ତ୍ରୀ ବୋଲି ପ୍ରମାଣ କ'ଣ ?

ମନୋଜ : ମ୍ୟାରେଜ୍ ସାର୍ଟିଫିକେଟ୍‌ଟା ଧରିକି ବୁଲିବାକୁ ହବ ବୋଲି ଜାଣି ନଥିଲୁ ସାର୍ !

ଇନ୍ସିପେକ୍ଟର୍ : ଠିକ୍ ଅଛି, ଗୋଟେ ବାହାଘର ଫଟୋ ଦେଖାନ୍ତୁ।

ଶତାବ୍ଦୀ : ନାଇଁ, ପାଖରେ ନାଇଁ ସାର୍ !

ଇନ୍ସିପେକ୍ଟର୍ : ଆଚ୍ଛା ଆପଣମାନେ ସେକ୍ସ ର୍‌ୟାକେଟ୍‌ରେ ନାହାନ୍ତି ତ ?

ମନୋଜ : ଜୟ ବଜରଙ୍ଗ୍‌ବଲୀ। ମୁଁ ବ୍ରହ୍ମଚର୍ଯ୍ୟ ପାଳନ କରୁଛି ସାର୍ !

ଇନ୍ସିପେକ୍ଟର୍ : ଗୋଟେ ବେଡ୍‌ରେ ଶୋଇ ବ୍ରହ୍ମଚର୍ଯ୍ୟ ?

ଶତାବ୍ଦୀ : ଆଜି ବଜରଙ୍ଗବଲୀଙ୍କୁ ସିଏ ଛୁଟି ଦେଇଛନ୍ତି।

ମନୋଜ : କାଲିଠୁ ବ୍ରହ୍ମଚର୍ଯ୍ୟ ରକ୍ଷା କରିବି ସାର୍।

ଇନ୍ସିପେକ୍ଟର୍ : ଠିଆ ହୁଅନ୍ତୁ। ମୋବାଇଲ୍‌ରେ ଆପଣ ଦି'ଜଣଙ୍କର ଗୋଟେ ଫଟୋ ଉଠେଇ ଦଉଚି। (ଆବହ ସଂଗୀତ। ଗୋଟେ ସାରେଗାମା ବାଣୀ ନିଅ)

ମନୋଜ : କ'ଣ ଏଇ ଡ୍ରେସ୍‌ରେ ?

ଇନ୍ସିପେକ୍ଟର୍ : ଆଞ୍ଜା ରେଡି !

(ଫଟୋ କ୍ଲିକ୍ କଲେ)

ଥ୍ୟାଙ୍କ୍ ୟୁ ! (ଇନ୍ସିପେକ୍ଟର ଚାଲିଗଲେ)

ମନୋଜ : ଓହୋ (ଗାଇଲା) ଭୂତ ପିଶାଚ ନିକଟ ନହିଁ ଆଓ୍ୱେ ମହାବୀର ଜବ୍ ନାମ ଶୁନାଓ୍ୱେ ॥
(ହଠାତ୍ ଶତାବ୍ଦୀର ମୋବାଇଲ୍ ବାଜି ଉଠିଲା । ମୋବାଇଲ୍ ଉଠାଇଲା ଶତାବ୍ଦୀ)

(୨ୟ ମଂଚଅନ୍ଧାର ହେଲା)

-୦-

ଦୃଶ୍ୟ -୩

(ଆଲୋକ ଆସିଲା । ଭୁବନେଶ୍ୱରର ଆପୋଲୋ ହସ୍‌ପିଟାଲ୍‌ର ଲାଉଁଜ୍‌ରେ ୨ଟି ମଂଚର ମଧ୍ୟବର୍ତ୍ତୀ ସ୍ଥାନ ସେଇଟା । ସତ୍ୟରଂଜନ ଫୋନ୍ କରୁଛନ୍ତି ।)

ସତ୍ୟ : ଶୁଣ ମା' ଶତାବ୍ଦୀ ! ତୁ କୋଉଠି ଅଛୁ ? ମୁଁ ତୋର ସତ୍ୟ ମାମୁ କହୁଛି । ଶୀଘ୍ର ଆପୋଲୋ ହସ୍‌ପିଟାଲ୍‌ରେ ପହଞ୍ଚେ ମା । ତୋ' ବାପା-ବ୍ରଜ ଭାଇ ଭଲ ହେଇଗଲେ । ହଁ... ଆଲୋ ରାତି କ'ଣ ଦିନ କ'ଣ ? ତୁ' ତ ମୋର ବାହାଦୂର ଭାଣିଜୀ । ଆ, ମୁଁ ତତେ ଅପେକ୍ଷା କରିଛି । ହଁ ... ହଁ... ସେ ଦିଇଟା ହିରୋରୁ ଜିରୋ ହେଇଗଲେଣି । ପୋଲିସ୍ ହାଜତରେ ...

(ଆଲୁଅ କଟିଲା)

-୦-

ଦୃଶ୍ୟ -୪

ହୋଟେଲ୍ 'ଆଶ୍ରୟ'ର କୋଠରୀ ନଂ. ୧୬୨ । ଆଲୁଅ ଆସିଲା ମଂଚ-୨ରେ । ଆବହ ସଂଗୀତରେ ସାରେଗାମାର ବାଣୀ । ଦେଖାଗଲା ମନୋଜ ଶୋଇଛନ୍ତି । ଶତାବ୍ଦୀ ଉଠିଲା । ବ୍ୟାଗ୍‌ଟା ଧରିଲା । ମନୋଜର ପାଦ ଛୁଇଁଲା । ମୁଣ୍ଡିଆ ମାରିଲା । କାନ୍ଦି ପକେଇଲା । ଉଚ୍ଚସ୍ୱରରେ ଗୋଟେ ଶାହନାଇ ବାଜିଲା । ଶତାବ୍ଦୀ ଶିଡ଼ିରୁ ଓହ୍ଲାଇ ଚାଲି ଆସିଲା foyer ପାଖକୁ । ସେଇଠି ମ୍ୟାନେଜର ପଙ୍କଜ ପଟ୍ଟନାୟକ ଟହଲ ମାରୁଥିଲା । ଶତାବ୍ଦୀ ଗୋଟେ ବନ୍ଦ ଲଫାପା ଧରେଇ ଦେଇ କହିଲା,

ଶତାବ୍ଦୀ : ଆପଣଙ୍କୁ ଅଶେଷ ଅଶେଷ ଧନ୍ୟବାଦ ମ୍ୟାନେଜର ବାବୁ। ଏଇ ନିଅନ୍ତୁ ଦି' ହଜାର ଟଙ୍କା। ଆପଣଙ୍କ ରୁମ୍‌ର ଭଡ଼ା। ମୁଁ ଯାଉଛି।

ପଙ୍କଜ : ଦି' ହଜାର ଟଙ୍କା କ'ଣ ଦେଲେ ମାଡ଼ାମ୍ ? ଆମର ରୁମ୍ ଭଡ଼ା ହଜାରେ ଟଙ୍କା।

ଶତାବ୍ଦୀ : ଥାଉ। ରଖିଦେବେ। ମତେ ଟିକିଏ ଆପଣଙ୍କ କାରଟା ଦେବେ ? ଟିକିଏ ଆପୋଲୋ ହସ୍‌ପିଟାଲରେ ଛାଡ଼ି ଦିଅନ୍ତା।

ପଙ୍କଜ : ଏବେ କୁଆଡ଼େ ଯିବେ ମାଡ଼ାମ୍ ? ରାତି ଦୁଇଟା ବାଜିଛି।

ଶତାବ୍ଦୀ : ବାଜୁ। ଅରଜେଣ୍ଟ୍ କଲ୍ ଆସିଲା। ଟିକିଏ ଡ୍ରାଇଭର୍ ସହିତ ଗାଡ଼ିଟା ଦେବେ ?

ପଙ୍କଜ : ନିଶ୍ଚୟ। ମୋର ନାଇଟ୍ ଡ୍ୟୁଟି ଡ୍ରାଇଭର୍ ଅଛି। ଆପଣ ଯାଆନ୍ତୁ ମୁଁ ଫୋନ୍ କରି ଦଉଛି।

ଶତାବ୍ଦୀ : ଥ୍ୟାଙ୍କ୍ ୟୁ ସାର୍। ଆଉ ଗୋଟାଏ କଥା।

(ଗୋଟେ ଲଫାପା ବାହାର କରି) ସକାଳ ହେଲେ ମୋର ଗୋଟିଏ ରାତିର ସ୍ୱାମୀ ମନୋଜ ମତେ ଖୋଜିବେ। ତାଙ୍କୁ ଏ ଚିଠିଟା ଦେଇଦେବେ।

ପଙ୍କଜ : ଓ.କେ.।

(ଶତାବ୍ଦୀ ଚାଲିଗଲା, ମଂଚ ଅନ୍ଧାର)

-୦-

ଦୃଶ୍ୟ -୫

ମଂଚ- ୧ ଓ ମଂଚ-୨ ମଧ୍ୟରେ ଥିବା ସ୍ଥାନ। ଆବହ ସଂଗୀତ। ଆପୋଲୋ ହସ୍‌ପିଟାଲ୍। ରାତି ୨ଟା। ୧ମ ମଂଚରେ ଆଲୋକ ଆସିଲା। ଇନ୍‌ସ୍ପେକ୍ଟର ବ୍ରଜ ମଲ୍ଲିକଙ୍କର ହାତ ଧରି ୧ମ ମଂଚ ଉପରକୁ ଆଣିଲେ। ସାଙ୍ଗରେ ଅଛନ୍ତି ସତ୍ୟ ସୁନ୍ଦର। ମଂଚ- ୧ ହେଉଛି ବ୍ରଜସୁନ୍ଦରଙ୍କ ବଙ୍ଗଳା। ପାହାଚ ଚଢୁଚଢୁ..

ସତ୍ୟସୁନ୍ଦର : ବ୍ରଜ ଭାଇ ! କଥାରେ ଅଛି: ଠାକୁର ଅଛନ୍ତି ଚଉବାହାକୁ - ଡର କାହାକୁ ନା ଭୟ କାହାକୁ !

ଇନ୍‌ସ୍ପେକ୍ଟର : ଆମେ ସବୁ ଆଶା ଛାଡ଼ି ଦେଇଥିଲୁ ସାର୍। ଡା. ମହାପାତ୍ରଙ୍କୁ ଧନ୍ୟବାଦ। ବହୁ ପରିଶ୍ରମ କରି ଆପଣଙ୍କୁ ସୁସ୍ଥ କରିଛନ୍ତି। ଏବେ କୁହନ୍ତୁ ସାର୍ ! ଅଫିସିଆଲି ମୁଁ ପଚାରୁଛି। ଆପଣଙ୍କୁ ଛୁରା ମାରିଲା କିଏ ?

ବ୍ରଜ : ବାହାର ଶତ୍ରୁ ନୁହେଁ ଇନ୍ସପେକ୍ଟର। ଛୁରା ମାରିଛନ୍ତି ମୋର ଦୁଇ ପୁଅ-ଭିକି ଆଉ ରକି।

ଇନ୍ସପେକ୍ଟର: ଆମେ ସେ ଦିଇଟାଯାକଙ୍କୁ ହାଜତରେ ପୂରେଇ ଦେଇଛୁ ସାର୍। ଏବେ FIR ଟା ଲେଖିଦେଲେ ଆମକୁ ସୁବିଧା ହବ ସାର୍।

ବ୍ରଜ : ଅନ୍‌ଲାଇନ୍‌ରେ ପଠେଇ ଦେବି।

ସତ୍ୟ : ଇନ୍ସପେକ୍ଟର ସାର୍ ! ବ୍ରଜଭାଇ ଭଲ ହେବା ଆଗରୁ ସେ ଦିଇଟାକୁ ଛାଡ଼ିବେ ନାହିଁ ଦୟା କରି।

ଇନ୍ସପେକ୍ଟର : IPC ସେକସ୍ ନ୍ . ୩୦୭ ରେ Attempt to Murder Caseରେ book ଦେଇଛନ୍ତି ସାର୍। ଏବେ ୧୦ ବର୍ଷ ସଶ୍ରମ କାରାଦଣ୍ଡ ଭୋଗିବେ। ଆପଣ ଯଦି ଚାହିଁବେ- ତା'ହେଲେ ପୁରା ଜୀବନ ସାରା ଭିତରେ ରହିଯିବେ। ହଉ ମୁଁ ଆସୁଛି ସାର୍। ବିଶ୍ରାମ ନେବି। ରାତି ଅଢ଼େଇଟା ବାଜିଲାଣି। (ଇନ୍ସପେକ୍ଟର ଚାଲିଗଲେ)

ବ୍ରଜ : ତମକୁ ଅନେକ ଧନ୍ୟବାଦ ସତ୍ୟ। ତମେ ନଥିଲେ ମୋର ଯେ କ'ଣ ହୁଅନ୍ତା ତା'ର ଠିକଣା ନାହିଁ।

ସତ୍ୟ : ସବୁ ସରିଯାଇଥାନ୍ତା ବ୍ରଜ ଭାଇ। ଆହେ କେତେବେଳେ କ'ଣ ହବ-ତମେ ଯା ଭିତରେ ଝିଅଟାର ବାହାଘର କାମଟା ସାରିଦିଅ।

ବ୍ରଜ : ଠିକ୍ କହିଛ ସତ୍ୟ। ହେଲେ ଭଲ ପ୍ରସ୍ତାବଟେ ମିଳିଲେ ସିନା କରିବା।

ସତ୍ୟ : କ'ଣ କରିବା ବ୍ରଜଭାଇ ? ଆମ ଭଦ୍ରକରେ ଶତାବ୍ଦୀ ପାଇଁ ଯୋଗ୍ୟ ପାତ୍ର ମିଳିଲା ପରି ଦିଶୁନି ମତେ। ହେଲେ ପାତ୍ରପଡ଼ାରେ ଗୋଟେ ଜଗଦ୍ଦେବ ଫେମିଲି ଅଛି। ତାଙ୍କର ବଡ଼ ପୁଅଟା ଏ ଯାଏଁ ବାହା ହେଇନି। ସାଉଦିଆରବରେ ଗୋଟେ ଛୋଟ ତେଲଖଣିର ମାଲିକ ସେ ଟୋକା। ଜାପାନ ଆଉ ଆମେରିକାକୁ ପେଟ୍ରୋଲ ବିକୁଛି।

ବ୍ରଜ : ତା'ହେଲେ ଗୋଟେ ଜାପାନୀ ଝିଅ ବାହା ହେଇଯାଇଥିବ। ଆମ ଇଣ୍ଡିଆରେ... ତା' ପୁଣି ଓଡ଼ିଶାରେ ବାହା ହବ କାଇଁକି ?

ସତ୍ୟ : ଭାଇ, ଟୋକାଟା କୁଆଡେ. ଭାରୀ ଓଡ଼ିଆପ୍ରେମୀ। ଭଲ ଇଂଲିଶ ଜାଣିଥିବା ଓଡ଼ିଆ ଝିଅ ହେଲେ କରିବେ। ଆମ ଶତାବ୍ଦୀ ତ ଅହମ୍ମଦାବାଦରେ ପାଠ ପଢ଼ିଛି। କଥାଟା ପକେଇବି ?

ବ୍ରଜ : ପକାଅ। ଯଦି ସେମାନେ ଆମ ଘରେ କରିବାକୁ ରାଜି ହେବେ...

ଯାହା ଯୌତୁକ ମାଗିବେ... ମୁଁ ଦେବାକୁ ରାଜି ଅଛି। ମୋର ଗୋଟେ ବୋଲି ଝିଅ...

ସତ୍ୟ : ଯୌତୁକ ନେବେ? ସେ ଟୋକାର ବାପ କହିଲା ଯୌତୁକ ନେଲେ ତାଙ୍କ ପ୍ରେଷ୍ଟିଜ୍ ଚାଲିଯିବ। କିନ୍ତୁ ଝିଅଟା ଆମ ଓଡ଼ିଆ କଲଚର୍ ଜାଣିଥିବା ଦରକାର।

ବ୍ରଜ : ଜାଣିଚି... ମୋ' ଝିଅ ଖାଣ୍ଟି ଭଦ୍ରଖିଆ। ସବୁ ଜାଣିଚି। ତମେ କ'ଣ ଶତାବ୍ଦୀକୁ ଜାଣିନା ସତ୍ୟ ?

ସତ୍ୟ : ତା' ହେଲେ କଥାଟା ପକେଇବା ବ୍ରଜ ଭାଇ ?

ବ୍ରଜ : ଯେତେ ଶୀଘ୍ର ବାହାଘରଟା କରିଦେବା- ପଚାର।

ସତ୍ୟ : ଆଜି ପଚାରୁଛି।

(ମଂଚ ଅନ୍ଧାର)

-୦-

ଦୃଶ୍ୟ -୬

ହୋଟେଲ୍ ଆଶ୍ରୟର କୋଠରୀ-୧୬୨ (ମଂଚ-୨)ରେ ଆଲୋକ ଆସିଲା। ନିଦରୁ ଉଠିଲା ଟିଟୁନ୍ (ମନୋଜ) ପ୍ରଧାନ।

ମନୋଜ : ଜୟ ବଜରଙ୍ଗବଲୀ। ଶତାବ୍ଦୀ ! ଶତାବ୍ଦୀ !

(ଚାରିଆଡ଼େ ଖୋଜିଲା। ପାଇଲା ନାହିଁ।) କି ଆଶ୍ଚର୍ଯ୍ୟ କଥା ? ରାତି ସାରା ଶୋଇଥିଲା ମୋ' ପାଖରେ। ସକାଳୁ ଉଭାନ ହେଇଗଲା ? (ହସିଲା) ଶଳା ଏଇଟା ଗୋଟେ ଭୂତ ନା ମଣିଷ ? (ହସିଲା) ଅନ୍ଧାର ହେଲେ ଜୁଳୁଜୁଳିଆ ପୋକ ପରି ଦପ୍‌ଦପ୍ ହଉଚି... ଆଲୁଆ ଆସିଲେ ଲୁଚି ଯାଉଛି... (ପୁଣି ହସିଲା) (ଆବହ ସଂଗୀତ କରୁଣ, କୋରାଲ୍ ହମିଂ ନିଆଯାଇପାରେ।)

ଏଇଟା କ'ଣ ହଉଚି ମୋର? ସିଏ ସତରେ ଆସିଥିଲା ନା ସେଇଟା ଗୋଟେ ସ୍ୱପ୍ନ ଥିଲା? ହେ ସଭ୍ୟ ପୃଥିବୀର ଲୋକମାନେ! ତମକୁ ମୁଁ ଏ ସାଂଘାତିକ ପ୍ରଶ୍ନ ପଚାରୁଚି। କିଏ ମତେ କହିଥିଲା ସେ ଝିଅଟାକୁ ମୋ' ପ୍ରାଇଭେଟ୍ କୋଠରୀ ଭିତରକୁ ଡାକିବାକୁ? କାହିଁକି ମୁଁ ଡାକିଥିଲି ତାକୁ? ଝିଅଟା.. .ଝିଅଟା ମୋ' ବ୍ରହ୍ମଚର୍ଯ୍ୟ ନଷ୍ଟ କରିଦେଲା... ଆଉ

ମତେ ନିଶାଗ୍ରସ୍ତ କରି ଶୁଆଇ ଦେଲା । ଉଠିଲା ବେଳକୁ ଚିଡ଼ିଆ ଫୁର୍‌ର୍... ଯାହାକୁ କହିଲେ ସିଏ ହସିବ... କହିବ ମୁଁ ପାଗଳ ହେଇଗଲି... ଏଁ... ? ମୁଁ କ'ଣ ପାଗଳ ? ଏଁ ? କୁଆଡ଼େ ଗଲା ସେ ଝିଅଟା ? ଯା'ର ନାଁ ଶତାବ୍ଦୀ ମଲ୍ଲିକ । କୁଆଡ଼େ ଗଲା ? ମତେ ପାଗଳ କରିଦେଇ ଆଉ କାହାକୁ ବାହା ହେଇଗଲା ?

-୦-

ଦୃଶ୍ୟ -୭

(ଦୂରରୁ ଶୁଭିଲା ଶଙ୍ଖ, ହୁଳହୁଳି ଶବ୍ଦ । ତା' ଭିତରୁ ଗୋଟେ ଶାହାନାଇ / ମହୁରୀ ଓ ମଙ୍ଗଳ ବାଦ୍ୟ... ୨ ମିନିଟ୍ ପରେ ମଧ୍ୟ ସେ ବାଜା ବାଜୁଥିବ)

ବର୍ତ୍ତମାନ ଆଲୁଅ ଆସିବ ମଂଚ-୨ରେ । ମନେକର ଏଇଟା ଟିଟୁନ୍ (ମନୋଜ) ପ୍ରଧାନର ବାହାଘର ପରର ଚଉଠି ରାତି । ଜଣେ ଦୁଇଜଣ କର୍ମୀ ଆସି ମଂଚ-୨ଟାକୁ ପତାକା ମାଳରେ କିମ୍ବା ପ୍ଲାଷ୍ଟିକ୍ ଫୁଲରେ ସଜେଇବେ । କୁମ୍ଭ ଓ କଳସ ଇତ୍ୟାଦି ଆଣି ରଖିବେ । ମଙ୍ଗଳ ବାଜା ଓ ହୁଳହୁଳି ଶୁଭୁଥିବ । ଭଲ୍ୟୁଣ୍ଟିଅର୍‌ମାନେ ଗୋଟେ ବଡ଼ ରୁଖା (ପିଲିସଜ) ଆଣି ତା' ଉପରେ ଦୀପଟିଏ ରଖିବେ । ପାଖରେ ଗୋଟେ ଦିଆସିଲି ରଖିବେ ଓ ଟିକିରା ବାଜୁଥିବା ଶବ୍ଦ କମି କମି ଆସିବ ଓ ଓଢ଼ଣା ଦେଇ ବୋହୂ ବେଶରେ ପ୍ରବେଶ କରିବ ଶତାବ୍ଦୀ । ପ୍ରଥମେ ଦୀପ ପାଖକୁ ଯାଇ ଦୀପଟା ଜଳେଇବା ବେଳେ ପ୍ରବେଶ କଲା ଗବ୍‌ବର ।

ଗବ୍‌ବର : (ପ୍ରବେଶ କରୁ କରୁ) ଆହା ହା ଦୀପଟେ କ'ଣ ଜଳେଇଲ ଡାର୍ଲିଂ ? ଏଇଠି ତ ବିଜୁଳି ଆଲୁଅ ଅଛି । ଏଇଟା କ'ଣ ଦରକାର ? ତମେ ପରା ଅହମ୍ମଦାବାଦ୍‌ରେ ପଢୁଥିଲ ! ଓଢଣାଟେ କ'ଣ ଲମ୍ବେଇଚ ମୁହଁ ଉପରେ ? (ହସିଲା ଜୋର୍‌ରେ) ପତିବ୍ରତା ହିନ୍ଦୁ ନାରୀ ଭୂମିକାରେ ଆଜି ତମେ ଅଭିନୟ କରିବ ନା କ'ଣ ?

(ଓଢ଼ଣାଟା ଜବରଦସ୍ତ ଖୋଲିଦେଲା । ଶତାବ୍ଦୀ ଗବ୍‌ବର୍‌ର ପାଦ ତଳେ ମୁଣ୍ଡିଆ ମାଇଲା)

ଗବବ୍‌ର : ଆରେ... ଆରେ ଇଏ କ'ଣ ? ମତେ ମୁଣ୍ଡିଆ କାହିଁକି ମାରୁଛ ?

ତା'ହେଲେ ମତେ ବି ତମକୁ ମୁଣ୍ଡିଆ ମାରିବାକୁ ପଡ଼ିବ। (ଗବ୍‌ବର ଶତାବ୍ଦୀକୁ ମୁଣ୍ଡିଆ ମାଇଲା)

ଶତାବ୍ଦୀ : ନା। ଆପଣ କ'ଣ ମୁଣ୍ଡିଆ ମାରୁଛନ୍ତି ? ପ୍ରଥା ଅନୁଯାୟୀ ସ୍ୱାମୀ ତ ଦେବତା !

ଗବବ୍‌ର : ସେ 'ଦକିଆନୁସୀ' ପ୍ରଥା ଆମର କ'ଣ ହବ ଶତାବ୍ଦୀ ? ଏବେ ବି ଟ୍ୱେଣ୍ଟି ଫାଷ୍ଟ୍ ସେଂଚୁରୀରେ ତମେ ଦୀପ ଜଳେଇବ... ମତେ ମୁଣ୍ଡିଆ ମାରିବ.. ଏଗୁଡ଼ା ଚଳିବ ନାଇଁ। ଅବଶ୍ୟ ସାଉଦି ଆରବରେ ଆମ ରୀୟାଦ ସହରରେ ଏବେ ବି ଝିଅମାନେ 'ହିଜାବ୍' ପିନ୍ଧୁଛନ୍ତି। କିନ୍ତୁ ଆମେ ତାଙ୍କର ସେ ବେଦୁଇନ୍ କଲ୍‌ଚର୍‌କୁ ମାନିବା ନାହିଁ।

ଶତାବ୍ଦୀ : ଦେଖନ୍ତୁ.. ମୁଁ ନୋଇଡାରେ ଖଣ୍ଡେ ଚାକିରି ପାଇଚି। ମତେ ସେଇଠି ଜଏନ୍ କରିବାକୁ ହେବ। ମୁଁ କ'ଣ ଆପଣଙ୍କ ସାଙ୍ଗରେ ରିୟାଦ୍ ଯାଇପାରିବି ?

ଗବବ୍‌ର : ଗୁଲି ମାର ତମ ଚାକିରିକୁ। ଏମ୍ ବି. ଏ. ପାଶ କରିଚ ବୋଲି ମୁଁ ତମକୁ ବାହା ହେଲି। ତା'ର ଅର୍ଥ ନୁହେ- ତମେ ଯାଇ ନୋଇଡାରେ ଚାକିରି କରିବ !

ଶତାବ୍ଦୀ : ଦେଖନ୍ତୁ ମାସକୁ ଅଢ଼େଇ ଲକ୍ଷ ଟଙ୍କା ଦରମା। କ୍ୟାମ୍ପସ୍‌ରେ ପାଇଚି; ଚାକିରିଟା ଛାଡ଼ି ଦେବା କ'ଣ ଭଲ ହବ ?

ଗବବ୍‌ର : ଆରେ ମୋର ସେଇଠି ଗୋଟେ ତେଲ ଖଣି ଅଛି। ଦିନକୁ କୋଟିଏ ଦେଢ଼କୋଟିର କାରବାର। ଇଂଲଣ୍ଡ ଆଉ ଆମେରିକାକୁ ଆମେ ପେଟ୍ରୋଲ୍ ସପ୍ଲାଇ କରିବା। ମୋର ତେଲ ଖଣି ଓ ବ୍ୟବସାୟ ବୁଝିବା ପାଇଁ ମୁଁ ତମକୁ ବାହା ହେଲି। ହଁ ତମେ ଯଦି ଚାହଁ ମୁଁ ତମକୁ ୨୦ ଲକ୍ଷ ଦେବି। କମନ୍ ! ଫରଗେଟ୍ ନୋଇଡ଼ା।

ଶତାବ୍ଦୀ : ଦେଖନ୍ତୁ ଯେତେ ଆଧୁନିକ ହେଲେ ବି ଆମ୍ଭେ ବେଦୀ ଉପରେ ବାହା ହେଉଚେ। ଯଜ୍ଞ ଚାରି ପଟେ ସାତଥର ପରିକ୍ରମା କରିଛେ। ପରସ୍ପରଙ୍କ ସହିତ ଆଜୀବନ ପବିତ୍ର ବନ୍ଧନରେ ବାନ୍ଧି ହେବା ପାଇଁ ଶପଥ ନେଇଛେ। ମୁଁ ଅହମ୍ମଦାବାଦରେ ପାଠ ପଢ଼ିଛି ତ ଗୁଜୁରାଟୀ ସମାଜର ସଂସ୍କାର ଦେଖିଚି। ସେମାନେ ଆମେରିକାରେ ଥାଇ ମଧ୍ୟ ତାଙ୍କ ସଂସ୍କୃତିକୁ ଭୁଲି ନାହାନ୍ତି।

ଗବ୍‌ବର : ଦାଟ୍‌ସ୍ ଓକେ। ଆମେ ବି ଆମ କଲ୍‌ଚରକୁ ମାନିବା। କିନ୍ତୁ ଆଜିର ଯୋଉ ହନିମୁନ୍ ହବ- ସେଥିରେ ଦୀପଟେ ଜଳେଇବା ଅନାବଶ୍ୟକ।

ଶତାବ୍ଦୀ : ନା, ଅଗ୍ନି ନିଜେ ଜଣେ ଦେବତା। ଏ ଦୀପକୁ ସାକ୍ଷୀ ରଖି ଏ ଦୀପରେ ଥିବା ଅଷ୍ଟ ଦେବଦେବୀଙ୍କୁ ସାକ୍ଷ ।ରଖି ଆଜି ଆମର ଦାମ୍ପତ୍ୟ ଜୀବନର ଶୁଭାରମ୍ଭ ହେବ। ଏଇଟା ଅନ୍ଧବିଶ୍ୱାସ ନୁହେଁ। ଯାଅ ଦେଖିବ- ଗୁଜୁରାଟରେ କେମିତି ସେମାନେ ପରମ୍ପରାକୁ ସମ୍ମାନ ଦିଅନ୍ତି।

ଗବ୍‌ବର : (ହସିଲା: ତାତ୍ସଲ୍ୟର ହସ) ଗୁଡ୍ ଶତାବ୍ଦୀ ! ଦାମ୍ପତ୍ୟ ଜୀବନ ଆରମ୍ଭ ଆଗରୁ ମୋର ଦୁଇଟା ଜିନିଷ ଦରକାର- ତମ ବ୍ଲଡ୍ ଗ୍ରୁପ୍ ଓ ହେଲଥ୍ ରିପୋର୍ଟ, ଏବଂ ତମ ସଂପର୍କରେ କୌଣସି କ୍ରିମିନାଲ୍ ରିପୋର୍ଟ ନାହିଁ ବୋଲି ଗୋଟେ No Objection Certificate ଦରକାର। ଏ କଥାଟା ବାହାଘର ଆଗରୁ ମୁଁ କହିଥିଲି।

ଶତାବ୍ଦୀ : ମୁଁ ବ୍ଲଡ୍ ଗ୍ରୁପ୍ ଓ ହେଲଥ୍ ସାର୍ଟିଫିକେଟ୍ ଆଣିଛି।

ଗବ୍‌ବର : କାଇଁ ଦେଖି।

(ଶତାବ୍ଦୀ ଧରିଥିବା ଛୋଟ ୱାଲେଟ୍‌ରୁ ରିପୋର୍ଟ ଦେଲା)

ଓ.କେ.! ଆଉ ରହିଲା ପୋଲିସ୍ ପାଖରୁ NOC। ଫରେନ୍ ଯିବା ପାଇଁ ସେଇଟା ନିହାତି ଦରକାର। ମୁଁ ପୋଲିସ୍‌କୁ ତମ ସଂପର୍କରେ ଗୋଟେ ରିପୋର୍ଟ ମାଗିଥିଲି। ସେମାନେ ଆଜି ଦେବେ ବୋଲି କହିଥିଲେ। ଯେ କୌଣସି ମୁହୂର୍ତ୍ତରେ ପୋଲିସ୍ ରିପୋର୍ଟ ନେଇ ଆସିପାରେ। (ବାରମ୍ବାର କଲିଂବେଲ୍ ବାଜିଲା)ମୁଁ ଯାଇ ଦେଖୁଚି ଶତାବ୍ଦୀ! ଆଇ ଆମ୍ ସରୀ। ମତେ ପାଂଚ ମିନିଟ୍ ସମୟ ଦିଅ। ଆଇ ସାଲ୍ ବି ବ୍ୟାକ୍।

(ମଂଚ-୨ରୁ ଗବ୍‌ବର ୩ଟି ପାହାଚ ଓହ୍ଲାଇ foyer କୁ ଆସିଲେ। ତାଙ୍କୁ ସ୍ପଟ୍ follow କଲା। ଆବହ ସଂଗୀତ। ଗବ୍‌ବର ଦୁଆର ଖୋଲିଲେ ଓ ପ୍ରବେଶ କଲେ ଜଣେ ପୋଲିସ। (ରିପୋର୍ଟ ଦେଲେ)

ପୋଲିସ୍ : ସାର୍ ନମସ୍କାର। ହେପି ହନିମୁନ୍ ନାଇଟ୍ ସାର୍। ରିପୋର୍ଟ ତିଆରି କରୁକରୁ ଡେରି ହେଇଗଲା ସାର୍। ଆଇ ଆମ୍ ସରୀ।

ଗବ୍‌ବର : ଡେରି କାହିଁକି ହେଲା ?

ପୋଲିସ୍ : ଆପଣଙ୍କର ସ୍ତ୍ରୀ ଶତାବ୍ଦୀ ମଲ୍ଲିକ ଦିଇଟା ନାଁ ବ୍ୟବହାର କରୁଛନ୍ତି। କୋଉଠି ସିଏ ଶତାବ୍ଦୀ ତ ଆଉ କୋଉଠି ଝିଲ୍ଲୀ !

ଗବ୍‌ବର : ଏଇଟା ତ ମୁଁ ଜାଣିନି ! ଆପଣ କୋଉ ଶତାବ୍ଦୀ ମଲ୍ଲିକ କଥା କହୁଛନ୍ତି ?

ପୋଲିସ୍ : ମୁଁ ତାଙ୍କୁ ଦେଖିଲେ ଚିହ୍ନି ପାରିବି ସାର୍ !

ଗବ୍‌ବର : କିନ୍ତୁ ଆଜି ଏଇ ହନିମୁନ୍‌ଟାରେ... ଆଚ୍ଛା, ଉପରକୁ ଆସନ୍ତୁ ମୁଁ ମୋର ସ୍ତ୍ରୀଙ୍କୁ ଦେଖେଇ ଦେବି।

ପୋଲିସ୍ : ଥାଉ ସାର୍ ! ମୁଁ କାଲି ଆସିବି।

ଗବ୍‌ବର : ଆସନ୍ତୁ ଆସନ୍ତୁ ମୋ ୱାଇଫ୍ କୋଉ ଶତାବ୍ଦୀ ଆପଣ ଦେଖିଲେ ଯାଇ ରିପୋର୍ଟଟା ଠିକ୍ ମିଳିବ। (ଉଭୟେ ସିଡ଼ି ଚଢ଼ି ମଂଚ-୨ ଉପରକୁ ଆସିଲେ)

ଗବ୍‌ବର : ଇଏ ମୋ' ସ୍ତ୍ରୀ। (ପୋଲିସ୍‌କୁ ଦେଖିଲା ଶତାବ୍ଦୀ, ଆବହ ସଂଗୀତରେ କ୍ରାସ୍ ଶବ୍ଦ)

ପୋଲସି : ଆପଣ ? ଆପଣଙ୍କୁ ତ ମୁଁ ଦେଖିଛି ମାଡ଼ାମ୍।

ଶତାବ୍ଦୀ : କୋଉଠି ଦେଖିଛନ୍ତି ?

ପୋଲସି : ମାଡ଼ାମ୍ ହୋଟେଲ୍ 'ଆଶ୍ରୟ'ରେ - ରୁମ୍ ନମ୍ବର ଶହେ ବାଷଠୀରେ। କିନ୍ତୁ ଆପଣ ତ ମତେ ବାହା ହେଇଚି ବୋଲି କହିଥିଲେ ?

ଗବ୍‌ବର : May be, ଆପଣଙ୍କର ମତିଭ୍ରମ ହଉଚି ଅଫିସର୍।

ପୋଲିସ୍ : ଗୋଟେ ମିନିଟ୍। (ମୋବାଇଲ୍‌ରୁ ଫଟୋ ବାହାର କରି) ଏଇ ସାର୍! ଗତ ମାସରେ ମାଡ଼ାମ୍ ଆଉ ଜଣକୁ ସ୍ୱାମୀ ବୋଲି ଚିହ୍ନଟ କରିଥିଲେ। ଦେଖନ୍ତୁ।

(ଆବହ ସଂଗୀତରେ ଉତ୍କଣ୍ଠା। ପୋଲିସ୍ ଫଟୋ ଦେଖାଇଲା ଗବ୍‌ବରକୁ)

ଗବ୍‌ବର : ଓଃ ! ମାଇଁ ଗଡ୍ ! ଏଇଟା କି ଭୟଙ୍କର ପ୍ରତାରଣା ଶତାବ୍ଦୀ ! ଏଇ ଦେଖ... ଏ ଲୋକଟା କିଏ ?

ପୋଲିସ୍ : ଏ ଲୋକଟା ? ରୁହନ୍ତୁ ... ଯାର ନା ଟିଟୁନ୍ ପ୍ରଧାନ ଓରଫ୍ ମନୋଜ ପ୍ରଧାନ... ଆଇ ଏମ୍ ସରି ସାର୍। ସେଦିନ ରାତିରେ ଏମାନେ ପୋଲିସ୍‌କୁ ସ୍ୱାମୀ ସ୍ତ୍ରୀ ବୋଲି ପରିଚୟ ଦେଇଥିଲେ।

ଶତାବ୍ଦୀ : ନା !

ଗବ୍‌ବର : ୟୁ ସଟ୍ ଅପ୍ ଶତାବ୍ଦୀ ! ଦେଖ ଏଇ ଫଟୋ।

(ଫଟୋ ଦେଖିଲା। ଆବହ ସଂଗୀତ। ମୁଣ୍ଡ ବୁଲେଇ ହେଲା, ପଡ଼ିଗଲା ଶତାବ୍ଦୀ)

ଭଲ ହେଇଚି.. ଆଚ୍ଛା ଇନ୍ସପେକ୍ଟର। ଆପଣ ଏତେ ରାତିରେ ଆସି ରିପୋର୍ଟଟା ଦେଇ

ମତେ ସାହାଯ୍ୟ କଲେ। ମୋ' ତରଫରୁ ଏଇ ଛୋଟ ଗିଫ୍ଟ ରଖନ୍ତୁ। (ଗୋଟାଏ ଲଫାପା ବଢ଼େଇ ଦେଲେ)

ପୋଲିସ୍ : ଥ୍ୟାଙ୍କ୍ ୟୁ ସାର୍। ମୁଁ ଆସୁଚି।

ଗବ୍‌ବର : ଚାଲନ୍ତୁ। ମୁଁ ଯାଉଛି, ଆଜିର ଏ ହନିମୁନ୍ କ୍ୟାନ୍‌ସଲଡ୍ ମାଡ଼ାମ୍। ଏ ବାହାଘର ଏଇଠି ଭାଙ୍ଗିଲା। ଯେତେ ଶୀଘ୍ର ପାରୁଛ ଏ ଘର ଛାଡ଼ି ଚାଲିଯାଅ। ଡ୍ରାଇଭର୍ ନେଇ ଛାଡ଼ି ଦେଇ ଆସିବ। ଏ ବାହାଘର Chapter closed. (ପୋଲିସକୁ ଧରି ଓହ୍ଲାଇଲେ)

(ମଂଚ ଅନ୍ଧାର)

-୦-

ଦୃଶ୍ୟ -୮

(ସଂଗେ ସଂଗେ ଆଲୁଅ ଆସିଲା ମଂଚ-୧ରେ) ସତ୍ୟ ଉଚ୍ଚସ୍ୱରରେ କହୁଛନ୍ତି। ପାଖରେ ଠିଆ ହେଇଛନ୍ତି ବ୍ରଜ ମଲ୍ଲିକ)

ବ୍ରଜ : ମୁଁ ଏବେ କ'ଣ କରିବି ସତ୍ୟ ? ଭଲ ଜ୍ୱାଇଁ ମିଳିଲା ଆମ ଝିଅ ପାଇଁ। ଚଉଠି ରାତିରେ ଡିଭୋର୍ସ ?

ସତ୍ୟ : କରୁ ସେ ଟୋକା ! ଆମ ଝିଅ ପାଇଁ କ'ଣ ପୁଅ ଅଭାବ ହେବେ ?

ବ୍ରଜ : ପୁଅଟେ ମାକେ ବର୍ତ୍ତମାନ ଗୋଟେ ରେଡିମେଡ୍ ଜୋଇଁ ମିଳିବା କ'ଣ ସମ୍ଭବ ସତ୍ୟ ?

ସତ୍ୟ : ବର୍ତ୍ତମାନ ମିଳିବେ ବ୍ରଜ ଭାଇ। ମୁଁ ଫୋନ୍ ଲଗେଇ ପଚାରେ।

ବ୍ରଜ : ପିଲାଟା କ'ଣ କରୁଚି ?

ସତ୍ୟ : କମ୍ପ୍ୟୁଟର ଇଂଜିନିୟର। ପନ୍ଦର ଦିନ ଭୁବନେଶ୍ୱରରେ ତ ପନ୍ଦର ଦିନ ସିଂଗାପୁରରେ। ଦିଲ୍ଲୀରେ ଆମ ଭାରତର ଶିକ୍ଷାମନ୍ତ୍ରୀ ଅଛନ୍ତି। ତାଙ୍କ ପୁତୁରା। ମୁଁ ଫୋନ୍ ଲଗେଇ ବୁଝେ ଅବସ୍ଥା କ'ଣ ?

ବ୍ରଜ : ତମେ କ'ଣ ସେମାନଙ୍କୁ ଜାଣିଚ ?

ସତ୍ୟ : ଆହେ ଜାଣିଚି କ'ଣ ? ସେ ପୁଅର ମା' ବ୍ୟସ୍ତ ହେଇ ଦିନକୁ ଦି'ଥର ଫୋନ୍ କରୁଛନ୍ତି। ମୁଁ ଫୋନ୍‌ଟା ଲଗାଏ- (ଫୋନ୍ ଲଗାଇଲେ। ମଂଚ ଅନ୍ଧାର)

-୦-

ଦୃଶ୍ୟ -୯

(ଫୋନ୍ ଉଠେଇଲେ ରୁଦ୍ରମାଧବ ପ୍ରଧାନ)

ରୁଦ୍ର : ହଇଏ ସତ୍ୟ ବାବୁ ! କ'ଣ ଝିଅଟା ରାଜି ହେଇଗଲା ? ହତଭାଗୀଟା କିଏ କିହେ? ହଉ ତାକୁ ଟିକିଏ ନେଇ ଆସ। (ଆବହ ସଂଗୀତ) ମୁଁ ଜାଣିନି ସେ ଝିଅଟାକୁ। କାହା ଘରର ଝିଅ ଜାଣିନି। ହେଲେ ମୋର ପୁଅଟା ତ ପାଗଲା। ପାଗଳ ବୋଲି ସେମାନେ ଜାଣିଛନ୍ତି ନା ଜାଣି ନାହାନ୍ତି ? ସେଇଥିପାଇଁ ରାଜି ହେଇଯାଇଛନ୍ତି।

(ମଦ ବୋତଲ ଧରି ପିଇପିଇ ଆସିଲା ମନୋଜ ପ୍ରଧାନ)

ମନୋଜ : (ମଦ ପିଉଚି ଆଉ ଗାଉଛି)

ସୂକ୍ଷ୍ମ ରୂପ ଧରି ଶିୟହି ଦିଖାଓ୍ୱା
ବିକଟ ରୂପ ଧରି ଲଙ୍କ ଜରାଓ୍ୱା। (ପିଇଲା)
ଭୀମ ରୂପ ଧରି ଅସୁର ସଂହାରେ
ରାମଚନ୍ଦ୍ର କେ କାଜ ସଁଓ୍ୱାରେ। (ପିଇଲା)

ରୁଦ୍ର : ଆରେ ଏ ହତଭାଗା ! ମଦ ପିଇ ହନୁମାନ ଚାଳିଶା ଗାଉଛୁ ? ଧର୍ମ ସହିବନିରେ। ତତେ ଶୀଘ୍ର ବାହା କରେଇ ଦେବି। ନହେଲେ ତୋର ପାଗଲାମି ଆହୁରି ବଢ଼ିବ।

ମନୋଜ : କାଇଁକି ବାପା ? ଏ ଘରକୁ ଗୋଟେ ଅଜଣା ଝିଅକୁ କାହିଁକି ଆଣିବେ ?

ରୁଦ୍ର : ଏଇଟା ମୁଁ ଚାହୁଁନି ମନୋଜ। ତୋ ମା' ଚାହୁଁଛି। ଚବିଶି ଘଣ୍ଟା ମଦ ପିଇ ତୁ ବାଉଳି ଚାଉଳି ହଉଚୁ, କୁଆଡ଼େ ଗଲା ତୋର ଚାକିରି ?

ମନୋଜ : ଚାକିରି ଦରକାର ନାଇଁ ବାପା- ଭୁବନେଶ୍ୱରରେ ପନ୍ଦର ଦିନ ସିଂଗାପୁରରେ ଆଉ ପନ୍ଦର ଦିନ। ଏମିତି ଗୋଟେ ରୁଟିନ୍ ବନ୍ଧା ଜୀବନ ଭିତରେ ମୁଁ ଶତାବ୍ଦୀ ମଲ୍ଲିକକୁ କୋଉଠି ପାଇବି ?

ରୁଦ୍ର : କୋଉ ଶତାବ୍ଦୀରେ ସିଏ ? ମୁଁ ତ ତାକୁ ଦେଖିନି କି ଜାଣିନି ? କେମିତି ଆଣିଦେବିରେ ତାକୁ ? ପ୍ରଥମେ କହ ତୁ ବାଳବ୍ରହ୍ମଚାରୀ ହେଇ କସରତ କରିବୁ ନା ବିବାହ କରି ଘର ସଂସାର କରିବୁ ? ଆଗ ମୁଁ ସେଇଟା ଜାଣିବି। କହ ? ତୁ' ସଂସାର କରିବୁ ନା ବଜରଙ୍ଗବଲ୍ଲୀଙ୍କୁ ଧରି ରାମଚନ୍ଦ୍ରଙ୍କ ନାଁରେ ମଦଗୁଡ଼ାଏ ପିଉଥିବୁ ?

ମନୋଜ : ସଂସାର ଗୋଟେ ମିଛ କଥା ବାପା। ଗୋଟେ ଝିଅ ପିଲାକୁ ବାହା ହେଇଗଲେ କ'ଣ ସଂସାର ଗଢ଼ି ହେଇଯିବ ? ସେଇଟା ଗୋଟେ

ପ୍ରହେଳିକା ପରି ଆସିବ। ପାଖରେ ଶୋଇବ। ନିଦ ଭାଙ୍ଗିଲା ବେଳକୁ ହତାଶ କରି ପଳେଇ ଯାଇଥିବ। ଝିଅମାନେ ... ଗୋଟେ ଗୋଟେ ଠକାମି ବାପା.. ଗୋଟେ ଗୋଟେ ପ୍ରତାରଣା... ମୁଁ ବଜରଙ୍ଗବଲ୍ଲୀଙ୍କ ଭକ୍ତ। ଝିଅ ପିଲାର ମୁହଁ ଦେଖିବା ମହାପାପ। ମା'କୁ ସେ କଥା କହିଦିଅନ୍ତୁ। ମୁଁ କୌଣସି ଝିଅର ମୁହଁ ଚାହିବି ନାହିଁ।

ରୁଦ୍ର : ହେଲେ ତୋ' ମା'ର ଏକା ଜିଦ୍। ଘରକୁ ବୋହୂଟେ ଆଣିବ।

ମନୋଜ : ଚାଲିଯିବ ବାପା। ମୁଁ ଶୋଇଥିବି। ସକାଳୁ ଉଠିଲା ବେଳକୁ ଠକି ଦେଇ ପଳେଇଯିବ ସେ ବୋହୂ। ମା' ଜାଣିନି। ମୁଁ ଗୋଟେ ଝିଅ ପିଲାକୁ ନେଇ ଚଳି ପାରିବିନି। ମୁଁ ଝିଅମାନଙ୍କୁ ଘୃଣା କରେ।

ରୁଦ୍ର : ତୁ ତ ନିଜେ ଚଳିପାରୁନୁ କି ଚାକିରିକି ଯାଇ ପାରୁନୁ। ଦି' ମାସ ହେଲା... ଏବେ ମୁଁ କରିବି କ'ଣ ?

ମନୋଜ : ଓ୍ୱର୍କ ଫ୍ରମ୍ ହୋମ୍। ମୁଁ ଘରେ ବସି ଅଫିସ୍ କାମ କରୁଚି ବାପା। ମୋ' ଚାକିରି ଅଛି। ମୁଁ ଚାକିରି କରୁଛି।

ରୁଦ୍ର : ଛେନାଟା କରୁଚୁ ! ଖାଲି ମଦଗୁଡ଼ା ପିଉଚୁ। ଆମେ ବୁଢ଼ା ହେଲୁଣି। କେମିତି ସମ୍ଭାଳିବୁରେ ତତେ ? ବୋହୂଟେ ଆସିଲେ ତୋ' କଥା ବୁଝିବ ସିନା ? ବଜରଙ୍ଗବଲ୍ଲୀ ହେଇ ଚଳିବୁ କେମିତି ?

ମନୋଜ : ମୁଁ କ'ଣ ଚାହିଁନଥିଲି ବାପା ? ଶରତ ଋତୁର ସକାଳ ପରି ଗୋଟେ ଝଲମଲ ଭାବବୋଧ ? ପୂର୍ଣ୍ଣିମା ରାତି ପରି କୋମଳ ଓ ପରିଚ୍ଛନ୍ନ ଗୋଟେ ଝିଅ... ? ଆସିଥାନ୍ତା ମୋ' ଜୀବନର ପରିଧି ଭିତରକୁ...ସଚରାଚର ସେ ଗୋଟେ ସାମ୍ରାଜ୍ଞୀ ପରି ବିଚରଣ କରୁଥାନ୍ତା... ମୁଁ କ'ଣ ଚାହିଁନଥିଲି ବାପା ? ହେଲା କ'ଣ ? ଗୋଟେ ଜୁଲୁଜୁଲିଆ ପୋକ ପରି ଅନ୍ଧାର ଭିତରେ ଦପ୍‌ଦପ୍ ହେଲା ଆଉ ଆଲୁଅ ଆସିଲା ବେଳକୁ ଲିଭିଗଲା। ଦିସ୍ ଇଜ୍ ଟୁ ମଚ୍ ବାପା।

ରୁଦ୍ର : ମୁଁ ତାକୁ କୋଉଠି ଖୋଜିବାକୁ ଯିବିରେ ? କେବେ ତାକୁ ଜାଣିନି କି ଦେଖିନି।

(ହଠାତ୍ କଲିଂ ବେଲ୍ ବାଜିଲା। ରୁଦ୍ର ମାଧବ ଦୁଆର ଖୋଲିଲେ। ପ୍ରବେଶ କଲେ ଡାକ୍ତର ଦଣ୍ଡପାଟ)

ରୁଦ୍ର : ନମସ୍କାର ଡ. ଦଣ୍ଡପାଟ !

ଡାକ୍ତର : କେମିତି ଅଛନ୍ତି ଆମ ମନୋଜ ବାବୁ ? (ମନୋଜ ଆସୁଥିବା ଦେଖି) ଆଉ ମନୋଜ ବାବୁ... ?

ମନୋଜ : ଚାଲିଯାଆନ୍ତୁ ! ଡକ୍ଟର ! ମୁଁ ଆପଣଙ୍କୁ କହୁଛି। ଦୟା କରି ଚାଲିଯାଆନ୍ତୁ...

ରୁଦ୍ର : ଟିଟୁନ୍ ! ଅଭଦ୍ରାମି କରନା ! ମୁଁ ଡକେଇଥିଲି ସାର୍‌ଙ୍କୁ।

ମନୋଜ : ସାର୍‌ଙ୍କୁ ? ହେଃ... (ଜୋର୍‌ରେ ହସିଲା) ଏଇଟା କୋଉ ସାର୍ ? ମତେ ଆସି ଛୋପରି କଥା କହୁଚି... ଏଇଟା ଗୋଟେ ଅଭଦ୍ର ଲୋକ ବାପା ! ଏଇଟାକୁ ଶୀଘ୍ର ଏଇଠୁ ନେଇଯାଆନ୍ତୁ। ନହେଲେ ମୁଁ ଏଇଟାକୁ ଜୋତାରେ ପିଟିବି।

ରୁଦ୍ର : ଓ ୟୁ ସଟ୍‌ଅପ୍ ! ତୋ'ର ଯୋଉ ମେଣ୍ଟାଲ ଡିଜ୍‌ଅର୍ଡର୍ ହେଇଚି, ତା'ର ପ୍ରଫେସର୍ ହଉଛନ୍ତି ପ୍ରଫେସର୍ ଦଣ୍ଡପାଟ୍। ତାଙ୍କୁ ତୁ' ଜୋତାରେ ପିଟିବୁ ! ଆଇ ଏମ୍ ସରି ଡକ୍ଟର !

ମନୋଜ : କି ଡାକ୍ତର ଇଏ ବାପା ? କହୁଚି ବାହା ହେଲେ ରୋଗ ଭଲ ହେଇଯବ। କିନ୍ତୁ ମୁଁ ପଚାରୁଚି .. କି ରୋଗ ହେଇଚି ମୋର ? ମୁଁ ତ ସୁସ୍ଥ ସବଳ ଅଛି। କମ୍ପ୍ୟୁଟର୍‌ରେ ବସି କାମ କରୁଛି...

ରୁଦ୍ର : ଯା' ଭିତରକୁ ଯା- କମ୍ପ୍ୟୁଟର୍‌ରେ କାମ କରିବୁ ଯା- ଯଦି ଏଇଠି ଡାକ୍ତରଙ୍କୁ ମିସ୍‌ବିହେବ୍ କରିବୁ ସେକ୍ୟୁରିଟୀ ଗାର୍ଡ଼୍‌କୁ ଡକେଇ ଗୋଡ଼ହାତ ବାନ୍ଧି ପକେଇ ଦେବି ଗୋଟେ ରୁମ୍‌ରେ। ସେଇଠି ପାଗଳାମି ଦେଖଉଥିବୁ ରାସ୍‌କେଲ୍। ଯା- ଯା ଏଇଠୁ। (ଧକ୍‌କା ଦେଇ ବାହାର କରିଦେଲେ ଓ ଫେରିଆସିଲେ)

ଡାକ୍ତର : ନାଇଁ ରୁଦ୍ର ମାଧବ ବାବୁ। ହାତ ଗୋଡ଼ ବାନ୍ଧି ପକେଇଲେ ମନୋଜ ଭଲ ହବ ନାହିଁ।

ରୁଦ୍ର : ଆଉ କ'ଣ କରିବି କହୁନାହାନ୍ତି ?

ଡାକ୍ତର : ତାକୁ କୌଣସି ମତେ ବାହା କରେଇବାକୁ ହିଁ ପଡ଼ିବ।

ରୁଦ୍ର : କିଏ ଝିଅ ଦବ ଆଜ୍ଞା... ? ପ୍ରଚାର ହେଇଗଲାଣି ଚାରିଆଡେ- ଏଇଟା ଗୋଟେ ପାଗଳ ବୋଲି।

ଡାକ୍ତର : ନାଇଁ ରୁଦ୍ରବାବୁ ସିଏ ପାଗଳ ନୁହେଁ। ଏଇ ରୋଗଟାକୁ ସେକ୍‌ସୁଆଲ୍ ଆଭରସନ୍ ଡିଜ୍‌ଅର୍ଡ଼ର କୁହାଯାଏ। ଏଇଟା ଭଲ ହେଇଯିବ।

ରୁଦ୍ର : କେମିତି ଆଉ ଭଲ ହବ ସାର୍ ?

ଡାକ୍ତର : ଫିଜିଓଥେରାପିରେ ଭଲ ହବ। ସେକ୍ସ ଥେରାପିରେ ଭଲ ହବ। ଗୋଟେ ପ୍ରଫେସନାଲ୍ ଲାଇସେନ୍ସପ୍ରାପ୍ତ ସେକ୍‌ସ ଥେରାପିଷ୍ଟ ଦରକାର ସାର୍। ଟିକିଏ କଷ୍ଟଲି ହବ ସାର୍।

ରୁଦ୍ର : ତଥାପି କେତେ ପଡ଼ିବ ମାସେ ଦି' ମାସ ପାଇଁ।

ଡାକ୍ତର : ନବେ ମିନିଟ୍ ପାଇଁ ୧୫୦୦୦/- ପଡ଼ିବ ସାର୍। ଦିନକୁ ଅଢ଼େଇ ଲକ୍ଷ... ମାସେ ରଖିଲେ ଆପଣଙ୍କର କୋଠାବାଡ଼ି ବିକ୍ରି ହୋଇଯିବ।

ରୁଦ୍ର : କ'ଣ କରିବି ଡାକ୍ତର ବାବୁ ? ତା'ର ମା' ଅବସ୍ଥା ସଂକଟାପନ୍ନ। ଆପଣ ତ ଜାଣନ୍ତି ଦଣ୍ଡପାଟ ବାବୁ ଏଇଟା ପାଇଁ ତା'ର ମଧ୍ୟ ମରଣାନ୍ତକ ଅବସ୍ଥା। କ'ଣ କରିବି ?

ଡାକ୍ତର : କହିବେ ଯଦି ଗୋଟେ ନର୍ସ ଯୋଗାଡ଼ କରିବା।

ରୁଦ୍ର : କରିଥିଲି ସାର୍। ତାକୁ ଖାଲି ବିଧା ଚାପୁଡ଼ା ମାଇଲା ଯେ ସେ ବିଚାରୀ ଆଠଦିନ ବି ରହି ପାରିଲାନି।

ଡାକ୍ତର : ଦେଖେ ମୁଁ ନର୍ସିଂ ହଷ୍ଟେଲ୍‌ରେ ବୁଝେ। ଦିନକୁ ପାଞ୍ଚ ହଜାରେ ଟଙ୍କାରେ ଯଦି ରାଜି ହେଇଯାଏ। ରୁଦ୍ର : ମୁଁ ଦେବି ସାର୍ ! ଖୋଜି ଦିଅନ୍ତୁ।

ଡାକ୍ତର : ମାସକୁ ଦେଢ଼ ଲକ୍ଷ ଦେଇ ନର୍ସ କାହିଁକି ରଖିବେ ? ସବୁଠୁ ଭଲ ଗୋଟେ ପାତ୍ରୀ ଠିକ୍ କରି ବାହା କରଇେ ଦିଅନ୍ତୁ, ମୁଁ ଗୋଟେ ମେଡ଼ିସିନ୍ ଲେଖି ଦଉଛି।

(ଲେଖିଦେଲେ, କାଗଜ ବଢ଼ାଇଲେ) ଯଦି କିଛି ଫିଜିକାଲ୍ ପ୍ରବ୍ଲେମ୍ ଥିବ- ଏ ମେଡ଼ିସିନ୍‌ରେ ଭଲ ହେଇଯିବ। ତଥାପି ମାସେ ଦିଅନ୍ତୁ ଏ ବଟିକାଟା। ମୁଁ ତା'ହେଲେ ଆସୁଛି।

(ଚାଲିଗଲେ ଡାକ୍ତର। ଆବହ ସଂଗୀତ। ଚିନ୍ତିତ ହୋଇ ପଡ଼ିଲେ ରୁଦ୍ର ମାଧବ)

-୦-

ଦୃଶ୍ୟ -୧୦

(ରୁଦ୍ରମାଧବ ଏକ ସ୍ୱତନ୍ତ୍ର ସ୍ପଟ୍‌ରେ ଅଛନ୍ତି ଓ ସ୍ୱଗତୋକ୍ତି କରୁଛନ୍ତି)

ରୁଦ୍ର : ଶହୀଦ ନଗରରେ ଆଉ ରହି ହବନି। ସାଇ ପଡ଼ିଶା ସମସ୍ତେ ଏ ଟୋକାକୁ ଦେଖିବାକୁ ଆସୁଛନ୍ତି। ତାକୁ ପାଗଳା ବୋଲି ଡାକୁଛନ୍ତି। ତା' ଫଳରେ ଟିଟୁନ୍‌ର ପାଗଳାମି ବଢୁଛି। ଯୋଉଠି ବାହାଘର ଠିକ୍

କରୁଚି- ଏ ସାଇ ପଡ଼ିଶାବାଲା କହି ଦଉଛନ୍ତି- ୟାଙ୍କ ପୁଅଟା ଗୋଟେ ପାଗଳ। ଏଥିରେ କୋଉ ଝିଅ ରାଜି ହବ? କୋଉ ଝିଅର ବାପ ରାଜି ହବ? ଗୋଟେ ଗରିବ ଘର ଝିଅଟେ କିଣି ଆଣିବି। ୨୦/୨୫ ଲକ୍ଷରେ ଗାଁ ଝିଅଟେ କିଣି ହବ। କିନ୍ତୁ ଗୋଟେ କମ୍ପ୍ୟୁଟର ଇଂଜିନିୟର ପାଇଁ ଗାଁ ଝିଅ ? କଥାଟା କାହା ମନକୁ ପାଇବନି। ଭୁବନେଶ୍ୱରରେ ଗୋଟେ ଏମ. ଏ. ପଢ଼ିଥିବା ଝିଅଟେ ମିଳି ପାରେ। କୋଟିଏ ଟଙ୍କାରେ ମିଳିଯାଇପାରେ। (ଆବହ ସଂଗୀତ)

ଶହୀଦ ନଗର ଘରଟା ବିକିଦେବି। ମିନିମମ୍ ୫ କୋଟି ମିଳିବ। ଚାଲିଯିବି ଭରତପୁର ଘରଟାକୁ। ସେଇଠି କିଏ ଆମକୁ ଚିହ୍ନି ନାହାନ୍ତି। ସେଇଠି ବାହାଘରଟା କରିଦେବି ଟିଟୁନ୍‌ର। ଶହୀଦନଗରରେ ହେଇପାରିବନି। କିନ୍ତୁ ଶହୀଦନଗର ଘରଟାକୁ କିଣିବ କିଏ ? (ଆବହ ସଂଗୀତ)

-୦-

ଦୃଶ୍ୟ-୧୧

(ମଂଚ- ୧ରେ ଆଲୁଅ ଆସିଲା। ମଂଚ ଉପରେ ବ୍ରଜ ମଲ୍ଲିକ, ଶତାବ୍ଦୀ)

ବ୍ରଜ : ନାଇଁ ମୋ' ରାଣ ! ତୁ କହିଦେ' ଶତାବ୍ଦୀ। ଜୋଇଁ ଯୋଉ ସାଂଘାତିକ ଅଭିଯୋଗ ତୋ ନାଁରେ ଆଣିଲା ସେଇଟା ସତ ନା ମିଛ ? ମିଛ ହେଇଥିଲେ ମୁଁ କୋର୍ଟକୁ ଯିବି।

ଶତାବ୍ଦୀ : ସତ ବାପା ! ତମକୁ ସେମାନେ ଛୁରୀ ଭୁଷି ଦେଇ ମୋଠୁ ସେ ବ୍ୟାଗ୍‌ଟା ନେବା ପାଇଁ ଗୋଡ଼େଇଲେ। ବ୍ୟାଗ୍‌ରେ ତମେ ୫ କୋଟି କ୍ୟାସ୍ ରଖିଥିଲ। ଆଉ କେଜିଏ ସୁନା। ମୁଁ ଏକଲା ଝିଅଟା କ'ଣ ବା କରି ପାରିଥାନ୍ତି ? ସେଦିନ ରାମମନ୍ଦିର ଉଦ୍‌ଘାଟନ ହଉଥିଲା ଯେ ବିଜେପିର ଦଶହଜାର କର୍ମୀ ଭୁବନେଶ୍ୱର ଆସିଥିଲେ ବାପା। ହୋଟେଲ୍‌ରେ ରୁମ୍ ମିଳିଲା ନାଇଁ। ଏଣେ ଝଡ଼ ବର୍ଷା ଆସିଲା। କ'ଣ କରିଥାନ୍ତା ତମ ଝିଅ ? ଏତିକିବେଳେ ଜଣେ ଭଦ୍ରଲୋକ ମୋ' ଅବସ୍ଥା ଦେଖି ତାଙ୍କ ରୁମ୍‌ଟା ଛାଡ଼ିଦେଲେ। କିନ୍ତୁ ହୋଟେଲ୍ ଆଶ୍ରୟର ମ୍ୟାନେଜର୍ ରାଜି

ହେଲା ନାଇଁ। ଆମେ ଦି'ଜଣ ସ୍ୱାମୀ ସ୍ତ୍ରୀ ବୋଲି କହି ସେ ହୋଟେଲରେ ରଖିଲା। ସେଇଟା... ରୁମ୍ ନମ୍ବର ୧୬୨।

ବ୍ରଜ : ପୋଲିସ୍ ଚେକିଂ ହେଇଥିଲା ?

ଶତାବ୍ଦୀ : ଆମେ କହିଦେଲୁ ସ୍ୱାମୀ ସ୍ତ୍ରୀ ବୋଲି। କିନ୍ତୁ ପ୍ରମାଣ ଦେବା ପାଇଁ ଫଟୋ ନଥିଲା। ସେଇଥିପାଇଁ ପୋଲିସ ଆମ ଫଟୋ ଉଠାଇ ଚାଲିଯାଇଥିଲା। ସେଇ ଫଟୋଟା ଯେ ସେ ଗବବ୍‌ର ହାତରେ ପଡ଼ିବ ଓ ମତେ ସିଏ ଡିଭୋର୍ସ କରିବ... ଏଇଟା ଭାଗ୍ୟର ଖେଳ।

(ହଠାତ୍ କଲିଂ ବେଲ୍ ବାଜିଲା। ଶତାବ୍ଦୀ ଯାଇ କବାଟ ଖୋଲିଲା। ଭିତରକୁ ଆସିଲେ ରୁଦ୍ରମାଧବ ପ୍ରଧାନ)

ରୁଦ୍ର : ନମସ୍କାର ସାର୍ !

ବ୍ରଜ : ଆପଣ ?

ରୁଦ୍ର : ମୁଁ ରୁଦ୍ରମାଧବ ପ୍ରଧାନ ସାର୍। ଫୋନ୍ କରିଥିଲି।

ବ୍ରଜ : ଫୋନ୍... ଫୋନ୍... ଓହୋ... ଆପଣ ସେ ଶହୀଦନଗର ଫ୍ଲାଟ୍ ନଂ ୩୫୦ ତ?

ରୁଦ୍ର : ମୁଁ ସେଇଟା ଯଥାଶୀଘ୍ର ବିକ୍ରି କରିଦେବାକୁ ଚାହୁଁଛି ସାର୍ !

ବ୍ରଜ : କିନ୍ତୁ ସାର୍... ମୋର ଭୁବନେଶ୍ୱରରେ ଦି' ଦିଇଟା ଘର। ଅବଶ୍ୟ ଦିଇଟା ଯାକ ଘର ମୁଁ ଡିସ୍‌ପୋଜ୍ କରିଦେଇଛି। ଗୋଟେ ବୃଦ୍ଧାଶ୍ରମକୁ ଦେଇଦେଲି- ଆଉ ଗୋଟେ ରେଳବାଇକୁ ବିକ୍ରି କରିଦେଲି ରୁଦ୍ରବାବୁ। ଶୈଳଶ୍ରୀ ବିହାରରେ ଥିଲା।

ରୁଦ୍ର : ସାର୍ ଶୈଳିଶ୍ରୀବିହାର ଆଉ ଶହୀଦ୍ ନଗର ଭିତରେ ଫରକ୍ ଅଛି। ଶହୀଦନଗରରେ ମିଳୁଚି ମାନେ ଭାଗ୍ୟର କଥା।

ବ୍ରଜ : ଅବଶ୍ୟ !!

(ଆବହ ସଂଗୀତ। ବ୍ରଜ ମଲ୍ଲିକ ଟିକିଏ ଦୂରେଇ ଗଲେ। ଡାଉନ୍ ଷ୍ଟେଜ୍ ଆଡକୁ ଏବଂ ସ୍ୱଗତୋକ୍ତି କଲେ) ରକି ଆଉ ଭିକି ଜେଲ୍‌ରେ। ଏମାନେ ଜେଲ୍‌ରୁ ଫେରିଲା ବେଳକୁ ମୁଁ ଘରଟା ବଦଳେଇ ଶହୀଦ୍ ନଗର ଚାଲି ଆସିଥିବି।

(ଆବହ ସଂଗୀତ)

ରୁଦ୍ର : ସାର୍, ଡ୍ୟୁପ୍ଲେକ୍ସ ଘର। ପାର୍କିଙ୍ଗ୍ ସ୍ପେଶ୍ ଅଛି। ଦଶଟା ରୁମ୍ ଅଛି ସାର୍ ! ଆପଣଙ୍କ ପାଇଁ ପାଞ୍ଚକୋଟି କିଛି ନୁହଁ।

ବ୍ରଜ : ଘର ଡେଲିଭେରୀ କେବେ ଦେବେ?

ରୁଦ୍ର : ରେଜିଷ୍ଟ୍ରେସନ୍ ହବାର ଦଶଦିନ ଭିତରେ।

ବ୍ରଜ : ପୁରା ଘରର କଲର ବଦଳେଇ ଅଲିଭ୍ ଗ୍ରୀନ୍ କରିଦେଇ ପାରିବେ?

ରୁଦ୍ର : କରିଦେବି ସାର୍!

ବ୍ରଜ : କ'ଣ କହୁଛୁ ଝିଅ?

ଶତାବ୍ଦୀ : ଥରେ ଯାଇ ଘରଟା ଦେଖି ଆସ ବାପା! ପସନ୍ଦ ଆସିଲେ କିଣିଦେବା। ଭିକି ରକି ଆସି ଆମକୁ ଯେମିତି ନ ପାଆନ୍ତି।

ବ୍ରଜ : ଠିକ୍ କହୁଚୁ ମା'। ଚାଲ ମୋ' ସାଙ୍ଗରେ। ଘରଟା ଦେଖି ଦେଇ ଆସିବା। ନା କିଛି ଆପତ୍ତି ଅଛି ରୁଦ୍ରମାଧବ ବାବୁ ?

ରୁଦ୍ର : ନାଇଁ ସାର୍! ଆପତ୍ତି କ'ଣ? ଘରଟା ଆପଣ ଦେଖିବେ। ଯଦି କିଛି ଚେଂଜ୍ ଚାଂଜ୍ କରିବାକୁ ଚାହିଁବେ- କହିବେ। ତା'ବି ମୁଁ କରିଦେବି ସାର୍- ଆଉ ଘରଟା ଅଲିଭ୍ ଗ୍ରୀନ୍ ରଂଗ କରିଦେବି। ବର୍ତ୍ତମାନ ଯିବା।

ବ୍ରଜ : ଚାଲନ୍ତୁ। ଆ' ମା'!

(ସମସ୍ତେ ବାହାରକୁ ଗଲେ। ମଞ୍ଚ ଅନ୍ଧାର)

-୦-

ଦୃଶ୍ୟ -୧୨

(ପଛପଟ 'ଷଡ଼ଦାରୁକ' ବାହାରୁ ମନୋଜ ପ୍ରଧାନକୁ ଧରି ଘୋଷାରି ଘୋଷାରି ଆଣିଲେ ଡାକ୍ତର ଭିତର ଗଳି ମଧ୍ୟକୁ। (foyer)

ଡାକ୍ତର : ମନା କରିଥିଲି। ବାହାରକୁ ଯିବାକୁ ମନା କରିଥିଲି। ଯାଉଥିଲୁ କୁଆଡ଼େ?

ମନୋଜ : ମୁଁ ଟିକିଏ ପୁରୀ ଯିବାକୁ ବାହାରିଥିଲି ଅଙ୍କଲ୍। ପେଜ ନଳା ପାଖ ମହାବୀରଙ୍କ ଦର୍ଶନ କରି ଆସିବି ଆଜି ମଙ୍ଗଳବାର ତ!

ଡାକ୍ତର : ହଁ ମଙ୍ଗଳବାର। ଆମର ଆଜି ଥାର୍ଡ୍ ସେସନ୍। (Third Session) ତୁ ଅଧା ଭଲ ହେଇଗଲୁଣି ଟିଟୁନ୍ ? ମଙ୍ଗଳବାର ଆଜି, ଆଜିଠୁ ଆଉ ଗୋଟେ ନୂଆ ମେଡ଼ିସିନ୍ ଆରମ୍ଭ ହବ।

(ତାକୁ ପାହାଚ ଚଢ଼ାଇ, ମଂଚ- ୨କୁ ଆଣି, ସେଇଠି ପଡ଼ିଥିବା ଖଟ ଉପରେ ବସାଇଲେ)

ମନୋଜ : ମୁଁ ଆଜିଠୁ ପିଆଜ ରସୁଣ ଛାଡ଼ିଦେବି ଅଙ୍କଲ୍ ! ହନୁମାନ ପୂଜାରେ ଏଗୁଡ଼ା ଚଳିବନି।

ଡାକ୍ତର : ଆଗରୁ ତ ଆଇଁଷ ଛାଡ଼ି ଦେଇଥିଲୁ। ଏବେ ମାନେ...

ମନୋଜ : ୟେସ୍। ଆଜିଠୁ ପିଆଜ ରସୁଣ। ସେଇଥିପାଇଁ ପୁରୀ ଯାଉଥିଲି। ମହାବୀର ହନୁମାନଙ୍କୁ ଦର୍ଶନ କରି ଆନନ୍ଦ ବଜାରରେ ଅଭଡ଼ା ଖାଇ ସନ୍ଧ୍ୟା ବସ୍‌ରେ ଫେରି ଆସିଥାନ୍ତି।

ଡାକ୍ତର : (ଚାରି ପଟକୁ ଚାହିଁ) ଘରେ କିଏ ନାହାନ୍ତି କିରେ ?

ମନୋଜ : ବାପା କୁଆଡ଼େ ବାହାରକୁ ଯାଇଛନ୍ତି।

ଡାକ୍ତର : ଆଉ ସେ ରୋଷେଇବାଲୀ ? ମୁନ୍ନି ନା କଅଣ' ନାଁ ଟା ?

ମନୋଜ : ସେଇଟାର ତଣ୍ଟି ଚିପିଦେଲି।

ଡାକ୍ତର : ତଣ୍ଟି ଚିପିଦେଲୁ ? କାଇଁକି ?

ମନୋଜ : ଝିଅ ପିଲାଟେ ଏଇଠିକି କାହିଁକି ଆସିବ ଅଙ୍କଲ ? ଲୋକେ ବାରକଥା କହିବେ। ତା' ଛଡ଼ା ସେ ରୋଷେଇବାଲୀର ଚରିତ୍ର ଠିକ୍ ନୁହେଁ। ମୁଣ୍ଡରେ ଗୋଟେ ମଲ୍ଲୀଫୁଲ ମାଳ ଝୁଲୋଉଛି ଆଉ ମୋ ଦେହରେ ଆସି ଘଷି ହଉଛି। ଏଇଟା ସାଙ୍ଗରେ ମୁଁ ଏ ଘରେ କେମିତି ଚଳିବି ଅଙ୍କଲ କହୁନା ? ବାପା ତ ଏ ଘର ବିକିବେ ବୋଲି ଗାଡ଼ି ନେଇ କୁଆଡ଼େ କୁଆଡ଼େ ପଳଉଛନ୍ତି, ମୁଁ କଣ ମଲ୍ଲିମାଳ ଶୁଙ୍ଘୁଥିବି। ସେଇଥି ପାଇଁ ତଣ୍ଟି ଚିପିଦେଲି।

ଡାକ୍ତର : ମରିଯିବନି ? ତଣ୍ଟିଟା କାହିଁକି ଚିପୁଥିଲୁ ?

ମନୋଜ : ମରିଗଲା ବୋଧେ। ଆଜି ଆଉ ଆସିନି।

ଡାକ୍ତର : ସେଇଠୁ ପୁଣି ଖାଇବୁ କ'ଣ / ବାପା ଆସିଲେ କ'ଣ ଖାଇବେ ?

ମନୋଜ : ବାପାଙ୍କୁ କହିଦେଇଛି ଅଙ୍କଲ୍ ! ଅନନ୍ତ ବାସୁଦେବ ମନ୍ଦିରରୁ ପ୍ରସାଦ ଖାଇ ମୋ ପାଇଁ ନେଇ ଆସିବେ।

ଡାକ୍ତର : ଛି ଛି ଛି... ଏ ଗୁଡ଼ା କି କଥା। ସହଜେ ତ ରୋଷେଇବାଲୀ ମିଳୁନାହାନ୍ତି... ସେଥିରେ ପୁଣି ତାର ତଣ୍ଟି ଚିପିଦେଲୁ ?

ମନୋଜ : ସିଏ ବ୍ଲାଉଜ୍ ପିନ୍ଧୁ ନାଇଁ ଅଙ୍କଲ। ଏଇଠି ଏମିତି ବୁଲିଲେ.. ମୁଁ ବାଳ ବ୍ରହ୍ମଚାରୀଟା କ'ଣ କରିଥାନ୍ତି। ଅବଶ୍ୟ... ମୁଁ ରୋଷେଇ କରି ପାରିବି ଯେ- (ଭିତରକୁ ଗଲା)

ଡାକ୍ତର : ହେ ଭଗବାନ ! ମୋ' ସାଙ୍ଗର ପୁଅଟାକୁ ଟିକେ ଛଳକପଟ ଶିଖେଇ

ଦିଅ। ଏଇଟା ଏକଦମ୍ ନିର୍ଭେଜାଲ୍ ହେଇଛି। ଅତି ସରଳ ଓ ସତ୍ୟବାଦୀ। ଏଇଟା ସଂସାର କରିବ କେମିତି ଆଉ ବାହା ହବ କେମିତି ?

(ଭିତରୁ ଫେରିଆସିଲା ମନୋଜ)

ମନୋଜ : ମୁଁ କ'ଣ ସତରେ ବାହାହେବି ଅଙ୍କଲ ?

ଡାକ୍ତର : ତୁ' ପରା ଭଲ ହେଇଗଲୁଣି। ଏଥର ବାହା ହେଇ ପଡ଼ିବୁ- ଅସୁବିଧା କ'ଣ ? ବାପା ପୁଅ ଖାଇବ କ'ଣ ବାହା ନହେଲେ ?

ମନୋଜ : (ହସିଲା ମନୋଜ- ହି ହି ହେଇ)

ଡାକ୍ତର : କ'ଣ ହେଲା ? ଏଥିରେ ହସିବାର କ'ଣ ଅଛି ?

ମନୋଜ : ମୁଁ ଥରେ ବାହା ହେଇଥିଲି ଅଙ୍କଲ। ହୋଟେଲ୍ ଆଶ୍ରୟର ରୁମ୍ ନମ୍ବର ଶହେ ବାଷଠିରେ ବାହା ହେଇଥିଲି ଗୋଟେ ଝିଅକୁ। ତା' ସାଙ୍ଗରେ ଶୋଇଥିଲି ଗୋଟେ ଖଟରେ। (ଆବହ ସଂଗୀତ) ସେଇଟାକୁ ରାତିକ ପାଇଁ ମୁଁ ବାହା ହେଇଥିଲି ଅଙ୍କଲ... ହେଲେ ମୋର ଗୋଟେ ଭୁଲ୍ ହେଇଗଲା। ସକାଳୁ ଉଠିଲା ବେଳକୁ ମତେ ଛାଡ଼ି ଦେଇ ପଳେଇଗଲା।

ଡାକ୍ତର : ପଳେଇଗଲା ? କେମିତି ?

ମନୋଜ : ଅବଶ୍ୟ ସେଇଟା ମୋର ଭୁଲ ଥିଲା। ରାତିରେ ତାକୁ କୁଣ୍ଢେଇ ଧରିବାକୁ ମୁଁ ଭୁଲିଗଲି। ସେଇଥି ପାଇଁ ଖସି ଚାଲିଗଲା। (ହଠାତ୍ ମନେ ପଡ଼ିଗଲା) ସେ ପୋଲିସ୍‌ଟା ସାକ୍ଷୀ ଅଛି ଅଙ୍କଲ। ଆମ ଦି'ଜଣଙ୍କର ଫଟୋ ଉଠେଇ ରଖିଛି।

(ହଠାତ୍ ପ୍ରବେଶ କଲେ ରୁଦ୍ରମାଧବ ପ୍ରଧାନ। ହାତରେ ଗୋଟେ ବ୍ୟାଗ୍‌ରେ ଅଭଡ଼ା କୁଡୁଆ ଧରିଛନ୍ତି।)

ରୁଦ୍ର : ଆରେ... ଡାକ୍ତରବାବୁ! ଆପଣ... ବାହାରେ ଆପଣଙ୍କ ଗାଡ଼ି ଦେଖି ଜାଣି ପାରିଲି ଯେ... ମୋର ଟିକିଏ ଡେରୀ ହେଇଗଲା।

ଡାକ୍ତର : ରୁଦ୍ର ମାଧବ ବାବୁ। ହଇହେ'! ତମ ରୋଷେଇବାଲୀଟାର ତ ତଣ୍ଟି ଚିପିଦେଲା ଇଏ! ଖାଇବ କ'ଣ ?

ମନୋଜ : (ହସିଲା) ରୋଷେଇବାଲୀ ମରିଗଲା ବାପା।

ରୁଦ୍ର : ଜାଣିଛି ତୋର କୀର୍ତ୍ତି। ସେଇଥି ପାଇଁ ଅନନ୍ତ ବାସୁଦେବ ମନ୍ଦିରରୁ ଅବଢ଼ା ନେଇକି ଆସିଛି। ଆପଣ ରହିଯାଆନ୍ତୁ ଡାକ୍ତର ବାବୁ। ସମସ୍ତେ ମିଶି ଅବଢ଼ା ଖାଇବା।

ଡାକ୍ତର : ମୁଁ ଅନେକ ବେଳୁ ଆସିଲିଣି ରୁଦ୍ରମାଧବ ବାବୁ। ଆଜି ମଙ୍ଗଳବାର- ୟାର ଥାର୍ଡ଼ ସେସନ୍ ଥେରାପି। ଅଧା ଭଲ ହେଇଗଲାଣି। ଶାରୀରିକ ଦୋଷ ଥିବ ବୋଲି ଭାବିଥିଲି। କିଛି ନାହିଁ।

ରୁଦ୍ର : ତା'ମାନେ ଏଥର ବାହାଘର କଲେ ଚଳିବ ?

ଡାକ୍ତର : ଚଳିବ ମାନେ? ଆଜି କହିଲା - ଇଏ କୁଆଡ଼େ ଗୋଟେ ଝିଅକୁ ବାହା ହେଇଥିଲା ରାତିକ ପାଇଁ। ହେଲେ ତାକୁ ଠକି ଦେଇ ପଳେଇଯାଇଛି ଝିଅଟା!

ରୁଦ୍ର : କୁଆଡ଼େ ପଳେଇଗଲା କିରେ? ନା' ତା'ର ତଣ୍ଟି ଚିପିଦେଲୁ?

ଡାକ୍ତର : ଦେଖନ୍ତୁ... ସେଇ Shock ରେ ୟାର Sexual Aversion Disorder ହେଇଛି। ଝିଅଟା ଯଦି ମିଳିଯାଆନ୍ତା -ମନୋଜ ପୁରା କିଓର୍ ହେଇଯାଆନ୍ତା।

ରୁଦ୍ର : କହ ବାପା? କାହାକୁ ବାହା ହେଇଥିଲୁ? କିଏ ତୋର ୱାଇଫ୍ ? ଆରେ କହ ମୋର ବୋହୂ କିଏ... ସିଏ ସ୍ୱର୍ଗ, ମର୍ତ୍ତ୍ୟ, ପାତାଳ ଯୁଆଡ଼େ ଯାଇଥିବ ତାକୁ ଧରି ଆଣିବା।

(ମନୋଜ ହି ହି- ହି ହି - ହିହି ହେଇ ଅର୍ଦ୍ଧ ପାଗଳଙ୍କ ପରି ହସିଲା)

ମନୋଜ : ପଳେଇଯିବ। ତମେ ପୋଲିସ୍‌କୁ ଖବର ଦିଅ ବାପା। ପୋଲିସ୍ ପାଖରେ ତା'ର ଫଟୋ ଅଛି।

ଡାକ୍ତର : କୋଉ ପୋଲିସ୍? କୋଉ ଥାନାର?

ମନୋଜ : ହେଇଥିବ କ୍ୟାପିଟାଲ୍ ଥାନା! ହୋଟେଲ୍ ଆଶ୍ରୟର ମ୍ୟାନେଜର ପଙ୍କଜ ପଟ୍ଟନାୟକ... ସିଏ ଜାଣିଛନ୍ତି।

ରୁଦ୍ର : ସନ୍ଧ୍ୟାବେଳକୁ ଯିବି ଡାକ୍ତର ବାବୁ! ଭାବିଛି ଏ ଘରଟା ବିକ୍ରି କରିଦେବି।

ଡାକ୍ତର : ପୁଣି ରହିବ କୋଉଠି?

ରୁଦ୍ର : ଭରତପୁରରେ ଗୋଟେ ଡ୍ୟୁପ୍ଲେକ୍ସ ଘର କିଣିଛି।

ଡାକ୍ତର : ଏକାଥରକେ ଶହୀଦନଗରରୁ ଭରତପୁର ଯିବ? ତିରିଶି କିଲୋମିଟର?

ରୁଦ୍ର : ଆଉ କ'ଣ କରିବି କହୁନାହାନ୍ତି? ୟା'ର ବାହାଘର ପାଇଁ ଯୋଉ ପ୍ରସ୍ତାବ ଆଣିଲି ସାଇପଡ଼ିଶା ର୍ୟୁମର୍ କରୁଛନ୍ତି ଏଇଟା ଗୋଟେ ପାଗଳ ବୋଲି। ସେଇଠୁ କନ୍ୟାପିତା ରାଜି ହେଉନାହାନ୍ତି। ଭାବୁଛି ପଳେଇଯିବି ଭରତପୁର - ସେଇଠୁ ଗାଁ ଗଣ୍ଡାରୁ ଗରିବ ଘର ଝିଅଟେ ୨୦/୨୫ ଲକ୍ଷ ଦେଇ କିଣି ଆଣିବି, ହବନି ?

ଡାକ୍ତର : ଝିଅଟା ପାଠଶାଠ ପଢ଼ିଥିବା ଦରକାର। ନହେଲେ ଯାକୁ ଚଳେଇ ପାରିବନି। ପୁଣି କୋଉଦିନ ତାର ତଣ୍ଟିଟା ଚିପିଦେବ।

ରୁଦ୍ର : ଟିଟୁନ୍ ! ଆମେ ଗୋଟେ ସୁନ୍ଦର ଝିଅ ଆଣିବା ତୋ ପାଇଁ। ବାହା ହବୁ ?

ମନୋଜ : (ଡରିଯାଇଚି) ନା ନା.. ମୁଁ ବାହା ହେବିନି। ମତେ ବଞ୍ଚାଅ ଅଙ୍କଲ୍ - ମୁଁ ବାହା ହେବିନି। (ଡରି ଡରି ଯାଇ ଡାକ୍ତରଙ୍କ ପଛପଟେ ଲୁଚିଯିବ। ନହେଲେ ଖଟ ତଳେ ପଶିଯିବ। ସୋଫା ଥିଲେ ତା' ତଳେ ପଶିଯିବ) (ଆବହ ସଂଗୀତରେ ଖାଲି ଜାଜ୍ ସେଟ୍ ନିଅ। ନହେଲେ ଅକ୍ଟାପ୍ୟାଡ୍ ନିଅ। ମନୋଜ ବିଭିନ୍ନ ଜାଗାରେ ଲୁଚିବ। ଯାରି ଭିତରେ କଲିଂବେଲ୍ ବାଜିଲା ଓ ପ୍ରବେଶ କଲେ ବ୍ରଜ ମଲ୍ଲିକ, ସତ୍ୟସୁନ୍ଦର ଓ ଶତାବ୍ଦୀ)

ସତ୍ୟ : କିଛି ଅସୁବିଧା ନାଇଁ ବ୍ରଜଭାଇ। ଶହୀଦନଗର ଘର ତ.. ସବୁବେଳେ ଗହଳଚହଳ... ମାର୍କେଟ୍ ପାଖ। ପାଖରେ ହୋଟେଲ୍, ପାଖରେ ହସ୍‌ପିଟାଲ୍ / ନର୍ସିଂହୋମ୍... କିଣି ଦିଅ।

ଶତାବ୍ଦୀ : ହଁ ବାପା କିଣିଦିଅ...! ଭଲ ହବ!

(ଆଲୁଅ ସ୍ପଟ୍ ପଡିଲା ମନୋଜ (ଟିଟୁନ୍) ଉପରେ। ଶତାବ୍ଦୀର ସ୍ୱର ଶୁଣି ସେ ଲୁଚିଲୁଚି ଚାହିଁଲା ତାକୁ। ଆବହ ସଂଗୀତରେ ଝିଅ କଣ୍ଠରେ ଗୋଟେ ଶାସ୍ତ୍ରୀୟ ଆଳାପ ବା ସାରେଗାମା ବାଣୀରେ ଗୋଟେ ଆଳାପ ଦିଅ)

(ସବୁଠାରୁ ଭଲ ହବ: ୨ ଦୃଶ୍ୟ (ଖ)ରେ ଶତାବ୍ଦୀ ଓ ମନୋଜ ପ୍ରଥମେ ଦେଖା ହେଲେ (ପୃ. ୧୪ ଓ ୧୫)। ପୁଣି ଦୃଶ୍ୟ-୪ରେ ଯେତେବେଳେ ଦୁହେଁ ଗୋଟେ ଖଟରେ ଶୋଇଛନ୍ତି- ସେତିକିବେଳେ ଆବହ ସଂଗୀତରେ ଯେଉଁ ସାରେଗାମା ବାଣୀ ପ୍ରୟୋଗ କରିଥିଲେ- ସେଇଟା ହିଁ ବର୍ତ୍ତମାନ ବାଜିବ)

ଏଇ ଆବହ ସଂଗୀତର ଆଳାପ ଭିତରେ ମନୋଜ ଆସି ଶତାବ୍ଦୀ ସାମ୍ନାରେ ଠିଆ ହବ ଓ ଶତାବ୍ଦୀ 'ମନୋଜ' କହି ତାକୁ ଆଲିଙ୍ଗନ କରିବ।

ଡାକ୍ତର : ଟିଟୁନ୍ ! ତୁ ଯୋଉ ଝିଅଟାକୁ ବାହା ହେଇଥିଲୁ ବୋଲି କହୁଥିଲୁ ଏଇଟା ସେଇ ଝିଅ... ଆରେ, ତତେ ସିଏ ପତନରୁ ରକ୍ଷା କଲା- ସେଇଥି ପାଇଁ ସିଏ ତୋର ପତ୍ନୀ। ମିଳିଲା ଯାହାକୁ ଖୋଜୁଥିଲୁ ?

ମନୋଜ : ହଁ ଅଙ୍କଲ ମିଳିଗଲା। ଆଉ ଛାଡ଼ିବି ନାଇଁ ! (ଜୋର୍‌ରେ ଜାବୁଡ଼ି ଧଇଲା)

ବ୍ରଜ : କ'ଣ କଥା କିହୋ ରୁଦ୍ରମାଧବ ବାବୁ ? ମତେ ଅନୁମତି ଦିଅ ହେ ! ମୁଁ ଆପଣଙ୍କୁ ସମୁଦି ବୋଲି ଡାକିବି ?

ରୁଦ୍ର : ସମୁଦୀ ? ମୋର ଭାଗ୍ୟ ! ଏଇ ନିଅନ୍ତୁ ୫ କୋଟିର ଚେକ୍। ଚାଲନ୍ତୁ ଘରଟା ରେଜିଷ୍ଟ୍ରେସନ୍ କରିବା !

ସତ୍ୟ : ଘର ନୁହେଁ ସମୁଦି... ବାହାଘର- ମେରେଜ୍ ରେଜିଷ୍ଟ୍ରେସନ୍ କରିବା ଶତାବ୍ଦୀ ଆଉ ମନୋଜର। ଚାଲ ଏବେ କୋର୍ଟ।

ବ୍ରଜ : ଆଉ ତମକୁ ନୁହଁ - ମୋ ଜ୍ୱାଇଁ ନାଁରେ ଏ ଶହୀଦ୍ ନଗର ଘରଟା କିଣି ପୁଣି ତାକୁ ଯୌତୁକରେ ଦେଇଦେଲି- ଏଇ ଖୁସିରେ ଆସ ଆମେ କୋଳାକୋଳି ହେବା।

(ଶେଷ)

---୦---

BLACK EAGLE BOOKS

www.blackeaglebooks.org
info@blackeaglebooks.org

Black Eagle Books, an independent publisher, was founded as a nonprofit organization in April, 2019. It is our mission to connect and engage the Indian diaspora and the world at large with the best of works of world literature published on a collaborative platform, with special emphasis on foregrounding Contemporary Classics and New Writing.